W0171241

Karl Lanius

WELTBILDER

EINE MENSCHHEITSGESCHICHTE

FABER & FABER

Für Katja und Nora

INHALT

Vorwort   7
Einleitung   10

1 Weltbilder der Jäger- und Sammlergemeinschaften   23
   1.1 Die Ureinwohner Australiens   29
   1.2 Die Ureinwohner im Süden Afrikas   46
   1.3 Die Ureinwohner der Arktis   63

2 Weltbilder altpflanzerischer Völker   85
   2.1 Die Neolithische Revolution   86
   2.2 Die Irokesen   93
   2.3 Die Trobriander   111

3 Frühe Zivilisationen   129
   3.1 Das alte Ägypten   130
   3.2 Das Chinesische Reich   143

4 Prophetische Religionen   165
   4.1 Das antike Judentum   171
   4.2 Das frühe Christentum   187
   4.3 Der Islam   201

5 Der Weg in die Welt von heute   217
   5.1 Das Mittelalter   219
   5.2 Die Neuzeit   245
   5.3 Die Industrielle Revolution   265

6 Wissen heute   285
   6.1 Was ist Wissenschaft und was vermag sie?   286
   6.2 Das Universum   295
   6.3 Das Sonnensystem   306
   6.4 Die Erde   319
   6.5 Das Leben   333
   6.6 Der Mensch   344
   6.7 Das Gehirn   356

7 Ethik und Sozialbeziehungen heute 371
7.1 *Der Mensch – ein Teil der Natur* 373
7.2 *Der Mensch – eine Art* 386
7.3 *Sozialökonomische Beziehungen heute* 396
7.4 *Der eindimensionale Mensch* 413

8 Was bringt uns die Zukunft? 427
8.1 *Ein Rückblick auf das 20. Jahrhundert* 429
8.2 *Problemkreise am Beginn des 21. Jahrhunderts* 436
8.3 *Das Prinzip Hoffnung* 470

Verzeichnis der Endnoten 480

VORWORT

Keine Gesellschaftsformation der Vergangenheit erreichte die gleiche Homogenität und Dauer wie die der Wildbeuter. Selbst wenn wir uns auf den *Homo sapiens sapiens* beschränken, der vor zirka 150 000 Jahren in Afrika die Bühne des Lebens betrat, lebte unsere eigene Spezies während mehr als 90 Prozent der seither verflossenen Zeit in kleinen mobilen Gruppen, die jagend und sammelnd in nahezu alle Lebensräume der Erde vordrangen. Ihre Sozialbeziehungen und ihre Weltbilder zeigten weltweit bemerkenswerte Gemeinsamkeiten.

Vor rund 11 000 Jahren, am Anfang einer noch anhaltenden Warmzeit, begann in einigen Gebieten der Erde ein Übergang von der jagenden und sammelnden Lebensweise zu einer seßhaften, Bodenbau und Viehzucht betreibenden Wirtschaftsform. Dieser Wandel – als *Neolithische* oder *Agrarische Revolution* bezeichnet – stellt keinen zwangsläufigen Schritt auf einem vorherbestimmten Weg zu neuen höheren Formen der Organisation menschlicher Gemeinschaften dar. Im Gegenteil, in den wenigen Gebieten der Erde, in denen dieser Übergang unabhängig voneinander erfolgte, erkennen wir ihn als eine Reaktion auf tiefgreifende Veränderungen des Lebensraums. Die Eigendynamik der Jahrtausende anhaltenden Neolithischen Revolution, die das Antlitz der Erde nachhaltig veränderte, beruht auf dem Wechselspiel zwischen Bevölkerungswachstum und Intensivierung der zur Versorgung der Menschen notwendigen Arbeit. Das führte zu neuen Formen des Zusammenlebens. Sie sicherten die soziale Stabilität der Gemeinschaften. Untrennbar waren damit Änderungen in den Weltbildern der Ackerbauern und Viehzüchter verbunden.

Der zweite tiefgreifende Wandel im Leben der Menschheit begann vor wenigen 100 Jahren in Europa, und hier zuerst in England. Im Laufe des 19. und 20. Jahrhunderts erfaßte dieser Übergang – die *Industrielle Revolution* – alle Kontinente der Erde. In den industrialisierten Ländern reduzierte sich der Anteil der in der Landwirtschaft tätigen Menschen auf wenige Prozent der Gesamtbevölkerung. Die Mehrzahl konzentrierte sich in industriellen Ballungsgebieten. Eines der hervorstechendsten Merkmale war und ist eine explosionsartige Entwicklung von Wissenschaft und Technik, die mit einem Weltbildwandel einherging. Soweit das Weltbild heute den Ursprung und die Entwicklung des Universums, der Erde, des Lebens und des *Homo sapiens* betrifft, ist es von wissenschaftlicher Art. Soweit es den Sinn des Lebens, also die Normen des menschlichen Miteinanders betrifft, erleben wir sowohl die Auflösung jahrtausendealter religiös geprägter Wertesysteme als auch pseudoreligiöser Maximen, wie die des Realsozialismus. Wachsender Reichtum weniger Menschen geht mit einer Verarmung vieler einher. Ein Prozeß, der die Beziehungslosigkeit verstärkt, Familien zerstört und in den Verlust geistiger und sozialer Güter mündet. Manipulation der Lebens- und Existenzformen bestimmen von nun an das Leben.

Wenn die anhaltende Industrielle Revolution dazu führt, daß immer mehr Menschen zu überflüssigen, weil Kosten verursachenden Faktoren eines auf Gewinnmaximierung programmierten Systems werden; wenn kollektive Werte schwinden, welche die Zugehörigkeit des Individuums zu einer Familie, einer Gemeinschaft, ja letztlich zur Menschheit charakterisieren; wenn der Stoffwechsel mit der Natur ein Ausmaß annimmt, der das Gleichgewicht der Biosphäre stört, so ist das System falsch, in dem wir leben. Es ist höchste Zeit, sich die unterschiedlichen Aspekte der bisherigen Entwicklung vor Augen zu führen und über einen möglichen Wandel nachzudenken. »Wir müssen erst wieder sehen lernen, wir müssen erst wieder denken lernen, um zu verstehen, was vorgeht und was wir dagegen tun können.« (Herbert Marcuse)

Als Naturwissenschaftler verfüge ich nicht auf allen in diesem Buch zur Betrachtung stehenden Gebieten über fachspezifische Voraussetzungen, um den Versuch unternehmen zu können, einige Aspekte des bisherigen Weges des *Homo sapiens sapiens* zu betrachten. Lebenslange wissenschaftliche Arbeit vermittelt jedoch Erfahrungen im kritischen Hinterfragen komplexer Systeme. Wie bei allen Prozessen in der uns umgebenden Natur, die sich in den seltensten Fällen als determiniert erweisen, läßt sich auch das hochkomplexe Verhalten menschlicher Gemeinschaften nicht auf einfache Gesetzmäßigkeiten zurückführen. Wegweiser durch die außerordentlich umfangreiche Literatur war die Fähigkeit zur kritischen Analyse. Dabei bin ich mir darüber im klaren, daß der Überblick die Gefahr in sich trägt, oberflächlich zu erscheinen. Mit einer Auswahl charakteristisch erscheinender Beispiele aus den Entwicklungswegen der Menschheit versuche ich, zu Verallgemeinerungen zu gelangen. »Ohne den Mut zur Lücke, zur

Vereinfachung, zur Abstraktion ist die kritische Analyse nicht zu haben.« (Hermann Klenner)

Daß ein derartiger Versuch Kritik herausfordert, ist unvermeidlich. Physiker werden sich fragen: Wozu macht er das? Er sollte bei seiner Wissenschaft bleiben. Geisteswissenschaftler werden die Berechtigung des Naturwissenschaftlers in Frage stellen, sich auf ihrem Gebiet zu äußern. Trotzdem scheint mir ein solcher zusammenfassender Versuch berechtigt. Er wird provozieren und Denkanstöße vermitteln.

Der Psychologe Friedhart Klix und ich schilderten in dem Buch »Wege und Irrwege der Menschenartigen« (Stuttgart 1999) das Zusammenwirken physikalischer, biologischer, sozialer und kognitiver Phänomene auf dem Wege zum heutigen Menschen. Wir versuchten, deutlich zu machen, daß der Mensch kein Endprodukt einer zwangsläufigen Evolution ist.

Aus der Arbeit an diesem Buch entstand die Idee zu einem weiteren gemeinsamen Projekt, in dessen Mittelpunkt der Wandel von Weltbildern in der Menschheitsgeschichte stehen sollte. Wir wollten Mentalitätssprünge in Wechselwirkung mit Veränderungen sozialer und biologisch wirksamer äußerer Bedingungen untersuchen. In einem ersten Schritt formulierten wir die Einleitung. Anderweitige Verpflichtungen, Krankheit und Tod verhinderten die weitere Mitarbeit von Friedhart Klix an den folgenden Kapiteln.

Mir bleibt Dank zu sagen: für die sach- und fachkundigen Anregungen und kritischen Hinweise des Geschichtsphilosophen Wolfgang Eichhorn, des Völkerrechtlers Bernd Graefrath, des Ur- und Frühgeschichtlers Joachim Herrmann, des Physikers Fritz Hilbert und des Rechtsphilosophen Hermann Klenner.

Mein besonderer Dank gilt meiner Frau Marijke Lanius. Sie hat hohen Anteil an der textlichen und redaktionellen Gestaltung des Buches.

Dem DESY-Zeuthen danke ich für die Möglichkeit, Einrichtungen des Instituts zu nutzen.

Zeuthen, Januar 2005   Karl Lanius

EINLEITUNG

Unter einem Weltbild verstehen wir die umfassendste Vorstellung von der Welt und der Stellung des Menschen in ihr, das heißt das Bild vom Ursprung, von der Natur und der Entwicklung des Kosmos, der Menschheit und vom Wesen und Sinn des menschlichen Lebens.

Ein Weltbild, das ist der mentale Lebenshintergrund eines Menschen. Auf ihm spiegeln sich sein Erleben wie seine ich-nahen Entscheidungen. Sein Wissen um sich selbst verschmilzt mit dem seiner Gemeinschaft und bildet eine Art Kohärenz von Ich und Wir.

Ein Weltbild ist eine geistige Konstruktion, die auch im Nichtbewußten wirkt und die doch charakteristisch ist für den bewußtseinsfähigen Menschen. In ihm sind sein persönliches Schicksal wie die Daseinsinhalte seines Gemeinwesens gegenwärtig.

Ein Weltbild verbindet die Einordnung individueller Wertvorstellungen mit denen der sozialen Verbände, denen ein Mensch angehört. Das betrifft die Werte der Familie, die der Traditionen seines Volkes und dessen Geschichte, die der Menschen seines Glaubens und nicht zuletzt die bedeutungshaltigen Werte seiner Muttersprache.

Ein Weltbild ist durch eine zentrale Idee charakterisiert.[1] Sie erlaubt dem Menschen, durch Wissen und Glauben die ihn umgebende Wirklichkeit einheitlich zu begreifen. Steht am Anfang der Welt ein göttliches Urzeitgeschehen, so wird es durch regelmäßige Feste lebendig erhalten. Ein Beispiel aus der christlichen Religion sind Weihnachten und Karfreitag, die Tage von Christi Geburt und Tod.

Das Weltbild eines Menschen wandelt sich im Laufe seines individuellen Lebens. Mit eigenen Erfahrungen angereichert, wird es über Erziehung, über Sprache, Kunst, Gewohnheiten und Sitten angeeignet. Das geschieht aber nur teilweise durch Sprache. Zu einem anderen, großen Teil sind in diesen Prozeß nicht ausdrücklich belehrende Lernvorgänge einbezogen, die auf sehr indirekte Weise prägend wirken.

Weltbilder beeinflussen individuelles wie kollektives Entscheiden und Verhalten. Das reicht vom Entsagen gegenüber Anderen bis zu asozialer Selbstsucht und sogar bis zur Bereitschaft, sich für die Gemeinschaft zu opfern. Auch das gilt für Einzelne wie für ganze Gruppen. Denn der mit einem Weltbild wirksame Entscheidungskodex ist eng mit sozialen Formen von Lohn und Strafe verbunden. Sie wirken oft einschneidender als körperliche Züchtigung. Ein Ausstoßen aus dem Gefüge sozialer Maßstäbe und damit aus der übergreifenden Gemeinschaft kann bis zum psychogenen Tod führen oder Selbstmord motivieren.

Weltbilder entstehen und vergehen in der Geschichte. Sie wandeln sich mit historischen Epochen und finden dabei in den Monumenten historischer Perioden eine prägende Funktion. Sie bewahren auch eine gewisse Eigenständigkeit und autonome Stabilität und können Epochenwechsel lange überdauern. So kommt es, daß sich selbst in einer modernen sozialen Gemeinschaft Weltbildreste aus der Vorzeit (wie Maskottchen oder Amulette), aus dem Mittelalter (wie Hexenglauben oder Glauben an Sternbildschicksale) mit der modernen Zivilisation, mit TV oder Internet-Reklame überlagern.

Wir meinen, daß es keine über lange Zeiten *stabile* menschliche Gemeinschaft gibt, die nicht von einem Weltbild getragen wird. Das gilt von den einfachsten Naturvölkern bis zu Menschen in hochentwickelten Industriestaaten.

Namentlich in späteren Entwicklungsperioden bestehen historisch verschiedene Weltbilder gleichzeitig nebeneinander, und das im selben Menschen: Wer von den heute Lebenden hat sein Horoskop noch nicht eingesehen und doch gewußt, daß die Prophezeiungen ohne Wirklichkeitsbezug sind.

Es entsteht die Frage, weshalb es überhaupt und unvermeidlich Weltbilder gibt, die menschliches Zusammenleben überall und zu jeder Zeit durchdringen und steuern. Dabei fließen sie in Entscheidungen ein, auch wenn sie nicht mit bewußten Vorgängen verbunden sind.

Daran knüpft sich die weitere Frage, warum Weltbilder immer wieder zugrunde gehen und stets durch neue ersetzt werden. Es muß eine dahinterstehende Kraft abgelöst worden sein.

Uns scheint, daß Weltbilder ein tiefliegendes Schutzbedürfnis befriedigen, ein Bedürfnis nach Geborgenheit, Sicherheit und der Möglichkeit, Künftiges teilweise vorherzusagen, im besonderen in einer Welt, in deren sozialen Turbulenzen fast nichts vorhersagbar ist. Das Bedürfnis nach Vorhersagbarkeit bleibt, aber die Mittel, sie zu erreichen, wechseln.

In der überwiegenden Zeit der Existenz des *Homo sapiens sapiens* waren Weltbilder religiös geprägt. Sie stellten einen spezifischen Bezug zwischen Menschen und transzendenten Mächten her. Unter einer Religion verstehen wir ein von einer Gemeinschaft geteiltes System des Denkens und Handelns, das jedem Mitglied einen Orientierungsrahmen und ein Objekt der Hingabe bietet. Die Religion ist symbolhafter Ausdruck der Bezogenheit des Menschen auf sich selbst, auf den Mitmenschen und die reale bzw. transzendentale Welt.

Durch die Wissenschaft, die sich in den zurückliegenden Jahrhunderten in der Summe ihrer Einzelwissenschaften entwickelte, wurde dem Menschen eine qualitativ neue, dem jeweiligen Erkenntnisstand entsprechende Wirklichkeit der Natur, des Menschen und der menschlichen Gemeinschaft vermittelt.

Zur Verdeutlichung der Verschiedenheit religiöser und wissenschaftlicher Weltbilder seien beispielhaft zwei Vorstellungen über die Entstehung der Erde einander gegenübergestellt:

Die älteste noch bestehende Religion, von der wir wissen, ist die der Aborigines, der Ureinwohner Australiens. Obwohl eine unbeeinflußte intakte Religionsausübung nur in vorkolonialer Zeit gegeben war, sind in Teilen des großen Kontinents die Überlieferungen und Überzeugungen in den Köpfen und Herzen zahlreicher Aborigines lebendig geblieben.

Vor der britischen Annexion im Jahre 1788 lebten wahrscheinlich mehr als 500 000 Aborigines auf dem riesigen Kontinent. Sie gliederten sich in zirka 500 Sozialverbände, die sich sprachlich und kulturell voneinander unterschieden.

Die geringe Anzahl an Werkzeugen und Waffen der Jäger und Sammlerinnen entsprach ihrer mobilen Lebensweise in kleinen Lokalgruppen (*bands*). Ihre einfache materielle Kultur war jedoch verbunden mit komplexen hochentwickelten religiösen Vorstellungen und sozialen Verhaltensregeln.

Obwohl sie noch heute in unterschiedlichen Sprach- und Kulturverbänden leben, erweist sich das Weltbild der Aborigines als bemerkenswert einheitlich. Allen religiösen Vorstellungen ist eine »Traumzeit« (*dream time*) gemeinsam. In dieser mythischen Ur- oder Schöpfungsphase haben mächtige Schöpferwesen, die in tierischer oder menschlicher Gestalt auftreten konnten, die geophysikalische Gestalt der Erde, aber auch die Pflanzen, Tiere und Menschen geschaffen.

Die Traumzeit umfaßt eine Epoche vor der Menschheit. Die Erde existierte in roher, gestaltloser Form. In keiner der Mythen wird von einer Erschaffung der Erde gesprochen. Schöpferwesen gestalteten die Landschaft in ihren vielfältigen Formen mit all ihren Lebewesen. Sie legten die sozialen Gesetze fest, die das menschliche Zusammenleben regelten, aber auch das Verhalten der Menschen gegenüber der Natur und ihren Lebewesen.

Nach dem Ende der Schöpfungsphase gingen die mächtigen Traumzeitahnen in die Natur selbst ein. Sie verwandelten sich zum Beispiel in auffällige Landschaftsformationen oder in Sternbilder. Als Beweis ihrer Taten hinterließen sie die gestaltete Landschaft, die Pflanzen, Tiere und Menschen. In Erzählungen, Tänzen und Gesängen überlieferten sie das Geschehen während der Schöpfungsphase.

Die Aborigines verfügen über einen reichen Mythenschatz. So zählte Clara Wilpert 350 Weltschöpfungsmythen.[2] Jeder Mythos gilt nur für die Gruppe, in der er überliefert wird.

Aus der Kimberley-Region im Nordwesten Australiens gibt es eine Erzählung über die Entstehung des Landes:

Zu Anbeginn gab es nur das große Salzwasser, nirgendwo war Land. Aus den Tiefen des Salzwassers kam Ungud, die Regenbogenschlange. Steil richtete er[3] sich empor und warf seinen Bumerang in einem weiten Umkreis über das Meer. Mehrmals berührte der Bumerang auf seinem Flug die Fläche des Salzwassers, und dort schäumte das Wasser auf, und glattes, ebenes Land kam zum Vorschein. Ungud wanderte über dieses neue weiche Land und legte viele Eier, denen neue Urzeitwesen entschlüpften. Es waren die Wondjina, und sie wanderten in alle Richtungen.[4]

Die ältesten Felsmalereien, auf denen Abbildungen der Regenbogenschlange zu sehen sind, haben ein Alter von zirka 8 000 Jahren. Mit dieser gewaltigen zeitlichen Tiefe stellt diese Schlange das vermutlich älteste, noch heute lebendige Glaubenselement der Welt dar.

Zahlreiche Erzählungen berichten vom Wirken und Wandern der *Wondjina*. Diese mythischen Ahnenwesen gingen nach ihrer Erschaffung über das Land:

Sie ließen den Regen auf die Erde niedergehen, sie gestalteten die Erde, zogen die Flußläufe, türmten die Berge aufeinander und breiteten die großen Ebenen aus. Zu einer Zeit, »da die Steine noch weich waren«, bauten sie sich »Steinhäuser«.

Wenn sie »starben«, legten sie sich auf die weichen Felsen und hinterließen dort einen Abdruck. Diese »Abdrücke« sind die heutigen Felsbilder.[5]

Die eindrucksvollen Felsbilder der Wondjina-Wesen sind nur in der Kimberley-Region zu finden. Sie sind menschenähnlich. Häufig erscheint nur der Oberkörper im Felsbild. Er ist mit weißer Farbe ausgemalt und mit schwarzen Längsstreifen versehen. Bemerkenswert ist der Kopf. Er weist zwar Augen und Nase auf, aber nie einen Mund.

Vergleichen wir dieses Bild von der Entstehung der Erde mit den Erkenntnissen der Naturwissenschaften: Es ist eine Erkenntnis des 20. Jahrhunderts, daß das Sonnensystem und damit unser Heimatplanet ein Alter von einigen Milliarden Jahren hat. Vor 4,6 Milliarden Jahren zündete das thermonukleare Feuer im Zentrum einer in sich zusammenfallenden riesigen Wolke aus Gas und Staub. Innerhalb einiger 100 Millionen Jahre ordneten sich aus einer turbulenten Bewegung größere und kleinere Himmelskörper. Ein Planetensystem war geboren.

Auch heute ist die Erde ein ruheloser Planet. Erdbeben und Vulkanausbrüche sind spektakuläre Zeugnisse dynamischer Prozesse unter der Erdoberfläche. Neben diesen episodischen Ereignissen verändern auch langsame, während eines Menschenalters kaum wahrnehmbare Vorgänge das Bild der Erdoberfläche.

Die im System Erde ablaufenden Vorgänge werden von uns nur auf der Außenhaut der Erde, der Erdkruste, wahrgenommen. Dabei ist zu berücksichtigen, daß die Erde mit ihren schalenförmig aufeinanderfolgenden Komponenten: Kern, Mantel, Kruste, Hydrosphäre und Atmosphäre ein komplexes System bildet, dessen Teile wechselseitig aufeinander wirken.

Die Dynamik der festen Erdkruste, der Lithosphäre, veränderte wiederholt das Antlitz der Erde. Wo sich einst Meere befanden, türmen sich heute gewaltige Gebirgsformationen. Wo einst urweltliche Tiere auf einem Festland mit spärlicher Trockenvegetation lebten, entstanden Meere. Wo riesige Gräben und Bruchstrukturen Kontinente durchzogen, öffneten sich Ozeane.

Jedes Weltbild hat auch die Aufgabe, als Orientierungshilfe, als ethische Norm im menschlichen Miteinander zu wirken. Das folgende Beispiel widmet sich dieser Problematik: In unserem Buch »Wege und Irrwege der Menschenartigen«[6] verfolgten wir den Weg zum *Homo sapiens sapiens*, der untrennbar mit der Entwicklung des Gehirns verbunden ist. Innerhalb der zurückliegenden drei Millionen Jahre verdreifachte sich das Hirnvolumen der *Homo*-Arten. Aus der Geschichte der Evolution ist keine andere Gattung bekannt, bei der in so kurzer Zeit eine derart schnelle Entwicklung des Gehirns – relativ zur Körperentwicklung – stattgefunden hat.

Im betrachteten Zeitraum wurden die Steuerungsfunktionen des Nervensystems für überlebensfähige Aktionen und Verhaltensentscheidungen stark gefordert. Die Populationen waren schnell wechselnden Anpassungsbedingungen ausgesetzt. Klima und Lebensräume unterlagen raschen Änderungen, die ein Überleben vor allem der höchstentwickelten Lebewesen immer wieder gefährdeten. Diese Lebensbedingungen initiierten die Herausbildung tauglicher anatomischer und Verhaltens-Ausstattungen. Vor allem letztere gewinnen zunehmend an Bedeutung. Wie nie zuvor wird bei allen Gruppenentscheidungen sozialer Konsens notwendig: Man muß sich verständigen können. All das sind Funktionen, welche die Leistungsfähigkeit des Gehirns herausfordern.

Die Dominanz isolierter eigenständiger Verhaltensmuster hat nicht überlebt. Selbst der Eigennutz erzwingt gegenseitige Hilfe und sozialen Konsens. Die Stabilisierung des Überlebens Einzelner steht und fällt mit der Überlebensfähigkeit des Sozialverbandes. Die Vereinzelung bringt den Tod.

Wenn soziale Abstimmung von Verhaltensaktivitäten für die Gruppe überlebensnotwendig ist, dann gilt das auch für die Kommunikation. Sie erlaubt die Koordinierung und Steuerung gemeinsamer Aktivitäten. Die Kommunikation durch Lautbildung erweist sich gegenüber der Gestik oder der visuellen Zeigeform als überlegen. Ihre Verfeinerung bis hin zur Sprache wurde zum bevorzugten Stimulus der bio-sozialen Evolution zum *Homo sapiens sapiens*.

Die Entwicklung zum modernen Menschen war der Weg zu einem lebens- und überlebensfähigen Mitglied einer Gemeinschaft. In ihr wirkt jedes Mitglied um so effektiver, je besser es die Regeln des Zusammenlebens meistert. Und diese Regeln werden vererbt, als wenn sie genetischen Ursprungs wären. Es sind latente Einstellungen und Gewohnheiten, die sich in den Lebensformen der Gruppen festsetzen, als gehörten sie von jeher zur menschlichen Natur. Es sind Teile von Weltbildern, die sich als Resultat von Denkprozessen herausbilden und die von Generation zu Generation weitergegeben werden.

Das älteste archaische und noch immer praktizierte Weltbild der Menschheit finden wir in den Glaubensvorstellungen der Aborigines, von dem wir bereits im ersten Beispiel berichteten. Wir erwähnten die mächtigen Traumzeitwesen, welche, in tierischer oder menschlicher Gestalt auftretend, die Landschaft formten und die Tier- und Pflanzenwelt schufen. Im Weltbild der Aborigines gelten sie nicht nur als Landschaftsformer. Sie begründeten alle Gesetze und Vorschriften, die das Leben in den Jäger- und Sammlerinnen-Gemeinschaften regeln und die ihr Verhalten zu Tieren und Pflanzen prägten. »Sie schufen die Jahreszyklen, Vegetationszonen und die Fruchtbarkeit der Tiere und Pflanzen. Gleichzeitig lehrten sie die Menschen, wie diese sich den von ihnen angelegten Nahrungsreichtum zunutze machen konnten, und wiesen sie in die Techniken des Jagens und Sammelns ein. Damit einher gingen Jagdvorschriften und Verhaltensmaßregeln gegenüber bestimmten Tieren, so daß ein Verhaltenskodex in bezug auf die Umwelt geschaffen wurde. Darüber hinaus legten die Schöpferwesen fest, wie die Aborigines mit ihren Mitmenschen umgehen, in welchen sozialen Gruppen und Gemeinschaften sie leben und wie sie sich gegenüber anderen Gruppen und deren Mitgliedern verhalten sollten. Der gesamte, nicht nur die Menschheit betreffende Moralkodex allen Lebens auf der Erde wurde somit während der Traumzeit geschaffen.«[7]

Mit Abschluß der Schöpfungsphase und dem Verschwinden der Kulturheroen der Traumzeit begann das Zeitalter der Menschen. Zu ihren Aufgaben zählt auch die Pflege einer engen Verbindung zu den Wesen oder Naturmerkmalen, in die sich die Ahnen der Traumzeit verwandelten.

»Der beständige Kontakt zu den mythologischen Ahnen und ihren Wirkkräften wird seitdem durch regelmäßig abgehaltene Zeremonien an besonders heiligen Orten, durch die Initiationsfeiern und die Pflege der Sakralobjekte aufrechterhalten. Dieser Kontakt gilt als unabdingbar, will der Mensch in der Jetztzeit überleben, sein Wissen über die natürliche Umwelt behalten bzw. erweitern und die vorgeschriebenen Verhaltensvorschriften der Urahnen einhalten, die ihm ermöglichen, als akzeptiertes soziales Mitglied in der menschlichen Gemeinschaft zu leben. Dies alles zusammen vermittelt dem Menschen seinen inneren Lebenssinn auf dieser Erde und stellt ihn in den Kontext des gesamten natürlichen wie metaphysischen Daseins im belebten Kosmos.«[8]

Das Leben der Aborigines war und ist in allen seinen Bereichen von religiösen Vorstellungen durchdrungen. Sie entstanden in der Traumzeit und gelten daher als ewiges Gesetz. Es gilt nicht nur für einen besonderen Ritual- oder Zeremonialbereich. Die Aborigines kennen keine Götter, keine Hölle und kein Paradies, in welche die Seelen der Verstorbenen je nach Verdienst eingehen. Ältere Männer und Frauen, die in die ethischen Normen eingeweiht worden waren, genießen in ihrer lokalen Gruppe eine hohe Wertschätzung – eine institutionelle Verfügungsgewalt über andere Menschen besitzen sie nicht.

Die entscheidende Zäsur, die den Weg in die Neuzeit öffnete, war die *Neolithische Revolution*. Der Wandel von den jagenden und sammelnden Lebensformen zu einer seßhaften, Bodenbau betreibenden Wirtschaftsweise vollzog sich in den zurückliegenden 11 000 Jahren.

Dieser Übergang zur Nahrungsproduktion durch Ackerbau und Viehzucht stellte keinen zwangsläufigen Schritt dar auf dem Wege zu neuen Organisationsformen der menschlichen Gesellschaft und den mit ihnen verbundenen neuen Weltbildern. Im Gegenteil, in den wenigen Gebieten der Erde, in denen der Übergang unabhängig voneinander erfolgte, begann er lokal unter dem Einfluß klimatischer Veränderungen bei gegebenen natürlichen Voraussetzungen, das heißt domestizierbaren Pflanzen- und Tierarten. Die Eigendynamik des Prozesses, der das Antlitz der Erde nahezu völlig veränderte, beruhte auf dem Wechselspiel zwischen wachsender Bevölkerung, Intensivierung der zu ihrer Versorgung notwendigen Arbeit und sich ändernden Randbedingungen. Dies forderte neue Organisationsformen des Zusammenlebens und damit auch veränderte Weltbilder, die soziale Stabilität ermöglichten bzw. schufen.

Bereits mit Beginn des Ackerbaus dürfte sich das Weltbild gegenüber dem der Jäger und Sammlerinnen verändert haben. Alle für eine ertragreiche Ernte bedeutsamen Naturerscheinungen wurden vermutlich intensiver wahrgenommen. Bewegungen von Sonne und Mond, Wechsel der Jahreszeiten und Naturerscheinungen wie Gewitter und Regen wurden auf das Wirken irrationaler Kräfte zurückgeführt.

Frühe Bodenbaukulturen beschränkten sich keineswegs auf einzelne voneinander isolierte Dorfgemeinschaften. Sie wuchsen im Laufe der Zeit zu großen, durch Verwandtschaftsbeziehungen miteinander verbundenen Gemeinschaften. Die über lange Zeiten stabilen Gesellschaftsformationen waren herrschaftsfrei. In ihnen bestand eine geschlechtsspezifische Arbeitsteilung.

Die alle Aspekte des Lebens durchdringenden Verwandtschaftsbeziehungen fanden ihre Reflexion im Glauben. Während bei Jägern und Sammlerinnen noch die Beziehung des Individuums zum Übernatürlichen dominierte, wird sie bei den frühen Ackerbaukulturen zur Beziehung des Kollektivs zum Transzendentalen. Auch für die seßhaften Bodenbauern ist das Übernatürliche untrennbar mit ihrem Leben verbunden; zwischen Weltbild und gesellschaftlichem Sein besteht kein Bruch.

Die ersten Zivilisationen entstanden einige Jahrtausende später auf dem Schwemmland der großen Flüsse Tigris und Euphrat, Nil und Indus. Hier bildeten sich beständige fruchtbare Böden mit nahezu unerschöpflichen Nährstoffen, die von den Flüssen aus dem Hochland herangeführt wurden. Bei einem für das Getreidewachstum günstigen Klima und bei Anlage umfangreicher Bewässerungssysteme konnte in diesen Gebieten ein stabiler Nahrungsüberschuß erzeugt werden.

Dies erforderte neue Formen der Arbeitsorganisation, die den Rahmen der Dorfgemeinschaften sprengten. In großen Menschengruppen wurde der Einzelne anonym. Neue Formen des Zusammenlebens entwickelten sich. Es entstanden hierarchische Sozialstrukturen mit adäquaten Regeln des Zusammenlebens und -bleibens. Sie gaben den Menschen eine neue Orientierung ihres Denkens, Verhaltens und Handelns.

In den Stadtstaaten, die sich in den folgenden Jahrtausenden entwickelten, entstanden Großwirtschaften um die Tempel herum. Sie wirkten als kultische, ökonomische und politische Zentren mit Herrschern in priesterlicher Funktion.

Mit Erstarken des Staates und schließlich durch die Entwicklung zum Königtum erhielt die Religion eine neue Funktion. Die Götter gewannen zunehmend eine soziale Repräsentanz. Die Stellung des Königs in der gesellschaftlichen Organisation findet ihre Reflexion im Charakter und in der Stellung der Gottheiten. Sie sind mit unterschiedlichen Zuständigkeiten in das hierarchische System der Sozialstrukturen eingebunden.

Betrachten wir als Beispiel die gut dokumentierte Entwicklung in Ägypten. Zum Ausgang des 4. Jahrtausends v. Chr. formten sich die Grundlagen der ägyptischen Kultur. Die Hieroglyphenschrift entstand, und ein fester Kalender wurde eingeführt. In der ersten Phase der Pharaonenwirtschaft (1. und 2. Dynastie,

2900 bis 2660 v. Chr.) bildete sich der ägyptische Staat. Aus einer um die Großfamilie des Pharao gescharten Beamtenschaft entwickelte sich eine herrschende Klasse. Bereits zu Beginn des Alten Reiches (3. bis 6. Dynastie, 2660 bis 2160 v. Chr.) lag alle Macht im Staat in den Händen des Pharaos. Der König galt als Gott, als Sohn eines Gottes. Nur er besaß das Recht, mit den Göttern zu verkehren, und war damit oberster Richter.

Während des Alten Reiches überlagerten sich religiöse Anschauungen, die zu verschiedenen Zeiten in verschiedenen Gegenden vorhanden waren. Viele von ihnen reichen weit in die Vergangenheit zurück. So glaubte man, daß den Naturerscheinungen numinose, das heißt göttliche Kräfte innewohnten, die entscheidenden Einfluß auf die Existenz des Individuums und der Gemeinschaft besäßen. Numinose Wesen konnten Pflanzen, Tiere und gegenständliche ortsgebundene Kultmerkmale sein, also altüberkommenes Glaubensgut jener Gemeinschaften, die lange vor dem Alten Reich das Niltal bewohnten. Numinose Kräfte wurden zu Orts- oder Stammesheiligtümern, welche die Existenz ihres Gemeinwesens sicherten. Aus ihnen entstanden die Gottheiten. In dem Maße, wie die Exponenten der Gemeinwesen zur herrschenden Klasse wurden, wuchs die Bedeutung ihrer Götter.

Im Alten Reich gab es viele Götter. Jede Stadt, jedes Gebiet besaß mehrere. Sie waren Personifizierungen unterschiedlicher Naturerscheinungen: des Himmels, der Erde, der Luft, des Wassers usw. Einige Götter verkörperten gleichzeitig Erscheinungsformen des gesellschaftlichen Lebens. In Vor- und Frühzeit erscheinen Götter in Tiergestalt, die später zu Mischwesen aus Menschenleib und Tierkopf werden. Beispiele sind der falkenköpfige *Horus* und der widderköpfige *Amun*. Einige Götter verkörperten gleichzeitig Erscheinungsformen des gesellschaftlichen Lebens. Der *Ibis* war einer der Stadtgötter des 15. Gaus in Unterägypten. Als Verkörperung des Mondgottes *Thot* fand er Aufnahme unter die großen Götter des Reiches. Mit Fortschreiten der Zivilisation wurde Thot zum Gott der Schrift, zum Schutzgott der Beamten.

Der Osiriskult war mit dem Kult der Königsgewalt verknüpft. Wie der Sonnengott *Rê* zum Gott des lebenden Königs wurde, so wurde *Osiris* zum Gott des toten. Grundlage der Verehrung des Osiris war die Vergöttlichung der jährlich sterbenden und erwachenden Natur. In den Pyramideninschriften trat Osiris als Prototyp des toten Pharaos auf. Nach einer Erzählung rächte sich der Gott Horus, Sohn des ermordeten Osiris, nicht nur an

Seth, dem Brudermörder, sondern erweckte gemeinsam mit seiner Mutter, der Göttin *Isis*, Osiris zu neuem Leben. Im Glauben der Priesterschaft sollte durch die Wiederholung der Zeremonie am toten Pharao diesem ein himmlisches Leben nach dem Tode beschieden sein. Damit der verstorbene König oder ihm nahestehende Würdenträger ein Leben nach dem Tode fortsetzen konnten, mußte der Leib durch Mumifizierung und Einbalsamierung erhalten bleiben.

Zu viel bewunderten Denkmälern des Alten Reiches wurden die gewaltigen Pyramiden. In den Augen der Ägypter waren diese königlichen Grabstätten Sinnbilder der Unerschütterlichkeit und Ewigkeit der Königsmacht.

Das einfache Volk aber, das in namenlosen Gräbern beigesetzt wurde, hatte nach den herrschenden religiösen Anschauungen von all dem nichts zu erwarten. Über die religiösen Vorstellungen der einfachen Menschen, Bauern, Handwerker und kleinen Beamten, wissen wir sehr wenig. Vermutlich erhielt sich bei ihnen der Glaube an kleine *Numina* – göttliche Wesen niederen Rangs, Beistand spendende Schutzgeister, an die sie sich ohne Vermittlung durch die Priesterschaft wandten.

Vergleicht man das Weltbild der Zivilisation des Alten Reiches mit denen anderer patriarchalischer Hochkulturen bis hin zu den großen Weltreligionen, so werden bei vielen Unterschieden in den Details Ähnlichkeiten deutlich.

Viele Religionen haben ihren Ursprung im Weltbild der Jäger- und Sammlerinnen-Gemeinschaften. Die Entwicklung über lokale dörfliche Gemeinwesen zu Stadtstaaten und in einigen Fällen zu Weltreichen verliefen ähnlich, selbst in weit auseinander liegenden Teilen der Erde.

Mit der fortschreitenden Entwicklung von Ackerbau und Viehzucht kam das Privateigentum, und die Herrschaft weniger über viele nahm Gestalt an. Aus Dörfern wurden Städte und Staaten, aus Naturlandschaften wurden Kulturlandschaften.

Veränderten sich die Lebensbedingungen in den menschlichen Gemeinschaften, änderten sich auch die Handlungsregulative und -orientierungen. Nach häufig wechselnden Perioden der Eingewöhnung kam es zur Anerkennung neuer ethischer Maßstäbe und Normen. In der Regel wurden sie gebothaft in den Religionen formuliert.

Menschen definieren sich in Gemeischaften durch ihre sozialen Beziehungen zueinander. Jeder hat seinen bestimmten Platz. Die

Gesellschaftsstruktur ist dadurch garantiert, daß jeder seiner sozialen Rolle im hierarchischen Gefüge nachkommt.

Am Beginn des dritten Milleniums unserer Zeitrechnung sind wir mit gewaltigen gesellschaftlichen Umbrüchen konfrontiert. Nicht mehr Gottesgnadentum, sondern Ergebnisse wissenschaftlicher Untersuchungen in den Händen der Kapitaleigner führen zu Macht und Reichtum. Die Funktion der Tempel der Frühgeschichte, der Kathedralen und Burgen des Mittelalters wurde von den Finanzpalästen übernommen. Auch dieses bislang letzte Stadium in der Geschichte menschlicher Gemeinschaften stützt sich auf ein Weltbild, das in den Industrie-Nationen dominiert.

Steigender Reichtum einer kleinen Schicht führt viele Menschen in die Verarmung, verstärkt die Bindungslosigkeit, zerstört die Familien und erzeugt letztlich den Verlust geistiger und sozialer Güter. An ihre Stelle tritt die Manipulation von Lebens- und Existenzformen. Was zu seiner Zeit als Weltbild einer Menschengemeinschaft wirkte, wird trotz, aber auch mit Hilfe der neu gewonnenen wissenschaftlichen Erkenntnisse zur Durchsetzung des heute weltweit dominierenden Gesellschaftssystems genutzt.

Ein System, in dem alles durch seinen Wert bestimmt wird – Waren, Menschen, Natur und inzwischen selbst Gene.

Ein charakteristisches Beispiel ist der Mißbrauch naturwissenschaftlicher Erkenntnisse zur Deutung gesellschaftlicher Verhältnisse. Die Entdeckung Darwins verwies den Menschen auf die Abstammung aus dem Tierreich und beraubte ihn des religiösen Rückhalts, die Krone der Schöpfung zu sein. Derselbe Charles Darwin tat den entscheidenden Schritt zur Biologisierung gesellschaftlicher Verhältnisse, ein Schritt, der bis in die Gegenwart nachwirkt.

In seinem 1871 veröffentlichten Buch »Die Abstammung des Menschen und die geschlechtliche Zuchtwahl« schreibt er: »Bei hochzivilisierten Völkern hängt der dauernde Fortschritt nur in untergeordnetem Grade von der natürlichen Zuchtwahl ab, denn solche Völker verdrängen und vernichten einander nicht wie wilde Stämme. Dessenungeachtet werden im Laufe der Zeit die intelligenteren Mitglieder derselben Gemeinschaft erfolgreicher sein als die minderbegabten, und eine zahlreichere Nachkommenschaft hinterlassen; und das ist eine Form der natürlichen Zuchtwahl.«[9]

Wenn aber die sozialen und gesellschaftlichen Probleme im Gefolge der Industriellen Revolution biologischen Ursprungs sind, sollten sie sich auch mit einer steuernden biologischen Sozialtechnologie regulieren lassen. Der Sozialdarwinismus nahm über Etappen wie Eugenik, Rassenlehre, Rassenhygiene, Euthanasie bis hin zum Holocaust seinen verhängnisvollen Lauf. Die heute in Verbindung mit den Erkenntnissen der Molekularbiologie stattfindenden Diskussionen um die Präformierung individueller und gesellschaftlicher Erscheinungen befindet sich auf dem besten Wege zu einer neuen Form des Zucht- und Ausleseverfahrens von Menschen.

Die pseudowissenschaftliche Erfindung eines genetisch verankerten sozialen Schicksals erscheint für die Praktizierung einer globalen neoliberalen Marktwirtschaft wie gerufen.

Der britische Premierminister Tony Blair und der deutsche Bundeskanzler Gerhard Schröder formulierten 1999 als Quintessenz eines Dritten Weges die Forderung an den Einzelnen, den Herausforderungen eines gesteigerten (lokalen, nationalen, globalen) Wettbewerbs und der Mobilität des Kapitals gerecht zu werden. Das Individuum muß anpassungsfähig, qualifiziert, mobil, auf kurzfristige Anstellungen orientiert und engagiert sein, vor allem aber zufrieden, wenn es von einem Unternehmen »erwählt« wird.

Wenn Globalisierung dazu führt, daß immer mehr Menschen zu überflüssigen, weil Kosten verursachenden Faktoren eines auf Gewinnmaximierung programmierten Systems werden, wenn kollektive Werte verschwinden, welche die Zugehörigkeit des Individuums zu einer Familie, einer Gemeinschaft, ja letztlich zur Menschheit charakterisieren, wenn eine Pseudowissenschaft ihnen einredet, sie seien überflüssig, da nicht verwertbar, und wenn schließlich Gensubstanz Ungeborener, also die »eigene Natur«, nach Wunsch zu einem von Dritten entworfenen Design werden sollte, so ist das System zutiefst inhuman und damit falsch.

1 WELTBILDER DER JÄGER- UND SAMMLERGEMEINSCHAFTEN

Keine der Gesellschaftsformationen, die hinter der Menschheit liegen, erreichte die gleiche Homogenität und Dauer wie die der Jäger- und Sammlerinnen-Gemeinschaften. Selbst wenn wir uns auf den *Homo sapiens sapiens* – den modernen Menschen – beschränken, der vor zirka 150 000 Jahren in Afrika die Bühne des Lebens betrat, lebte unsere eigene Spezies mehr als neun Zehntel der seither verflossenen Zeit in kleinen mobilen Gruppen, die jagend und sammelnd in alle Lebensräume der Erde vordrangen. Warum war das möglich, und welchen Anteil hatten ihre Weltbilder an diesem Erfolg?

Am Beginn der noch anhaltenden Eiszeit vor annähernd drei bis zweieinhalb Millionen Jahren teilte sich in Afrika die Familie unserer aufrecht gehenden Vorfahren in mindestens zwei Zweige: die Gattungen *Paranthropus* und *Homo*. Prägend für *Homo* war die Entwicklung seines Gehirns. Dieser Vorgang wurde zum Inbegriff der Menschwerdung.

Wenngleich die zahlreichen Funde der Paläoanthropologen nicht ohne Aussagefähigkeit über den Weg zum modernen Menschen sind, so sagen sie jedoch kaum etwas darüber aus, was wir als spezifisch menschlich bezeichnen. Wir finden keine Zeugnisse über die Nutzung sprachähnlicher Lautbildung und erfahren nichts darüber, wann reflexibles Denken einsetzte, wann das Nachdenken über das Selbst und das Ich begann und wann über die Eigenschaften des anderen reflektiert wurde. Allerdings sind einige in dieser Richtung deutbare Zeugnisse vorhanden.

Wandlungen in der Technologie der Werkzeugherstellung von einfachen Geröllgeräten mit einer scharfen Oberkante und einem Alter von rund 2,5 Millionen Jahren bis hin zu den vielfältigen Werkzeugformen des *Homo sapiens sapiens* belegen, wie aus einfachen Aktions- und Wirkungsfolgen durch Verkettung von Handlungsschritten gegliederte Konstruktionspläne wurden. Sie schlossen in sich verschachtelte Teilhandlungen ein (zum Beispiel Bogen und Pfeil als Jagdwaffe).

Die Kombination heterogener Handlungsprogramme zu neuen Funktionen und die hierarchische Gliederung beim Aufbau komplizierter Handlungsprogramme sind Zeichen neumenschlichen Denkens. Wir finden sie in den Konstruktionsprinzipien komplexer Wirk- und Werkzeuge, in der Sprache und in der Organisation sozialer Gemeinschaften.

Konstruktives Denken beruht auf der Registrierung von Wirkungen und der Kombination von Handlungsschritten oder Bauteilen mit neuen Funktionen. Das Wenn-Dann-Wissen, das Vorher und Nachher, das Kombinieren von Teilen zu neuen Funktionen beruht auf begrifflich vernetzten Denkoperationen. Die Benennung dieser Ereignisse führt zu sprachlichen Formgebungen, die das Davor und Danach, das Daneben und Dahinter, das Wirkliche, das Mögliche und das Unmögliche zu unterscheiden gestatten.

Die Ähnlichkeiten zwischen konstruktiven Denkplänen für Geräte oder Werkzeuge, für die Gestaltung von Symbolen und für den Aufbau sprachlicher Strukturen erscheinen uns so eindringlich, daß man eine gemeinsame Basis vermuten kann. Die Operationen haben den Charakter kognitiver Module, die über deutliche Ähnlichkeiten zu operativen Handlungsanweisungen verfügen. Sie weisen auf die aus Lernvorgängen resultierende Speicherfähigkeit des Nervensystems beim *Homo sapiens* hin.[1]

»Und wenn wir diese Gedanken noch ein Stück fortsetzen und uns an die charakteristische Konstruktionsweise der frühen Neuzeitmenschen erinnern, so war es, über den kombinatorischen Aufbau der Werkstücke hinaus, die Hierarchie in den Konstruktionsplänen, die ihrem neuzeitlichen Denken zugrunde gelegen hat. Denken wir an solche Strukturbildungen in sprachlichen Konstruktionen, so entsprächen die in ihren wesentlichen Eigenschaften den Konstruktionsprinzipien einer Satz erzeugenden Grammatik. Dies würde bedeuten, daß die frühen Cro-Magnon-Menschen vor zirka 40 000 Jahren eine Wortfolgen klammernde, flektierende Hochsprache ausgebildet hatten. Warum sollten auch die im Werkzeugbau nachweisbaren Denkstrukturen bei der Konstruktion sprachlicher Ausdrücke nicht zur Verfügung gestanden haben? Allem Anschein nach haben wir es hier mit der Entstehung von Universalien im menschlichen Denken zu tun. Mit ihnen wurde der Eintritt in die frühe gesellschaftliche Geschichtlichkeit des Menschen vollzogen. Über die reine Verständigung hinaus war ein Rahmen entstanden, in dem sich Abhängigkeiten in den Wahrnehmungen zu einer Art Weltsicht zusammenfassen und in ihr ausdrücken ließen.«[2]

Fels- und Höhlenmalereien, Statuen, nicht zuletzt auch die Kultur der Totenbestattungen lassen den hohen Stand der geistig kulturellen Entwicklung, den unsere Vorfahren vor mehr als 30 000 Jahren erreicht hatten, sichtbar werden. Aber die unbelebten Zeugnisse sind unterschiedlich deutbar, wie eine reichhaltige Literatur belegt.

Eine Erkenntnisquelle, die sich relativ spät erschloß und bis auf kümmerliche Reste in der zweiten Hälfte des 20. Jahrhunderts versiegte, bildete das Leben und Denken von Menschen, die jagend und sammelnd in verbliebenen Refugien der Erde existierten. Ihr Lebensraum schrumpfte in dem Maße, wie Ackerbauern und Viehzüchter vordrangen.

Mit der Renaissance in Europa setzte eine Loslösung von der mittelalterlichen Gebundenheit in ein kirchlich-feudales Ordnungssystem ein. Es begann das Zeitalter der bürgerlichen Emanzipation, eine Zeit der großen geographischen Entdeckungen. In den folgenden Jahrhunderten wurden bis dahin von Europäern unberührt gebliebene überseeische Gebiete in Amerika, Afrika und Ozeanien erschlossen. Mit Beginn der Industriellen Revolution beschleunigte sich der Verdrängungs-, ja Vernichtungsprozeß der Naturvölker.

Betrachten wir am Beispiel des fünften Kontinents, der, verglichen mit Amerika und Afrika, erst spät durch Europäer erobert wurde, wie die Ureinwohner und ihre Kultur wahrgenommen wurden.

Auf der Suche nach einem sagenhaften Südkontinent (*terra australis incognita*) erforschte James Cook auf seiner ersten Pazifikreise (1768 bis 1771) die bis dahin unbekannte Ostküste Australiens. Beeindruckt von Fruchtbarkeit und üppiger Vegetation des Landes annektierte Cook das Land (Neusüdwales) im Namen des britischen Königs.

1783, nach der Trennung der amerikanischen Kolonien von England, wurden neue Deportationsmöglichkeiten für die Insassen der überfüllten englischen Gefängnisse gesucht. Die Wahl fiel auf Australien. Im Mai 1787 segelte die erste Flotte nach Botany Bay, in deren Nachbarschaft heute die Weltstadt Sydney liegt. Soldaten, Sträflinge und später erste Siedler konnten für die dort lebenden Ureinwohner keinen Namen in Erfahrung bringen. Sie nannten sie zusammenfassend mit dem lateinischen Begriff *ab origines* – die von Beginn an Dagewesenen.

Die Ureinwohner wurden als Wanderer in einer unberührten Natur wahrgenommen. Sie betrieben weder Ackerbau noch Viehzucht und erzeugten keine Waren. Die Europäer deklarierten daher den australischen Boden als »wüst« und »leer« (*terra nullius act*). Erst 1992 wurde die ursprüngliche Souveränität der Aborigines über ihr Land vom Obersten Gerichtshof Australiens nach einem langjährigen Musterprozeß rechtlich anerkannt.

Da die europäischen Einwanderer keine Gotteshäuser, Heiligtümer oder Denkmäler fanden, betrachteten sie die Ureinwohner als Wesen auf der untersten Stufe der Menschheit, die über keine religiösen Empfindungen verfügten. Den Europäern kam nicht in den Sinn, daß religiöse Vorstellungen und sakrale Objekte einer strengen Geheimhaltung unterliegen könnten, und noch im Jahre 1902 heißt es in einem Brief von Baldwin Spencer, einem bedeutenden Ethnologen seiner Zeit, an seinen Berufskollegen James Frazer, er sei davon überzeugt, daß die Ureinwohner Australiens nichts besäßen, was einer einfachen, reinen Religion nahe käme.

Ein Kontakt zwischen Einwanderern und Ureinwohnern kam lange Zeit nicht zustande. Die Hinzugekommenen waren mit ihren eigenen Problemen, insbesondere mit der inneren Ordnung und Sicherheit, beschäftigt. Alsbald wurden die Aborigines von den schrecklichen Auswirkungen der Einwanderung getroffen. 1830 verbreiteten sich im Hinterland von New South Wales die Pocken, die ganze Landstriche entvölkerten.

Erst gegen Ende des 19. Jahrhunderts waren Stimmen zu hören, die von einem religiösen Leben der Aborigines berichteten. Es handelte sich um Eindrücke und Erfahrungen von Siedlern, Missionaren und Wissenschaftlern mit landeskundlichen, völkerkundlichen und religionswissenschaftlichen Interessen.

1899 erschien eine viel beachtete Monographie von Baldwin Spencer und Francis Gillen über ethnologische Forschungen in Zentralaustralien.[3] Beide waren davon überzeugt, bei ihren Beobachtungen des Lebens der Aborigines Zeugen magischer Praktiken und nichtsakraler Zeremonien im religiösen Sinn gewesen zu sein. Sie wurden in ihrer Ansicht stark von dem schon genannten James Frazer (1854-1941) beeinflußt, einem der bedeutendsten Wissenschaftler seiner Zeit, der in seinem mehrbändigen Werk »The Golden Bough« die Abfolge der menschlichen Geistesentwicklung von der Magie über die Religion zur Wissenschaft zu belegen versuchte.[4] Da sich die Aborigines nach Frazers Ansicht auf der untersten Stufe der Menschheitsentwicklung befanden, konnten sie auch keine Religion besitzen. Eine Ansicht, die bis in die zweite Hälfte des 20. Jahrhunderts nachwirkte.

Erst seit Ende der fünfziger Jahre nimmt die Religion der australischen Ureinwohner einen angemessen breiten Raum in der wissenschaftlichen Literatur ein. 1961 wurde auf der ersten nationalen Konferenz über »Aboriginal Studies« in Canberra festgestellt, daß das Verhältnis der Religion der australischen Ureinwohner unauflöslich mit dem Verständnis der gesamten Gesellschaft und der Gedankenwelt der Aborigines verknüpft ist.[5]

»Das Leben der Aborigines war und ist in *allen* seinen Bereichen, und nicht nur in einem gesonderten Ritual- oder Zeremonialkomplex, von ihren religiösen Auffassungen durchdrungen. Diese berühren das alltägliche Miteinander der Menschen ebenso wie ihre Lebens- und Wirtschaftsweise, die Ausübung ihrer Zeremonien und die Überlieferung der Traditionen. Des weiteren finden sie ihren künstlerischen Ausdruck in Fels- oder Rindenmalereien, die Ereignisse aus dem Mythologienschatz darstellen. Hervorzuheben ist auch das Verhältnis der Aborigines zu ihrem Land, das durch religiöse Überlieferungen bestimmt wird, sowie ihre Einstellung zur Umwelt, zu Pflanzen und Tieren, von denen sie sich ernähren.«[6]

Alle Feldstudien aus der zweiten Hälfte des 20. Jahrhunderts stimmen darin überein, daß die Wurzeln des Lebens der Jäger und Sammlerinnen in ihrer Sozialorganisation liegen; in der Kontinuität ihres Seins als Individuen, Familienmitglieder und Gruppenangehörige, in ihrer sozialen Identität. Ihre Weltbilder sind unauflöslich mit ihren Lebensbedingungen verknüpft.

Nur ein unvoreingenommenes, nicht durch gängige Klischees geprägtes Herangehen an Leben und Denken von Jäger- und Sammlerinnen-Gemeinschaften erschließt uns das Verständnis einer Gesellschaftsformation, in der unsere Vorfahren über Zehntausende von Jahren *gelebt* und keineswegs als »Untermenschen« vegetiert haben.

Auch in den Aussagen von Anthropologen und Ethnographen spiegeln sich nur allzu häufig gesellschaftliche Voreingenommenheiten und unausgesprochene Erwartungen wieder. Jeden Wissenschaftler beeinflussen bewußt oder unbewußt Vorstellungen, die mit seinem Weltbild, seiner Glaubensvorstellung verbunden sind.

Im 18. und 19. Jahrhundert wurden Ureinwohner anderer Kontinente von Europäern als brutale Wilde klassifiziert, die weder Sprache noch Kultur besäßen. Vorstellungen dieser Art finden sich zum Beispiel in dem Werk »Systema naturae«, mit dem der Naturforscher und Botaniker Carl von Linné in der Mitte des 18. Jahrhunderts die Taxonomie, die binominale Klassifikation zur

Benennung und Einteilung der Lebewesen, begründete. Neben dem *Homo sapiens* gibt es in seinem Werk auch den *Homo troglodytes*, eine nachtaktive Menschenart, die sich durch Zischlaute verständigt, und *Homo caudatus*, von dem bekannt war, daß er einen Schwanz hätte.[7]

Charles Darwin veröffentlichte 1859 »Die Entstehung der Arten«. Dieses Werk bewirkte zwar einen tiefgreifenden Umschwung in den Vorstellungen vom Ursprung des Menschen, die Ansichten über sein Wesen änderten sich dadurch jedoch kaum.

Berichte europäischer Ethnographen über die Aborigines, die zum Ausgang des 19. Jahrhunderts veröffentlicht wurden, veranlaßten beispielsweise Sigmund Freud in seinem 1913 erschienenen Buch »Totem und Tabu«, die Ureinwohner Australiens als die zurückgebliebensten, armseligsten Wilden zu betrachten, die letztlich auch keine Spuren von Religion in Form der Verehrung höherer Wesen besäßen.[8] »Ungleichheit der Menschenrassen – die Schwarzen unten, die Weißen an der Spitze – wurde einfach als die natürliche Ordnung der Dinge erklärt: vor 1859 als Ergebnis der Schöpfung Gottes, nach 1859 als Produkt der natürlichen Auslese.«[9]

Im April 1966 fand in Chicago eine Konferenz mit dem Titel »Man the Hunter« statt. Sie markiert den Beginn einer neuen Ära der systematischen Erforschung von Jägern und Sammlerinnen. R.E. Kelly charakterisierte diese Konferenz als Wasserscheide unseres Wissens über Jäger und Sammlerinnen. Der Anthropologe Marshall Sahlins lieferte in einem der herausragenden Beiträge der Konferenz eine treffende Charakterisierung der »Ursprünglichen Wohlstandsgesellschaft«: »Im allgemeinen versteht man unter einer Wohlstandsgesellschaft eine Gesellschaft, in der alle Bedürfnisse leicht zu befriedigen sind; und wenn wir auch gern diesen glücklichen Zustand als alleinige Errungenschaft der industriellen Zivilisation ansehen, so spricht mehr für die Jäger und Sammler, ... denn Bedürfnisse werden entweder dadurch, daß man viel produziert, oder dadurch, daß man wenig begehrt, leicht befriedigt, und so gibt es zwei Wege zum Überfluß ... ein Volk, das sich zur Zen-Methode bekennt, kann sich eines unvergleichlichen materiellen Reichtums erfreuen, wenn auch sein Lebensstandard sehr niedrig sein mag. Meiner Ansicht nach dürfte das für die Jäger zutreffen.«[10]

Wie für jede Wissenschaft, die sich mit komplexen Vorgängen beschäftigt, werden neue Funde, zum Beispiel neolithische Rastplätze oder Kunstwerke, aber auch weitere ethnographische Feldforschungen unsere bisherigen Vorstellungen ändern; das aber charakterisiert jede lebendige Einzelwissenschaft.

Jäger- und Sammlerinnen-Gemeinschaften, häufig auch als »Wildbeuter-Gesellschaften« bezeichnet, lassen sich durch drei Kriterien charakterisieren:[11]

- Die Art und Weise, in der sie ihren Lebensunterhalt sichern, indem sie wildwachsende pflanzliche Nahrung sammeln, wildlebende Tiere jagen und Fische fangen.
- Die Art ihrer Sozialbeziehungen: Die kleinste Einheit, in der sie zusammen leben, ist die Lokalgruppe (band) mit 15 bis 50 Mitgliedern. Ihre Mitglieder sind verwandtschaftlich miteinander verbunden. Sie kennen keine Hierarchie. Mehrmals im Jahr verändert sich die Größe der Gruppe, und die Gruppe wechselt ihre Lagerplätze. Das Land, auf dem sie leben, betrachten sie nicht als Eigentum. Es wurde ihnen durch die Vorzeitahnen zur pfleglichen Nutzung überlassen.
- Ihre Ethik und ihr Weltbild: Oberste Regel ist das Teilen. Es beruht auf Gegenseitigkeit, wobei es ein Geben ohne Erwartung einer unmittelbaren Gegengabe ist. In ihrem Weltbild durchdringen reale und mythische Welten einander. Während einer früheren mythischen Zeit, der »Traumzeit«, erfolgten durch mächtige Traumzeitahnen die Gestaltung der Landschaft, die Trennung von Tier und Mensch, Leben und Tod und die Festlegung der Regeln des menschlichen Zusammenlebens sowie des Verhaltens gegenüber der Natur mit all ihren Lebewesen.

Auf den folgenden Seiten soll die Beschreibung des Lebens und Glaubens von Wildbeutern auf drei Kontinenten – den Aborigines in Australien, den Sun im Süden Afrikas und den Eskimos in der Arktis – als Beispiele für viele stehen.

1.1 Die Ureinwohner Australiens

Obwohl Angaben über die Dauer der Besiedelung umstritten sind, können wir davon ausgehen, daß die ersten Menschen Australien vor rund 45 000 Jahren erreichten. Zu Beginn der Kolonisierung lebten auf dem Kontinent zirka 500 000 Ureinwohner, die sich in 200 verschiedenen Sprachen bzw. Dialekten verständigten. Heute sprechen noch ungefähr 50 000 Aborigines in 50 Sprachen miteinander.

Sprachnamen werden häufig als Stammesnamen verwendet, aber Stämme im geläufigen Sinne, als politische, wirtschaftliche oder soziale Einheiten, gab es nie, sondern nur Menschen, die sich in einer kommunizierbaren Sprache austauschen.

Das in der Öffentlichkeit häufig wahrgenommene Bild der Ureinwohner Australiens von Menschen, deren Lebensraum Wüsten, Halbwüsten und Buschland bilden, war zumindest bei Beginn der europäischen Besiedelung unzutreffend. 90 Prozent der Aborigines lebten an den Küsten, entlang der Flüsse und an den Rändern der Feuchtgebiete. Nur zehn Prozent hielten sich in den trockenen Gebieten des Kontinents auf.

Archäologische Ausgrabungen belegen, daß vor 30 000 Jahren alle Gebiete Australiens durch Aborigines besiedelt waren. Dabei zeigen sich sowohl Kontinuität als auch erkennbare Änderungen im Leben der Menschen. Indikatoren sind die Materialien, aus denen Geräte und Werkzeuge hergestellt wurden, die Technologie ihrer Anfertigung, die Art der benutzten Symbole und die Nutzung der gleichen Plätze für Zeremonien über Jahrtausende.

Eine kulturelle Teilung zwischen im Norden lebenden Gruppen und denen auf dem Rest des Kontinents fand bereits im Pleistozän statt. Felszeichnungen zeigen im Norden figürliche Darstellungen von Mensch und Tier, während sich in Zentralaustralien graphische Darstellungen geometrischer Muster finden.

Die räumliche und zeitliche Verteilung von Steinwerkzeugen, zum Beispiel geschliffenen Beilen, bietet ein ähnliches Bild. Während die ersten bereits vor 30 000 Jahren im Norden verwendet wurden, finden sie sich in allen Teilen des Landes erst aus einer Zeit vor 4 000 Jahren. Hölzerne Grabbeigaben, wie 9 000 Jahre alte Speere und Bumerangs, fanden Archäologen in Südostaustralien. Felsbilder im Norden zeigen, daß ihr Gebrauch viel weiter zurückgeht.

Die Verschiedenheit der Sprachen ist sicher ein Hinweis auf kulturelle Unterschiedlichkeiten, aber bei allen Differenzen der Lebensbedingungen bestehen gerade in religiösen Vorstellungen und Zeremonien viele Gemeinsamkeiten. Sie belegen einen ständigen Austausch zwischen den Ureinwohnern des riesigen Landes. Betrachten wir die Lebensbedingungen zweier Sprachgruppen in verschiedenen Teilen Australiens:

Die *Arrernte* sprechenden Gruppen leben in der Gegend von Alice Springs in Zentralaustralien.[12] Sie kamen erst in der zweiten Hälfte des 19. Jahrhunderts mit Europäern in Kontakt. Ihr heutiger Lebensraum sind Wüsten und Halbwüsten. In den Bergen und den vorübergehend trockenen Flußbetten haben sie Zugang zu permanenten und zeitweiligen Wasserstellen. Der Charakter der von ihnen bewohnten Landschaften – Sanddünen, dichtes Buschland und zerklüftete Berge – variiert beträchtlich.

In den Sommermonaten gibt es heftige Regenfälle. In Winternächten liegen die Temperaturen in der Nähe des Gefrierpunkts, im Hochsommer übersteigen sie am Tage häufig 40 Grad Celsius.

Zum großen Jagdwild der Arrernte zählten rote Känguruhs, Bergkänguruhs und Emus. Häufiges kleineres Wild waren Warane. Zu den gesammelten Nahrungsmitteln gehörten Honigameisen, Wittchetty-Raupen und Früchte, wie Buschtomaten, Buschbananen und wilde Orangen.

Als Jagdwaffen und Geräte wurden Steinmesser, Speere, Keulen, Bumerangs und Grabstöcke benutzt. Umherziehende Lokalgruppen bewegten sich zwischen zeitweiligen Lagerplätzen in einem klar abgegrenzten Territorium. Die Struktur der Gruppen war flexibel. Während sich ältere Männer vorwiegend in ihrer Lokalgruppe aufhielten, wechselten jüngere Männer und Frauen häufig in andere, die mit ihrer Gruppe durch verwandtschaftliche Beziehungen verbunden waren.

Noch vor 200 Jahren bildete eine andere Gruppe, die *Ngarrin-djeri*, eine kulturelle Gemeinschaft von rund 6 000 Ureinwohnern, die sich in Dialekten einer Sprache verständigten.[13] Sie lebte im Südosten Australiens, vorwiegend längs des Murray Rivers, der zirka 100 Kilometer südöstlich von Adelaide entspringt. Archäologische Funde belegen, daß die Besiedlung dieser Gegend vor rund 18 000 Jahren begann. Die günstigen Umweltbedingungen, das heißt reichhaltiges Nahrungsangebot und angenehmes Klima ließen ein vergleichsweise schnelles Bevölkerungswachstum zu. In vorkolonialer Zeit konnte sich hier die höchste Bevölkerungsdichte des Kontinents herausbilden.

Die Nähe zur Küste führte bereits 1810 zu ersten Kontakten mit Europäern. In deren Folge trat eine Pockenepidemie auf, die zwischen 1814 und 1831 die Zahl der Ureinwohner auf zehn Prozent der ursprünglichen Größe reduzierte. Um 1900 waren die meisten Ngarrindjeri Mischlinge. 1940 wußten nur noch einzelne Individuen um ihre alten Lebensformen.

Das Territorium der Ngarrindjeri umfaßte Gebiete an der Meeresküste, längs der Flußläufe, an Binnenseen, in Buschland und Wüste. Das Klima ist durch warme trockene Sommer und milde feuchte Winter charakterisiert. Während der Winterzeit lebten die Gruppen an festen Plätzen von Vorräten – vorwiegend Fisch, der während des Sommers gefangen worden war.

Die Männer jagten die verschiedensten Tiere, wie Vögel, Säugetiere, Beuteltiere, Reptilien, und sie fingen Fische. Die Frauen sammelten Früchte, Gemüse, Beeren und Muscheln. Die Ngarrindjeri verfügten über unterschiedliche Wirk- und Werkzeuge, wie Speere, Speerschleudern, Bumerangs, Keulen, Fallen, Grabstöcke, Rindenkanus und -behälter sowie Fischfangnetze.

Verglichen mit anderen Teilen Australiens war die jahreszeitliche und regionale Variation der verfügbaren Nahrung außerordentlich günstig. Das führte, verglichen mit anderen Gruppen des Kontinents, zu einer weit geringeren Mobilität der Lokalgruppen und zu einem gewissen Grad der Spezialisierung bei wirtschaftlichen Aktivitäten.

Im 19. Jahrhundert berichteten Ethnographen über Elemente einer sozialen Hierarchie bei den Ngarrindjeri, die bei anderen Gruppen der Ureinwohner nicht beobachtet wurden. Jede ihrer lokalen Gemeinschaften hatte einen Häuptling, einen älteren, erfahrenen Mann, dem eine Gruppe älterer Männer zur Seite stand. Sie berieten nicht nur notwendige wirtschaftliche Aktivitäten, sondern organisierten zum Beispiel auch Heiraten unter Beachtung des Heiratsklassensystems.

Von größerem Interesse als diese äußerlichen Aspekte im Leben der Arrernte und Ngarrindjeri sind ihr Weltbild, ihre sozialen und ethischen Normen und ihr Verhältnis zum Lebensraum in seiner unbelebten und belebten Formenvielfalt, ihre Beziehung zu ihrem *Land*. Ein Arrernte sagt darüber:

Die Art, die uns mit den Dingen verbindet, und unsere Beschreibung dieser Beziehung sind mit dem Land verbunden. Und das ist die Art, in der Aborigines darüber reden. ... Jeder Mensch ist mit dem Land verbunden. Er nennt es Mutter oder Mutter der Mutter. ... Das Land ist unser Geist, unsere Seele. ... Benachbarte Orte sind miteinander verwandt, wie es auch die Menschen sind. ... Du bist nicht nur mit anderen Menschen verwandt, du bist es auch mit dem Land. Und du sorgst dich um das Land, wie du dich um Verwandte bemühst.[14]

Die Aborigines lebten vom Land, ohne es tiefgreifend zu verändern. Den seit der Vorzeit, der Traumzeit, bestehenden spirituellen Beziehungen zum Land trugen sie in ihren Ritualen und Zeremonien Rechnung. Nur deren Einhaltung garantierte eine Lebensperspektive.

In der Einleitung zu diesem Buch zitierte ich eine der Schöpfungsmythen der Aborigines über die Entstehung des Landes, deren Ursprung in der Kimberley-Region im Nordwesten Australiens liegt.

Der mythische Kulturheroe, welcher während der Traumzeit, der imaginären Epoche vor der Existenz von Mensch und Tier, das Land der Ngarrindjeri schuf, war *Ngurunderi*. Er konnte in der Gestalt eines Mannes durch Raum und Zeit reisen. Seine beiden Frauen hatten ihn verlassen, und er war auf der Suche nach ihnen.

Der mächtige Ngurunderi lenkte sein Rindenkanu den kleinen Bach entlang, der zum Murray River wurde. Er war vom Darling River gekommen und verfolgte einen riesigen Barsch. Während dieser Fisch schwamm, schleuderte er mit seinem mächtigen Schwanz das Wasser zur Seite und erweiterte so das Flußbett auf seine heutige Größe. Als Ngurunderi anhielt, um sich auszuruhen, schwamm der Barsch in einen See, und er gab alle Hoffnung auf, ihn je zu fangen. Dann aber fiel ihm Nepelle ein, der Bruder seiner Frau. Rasch erhob er sich und ruderte sein Kanu nach Bumondung und rief seinen Schwager Nepelle um Hilfe, der auf dem roten Felsenkliff Rawugung (Point McLeay) saß. Nepelle stieß sein Kanu ab und lenkte es zu einer Sandbank, wo er mit bereitgehaltenem Speer wartete. Der Barsch schwamm auf Nepelle zu, der ihn mit seinem Speer tötete und auf der Sandbank niederlegte. Als Ngurunderi eintraf, schnitten sie den Riesenfisch in kleine Stücke und warfen die Stücke eins nach dem anderen ins Wasser, wobei sie jedesmal den Namen der Fischart ausriefen, in die sich das Stück verwandeln sollte. Schließlich warfen sie das letzte Stück ins Wasser und sagten: »Du sollst weiterhin ein Barsch sein.«

Ngurunderi setzte seine Reise fort und gelangte nach Bamundang. Dort zog er sein Kanu an Land, und seine Fußspuren sind immer noch dort. Er trug sein Kanu nach Larlangangel, wo er zwei große Abfallhalden von Muschelschalen der Süßwassermuscheln zurückließ. Als er sich eines Tages auf dem Rückweg von Granagung befand, sah er einige Leute an einer Stätte namens Ngirlungmunang. Sie fürchteten sich vor ihm und versteckten sich im Schilf. Doch Ngurunderi konnte sie flüstern hören, und da verwandelte er sie in kleine blaue Vögel.

Ngurunderis Frauen befanden sich in Gurelbang. Sie kochten einen Silberbrassen, der für Frauen tabu war. Der Wind trug den Geruch des kochenden Fisches zu Ngurunderi. Da dieser nun für sein Kanu keine weitere Verwendung mehr hatte, hob er es in den Himmel hinauf, wo es sich in die Milchstraße verwandelte. Dann begab er sich über Land nach Gurelbang. Mittlerweile aber befürchteten die beiden Frauen, daß Ngurunderi den Fisch riechen würde, und so flohen sie auf einem Schilffloß über den Lake Albert nach Thralrum an dessen Westufer. Sie ließen ihr Floß zurück, das sich in das dortige Schilfrohr verwandelte, und wanderten weiter in den Coorong.

Als Ngurunderi Gurelbang erreichte und entdeckte, daß seine Frauen geflohen waren, fertigte auch er sich ein Floß und verfolgte sie in den Coorong. Dort traf er auf den bösen Geist Barambari. Ngurunderi erkundigte sich, ob der seine beiden Frauen gesehen habe, aber Barambari begann einen Streit mit ihm und jagte ihm seinen Speer durch den Schenkel. Ngurunderi lachte, zog den Speer heraus und warf ihn fort. Dann schleuderte er seine Wurfkeule, und sie schlug Barambari bewußtlos.

Ngurunderi dachte, er sei tot und kehrte sich ab, um davonzugehen. Doch Barambari erlangte sein Bewußtsein wieder und verhinderte mit seiner Zauberspeerschleuder, daß Ngurunderi vom Fleck kam. Da tötete Ngurunderi ihn mit einem Keulenhieb. Er entwurzelte einige Eukalypten und andere Bäume, legte sie übereinander und zündete sie an. Dann hob er Barambaris Leiche auf und warf sie in das Feuer, damit sie völlig verbrannte.

Wieder drehte er sich um, um davonzugehen, und wiederum kam er nicht vom Fleck. Da sammelte er schließlich alle umherliegenden Blutklumpen auf und warf sie in das Feuer. Erst daraufhin gelang es ihm, vom Fleck zu kommen. In Winjurem grub er ein Loch in den Sand, damit sich darin Süßwasser sammelte. Er kniete nieder und preßte sein Ge-

sicht in den Sand, um zu trinken, und der Sand, der seine Abdrücke enthielt, verwandelte sich in Stein.

Schließlich kam er nach Ngurunduwurngil (Nugurnderis Heim), wo er sich einige Zeit aufhielt und alle Hoffnungen aufgab, seine Frauen je wiederzusehen. Später setzte er seine Wanderung entlang der Encounter Bay fort. Dann, als er sich anschickte, zur Känguruhinsel hinüberzuwandern, die damals noch auf dem Landweg erreicht werden konnte, sah er seine beiden Frauen, die sich ebenfalls dorthin begeben wollten. Als die Frauen halbwegs hinübergewandert waren, rief er mit donnernder Stimme: »Fall auf sie, Wasser!« Und sofort erhob sich das Meer, überspülte und ertränkte sie. Da verwandelten sie sich in Meralang, die Felsen der zwei Schwestern, die auch heute noch nordöstlich von Cape Willoughby aus dem Meer emporragen und nun »The Pages« genannt werden.

Ngurunderi begab sich zur Känguruhinsel und schuf dort einen riesigen Casuarinabaum, in dessen Schatten er sich ausruhte. Dann wanderte er auf die Westseite der Insel, wo er seine Speere ins Meer warf, die sich daraufhin in spitze Felsen verwandelten. Schließlich tauchte er ins Meer, um sich zu reinigen, und ging dann hinauf in den Himmel nach Waieruwar, ins Land der Seelengeister. Zuvor aber verkündete er, daß die Seelen aller Toten dem Weg folgen würden, den er genommen hatte, um sich in Waieruwar zu ihm zu gesellen, und seither hieß die Insel, von der aus er die Welt verließ, Ngurungani, (auf Ngurunderis Spur).[15]

Auch in vielen anderen Mythen wird vom Wirken der Urzeitahnen berichtet. Oft treten die Schöpferwesen nicht in menschlicher Gestalt auf, wie die *Wondjina* oder Ngurunderi, sondern in Gestalt von Tieren oder als Wechselwesen zwischen Mensch und Tier. Gemeinsam sind ihnen die menschlichen Charaktereigenschaften.

Die Kulturheroen hinterließen stets ein geformtes, von Leben erfülltes Land. Ihre Wanderwege oder »Traumpfade« durchziehen gleich einem unsichtbaren Netz den Kontinent. In mündlichen Überlieferungen, in Liedern und Tänzen werden sie bewahrt und im Gedächtnis der Aborigines als »Songlines« festgehalten. Während ihrer langen Wanderungen sangen sie vielstrophige Lieder in vorgegebenem Rhythmus. Jedes Wort, jede Pause mußte exakt wiedergegeben werden. Improvisationen waren unzulässig. Die

Lieder erfüllten die Funktion von Längenmaßen – Songlines. Trotz unterschiedlichster Details in den Schöpfungsmythen der Ureinwohner aus den verschiedenen Teilen des Kontinents ist die Übereinstimmung ihrer Vorstellungen von dem Land unverkennbar. Für jede Sozialgemeinschaft besteht eine bereits in der Urzeit geprägte Beziehung zu ihrem Territorium. Durch sie wird ein Nutzungsrecht des Landes zur ursprünglichen Selbstverständlichkeit.

In der Traumzeit war nicht nur die Landschaft geformt, auch die Regeln des menschlichen Miteinanders und des Umgangs mit der Natur waren festgelegt worden. Dieser Komplex ethischer Normen gilt auch heute noch als unabänderlich und verbindlich für viele Aborigines. Er wird mit dem englischen Begriff *aboriginal law* bezeichnet. Da seine Regeln durch die Urzeitahnen während der Traumzeit fixiert wurden, bleiben sie ein ewiges Gesetz.

Das aboriginal law umfaßt zunächst »die sozialen Regeln des korrekten Verhaltens zwischen Mann und Frau, Eltern und Kindern, Verwandten und Fremden und begründet die komplizierten Heiratsregeln der Aborigines, bei denen die jeweiligen Heiratspartner immer aus den vorgeschriebenen Abstammungsgruppen gewählt werden müssen. Bereits in der Traumzeit wurden die Regeln von den Ahnen als beste Lösung festgelegt, geeignet, den Bestand der ganzen Gruppe und Gesellschaft zu sichern.«[16]

So berichtet eine Erzählung aus Südaustralien über die Festlegung der Heiratsklassen durch einen Urzeitahnen:

Nachdem die Schöpfung der Welt vollendet war, heirateten Brüder und Schwestern und andere Verwandte wahllos untereinander, bis die schlimmen Folgen einer solchen Willkür deutlich zutage traten. Da wurde eine große Versammlung zusammengerufen, doch niemand wußte den rechten Rat. Nach langem Hin und Her wurde schließlich beschlossen, den guten Schöpfergeist Muramura um Rat zu bitten. Dieser gebot nach kurzer Überlegung, daß der Stamm in verschiedene Zweige aufgeteilt werden sollte. Jeder Zweig sollte einen Namen von einer anderen Naturerscheinung ableiten, wie Hund, Känguruh, Emu, Regen, Wind, und so weiter. Und daß die Angehörigen eines solchen Zweiges zwar mit seiner Erlaubnis miteinander verkehren, aber nicht untereinander heiraten können. Und daß deswegen dem Sohn eines Hun-

*des die Heirat mit einer Tochter eines Hundes untersagt sei,
aber daß er durchaus der Mann einer Beutelratte oder eines
Emus sein könnte. Und so war von nun an die erste Frage an
einen neuankommenden Fremdling stets: »Welcher Familie
gehörst du an? – Was ist dein Murdu?«*[17]

Weitere Regeln betreffen die Jagd und die Verteilung der Beute. Zeitweilige oder ständige Jagdverbote konnten ökologische
Gründe gehabt haben, um Tierarten vor zu intensiver Bejagung
zu schützen. Tabus konnten aber auch für Tiere gelten, die den
Menschen in totemistischer Hinsicht nahestehen. »Nach erfolg-
ter Jagd oder erbrachter Sammeltätigkeit muß die so zusammen-
getragene Nahrung nach einem ganz bestimmten Muster in der
eigenen Gruppe verteilt werden. Bestimmte Teile eines Tieres,
die vielleicht besonders nahrhaft oder fettreich sind, gehen zum
Beispiel zuerst an die älteren Mitglieder, wohingegen die eigene
Familie erst später bedacht wird. Oder es kommt vor, daß der
Jäger selbst, der die Beute ins Lager gebracht hat, zuletzt bedacht wird und möglicherweise leer ausgeht. Wie auch immer
diese Regeln der Nahrungsaufteilung im einzelnen aussehen,
auch sie sind ein Teil der in der Traumzeit festgelegten Verhaltensvorschriften, die das Miteinander in den sozialen Gruppen
bestimmen.«[18]
Die folgende Erzählung aus Südaustralien berichtet von der
Erschaffung der Känguruhs in der Traumzeit und der Bedeutung des Teilungsgebotes:

*Craitbuls Söhne vertrieben sich die Zeit damit, eine sonder-
bare Figur aus Baumrinde herzustellen. Sie gaben der Figur
große Ohren, kurze Arme, sehr große Beine und einen starken langen Schwanz.*

*Als Craitbul die Rindenfigur sah, fand er so viel Gefal-
len an ihr, daß er in sie hinein atmete und ihr damit Leben
verlieh. Da war das erste Känguruh geschaffen. Es war ein
männliches Känguruh. Craitbuls Söhne fertigten eine zweite Tierfigur aus Baumrinde, und Craitbul hauchte auch ihr
Leben ein. Sie war das erste weibliche Känguruh. Die beiden Känguruh-Ahnen vermehrten sich rasch, und die Känguruhs waren zahm und wohlgenährt. Craitbul und seine
Söhne konnten sie mit den Händen fangen, und ihre Familie
hatte stets ausreichend und gut zu essen.*

Eines Tages aber verstieß einer von Craitbuls Söhnen ge-
gen das Gebot, daß alle Nahrung mit jedermann geteilt wer-
den sollte. Er hatte ein Känguruhbein gestohlen und es in
einem Baum versteckt, um es später allein zu verspeisen. Von
dieser Tat war Craitbul so entsetzt, daß er einen gewaltigen
Sturm heraufbeschwor, der den Känguruhs einen solchen
Schreck einjagte, daß sie sich über das ganze Land flüch-
teten und bis auf den heutigen Tag ihre Furcht und Scheu
nicht verloren haben.[19]

Ein dritter Teil des aboriginal law fixiert die Regeln, nach denen die Rituale und Zeremonien durchgeführt werden sollen. Für jede Gemeinschaft wird bestimmt, wann und wo, aus welchem Anlaß und unter Verwendung welcher sakralen Objekte die Veranstaltungen durchzuführen sind. Gerade diese Bereiche des aboriginal law unterliegen der strikten Geheimhaltung. Übertretungen werden streng geahndet.

Wesentliche Elemente des menschlichen Miteinanders und des Verhältnisses zur Natur finden ihren Ausdruck im Totemismus. Ethnographen beobachteten ihn bei vielen Naturvölkern. Besonders häufig fanden sie ihn in Nordamerika und in Australien. Durch ihn bringt der einzelne Mensch oder die Gruppe besondere spirituelle Einstellungen gegenüber der Umwelt zum Ausdruck.

Zwischen dem Menschen und einem Totem, zum Beispiel einem Emu, besteht eine besondere Beziehung, eine dauerhafte geistige Verbindung. Im Glauben der Aborigines sind Mensch und Totem miteinander verwandt. Der Grad der Verwandtschaft zu Mitgliedern des gleichen Totems kann dem zwischen Geschwistern entsprechen. Mitglieder des Emu-Totems beziehen sich auf die gleiche Herkunftslegende, fühlen sich also voll füreinander verantwortlich.

Im Glauben der Aborigines können lediglich Menschen keine Totems sein, aber fast jedes belebte oder unbelebte Wesen oder Ding. Unter den Totems finden sich Tiere, Pflanzen, Wettererscheinungen und auch Gestirne.

Da auch Kulturheroen totemistische Ahnen sein können, die nach ihrem Wirken zu Teilen von Landschaftsformationen wurden, verfügt der australische Totemismus auch über eine lokale Bedeutungsebene. Für die in diesem Landstrich lebenden Lokalgruppen gewinnt das Land selbst totemistische Bedeutung.

Der totemistische Bezug des Menschen zum Mitmenschen und zur Umwelt findet seinen Ausdruck in Tabuvorschriften, zum Beispiel in Jagdverboten für Totemtiere oder in Heiratsregeln, die mit Totemzugehörigkeiten verknüpft sind.

Vorstehend zitierte ich eine Erzählung aus Südaustralien über die Schaffung von Heiratsklassen durch den Urzeitahnen Muramura. Er unterteilte den Stamm in Zweige mit unterschiedlichen Totems. Eine Heirat wird nur zwischen Angehörigen verschiedener Totems gestattet. In der Regel findet man eine totemistische Zweiteilung. Jeder Teil kann aber auch in ein bis drei Sektionen unterteilt sein. Daraus ergeben sich beispielsweise bei den Arrernte acht Heiratsklassen. Letztlich beeinflussen Totemregeln die gesamte Sozialordnung der Gemeinschaften.

In den Mythen begegnen wir immer wieder Bezügen zwischen Mensch und Totem. So berichtet eine Erzählung aus Zentralaustralien über die Entstehung der ersten Lebewesen:

Ganz zu Anbeginn des Träumens war die Erde mit Salzwasser bedeckt. Die Bewohner des Nordens jedoch, die sich das Salzwasser schon immer aneignen wollten, zogen es nach und nach in ihr Land, wo es sich noch heute befindet. Zu jener Zeit bewohnten zwei mächtige Wesen, die Ungambikula, die aus dem Nichts entstanden waren, den westlichen Himmel. Von dort aus sahen sie weit drüben im Osten auf der Erde unförmige Wesen, die Inapertwas, die sich, in Gruppen versammelt, an den Ufern des Salzwassers aufhielten.

Sie saßen vornübergebeugt, unvollendete Gestalten – halb Tier oder Pflanze und halb Mensch –, doch besaßen sie weder Gliedmaßen, noch konnten sie sehen, hören und riechen oder Nahrung zu sich nehmen. So erwarteten sie unbeweglich und stumm die Vollendung ihrer Gestalt und ihrer Sinne. Da stiegen die beiden Ungambikula mit ihren großen Steinmessern aus dem Himmel zur Erde herab und verwandelten die Inapertwas in Männer und Frauen. Zuerst lösten sie mit ihren Messern die Arme der Inapertwas aus deren Körpern, dann schnitten sie ihnen Finger aus den breiten Armenden. Alsdann holten sie auf die gleiche Weise die Beine heraus und formten die Zehen. Daraufhin konnten die Figuren aufrecht stehen und erhielten Gesichter, eine Nase, in welche die Ungambikula mit ihren Fingern Nasenlöcher bohrten. Ein Messerschnitt öffnete den Mund, der mehrmals auf und zu geklappt wurde, um ihn geschmeidig zu machen. Weitere Schnitte teilten die Augenlider und legten die bereits vorhandenen Augen frei. Und nach einigen weiteren Schnitten nahmen die Inapertwas menschliche Gestalt an. Von nun an waren diese Menschen verwandt mit dem Totem, dessen unvollendete Form ihnen zuvor innewohnte: mit Akakia, dem Pflaumenbaum, oder Inguitschka, dem Grassamen, mit Echunpa, dem Waran, oder Erliwatschera, der kleinen Echse, mit Atninpirichira, dem Papagei, oder Untania, der Beutelratte.[20]

In Corinna Erckenbrechts Buch »Traumzeit« heißt es zur Bedeutung des Totems: »Die Zugehörigkeit zu einem Totem bringt Schutz und Hilfe in vielen Lebenslagen. Außerdem verankert sie die Position des Einzelnen fest in der menschlichen Gemeinschaft. ... Des weiteren ist der Einzelne durch die Totems auch in die natürliche Umwelt eingegliedert, da man zu den entsprechenden Tieren, Pflanzen oder Umweltphänomenen eine besondere Beziehung unterhält. Jeder Aborigine ist dadurch in einen lebendigen Bezug zu seinem natürlichen und sozialen Umfeld gesetzt.«[21]

Neben den wenigen Geräten und Jagdwaffen, über die Mitglieder umherziehender Lokalgruppen für ihren täglichen Gebrauch verfügten, gab es einige unterschiedliche Sakralobjekte. Sie verbanden die Lebenden mit der Traumzeit. Die wichtigsten werden in der Sprache der Arrernte als *Tjurunga* (Kult- oder Seelenhölzer bzw. Kultsteine) bezeichnet. Es handelt sich um flache längliche Hölzer oder Steine, die häufig auf beiden Seiten mit Ornamenten verziert sind. Sie werden zumeist in Bündeln an geheimen Orten in der Nähe von Zeremonialplätzen aufbewahrt. Nur ältere erfahrene Männer dürfen sie zum Beispiel bei Fruchtbarkeitszeremonien oder Initiationsritualen benutzen. »In den Augen der Aborigines manifestiert sich in den Kulthölzern und -steinen die gebündelte sakrale Wirkungskraft der Urzeitahnen. Die Objekte stellen materialisierte Formen der Traumzeitgeschehnisse dar, die jeweils einen Abschnitt oder eine Begebenheit aus dem Gesamtfundus der Überlieferungen repräsentieren. In diesem Sinne sind sie sakrale Erinnerungsstücke an die Traumzeitwesen und ihre Taten.«[22]

In den Überlieferungen der Aborigines wurden die Tjurunga während der Traumzeit geschaffen. Einige der Urzeitahnen wurden selbst zu Kultsteinen und ihre Werkzeuge oder Waffen zu

Kulthölzern. Ihr Alter reicht unendlich weit in die Traumzeit zurück.

Die Kinder der Aborigines wachsen in ihren Lokalgruppen sorglos und ungezwungen heran, umsorgt von den Angehörigen. Diese enge Bindung der Jungen an Mütter und Geschwister wird kurz vor Beginn der Pubertät, im Alter von neun bis zwölf Jahren, jäh unterbrochen. Es beginnt eine über mehrere Phasen verteilte Einweihung – Initiation – der Knaben, die sie zu vollwertigen Mitgliedern der Gemeinschaft formt. Nur so gewinnen sie das Recht zur Heirat und zur Teilnahme an Entscheidungen der Gruppe.

»Da die religiösen Überlieferungen nur im Gedächtnis der älteren, vollinitiierten Mitglieder der Gruppe bewahrt wurden und auch nur auf mündlicher Basis weitergegeben werden konnten – verbunden mit ritualisierten, zeremoniellen Handlungen –, waren die jugendlichen Aborigines, die die volle religiöse und soziale Akzeptanz innerhalb der Gemeinschaft erreichen wollten, auf das vollständige Durchlaufen der Initiationszeremonien angewiesen.«[23]

Obwohl die Initiationsrituale der zahlreichen Stämme eine große Variationsbreite zeigen, sind in ihnen jedoch einige Grundformen erkennbar. In einer ersten Stufe werden die Initianden für mehrere Tage an einen geheimen Ort gebracht. Die erwachsenen Männer der Gemeinschaft unterweisen die Knaben in Jagdtechniken, Besonderheiten einzelner Jagdtiere, aber auch in einigen Charakteristika der Sozialordnung, wie der Totemzugehörigkeit. Während der ersten Phase werden aber nur wenige religiöse Geheimnisse offenbart.

Die zweite Stufe der Initiation erfolgt gleichfalls an einem abgesonderten Zeremonialort. Die inzwischen 16- bis 19jährigen Jugendlichen werden tiefer in das Geschehen während der Traumzeit eingeweiht und in dessen Bedeutung für das Leben der Gemeinschaft. Häufig erhalten die Initianden neue Namen, die bei zeremoniellen Anlässen verwendet werden. Sie lernen sakrale Orte und Objekte kennen, wie die erwähnten Tjurunga.

In einer dritten, eventuell auch in weiteren Phasen, die gleichfalls ritualisiert verlaufen, werden ihnen weitere Geheimnisse enthüllt.

Den Höhepunkt der Initiation, durch den im eigentlichen Wortsinn eine unauslöschliche Einprägung des zu erlernenden Wissens erfolgt, bilden verschiedene Operationen am Körper der Jugendlichen.

41

Eine auf dem ganzen australischen Kontinent praktizierte Operation war die Narbenschneidung. Das konnten mehrere horizontale, parallel verlaufende Narben auf Brust, Bauch, an den Oberarmen oder auf dem Rücken sein. Das Einritzen der Narben begann während der ersten Phase der Initiation. Es wurde in späteren Phasen fortgesetzt. Um hervorstehende, wulstförmige Narben zu erzeugen, wurden die Wunden mit Asche eingerieben.

Viele Ethnographen bezeichnen die Beschneidung als wichtigste Operation. Dabei ist jedoch zu beachten, daß mit Beginn der Kolonisation die Beschneidung auf mehr als einem Viertel des Kontinents gar nicht praktiziert wurde. »Ursprünglich mag sich sogar der Übergang des jungen Kandidaten in höhere sakrale Seinsstufen in ganz Australien ohne solche Operation vollzogen haben.«[24] Der erkennbare Zweck der mit seelischen Angstzuständen und körperlichen Leiden des Initianden verbundenen Rituale besteht nach Aussagen der Aborigines darin, ihn zum Manne zu machen, ihn zu einem Wissenden zu formen, der in der Gemeinschaft als vollberechtigtes Mitglied wirksam wird.

Alle Etappen der Initiation sind von Gesängen, Tänzen und Zeremonien umrahmt. Die festlich geschmückten Männer, die die Initiation durchführen, vermitteln einprägsam die Bedeutung des Rituals.

»Die australischen Jugendlichen erhielten mit ihrer Initiation äußerliche Kennzeichen und Veränderungen, einen neuen sozialen Status, eine eheliche Perspektive sowie einen Wissenszuwachs im profanen wie sakralen Bereich. Die Einweihung in religiöse Zusammenhänge und Bezüge nahm dabei einen wichtigen, wenn nicht den wichtigsten Stellenwert ein. Die Initianden drangen somit tiefer in die Geheimnisse der Traumzeit ein, bis sie dieses gedankliche und religiöse Universum voll und ganz erfaßt hatten. Vor diesem Hintergrund handelten sie von nun an als vollwertige und verantwortliche Mitglieder der (religiösen) Gemeinschaft.«[25]

Obwohl weit seltener beschrieben, gab es auch Mädcheninitiationen. Sie charakterisieren den Weg des Mädchens zur erwachsenen Frau. »Wesentliche Elemente dieser Mädcheninitiationen waren die Isolation von der Gruppe während der ersten Menstruation (Menarche), Nahrungstabus, Rauchzeremonien zur Heilung und Säuberung, Sangezeremonien für das Wachstum der Brust sowie Scheidenoperationen (Klitorissektonomie, Introzision) und Defloration. ... Richtiges sexuelles Verhalten einschließlich der Kenntnis über die Hygiene, Menstruation, Schwangerschaft, Geburt (und auch Schwangerschaftsabbruch), Rolle und Aufgaben der Frau in der Familie und Verwandtschaftsgruppe, aber auch ein sakrales Wissen über Totems und Traumzeitahnen – dies alles wurde den jungen Mädchen peu à peu durch die älteren Frauen in ihrer Gruppe vermittelt. Oft geschah dies an Hand von Liedern oder Liedzyklen (*women's songs*) und gemeinsamen, dazugehörigen Tänzen, bei denen die Körper der Frauen, insbesondere die Brüste, bemalt wurden.«[26]

Während der Initiation, in der die Jugendlichen in alle Aspekte des geistigen und natürlichen Lebens eingeweiht werden, erfahren sie auch eine Unterrichtung über Zeugung und Empfängnis. Beides besteht in den Vorstellungen der Aborigines aus einem biologischen und einem spirituellen Teil. Letzterer verbindet sich mit der Vorstellung eines »Geistkindes«.

Geistkinder können Felsen und Bäumen entstammen, in die sich die Traumzeitheroen am Ende der Urzeit verwandelten (Zentralaustralien). Sie können aus der Regenbogenschlange hervorgegangen sein (Kimberley Region) oder aus einer Gewitterwolke (Arnhem Land). So kann ein aus einer Gewitterwolke ins Meer gefallener Regentropfen, in dem sich ein Geistkind befand, mit einer Schildkröte in Berührung gekommen sein:

Als diese von einem Fischer gefangen und zerlegt wurde, schlüpfte das Geistkind zu seinem zukünftigen Vater und sprach zu ihm im Traum: »Du bist mein Vater. Tjambuwal, der Gewittergeist, steckte mich in die Schildkröte, die du zerlegtest, damit ich eine Mutter finden kann. Wo ist sie?« Der Vater sprach zu seiner Frau, die am Ende ihrer Menstruationszeit stand: »In der Nacht besuchte mich Jurtu, das Geistkind, und bat mich um eine Mutter. Ich habe es zu dir geschickt.« Bald wurden an der Frau Zeichen der Schwangerschaft bemerkbar.[27]

Geistkinder sind nicht als materielle Wesen aufzufassen, die als Keime, als Vorformen realer Babys existieren. Sie sind immaterielle Wesen, die sich bevorzugt an besonders fruchtbaren Orten befinden, zum Beispiel an Wasserquellen, wo sie durch die mythischen Ahnen hinterlassen wurden. Das Ereignis, durch das sich das Geistkind im Traum des künftigen Vaters ankündigt, wird nach der Geburt des Kindes zu dessen individuellem Totem. Im zitierten Beispiel ist es die Schildkröte. Das persönliche Totem, das neben dem Familien- oder Gruppentotem ein Leben lang mit dem Individuum verbunden ist, gilt als persönlicher Helfer und Beschützer.

Eine Vaterschaft definiert sich für die Aborigines nicht nach der biologischen Zeugung, sondern allein durch die Rolle des Ehemanns und künftigen Vaters beim Auffinden der Geistkinder und durch seine Rolle in der Familie.

Selbst wenn ein junges Mädchen durch eine arrangierte Ehe einen um vieles älteren Ehemann erhielt und die Ehe über Jahre asexuell blieb, galten alle Kinder, welche die Frau im Laufe der Jahre bekam, als Nachkommen des Mannes, mit dem der Ehekontrakt bestand. Uneheliche Kinder kannten die Aborigines-Gemeinschaften nicht, da die soziale Vaterschaft bereits vorab feststand.

Der Zeitpunkt einer Schwangerschaft hatte nichts mit der Häufigkeit des Geschlechtsverkehrs zu tun. In den Augen der Aborigines war ihre Sicht auf Zeugung und Schwangerschaft weit einleuchtender als die der Kolonisatoren.

Eine alte Aborigine erklärte dazu: »›Ja, ich weiß, was der Weiße sagt, aber ich glaube nicht, daß er recht hat.‹ (Zitat C.P. Mountford). ›Wenn es stimmen würde, müßten verheiratete Frauen andauernd Kinder bekommen, weil sie ja ständig mit ihren Ehemännern zusammenleben. Aber das ist nicht der Fall‹, fuhr sie fort, ›einige Frauen haben viele Kinder, manche nur wenige, und wieder andere haben gar keine. Der Weiße kann das nicht erklären, aber wir schon. Wenn eine unserer Frauen viele Babys hat, wissen wir, daß sie ein Liebling der *muri*, der kleinen Geistkinder, ist. Wenn eine andere nur wenige Kinder hat, wollen nur ein paar muri sie als Mutter. Und wenn eine Frau gar keine Kinder bekommt, dann weiß jeder, daß die kleinen Geistkinder sie nicht mögen und nicht in ihren Körper schlüpfen wollen, um auf die Welt zu kommen. Nein‹, so kam die alte Dame zu dem Schluß, ›ich glaube nicht, daß der Weiße recht hat, denn er kann das alles nicht erklären, wir aber schon.‹«[28]

So wie ein Geistkind als immaterielles Wesen vor seiner Geburt existent war, konnten eine oder auch mehrere Seelen den Körper eines Verstorbenen verlassen und sich einen anderen Bestimmungsort suchen. Eine Teilseele, als »spirit« ins Englische übersetzt, kann sich in ein Fruchtbarkeitszentrum, den Aufenthaltsort der Geistkinder, zurückbegeben. Eine andere, als »ghost« bezeichnete Teilseele verbleibt zunächst im bisherigen Lebensraum. Da sie hier möglicherweise Unglück herbeiführen kann, muß ihr besondere Aufmerksamkeit gewidmet werden. Erst nach einer oder mehreren angemessenen Bestattungen findet diese Teilseele den Weg ins Totenreich.

Unter diesem Totenreich verstehen die Aborigines weder ein Paradies noch eine Hölle. Das Totenreich befindet sich in der Regel am Rande des bisherigen Lebensraums. Bei den längs des Murray River bis zu seiner Mündung ins Meer lebenden Ngarrindjeri galt die vorgelagerte Insel Kangaroo Island als Totenreich. Hier endete in der Traumzeit der irdische Weg Ngurunderis. In vorkolonialer Zeit wurde Kangaroo Island niemals von Menschen besiedelt.

Die umherstreifende Teilseele mußte durch entsprechende Trauerzeremonien und Bestattungsrituale ins Totenreich geleitet werden. Die Bestattungsarten umfaßten Erd-, Baum-, Feuer- und Sekundärbestattungen. Sie richteten sich nach den regionalen Traditionen.

Bei Erdbestattungen wurde dem Verstorbenen persönlicher Besitz, wie Werkzeuge, Waffen und Schmuck ins Grab gelegt. Besondere Bedeutung hatte die Versorgung der Seele mit Trinkwasser. So fanden sich bei Erdbestattungen persönliche Trinkgefäße oder in der Umgebung an Bäumen Wegmarkierungen, um der Seele das Auffinden der nächsten Wasserstelle zu erleichtern.

Bei Baumbestattungen wurde der Körper des Verstorbenen für geraume Zeit zusammen mit persönlichen Habseligkeiten und sonstigen Beilagen auf einer Plattform gelagert. Ihr folgte die endgültige Sekundärbestattung. Sie bestand zum Beispiel in der Kimberley-Region darin, die mit rotem Ocker gefärbten und gebündelten Knochen eines Toten in Felsnischen der Wondjina-Felsbilder-Galerien aufzubewahren.

Bei der Feuerbestattung wurde der Leichnam mit seinen persönlichen Utensilien verbrannt. Die älteste Feuerbestattung, von der wir wissen, geschah im äußersten Südwesten von New South Wales. Nach älteren Berechnungen wurde hier vor 26 000 Jahren der Leichnam einer Frau verbrannt, und die verbliebenen Knochen wurden in einem Grab beigesetzt. Neuere Datierungen ergaben jedoch ein Alter von mehr als 40 000 Jahren.[29]

Häufig wurden die Überreste der Erd- und Feuerbestattungen gesäubert, mit Fett oder Farbe eingerieben und anschließend in Bäumen aufbewahrt.

Nach dem Trauerzeremoniell wurden die Habseligkeiten des Verstorbenen, die nicht als Beigaben dienten, verbrannt. Um den Lager- und Sterbeplatz von Geistern zu befreien, wurde die letzte

Lagerstätte in einer Rauchzeremonie gereinigt. Die Gruppe verließ den Ort und mied ihn in Zukunft.

Wenn sich auch das Weltbild der Aborigines im Laufe der Jahrtausende in unterschiedlichen Regionen des Kontinents änderte, seine Geschlossenheit blieb erhalten. Eine Geschlossenheit, die alle Aspekte des Lebens, des Lebensraums und des Miteinanders der Ureinwohner umfaßte. Deren Weltbild prägte das Leben in einer ursprünglichen Wohlstandsgesellschaft im Gleichgewicht mit der Natur. Ihr Glaube »ist nicht in erster Linie ein Glaube an bestimmte Ideen (obwohl er auch das sein kann), sondern eine innere Orientierung, eine *Einstellung*«[30].

1.2 Die Ureinwohner im Süden Afrikas

Die *San* leben vermutlich bereits seit 400 000 Jahren südlich der Kongo-Sambesi-Wasserscheide. Als holländische Siedler in der Mitte des 17. Jahrhunderts am Kap der Guten Hoffnung landeten, lag die Population der zur San-Sprachgruppe gehörenden Menschen zwischen 200 000 und 300 000. Die Holländer bezeichneten sie als »Buschmänner«. Alle San, die südlich des Oranje-Flusses jagend und sammelnd das Land bevölkerten, wurden bis 1850 vertrieben, getötet, in die Sklaverei geführt oder seßhaft gemacht.

Lange vor der europäischen Invasion kamen die San mit den Bantu sprechenden Viehzüchtern Südafrikas in Kontakt. Bantu und Europäer reduzierten bis zur Mitte des 20. Jahrhunderts Lebensraum und Zahl der San. Als Jäger und Sammlerinnen lebten in den siebziger Jahren nur noch rund 1 000 von ihnen in Gebieten, die für Viehzucht und Anbau ungeeignet waren. Zum Ende des 20. Jahrhunderts wurden auch die letzten frei lebenden Wildbeuter-Gemeinschaften zur Seßhaftigkeit auf Farmen oder in Siedlungen gezwungen. Sie leben heute von den kärglichen Löhnen der Hilfs- oder Saisonarbeit.

Aus europäischer Sicht scheint ein Leben in der Kalahari-Region, einer Halbwüste und Savanne, als ein täglicher harter Kampf ums Überleben, den nur wenige überstehen können. Wie die bisher umfangreichsten und gründlichsten Feldstudien ergaben, welche die Harvard-Kalahari-Forschungsgruppe in den Jahren 1963 bis 1972 bei den *!Kung*[31] durchführten – einer San-Sprachgruppe in Botswana –, ist diese Ansicht falsch.[32] Die !Kung verfügen über viel Freizeit, um einen geläufigen Ausdruck für jenen Teil der Zeit zu gebrauchen, der nicht der Nahrungssuche dient. Nur zwei bis drei Tage in der Woche sind erforderlich, um alle nötigen Nahrungsmittel zu beschaffen. Die !Kung leben in stabilen, funktionsfähigen Gemeinschaften. Mehrere, in verwandtschaftlicher Beziehung stehende Familien bilden eine Lokalgruppe. Grundbausteine ihres kulturellen Lebens sind Land, Gemeinschaft, Familie, Identität.

Selbst dort, wo Ureinwohner Afrikas, Asiens, Amerikas und Australiens seit langem nicht mehr als freie Wildbeuter existieren, sondern zusammengedrängt in Reservaten unter oftmals erbärmlichen Bedingungen vegetieren, sind ihnen »*eine kontinuierliche funktionsfähige Gemeinschaft und Familie und ein andauernder Sinn einer individuellen und sozialen Identität*«[33] weit wichtiger, als die Annehmlichkeiten der Zivilisation.

Die Feldstudien der Harvard-Forschungsgruppe konzentrierten sich auf die *Dobe*-Region im nördlichen Teil der Kalahari. Die Staatsgrenze zwischen Namibia und Botswana kreuzt diese Region. Im Mittel liegt sie 1 100 Meter über dem Meeresspiegel. Das jährliche Klima wechselt zwischen heißen Sommern mit Tagestemperaturen zwischen 35 und 45 Grad Celsius und milden bis kühlen Wintern, in denen die Nachttemperaturen nicht selten unter fünf Grad Celsius fallen.

Die !Kung teilen das Jahr in fünf Abschnitte:

1. *huma*. Der Beginn des Frühlingsregens im Oktober. Mit ihm erwachen Flora und Fauna, und das ausgedörrte Land wird von üppigem Grün überzogen.

2. *bara*. Die sommerliche Regenzeit zwischen Dezember und März.

3. *≠tube*. Der kurze Herbst nach dem Ende des Regens mit fallenden nächtlichen Temperaturen.

4. *!gum*. Der Winter, der vom Mai bis August dauert. Eine Zeit, in der kein Regen fällt und starke südliche und westliche Winde auftreten.

5. *!ga*. Der Frühlingsbeginn zwischen Ende August und Oktober. In dieser Zeit ist die Versorgung der !Kung mit Wasser und Nahrung bei rasch steigenden Tagestemperaturen ohne Niederschläge am schwierigsten.

Klima und Land mit ihrer spezifischen Flora und Fauna bestimmen das Leben der !Kung. Stets genügend Wasser zu haben, bildet für sie das größte Problem.

In den sechziger Jahren des 20. Jahrhunderts umfaßte der Lebensraum der !Kung in der Dobe-Region 11 000 Quadratkilometer. In diesem ganzen Gebiet befanden sich nur neun ständige und vier zeitweilige Wasserstellen. Da die jährlichen Regenfälle stark differieren, fällt in schlechten Jahren ein Teil der ständigen Wasserstellen aus.

In den fünf bis sechs Monaten des Winters und in der Zeit des Frühlingsbeginns befinden sich die Lager der !Kung in der Nähe der ständigen Wasserquellen.

Der Lagerplatz einer Lokalgruppe hat Kreisform. Die Hütten liegen längs des Kreisumfangs im Abstand von zirka vier Metern. Alle kreisförmigen Hütten aus Zweigen und Gras öffnen sich zum Zentrum. Jede Hütte wird in der Regel von einer Kernfamilie (Mann, Frau und Kindern) bewohnt. Vor jeder Hütte ist ein Herdplatz. Der zentrale Platz dient gemeinschaftlichen Aktivitäten, wie der Verteilung eines großen, frisch erlegten Wildes an die Familien oder kulturellen Aktivitäten, zum Beispiel Tänzen. Solch ein Lagerplatz für 30 bis 40 Menschen wird nur dann von einer Lokalgruppe aufgegeben, wenn ein Todesfall eintritt oder das Lager zu stark verschmutzt ist. Der neue Platz befindet sich nur wenige 100 Meter vom alten entfernt.

In den zwanziger Jahren, vor dem Eindringen der Bantu mit ihren Viehherden, war ein zirka 5 000 Quadratkilometer großes Gebiet südlich der Aha-Berge regelmäßig von elf Lokalgruppen genutzt. Im Winter verfügten die Gruppen, zu denen gelegentlich noch vier auswärtige Lokalgruppen hinzukamen, über fünf ständige Wasserlöcher. Nur zwei von ihnen waren auch in regenarmen Jahren sicher. Die Gruppen konnten die Trockenzeit nur dann ungefährdet überstehen, wenn für alle ein freier Zugang zu den Wasserstellen gewährleistet war.

Ti!kai, ein alter !Kung, beschrieb die traditionelle Rolle der */Xai/xai*-Wasserstelle gegenüber Richard Lee:

/Xai/xai war ein ›Treffpunkt‹ der Menschen bereits vor dem Eintreffen der Schwarzen. Sie kamen aus dem Norden von !Kangwa und !Gosche, aus dem Süden von /G∂m und aus dem Westen von /Gausha. Sie hielten sich hier auf, taten hxaro (eine Art traditionellen Handels), tranken n!o (aus

*Wildfrüchten), aßen //"xa (Mongongo-Nüsse) und kehrten
dann zurück. Sie fragten Kan!o um Erlaubnis. Sie fragten
auch ≠Toma-!gain. /Xai/xai war bevorzugt, da das Wasser
so groß war. Choma (die Initiationszeremonie der Männer)
wurde hier getanzt, aber der Hauptgrund (des Treffens) war
hxaro – Handel.*[34]

Die gemeinsame Nutzung beschränkter Ressourcen durch viele
Lokalgruppen besitzt für die !Kung einige Vorteile. Sie erleichtert
die Lösung von Konflikten zwischen Gruppen im Gespräch, und
sie erlaubt es einzelnen Mitgliedern, die in ihrer Lokalgruppe
Probleme haben, in andere zu wechseln.

Mit Einsetzen des Regens verlassen die !Kung die Lagerplätze.
Die Lokalgruppe löst sich in kleinere Gruppen auf, die aus we-
nigen, verwandtschaftlich eng verbundenen Familien bestehen.
Die jetzt zahlreich vorhandenen Wasserstellen erlauben es den
Menschen, ihre Lagerplätze in der Nähe der jeweils besten Jagd-
gründe und Sammelgebiete zu wählen. Die Versorgungsstrategie
der kleinen Gruppen wird dadurch bestimmt, daß die täglichen
Wege zur Nahrungsbeschaffung so kurz wie möglich sind.

Das Eigentum einer Familie kann in der Regel von einem Erwachsenen getragen werden. Eine Hütte, in der Sommerzeit kaum
mehr als ein Wind- und Wasserschutz, kann in wenig mehr als
einer Stunde errichtet werden. Es fällt ihnen daher nicht schwer,
ihr Lager oft schon nach wenigen Tagen zu wechseln.

Die pflanzliche Nahrung stellt ganzjährig eine sichere Ernäh-
rungsbasis dar. Die Frauen der !Kung benennen mehr als 100 eßbare Pflanzen. Darunter sind 23 Arten, die den Bedarf an pflanzlicher Nahrung zu 90 Prozent liefern. Die Hälfte davon wird durch
Mongongo-Nüsse gedeckt. Der Nähwert von 100 Gramm Nüssen
beträgt 600 Kalorien und ihr Proteingehalt 27 Prozent. Damit
sind sie unseren nahrhaftesten Kulturpflanzen, den Erdnüssen
und Sojabohnen, gleichwertig. Insgesamt beträgt der Anteil der
pflanzlichen Nahrung mehr als 60 Prozent.

Wild ist in der nordwestlichen Kalahari weit weniger häufig
als in den weiten Ebenen der zentralen Kalahari. Während man
dort zum Beispiel Gnuherden mit mehreren 1 000 Tieren beobachten kann, sind in der Dobe-Region selten Gruppen mit mehr
als zehn Tieren zu finden.

Zum Jagdwild der !Kung zählen verschiedene Antilopenarten,
Gnus, Steinböcke, Warzenschweine, Stachelschweine und Spring-

hasen. Hinzu kommen einige Vogelarten, wie Perlhühner und Turteltauben, sowie Reptilien, wie die Felspython und die Leopardenschildkröte.

Die Männer jagen gelegentlich einzeln oder in kleinen Gruppen. Gelingt es einem Jäger mit seinem vergifteten Pfeil, ein großes Tier, zum Beispiel eine Elenantilope, zu verwunden, werden am folgenden Tag alle Jäger der Gruppe an der Verfolgung des Tieres teilnehmen. Selbst ein guter Jäger erlegt jährlich nicht mehr als sechs große Tiere.

Bereits in der Mitte des 19. Jahrhunderts sammelte Wilhelm Bleck Mythen der inzwischen ausgestorbenen San in Südafrika. Einige Erzählungen charakterisieren das damalige Verhältnis der San zur Elenantilope, der größten und in mehrerer Hinsicht schönsten Antilopenart.

Ähnlich den Ureinwohnern Australiens glauben auch die San an eine magische Vorzeit, in der Schöpferwesen in Menschengestalt am Werke waren. So heißt es in einer Erzählung aus Südafrika:

Cagn (Kaggen) war das erste Wesen; es herrschte über alles und ließ alles erscheinen, und er machte die Sonne, den Mond, die Sterne, den Wind, die Berge und die Tiere. Sein Weib hieß Koti. Er hatte zwei Söhne, und der Ältere war der Anführer, und er hieß Cagaz. Des zweiten Name war Gewi. ... Kaggens Weib, Koti, nahm ihres Mannes Messer, spitzte damit ihren Grabestock und grub Knollen zum Essen. Als Kaggen fand, daß sie sein Messer verdorben hatte, schalt er auf sie und sagte, ihr möge Übles geschehen. Darauf wurde sie schwanger und gebar ein Elenkälbchen im Felde, und sie sagte es ihrem Manne und erklärte, sie wisse nicht, was für ein Kind das wäre. Und er eilte hin, es anzusehen, und kehrte zurück und befahl Koti, (das Zauberkraut) Kanna zu zermahlen, damit er erfragen könne, was es wäre. So tat sie, und er ging hin und streute das Zauberpulver auf das Tierchen und fragte es: »Bist du dieses Tier, bist du jenes?« Aber es blieb stumm, bis er fragte: »Bist du eine Elen?« – Da antwortete es und sagte: »Aaaa!« Da nahm er es auf, schloß es in seine Arme, ging eine Wildgurke zu holen, in die er es tat, und nahm es zu einem verborgenen Ort, einer Schlucht, die von Hügeln und Klüften umringt war, und ließ es dort zum Wachsen. Um diese Zeit machte er alle Tiere und Dinge und machte sie dem Menschen nützlich, machte auch Fallen

und Waffen. Da schuf er das Rebhuhn und die Feldmaus,
und er schuf den Wind, damit die Tiere ihn aufschnüffeln
– daher sie denn immer dem Winde entgegenlaufen.[35]

Bemerkenswert ist die Liebe und Sorgfalt, die *Kaggen* dem neugeborenen Wesen zukommen läßt und mit der er die Elenantilope
vor allen danach geschaffenen Tieren auszeichnet.

In einer anderen Erzählung schildert ein Buschmann, wie sich
ein Jäger verhält, der eine Elenantilope mit seinem vergifteten
Pfeil getroffen hat.

Auf seinem Heimweg beeilt sich der Mann nicht, sondern
geht still vor sich herschauend, denn er glaubt, »daß die Elen
nicht wie er selbst mit Furcht im Herzen gehen muß«. Indes-
sen tötet das Gift deren Herz, ohne daß sie sich dieser Not
bewußt ist.

Zu Hause angekommen, bleibt der Mann vor der Hütte
stehen. ... Nur die erwachsenen Jäger gehen zu ihm, weil
sie ihn befragen wollen, warum er nicht zur Hütte eingehen
will. ... Sie fragen ihn, was mit ihm passiert ist. Der Mann,
der die Elen geschossen hat, spricht leise, als empfinde er
Schmerz. Er behauptet, daß ein Strauch seinen Fuß verletzt
haben muß; deshalb müsse er sich hinsetzen. Auf keinen Fall
sagt er, daß er die Elen geschossen hat.

Wenn er das sagt, fordert ein älterer Mann die anderen
auf, seinen Köcher zu untersuchen; sie wollen an den Haaren
am Pfeilschaft erkennen, welches Tier er erlegt hat, da das
Blut am Schaft einige Haare festkleben lassen wird. Dabei
ziehen sie die Pfeile nicht ganz hervor, sondern nur wenig.
Haben sie sich überzeugt, daß der Mann eine Elen erlegt hat,
stecken sie die Pfeile wieder zurück. ... Darauf machen die
alten Männer diesem Jäger eine eigene Hütte abseits, wo die
Kinder nicht hingehen und lärmen dürfen. Ein älterer schläft
mit dem Mann, der die Elen geschossen hat, denn er will ihm
das Feuer in Gang halten.

Der Alte pflegt ihn, als wäre er krank und leide; er wärmt
ihn am Feuer. Bei Tagesanbruch sagt der Alte einem ande-
ren, er möge ein Feuer drüben anfachen, da er dem Bruder
ein Essen bereiten will. Dieser, der die Elen geschossen hat,
hinkt hinüber, denn er möchte, daß auch die Elen hinken
und nicht davontraben soll.

Beim Folgen der Fährte der getroffenen Elen lassen die anderen Jäger denjenigen, der sie geschossen hat, nicht mitgehen. Er führt sie nur zur Stelle, wo er die Spur verlassen hatte. ... Dann geht er zurück zum alten Mann. Die anderen halten sich an die Fährte, gehen hin, bis sie die tote Elen finden.[36]

Im Verhalten des Jägers kommt deutlich die Verehrung gegenüber einem Beutetier zum Ausdruck, das durch das Schöpferwesen der Vorzeit besonders ausgezeichnet wurde.

Wenn auch ein ähnliches Verhalten der Jäger nach erfolgreicher Jagd auf eine Elenantilope durch die Harvard-Forschungsgruppe in den sechziger Jahren des 20. Jahrhunderts nicht beobachtet wurde, der pflegliche Umgang mit dem Jagdwild ist als Verhaltensnorm geblieben. Zahlreiche Tabus schränken den Fleischgenuß ein.

Sammeln und Jagen in der Kalahari, und das, wie erwähnt, nur an zirka drei Tagen in der Woche; läßt sich damit eine ausreichende Nahrungsversorgung sichern? Wie ist es um die Gesundheit der Menschen bestellt? Leiden sie an Unterernährung? Welche Rolle spielen Herz-Kreislauf-Erkrankungen, die in unserer zivilisierten Welt zur Todesursache Nummer eins geworden sind? Speziell diese Fragen waren Gegenstand mehrjähriger Untersuchungen von Medizinern der Harvard-Gruppe.[37] Sie fanden in ihren Untersuchungen keine qualitativen Defizite in der Ernährung der !Kung. Der einzige quantitative Mangel bestand in einer etwas zu geringen Energiezufuhr (Kalorien) während der !ga, des trockenen Frühlingsbeginns.

Beobachtete Krankheiten waren in erster Linie Infektionskrankheiten, wie Malaria und Tuberkulose, die erst durch Kontakte zu Viehzüchtern auf die Wildbeuter übertragen wurden. Koronare Herzerkrankungen fanden sich nicht. Alle !Kung sind schlank, ja geradezu dünn. Bei einer Gegenüberstellung des Blutdrucks (systolisch/diastolisch) einer San-Gruppe und einer Gruppe Londoner Männer und Frauen ergaben sich folgende Werte:

Alter	40 - 49 Jahre	50 - 59 Jahre	60 - 69 Jahre	70 - 83 Jahre
San	116/75	121/75	122/70	120/67
Londoner	132/80	145/87	160/90	168/90

Bluthochdruck ist demnach bei den San eine unbekannte Krankheit. Neben der Ernährung, beispielsweise einer sehr geringen täglichen Salz-Aufnahme, benennen die Forscher auch das Fehlen von Streß als Ursache dafür.

Die Messung des Cholesteringehalts im Blut ergab im Mittel 50 Milligramm auf 100 Milliliter. Damit besitzen die San weltweit den niedrigsten Cholesterinspiegel.

Die San trinken keinen Alkohol. Selbstmorde gibt es nicht. Neurologische Krankheiten wurden nicht beobachtet. Auffällig war ein ausgezeichnetes Gehör selbst bei sehr alten San, ein Phänomen, das mit dem Fehlen von Lärm zusammenhängen könnte.

Die Frauen im gebärfähigen Alter zwischen 15 und 49 Jahren bringen im Mittel fünf Kinder zur Welt. Während des ersten Lebensjahres liegt die Kindersterblichkeit bei 20 Prozent. Kindstötung, obwohl selten, erfolgt, wenn ein Neugeborenes Mißbildungen zeigt, wenn Zwillinge geboren werden (eins von beiden) und wenn Geburten zu rasch aufeinanderfolgen. Die mittlere Lebenserwartung eines Neugeborenen liegt bei 32,5 Jahren für Mädchen und etwas niedriger für Jungen. Aus Fertilität und Mortalität ergibt sich ein mittleres Bevölkerungswachstum von einem halben Prozent.

Familien haben bis zu vier Kinder, Kinderlosigkeit kommt vor. Die Neugeborenen werden bis ins vierte Lebensjahr hinein gestillt. Während dieser Zeit werden sie von den Müttern im Schulterumhang auf dem Rücken getragen, gleichgültig, ob die Frauen sammelnd unterwegs sind oder im Lager arbeiten. Der nahezu ununterbrochene Körperkontakt des Säuglings zur Mutter stärkt sein Geborgenheitsgefühl und damit schließlich seine Sicherheit und das Vertrauen in die Umwelt.

Da Kindererziehung ein wesentlicher Teil der sozialen Organisation einer Gemeinschaft ist, wollen wir die Resultate der Untersuchungen der Harvard-Gruppe näher betrachten.[38]

Die Rahmenbedingungen, unter denen die Kinder der !Kung heranwachsen, unterscheiden sich deutlich von denen der Kinder in hochentwickelten Ländern, ja selbst von denen der Bantukinder, ihren unmittelbaren Nachbarn.

Während wir täglich mit vielen uns fremden Menschen konfrontiert werden, wachsen die Kinder der Wildbeuter der Kalahari in Gruppen mit 30 bis 40 Verwandten und Freunden auf. Selbst wenn ein Fremder ein Lager besucht, besteht in der Regel ein entfernteres verwandtschaftliches Verhältnis zu ihm.

In der /Du/da-Region gehören im Mittel 34 Mitglieder zu einer Lokalgruppe. Darunter fünf Mädchen und sieben Jungen im

Alter bis zu 14 Jahren. Die geringe Kinderzahl bedingt, daß sich Gruppen gleichaltriger Kinder nicht bilden können. Die heterogene Zusammensetzung erschwert Spiele, die einen wettkampffähnli-chen Charakter annehmen könnten. Das aber entspricht einem der wichtigsten kulturellen Werte der !Kung: Sie lehnen jede Art von Konkurrenz ab.

In kindlichen Gruppenspielen, die dem Training körperlicher Fertigkeiten dienten, beobachtete Patricia Draper nie einen Ausdruck des Mißfallens, wenn ein Kind weniger leistete als andere: »Es schien mir, daß jeder neue Mitspieler aus Freude am Spiel teilnahm, um seine eigene Geschicklichkeit zu erproben.«[39]

Kinder im Alter von mehr als drei Jahren und sehr alte Leute verlassen das Lager selten. Da die Erwachsenen kaum mehr als acht Stunden an höchstens vier Tagen pro Woche abwesend sind, befinden sich die Kinder ständig unter Aufsicht. Eine Aufsicht, die weder reglementiert noch Pflichten einfordert. Patricia Draper schildert in einer Szene das Verhalten eines Mannes, der vor seiner Hütte mit dem Hammer Pfeilspitzen bearbeitet: »Während dieser Zeit bedrängten ihn sein Sohn und sein Enkel (beide unter vier Jahren). Sie saßen auf seinen Beinen und griffen nach den Pfeilspitzen. Wenn ihre Finger zu nahe waren, unterbrach er das Hämmern, bis sich die kleinen Hände wieder entfernten. Obwohl er die Jungen wiederholt ermahnte (alle drei Minuten), wurde er nicht verdrießlich und verjagte sie nicht. Sie beachteten seine Warnungen nicht. Nach zirka 50 Minuten verließen sie ihn, um sich anderen Kindern zuzugesellen, die einige Schritte entfernt im Schatten lagen.«[40]

Wie systematische Beobachtungen ergaben, intervenieren Erwachsene nur in Situationen, in denen Aggressionen zwischen Kindern unterschiedlichen Alters in der Spielgruppe auftreten. Selbst wenn einige Kinder den Lagerbereich verlassen, was nur selten geschieht, werden die Erwachsenen erst aufmerksam, wenn sie die Kinder nicht mehr hören. Nach ihrer Rückkehr erfolgt keine Ermahnung.

Eine systematische Erziehung der Kinder durch die Eltern findet nicht statt. Zum Beispiel werden Kinder nicht zum Schlafen aufgefordert. Sie laufen nachts so lange im Lager umher, bis sie sich ermüdet zum Schlafen legen.

Viele für ihr weiteres Leben notwendige Informationen eignen sich die Kinder in den heterogenen Gruppen im Spiel an. Sie imitieren häufig die Aktivitäten der Erwachsenen, wie Jagen,

Sammeln, Heiraten, Singen und Tanzen. In den Spielgruppen wirken die sozialen Werte der Gemeinschaft. In ihnen erlebt sich jedes Kind als Teil seiner sozialen Gruppe. Es lernt zu teilen, sich einzuordnen und egoistische Impulse und Aggressionen zu zügeln.

Mädchen bis zu 14 und Jungen bis zu 16 Jahren haben keine Verpflichtungen. Sie nehmen weder am Sammeln noch an der Jagd teil. Sie wissen, daß die Frauen beim Sammeln häufig einen Säugling auf dem Rücken tragen und daher nicht in der Lage sind, ältere Kinder zu tragen, auch nicht zeitweilig. Die einzige Routine ist das Wasserholen, an dem die Kinder an der Hand der Eltern teilnehmen.

Mädchen und Jungen verlassen die Spielgruppe mit der Initiation, die in die Welt der Erwachsenen einführt. Wie bei den Aborigines bedeutet die Initiation die Loslösung von den Eltern und die Überführung in eine vollwertige Mitgliedschaft in der Gemeinschaft, der Wechsel von der asexuellen in die sexuelle Welt. Die Zeremonie wird zu einem unauslöschlichen Erlebnis, das ein neues Zugehörigkeitsgefühl zur Gruppe schafft.

Van Gennep teilt die Initiation in drei Phasen: Trennung (*séparation*), Übergang (*marge*) und Einfügen (*agrégation*).[41] Besondere Bedeutung mißt er dem Übergang zu, dem Wechsel von einer Gruppe zu einer anderen. Charakteristisch für die Initiationsriten ist ihre stabilisierende Funktion innerhalb der Sozialgemeinschaft.

Bei allen San-Gemeinschaften (*G/wi*, *!Kung und !Ko*), über deren Initiationsriten Feldforscher berichteten, gibt es augenfällige Ähnlichkeiten.[42]

Während der Einweihungsrituale werden auch bei den San die zu initiierenden Mädchen und Jungen abgesondert. In dieser Zeit gelten sie für ihre vormalige Umwelt als Verstorbene. Sind ihnen alle Kenntnisse für ihr Verhalten in der Erwachsenenwelt vermittelt worden, kehren sie als Wiedergeborene in die Gemeinschaft zurück.

Die Mädchen werden individuell, zum Zeitpunkt der ersten Menstruation initiiert. Für jedes Mädchen wird eine Hütte gebaut, in der es die Periode des Übergangs verbringt. In dieser Zeit unterliegt es strikten Nahrungs- und Verhaltensregeln. Die einzige Kontaktperson ist die Großmutter oder eine andere alte Frau der Lokalgruppe. Sie unterweist die Initiandin in ihren Rechten und Pflichten als Frau. Man lehrt sie, alte Personen zu achten, sich nicht an fremden Feuern niederzulassen, ihren Ehemann nicht zu beschämen, ihre Pflichten als Ehefrau zu erfüllen und die zahlreichen Tabus zu beachten, die durch die Vorzeitwesen verfügt wurden. In einer von Wilhelm Bleck aufgezeichneten Erzählung wird über die Verletzung eines Tabus während des Übergangs berichtet:

> *Ein Mädchen blieb tagsüber allein in der (Pubertäts-)Hütte. Abends lehnte sie das angebotene Essen ab. Die Mutter ließ sie durch ein kleines Kind heimlich beobachten. Das sah, wie sich das Mädchen ein »Wasserkind« fing und kochte. Am nächsten Tag wehte ein Wirbelwind das Mädchen ins Wasser, es wurde zum Frosch, alle Angehörigen ebenfalls.*[43]

Außerdem wird das Mädchen über Geburt und Säuglingspflege unterrichtet. Insgesamt entsprechen die Unterweisungen dem, was das Mädchen in der vorausgegangenen Zeit erlernt hatte. Da sie durch die Initiation wiedergeboren wird, ist eine vollständige Unterweisung unerläßlich.

Am fünften Tag wird der künftige Ehemann zur Initiandin geführt. Beide werden tätowiert und das dabei entströmende Blut wird miteinander vermischt. Danach gelten sie als Ehepaar. Die Frau wird wieder aus der Hütte geführt. Es beginnt die Zeremonie der Wiedergeburt. Beispielsweise zeigt ihr eine Frau einige zu dieser Jahreszeit eßbare Pflanzen, wobei sie mit folgenden Worten auf den Horizont weist: »Das ist unsere und deine Welt, in der du immer Nahrung finden wirst.« (Silberbauer). Die Zeremonie wird bei der zweiten Menstruation wiederholt.

Bei den !Kung arrangieren beide Elternteile die erste und gelegentlich auch die zweite Heirat ihrer Kinder. Eine Trennung ist jedoch jederzeit möglich. Erwachsene !Kung suchen sich ihre Partner selbst.

Bei Jungen liegt es in der eigenen Entscheidung, ob und wann sie sich einer Initiation unterziehen wollen. Im Mittelpunkt der Zeremonie stehen die Einweihung in die religiösen Vorstellungen der Gemeinschaft und eine Probe ihrer Fähigkeiten als Jäger.

Jungen mehrer Lokalgruppen werden beim winterlichen Aufenthalt an einer Wasserstelle gemeinsam initiiert. Sie werden von älteren Männern an einen geheimen Ort im Busch geführt. Während des einwöchigen Übergangs erhalten sie nur rohe Pflanzennahrung und wenig Wasser. Sie dürfen kein Feuer anzünden.

Von den Alten werden sie wie Kleinkinder behandelt. Sie dürfen nicht allein gehen, werden gefüttert, dürfen nicht aufblicken und nichts mit den Händen berühren. In diesem Zustand der extremen Abhängigkeit werden sie durch die Alten unterwiesen. Sakrale Tänze und Gesänge werden bis tief in die Nacht hinein aufgeführt.

Über den geheim gehaltenen Inhalt der Unterweisungen und Gesänge ist sehr wenig bekannt. Anschließend nehmen die Initianden an ausgedehnten Jagdzügen teil. Dabei wird kein Wild erlegt. Es wird geprüft, wie gut die Jungen jagen können. Erst danach dürfen sie mit vergifteten Pfeilen ihr erstes Wild erlegen. Ziel der Rituale, ihre emotionale Geladenheit und ihr religiöser Grundton besteht unzweifelhaft in der Identifikation der Mädchen und Jungen mit den Normen und Werten der Gemeinschaft. Der junge Mensch wird zum tragenden Teil seiner Gruppe mit gleichen Pflichten und Rechten wie jeder Erwachsene. Er wird vom religiös Unwissenden zum Hüter der religiösen Überlieferungen.

Im Mittelpunkt dieser religiösen Überlieferung steht eine mythische Vorzeit, in der Schöpferwesen auf der Erde wirkten, häufig in menschlicher Gestalt. Auch Tiere besaßen noch menschliche Gestalt, und es geschahen erstaunliche Dinge.

Die San kennen keine Frauen und Männer, die, ähnlich Predigern, die Aufgabe und das Vorrecht zur Übermittlung der kulturellen Überlieferungen besitzen. Es sind die Alten, die über die Vorzeit berichten. Unter den !Kung gelten solche Personen als alt, die das 45. Lebensjahr überschritten haben. Jeder Alte ist fähig und willens, das Wissen der Väter und Mütter weiterzugeben.

Eine alte !Kung-Frau charakterisierte gegenüber Megan Biesele diese Fähigkeit mit den Worten: »Eine alte Person, die keine Geschichten erzählt, gibt es nicht. Unsere Vorväter übermittelten uns das Geschehen der Vorzeit, und wer das nicht kennt, ist dumm. Jeder, der nicht dumm ist, kennt es.«[44]

Es ist das Vorrecht der Alten, sich Geschichten zu erzählen. Jüngere Erwachsene lauschen den Erzählungen und zeitweilig zuhörende Kinder werden nicht abgewiesen.

Die !Kung unterscheiden weder zwischen sakralen und profanen Erzählungen noch messen sie ihnen einen unterschiedlichen Wahrheitsgehalt zu. Alle sind sie gleichwertige Bestandteile ihres kulturellen Erbes.

Neben Kaggen, dem mythischen Vorzeitwesen, über dessen Wirken Wilhelm Bleek vor mehr als 100 Jahren Aufzeichnungen machte, wird in vielen Geschichten der San ein trickreicher, häufig auch närrischer Kulturheroe, ein *Trickser* beschrieben. Er tritt unter verschiedenen Namen auf, bei den !Kung zum Beispiel als *Kauha* und bei den G/wi als *Pishiboro*.

Drei Beispiele aus den Erzählungszyklen der G/wi und !Kung schildern das Wirken der Trickser und ihrer Familien in der Urzeit. Die erste Geschichte ist eine der vielen Versionen, in denen die Entstehung der Sonne erklärt wird:

Pishiboro machte sich zani-Spielzeug aus Korhaan-Flügeln und Schilfrohr, befestigte daran Kohle. Er schlug es in die Höhe. Beim dritten Schlag kehrte es nicht mehr zurück, es wurde zur Sonne. Pishiboro hatte nun Licht. Bis dahin mußten die Menschen im Dunkeln leben.[45]

Die zweite Geschichte beschreibt die Formung der Landschaft, in der die G/wi leben:

Pishiboro und seine Familie fanden ein Schlangennest, lachten die jungen Schlangen aus, weil sie so häßlich wären. Die erzählten es ihren Eltern. Als Pishiboro wiederkam und sie wieder auslachte, tanzten die Schlangenkinder. Pishiboro tanzte mit; die alte Schlange biß ihn. Pishiboro rannte mit großem Schmerz heimwärts. Durch sein Füßestoßen verursachte er die Omarambas (alte Trockenflußbetten) und die Hügel zu ihren Seiten. Er starb. Alles Wasser, das in den Flüssen im Norden und in den Wasserpfannen, aller Regen ist Verwesungsflüssigkeit aus Pishiboros Körper.[46]

In beiden Geschichten wird der verspielt närrische Charakter des Kulturheroen deutlich.

Die folgende Erzählung über die Schaffung der Tiere während der mythischen Vorzeit schildert das Wirken Kauhas und seiner Familie. In ihr wirkt nicht Kauha selbst, sondern sein Diener, der *Kori Bustard*:

Der Kori Bustard machte ein Feuer. In das Feuer legte er ein Brenneisen. Er nutzte seine großen Flügel, um das Feuer anzublasen, bis das Eisen glühte. Dann nahm er das Eisen und brannte dem Pferd das Fell und schob es beiseite, das Buschpferd, das mit den Streifen. Der Kori Bustard hatte

*es geschaffen. Er machte jene Streifen auf das Fell mit dem
Feuer. Und war fertig mit ihm.*

*Als nächstes nahm er das Elen und erschuf das Elen. Und
das Elen war jetzt fahlbraun. Er wandte sich zur Kuhantilo-
pe und tat das gleiche mit ihr. Dann machte er den Strauß,
den, der »hom!« sagt. Und er gab dem Strauß seine Flügel,
und der Strauß hatte Flügel.*

*Der Kori Bustard schuf all die Tiere auf diese Weise. Er
nahm die Gemsantilope und die Gemsantilopenkälber und
machte Streifen in ihre Gesichter. Dann war er mit ihnen
allen fertig. Waldducker und alle anderen Tiere, sie schuf er
auch. Und sie waren vollzählig ...*[47]

Neben den Erzählungen über den Trickser und seine Familie
gibt es zahlreiche Tiergeschichten und Geschichten unterschiedlichen Charakters. Dabei ist zu beachten, daß Tiere und Gestirne
während der Urzeit menschliche Gestalt besaßen. Erst am Ende
der Urzeit wurden Gestirne zu Himmelskörpern, Tiere zu Tieren
und Menschen zu Menschen. Die Kulturheroen verschwanden.
Im Glauben der San wurden sie zu Teilen der Landschaft oder
zu Gestirnen.

Die folgende Erzählung schildert den Ursprung des Todes.
Auch von dieser gibt es zahlreiche Versionen. In der nachstehen-
den leugnet Herr Hase gegenüber Frau Mond die Wiedergeburt.
Diese Geschichte wurde von Megan Biesele bei den !Kung aufge-
zeichnet:

*Nachdem der Mond gestorben war, kehrte er ins Leben zu-
rück, um erneut den Himmel entlang zu ziehen. »Jeder wird
es so machen wie ich«, sagte der Mond. »Wenn ein Mensch
gestorben ist, glaub nicht, daß er einfach stirbt und liegt und
verwest. Gib acht und mache es mir, dem Mond, nach: Ich
sterbe und lebe erneut, und sterbe wieder, nur um erneut zu
leben. Jeder sollte es machen wie ich.«*

*Aber der Hase widersprach dem Mond. »Nein«, sagte er.
»Ein Mensch ist geboren und so muß er auch sterben. Wenn
er verwest, wird er schlecht riechen.«*

*Der Mond stritt mit ihm und sagte: »Beobachte mich. Ich
werde sterben und werde wieder leben. Beobachte mich und
lerne, und dann können wir beide es so machen.« Aber der
Hase lehnte ab. Da zerschlug der Mond seine Lippe. Der*

Hase wurde zum Hasen mit gespaltener Lippe, den die Menschen jagen.[48]

In den zahlreichen Erzählungen über den Ursprung des Todes, den Ethnologen bei verschiedenen San-Gruppen aufzeichneten, wird eine Wiedergeburt verneint. Darin unterscheiden sich die San von den Aborigines und auch von den Eskimos.

Schon die wenigen Beispiele lassen erkennen, daß das kulturelle Erbe der San alle Aspekte des menschlichen Lebens umfaßt. Sexualität, Geburt und Tod, Jagen und Sammeln, Teilen und das Verhältnis zwischen den Geschlechtern. Es umschließt ihre Welt, den Himmel mit den Gestirnen sowie die belebte und unbelebte Landschaft, in der sie leben.

Es sind keine unverbindlichen Märchen, wie wir sie als Außenstehende wahrnehmen. Die Erzählungen vermitteln lebenprägendes Wissen, ein Weltbild, das die San über Jahrtausende in stabilen Sozialgemeinschaften leben ließ.

Keine menschliche Gemeinschaft existiert problemlos und konfliktfrei. Wir alle sind Beteiligte einer durch tiefe Gegensätze geprägten Menschengemeinschaft, in der Kriege zum Alltag geworden sind. – Welche Methoden benutzten die San, um Konflikte zu lösen?

Das menschliche Bedürfnis nach Gemeinschaft ist unter den !Kung sehr stark ausgeprägt. Alle können nur in Gruppen existieren, die mehrere, verwandtschaftlich eng verbundene Kernfamilien umfassen. Eine andere Lebensform ist den !Kung unvorstellbar. Nur als Gruppenmitglieder haben der Einzelne oder die Kernfamilie Zugang zu den lebenssichernden Ressourcen.

Das in Jahrmillionen entstandene Miteinander der Angehörigen der Gattung *Homo* ist das herausragende Merkmal aller Gemeinschaften von Wildbeutern. Ein vereinzeltes Leben ist unmöglich, ja undenkbar. Daher sind auch die !Kung emotional auf ein Miteinander fixiert. Verlassenheit und Alleinsein sind ihnen unerträglich. Der Drang zur Gemeinsamkeit drückt sich zum Beispiel darin aus, daß sie in Gesprächsgruppen den körperlichen Kontakt zum Nachbarn suchen. Ihr Sicherheitsgefühl, ein tief im Menschsein ruhendes Bedürfnis, liegt in ihrer Zugehörigkeit zur Gruppe. Hier fühlen sie sich frei von Ablehnung und Bedrohung.

Lorna Marshall faßt ihren Eindruck zusammen: »Ich denke, daß die meisten !Kung ein Gefühl der Ablehnung, ja selbst die schwache Form einer Mißbilligung nicht ertragen können. Im Konfliktfall sind sie bereit, ihre abweichende Meinung zu Gunsten der Gruppenmeinung zu korrigieren. Sie folgen strikt den spezifischen Regeln der Gemeinschaft zur Vermeidung von Unstimmigkeiten.«[49]

Eine wichtige Methode, um ein friedvolles Miteinander zu erreichen, ist das Reden. Es ermöglicht eine ständige Kommunikation zwischen den Mitgliedern der Lokalgruppe, dämpft Emotionen und dient der sozialen Disziplinierung. »Alle Gespräche halfen den !Kung, ihre friedvollen Sozialbeziehungen aufrechtzuerhalten. Dinge in Worte kleiden, erlaubt jedem, das Denken und Fühlen des anderen zu erfahren, baut Spannungen ab und verhindert den Aufbau eines Drucks, der zu Aggressionen führt.«[50]

Zwei weitere Verhaltensweisen kommen hinzu, die das Miteinander befördern: das Teilen des Jagdwilds und das gegenseitige Geben.

Die Aufteilung eines frisch erlegten größeren Wildes verhindert das Aufkommen von Neid und Feindschaft. Jedem Angehörigen der Gruppe ist der soziale Wert dieses Brauches bewußt. Die Furcht vor Hunger wird gemildert. Jeder weiß, daß jeder, dem er abgibt, auch seine Jagdbeute mit ihm teilen wird. Wenn Hunger auftritt, so trifft er alle Gruppenmitglieder gleichermaßen.

Ein heimliches Beutemachen und Verzehren ist unter den !Kung unmöglich. Jeder Jäger liest jeden Schritt und jede Aktion aus den Spuren, die Mann und Wild hinterlassen. Allein die Vorstellung, allein zu essen und nicht zu teilen, schockiert jeden !Kung. Das macht ein Löwe, aber kein Mensch, sagen sie.

Nicht nur Teilen des Jagdwildes, auch die Sitte des gegenseitigen Gebens hilft bei der Ausbildung freundschaftlicher Beziehungen. Die !Kung kennen keine speziellen Geschenkgegenstände. Es sind die Dinge des täglichen Lebens, die weitergegeben werden, zum Beispiel eine Halskette, deren Glieder aus den Schalen von Straußeneiern gefertigt werden.

In den mehr als 17 Monaten, in denen sich Lorna Marshall bei den Nyae Nyae !Kung aufhielt, erlebte sie vier Ausbrüche von Disharmonie und hörte von drei weiteren in benachbarten Lokalgruppen. Zumeist war sexuelle Eifersucht die Ursache. Alle Disharmonien wurden im Gespräch gelöst, zum Ausbruch physischer Gewalt kam es nicht.

Eine weitere Form des Miteinanders, ein wirksames Mittel, die Verwandlung von Spannungen in offene Feindseligkeiten zu verhindern, ist der *!Kia*-Tanz, der alle Mitglieder der Lokalgruppe ein oder zweimal pro Woche vereint. Die Frauen singen und klatschen vom Einbruch der Dämmerung bis zum Morgengrauen, von den Männern umtanzt.

Neben der Absicht, vorhandene Spannungen zwischen den Menschen einer Lokalgruppe abzubauen und die Solidarität zu stärken, erfüllt der !Kia-Tanz zwei weitere Funktionen. Er ist Ausdruck ihres religiösen Seins, und er dient der Heilung von Krankheiten. Durch ihn wird das Böse vertrieben, das sich als Krankheit oder in unsozialem Verhalten zeigt.

Die !Kung glauben, daß durch die Aktivierung einer inneren Energie im Tanz ein ekstatischer !Kia-Zustand erreichbar ist. Diese Energie bezeichnen sie als *N/um*, die in der Magengrube sitzt.

Rund die Hälfte der älteren Männer und ein Drittel der älteren Frauen erreichen während des Tanzes einen ekstatischen Zustand, in dem sie sich außerhalb des normalen Seins fühlen. Ein !Kia-Tänzer beschrieb Reinhard Katz seine Erfahrungen:

> *Du tanzt, tanzt, tanzt, tanzt. Dann hebt sich N/um in deinem Bauch und steigt am Rücken empor, und dann erfaßt dich ein Schauer. N/um läßt dich zittern; es ist heiß. Deine Augen sind offen, aber du siehst nicht umher; du blickst starr nach vorn. Erreichst du !Kia, siehst du umher, du siehst alles, du siehst die Nöte eines jeden.*[51]

In ihrem Kampf mit Krankheit, Unglück und Tod, bei ihrer Suche nach Kontakt zum Überirdischen verfügen die !Kung über !Kia mit N/um, seiner Energiequelle. Ihre egalitäre Gesellschaftsordnung erlaubt es nicht, daß !Kia und N/um zum Monopol weniger religiöser Spezialisten werden. Sie wollen, daß möglichst viele Gruppenmitglieder N/um meistern. Sie betrachten es als großen kulturellen Gewinn, wenn die Mehrzahl über die positive Erfahrung des !Kia verfügt und anderen helfen kann.

Dem steht der jahrelange beschwerliche Weg zur Meisterschaft entgegen. Obwohl bereits die Kinder in den Spielgruppen den !Kia-Tanz nachahmen, beginnt die Einführung in !Kia erst, wenn der junge Mensch zur Persönlichkeit gereift ist. Im transzendentalen Zustand gibt der Tänzer seine Identität auf. Dies ist jedoch nur möglich, wenn er bereits eine besitzt. Mit zirka 20 Jahren sucht der junge !Kung Kontakt zu einem !Kia-Meister als geistigem Führer, häufig ist es sein Vater oder ein enger Verwandter. Der hilft ihm, seine Ängste zu überwinden und führt ihn in die religiösen Mysterien ein. Ein wichtiges Charakteristikum des langen Weges zur Meisterschaft liegt in der Schritt für Schritt vollzogenen Integration in die Sozialgemeinschaft.

Aus allen Berichten der Harvard-Gruppe über ihre langjährigen Feldforschungen vermittelt sich der Eindruck, daß die herausragenden Charakteristika der San-Gruppen ihre Friedfertigkeit, ihre Gleichheit und ihre nach Harmonie strebenden Sozialbeziehungen sind. – Werte, die unsere Kulturen nur als *Utopien* kennen.

1.3 DIE UREINWOHNER DER ARKTIS

Einer der bedeutendsten Ethnologen des 20. Jahrhunderts, der Däne Kaj Birket-Smith, charakterisiert den Lebensraum der Eskimos mit diesen Worten: »Die Eskimos lebten auf der Schwelle nicht nur der unbewohnten, sondern auch der unbewohnbaren Welt.«[52] Ihr Lebensraum beginnt im äußersten Osten der Tschuktschen-Halbinsel. Auf dem amerikanischen Kontinent leben Eskimos vom Copper River und vom Prince-William-Sund bis hoch in den Norden entlang der Küsten Alaskas. Längs der großen Flüsse, wie des Yukon und des Colville, siedeln sie auch landeinwärts. Jenseits der kanadischen Grenze in der Mackenzie-Region setzt sich ihr Siedlungsgebiet im Küstenbereich fort und greift auf die Inseln des Arktischen Archipels über. Westlich der Hudson Bay erstreckt sich das Eskimogebiet bis zu 500 Kilometer tief ins Inland. Auch das Baffinland und die nördlichen Küstenteile der Halbinsel Labrador werden von ihnen bewohnt. Der östlichste Siedlungsraum befindet sich auf Grönland.

Dank umfangreicher archäologischer Forschungen im 20. Jahrhundert wissen wir nicht nur, daß die Geschichte der Eskimos Jahrtausende zurückreicht, sondern daß sich auch ihr Siedlungsgebiet im Verlauf des Holozäns wiederholt änderte. Während wärmerer Klimaperioden lebten sie auf einem weit größeren Teil des Arktischen Archipels und auf Nord- bzw. Ostgrönland.

Zur Zeit des Klima-Optimums im Holozän, vor 6 500 bis 5 000 Jahren, lagen in hohen nördlichen Breiten sowohl die Winter- als auch die Sommertemperaturen weit über den heutigen Werten. Im jährlichen Mittel betrug die Temperaturerhöhung ΔT in nördlichen Breiten gegenüber der Gegenwart :[53]

Breitengrad:	90°- 80°	80°- 70°	70°- 60°	60°- 50°
ΔT: (°C)	4,5	6,1	4,3	2,5

Wie empfindlich das Jagdwild der Eskimos – Fische und Meeressäuger – auf Temperaturschwankungen reagiert, zeigt eine neuere Untersuchung über das Laichverhalten von Pazifiklachsen in Alaska. Zu Beginn des 19. Jahrhunderts, am Ausgang der »kleinen Eiszeit«, lag die Oberflächentemperatur des Meeres zirka ein Grad Celsius unter dem Durchschnittswert. Um 1920 hatte sie sich um 2,5 Grad Celsius erhöht. Dieser Temperaturanstieg bewirkte, daß die fünffache Zahl der Lachse in ihr Laichgebiet zurückkehrte.[54] In wärmeren Perioden des Holozän verschoben sich die Wanderwege von Lachsen und Seesäugern nach Norden, während gleichzeitig die Tundren, das Weideland der Rentiere, verarmten. Umgekehrt verbesserten sich dort in kalten Phasen die Jagdbedingungen, während sie sich an der Küste verschlechterten. Küstenjäger und -fischer mußten nach Süden ausweichen.

Vom Atlantik bis zur Beringstraße nennen sich die Eskimos *inuit* (Plural von *inuk*). In Südalaska wurde daraus *yuit* und in Sibirien *juk*. Auf den Aleuten bezeichnen sie sich als *unangan*. Inuk bedeutet Mensch, Person oder Eigner (eines Platzes). Das Wort Eskimo taucht erstmals im 17. Jahrhundert in Berichten von Europäern auf. Es bedeutet wahrscheinlich »Rohfleischesser« und wurde von den Indianern verwendet.

Eskimos eint eine gemeinsame Sprache mit unterschiedlichen Dialekten. Der auf den Aleuten gesprochene Dialekt zeigt die stärksten Abweichungen, die mehr im Wortschatz als in der Grammatik liegen.

Im folgenden soll vom Leben und Denken der Gruppen berichtet werden, die eskimo-aleutische Dialekte sprechen. Als Europäer im 16. Jahrhundert begannen, die arktischen Regionen zu erforschen und zu nutzen, lebten am nördlichen Rand des amerikanischen Kontinents zirka 75 000 Eskimos.

In den folgenden drei Jahrhunderten sank die Bevölkerungszahl drastisch ab, insbesondere zwischen 1755 und 1885 infolge von durch die Europäer eingeschleppten Krankheiten. Zu Beginn des 20. Jahrhunderts war die traditionelle Lebensform der Eskimos weitgehend zerstört. Wenn deshalb im folgenden das Präsens verwendet wird, so ist damit im wesentlichen die Situation zu Beginn des 19. Jahrhunderts beschrieben, da sich in der Folgezeit die Lebensumstände grundlegend verändert haben.

Quelle unseres Wissens sind archäologische Untersuchungen, Berichte zeitgenössischer Reisender und ethnologische Forschungen zum Ausgang des 19. und zu Beginn des 20. Jahrhunderts. Viele Elemente der traditionellen Kultur der Eskimos erhielten sich über Jahrhunderte. Alte Leute erzählten sie Ethnologen wie Knud Rasmussen. Aus allem ergibt sich ein umfassendes, wenn auch unvollständiges Bild einer Küstenkultur, in deren Mittelpunkt die Jagd auf Meeressäuger in einer unwirtlichen arktischen Umwelt steht. Ausgrabungen in Sibirien, zum Beispiel im Tal der Petschora, zeigen, daß Jäger während der Interstadiale der Würm/Wisconsin Kaltzeit bis in subarktische Regionen vordrangen.[55] Ihr bekanntestes Jagdwild war das Mammut.

Wahrscheinlich zum Ausgang des Pleistozän kreuzten ihrem Wild folgende Jäger das Gebiet der heutigen Beringstraße. Der eurasische und der amerikanische Kontinent waren in der letzten Kaltzeitphase des Pleistozän durch eine ungefähr 1 500 Kilometer breite Landbrücke verbunden, denn der Meeresspiegel lag bis zu 120 Metern unter dem heutigen Niveau. Diese Landbrücke bildete eine baumlose, von Moosen, Gräsern, Stauden, Zwergsträuchern und Flechten bewachsene arktische Tundra. Eine andauernde Erschließung Sibiriens durch Wildbeuter begann im Holozän. In diese Zeit fällt auch die Besiedelung der Tschuktschen-Halbinsel. Die ältesten dort gefundenen Jagdgeräte auf Seesäuger wurden vor etwa 7 000 Jahren hergestellt und benutzt.

Zunächst lebten hier nur die Vorfahren der Eskimos, und die Tschuktschen erschienen später. Vermutlich drangen die Eskimovorfahren während des Klimaoptimums im Holozän in die arktischen Regionen Amerikas ein.

Sichere Belege für die Anwesenheit von Eskimos mit ihren für die Jagd auf Seesäuger typischen Geräten haben ein Alter von zirka 4 000 Jahren. Sie wurden längs der arktischen Küsten des amerikanischen Kontinents und auf Grönland gefunden.

Eurasische und amerikanische Polarvölker leben weitgehend unabhängig vom Meer. Wenn sie im Sommer die borealen Wälder verlassen und sich mit ihren Rentierherden in die küstennahe

Tundra begeben, geschieht dies hauptsächlich, um der Mücken-hölle zu entrinnen, nicht um das Meer aufzusuchen.

Anders die Eskimos. Ihre Lebensweise entwickelte sich unab-hängig vom Wald, und ihre Lebenswelt sind die Gestade des arktischen Meeres. »Das Meer ist die Lebensgrundlage für die wahre Eskimokultur, nicht wegen seiner Verkehrsmöglichkeiten, sondern weil in seinen Gewässern eine üppige Tierwelt lebt.«[56]

Die großen Meeressäugetiere – Robbe, Walroß und Wal – sind das wichtigste Nahrungsmittel aller Eskimos. Sie liefern darüber hinaus Tran für Lampen, Felle für Kleidung und Bootshäute, Schwimmer und Leinen für Harpunen, wie auch Knochen und Elfenbein für Geräte.

Je nach Klimazonen und den durch sie geprägten Umweltbe-dingungen variieren die Methoden zur Lebenssicherung. Im Win-ter sind von der Beringstraße bis nach Nordgrönland Ringelrob-be und Bartrobbe die wichtigsten Jagdtiere. Beide Arten halten sich während des langen Winters unter der festen Eisdecke auf, die längs der arktischen Küsten und in den tief eingeschnittenen Fjorden das Meer bedeckt. Zum Atmen müssen sich die Säuger Atemlöcher offenhalten. Das Walroß kratzt sich keine Atemlö-cher wie die Robbe, es ist stark genug, um eine Öffnung in das Wintereis zu rammen.

Die Methoden der Harpunenjagd richten sich nach den Witte-rungsbedingungen: Glatteis oder schneebedeckte Eisfläche. Um erlegte Tiere, insbesondere die schweren Walrosse zum Winter-lager zu transportieren, sind Schlitten erforderlich. Die frühe-sten Schlittenfunde haben ein Alter von 10 000 Jahren. Hunde-schlitten, die sich in unseren Vorstellungen mit dem Leben der Eskimos verbinden, tauchen erst sehr viel später auf, denn nur seßhafte oder halbseßhafte Jäger sind in der Lage, die Hunde regelmäßig zu füttern.

Für die Jagd im offenen Wasser werden *Kajaks*, sie haben Platz für nur einen Jäger, und *Umiaks* benutzt. Das Umiak, ein großes fellbezogenes Boot, verfügt in der Regel über eine Besatzung von sechs Paddlern, dem Harpunierer und dem Steuermann und wird für die Waljagd verwendet.

Fische bilden überall eine wichtige und in einigen Gegenden auch unerläßliche Nahrungsergänzung. Für ihren Fang werden verschiedene Arten von Speeren, Angeln und Netze verwendet. Die zumeist spärliche Flora liefert Moosbeeren, Sumpfheidelbee-ren, Sumpfbrombeeren sowie Wurzeln.

Auf der fünften Thule-Expedition (1922) fanden Rasmussen und Birket-Smith Eskimos mit einer atypischen Lebensweise. An der Westküste der Hudson-Bay leben Gruppen, die zwar im Sommer Robben und Walrosse jagen, deren wichtigste Nahrungsgrundlage jedoch das Rentier (*Karibu*) ist.

Das Siedlungsgebiet der von Rasmussen und Birket-Smith als Karibu-Eskimos bezeichneten Gruppen liegt auf einem weiten flachen Land, aus dem sich sanft gerundete Gneishügel erheben. In Sümpfen, Teichen, Seen und Flüssen ist Süßwasser mehr als genug vorhanden. Es ist ein Land, in dem große Herden wilder Rentiere auf ihren Frühlings- und Herbstwanderungen Flüsse und Seen queren. An den Furten warten die Jäger in Kajaks und töten die Tiere mit Lanzenstichen.

Das Klima ist in den meisten Siedlungsgebieten nicht nur kalt, sondern auch rauh. Zur Kälte kommt häufig starker Wind hinzu, der das Kälteempfinden deutlich verstärkt. Der Kampf gegen das rauhe Klima führte zur besten von Menschen je erfundenen Winterkleidung. Da Luft ein schlechter Wärmeleiter ist, besteht die Kleidung aus einer inneren und einer äußeren Schicht. Die Felle der verschiedenen arktischen Tiere geben unvergleichliche Stoffe ab. So ist Robbenfell fest und nahezu wasserdicht, hält aber bei großer Kälte nicht warm genug. Bärenfell ist zwar außerordentlich warm, jedoch sehr schwer. Bälge von Hasen, Füchsen und Eiderenten sind leicht und warm, aber sehr empfindlich. Rentierfelle liefern das beste Material für Kleider bei strengem Frost.

Mit einer zweischichtigen Winterkleidung aus Karibufell lassen sich Temperaturen von minus 50 Grad Celsius längere Zeit ertragen. Die Überröcke (*Parkas*) von Männern und Frauen bestehen auf Vorder- und Rückseite aus je einem Fell. Sie sind mit einer Kapuze versehen. Die Parkas der Frauen sind häufig kunstvoll gestaltet und verziert. Auffällige Merkmale sind die sehr weite Kapuze und der Rückensack, in dem die Kinder das erste Lebensjahr verbringen.

Eine weitere Besonderheit des Körperschutzes sind Schneebrillen. Insbesondere im Frühjahr bilden sie einen unerläßlichen Schutz vor der Schneeblindheit. Meist bestehen sie aus Holz mit einem schmalen Sehschlitz.

Die Behausungen machen den zweiten wichtigen Faktor im Kampf gegen Kälte und Wind aus. Dabei sind die verfügbaren Baumaterialien, die jeweilige Jahreszeit und die Dauer der Anwesenheit für den Bau einer wetterfesten Unterkunft wesentlich.

Die Grundform eines für einen längeren Aufenthalt bestimmten Hauses ähnelt einer großen Schildkröte mit ausgestrecktem Hals, der dem langen Eingangstunnel entspricht. Er führt in den Wohnraum. Das Haus wird zirka einen Meter tief in den Boden gegraben. Die Wände und die kuppelförmige Dachkonstruktion werden je nach Vorkommen aus Treibholz, Walknochen oder Steinen errichtet; Außenwände und Dach mit Rasenziegeln bedeckt. Häufig finden sich längs des Eingangstunnels Nischen zur Lagerung von Vorräten. Diese stabilen Häuser werden während des längeren Winteraufenthaltes genutzt.

Im Sommer teilen sich die Gruppen. Zwei oder drei Familien ziehen jagend und sammelnd längs der Küsten oder quer durch die Tundra. Für zeitweilige Unterkünfte werden mit Tierhäuten bedeckte Zelte errichtet. Gelegentlich kehren die Bewohner in aufeinanderfolgenden Jahren zu ihren festen Häusern zurück. Da auch diese als Gemeinschaftsbesitz gelten, hat eine Familie, die einen festen Wohnsitz instand setzt, das Recht, während des kommenden Winters dort zu leben.

Kuppelförmige Schneehütten (*Iglus*) sind die Winterbehausungen der Bewohner der Zentralarktis, zum Beispiel der Kupfer-Eskimos. Da Iglus auf dem Meereis errichtet werden, steht als Baumaterial nur Schnee zur Verfügung. Der harte, vom Wind zusammengepreßte Schnee enthält viele kleine Luftbläschen und isoliert daher gut.

An einem Platz mit ausreichend festem Schnee werden große rechteckige Blöcke aus dem Boden geschnitten und in einer ansteigenden Spirale aufeinandergelegt. Die Spirale verengt sich nach oben, und die Blöcke erhalten eine Neigung nach innen. So entsteht in ein bis zwei Stunden ein Kuppelbau, der eine warme und bequeme Unterkunft bietet. Benachbarte Schneehütten nutzen oft einen gemeinsamen Eingangstunnel. Gegenseitige Besuche sind so selbst während eines Schneesturms leicht möglich.

Für feierliche Zeremonien errichtete Schneehütten erreichen beträchtliche Ausmaße. Die Kupfer-Eskimos bauten Schneehütten mit einem Durchmesser von zehn Metern. Sie boten Platz für Dutzende Menschen. Im Innern der unterschiedlichen Hütten befinden sich seitlich Bänke. Die mit Fellen belegte rückwärtige Plattform bildet den Mittelpunkt des Familienlebens; tagsüber wird sie als Tisch und Sitzgelegenheit genutzt, nachts als Bett.

Die Tranlampe dient in allen Gebieten, wo es an Holz mangelt, als Licht- und Wärmequelle. Sie besteht aus einer breiten, zumeist aus Speckstein geschnitzten, halbmondförmigen Schale. Die tagsüber und längere Zeit auch nachts brennende Lampe strahlt ein mildes Licht aus und gibt beträchtliche Wärme ab.

Eskimos leben in kleinen, weit auseinander liegenden Ansiedlungen. Die meisten Gruppen umfassen weniger als 50 Mitglieder. Eine Kernfamilie hat selten mehr als drei Kinder. Eine der Ursachen der geringen Kinderzahl liegt an der langen Stillzeit, die häufig bis ins sechste Lebensjahr andauert. Die erweiterte Familie besteht aus den betagten Großeltern, den erwachsenen Geschwistern, Cousins und Cousinen und den Ehepartnern sowie deren Kindern.

In der Regel heiraten Männer, wenn sie vollwertige Jäger sind, und Mädchen nach Erreichen des Pubertätsalters. Eine Gattenwahl unter nahen Verwandten und unter Trägern desselben Namens ist unzulässig. Bei guten Jägern ist Polygamie durchaus üblich. Ebenso kann es aber auch vorkommen, daß eine Frau mehr als einen Gatten hat. In der Regel heiraten junge Leute mehrmals. Weder der Anfang noch das Ende einer Partnerschaft verlangen eine besondere Zeremonie. Beide Teile können die Ehegemeinschaft jederzeit auflösen. Nach der Geburt eines Kindes bleibt die Ehe meist stabil. Neben den verwandtschaftlichen Beziehungen kommt den Partnerschaften eine besondere Bedeutung zu. Sie können zum Beispiel mit dem vorübergehenden Austausch der Ehepartner verbunden sein. Ältere Familienmitglieder werden wegen ihrer Weisheit, ihrem Wissen über Gebräuche und Tabus, aber auch als Geschichtenerzähler geschätzt. Man behandelt sie mit Liebe, Respekt und Rücksicht.

In der Kernfamilie besteht zwischen den gleichberechtigten Ehepartnern eine Arbeitsteilung. Männer sind verantwortlich für die Jagd auf Großwild, den Haus- und Bootsbau sowie die Herstellung von Geräten aller Art aus Holz, Stein, Knochen und Elfenbein. Aufgaben der Frau sind die Verarbeitung der Tiere, die Nahrungszubereitung, die Bearbeitung der Felle und die Anfertigung der Kleidung sowie das Sammeln von Pflanzen und Früchten. Falls erforderlich, überschneiden sich die Aufgabenbereiche: Frauen nehmen an der Jagd auf Seesäuger teil, Männer helfen bei der Bearbeitung der Tierhäute.

Die ersten Berichte über die Kultur der Eskimos brachten Missionare im 18. Jahrhundert nach Europa. Der dänische Inspektor auf Grönland, Hinrich Rink (1814-1846), war der Begründer der europäischen Volkskunde der Eskimos. Seine Sammlungen von

Erzählungen der Ureinwohner wurden 1866 und 1871 veröffentlicht. Die umfangreichste Sammlung des Erzähl- und Liedgutes verdanken wir jedoch dem dänischen Forschungsreisenden und Ethnologen Knud Rasmussen (1879-1933). Er durchquerte auf seinen Expeditionen die unwegsame arktische Eiswüste in allen Richtungen und bemühte sich zeit seines Lebens um ein tiefergehendes Verständnis der Eskimos, ihrer Kultur, Seinsweise und Weltanschauung. Deshalb wird bei den folgenden Zitaten aus Erzählungen der Eskimos auf Rasmussen zurückgegriffen.

Die Glaubensvorstellungen der Eskimos, die in mündlich von Generation zu Generation weitergegebenen Erzählungen ihren Ausdruck finden, widerspiegeln die Ungewißheiten des Lebens in einer schwierigen, ungastlichen Umwelt. Kälte, Stürme, lange Phasen der Dunkelheit wurden zum Lebensraum der Ureinwohner über Jahrtausende. Kurz, eine Welt, in der es uns heutigen Menschen, selbst unter Zuhilfenahme aller Mittel der modernen Zivilisation, schwerfallen würde, auch nur einige Wochen oder Monate zu verbringen.

Hervorstechendes Merkmal der Eskimoreligion ist das Bewußtsein von der Kleinheit des Menschen, seiner Machtlosigkeit gegenüber den alles dominierenden Naturkräften. Im Glauben der Eskimos drückt sich Furcht aus, ein Gefühl des Unvermögens angesichts der gewaltigen Kräfte, die das Geschehen in ihrer Umwelt bestimmen.

»Wir haben Angst«, erklärte ein alter *Iglulik*-Eskimo gegenüber Rasmussen. »Deshalb haben sich unsere Väter von ihren Vätern her mit den alten Lebensregeln gewappnet, die auf der Erfahrung und der Lebensweisheit von Geschlechtern aufgebaut sind. Wir wissen nicht wieso, wir ahnen nicht warum, aber wir befolgen sie, um sorglos leben zu dürfen. Und so unwissend sind wir trotz aller Zauberer, daß wir alles fürchten, was wir nicht kennen.«[57] – Das unbedingte Festhalten an der religiös-magischen Tradition schützt also am besten gegen das Walten übernatürlich handelnder Mächte.

Alle Regeln, alle Tabus, mögen sie noch so unverständlich erscheinen, bilden einen Rahmen, innerhalb dessen sich die über Jahrtausende stabilen Lebensgemeinschaften der Eskimos entwickelten und der ihnen ein Leben in ihren Gemeinschaften im Gleichgewicht mit der Umwelt sicherte.

Hinter allen ungewöhnlichen, ihnen rätselhaft erscheinenden Ereignissen, steht in der Vorstellung der Eskimos eine Kraft. »Sie wird *Sila* genannt. Es ist kaum möglich, dieses Wort zu übersetzen, da es etwas ausdrückt, das uns ganz fremd ist. Es kann ebensogut das Weltall wie das Wetter oder die Vernunft bezeichnen. An und für sich ist Sila weder gut noch böse, doch wird sie für eine Person, die nicht mit ihr umzugehen weiß, außerordentlich gefährlich. In dieser Hinsicht ähnelt sie der Elektrizität.«[58]

Diese Kraft wird manchmal personifiziert. Ein Schamane der Nuniok-Inseln, wo diese Kraft in *Slam-jua* verkörpert wird, sagte zu Rasmussen: »Slam-jua sei so unbeschreiblich mächtig, daß man ihn nicht mit gewöhnlichen Worten sprechen höre, sondern ›durch Stürme, Schneefall, Regenschauer, Aufruhr des Meeres, kurz durch alle Gewalten, welche der Mensch fürchtet‹: Aber er ist auch so mächtig, daß er seine Anwesenheit durch das allerunschuldigste Ausdrucksmittel, durch ein kleines Kind anzeigt. ›Die Kinder vernehmen eine süße, schonende Stimme, fast wie die einer Frau. Er spricht auf rätselhafte Weise zu ihnen, aber so freundlich, daß sie nicht erschrecken; sie hören nur, daß eine Gefahr droht.‹ Die Kinder erzählen es zufällig, wenn sie nach Hause kommen, und es ist dann Aufgabe der Schamanen, die notwendigen Maßnahmen zu treffen, um die drohende Gefahr abzuwenden.«[59]

Die längs der Nordmeerküste lebenden Eskimos finden im Meer ihre wichtigste Nahrungsquelle. Hier sehen sie sich einer weit stärker personifizierten Gewalt als Sila gegenüber, die sie als »Mutter des Meeres« bezeichnen.[60]

Jedes Fehlverhalten der Menschen, wie ein Tabubruch, alles Böse, was Menschen tun, sinkt als Schmutz auf den Meeresboden und bedeckt die Mutter des Meeres. Solange sie sich in diesem Zustand befindet, bleiben die Seetiere aus, und Hunger und Krankheiten befallen die Menschen.

Die Mutter des Meeres taucht in zahlreichen Mythen auf. Eine Erzählung berichtet über das Leben zweier Waisenkinder, die sich in einer winterlichen Notzeit auf den Meeresgrund begeben. Nach einem langen, gefahrvollen Weg erreichten sie das Haus der Mutter des Meeres:

Hier aber vernahmen sie ein Weinen und Klagen, und als sie hingingen, fanden sie dort eine große Frau, die ihnen den Rücken zukehrte und vor Zorn tobte. Die Kinder traten an sie heran, und da sahen sie, daß ihr Haar lose herunterhing und ganz voller Erde und Schmutz war, und Nase, Augen und

Ohren waren ebenfalls voller Unrat. Das war die Mutter des Meeres, die Herrscherin über die Seetiere. Die Alten erzählen, wenn die Menschen nicht nach den Sitten der Vorväter leben, dann fällt aller Abfall, den die Menschen wegwerfen, auf die Mutter des Meeres hinunter. Aus Zorn darüber hält die Frau dann alle Fangtiere, über die sie wacht, zurück, und die Menschen können nichts fangen.

Jetzt bekamen die beiden Waisenkinder aber zu tun! Die Schwester reinigte und ordnete das Haar, der Bruder entfernte allen Unrat aus den Augen, Ohren und Nase. Als die Frau nun wieder sauber und rein war, beruhigte sie sich, und als sie ganz von Schmutz befreit war, setzte sie sich auf ihre Pritsche und fragte sie ganz freundlich, weshalb sie zu ihr hinuntergekommen seien.

Die beiden Waisen antworteten, sie wollten für ihren Wohnplatz Fangtiere holen. Sofort setzte sich die Mutter des Meeres ein Stück auf ihrer Pritsche zurück und rückte auch ihre Lampe näher zu sich heran.

Kaum hatte nun die Lampe ihren Platz gewechselt, da kam aus ihrer Ablaufschale ein kleines Wesen, dem die Haare in der Stirn abgeschnitten waren. Es eilte geradewegs zum Hausgang ... und als es davonschwamm, konnte man ein paar Hinterflossen erkennen. Es war eine kleine Fjordrobbe.«[61]

Bei den Eskimos auf Baffinland zeichnete Rasmussen einen Mythos auf, der vom Ursprung Sednas berichtet:

Sedna war ein junges Mädchen, das keinen Mann heiraten wollte. Zuletzt wurde sie jedoch von einem Mann zur Frau genommen, der eigentlich ihres Vaters Hund war. Mit ihm hatte sie mehrere Kinder, von denen einige als Menschen, einige hingegen als Hunde geboren wurden.

Eines Tages wurde Sednas Hundegatte aber von seinem Schwiegervater getötet und sank auf den Grund des Meeres hinab. Da Sedna nicht für ihre Kinder zu sorgen vermochte, schickte sie sie alle in die Welt hinaus. ... Sedna selbst wurde danach von einem Sturmvogel geraubt, der sie ebenfalls zur Frau nahm. Eines Tages jedoch kam ihr Vater zur Wohnung des Sturm-vogels und entführte seine Tochter. In seinem Kajak begab er sich mit ihr auf den Heimweg. Der Sturmvogel verfolgte die beiden und ließ auf dem Meer einen

*gewaltigen Sturm entstehen. Um sich im harten Seegang zu
retten, mußte der Vater seine Tochter über Bord werfen. Diese aber klammerte sich verzweiflungsvoll mit ihren Händen
an das Boot. Ihr Vater hieb darauf mit seinem Messer ihre
Finger ab. Diese fielen ins Wasser und wurden zu Seehunden
und Walen. Zuletzt schlug der Vater der Tochter auch ein
Auge aus. Sie sank auf den Grund des Meeres und wurde die
dortige Herrscherin. Der Vater gelangte danach heim. Ans
Ufer gekommen, legte er sich erschöpft am Strand nieder.
Die Flut überspülte ihn jedoch und zog ihn in die Meerestiefe
hinab, wo er seitdem bei seiner Tochter Sedna wohnt.*[62]

Das interessanteste Detail an diesem Mythos ist die Benennung
von Sednas abgeschlagenen Fingern als Ursprung der Meeressäuger. Deutlicher läßt sich die enge Verbundenheit der Mutter des
Meeres mit den Seetieren kaum ausdrücken.

Jedes menschliche Fehlverhalten, zum Beispiel die Nichtbeach-
tung einer der vielen Regeln bei der Jagd und der Behandlung
der erlegten Tiere, kann dazu führen, daß Sedna sie zu sich zu-
rückruft.

Im Glauben der Eskimos »begeben sich die Seelen der getöteten Tiere, nachdem sie sich drei Tage im toten Körper aufgehalten
haben und von den Menschen zeremoniell verehrt worden sind, in
Sednas Wohnstätte. Diese belebt sie später wieder zu neuen Tieren. Sobald die Menschen jedoch irgendein Tabu übertreten, das
ihr Verhältnis zu den Tieren regelt, bewirkt dieser Tabubruch
... eine Art Verunreinigung der Tiere, die dies als körperlichen
Schmerz empfinden und sich in Sednas Haus zurückziehen. ...
Die schließt sie dort ein und rast vor Wut, denn sie hat dieselben
Leiden an ihrem Körper zu ertragen, die die Tiere befallen haben – diese sind ja ihre eigenen Finger!«[63]

Bei den Zentraleskimos ist es Aufgabe des Schamanen, des
Geistersehers, Sedna zu veranlassen, die Tiere wieder freizuge-
ben. Rasmussen nahm an der Séance einer von Hunger bedrohten Gruppe teil. Er berichtet, »wie diejenigen, die sich zu der in
einer Hütte stattfindenden Séance eingefunden haben, alle Bän-
der ihrer Kleidung lösen, die Lampen auslöschen und die Augen
schließen. Der Schamane sitzt auf dem Erdboden, atmet tief und
ruft seine Hilfsgeister herbei. Wenn diese angeblich eingetroffen
sind, scheint die Stimme des Schamanen zu verklingen: die Erde
hat sich unter ihm geöffnet, und zusammen mit mehreren seiner

Schutzgeister verschwindet er unter der Erde. Die Seance verläuft von nun an auf zwei verschiedenen Ebenen: unter den in der Hütte versammelten und in der imaginativen Welt des in Ekstase versunkenen Schamanen. Während die Versammelten im Dunklen im Chor singen, tanzen die Kleider des Schamanen im Innern der Hütte herum, und man kann von den Verstorbenen, die zur Schar seiner Hilfsgeister gehören, tiefe Seufzer hören. Unterdessen ist die Seele des Schamanen unten am Meeresgrund angelangt.«[64]

Die Bezeichnung »Schamane« für den Geisterbeschwörer ist sibirischen Ursprungs. Sein eskimoischer Name ist *Angákoq*. In Alaska wird er *Tôrnalik* genannt, das heißt der, der Hilfsgeister hat. Sowohl Männer als auch Frauen können Schamanen werden. Es sind in der Regel labile Menschen, nach Birket-Smith häufig Neurastheniker, die für Einflüsse empfänglich sind, durch die sie sich in Trance versetzen können. Ein wichtiges Hilfsmittel dabei ist eine Trommel.

Rasmussen hat die anschauliche Schilderung eines Karibu-Eskimos wiedergegeben, in der dieser erzählt, wie er Schamane wurde: »Im Traum besuchten ihn unbekannte Wesen und sprachen zu ihm. Bald war es allen klar, daß er ein Angákoq werden müsse. Ein älterer Schamane, *Perqunaoq*, nahm sich seiner als Lehrer an. Fern von den Menschen baute Perqunaoq seinem Schützling eine Schneehütte, die so klein war, daß dieser darin kaum Platz fand. Sein Lehrer befahl ihm, sich dort niederzusetzen und seine Gedanken nur auf eine Sache zu richten, nämlich darauf, daß das höchste Wesen auf ihn herabschauen und ihn zum Schamanen machen möge.

Dürstend, fastend und frierend – es war im kältesten Mittwinter – verbrachte *Igjugarjuk* 30 Tage in seiner unbequemen Hütte, in der er kein Glied rühren konnte. Nur einige Male gab ihm sein Lehrer ein Glas warmes Wasser und etwas Fleisch. Zuletzt sah er in seinem inneren Licht eine schöne weiße Frau, die gleichsam über ihm schwebte. Sie wurde sein Schutzgeist, den das höchste Wesen ihm als Zeichen, daß er ein Schamane geworden war, gesandt hatte. Erschöpft wurde er nach Hause gebracht. Fünf Monate lang nahm er nur Diätkost zu sich und vermied jeden Geschlechtsverkehr.«[65]

Aufgabe des Schamanen ist es, zwischen dem Diesseits und dem Jenseits zu vermitteln. Sein Wirken zielt auf die Beschwichtigung jener Kräfte, die sich gegen das menschliche Wohl und den Erhalt der Gemeinschaft richten. Im Trancezustand sucht der Schamane die jenseitige Welt auf, um ein physisch, psychisch oder sozial gestörtes Gleichgewicht wiederherzustellen.

Eine der wichtigsten Aufgaben des Schamanen besteht in der Heilung von Kranken. Sieht er die äußere Ursache einer Krankheit im Übertreten eines Tabus, erfordert die Heilung ein Sündenbekenntnis. Der Schamane versucht, den Patienten zum Bekennen seiner Vergehen zu ermuntern, um die Macht der Krankheit zu brechen.

Man findet bei den Eskimos auch die Vorstellung, daß die Seele des Kranken entführt wurde, zum Beispiel durch Sedna. Die Heilung erfordert eine ekstatisch-visionäre Fahrt des Schamanen in jene Regionen, in denen sich die verirrte oder geraubte Seele aufhält. Die Eskimos unterscheiden zwischen der sich im Traum oder in Trance vom Körper trennenden Seele, der Freiseele, und einer Seele, die dem Körper Leben und Beweglichkeit verleiht. Zur Gesundung des Kranken muß seine Freiseele befreit werden.

Sollte der Kranke sterben, wandert seine Freiseele und mit ihr der Name des Verstorbenen hilflos umher, bis sie auf ein Neugeborenes trifft. Es schreit, weil es einen Namen haben möchte:

Es war einmal ein Großfänger, der hieß Navagiaq. Er war nicht nur tüchtig beim Robbenfang, er war auch gutherzig und gab all denen, die kein Fleisch hatten, etwas ab. Und darum war er bei all den Leuten im Ort, wo er seinen Wohnplatz hatte, beliebt und geachtet. Eines Tages aber wurde er krank, und bald darauf, nach wenigen Tagen, starb er. Und da geschah das Merkwürdige, daß er auch nach seinem Tod bei Bewußtsein blieb und alles hörte und alles sah, was um ihn herum vor sich ging, und als er im Totenland angekommen war, dachte er: Oh, wie gern hätte ich doch noch ein Weilchen gelebt, wie sehr habe ich doch das Leben geliebt, und nun bin ich im Land der Toten – wenn ich doch nur wieder lebendig werden könnte!«[66]

In einer langen Irrfahrt, die seine Freiseele durch die Körper verschiedener Tiere führt, gelangt sie schließlich in den Leib einer Gebärenden.

Kurz darauf kam ein Paar widerlicher Hebammenarme auf ihn zu, und zur gleichen Zeit hörte er eine Stimme rufen, so wie es die Hebammen tun: »Verlaß nun deine Hülle, verlaß nun deine Hülle!« Das alles erschreckte Navagiaq so sehr, daß er schnell hinausschlüpfte. Doch kaum war er aus dem Leib gekommen, da überfiel ihn auch schon heftiger Durst, und da gab ihm die Hebamme eine klare Flüssigkeit, mit der er seine Lippen anfeuchtete. Das war jenes Wasser, das die Hebammen in den Nagel ihres kleinen Fingers gießen, um es dann den Neugeborenen zu geben. So wurde Navagiaq wieder ein Mensch, und nun sollte er einen Namen haben. Er selbst wünschte sich von Herzen, und dachte an gar nichts anderes, sie möchten ihn Navagiaq nennen, so wie er geheißen hatte. Aber jedesmal, wenn er seinen Namen sagen wollte, kam nichts anderes aus seinem Mund als Kindergeschrei: »Unga, unga, unga.« Und jedesmal, wenn die anderen ihm einen Namen geben wollten, war es ein ganz anderer und ein ganz gewöhnlicher Name, den Navagiaq gar nicht mochte, und darum weinte er unaufhörlich.

Schließlich nahm er alle seine Kräfte zusammen und sagte das eine Wort: »Navagiaq, Navagiaq, Navagiaq!« Und kaum hatte er es ausgesprochen, da meinte seine Mutter: »Er sagt Navagiaq! Vielleicht will er nach dem Verstorbenen genannt werden; wir wollen ihm darum diesen Namen geben.«

So erhielt er den Namen Navagiaq, und erst jetzt war er zufrieden und froh und fing an zu wachsen, er kam ganz nach dem alten Navagiaq und wurde ein großer und tüchtiger Robbenjäger.[67]

Die Art der Namensgebung beeinflußte auch das Verhalten der Eltern gegenüber ihren Kindern. Die ersten europäischen Forschungsreisenden, die mit Eskimos in engere Berührung kamen, berichteten übereinstimmend von der außerordentlichen Nachsicht, mit der Eltern ihre Kinder behandelten. Sie waren erstaunt, wenn ein Kind als »Mutter« oder »Großvater« angesprochen wurde, also nach Verstorbenen, deren Freiseele im Kind eine neue Wohnstatt gefunden hatte.

Bei Todesfällen wurden zahlreiche Regeln befolgt. In Ostgrönland mußten bereits vor dem Tod alle anderen ihre Habe aus dem Haus entfernen. »Nach Eintritt des Todes wurde das Haus gereinigt, und die anderen Bewohner waren genötigt, ihren eigenen Körper zu waschen. Die nächsten Verwandten mußten nach der

Beisetzung ihre Kleidung wegwerfen und durch neue ersetzen. Eine Frau blieb für ein Jahr nach dem Tod ihres Mannes ›unrein‹. Es war ihr verboten, ihre Augen zum Himmel zu erheben, auf das Meer zu blicken, die Namen der Jagdtiere zu erwähnen, zu lächeln oder eine Anzahl bestimmter Speisen zu essen.«[68]

Die Leichen Verstorbener wurden bei verschiedenen Eskimogruppen unterschiedlich behandelt. Im Osten legten die meisten Gruppen ihre Toten im Schnee oder auf dem Erdboden ab. Im Nordwesten waren dagegen Erdbestattungen üblich. In Ostgrönland wurde die Leiche eines Mannes an den Strand gelegt, wo die Wellen sie fortspülte. Um dem Toten die Ehre zu erweisen und ihn im Jenseits nicht hilflos zu lassen, wurden ihm Waffen und Geräte beigegeben.

Auch bei Geburten waren viele rituelle Regeln zu befolgen. In Ostgrönland hatten wiederum alle anderen Bewohner mit ihrem Hausrat das Haus der Gebärenden zu verlassen. Nach der Entbindung galt die Mutter einen Monat lang als unrein. »Sie muß in ihrer eigenen Hütte oder ihrem Zelt bleiben, auf den Genuß bestimmter Nahrungsmittel verzichten und es vermeiden, die Jagdtiere mit Namen zu nennen. Sie darf Besucher empfangen, dagegen selbst nicht in die Behausungen anderer treten.«[69]

Den vielfältigen Jagdriten liegt zumeist die Vorstellung zugrunde, daß auch Tiere neben der Körperseele eine Freiseele besitzen. Daraus folgt, daß man mit ihnen genauso behutsam umgehen muß wie mit denen der Menschen. Wird ein Tier nicht nach den Regeln behandelt, berichtet seine Seele jenen Mächten, die das Tier schützen, über das menschliche Fehlverhalten. Die Folgen können verhängnisvoll sein. Die Riten dienen einerseits dem Wunsch, daß Tiere sich einfinden und jagen lassen. Zum anderen sind die getöteten Tiere so zu behandeln, daß ihre Freiseelen nicht verletzt werden.

Eine wichtige Regel der ersten Art verlangt, daß sich Jäger von menstruierenden Frauen fernhalten, da die Tiere den Geruch scheuen, der von diesen Frauen ausgeht. Die Eskimos Nordalaskas glauben, daß ein Mann für immer die Fähigkeit zum Jagen verliert, wenn er mit einem Mädchen während ihrer Erstmenstruation in Berührung kommt.

Bei den Pazifik-Eskimos darf ein Mädchen bei der ersten Menstruation für zehn bis zwölf Tage seinen Schlafraum nicht verlassen, es darf kein frisches Fleisch, keinen Tran und keine Moosbeeren (deren Saft wie Blut aussieht) zu sich nehmen und sich nicht am Kopf kratzen. Dann führt eine alte Frau das Mädchen ans Meer oder an einen nahegelegenen kleinen Wasserfall, wo sie ein Feuer anzündet. Das Mädchen muß fünfmal baden und nach jedem Bad um das Feuer herumlaufen. Nach diesem Initiationsritual gilt das Mädchen als erwachsen. Auch muß es während der folgenden Menstruationsperioden seine eigene Nahrung in einem besonderen Topf kochen.

Die wichtigsten Riten werden nach der Tötung eines Tieres vollzogen. Beispielsweise gießt die Frau des Jägers einer erlegten Ringelrobbe etwas Süßwasser auf deren Schnauze, denn Robben leben im Salzwasser und leiden daher Durst. Die Harpune, mit der das Tier erlegt wurde, soll in der ersten Nacht nach der Jagd nahe der Tranlampe stehen, damit sich die Seele des Tieres, die sich noch in der Harpunenspitze befindet, wärmen kann.

Die Eskimos der Beringstraße veranstalteten im Dezember eines jeden Jahres ein sechstägiges Fest zu Ehren der Bartrobben. Zur Zeremonie gehören Rituale, Tänze, Gesänge und Festessen. Im Mittelpunkt des Festes steht die Robbenblase, die als Sitz der Freiseele angesehen wird. Aufgeblasen, werden sie durch rituelle Handlungen gefeiert und bewirtet. Am letzten Tag des Festes bringt man die Blasen zu einem Eisloch, läßt die Luft heraus und übergibt sie dem Meer, um den Seelen eine Wiedergeburt zu ermöglichen.

Weit größere Zeremonien sind mit dem Walfang verbunden. Jeder erlegte Wal ist Objekt der Verehrung. Nach der Anlandung eines getöteten Tiers wird bei den Alaska-Eskimos ein fünftägiges Fest gefeiert. Die Dauer des Festes entspricht der Trauerperiode für einen verstorbenen Menschen. Es endet mit der »Heimschikkung« der nicht verzehrten Reste des Wals. Bei den im Osten lebenden *Krujagen* kann ein Junge erst nach seiner Initiation Walfänger werden. Während der feierlichen Zeremonie werden ihm die Lieder mitgeteilt, die er beim Walfang singen muß. Er erhält Talismane, die er bei den Jagdfahrten mitzuführen hat. Seine älteren Gefährten belehren ihn über den Ort und die Anwendung der Zeremonialgeräte. Diese werden in Grotten aufbewahrt und bestehen aus Amuletten, Jagdgeräten und den Leichen hervorragender Walfänger.

Die zahlreichen großen Feste finden von November bis zum März statt – in der Dunkelheit des Polarwinters. Wie das Blasenfest haben auch die meisten anderen Feste einen religiösen Charakter. Es gibt jedoch nicht nur Feste, die mit der Jagd verbunden sind. Birket-Smith schildert ein Fest der Eskimos am Fluß Colville, in dessen Mittelpunkt der Austausch von Gaben steht: »In Alaska wurden Einladungen zu großen Handelszusammenkünften ausgesandt, die sich zu kostspieligen Festen mit Zeremonien und Trommeltänzen entwickelten. Die Einzelheiten waren je nach Ort verschieden. Wenn die Eingeborenen am Colville in Nordalaska beschlossen, eines der Feste zu feiern, wurden im Herbst zwei Jünglinge ausgesandt, die beide je einen mit Adlerfedern und rot bemalten, mit Ringen verzierten Stab trugen, wobei die Ringe Namen und Anzahl der Geladenen bezeichneten. In der Regel hatte jedermann in den anderen Dörfern einen Freund, mit dem er Güter und während des Festes sehr häufig auch die Frau auszutauschen pflegte; mit ihm maß er sich auch in Singkämpfen und allen möglichen Sportarten. Im frühen Winter, sobald es genügend Schnee gab, kamen die Gäste mit ihren schweren, beladenen Schlitten und wurden schon weit vor dem Dorfe von Jünglingen empfangen, die Tänze aufführten und ihnen Speisen anboten. Nachher fand ein regelrechter Wettlauf zwischen den Gastgebern und den Gästen zum Dorfe statt; dort wurde ein weiterer Willkommenstanz vor dem *gazge* oder Versammlungshaus aufgeführt, wo ein ausgestopfter Adler auf einer langen Stange aufgestellt war; denn man glaubte, der Adler habe den Menschen gelehrt, sich zu vergnügen und Feste zu feiern. Bevor man das Gemeinschaftshaus betrat, schossen einige halbnackte, ärmlich angetane Leute Pfeile ab, um alle schlechten Einflüsse zu verscheuchen. Im Innern nahmen die Gastgeber und Gäste mit ihren Trommeln zu beiden Seiten eines Mannes mit einer vierseitigen, kistenförmigen Holztrommel Platz. Eine mechanische Puppe war da, um alle eintretenden Frauen zu begrüßen. Sobald die einleitenden Zeremonien beendet waren, tanzten die Gastgeber, um ihren Wünschen Ausdruck zu geben, und anschließend waren die Gäste an der Reihe. Auf diese Weise fand ein beträchtlicher Handel oder besser gesagt Tauschverkehr statt. Die Festlichkeiten dauerten manchmal wochenlang, und vor der Abreise der Besucher wurden alle Zeremonialgeräte verbrannt.«[70]

Mythische Kulturbringer lernten wir sowohl bei den Aborigines als auch bei den San kennen. Es spricht einiges dafür, daß die Vorstellung von Kulturheroen charakteristisch für altmenschliche Jäger- und Sammlerinnen-Gemeinschaften ist. Für die Eskimos ist das Übernatürliche genauso selbstverständlich wie die alltägliche Welt, in der sie leben. Ihr Sein wird durch Regeln beherrscht, die auf den Erfahrungen und dem transzendentalen Wissen vieler Generationen beruhen.

Ihre wichtigsten sozialen Werte sind Großzügigkeit und die Fähigkeit zu teilen, begleitet von Friedfertigkeit, Geduld, Gefühlsbeherrschung, Ehrlichkeit, Aufmerksamkeit gegenüber Älteren und die genaue Befolgung der vielen Tabus. Insbesondere letztere werden durch die transzendentalen Mächte gesichert. Werden Tabus verletzt, reagieren diese Mächte heftig. Dabei ist jedoch nicht von einer Bestrafung im Jenseits die Rede. Vergehen gegen Sitten und Regeln, gegen das Leben der Gemeinschaft werden in ihr und von ihr selbst bestraft.

Die sozialen Strukturen der Eskimos fördern in jeder Beziehung das harmonische Miteinander. Jedes Individuum befindet sich ständig in Gesellschaft anderer, die miteinander verwandt und sich freundlich gesonnen sind. Die soziale Welt besteht aus einem Netz von 15 bis 40 erweiterten Familien, die geographisch miteinander in Verbindung stehen. Die Mitglieder des Netzes sprechen den gleichen Dialekt, tragen die gleiche Kleidung und haben die gleichen Sitten und Gebräuche. Sie sind durch Verwandtschaften, Namensvetternschaften und Partnerschaften miteinander verbunden.

Die Eskimos kennen weder Gesetze noch Gerichte. Bei auftretenden Streitigkeiten wissen sie auf ihre Weise mit einem Unruhestifter umzugehen. Wenn zum Beispiel ein junger Mann eine zu große Essensportion genommen hat, äußern die anderen ihr Mißfallen in einem improvisierten Lied über das negative Verhalten gieriger Menschen. Diebstahl und Raub kennen die Gemeinschaften praktisch nicht. Streitigkeiten um Frauen bilden häufigste Ursache von Friedensbrüchen.

Im Bemühen um die Sicherung des inneren Friedens verfügen die Gemeinschaften über unterschiedliche Methoden. Auf Grönland, in Alaska und den Aleuten werden Probleme beigelegt, indem streitende Parteien zusammenkommen und gegeneinander Schmählieder singen. Ziel des Streitgesangs ist es, den Gegner in Anwesenheit aller lächerlich zu machen. Ein gelungenes Spottlied kann das Ansehen des Betreffenden für eine geraume Zeit beeinträchtigen. Danach betrachtet die Gemeinschaft die Angelegenheit als erledigt; die Gegner haben ihre Gefühle zum Ausdruck gebracht, und der Friede ist wiederhergestellt.

Abbau von Spannungen werden auch durch Wanderungen in

andere Jagdgebiete, durch Spiele und Feste erreicht. Die dauerhafte Lösung eines ernsten Konflikts läßt sich zumeist nur durch eine Trennung erzielen. Ein Totschlag ist das stärkste, sehr selten angewandte Mittel gegen Verstöße. In extremen Fällen griffen die Mitglieder der erweiterten Familie selbst dazu. Mit dem Tod des Übeltäters war die Angelegenheit erledigt.

Birket-Smith faßt seine langjährigen Studien der Eskimogemeinschaft in die Worte: »Sie kennt keine sozialen Spannungen, die sie mit Zerfall bedrohen, keine Kluft zwischen dem Einzelnen und der Gesamtheit und keinen Schrei nach Schutz vor privilegierter Gewalt. Die Ethik ist eindeutig und gemeingültig, weshalb ihre Richtlinien mit einer Selbstverständlichkeit befolgt werden, die in unserer Zivilisation ihresgleichen sucht.«[71]

Aus einem breiten Spektrum archäologischer und ethnologischer Forschungen habe ich drei Fallstudien ausgewählt. In ihnen dokumentieren sich in mehr oder weniger ausgeprägter Form jahrtausendealte Seins- und Bewußtseinsformen. In den Schlußfolgerungen schließe ich mich den Wertungen an, die von den Autoren der »Cambridge Encyclopedia of Hunters and Gatherers« vertreten werden.

Auffällige Gemeinsamkeiten in den Sozialbeziehungen der Jäger- und Sammlerinnen-Gemeinschaften bestehen in folgenden Punkten:

• Gleichheit der Mitglieder in den Lokalgruppen, unabhängig vom Geschlecht. Erfordern bestimmte Aktivitäten eine zeitweilige Führerschaft, so beruht sie auf Erfahrung und Überzeugungskraft des Anführers und nicht auf Befehlsgewalt. Die personelle Autonomie aller ist das Gegenteil der Individualität des Einzelnen in unserer Gesellschaft. Erstere ruht auf der Fähigkeit eines jeden, aus eigenem Wollen mit anderen zusammenzuwirken.

• Soziale, ökonomische oder religiöse Autoritäten liegen nie in den Händen eines Geschlechts. Auf Gebieten, wo Sachkenntnisse und Erfahrungen bei der Frau liegen, entscheidet sie oder eine Gruppe von Frauen. Entsprechendes gilt für Männer.

• Die Mobilität der Gruppen wird nicht nur durch wechselnde Umweltbedingungen und Klimavariationen diktiert, sondern gelegentlich dient sie auch der Stabilisierung der Gemeinschaft.

• Wechsel zwischen Zusammenkommen und Auseinanderge-

hen: Zeitweilig vereinigen sich mehrere Gruppen an einem
Ort; zu anderen Zeiten lösen sich Lokalgruppen in kleinere
Einheiten auf, die voneinander getrennte Wege gehen.

• Gemeinsamer Landbesitz bildet einen zentralen Teil des Eigen-
tumsverständnisses und erhält sich bei Ackerbauern und Viehzüchtern noch über Jahrtausende.

Wie bei den Sozialbeziehungen zeigen sich auch auf den Gebieten der ethischen Normen und religiösen Vorstellungen einige
bemerkenswerte Gemeinsamkeiten:

• Das Teilen bildet die Basis der sozialen Werte. Es ist ein Teilen,
das auf Gegenseitigkeit beruht, jedoch keine unmittelbare Gegengabe fordert. Es reicht weit über das Teilen von Nahrung
hinaus. Untereinander geteilt werden Gerätschaften, Aufgaben, Unterkünfte, Mythen und Erinnerungen, kurz gesagt,
die Menschen »teilen einander«.[72]

• Wo Vertrauen und Teilen wirken, können Nötigung und Druck
nicht aufkommen. Jede Erschütterung des Vertrauens ineinander stört das Gleichgewicht in der Gemeinschaft und wird
durch unterschiedliche Maßnahmen unterdrückt.

• Die Natur ist die Gebende aller Dinge, die erst ein Leben er-
möglichen. Ziel der Menschen ist nicht die Herrschaft über
die unbelebte und belebe Natur, sondern mit und in ihr in
Harmonie zu leben. Eine Vorstellung, die im Gegensatz zum
Christentum steht, das den Menschen zum Herrscher über die
Natur erklärte – ein Glaubenssatz, der mithalf, uns an die
Schwelle des Zusammenbruchs der Biosphäre zu führen.

• In der Religion bilden Diesseits und Jenseits eine unauflösliche
Einheit. Jenseitige Kräfte bestimmen das Naturgeschehen. In
Erzählungen wird ein von ihnen fixiertes Regelwerk überliefert, das von jedem Menschen zu befolgen ist. Jede Verletzung,
jede Störung kann unheilvolle Folgen haben. Dabei zeigt sich
die Religion der Wildbeuter als dynamisch. Einerseits können
Änderungen der Umweltbedingungen neue Formen der Anpassung fordern, die sich zum Beispiel in Tabus ausdrücken,
andererseits können Überlieferungen durch individuelle Gestaltung des Erzählers verändert werden.

• Die Glaubensvorstellungen zahlreicher Gemeinschaften unterscheiden zwischen der Gegenwart und einer mythischen
Vorzeit, in der Tiere und Menschen noch nicht getrennt waren
und die Landschaft erst ihre Gestalt gewann. Die Vorzeit war
eine kreative Vergangenheit, die in das Jetzt hineinwirkt.

• Eine von den Kräften der Vorzeit ist im Trickser personifiziert. Er symbolisiert die Menschenähnlichkeit, die Schwachheit einer übernatürlichen männlichen Kraft. Der Trickser steht deutlich im Kontrast zum allmächtigen, allwissenden Gott in den Religionen der Hochkulturen.

Über Zehntausende Jahre lebte der Mensch als Teil der Natur im Gleichgewicht mit ihr. Und dies keineswegs unter gleichbleibenden Bedingungen. Im Gegenteil, im Pleistozän und im Holozän wechselten weltweit kalte und warme Phasen, deren Ausschläge weit größer waren als jene, die wir seit Christi Geburt erlebten. Dabei variierte die Höhe des Meeresspiegels um rund 120 Meter; riesige Gebiete Europas und Amerikas waren zeitweilig unter einem Eispanzer begraben; Vegetationszonen änderten ihren Charakter; Tier- wie Pflanzenarten kamen und gingen.

In verschiedenen voneinander unabhängigen Teilen der Welt gelangten Wildbeuter zu einander ähnelnden Lösungen im gesellschaftlichen Miteinander und zu vergleichbaren Weltbildern, die ihnen nicht nur ein karges, von Not geprägtes Überleben sicherten: *»Die meiste Zeit ihres Lebens verbrachten Jäger und Sammler nicht an einem Arbeitsplatz entfernt von Freunden und Familie, sondern redend, ruhend, teilend und feiernd, kurz gesagt im Menschsein.«*[73]

2 WELTBILDER ALTPFLANZERISCHER VÖLKER

Auf die Frage von Richard Lee, warum sie kein Getreide anbauen, antwortete ein alter !Kung: »Warum sollen wir pflanzen, wenn es so viele Mongongo-Nüsse auf der Welt gibt.«[1]

Warum also vom Sammeln zum Pflanzen übergehen? Warum eine über Zehntausende Jahre bewährte Form der Aneignung wild wachsender Naturprodukte aufgeben, um auf eine arbeitsintensivere Art und Weise den Lebensunterhalt zu sichern?

Zum Ausgang des 20. Jahrhunderts wissen wir durch vielfältige Untersuchungen, daß die Ursache dieses Übergangs eine Reaktion der Menschen auf einen Klimawandel war. Vor rund 19 000 Jahren endete eine der kältesten Phasen der Würm/Wisconsin Kaltzeit. Während dieser Zeit lag die bodennahe Lufttemperatur im jährlichen Mittel weltweit um mindestens zehn Grad Celsius niedriger als heute. Inland- und Gletschereis bedeckten große Teile der Landflächen in nördlichen und mittleren Breiten. Hinzu kam eine große Trockenheit, die weite Gebiete in Steppenlandschaften verwandelte.

Die Umstellung des Erdklimas begann vor mehr als 18 000 Jahren, als die Schmelze des Eisschildes einsetzte, der den antarktischen Kontinent bedeckte.

Im Bereich der Arktis begann die Erwärmung erst 3 000 Jahre später. Bereits nach einigen 100 Jahren erhöhte sich die erdnahe Lufttemperatur um fünf bis sieben Grad Celsius. Dieser Anstieg beschränkte sich nicht nur auf den Bereich des Nordatlantik. Untersuchungen auf Neuseeland und in Peru zeigen ähnliche Klimaänderungen.

Die erste Phase der Erwärmung wurde durch einen erneuten Temperatursturz vor 12 900 Jahren unterbrochen. Die als Jüngere Dryas bezeichnete Periode dauerte zirka 1 300 Jahre und endete vor 11 600 Jahren mit dem Übergang in die präboreale Phase des Holozän.

Der Wandel von der jagenden und sammelnden Lebensweise des *Homo sapiens sapiens* zu einer seßhaften, Bodenanbau und Viehzucht betreibenden Wirtschaftsform begann in der Jüngeren Dryas. Dieser Übergang – häufig als Neolithische oder Agrarische Revolution bezeichnet – stellte keinen zwangsläufigen Schritt auf einem vorbestimmten Weg zu neuen höheren Formen der Organisation der menschlichen Gesellschaft dar. Im Gegenteil, in den wenigen Gebieten der Erde, in denen dieser Übergang unabhängig voneinander erfolgte, erkennen wir ihn als eine Reaktion auf tiefgreifende Veränderungen des Lebensraums.

Der Übergang von umherziehenden oder bereits seßhaften Jägern und Sammlerinnen zu Pflanzern und Viehzüchtern war an folgende Bedingungen geknüpft:

- eine Klimaänderung, die Wildbeuter veranlaßte, ihre bisherige, weniger arbeitsintensive Lebensweise aufzugeben;
- eine Umwelt, in der Wildformen domestizierbarer Pflanzen vorhanden waren und bereits lange Zeit genutzt wurden;
- das Vorhandensein domestizierbarer Tierarten;
- die Fähigkeit der Menschen zur Schaffung von Arbeitsgeräten, um Pflanzen verlustarm ernten, lagern und verarbeiten zu können.
- die Entwicklung von Seins- und Bewußtseinsformen, die sich aus den veränderten Lebensverhältnissen ergaben und ihnen gerecht wurden.

Wenigstens in drei Gebieten der Erde wurden Spuren des Übergangs zur Nahrungserzeugung entdeckt: in Mexiko, im Nahen Osten und in China.

Die frühesten Funde, die einen Reisanbau am Mittellauf des Jangtse in China belegen, haben ein Alter von 11 500 Jahren.[2] In der Folgezeit dehnte sich der Anbau von Reis nach Süden aus. Er erreichte Taiwan, das in der Jüngeren Dryas noch mit dem Festland verbunden war. Taiwan wurde zum Ausgangspunkt einer großen Migration, durch die der Reisanbau erst zu den Philippinen und von dort weiter nach Melanesien und Polynesien gelangte.

Betrachten wir die Entwicklung des Anbaus von Pflanzen im mexikanischen Hochland näher. Vor 19 000 Jahren lagen die mittleren Temperaturen sowohl über Land als auch an der Oberfläche der angrenzenden Ozeane zirka fünf Grad Celsius unter den Werten der Gegenwart. Der Meeresspiegel lag wegen der im Eis gebundenen Wassermassen etwa 120 Meter tiefer als heute. Beides bewirkte einen stark reduzierten Transport der Feuchtigkeit vom Ozean zum Land und führte zu einem insgesamt trockeneren Klima. Im Hochland dehnte sich ein kühles, feuchtes Grasland aus. Es bot ideale Lebensbedingungen für große Herden grasender Säugetiere.

Mit dem Ende der Jüngeren Dryas und dem Beginn der schnellen Erwärmung vor 11 600 Jahren verschwanden die Savannen im mexikanischen Hochland und damit der Lebensraum für Herden von Großsäugern. An ihrer Stelle wuchsen Regen- und Bergwälder. Die Veränderung des Ökosystems änderte die Lebensgrundlage der jagenden und sammelnden Lebensgemeinschaften.

Auf dem amerikanischen Kontinent ist der Mais die wichtigste Kulturpflanze. Er wurde zur Basis der Neolithischen Revolution in Mittelamerika. Der Übergang zu einer seßhaften Lebensweise auf der Basis einer agrarisch organisierten Wirtschaftsform dauerte jedoch Jahrtausende.

Vermutlich ist Mais die domestizierte Form von Teosinte, einem mexikanischen Wildgras. Im Gegensatz zum Weizen lassen sich beim Mais ertragreiche Kulturformen nur durch zahlreiche genetische Veränderungen erreichen. Daher tauchten die ersten Kulturformen von Mais erst vor 7 100 bis 6 000 Jahren in Mexiko auf.[3]

Systematische Ausgrabungen im Tehuacántal im mexikanischen Hochland (*Puebla*) erlauben einen Überblick über den Wandel vom Jagen und Sammeln zur seßhaften agrarischen Lebensweise.[4] Die Jäger des ausgehenden Mesolithikums fanden Weißwedelhirsche als einzige im Tehuacántal verbliebene größere Huftierart vor. Im frühen Holozän vor 10 000 bis 8 000 Jahren, einer deutlich trockeneren Periode, machte Fleisch etwa 50 Prozent der Nahrung aus. Im Frühling oder Sommer kam das Sammeln wildwachsender Samen und Pflanzen hinzu. Aus dieser Zeit finden sich die ersten Spuren eines Anbaus von Kürbis, Amarant und Chili. Der durch Gartenkultur gewonnene Nahrungsanteil lag noch unter einem Prozent. In den folgenden 2 500 Jahren stieg er auf 25 Prozent. Gleichzeitig verringerte sich der Anteil des Fleisches um ein Viertel. Neben den bereits zuvor angebauten Pflanzen kamen Bohnen und frühe Formen von Mais hinzu. Aber erst vor 4 000 bis 3 500 Jahren wurden beim Mais

Hektarerträge von mehr als 250 Kilogramm erzielt. Sie sicherten eine Überschußproduktion, die zur Seßhaftigkeit und lokal zu raschem Bevölkerungswachstum führte. Um 1000 v. Chr. erreichte der durch Agrarwirtschaft erzielte Nahrungsanteil 40 Prozent. Im Tehuacántal fanden sich Spuren von drei ganzjährig bewohnten Weilern. Die Entwicklung des Gartenbaus wandelte sich deutlich von einer Kultur mit zahlreichen domestizierten Pflanzen zum Anbau von wenigen ertragreichen Arten (Mais, Bohnen, Kürbis).

Vom amerikanischen Ursprungsgebiet ging die Expansion nach Süden in Richtung Anden, wo die Umwelt vielfältig war. Aus ökologischen Gründen entwickelte sich im größten Teil der Tropengebiete Südamerikas der Anbau von Mais und Bohnen langsamer. In nördlicher Richtung erreichte er die Waldlandschaft westlich der großen Seen erst um 1000 n. Chr.

Um den Unterschied der Entwicklung des Ackerbaus bei gänzlich verschiedenen Voraussetzungen deutlich zu machen, sei hier die Entwicklung im Nahen Osten betrachtet.

Der Wechsel vom Pleistozän zum Holozän führte dort zur Ausbildung des typischen Mittelmeerklimas mit feuchten Wintern und trockenen, warmen Sommern. Der Klimawandel zog eine tiefgreifende Änderung der Vegetation im fruchtbaren Halbmond nach sich. Er umfaßt das Gebiet vom Südosten der Türkei bis in den Westen des Iran.

Schrittweise verwandelte sich die Steppe in eine offene Waldlandschaft mit immergrünen Eichen, Pistazien und Oliven. In der Levante und an den Hängen der Zagros-Tauros-Libanon-Gebirgskette wuchsen Wildformen von Gerste und Weizen. In den Bergen lebten Herden wilder Ziegen, Schafe und Rinder.

Die Wildbeutergemeinschaften fanden ein reiches Nahrungsangebot vor. Ihr wichtigstes Jagdwild, die Gazellen, lebte in einem begrenzten Lebensraum. Hinzu kamen Rehe, Damwild und Wildschweine. Da ihr Jagdwild nicht wanderte, entfiel auch für die Menschen eine dementsprechende Notwendigkeit.

Seßhaftigkeit heißt nahezu ganzjährige Anwesenheit einer Gemeinschaft an einem Siedlungsplatz mit ausreichender Wasserversorgung, reichhaltigem Angebot an pflanzlicher Nahrung sowie an jagdbarem Wild, aber auch an Fischen und Wasservögeln. Im Levantinischen Korridor fanden die Ausgräber nahezu ganzjährig bewohnte Siedlungsplätze.

Die Wildbeuter kannten die Pflanzen und die Tiere ihres Lebensraums. Sie wußten um den jahreszeitlichen Rhythmus des

Wachstums der Wildgräser, deren Samen sie als Nahrung nutzten. Solange sie genug fanden, bestand keine Notwendigkeit eines systematischen Anbaus.

Menschliche Gemeinschaften sind in der Regel konservativ und halten an den über Generationen bewährten Denk- und Lebensgewohnheiten fest. Erst wenn externe oder interne Streßsituationen, oder beides, Innovationen zur Überlebensfrage werden lassen, entstehen Motivationen, neue Wege zu gehen.

Die sprunghafte Klimaverschlechterung der Jüngeren Dryas stoppte nicht nur die weitere Ausbreitung der parkähnlichen Waldlandschaft in größere Höhen angrenzender Gebirge, sondern reduzierte auch den fruchtbaren Gürtel, in dem die seßhaften Wildbeutergruppen lebten. Die Abnahme der Bestände an Wildgetreide initiierte im Levantinischen Korridor den Anbau. Im Gegensatz zum Maisanbau, bei dem in Mexiko erst nach Jahrtausenden ertragreiche Kulturformen erzielt wurden, führte der Anbau von Weizen und Gerste hier bereits nach Jahrhunderten zu ertragreichen Arten.

Die Aussaat abgestreifter oder aufgelesener Getreidekörner führte noch zu keiner Domestizierung. Sie bewirkte auch keine genetische Änderung des Pflanzgutes. Erntet man jedoch die Halme und transportiert sie zur Siedlung, führt dieser Schritt zu einer ersten Selektion. Denn nur Mutanten, die ihre Körner schwer verlieren, gelangen ans Ziel und werden zu Saatgut.

Verglichen mit dem Aufwand des Sammelns pflanzlicher Nahrung erweist sich die Bodennutzung durch Anbau ebenso ergebnis- wie arbeitsintensiv. Selbst bei einfachem Getreideanbau sind von der Aussaat bis zum vorratsfähigen Korn viele Arbeitsgänge vonnöten, die ein breites Arsenal von Geräten erfordern.

Sobald eine Gemeinschaft Nahrung vorausschauend produzierte, nahm die Bevölkerungsdichte deutlich zu. Diese Art der Nahrungsgewinnung ermöglichte es, mehr als zwei Kinder pro Familie zu ernähren. Wegen des höheren Arbeitsaufwandes forderte sie geradezu mehr Menschen. Ausgrabungen im Levantinischen Korridor belegen ein Anwachsen der dörflichen Siedlungen auf das Vierfache während der 1 300 Jahre andauernden Jüngeren Dryas.

Mit dem Beginn des Holozäns vor 11 600 Jahren und der erneuten Klimaverbesserung wurde die in zurückliegenden Jahrhunderten erfolgreiche Lebensform beibehalten. Sie führte erneut zu einer sprunghaften Vergrößerung der Dörfer.

So lebten vor zirka 11 000 Jahren in Jericho schon annähernd 400 Menschen.

Zu dieser Zeit erlaubten die günstigeren klimatischen Bedingungen während der präborealen Phase den Anbau von Weizen und Gerste und die Zucht von Ziegen und Schafen in den Vorbergen und Tälern des Tauros- und Zagros-Hochlandes.

Eine der bemerkenswertesten Ansiedlungen entstand in Catal Hüyük, im anatolischen Hochland.[5] Die Konya-Ebene liegt 900 Meter über dem Meeresspiegel. Die heute fast baumlose Ebene war während der präborealen Phase des Holozän eine wasserreiche offene Waldlandschaft, in der Herden von Wildschweinen, Rothirschen und Auerochsen lebten. Catal Hüyük liegt am alten Ufer des Carsamba-Flusses, der die fruchtbare Umgebung nicht nur mit nährstoffreichem Schwemmland für den Anbau von Weizen (Emmer und Einkorn), sechszeiliger Gerste und Erbsen versorgte, sondern auch Lehm für den Bau der Häuser lieferte. Neben dem intensiven Ackerbau züchteten die Anwohner Ziegen und Schafe.

Die Siedlung besaß bereits vor 9 000 Jahren einen städtischen Charakter. Vor zirka 8 500 Jahren lebten dort annähernd 10 000 Menschen.

Auf einer Fläche von 13 Hektar standen Hunderte Häuser. Die rechteckigen Lehmbauten lagen Wand an Wand. Zwischen ihnen gab es weder Gassen noch Straßen. Der Verkehr lief über die flachen Dächer, die in gegeneinander versetzten Ebenen verliefen. Der Zugang zu den Wohnungen erfolgte über Leitern.

Obwohl die Abmessungen der Häuser differierten, fanden sich keine Großbauten. Die Stadt muß also einen recht gleichförmigen und einheitlichen Eindruck geboten haben – im Unterschied zu den um Jahrtausende später entstandenen Städten der Sumerer und Ägypter mit ihren monumentalen Tempeln.

Die Stadt wurde bis zu einem erneuten Klimaschock besiedelt, der vor 8 200 Jahren einsetzte und rund 400 Jahre andauerte. In dieser Zeit herrschte in Südeuropa wieder Trockenheit. Auch die Siedlungen in der anatolischen Hochebene wurden ganz oder teilweise von ihren Bewohnern verlassen. Rückzugsgebiete waren Uferregionen von Flüssen, die noch genügend Wasser führten, und die Ufer des Schwarzen Meeres, das zu dieser Zeit ein riesiger abflußloser Süßwassersee war.

Vor 7 800 Jahren, mit dem Ende der Mini-Eiszeit in der nördlichen Hemisphäre und den wieder einsetzenden feuchten Wintern und warmen Sommern kehrten einige Ackerbauern in die verlassenen Siedlungsgebiete zurück. Viele aber blieben in den fruchtbaren Uferregionen des Schwarzen Meeres.

Die erneute Erwärmung beschleunigte das Schmelzen der Eispanzer und damit den weiteren Anstieg des Meeresspiegels. Vor 7 500 Jahren erreichte der Wasserspiegel des Mittelmeeres den Rand des Walls am Eingang zum Bosporustal. Das Salzwasser begann sich zunächst als Rinnsal in den 150 Meter tiefer gelegenen Binnensee zu ergießen. Aus dem Rinnsal wurde ein Bach, der sich innerhalb einiger Tage in einen reißenden Strom verwandelte und sich mit Hilfe mitgerissener Geröllmassen ein Bett in den Fels fraß. Durch diese Schlucht strömten Tag für Tag rund 50 Milliarden Kubikmeter Wasser. Der See stieg jetzt täglich um 15 Zentimeter und überflutete in kurzer Zeit die Uferbereiche. Er zwang die rings um den gewaltigen Binnensee lebenden Bewohner zur Flucht.

Die Menschen »nahmen nicht nur ihr Hab und Gut mit, soweit sie es tragen konnten, sondern auch die Begriffe aus anderen Sprachen, die neuen Ideen und die Techniken, die sie sich während ihres Lebens am See angeeignet hatten. Bauern der Vin a-Kultur, die für ihre schönen Häuser aus lehmbeworfenem Flechtwerk und für ihre feine, mit Ritzmustern verzierte Keramik bekannt war, erschienen plötzlich in den bulgarischen Tiefebenen und entlang der Donau. Andere gelangten auf ihrer Flucht vom Schwarzen Meer zur Ägäis und ließen sich auf einigen der Inseln, etwa auf Samothrake, oder an der dalmatinischen Küste nieder. Linearbandkeramiker flohen am Dnjester entlang flußaufwärts und durchquerten Nordeuropa in westlicher Richtung bis ins Pariser Becken, wo sie, friedlich oder mit Gewalt, die dort lebenden Sammler- und Jägervölker verdrängten. Sie brachten ihre Langhausarchitektur, ihre Keramik mit den typischen Mustern und ihre Ackerbaumethoden in die neue Heimat mit.

Möglicherweise sprachen sie einen indoeuropäischen Dialekt. Andere Stämme, die eindeutig der indoeuropäischen Sprachgruppe angehörten, zogen durch die Flußtäler von Dnjepr, Don und Wolga nach Norden und verbreiteten sich in einem halbkreisförmigen Bogen von Südosteuropa bis zum Kaspischen Meer und darüber hinaus.«[6] Siedler vom Südufer des Sees flohen nach Süden in das anatolische Hochland. Einige der semitischen Völker, die durch Ostanatolien südwärts zogen, gelangten über den östlichen Rand Mesopotamiens in die Ausläufer des Zagros-

Gebirges. Sie zählten wohl zu den Gruppen, die in der Folgezeit das große fruchtbare Schwemmland von Euphrat und Tigris erschlossen.

»Wahrscheinlich blieb der Mythos dieses Ereignisses in der mündlichen Überlieferung besonders bei denjenigen Menschen lebendig, die es auf ihrer Flucht nach Mesopotamien verschlagen hatte, wo es immer wieder, wenn auch in unregelmäßigen Abständen, zu Überschwemmungen kommt. Er lebte weiter in den Liedern und Geschichten, die Generationen von Sängern und Erzählern bei Festen und am Lagerfeuer vortrugen. Und die alljährlich wiederkehrenden Überschwemmungen boten sicherlich immer wieder einen Anlaß, die Geschichte jener längst vergangenen Tage zu erzählen, als die große Flut alle Menschen vernichtet hatte, bis auf die eine Familie, aus der die Menschheit neu hervorging.«[7]

Während der Jüngeren Dryas begann der Bodenbau im Nahen Osten, in China und in Mexiko. Die Eigendynamik des Prozesses, der im Laufe des Holozän das Antlitz der Erde nahezu völlig veränderte, beruhte auf dem Wechselspiel zwischen Bevölkerungswachstum und Intensivierung der zur Versorgung nötigen Arbeit. Dies führte zu neuen Organisationsformen im Zusammenleben, welche die soziale Stabilität der Gemeinschaften sicherten. Untrennbar damit waren Änderungen der religiösen Vorstellungen verbunden.

Unser heutiges Wissen um soziale Organisation und Weltbilder früher Bodenbauern nahm seinen Ausgang im 16. Jahrhundert mit dem Vordringen von Eroberern, Händlern und Missionaren in die Europäern bisher unbekannten Bereiche Amerikas, Afrikas, Asiens und Ozeaniens. Zum Ausgang des 19. Jahrhunderts folgten ihnen Völkerkundler.

Am Beginn des 21. Jahrhunderts steht ein kritisch gesichertes, ethnographisches Wissen über Hunderte von Gemeinschaften früher Bodenbauern zur Verfügung, die bis ins 20. Jahrhundert hinein Teile ihrer Seins- und Denkweisen bewahren konnten.

»Das, was den Europäer an einer Stammesgesellschaft überrascht, ist gerade die selbstverständliche Anerkennung des Einzelnen, die Humanität. Die Stammesgenossen sind nicht in ein alles beherrschendes Kollektiv eingespannt; die gemeinschaftliche Lebensform der Stammesgesellschaft, die selbstverständliche Freundschaft, ermöglicht ihnen eine Freiheit und Individualität, die der modernen Gesellschaft fremd geworden sind.«[8]

»Herrschaftslosigkeit ist nicht Ausdruck rassischer Minderwertigkeit, die sich in kognitiver Unfähigkeit, Herrschaft zu konzipie-

ren, niederschlägt, sondern ›gewollt‹; Ausdruck eines ›Kollektiv-
willens‹, den man bündig als ›primären Egalitarismus‹ benennen
kann.«[9]

Frühe Ackerbaukulturen lassen sich folgendermaßen charakterisieren:

- Sie sind egalitär und herrschaftsfrei.
- In ihnen besteht eine geschlechtsspezifische Arbeitsteilung.
- Sie sind auf der Grundlage von Verwandtschaftsbeziehungen
  aufgebaut.
- Ihre Religion ist ein untrennbarer Bestandteil des zum Über-
  leben notwendigen Wissens.

Greifen wir aus der Vielzahl der Kulturen zur Illustration dieser
Thesen zwei Beispiele heraus: die Irokesen im östlichen Wald-
land Nordamerikas und die Trobriander auf dem gleichnamigen
Archipel vor dem Ostkap Neuguineas.

Die materiellen Interessen, die Individuen und Gruppen selbst
in so komplexen und großen Gemeinschaften wie den Irokesen
und den Trobriandern zum Handeln veranlassen, ruhen auf moralischen, religiösen und ökonomischen Normen. Die Stabilität
der Gemeinschaften wird durch ein vielfältiges Beziehungssy-
stem gesichert. Ihre Mitglieder analysieren nicht ihre Sozial-
systeme – *sie leben sie.*

2.2. Die Irokesen

Ein klassisches Beispiel einer frühen, Bodenbau betreibenden
Gesellschaft sind die *Irokesen*, eine Gruppe sprachverwandter
Stämme im nordöstlichen Waldland Nordamerikas. Die Stämme
waren bereits in vorkolumbischer Zeit in das von Wildbeutern der
algonkinischen Sprachfamilie besiedelte Land östlich der großen
Seen eingedrungen.

Sie hatten einen Keil in deren Gebiet getrieben, dessen nord-
östliche Spitze bis zur Mündung des Saguenay in den St. Lorenz
Strom reichte. Im Südwesten siedelten sie bis in den heutigen
Bundesstaat North Carolina.

Über einzelne Gruppen der Irokesen sind Quellen unterschiedlichen Umfangs vorhanden. Die ausführlichsten Berichte gibt es über die *Huronen*, die nördlich des Ontariosees siedelten, und über die Stämme der Irokesen-Liga: *Mohawk*, *Oneida*, *Onondaga*, *Cayuga* und *Seneca*, die in dieser Reihenfolge vom Osten nach Westen im Zentrum des heutigen Staates New York ansässig waren.

Die frühesten Berichte über Kontakte zwischen Irokesen und Europäern stammen aus dem 16. Jahrhundert. Samuel de Champlain gründete zu Beginn des 17. Jahrhunderts Quebec am Ufer des St. Lorenz Stroms. Von dort nahm die Erschließung Neu-Frankreichs ihren Ausgang. Mit der Gründung von Niederlassungen kamen Pelzhändler und missionierende Jesuiten. Beide Gruppen hinterließen ein umfangreiches Quellenmaterial über die Irokesen.

Bahnbrechend für die moderne Feldforschung war die Arbeit von Lewis H. Morgan. Um 1840 versuchte eine Gruppe von Grundstücksspekulanten die Seneca ihrer noch verbliebenen Ländereien zu berauben. Morgan verfocht mit einigem Erfolg vor dem Kongreß in Washington die Interessen der Indianer. Die Seneca adoptierten Morgan 1847 in ihren Stamm. Wenige Jahre später veröffentlichte er seine Monographie »League of the Ho-De'-Na-San-Nee or Iroquoise«, eine lesenswerte Gesamtdarstellung der Kultur der Irokesenstämme.

Die systematische Erfassung aller zu dieser Zeit noch existierenden Indianerkulturen begann in der zweiten Hälfte des 19. Jahrhunderts mit der Gründung des »Bureau of American Ethnology«.

Auch im Laufe des 20. Jahrhunderts gab es bemerkenswerte ethnologische Beiträge, insbesondere die Arbeiten von Frank Speck und William Fenton.[10]

Das Klima im Siedlungsgebiet der Huronen und der Stämme der Konföderation entspricht annähernd dem Mitteleuropas. Die Stammesgebiete waren offene, parkähnliche Waldlandschaften mit zahlreichen Seen und Flüssen. Der fruchtbare Boden bot gute Voraussetzungen für den Anbau von Mais, Bohnen und Kürbis. Die Wälder bargen reichlich Wild, und die Wasserläufe erlaubten Fischfang in großem Umfang. Im Frühjahr kamen Wasservögel so zahlreich zu den Seen, daß man sie mit Netzen fangen konnte. Der Siedlungsraum bot also ausgezeichnete Voraussetzungen für eine halbseßhafte Agrarkultur in Verbindung mit Wildbeuterei. Bei Ankunft der Europäer in Nordamerika verfügten die Irokesen über eine hochentwickelte Landwirtschaft, die den Hauptteil ihrer Nahrung lieferte. Die ersten europäischen Reisenden beschreiben bewundernd die oft mehrere Hektar großen Maisfelder und die Speicher in den Dörfern, die Vorräte für zwei bis drei Jahre enthielten.

Über den Verbreitungsweg der Kulturpflanzen aus Mexiko bis in das nordöstliche Waldland wissen wir wenig. Vermutlich erreichten Mais, Tabak, Bohnen und Kürbis zwischen 1000 und 1400 n. Chr. die Siedlungsgebiete der Indianer.

Die irokesischen Dörfer lagen zumeist an Flußniederungen und an den Ufern kleiner Seen. In ihnen lebten zwischen 300 und 600 Einwohner. Die Zahl der Dörfer war von Stamm zu Stamm verschieden.

Der Anbau von Mais erfolgte in vier Schritten: Aufbereitung des Bodens, Aussaat mit Hilfe von Pflanzstöcken, Pflanzenpflege und Ernte. Die Ernte reichte in der Regel für zwei bis vier Jahre. Da nach 10 bis 15 Jahren der Boden erschöpft ist, suchte die Dorfgemeinschaft einen neuen Siedlungsplatz auf. Die Bodenrodung neuer Anbauflächen erforderte die Hilfe der Männer. Alle anderen Feldarbeiten führten die Frauen gemeinsam aus.

Feld- und Sammelprodukte sind gemeinsames Eigentum der Gruppe. Die Ernte wird an die Familien des Dorfes verteilt. Dabei entscheidet der Bedarf jedes Haushaltes über die Größe des Anteils. Jede Frau kann privat, außerhalb der Gruppenarbeit, sammeln oder einen Garten anlegen. Diese Erträge gehören ihr allein. Jeder Jäger jagt ohne Beschränkungen im gesamten Stammesgebiet. Von der Beute gehört ihm das, was er wegtragen kann.

Im Verteilungssystem der Irokesen spiegelt sich ihre Produktionsorganisation. Soweit Männer beim Fischfang und bei der Jagd, Frauen beim Sammeln und beim Anbau gemeinsame Erträge erzielen, werden sie an alle verteilt. Individuell erhaltene Erträge gehören dem Einzelnen bzw. seinem Haushalt.

Verwandtschaftsbeziehungen sind die dominierende Form ihrer Gesellschaftsorganisation. Sie bilden die Basis, auf der sich ihre Beziehungen untereinander regeln. Soziale Einheiten sind die Großfamilie (*Ohwachira*), der Clan (*Gen*), der Stamm und die Liga.

Die Verhältnisse zwischen den Geschlechtern waren herrschaftsfrei. Die Irokesen kannten keine vermögende oder verfügende Schicht. Ein Eigentum an Produktionsmitteln war ihnen fremd. Zeitweilige Unterschiede in den Besitzverhältnissen einzelner Haushalte wurden während der Traum- oder Totenfeste sowie durch die stets gebotene Gastfreundschaft ausgeglichen. Verwandtschaftsbeziehungen verbinden die Generationsfolgen der Vorfahren jedes Individuums. Die verwandtschaftliche Zurechnung erfolgt entweder über die Mutterlinie (matrilinear) oder über die Vaterlinie (patrilinear). Fehlt die Betonung einer Linie, herrscht eine bilaterale Zuordnung.

Die Regeln der Zurechnung schaffen »im sozialen Leben Ordnung, indem sie institutionell genormte Wege der Ablösung und Nachfolge der Generationen eröffnen. Sie gewährleisten eine eindeutige Zuweisung von Ansprüchen, Rechten und Pflichten und verhindern eine Zerstreuung materieller und immaterieller Wertgegenstände zwischen den durch Verwandtschaft verbundenen Individuen.«[11] Das irokesische Verwandtschaftssystem ist matrilinear. Seine Basis ist die Großfamilie. Zu ihr zählen alle weiblichen und männlichen Personen, die sich als Nachkommen einer gemeinsamen Urahnin betrachten. Sie umfaßt deren Söhne und Töchter und die Söhne der Söhne, das heißt die Enkel in weiblicher Linie, usw.

Wohnstätte der Ohwachira ist das aus Holz und Rindenmatten erbaute Langhaus. Es ist ein rechteckiges Gebäude, rund 10 Meter breit und bis zu 50 Meter lang. In ihm leben 4 bis 20 Kernfamilien, deren Wohnräume zu beiden Seiten eines Längsganges angeordnet sind. Je zwei gegenüber wohnende Familien nutzen eine Feuerstelle in der Mitte des Ganges.

Das Langhaus ist nicht nur Wohnstätte, sondern Symbol ihrer Lebensgemeinschaft. Wächst eine Ohwachira durch Frauenüberschuß über eine gewisse Größe hinaus, teilt sie sich in zwei einander eng verbundene Matrilinien. Ein neues Langhaus entsteht.

Wichtigste Bezugsperson im Sozialgefüge der Irokesen ist die Mutter. Jedes Kind gehört zur Ohwachira seiner Mutter und erhält deren Status. Durch Aufnahme in eine Großfamilie, sei es durch Geburt oder, was häufig der Fall ist, durch Adoption, wird ein Individuum Vollmitglied der irokesischen Gesellschaft. Die Häufigkeit, mit der Adoptionen erfolgen, unterstreicht, wie unbedeutend der biologische und wie wichtig der soziale Aspekt der Verwandtschaft ist.

Sexuelle Beziehungen zwischen Angehörigen einer Ohwachira gelten als Inzest. Ehepartner stammen daher stets aus unterschiedlichen Großfamilien. Auch nach einer Heirat können Status, Titel, Besitz und der größte Teil der sozialen und kulturellen Funktionen nur durch die Ohwachira der Mutter vermittelt werden. Die Beziehungen zwischen den Ohwachiras der Ehepartner sind exakt definiert. »Unterstützung bei Krankheits- und Todesfällen sowie der Austausch von Arbeitsleistungen sind institutionalisiert und unterliegen zeremoniellen Geboten, die Art und Ablauf der Handlungen vorschreiben.«[12]

Bei den meisten Stämmen der Liga ist der Wohnsitz des Ehepaares die Ohwachira der Frau (*Matrilokalität*). Gelegentlich richtet sich der Wohnsitz des Paares nach dem sozialen Rang der Großfamilie. Bei den Seneca wird *Patrilokalität* bevorzugt.

Basis der matrilinearen Verwandtschaftsbeziehungen ist der Besitz der Ohwachira an Feld- und Gartenflächen. Der Boden gilt so lange als ihr Eigentum, wie sie ihn bearbeiten. Wechselt ein Dorf seinen Standort, so erlischt der Anspruch. Das Eigentum der Frauen erstreckt sich auch auf das zur Jagd, zum Fischfang und Sammeln genutzte Territorium des Dorfes. Die Männer haben lediglich ein Nutzungsrecht. Wie umfassend die Besitzrechte der Frauen am Land sind, zeigt sich darin, daß sie bei Massenadoptionen den neuen Mitgliedern Land zur Nutzung zuweisen.

Zeremonielle Gegenstände wie Masken, Federarbeiten und *Wampumschnüre* (Perlbänder) gehören ebenfalls der Ohwachira. Auch Mythen, Gesänge usw. sind Eigentum der Großfamilie. Über sie nimmt sie Einfluß auf religiöse Zeremonien.

Wichtigster nichtökonomischer Besitz der Ohwachira sind offizielle Titel. Der Titel eines Friedenshäuptlings der Liga (*Sachem*) – er wird von einem männlichen Mitglied der Ohwachira besetzt – gilt als der bedeutendste. Da sich Titel und Namen des Sachem im Besitz der Frauen befinden, nehmen sie auf die Verleihung unmittelbaren Einfluß. Obwohl die Wahl eines Sachem auf Lebenszeit erfolgt, kann er bei gesellschaftswidrigem Verhalten ab gesetzt werden.

In den Händen der Matrone liegen Verwaltung und Verteilung des gemeinsamen Eigentums. Sie ist eine ältere Frau, deren Intelligenz, Führungstalent und einwandfreier Lebenswandel unumstritten sind. Sie wird durch eine Ratsversammlung der Haushalte gewählt. Die Ohwachira garantiert allen Mitgliedern Leben, Sicherheit, Schutz und Hilfe. Ein Irokese ohne Familienverband gilt als vogelfrei.

Der Clan ist nach der Ohwachira die nächstgrößere Sozialeinheit. Fenton charakterisiert ihn als den Zement, der den Stamm zusammenhält.[13] Ein Clan umfaßt mehrere Ohwachiras, die sich von einer gemeinsamen Urahnin herleiten. Angehörige eines Clans betrachten sich als Schwestern und Brüder. Die strukturellen Unterschiede zwischen Ohwachira und Clan sind gering. Häufig werden Funktionen der Ohwachira an den Clan delegiert. Beim Clan liegt jedoch das Verfügungsrecht über die Namen.

Jedes Individuum erhält im Laufe seines Lebens verschiedene Namen, die mit übersinnlichen Kräften in Verbindung gebracht werden. Bei der Geburt bekommt das Kind einen nichtssagenden Namen. Mit Herausbildung von Charaktereigenschaften und Entwicklung von Fähigkeiten werden ihm bedeutungsvollere und verhaltensfordernde Namen verliehen. Ihre Bedeutung liegt seit langen Zeiten fest. Erst sie geben dem jeweiligen Träger in der Gemeinschaft ein entsprechendes Gewicht. Das Vorschlagsrecht liegt bei den Matronen. Die »Hüter des Namens« verleihen die Namen an Frauen und Männer. Die bedeutendsten Namen sind mit Titeln verbunden, wie dem eines Sachem.

Darüber hinaus unterscheiden sich Ohwachira und Clan durch die zusätzliche Assoziation mit einem Symbol (*Totem*). Häufig tragen sie Tiernamen wie Bär, Wolf oder Schildkröte. Mitglieder eines Totems fühlen sich im Stamm untereinander verwandtschaftlich verbunden. Da das gleiche Totem sich auch in anderen Stämmen findet, gilt die Verbundenheit über die Stammesgrenzen hinweg.

Irene Schumacher schreibt über die Gesellschaftsstrukturen bei den Irokesen: »Ohwachira und Clan sind die primären sozialen Institutionen, deren Aufgabe in der Regelung der Angelegenheiten von Individuen liegt. Als Ort der Sozialisation integrieren sie den Einzelnen in die Gesellschaft und unterwerfen sein Verhalten normierten, reziproken Regelungen. Unter ihrer Schirmherrschaft kann der Irokese Befriedigung seiner Bedürfnisse und Ansprüche erlangen; in ihrem Rahmen spielt sich sein Alltag ab. Dorf, Stamm und Liga sind dagegen Institutionen, die weniger Individuen als vielmehr sozial definierte Gruppen integrieren. Ihre Funktion liegt in der Regelung der Aktionen und Interaktionen selbständiger Sozialeinheiten, deren Autonomie sich in dem häufigen Zerfall (Segmentierung) von Stammesgebilden beweist. Dorf, Stamm und Liga sind soziale Organisationen. Indem sie sich nach außen wenden, Beziehungen zu anderen sozialen Organisationen (Dörfern und Stämmen) anknüpfen, übernehmen sie jedoch in starkem Maß politische Funktionen.«[14] Und an anderer Stelle heißt es über die Rolle der Frau: »Das weibliche Element als sozialer Regelmechanismus verliert in Dorf und Stamm seine Bedeutung. Verwandtschaft wird zum reinen Integrationsmittel und Matrilinearität wird aus den komplexeren sozialen und politischen Einheiten eliminiert. Die Frau als sozialer Bezugspunkt, als prägendes Moment der Sozialorganisation, tritt in den Hintergrund. Die Aktionen der Irokesen in Dorf, Stamm und auch Liga sind nicht mehr von der Verbindung zu einer Matrilinie abhängig. Die wachsende Bedeutung der politischen Funktionen dieser Sozialeinheiten schwächt das Gewicht der Familienverbände und der in diesen verwirklichten matrilinearen Regelungen.«[15]

Die Liga bildete sich nach Angaben unterschiedlicher Quellen zwischen dem 14. und 16. Jahrhundert heraus. 1722 schlossen sich die *Tuscaroras* der »Konföderation des Friedens« an. Im Laufe der Jahrhunderte nahm die Erzählung über die Gründung der Liga den Charakter einer Legende an.

Eine besondere Rolle beim Abschluß des Bündnisses weist die Legende *Dekanawida* zu, einem Seneca, und *Hiawatha*, einem Mohawk. Es heißt, daß Dekanawida von einer jungfräulichen Mutter geboren wurde und in seiner Kindheit dem Tode dreimal auf wunderbare Weise entkommen ist. Seine Großmutter erhielt im Traum die Weisung, ihn Dekanawida zu nennen, weil das Kind den Menschen die gute Zeit des Friedens bringen würde.

In einer Erzählung der Onondaga wird über eine Rede Dekanawidas vor den Häuptlingen der Stämme berichtet, in der er um Frieden zwischen den Stämmen warb:

Wir wollen es das Große Gesetz nennen, das Große Gesetz der Gerechtigkeit. Heute ist das Irokesenvolk bei allen anderen Stämmen verhaßt. Überall kreuzt man die Streitäxte im Kampf und erschlagen die Männer einander.
Wir aber wollen den Krieg von der Erde verbannen. Wir wollen ihn tief in der Erde vergraben. Alle Kriegsursachen bündeln wir zusammen und werfen das Bündel weg. Wir reißen eine große Fichte mit ihren Wurzeln aus, wodurch sich ein tiefes Loch in der Erde bildet.
Auf dessen Grund fließt ein reißender Wasserstrom. In diesen Strom versenken wir alle Ursachen von Kampf und Krieg. Unsere Urenkel werden sie nicht mehr kennen, weil wir den großen Fichtenstamm wieder an seine Stelle setzen werden.
Unter diesem großen Baum werden wir ruhen. Er wird

einen schönen, angenehmen Schatten spenden. Alle Völker werden ihre Blicke auf das Gesetz richten. Alle werden es lieben und danach verlangen. Niemals mehr werden wir in Furcht leben. Alle Stämme werden in Frieden und Ruhe wohnen, getreu dem Großen Gesetz. Sie werden einander Wampum geben, um ihre Worte zu bestätigen. Und im Wampum werden sie ihr Gelöbnis für zukünftige Geschlechter aufzeichnen. Alle werden von Freude erfüllt sein, denn wir haben uns dann zu einer Einheit zusammengeschlossen, zu einem in sich geschlossenen, festgerundeten Organismus.[16]

Die Häuptlinge beschlossen das »Große Gesetz«, das den Großen Frieden und die Konföderation begründete. Das Große Gesetz wurde auf Wampumgürteln festgehalten[17], und so besteht es für immer.

Dekanawida und Hiawatha, die beiden Kulturheroen der Irokesen, »waren Menschen, die neues Wissen als göttliche Instruktionen an ihre Völker weiterleiteten. Ihre eigene langsame Vergöttlichung, markiert durch Merkmale wie Jungfrauengeburt oder übernatürliche Fähigkeiten, erfolgte in historischer Zeit. So wie diese geschichtlichen Personen mögen auch andere herausragende Neuerer in früheren Epochen in die Götterwelt des indigenen Nordamerika eingegangen sein.«[18]

Die Sachems bildeten einen Generalrat, in dem insgesamt 50 Friedenshäuptlinge die Stämme repräsentierten. Bei allen Beschlüssen war Einstimmigkeit erforderlich.

Morgan schildert den Verlauf einer Ratsversammlung anläßlich des Todes eines Sachem und der Investitur eines Nachfolgers. »Unter Beobachtung mannigfacher Formen und Zeremonien wurde der Rat geöffnet und während seiner gewöhnlich fünftägigen Dauer geleitet. Der erste Tag war der vorgeschriebenen Zeremonie des Wehklagens um den verstorbenen Sachem gewidmet, dieselbe fing als eine religiöse Handlung mit Sonnenaufgang an. Um diese Stunde zogen die Sachems des Stammes, bei welchem der Rat abgehalten wurde, gefolgt von ihren Stammesangehörigen, zum feierlichen Empfang der Sachems und des Volkes der anderen Stämme aus, die bereits angekommen waren und in einiger Entfernung ihr Lager aufgeschlagen hatten, um daselbst den festgesetzten Tag zu erwarten. Nach Austausch von Begrüßungen wurde eine Prozession gebildet und den vereinigten Stämmen die Wehklage in Versen mit Responsorien gesungen, während sie vom Empfangsplatz nach dem Platz der Ratsversammlung marschierten. Die Wehklage mit den im Chor gesungenen Responsorien war ein dem Andenken des verstorbenen Sachems geweihter Achtungstribut, in welchen nicht nur sein Gens, sondern auch sein Stamm, ja sogar die ganze Konföderation einstimmte. ...

Am zweiten Tag begann die Installationszeremonie und dauerte gewöhnlich bis zum vierten Tage. ... Unter anderem wurden auch die alten Wampumgürtel, in welche die Verfassung des Bundes ›hineingeredet‹ worden war, um den Sprachgebrauch der Irokesen anzuwenden, hervorgeholt und zur Instruktion des neu eingeführten Sachems verlesen oder erklärt. Ein weiser Mann, der nicht notwendig ein Sachem zu sein brauchte, nahm diese Gürtel einen nach dem anderen, und zwischen den beiden Reihen der Sachems auf und ab schreitend las er aus ihnen die Tatsachen ab, welche sie urkundlich zu besagen hatten. Nach der Vorstellung der Indianer können diese Gürtel mittels eines Dolmetschers ganz genau die Verordnung, Maßregel oder Verhandlung erzählen, die zu jener Zeit in sie hineingeredet worden und wovon sie ausschließlich Urkunde sind. Eine Wampumschnur, die aus aneinandergereihten purpurnen und weißen Kügelchen bestand, oder ein Gürtel, in welchen Figuren durch Kügelchen von verschiedenartiger Färbung hineingewirkt worden, war in einer Weise wirksam, daß die Vorstellung einer bestimmten Tatsache mit einer bestimmten Schnur oder Figur verbunden wurde, so daß man dadurch sowohl ein Verzeichnis von Tatsachen bot, als auch deren Aufbewahrung im Gedächtnis förderte. Diese Wampumgürtel und Schnüre waren die einzig sichtbaren Urkunden der Irokesen, aber sie erforderten geschulte Erklärer, die imstande waren, aus ihren Reihen und Figuren die zum ewigen Gedächtnis darin niedergelegten urkundlichen Aufzeichnungen herauszulesen. ... Die Auslegung dieser verschiedenen Gürtel und Schnüre bot für den weisen Mann eine Veranlassung, in seiner Rede einen zusammenhängenden Bericht über die Vorgänge bei Gründung des Bundes zu geben. Die Tradition wurde mit voller Ausführlichkeit wiederholt und in ihrem wesentlichen Punkte durch den Hinweis auf die in diesen Gürteln niedergelegten Urkunden bekräftigt. So wurde der zum Zweck der Erhebung von Sachems einberufene Rat eine belehrende Versammlung, welche in den Gemütern der Irokesen sowohl den Bau und die Grundlagen des Bundes als auch die Geschichte seiner Gründung ewig frisch erhielt. Diese Vorgänge beschäftigten den Rat bis zum Mittag eines jeden Tages, der Nachmittag war den Spielen und Vergnügungen gewidmet. Nach Eintritt der Dämmerung wurde jeden Tag ein gemeinsames Mahl für alle Anwesenden aufgetragen. ... Die Abende waren dem Tanz gewidmet. Mit diesen während mehrerer Tage fortgesetzten Zeremonien und mit den darauffolgenden Festlichkeiten wurden die Sachems in ihr Amt eingeführt.«[19]

Obwohl es die ursprüngliche Absicht der Liga war, den Frieden zu bewahren, wandelte sich das Bündnis unter den sich ändernden ökonomischen Verhältnissen in eine schlagkräftige kriegerische Vereinigung.

Als die Franzosen zu Beginn des 17. Jahrhunderts in Nordamerika Fuß faßten, bestanden unter den Stämmen des nordöstlichen Waldlandes ausgedehnte Handelsbeziehungen. Wichtige Handelswege waren das Netz der Flüsse und Seen, die das Land durchzogen.

Die Huronen nahmen dank der Lage ihres Siedlungsgebietes im Handelsverkehr eine besondere Stellung ein. Ihre Handelswege reichten vom Saguenay und vom Lake St John im Osten bis zum Lake Nipigon im Westen und vom Lake Erie zur James Bay.

Der Handel war in vorkolonialer Zeit in ein komplexes Netz sozialer Beziehungen einbezogen. Handelsbeziehungen trugen den Charakter eines wechselseitigen Geschenkaustauschs. Sie waren Ausdruck von Freundschaft. Ursprüngliche Handelsbeziehungen bestanden zu Wildbeutern im Norden, von denen sie Korn und Tabak, Birkenrindenkanus und Felle erhielten. Auch Feuerstein für Pfeilspitzen und Wampumschnüre wurden durch Handel erworben.

Bereits in der ersten Hälfte des 17. Jahrhunderts wurde der Pelzhandel zur alleinigen ökonomischen Grundlage Neu-Frankreichs. Die Einflußnahme der Franzosen auf die indianischen Stämme »verfolgte nur das Ziel, den Wirkungsbereich Neu-Frankreichs auf dem Kontinent in den Gegenden, die für Pelzhandel lukrativ schienen, zu stärken und zu erweitern und auf diesem Weg mögliche Konkurrenten auszuschalten«[20].

Für Felle erhielten die Irokesen Waffen, Werkzeuge und Haushaltsgeräte aus Eisen und Stahl, die wegen ihres höheren Gebrauchswertes und längerer Haltbarkeit rasch die bis dahin benutzten Gegenstände ersetzten.

Mit der Ausdehnung des Pelzhandels zwischen Indianern und Franzosen sank der Bestand der Pelztiere schnell. Bereits in der ersten Hälfte des 17. Jahrhunderts war der Biber im östlichen

Teil Neu-Frankreichs ausgerottet. Auf der Suche nach Pelztieren waren die Irokesen gezwungen, immer größere Wege zurückzulegen.

Die wachsende Mobilität der Männer zwang die Frauen zur Erwirtschaftung eines größeren Überschusses beim Anbau von Kulturpflanzen. Die verheerenden Auswirkungen aus Europa eingeschleppter Epidemien verschlechterte die Lage der Frauen.

Kriege zwischen den Stämmen waren in vorkolonialer Zeit unbedeutend. Häufigster Anlaß war Rache für begangenes Unrecht. Meist war es Blutfehde, falls die Familie eines Mörders es versäumt hatte, die erforderliche Schuldtilgung zu leisten.[21] Andererseits sahen junge Männer in kriegerischen Unternehmen einen willkommenen Anlaß, sich im Kampf zu bewähren.

Mit der Ankunft der Europäer änderte sich die Motivation für kriegerische Auseinandersetzungen. Sie wurden von nun an durch wirtschaftliche und territoriale Interessen bestimmt. Die Stämme der Liga unternahmen in den vierziger und fünfziger Jahren des 17. Jahrhunderts Kriegszüge in benachbarte Gebiete, um sich die Pelzvorräte dort lebender Stämme anzueignen. Diese Indianerkriege, insbesondere gegen die Huronen und die mit ihnen verbündeten Franzosen, prägten von nun an den Charakter der Liga.

»Zusammenhalt gewann die Konföderation erst im Lauf des erbarmungslosen Existenzkampfs, den die Indianer des Ostens um Teilnahme am europäisch-indianischen Pelzhandel führten. Der ökonomische Zwang schuf eine gleiche Interessenlage unter den fünf Stämmen, die Frieden im Innern und Einigkeit der Entscheidungen ermöglichte. Verbreitung der Ideen von Friede und Eintracht war nie Ursache der Kämpfe. Die Eroberungszüge erzwangen Einigkeit und brüderliches Zusammenstehen = faktische Notwendigkeiten, die zur ethischen Norm erhoben wurden.«[22]

Der Untergang der Liga wurde mit der amerikanischen Revolution besiegelt. Bis auf die Oneida kämpften alle Stämme auf Seiten der Engländer. Die Irokesen wurden 1779 vernichtend geschlagen. Damit verloren sie ihre Selbständigkeit, und der Weg in die Reservate begann.

Wie bei den Wildbeutern sind bei den frühen Bodenbauern Religion und Lebenswelt untrennbar miteinander verbunden.

Auch bei den Bauern war das Verhältnis zum Übernatürlichen stets an irdischen Belangen ausgerichtet (Ernte und Jagderfolge, Gesundheit, Wohlergehen der Gemeinschaft usw.) und der Umgang mit ihm auf das engste mit allem zum Leben notwendigen Wissen verknüpft. »Dieses Wissen wurde im Zuge des Hereinwachsens des Kindes in die Gesellschaft erlernt und durch die persönliche und soziale Erfahrung des Erwachsenen immer wieder aufs neue bestätigt und vertieft. Aus Sicht der Betroffenen waren diese Kenntnisse nicht weniger empirisch als anderes Wissen über die natürliche und soziale Ordnung. Eben weil das Wissen von übernatürlichen Belangen durch seinen handlungsleitenden Charakter zentral mit allen Bereichen der Lebensführung verbunden war, blieb die Unterscheidung von andern Formen der Erfahrung und des Handelns unscharf.«[23]

Das Übernatürliche manifestierte sich Tag für Tag im Lebensraum des Menschen, der nicht dessen Beherrscher war. Er genoß keine Vorzugsstellung gegenüber Tieren, Pflanzen und Naturerscheinungen, sondern mußte sich stets um einen Ausgleich mit ihnen bemühen.

In John Napoleon Brinton Hewitt, einem Tuscarora, verband sich indigene Abstammung mit der kritischen Sicht des Wissenschaftlers. Er zeichnete nicht nur den Schöpfungsmythos der Ondaga, Seneca und Mohawk auf, sondern analysierte auch die Begriffe der irokesischen Glaubenswelt.[24]

Im Gegensatz zu *manito*, der von vielen Ethnologen mit dem »Höchsten Wesen« gleichgesetzt wird, also mit allem der Welt innewohnenden Übernatürlichen, setzt Hewitt manito mit *orenda* gleich. Für ihn ist orenda kein nichtmenschliches Wesen, sondern eine übermenschliche Macht, eine »mythische Potenz«. So kann ein guter Jäger mit einem überlegenen orenda das orenda seines Jagdwildes überwinden. Ein mit prophetischen Fähigkeiten ausgestatteter Mensch strahlt sein orenda aus, um die Zukunft zu erkennen.

»Eines der wichtigsten von Hewitt analysierten Satzworte ist jenes, das in neuerer Zeit in der Bedeutung ›Gebet‹ gebraucht wird: Er legt sein eigenes orenda nieder. Es beschreibt die Praxis, sich bei der Annäherung an übernatürliche Wesen zu erniedrigen, um ihr Mitleid zu erlangen. Indem die Beziehungen zwischen den Wesen der belebten Welt durch das unterschiedliche Ausmaß an orenda bestimmt waren, über das menschliche und nichtmenschliche Personen verfügten, bemühte sich der Mensch, zusätzliche nicht-menschliche Kräfte von Bäumen, Tieren, Felsen, Wolken, dem Himmel oder der Dunkelheit zu mobilisieren ...

Es geht also auch bei den Irokesen darum, eine übernatürliche Gabe von nichtmenschlichen Personen zu erhalten, die der

Mensch zu außergewöhnlichen und ›wunderbaren‹ Leistungen befähigt. Während ›manitos‹ die Quelle solcher Gaben sind, bezeichnet ›orenda‹ die Gaben selbst.

Eine neuere Untersuchung macht deutlich, daß nach irokesischer Meinung alle Wesen der Natur über diese ›Kraft‹ verfügen, weil ihnen Geister (oder Seelen) innewohnen; Artefakte besitzen keine Kraft, weil sie unbeseelt sind, außer, ihnen ist durch menschliches Zutun ein spiritueller Aspekt (und damit Kraft) verliehen worden. Die Träger dieser Kräfte unterscheiden sich durch Vorhandensein oder Fehlen von eigenem Willen und der daraus folgenden Entscheidungsfähigkeit bzw. Wandelbarkeit zwischen physischer und geistiger Essenz und guten oder bösen Absichten. Während man dem Schöpfer zwar den freien Willen zugesteht, verfügt er über keine physische Essenz und handelt nur gut. Sonne, Mond, Sterne, Wind, Erde und Pflanzen haben keinen freien Willen und eine rein physische Essenz.«[25]

Im Glauben der Irokesen wird das Werden der Welt als eine Auseinandersetzung zweier sich feindlich gegenüberstehender Mächte begriffen. Sie sind in den Zwillingsbrüdern *Otterongtongnia* und *Tawiskaron* personifiziert. Dabei konterkariert Tawiskaron, unterstützt von seiner Großmutter, die Idealschöpfungen seines Bruders Otterongtongnia.

Nach irokesischer Weltauffassung besitzt jede Erscheinung auf der Erde einen »älteren Bruder«. Diese Urwesen, irokesisch *Ongwe*, sind ungeschaffen und unsterblich. Sie wohnen auf der uns abgekehrten Seite des Himmelsgewölbes: Hirsch, Rehbock, geflecktes Rehkalb, Bär, Biber, der hin- und herstreichende Wind, das Tageslicht, die Nacht, die tiefe Nacht, der Stern, die Sonne, das Quellwasser, Mais, Bohne, Kürbis, Sonnenblume, der Feuerdrache mit dem glänzend weißen Leibe, die Rassel, der rote Meteor, der Frühlingswind, die große Schildkröte, Fischotter, Wolf, Ente, Süßwasser, Goldammer, die Medizin und das Nordlicht.

Die Häuser der Ongwe sind im allgemeinen lang, und an den Enden liegen die Schlafmatten. Am Morgen gehen die Urwesen auf Jagd, am Abend kehren sie zurück.

In ihrem Dorf wohnte einst ein Paar, dessen Tochter Awenhai, »Fruchtbare Erde«, um den Himmelshäuptling warb und ihm ihre Hand antrug. Die Hütte dieses Obersten aller Urwesen stand auf einem weiten Feld unter dem Baum Onodscha. Die Blüten dieses Baumes strahlten das Licht für die Himmelswelt aus, denn es gab dort keine Sonne, eben nur die Helligkeit des Lichtbaums.

Der Häuptling willigte ein und heiratete jenes Mädchen. Aber noch ehe er und Awenhai zusammen geschlafen hatten, schwängerte der Häuptling die junge Frau mit dem Hauch seines Atems. Niemand ahnte, wie das geschehen konnte. Der Himmelshäuptling wurde so eifersüchtig auf das Nordlicht und den Feuerdrachen mit dem glänzend weißen Leibe, daß er beschloß, die Natur aller Ongwe zu ändern. Er ließ den Lichtbaum Onodscha entwurzeln und stürzte seine Frau durch die entstandene Öffnung in den Abgrund dieser Welt hinunter, ebenso die Urwesen Mais, Bohne, Sonnenblume, Tabak, Hirsch, Wolf, Bär, Biber samt ihren Verwandten. Sie wandelten sich in die uns bekannten Formen der unteren Welt, und nur ihre älteren Brüder blieben im Himmelslande.

Danach wurde der Baum Onodscha wieder aufgerichtet und das Loch geschlossen. Damit endet der erste Akt des Weltdramas.

Inzwischen sank die Frau in den Abgrund hinab auf einen lichtblauen Fleck zu, den sie bald als eine unendliche Meeresfläche erkannte, mit zahlreichen Wasservögeln darauf. Erde gab es nirgends. Die Tiere sahen die Fremde herabfallen und suchten ihr einen festen Halt zu verschaffen. Die große Schildkröte wurde dazu bestimmt, die unerwartete Besucherin zu tragen, und die anderen Tiere mußten Erde vom Grunde des Urozeans heraufholen. Die Bisamratte schaffte es zuletzt. Man breitete den Schlamm auf dem Panzer der Schildkröte aus und brachte so eine Insel inmitten des Meeres zustande. Zugleich stiegen die Vögel in dichtgedrängter Masse empor, fingen die Fallende ab und setzten sie sanft auf der Schildkröte nieder.

Die Erde vergrößerte sich rasch; Büsche, Gräser und Kräuter schossen auf. Nach zwei Nächten fand Awenhai einen Hirschkörper neben sich und ein kleines Feuer, so daß sie eine Mahlzeit bereiten konnte. Schließlich gebar sie ein Mädchen.

Die Kleine wuchs erstaunlich rasch heran. Alsbald erschienen allerlei Bewerber, doch wies das Mädchen auf den Rat der Mutter alle ab. Eines Tages kam einer, der hatte Fransen an Armen und Beinen. Das ist der rechte Mann für dich, den mußt du heiraten, meinte die Mutter. Der Jüng-

ling besuchte denn auch das Mädchen in der Dunkelheit, legte aber nur einen Pfeil neben ihren Leib und verschwand dann.

Alsbald wurde Awenhais Tochter schwanger. Als die Wehen einsetzten, hörte die werdende Mutter in ihrem Leibe Zwillinge miteinander streiten: der eine wollte sich nach unten wenden, der andere zur Seite, wo das Licht durchschimmerte. So kam denn der Ältere auf natürliche Weise zutage, der Jüngere dagegen brach durch die Achselhöhle hervor und tötete seine Mutter.

Dieser zweite Zwillingsbruder besaß eine sonderbare Gestalt: er bestand aus Feuerstein, und über seinen Scheitel lief ein messerscharfer Feuersteinkamm. Daher hieß er auch Tawiskaron, »Feuerstein«. Der andere war jedoch durchaus wie ein Mensch gebildet. Zornig wollte Awenhai wissen, wer ihre Tochter getötet hätte. Beide Kinder beteuerten ihre Unschuld, aber Awenhai glaubte schließlich dem Feuerstein und warf den menschengestaltigen Enkel aus der Hütte. Der Verstoßene starb deshalb nicht, er trieb sich im Gebüsch umher und wuchs rasch heran, auch ohne Pflege der Großmutter, die ihre Liebe und Sorge dem Tawiskaron zuwandte.

Aus dem Körper der toten Tochter schuf Awenhai Leuchten. Den Leib hing sie an einen Baum bei der Hütte und machte ihn zur Sonne, den Kopf brachte sie woanders an und ließ ihn als Mond schwächeren Glanz ausstrahlen. Beide Lichter mußten an ihrem Platz bleiben, keinem anderen sollten sie leuchten denn ihr und Tawiskaron.

Der menschengestaltige Enkel dagegen erhielt Hilfe von seinem Vater. Eines Tages stürzte er in einen See und fiel gleich hinunter auf den Grund vor den Eingang einer Hütte. Er blickte durch die Tür und sah einen Mann darin sitzen. Es war sein Vater, die große Schildkröte. Von ihm erhielt der Verstoßene einen Bogen, dazu zwei Maisähren, eine reife und eine milchige. Die eine sollte er säen, die andere rösten.

Nach seiner Rückkehr lief er oft am Seeufer entlang und sagte: »Die Erde soll noch weiter wachsen, und die Leute sollen mich Wata Oterogtongnia, ›Junges Ahornbäumchen‹, nennen.« So weit er wanderte, so weit wuchs die Erde bis zu ihrer heutigen Größe. Dann schuf er die verschiedenen Tiere und ließ sie einen Ölpfuhl Fett ansetzen, um sie so nützlich wie möglich zu machen. Tawiskaron suchte seinen Bruder nachzuäffen und formte, so gut es gehen wollte, den Körper eines Vogels. Als er sein Wesen fliegen ließ, flatterte es bald hierhin, bald dorthin; es war eine Fledermaus geworden.

Die von Oterogtongnia geschaffenen Tiere verschwanden nach kurzer Zeit. Awenhai und Tawiskaron hatten sie in einer Höhle zusammengepfercht und eingeschlossen. Oterogtongnia befreite seine Geschöpfe, aber bevor alle hinaus waren, rückten sein Bruder und seine Großmutter den Stein wieder vor die Öffnung. So kennen wir nur jene Tiere, die damals entlaufen konnten.

... Auch die Menschenschöpfung mißlang Tawiskaron. Denn als er eines Tages seinen Bruder Menschen formen und zum Leben erwecken sah, wollte er es ihm natürlich nachtun, brachte aber nur klägliche Gestalten zuwege, schwächlich und schlotterig, zwar mit Köpfen von Menschen, aber mit Körpern von Ungeheuern.

So verdarb er manches von dem, was sein Bruder bereitete. Oterogtongnia hatte die Flüsse mit doppelten Strömungen versehen, deren eine abwärts, deren andere aufwärts ging, damit niemand paddeln mußte. Tawiskaron zerstörte diese menschenfreundliche Einrichtung. Er schuf auch Gebirge und Felsklippen, um die Menschen zu ängstigen. Aber eines Tages nahte das Ende seiner Taten.

Die Zwillinge wohnten in einer Hütte sich gegenüber, jeder hatte eine Seite inne. Einmal heizte Oterogtongnia das Feuer zu solcher Glut an, daß kleine Stücke aus dem Leib des Feuersteinmannes sprangen. Er rannte schließlich aus der Tür, der Bruder setze hinter ihm her und schlug mit Feuersteinen und Hirschgeweihen so lange auf ihn ein, bis er am Ende tot zu Boden sank. Die hohen Berge am Weststrande der Erde (die Rocky Montains) sind die Reste Tawiskarons. Seither trägt die Welt jenes Gesicht, das sie heute zeigt und behalten wird bis ans Ende der Zeiten.[26]

Die mythische Erzählung läßt die antagonistische Zweisamkeit beider Kulturheroen deutlich werden. Die Extreme der Schöpfungen gleichen einander aus. Sie verschmelzen zu einem Amalgam.

Diese irokesische Mythologie war jedem Stammesmitglied bekannt und keineswegs das Wissen weniger Bevorrechtigter. Der mythische Text war mit dem Jahreszyklus ihrer religiösen Feste verbunden. Er dreht sich um das ungleiche Bruderpaar und verleiht ihnen damit eine beständige rituelle Existenz. Der sich jährlich wiederholende Festkalender orientierte sich am Nahrungsgewinn. Morgan schildert detailliert den Verlauf dieser Feste bei den Seneca.[27] Das erste Fest des Jahres, die Neujahrsfeier, findet Ende Januar oder Anfang Februar statt. Der Termin errechnet sich nach dem Stand der Plejaden. Die Gestaltung des sieben Tage währenden Festes liegt in den Händen der »Hüter des Glaubens«. Das mittwinterliche Fest spiegelt die Wende des Jahres und des Lebens wider. Die während der zurückliegenden sechs Monate neu geborenen Kinder erhalten Namen. Durch Streuen von Asche werden Krankheiten geheilt oder ferngehalten. Träume und Traumgesänge werden vorgetragen und gedeutet, zahlreiche Tänze aufgeführt. Am fünften Tag des Festes hält ein »Hüter des Glaubens« eine Dankesrede:

Wir erstatten Dank an unsere Mutter, die Erde, die uns erhält. Wir erstatten Dank an die Flüsse und Ströme, die uns mit Wasser versorgen. Wir erstatten Dank an alle Kräuter, die uns mit Medizin zur Heilung unserer Krankheiten versorgen. Wir erstatten Dank dem Mais und seinen Schwestern, den Bohnen und Kürbissen, die uns Leben spenden. Wir erstatten Dank den Büschen und Bäumen, die uns mit Früchten versorgen. Wir erstatten Dank dem Wind, der durch Luftbewegung Krankheiten vertreibt. Wir erstatten Dank dem Mond und den Sternen, die uns ihr Licht gespendet haben, wenn die Sonne verschwunden war. Wir erstatten Dank unserem Großvater He'-no, daß er seine Enkel vor Zauberinnen und Reptilien geschützt hat und uns den Regen gab. Wir erstatten Dank der Sonne, daß sie mit wohlwollendem Auge auf die Erde geblickt hat.[28]

Während der Dankzeremonie findet eine Opferung von Albinohunden statt.[29] Dank- und Bittzeremonien begleiten die Frühlings- und Sommermonate: Sobald der Saft in den Ahornbäumen steigt, dankt man dem Ahorn; kommt die Saat in den Boden, bittet man um reichlichen Regen und ein gutes Keimen der Körner; reifen die ersten Waldbeeren, dankt man für ihr Wachstum; Ende Juli/Anfang August wenden sich Bitten und Dank den drei Lebenserhaltern Mais, Bohne und Kürbis zu, um deren Wachstum zu fördern. Diese Riten dauern nur einen Tag und sind begleitet von zeremoniellen Reden der Glaubenshüter und von Tänzen.

Das mehrtägige Gegenstück zum Mittwinterfest bildet das Grünkornfest Ende August. Die Neugeborenen der vergangenen Jahreshälfte empfangen ihre Namen. Angesichts der milchig werdenden Maiskolben bittet man um eine gute Ernte. Neben der zeremoniellen Ansprache des Glaubenshüters werden Erntedanktänze und am vierten Tag gemeinsame Spiele durchgeführt.

Im September, nach der Ernte, wird ein mehrtägiges Erntedankfest abgehalten. Im Mittelpunkt der Reden, Tänze und Spiele steht der Dank an Mais, Bohne und Kürbis. »Das ganze Festjahr sieht so aus, als wiederhole sich die kosmogonische Mythe mit der Geburt der Welt, ihrem langsamen Wachstum durch Frühling und Sommer, bis hin zum Erntedank der Vollendung. Diese Parallelität schließt mit ein das Auftreten der mythischen Figuren im Ritual, und tatsächlich schimmern bei genauerem Zusehen ihre Umrisse durch die Decke des heutigen Zeremoniells. Ihre fast vollständige Verdrängung aus den *jetzt* gültigen Ritualformen täuscht eine Kulisse vor, der keine Originalität zukommt; auch hinter den modernen Entwicklungen zeichnen sich immer noch die Konturen des Zwillingsbrüderpaares ab.«[30]

Die Winterzeremonien vom Erntedankfest bis zum Neujahrsfest im Februar gestalten die Männer. Man dankt für die empfangenen Gaben. Die sommerlichen Riten vom Ahorndank bis zum Grünkornfest obliegen den Frauen. Sie enthalten die Bitten um das Gedeihen der Pflanzen. In den Ritualen drückt sich die unumgängliche Notwendigkeit des Zusammenwirkens der beiden Welthälften aus, die in den Zwillingen personifiziert sind: Das Ineinandergreifen von Tag und Nacht, Sommer und Winter, Saat und Ernte.

Das Bild, das sich Menschen von der Wirklichkeit machen, ruht auf eigenen Erfahrungen und auf Erfahrungen ihres Umfelds. In schriftlosen Gemeinschaften – Wildbeutern und frühen Bodenbauern – gilt das als wahr, was durch Mythen, rituelle Handlungen und Tabus überliefert wurde. Sie bilden Wissen, das auf der Autorität der Tradition ruht.

Unter den Werten, die die sozialen Beziehungen altpflanzerischer Gemeinschaften kontrollieren, besitzen die religiösen eine herausragende Stellung. Im Jahresrhythmus sich wiederholende Zeremonien bestätigen und konsolidieren die Werte. Ihre symbolischen Inhalte reflektieren die Bedürfnisse der Gemeinschaften und ihre sozialen Beziehungen.

In Gesellschaften ohne zentralisierte Herrschaftssysteme sind solidarische Beziehungen eine unumgängliche Existenzbedingung.

2.3 DIE TROBRIANDER

Nach dem Ende des Ersten Weltkriegs setzte auf vielen wissenschaftlichen Gebieten ein Umdenken ein. Es war Bronisław Malinowski, der mit seinen Büchern über die Trobriander ein neues Bild des »Wilden« in der Ethnographie zeichnete. Ihm gelang eine konkrete, anschauliche Beschreibung des Lebens der Insulaner, eingebettet in eine Darstellung ihrer Kultur.

Malinowski wurde 1884 in Krakau geboren. Er studierte Physik und Mathematik, widmete sich jedoch später dem Studium früher menschlicher Kulturen. Der Ausbruch des Ersten Weltkriegs überraschte ihn in Australien. Während des Krieges konnte er zweieinhalb Jahre Feldforschungen auf den Trobriand-Inseln betreiben. Der Korallenarchipel liegt rund 190 Kilometer nördlich der Ostspitze Neuguineas im Westpazifik.

Aus der Fülle seiner melanesischen Erfahrungen veröffentlichte er 1922 sein erstes Buch »Argonauten des westlichen Pazifik«[31]. In ihm schildert er die große Bedeutung, die der Gabentausch und das soziale Miteinander in Gesellschaftsordnungen der Gleichheit und der Gegenseitigkeit besitzen. Bei den von den Eingeborenen als *Kula* bezeichneten Seereisen erweist sich der Handel mit Gebrauchsgegenständen als untergeordnet gegenüber dem Gabentausch von Objekten, die weder ökonomischen noch technischen Gebrauchswert besitzen.

Ein griechischer Mythos erzählt, wie die Argonauten auf ihrer Suche nach dem Goldenen Vlies eines mythischen Widders durch die Ägäis, den Helespont und das Schwarze Meer bis zum »Ende der Welt« fuhren, um das Vlies zu rauben.

Im Leben der Insulaner gelten die regelmäßigen Fahrten in ihren offenen Auslegerbooten über mehr als 200 Kilometer nicht der Eroberung neuer Reichtümer, sondern dem Geben und Nehmen zweier Formen von Muschelschmuck: den Halsketten (*soulavy*)

111

und Armreifen (*mwali*), die gegenläufig zwischen den Inseln des Westpazifik zirkulierten. Die Melanesier empfinden es als wunderbar, daß sie Schmuckstücke, die sie in eine Richtung fortgeben, nach einigen Jahren aus der entgegengesetzten Richtung zurückerhalten. Die einzelnen Tauschakte setzen eine Wertäquivalenz der Gaben voraus. Dabei liegt letztlich der Wert der jeweiligen Gabe in der Bekräftigung der Freundschaft zwischen den verschiedenen Völkern. »Durch diesen Gabentausch, der in der Perspektive der imperialistischen Ökonomie Europas so sinnlos ist, erzeugen, bekräftigen und erhalten sie soziale Beziehungen der Gegenseitigkeit unter sich und zwischen sich und Fremden. So finden sie – im Gegensatz zu den Europäern – in der Ferne, in die sie reisen, Gastfreundschaft, Freiheit und Gleichheit.«[32]

Wie bereits in Hewitts kritischer Wertung religiöser Begriffe bei den Irokesen zu bemerken war, stellt sich für die Trobriander das gleiche Problem.

So verwendet Malinowski bei der Darstellung religiöser Zeremonien die Begriffe Magie und Zauberei. Den Meister der Zeremonien bezeichnet er als Magier oder Zauberer. An Stelle von Magie verwenden die Trobriander *megwa* und an Stelle von Magier *towosi*.

Megwa, das verklärende Wort, bezeichnet einen poesievollen Text, dessen Rhythmus und Ausdruckskraft in der Übersetzung kaum erkennbar ist. Für die Trobriander existierte megwa bereits vor der Besiedelung der Erde durch die Menschen.

Die den Ursprungshöhlen auf den Trobriand-Inseln entstiegenen Urahninnen der Subclans haben das megwa in die Welt gebracht und ihren Nachkommen übermittelt. Es sind die towosi, die Meister der Rituale, die über dieses von den Ahnen auf sie überkommene religiöse Wissen verfügen und dieses zur Beförderung der Naturvorgänge und zur Förderung des menschlichen Miteinanders einsetzen.

Im Nachwort zu Malinowskis Buch »Korallengärten und ihre Magie« schreibt Kramer in historischer Würdigung des Autors: »Sicher wird einmal ein Trobriander eine Beschreibung seiner Gesellschaft vorlegen, sei es für seine eigenen Leute oder für Fremde. Sie wird von einem anderen Blick zeugen, als der Malinowskis es sein konnte; und umgekehrt wird eine nicht weniger wünschenswerte trobriandische Darstellung der ›modernen‹ Gesellschaft uns befremden. Aus der unausweichlichen Perspektivität der ethnographischen Erkenntnis ließe sich folgern, daß die Aufgabe, die Malinowski sich gestellt hatte, nämlich die Trobriander so zu verstehen, ›wie sie für sich selbst sind und wie sie sein wollen‹, in gewisser Hinsicht nicht eingelöst ist, wie es die angeführten Urteile zu belegen scheinen. Aber der Sinn der Ethnographie als Literatur liegt doch (abgesehen von ihren rein wissenschaftlichen Erkenntniszielen) nicht so sehr darin, sich in den anderen hineinzuversetzen, als es möglich zu machen, sich die Realität einer anderen Lebensform, anderswo, in Augenblikken der Abwendung von den eigenen Gefühlen, Hoffnungen und Wünschen, vor Augen zu führen.«[33]

Bereits bei seinem ersten Besuch im Jahr 1915 war Malinowski von der Ausdehnung und Vielfalt der Gärten und von der Gediegenheit des Anbaus überrascht. Mehr als die Hälfte der Gebäude in den Dörfern diente der Aufbewahrung der Nahrungsvorräte. »Die Art und Weise, in der die Erzeugnisse akkumuliert, gespeichert und behandelt werden, zeigt eindeutig, daß der Mensch hier keineswegs von der Hand in den Mund lebt, sondern auf seine Leistungen angewiesen ist und daraus ein solides Fundament für den Wohlstand geschaffen hat.«[34]

Das Trobriand-Archipel besteht aus einer großen Insel (Boyowa oder Kiriwana), zwei Inseln mittlerer Größe und einer Reihe kleinerer Inseln. Der Nordteil Kiriwanas, der sich zu einem Kreis rundet, birgt den größten Teil des fruchtbaren Bodens. Der schmale Korallenwall längs der Nord- und Ostränder ist unbebaut und stellenweise von tropischem Urwald bedeckt. Im Westen Kiriwanas bedecken ausgedehnte Mangrovenwälder die Küstenbereiche. Im Süden reichen Brackmoore weit ins Inland. Längs der Lagune finden sich Dörfer, deren Bewohner vom Fischfang leben.

Der Norden der Insel eignet sich für einen intensiven Anbau von Nutzpflanzen. Es ist anzunehmen, daß Wurzel- und Knollengewächse, wie Yams und Taro, den Wildbeutern in den Tropen seit jeher als Nahrungsmittel dienten. Auch ihr Anbau erfolgte bereits Jahrtausende vor dem Eintreffen der ersten Europäer, wie neuere Untersuchungen belegen.[35]

Neben Yams und Taropflanzungen fand Malinowski den Anbau von Bananen, Zuckerrohr und Kokosnüssen vor. In Ermangelung eines ausgedehnten Urwalds spielten die Jagd auf Wallebys und Buschschweine sowie die Suche nach wildwachsenden Früchten nur eine untergeordnete Rolle, während die offenen Lagunen den Fischfang begünstigten.

Verschiedene Rohmaterialien, wie Stein, Lehm und Bambus, sind auf den Inseln nicht vorhanden. Ihre Beschaffung erfordert einen umfangreichen Austausch mit der Umwelt.

Die Trobriander sind erfahrene Fischer, fleißige und geschickte Handwerker, aber vor allem Bodenbauern. Sie verfügen über eine hochentwickelte Gartenbaukultur. Mit einem spitzen Grabholz und einer kleinen Hacke sind sie in der Lage, genügend Nahrungsmittel zu erzeugen, um eine große Bevölkerung zu ernähren und dabei noch einen beträchtlichen Überschuß zu produzieren.

Während der meisten Zeit seines Aufenthalts lebte Malinowski in Omarakana, dem Hauptort des Archipels. Er schildert seinen ersten Eindruck beim Eintreffen in Omarakana auf Kiriwana im Juni 1915: »In den meisten umliegenden Dörfern war man mitten in der Ernte, in der Häuptlingsresidenz hatte sie gerade erst begonnen oder stand unmittelbar bevor. Zu keiner anderen Zeit zeigen sich die trobriandischen Gärten in besserem Licht, entfaltet sich das Interesse der Eingeborenen an den Früchten der Ernte mit größerer Lebhaftigkeit.

Das ganze Dorf ist im Garten, und der Garten kommt gewissermaßen ins Dorf. So wirkt die Siedlung zeitweilig wie ausgestorben, zwischen den verlassenen Häusern sind nur alte Männer und Frauen zu sehen, die ihrer Arbeit nachgehen, und kleine Kinder beim Spiel. Dann aber drängen die Gruppen nach und nach mit den Erntefrüchten herein, füllen die ganze Siedlung mit Yams, Körben, Geschwätz und Frohsinn, mit all der Wichtigkeit des Gartenbaus.

Damals wurde mir zum ersten Mal vor Augen geführt, daß der Trobriander vor allem Gärtner ist, der mit Vergnügen gräbt und voll Stolz die Früchte liest, deren Fülle ihm ein Gefühl der Sicherheit und der Freude am Geleisteten bereitet, und dem das üppige Laubwerk der Yamsranken und Taroblätter unmittelbar Ausdruck der Schönheit ist. ... Alles, was für Auge und Herz reizvoll ist – oder, richtiger, für den Bauch, der für den Trobriander Sitz sowohl der Emotionen als auch des Verstehens ist –, besteht aus Dingen, die Sicherheit, Wohlstand, Fülle und sinnlichen Genuß verheißen.«[36]

Im Gartenbau zeigt sich die enge Verknüpfung von rationaler, technisch wirkungsvoller Arbeit mit einem, in allen Phasen des Gartenbaus unverzichtbar religiösem Zeremoniell. Das nicht utilitaristische Element ihrer Gartenarbeit wird auch in den vielfältigen Aktivitäten deutlich, die lediglich um der Schönheit der

Anlagen willen durchgeführt werden und die mit religiösen Riten verbunden sind.

Bevor der Anbau von Nutzpflanzen beschrieben wird, ist es notwendig, die lokale Szenerie und die damit verbundenen Lebensverhältnisse näher zu betrachten. Dörfer im Landesinnern differieren in Größe und Anordnung. Die Residenz eines Distrikts wie Omarakana hat im Zentrum einen weiten, wohlgestalteten Hauptplatz, der von geräumigen, solide gebauten und häufig verzierten Häusern zur Lagerung der Ernte umgeben ist. Der Dorfplatz ist der Ort des öffentlichen Lebens, auf dem alle wichtigen Ereignisse stattfinden, wie Feste, Empfänge und Bestattungszeremonien.

Daneben gibt es zahlreiche kleinere Dörfer mit zirka 20 Speichern und Hütten sowie einen winzigen Hauptplatz. Jede Siedlungseinheit ist von einem landwirtschaftlich genutzten Territorium umgeben. Zu ihm gehören ein Wasserloch, eigene Palmenhaine und häufig ein eigener Zugang zur Küste.

Zwei Ringe umgeben den Dorfplatz, der innere mit Yamshäusern und der äußere mit Wohnhütten. Diese Hütten bestehen aus einem rundbogigen Strohdach, das unmittelbar auf der Erde aufsetzt. In der Regel lebt in jeder Hütte eine Familie. Auch ältere, kinderlose Paare und Verwitwete leben allein; nur ledige Jugendliche wohnen in Gemeinschaftshäusern. Der Vorplatz jeder Hütte ist das soziale Zentrum der Familien und abendlicher Gesellschaften. Hinter den Hütten liegen die Arbeitsplätze der Frauen und die Spielplätze der Kinder.

Jeder Insulaner sieht sich durch Geburt und Abstammung in direkter Linie mit einem Ort auf den Trobriand-Inseln verbunden, an dem seine Urahnin auf die Erde kam. Der matrilinear konzipierte Mythos bezieht sich stets auf eine Urahnin. Alle ihre Nachkommen in direkter weiblicher Linie haben ein Recht auf ein Leben im Territorium des jeweiligen Ursprungsortes erworben. Ein solcher Ort kann eine Grotte, eine Felsspalte oder ein Wasserloch sein.

Laut Ursprungsmythos der Trobriander war ursprünglich nur das Erdinnere bevölkert. Das Leben dort war ihrem jetzigen Leben ähnlich. Sie lebten in Dörfern und Distrikten und gehörten zu unterschiedlichen Clans, die sich in Subclans unterteilten.[37] Ausgestattet mit allem kulturellen Wissen, tauchten sie einst auf der Erdoberfläche auf. Als erstes erschien ein Paar, eine Frau als Haupt der Familie und ihr Bruder als ihr Beschützer. Sie nahmen Besitz von dem Land, das ihren Ursprungsort umgab. Fortan prägten sie den kulturellen Charakter der sich entwickelnden Verwandtschaftsgruppe.

Im Glauben der Insulaner liegt die wichtigste Ursprungshöhle in der Nähe des Ortes Laba's am Nordwestufer der Hauptinsel. Interessanterweise befindet sich dort auch die einzige zugängliche Landungsstelle für Seefahrer, deren Boote aus Richtung der fast stets herrschenden Monsunwinde kommen. Aus dieser Höhle tauchten die Urahninnen der vier wichtigsten trobriandischen Clans auf: die *Malasi, Lukuba, Lukawasisiga* und *Lukulabuta*. Ihnen folgten die den Clans als Totems dienenden Tiere.

Zuerst kam der Leguan, »das Tier des Lukulabuta-Clans, das sich seinen Weg durch die Erde scharrte, wie es Leguane tun, dann auf einen Baum kletterte und dort als bloßer Zuschauer sitzen blieb und die späteren Ereignisse verfolgte. Bald darauf kam der Hund, das Totem des Lukuba-Stammes, der ursprünglich den höchsten Rang einnahm. Als drittes kam das Schwein, der Repräsentant des Malasi-Stammes, das jetzt den höchsten Rang einnimmt. Zuletzt kam das Lukawasisiga-Totem, das in einigen Versionen durch das Krokodil, in anderen durch die Schlange und wieder in anderen durch das Opossum repräsentiert wird und das manchmal völlig ignoriert wurde. Der Hund und das Schwein rannten herum, und der Hund sah die Frucht der *noku*-Pflanze, roch an ihr und fraß sie. Da sagte das Schwein: ›Du fraßest noku, du fraßest Schmutz; du bist niedrig geboren, der Häuptling, der *guya'u*, bin ich.‹ Und seitdem sind die *Tabalu*, der höchste Subclan des Malasi-Clans, die wirklichen Häuptlinge gewesen.«[38]

Im Mythos werden die Rangfolge der Clans, ihre totemistische Festlegung und die damit verbundenen Nahrungstabus festgeschrieben. So darf kein Angehöriger des Tabalu-Subclans Fleisch des Buschschweins essen. Der Ursprungsmythos fixiert die soziale Ordnung, die sich jedem Insulaner durch das Leben in seiner Gemeinschaft für immer einprägt. »Mit anderen Worten, es ist die Struktur des sozialen Lebens, durch die der Eingeborene allmählich realisiert, wie alles, was von ihm verlangt wird, sein Beispiel und Vorbild in vergangenen Zeiten hat, was ihm die vollständige Darstellung und den vollen Sinn seiner Ursprungsmythen klarmacht.«[39]

Abstammung, Erb- und Nachfolge sind matrilinear. Kinder sind vom selben Körper und Blut wie ihre Mütter. Sie erben die

Totem-Identität, gehören also zum selben Clan bzw. Subclan. Töchter folgen den Müttern in allen Privilegien und Positionen nach. Söhne folgen dagegen dem Mutterbruder.

In der Vorstellung der Trobriander besteht zwischen Vater und Kind keine leibliche Verbindung. Der Vater hat ausschließlich eine soziale Bedeutung. Sie bezeichnet den Mann, der mit der Mutter im gleichen Haushalt lebt.

Die Ehe ist auf den Inseln patrilokal. Die Frau zieht in die Dorfgemeinschaft ihres Mannes und lebt in seinem Haus. Jeder Vater nimmt liebevoll tätigen Anteil an der Pflege und Erziehung der Kinder.

Sobald ein heranwachsendes Kind Dinge jenseits des Haushalts der Familie wahrzunehmen beginnt, erscheint eine neue Bezugsperson, der Bruder der Mutter. Das Kind erfährt, daß der Wohnsitz des Mutterbruders auch sein Dorf ist. Dort findet es seine Rechte, seinen Besitz, während sein Vater an diesem Ort als ein Fremder gilt. Autorität und Beratung durch den Vater treten schrittweise zugunsten des Mutterbruders zurück.

Frau und Mann verfügen im Haushalt über eigenen Besitz. Der Frau gehören ihre zahlreichen Faserröcke, die Wassergefäße, Werkzeuge zur Herstellung der Kleidung und persönlicher Schmuck. Eigentum des Mannes sind seine Werkzeuge, wie Beil, Speere und Netze, der Tanzschmuck und die Trommel, auch hochwertige Schmuckgegenstände, wie polierte Steinäxte, Halsketten und Armreife. Auch Gartenland, Boote und Häuser gelten als Eigentum des Mannes.

Alle körperlich schweren Arbeiten, die Gartenbestellung, der Fischfang und der Bootsbau, werden von Männern ausgeführt. Der Anteil der Frauen bei der Arbeit im Garten beschränkt sich auf das Jäten von Unkraut, die Pflege der Pflanzen und die Teilnahme an der Ernte.

Die Regeln des sozialen Miteinanders der Insulaner sind untrennbar mit der Vorstellung von der Überlegenheit bestimmter Menschen dank ihrer Geburt verbunden. Ihr Rang wird durch die Stellung des Clans bzw. Subclans, dem jeder Eingeborene angehört, bestimmt. Wie bereits erwähnt, gelten die Malasi als ranghöchster Clan, deren bedeutendster Subclan die Tabalu sind.

An der Spitze jeder Dorfgemeinde steht der älteste Mann des Subclans mit dem höchsten Rang unter den im Ort lebenden Gruppen. So war während der Anwesenheit Malinowskis in Omarakana ein Tabalu Dorfvorsteher und Häuptling des umliegengenden Distrikts, mit allen dort liegenden Gemeinden. Rang bedeutet bei den Trobriandern persönliches Prestige und Titel. Er berechtigt zum Tragen bestimmter Schmuckstücke und bringt ein festgelegtes Zeremoniell mit sich. So darf der Kopf eines Häuptlings von niemandem überragt werden. In der Regel sitzt der Häuptling daher auf einer erhöhten Plattform. »Die hohe Stellung der Frauen ist gleichfalls offenkundig. Sie sind an einer großen Zahl öffentlicher Zeremonien aktiv beteiligt. Eine Frau von Rang hat in weitem Ausmaß die gleichen Privilegien wie ein Mann von Rang und wird von Männern, die zum gemeinen Volk gehören, mit ähnlichen Zeichen der Hochachtung behandelt. Freiheit, Einfluß und Unabhängigkeit der Frauen manifestieren sich deutlich in ihrem schon an der Oberfläche erkennbaren Verhalten.«[40]

Gewöhnlich nimmt der Häuptling die Aufgaben des towosi wahr. Er verfügt über das Ahnenwissen des Subclans, um zum Beispiel alle für den Gartenbau nötigen megwa zu sprechen.

Die Autorität eines Häuptlings beruht letztlich auf seinem Erfolg als »Großer Versorger«. Zeichen und Wesen seiner Macht liegen in seinen reich gefüllten Speichern. Um sie zu füllen, nutzt er die traditionellen Verwandtschafts- und Heiratsbeziehungen. In Anerkennung des matrilinearen Abstammungssystems sind Brüder verpflichtet, ihren Schwestern, die nach der Heirat im Dorf ihres Mannes leben, nach jeder Ernte einen beträchtlichen Teil der Knollenfrüchte zu senden. Heiratet ein Häuptling Schwestern von Dorfvorstehern aus seinem Distrikt, erhält er regelmäßig Yamsgaben ihrer Brüder.

In vorkolonialer Zeit hatte der Häuptling von Omarakana bis zu 40 Ehefrauen und verfügte über mehr als 30 Prozent aller Gartenerzeugnisse Kiriwanas. Selbst während Malinowskis Aufenthalt im Dorf, als die Zahl der Häuptlingsfrauen nur noch 16 betrug, füllten sich nach der Ernte seine Vorratshäuser bis unter die Dächer mit Yamswurzeln. Dabei sei angemerkt, daß keine junge Frau zur Ehe gezwungen werden kann. Sie kann einen Häuptling wie auch jeden anderen Mann ablehnen.

»Durch sein Privileg, in Polygamie leben zu können, sieht sich der Häuptling mit einem Reichtum an Lebensmitteln und Wertsachen versorgt, die er zur Aufrechterhaltung seiner hohen Stellung verwendet; er organisiert damit Festlichkeiten und Unternehmungen des Stammes und zahlt, dem Brauch folgend, daraus für die vielen persönlichen Dienste, auf die er ein Anrecht hat.«[41]

Dem in Omarakana residierenden Häuptling kam an Macht und Einfluß der Häuptling des zirka drei Kilometer entfernten Kabwaku am nächsten. In vorkolonialer Zeit »pflegte von Zeit zu Zeit Krieg zwischen den beiden Provinzen auszubrechen, von denen jede etwa zwölf Dörfer zum Kampf aufbieten konnte. Diese Kriege waren nie besonders blutig oder lang; sie wurden in vieler Hinsicht als Wettkämpfe und in einer sportlichen Manier ausgefochten, denn im Unterschied zu den *Dobu* und den Südlichen *Massim* waren Kopfjagden und kannibalische Praktiken den Boyowanern fremd. Dennoch war eine Niederlage eine ernste Angelegenheit. Sie bedeutete die zeitweilige Zerstörung der Dörfer des Verlierers und Exil für ein oder zwei Jahre. Danach fand eine Versöhnungszeremonie statt, und Freund und Feind halfen beim Wiederaufbau der Dörfer.«[42]

Der Rhythmus des Jahres wird durch den Gartenbau bestimmt. Das trobriandische Jahr unterteilt sich in die Zeit, in der die Gartenfrüchte unreif sind, und die, in der sie reifen. Jahre werden nach Ernten gerechnet: die vergangene Ernte, vor zwei Ernten usw. Die Trockenzeit endet mit dem Abflauen der Passatwinde im September/Oktober. Da es in der darauffolgenden windstillen Zeit und während des Monsuns regnet, muß das Gestrüpp in den Gärten während der Trockenzeit geschnitten und verbrannt werden.

Das Pflanzen beginnt mit den frühen Monsunregen und die Ernte gegen Ende der zweiten windstillen Zeit im April/Mai. Der Ernte folgt die mehrmonatige Zeit der Fröste, Zeremonien und der Seefahrt.

Der Zyklus der Gartenarbeit beginnt mit einer vom Dorfvorsteher einberufenen Versammlung. Auf ihr wird entschieden, wo die Gärten angelegt werden, wer die Parzellen bestellt und wann die Arbeiten beginnen. Die untrennbare Verknüpfung zwischen Bodenbau und Zeremoniell charakterisiert bereits den Beginn der Arbeiten. So fordert der towosi die Männer des Dorfes auf, einen nahegelegenen Küstenort aufzusuchen, um Fisch zu holen:

Bald werden wir unseren Boden anschlagen, alte Männer. Morgen sollt ihr nach Kavataria (oder in ein anderes Küstendorf) gehen. Kümmert euch um den Fisch. Übermorgen werden unsere Partner zum Fischen hinausfahren und ihr werdet unseren Ahnengeistern die zeremoniellen Opfergaben darbringen. Ich aber gehe Kräuter sammeln. Am nächsten Tag werden wir dann den Boden anschlagen. Es ist Zeit, die Gärten anzulegen, auf daß sie hoch hinaufwachsen und prall werden unter der Erde.[43]

Nachdem die Männer mit dem Fisch zurück ins Dorf gekehrt sind, sich beim Essen erholt haben und auch der towosi seinen Anteil erhalten hat, beginnt das erste Zeremoniell. Die Männer legen ihre Äxte zum Roden des Gestrüpps auf eine Matte. An jede Axt ist ein getrocknetes Bananenblatt gebunden. »Wenn aber nun die Äxte auf der Matte liegen, tut der towosi etwas gekochten Fisch auf einen der drei Herdsteine seines Hauses und sagt:

Formel 1
Hier ist die Opfergabe für uns, ihr Alten, ihr Ahnengeister!
Ich lege sie nieder, seht!
Hier ist die Opfergabe für uns beide, Yowana, mein Vater, seht!
Morgen laßt uns in unsere Gärten gehen, seht!
Vikita! Iyavata! Urquell unseres Mythos[44]*, unserer Magie, fegt fort die Schädlinge, die Insekten, die Maden.*
Schädlinge! Für euch werde ich öffnen die Seestraße von Kaulokoki, die Seestraße von Kiya'u.
Ertrinkt, fort mit euch!

Diese Handlung und die dabei rezitierte Ermahnung bezeichnet man als ›das Zerreißen des Ahnenopfers‹, und zwar deshalb, weil hier kleine Fischstückchen abgerissen und auf den Herdstein gelegt werden.«[45] Danach legt der towosi eine zweite Matte auf die Äxte und spricht die wohl bedeutendsten Worte des megwa, die hier in Auszügen wiedergegeben sind:

Formel 2
Weise den Weg, weise den Weg,
Weise den Weg, weise den Weg,
Weise den Weg, abwärts tief in den Grund,
Weise den Weg, weise den Weg,
Weise den Weg, weise den Weg,
Weise sicher den Weg zu festen Ankergründen.

Großvater mit Namen Polu, Großvater mit Namen Koleko, ... Takikila, ... Mulabwoyata, ... Kwayudila, ... Katuwala, ... Bugwabwaga, ... Purayasi, ... Numakala; und du, neuer

Geist, mein Großvater Mwakenuwa, und du, mein Vater Yo-
wana.

Der Bauch meines Gartens hebt sich,
Der Bauch meines Gartens steigt an,
Der Bauch meines Gartens neigt sich,
Der Bauch meines Gartens wächst, groß wie ein Buschhen-
nennest,
Der Bauch meines Gartens wächst, groß wie ein Ameisen-
hügel,
Der Bauch meines Gartens steigt an und wird niederge-
drückt,
Der Bauch meines Gartens steigt an wie der Eisenholz-
baum,
Der Bauch meines Gartens legt sich nieder,
Der Bauch meines Gartens schwillt an,
Der Bauch meines Gartens schwillt wie mit einem Kind.
Ich fege hinweg.

Ich fege, ich fege, ich fege weg.
Die Maden fege, fege ich weg,
Die Knollenfäule fege, fege ich weg,
Insekten fege, fege ich weg,
Den Käfer mit dem scharfen Zahn fege, fege ich weg,
Den Käfer, der bohrt, fege, fege ich weg,
Den Käfer, der den Taro im Boden zerstört, fege, fege ich weg,
Die Blattmusterfäule fege, fege ich weg,
Den weißen Mehltau am Taroblatt fege, fege ich weg,
Den Mehltau, der glänzt, fege, fege ich weg ...[46]

Am darauffolgenden Tag ziehen die festlich geschmückten Männer mit ihren geschulterten Äxten zu den Gärten. Der towosi beginnt mit dem Abholzen auf einer Parzelle, nachdem er die auch
für diesen Schritt nötigen Formeln rezitiert hat. Es beginnt die
gemeinsame Arbeit.

Alle Arbeiten im Garten werden durch verklärende Worte des
towosi eingeleitet. Er überwacht die Arbeit der Menschen und die
Kräfte der Natur. Dabei wirkt er ordnend und kontrollierend als
Schrittmacher während der Phasen der Gartenarbeit.

Megwa und Gartenarbeit sind untrennbar miteinander verbunden. Kein Eingeborener versucht die eine durch die andere zu

ersetzen. Jeder Trobriander weiß, daß megwa allein nicht das Unkraut am Wachsen hindert. Sie »verfügen über solide Kenntnisse des Bodens und der Anbaufrüchte, unterscheiden in der Praxis zwischen sechs oder sieben Bodentypen und wissen genau, welche Fruchtart für sumpfigen, für schweren Boden, für schwarzen Humus oder für die leichte, steinige Erde der trockenen Regionen jeweils am besten geeignet ist«[47].

»Für die Trobriander sind also die Zwecke des megwa[48] andere als die der Arbeit. Sie wissen sehr wohl, welche Erfolge durch sorgfältige Bestellung des Bodens erzielt werden können. Aber sie wissen auch, daß bestimmte Übel, Schädlinge, Knollenfäule, Buschschweine, Dürre und Regen durch menschliche Arbeit, und sei sie noch so hart, nicht abzuwenden sind. Auch das sehen sie: zuweilen gedeihen die Gärten seltsamerweise wider alle Erwartung, zuweilen enttäuschen sie alle Hoffnungen, obwohl doch das Jahr gut war und man gut gearbeitet hat. Und eben das unerklärliche Glück, das Glück, das das gerechte Maß übersteigt, führen die Trobriander auf megwa zurück ... megwa ist eine Sache für sich, und die landwirtschaftliche Praxis, der jeder mit Hilfe seiner Hände und seines gesunden Menschenverstandes nachgeht und die auf die Erkenntnis der Kausalzusammenhänge von Anstrengung und Erfolg gegründet ist, ist eine andere. Megwa gründet im Mythos, die praktische Arbeit in empirischer Theorie. Erstere zielt darauf ab, unerklärlichen Übeln vorzubeugen und unverdientes Glück zu erlangen, letztere liefert, was gemeinhin menschliche Anstrengung auf natürliche Weise hervorzubringen vermag. Das eine ist ein soziales Vorrecht des Dorfvorstehers, des towosi, das andere ist die ökonomische Pflicht jedes Angehörigen der Gemeinde.«[49]

Glauben und Wissen empfinden die Trobriander nicht als Gegensatz. Im megwa wird das Unbegreifliche für sie zum Begreiflichen. Die darin verankerten Vorstellungen dienen der Legitimation ihrer spezifischen Beziehungen zum Übernatürlichen.

»Die Ernte ist in Kiriwana die freudigste und farbigste Periode des Gartenbaus. Schon das Ausgraben der Knollen selbst fasziniert die Eingeborenen; es wird von Bräuchen und Zeremonien belebt, um die Freude an der Jahreszeit zu steigern; und wenn das Beiwerk womöglich mehr Zeit und Mühe in Anspruch nimmt als die Arbeit selbst, so verleiht es dieser doch den Anstrich eines vergnüglichen Zeitvertreibs, der die technische Effizienz zu steigern vermag. Die Ernte ist schließlich das Ziel aller

Landwirtschaft und wird bei den Trobriandern wie anderswo als solches betont und in einen festlichen Rahmen gestellt. Die zusätzliche Arbeit besteht darin, daß man die *Taytuknollen* reinigt, sie im Garten zur Schau stellt und sie dann öffentlich und prunkvoll vor die Speicher trägt, um sie dort zeremoniell aufzustapeln.«[50]

Die Verwandtschaftsregeln der Trobriander verlangen, daß jeder Gärtner die besten und besonders gereinigten Knollen zur Schau stellt, um sie dann dem Mann seiner Schwester zu überbringen. Den Rest der Ernte bewahrt er in seinem Speicher auf. Die Gegengabe, durch die der freie Teil seines Hauptspeichers gefüllt wird, erhält er durch die Verwandten seiner Frau – ihren Bruder, Mutterbruder und später deren Sohn oder Schwestersohn.

Nach Einbringen und Verteilung der Ernte führt der towosi als letzten Akt des Gartenbauzyklus einen Ritus durch, der die eingelagerten Knollen vor Verfall und Vernichtung schützen soll.

Formel 29
Verankernd, mein Dorf verankernd,
Tief verwurzelnd mein Dorf, tief verwurzelnd,
Verankernd im Namen Tudavas,
Tief verwurzelnd im Namen Malitas,
Tudava wird klettern, er wird sich auf dem hohen Podest
niederlassen.
Was schlag ich dann an?
Ich schlag die fest verankerte Wurzel meines Taytu an.
Sei verankert! ...

Sei verankert,
Mein Dorf ist verankert.
Wie ein unverrückbarer Stein ist mein Dorf.
Wie Muttergestein ist mein Dorf.
Wie ein tiefverwurzelter Stein ist mein Dorf.
Mein Dorf ist verankert, fest verankert.[51]

Wir haben zwei nichtkommerzielle Tauschsysteme der Trobriander kennengelernt: die sich zu einem Ring schließenden Tauschakte der *Kulu* und die gegenseitige jährliche Gabe der besten frischgeernteten Yams, die jeweils ein Bruder dem Haushalt seiner Schwester überreicht. Eine Reziprozität sah Malinowski darin, daß *jeder* Mann entsprechende Yamsgaben vom Bruder seiner

Frau empfängt. Wie die Kulugaben dem Erhalt externer Beziehungen dienen, sind die Yamsgaben Ausdruck und Mittel interner Beziehungen.

»In den ›Korallengärten‹ mußte Malinowski mehrfach bedauernd eingestehen, sein Augenmerk zu sehr auf die Vornehmen und auf die spektakulären Ereignisse gelenkt zu haben. Der Tausch von Wertgegenständen zwischen den Frauen gehört durchaus zu den spektakulärsten Vorgängen auf den Dorfplätzen von Boyowa, und daß Malinowski ihn unbeachtet ließ, erklärt sich wohl aus der ethnozentrischen Erwartung, der Wirkungsbereich der Frau sei auf den häuslichen Teil beschränkt. Vielleicht hatte man ihm gesagt, es handle sich um eine ›Sache der Frauen‹; aber das hieß eben nur, er hätte die Frauen danach fragen müssen.«[52]

56 Jahre nach Malinowski hielt sich die amerikanische Anthropologin Annette Weiner auf Kiriwana auf. Da sie auch die Frauen fragte, verdanken wir ihr die erste ethnographische Darstellung des Tauschsystems der Trobrianderinnen. Deren Wertgegenstände, *doba* genannt, sind farbige Faserröcke und Bündel bearbeiteter Bananenblätter. Sie sind dem männlichen Muschelschmuck oder den polierten Axtklingen vergleichbar.

Es sind die Bestattungszeremonien, bei denen doba-Gaben verteilt werden. Geberinnen sind die Frauen des Subclans der oder des Verstorbenen. Empfängerinnen sind in der Regel die matrilinearen Verwandten des hinterbliebenen Partners.

Der Reichtum an Bündeln getrockneter Bananenblätter und an Faserröcken wird beim Tod eines Mitglieds einer Matrilineage an Mitglieder anderer Lineages überreicht, die dem oder der Verstorbenen zu Lebzeiten wertvolle Dinge überlassen haben. »Auf diese Weise zeigen und fordern Frauen als Schwestern für ihre eigene Matrilineage alles, was der verstorbenen Person zugekommen ist und sie über das hinausgehoben hat, was sie bei ihrer Empfängnis war. Gesamtgesellschaftlich gesehen verstärken diese Umverteilungen die durch Heirat zwischen zwei Matriclans entstandenen Beziehungen, während sie gleichzeitig die Reinheit der matrilinearen Identität wiederherstellen.

In den Vorstellungen über Empfängnis und in den Tauschaktionen anläßlich eines Todesfalles treten Frauen als Kontrollinstanz einer matrilinearen Identität auf, dabei fordern sie für sich und ihre Brüder auf zweierlei Art die Autonomie und Autorität der matrilinearen Regeneration ein. Zum einen wird das

Inzesttabu durch die fortwährende reproduktive Unterstützung umgangen, die eine ihrer Geburtslineage zukommen läßt. Allerdings gilt Inzest nicht als völlig verwerflich, denn dem Glauben nach schwängert der *baloma*-Ahnengeist die Frau. Die DorfbewohnerInnen glauben, daß das Geistkind, das in den Körper einer Frau schlüpft, von einem verstorbenen männlichen Ahn aus der Matrilineage der Frau komme, obwohl seine genaue Identität unklar bleibt ...

Zweitens dient bei jedem Todesfall der Stoffreichtum der Frauen als festigende matrilineare Kraft; er beweist angesichts des Todes die erfolgreiche Regeneration und die fortgesetzte Unveräußerlichkeit matrilinearer Identität, die für die Lineages mit oder ohne Rang gleichermaßen gilt. Die Anzahl der verteilten Bündel und Röcke offenbart die Kraft der Mitglieder einer Lineage sowie die politische Bedeutung ihrer Beziehungen zu Mitgliedern anderer Lineages.«[53]

Annette Weiner schildert das von den Eingeborenen als *sagali* bezeichnete Zeremoniell:»Nichts ist so dramatisch, wie bei einem sagali Frauen von 1 000 Bündeln umgeben zu sehen. Noch gibt es etwas Eindrucksvolleres, als die Haltung von Frauen zu beobachten, wenn sie der Verteilung beiwohnen. Wenn Frauen zur Mitte des Platzes gehen, um dort ihren Reichtum abzuwerfen, bewegen sie sich mit einem Stolz, der dem eines melanesischen Großen Mannes in nichts nachsteht.«[54]

Zu einem sagali braucht eine Frau mehr doba, als sie selbst herstellen kann. Sie muß daher doba im Tausch von anderen Frauen erwerben. Dabei greifen die Tauschsysteme von Frauen und Männern ineinander. Die jährliche Yamsgabe des Bruders an den Haushalt der Schwester wird deren Mann im Namen des Bruders übergeben.

Empfänger der Gegengabe ist also nicht der Mann, wie Malinowski irrtümlich dachte, sondern dessen Frau. Das legt dem Mann die Verpflichtung auf, für seine Frau doba zu erwerben. Wird das versäumt, so wird sein Schwager die Yamsgaben einstellen. Yams verwandelt sich in doba. »Zugleich ist damit aber auch die wesentliche Gleichrangigkeit von Mann und Frau in der ›Sprache‹ der Trobriander selbst formuliert; denn hier wird Gegenseitigkeit und Gleichheit allgemein durch Gabentausch zum Ausdruck gebracht.«[55]

Beständigkeit, Ordnung und Regelmaß vermitteln ein Gefühl der Berechenbarkeit und der Sicherheit. Veränderungen, zum

Beispiel durch den Tod eines Menschen hervorgerufen, werden in der Gemeinschaft als bedrohliche Störungen wahrgenommen. Ihnen muß angemessen begegnet werden. Der Tote muß den Weg in eine andere Existenzform finden. Die Überlebenden müssen aus der Ausnahmesituation der Trauer ins normale Leben zurückfinden, ohne daß das Sozialgefüge der Gemeinschaft eine ernsthafte Verletzung erfährt. Das beeindruckende Zeremoniell des sagali demonstriert die zur Wiederherstellung des sozialen Gleichgewichts erforderlichen Schritte.

Tiefe Trauer, ein adäquates Bestattungszeremoniell und zahlreiche Tabus für die nächsten und daher besonders gefährdeten Angehörigen des Verstorbenen prägen den Abschied vom Toten.

Nach dem Tod begibt sich sein Geist (*baloma*) nach Tuma, einer der kleinen Inseln des Archipels. Dort erwartet ihn ein angenehmes und glückliches Dasein. Hier erfreut sich der baloma einer beständigen Jugend. Wird seine Haut schlaff und faltig, häutet er sich, und eine neue glatte Haut erscheint.

»Dieser wünschenswerten Fähigkeit zur Verjüngung erfreute sich einst die ganze Menschheit, zu der Zeit, als die Ahnen unter der Erde lebten und noch nicht auf die Oberfläche gekommen waren. Auch jetzt sehen wir noch jene Höhlen- und Kriechtiere, wie Krebse, Schlangen und Eidechsen, die sich häuten und verjüngen; die Tiere, die in der Luft leben, besitzen diese Fähigkeit nicht.

Die Menschen bewahrten sie eine Zeitlang, nachdem sie auf die Oberfläche der Erde hinausgetreten waren, und verloren sie nur durch Unachtsamkeit und Böswilligkeit, wie ein Mythos umständlich erzählt. In Tuma, der Unterwelt, erfreuen sich die Seelen noch immer dieses glücklichen Privilegs.

Wenn ein Geist, der ›unten‹, wie die Eingeborenen sagen, ein langes Dasein gehabt hat, der ständigen Verjüngung überdrüssig wird, mag er die Rückkehr ins Leben wünschen. Und dann springt er in seinem Alter weit zurück und wird ein kleines, ungeborenes Kind.«[56]

Ich habe zwei Beispiele früher Bodenbaukulturen beschrieben. Selbst große Gemeinschaften mit mehr als 10 000 Menschen er-weisen sich über lange Zeiten als stabil, obwohl, oder besser gesagt, gerade *weil* sie herrschaftsfrei sind. Einige der mir wichtig erscheinenden Einsichten, die dieses Kapitel vermitteln soll, möchte ich zusammenfassen:

- Seßhaftigkeit und Bodenbau bei gemeinsamem Landbesitz ermöglichen die Entwicklung von Organisationsformen des sozialen Miteinanders, die bis an die Anfänge von Staatenbildung reichen. Verwandtschaftsbeziehungen bilden ihre Grundlage.
- Verwandtschaftsbeziehungen, in die jedes Individuum eingebunden ist, ruhen auf zwei Prinzipien: der Blutsverwandtschaft, in beiden Fallstudien in mütterlicher Linie, und in der Clan(Gen)-Zugehörigkeit. Beide Prinzipien erlauben es, im Vergleich zu Gruppen von Wildbeutern einen weit größeren Personenkreis zu umschließen.
- Dominanz der Verwandtschaftsbeziehungen bei klarer Trennung von weiblichen und männlichen Lebensbereichen sichert die Herrschaftsfreiheit auch zwischen den Geschlechtern.
- Arbeit, die jedes Mitglied in einer Gemeinschaft früher Bodenbauer leistet, entspricht seiner Stellung im sozialen System. Nur die Erfüllung aller Verpflichtungen sichert seinen Platz in der Gemeinschaft, insbesondere dann, wenn ein Individuum eine hervorragende Stellung einnimmt. Jeder weiß, daß sich auf Dauer Beiträge und Erträge die Waage halten. Hinzu kommen klare ethische Normen, die einen durch gute Arbeit erreichten Statusgewinn garantieren.
- Wie bei den Wildbeutern ist auch bei den frühen Bodenbauern die Arbeit dem natürlichen Zyklus von Tagen und Jahren angepaßt. Jeder Arbeitende ruht, wenn sein Organismus der Ruhe bedarf, und nicht, wenn der Stand eines Uhrzeigers ihn dazu auffordert. Keiner lebt im Glauben, eine begrenzte Zeit maximal nutzen zu müssen. »Die Denunziation des Müßiggangs bleibt für ihre Moral ohne Sinn.«[57]

Die Glaubensvorstellungen bei frühen Bodenbaukulturen lassen sich folgendermaßen charakterisieren:
- Die alle Aspekte des Lebens durchdringenden Verwandtschaftsbeziehungen finden ihre Reflexion im Glauben. Während bei den Wildbeutern die persönliche Beziehung des Einzelnen zum Übernatürlichen dominiert, tritt bei den seßhaften Bodenbauern das Gemeinwohl in den Vordergrund. Das besondere Verhältnis zu übernatürlichen Kräften wechselt vom Individuum zum Kollektiv.
- Wie bei den Wildbeutern gilt auch in den schriftlosen Gemeinschaften früher Ackerbaukulturen das als wahr, was nach feststehenden Regeln überliefert wird. Erst die Überlieferung schafft ein gemeinsames Wissen über die Welt, in der jedes

Mitglied der Sozialgemeinschaft wirkt.

- Mythen, Rituale, geheiligte Orte und Tabus charakterisieren die Einheit einer Gemeinschaft. Es sind keine äußerlichen Symbole, sondern Werte an sich. Die religiösen Symbole, die das soziale System reflektieren, verleihen diesem einen Wert, der die Akzeptanz *jedes* Individuums durch die Gemeinschaft sichert. Das soziale System wird auf eine religiöse Ebene gehoben, auf der es sowohl gegenüber Kritik als auch gegenüber Veränderungen unangreifbar wird.

- Das Übernatürliche ist untrennbar mit dem Leben verknüpft. Zwischen Weltbild und gesellschaftlichem Sein besteht keine Differenz. Das Übernatürliche ist stets auf irdische Belange gerichtet: Erfolg in der Nahrungsgewinnung, Gesundheit, Abwehr von Gefahren und Harmonie im Leben des Kollektivs. Störungen werden als Bedrohungen der Sicherheit empfunden, denen durch geeignete Zeremonien zu begegnen ist.

- Was schlecht und böse ist, bestimmt allein das soziale Verhalten, das heißt Moral und gesellschaftliches Wohlverhalten sind in egalitären Gemeinschaften identisch. Tabuverletzungen werden nicht im Jenseits abgerechnet, sondern ziehen eine unmittelbare Strafe durch die Gemeinschaft nach sich.

An diesen Gesellschaften zeigt sich, daß Menschen ohne zentrale Herrschaft, ohne Hierarchie und ohne Ausbeutung zusammenleben können. An ihnen wird deutlich, daß es keine anthropologische Notwendigkeit für zentrale Herrschaft, Hierarchie, Ausbeutung und strukturelle Ungleichheit gibt. Diese ethnologisch triviale Wahrheit ist nicht belanglos für die Frage, ob radikale Alternativen zur bestehenden spätkapitalistischen Gesellschaft überhaupt denkbar sind.«[58]

Sowohl die Weltbilder der Wildbeuter als auch der frühen Bodenbauern umschließen Wissen und Glauben, Kenntnisse und Überzeugungen.

Sie bieten dem Menschen Gewißheit und damit Halt und Sicherheit in allen Lebenslagen und erweisen sich im Zusammenleben denkender Menschen als Bindemittel über Jahrtausende.

3 FRÜHE ZIVILISATIONEN

Auf dem Schwemmland großer Ströme wie Euphrat, Nil, Indus, und Yangze entstanden die frühen Zivilisationen der alten Welt. Jahr für Jahr lagerten sich in diesen Bereichen in nahezu unerschöpflichen Mengen immer neue Nährstoffe ab, aus den Hochländern von den Flüssen herangeführt. So entstanden in diesen regelmäßig überschwemmten Uferregionen im Verlauf des Holozäns beständige, zum Anbau von Feldfrüchten gut geeignete, fruchtbare Böden.

Klimatische Bedingungen, wie sie für das Wachstum des jeweiligen Getreides notwendig sind, eine den Bodenverhältnissen angepaßte Bearbeitungstechnik und entsprechende Formen der Organisation des sozialen Miteinanders ermöglichten es, einen stabilen Nahrungsüberschuß für eine wachsende Bevölkerung zu produzieren.

Vermutlich erfolgte die Besiedelung von Schwemmland zunächst schrittweise, während eines Zeitraums von Jahrhunderten. Im großen Umfang fand sie erst statt, als mit geeigneten Werkzeugen Kanäle, Deiche und Dämme angelegt und erhalten werden konnten. Die neue Qualität der dazu erforderlichen Arbeit sprengte den Rahmen der über Jahrtausende bewährten Dorfgemeinschaften. Veränderte Formen der gemeinsamen Arbeit und des Zusammenlebens bildeten sich heraus. Bis dahin unbekannte hierarchische Sozialstrukturen entstanden.

Neue Weltbilder drängten alte in den Hintergrund.

Überall dort, wo Menschen in den frühen Zivilisationen die Wassermassen großer Flüsse eindeichten, aufstauten und verteilten, wuchs das Ausmaß jener Arbeiten deutlich an, die die Bauern vor der Aussaat zu leisten hatten. Zu den eigentlichen feldbaulichen Tätigkeiten kam eine vorbereitende Phase, in der alle zur Wasserführung notwendigen Arbeiten geleistet werden mußten.

Umfangreiche wasserregulierende Maßnahmen erforderten eine vorausschauende Planung, die Mobilisierung der erforderlichen Arbeitskräfte und eine Koordinierung aller Arbeiten. In diesen Gesellschaften entstanden neben neuen Organisationsstrukturen auch die ersten rationellen Methoden des Zählens und Schreibens. Auf der Basis umfangreicher Bewässerungsanlagen entwickelten sich in verschiedenen Teilen der Welt Zivilisationen, die als *Hydraulische Agrikulturen*[1] bezeichnet werden können. In diesen Zivilisationen lag die Macht in den Händen eines gottgleichen Herrschers und einer um ihn gescharten Beamtenschaft. Diese Beamten leiteten alle erforderlichen Arbeiten zur Sicherung eines hohen Ernteertrages und damit auch eines beträchtlichen Steuerertrages. In ihrer Hand lag die Organisation der periodisch erforderlichen Fronarbeit aller Bauern.

3.1 DAS ALTE ÄGYPTEN

Im heutigen Ägypten besteht das Niltal aus einem nur wenige Kilometer breiten grünen Streifen längs des Flusses. Zu beiden Seiten grenzt dieser Streifen an eine unfruchtbare, nahezu unbewohnbare Wüste.

Bereits während des Pleistozäns bewohnten Jäger, Fischer und Sammler das fruchtbare Tal. Der Fluß war breit und fischreich. Im Dickicht der Wälder und Büsche, zwischen den Papyrusstauden im Uferbereich lebten Wildschweine, Antilopen und Elefanten, zahlreiche Vogelarten nisteten dort. Die zeitweiligen Siedlungsplätze der Menschen lagen in einiger Entfernung vom Fluß auf Anhöhen, die das Tal umgaben. Hütten aus Laub oder mit Lehm bestrichenem Flechtwerk dienten als Unterkünfte.

Den Übergang ins Holozän begleitete auch in Nordafrika ein Klimawandel. Neben einer Erwärmung um rund fünf Grad Celsius nahmen insbesondere die Niederschläge deutlich zu. Sie reichten aus, um die Wüsten verschwinden zu lassen. In Tälern und Mulden entstanden zahlreiche Seen und Teiche. Jagdbare Tiere bevölkerten die offenen Gras- und Buschsavannen und boten ihren Verfolgern einen günstigen Lebensraum. Ausgehend von einem Kernbereich, einem Flußtal oder dem Ufer eines der zahlreichen Seen, wo Akazien, Tamarisken und Palmen wuchsen, dehnte sich eine von Büschen und Gräsern bewachsene Steppe aus. Neben Fischfang und Jagd auf Schwimmvögel bildete die angrenzende Steppe ein reiches Jagd- und Fundgebiet.

Während dieses klimatisch günstigen Zeitabschnitts, der vor ungefähr 8 500 Jahren endete, bestand für die dort lebenden

Stämme keine Notwendigkeit, die traditionelle Form einer halbnomadischen Ernährungsweise durch eine arbeitsintensive Agrarkultur zu ersetzen. Vermutlich war es erst die nur wenige Jahrhunderte währende Trockenheit, die eine Umstellung in der Nahrungsgewinnung auslöste. Funde aus dieser Zeit weisen den Beginn einer Rinderhaltung in Nordafrika nach. Anfangs ersetzte die Viehzucht sicher nicht die Jagd, sondern ergänzte sie nur. Während der folgenden drei Jahrtausende wuchs jedoch der Bestand an Herden und damit auch – in der charakteristischen Rückkopplungsspirale – die Zahl der sie ernährenden Menschen.

Die Lebensweise der frühen Viehzüchter unterschied sich merklich von der späterer Nomadenstämme. Zwar erforderte die Versorgung der ständig wachsenden Herden mit Futter die Nutzung ausgedehnter Territorien, aber Pferde und Kamele waren noch nicht domestiziert. Rasch umherzuziehen lag deshalb außerhalb der Möglichkeiten. Jede Gruppe lebte so lange an einem Ort, bis sämtliche Grasflächen in der näheren Umgebung abgeweidet waren. Erst dann zog sie weiter.

Die erneut einsetzende Trockenheit vor 6 000 bis 5 500 Jahren ließ die Steppen wieder schrumpfen. Die Wüste kehrte zurück und zwang die Viehzüchter, zum Beispiel jene aus dem heutigen Libyen, zur Wanderung ins bereits besiedelte Niltal.

Die ältesten gesicherten Funde, die einen Getreideanbau belegen, fallen in einen Zeitabschnitt, der vor rund 7 500 Jahren begann. Fundgebiete sind Merimde am Beginn des westlichen Nildeltas und Fayum rund 60 Kilometer südlich davon im Bereich des Nils.

Die jungsteinzeitlichen Ackerbauern in der Senke von Fayum lebten am Ufer eines später ausgetrockneten Sees. Sie ernährten sich zwar nach wie vor auch von der Jagd und vom Fischfang, aber sie hatten damit begonnen, Emmer und Gerste anzubauen, die wahrscheinlich aus der Levante ins Niltal gelangt waren. Da zu jener Zeit in Nordafrika keine Wildformen von Ziege und Schaf existierten, kamen wohl auch sie vom Nahen Osten nach Nordafrika. Auch bei Merimde fand man am Rande des Überschwemmungsgebietes einen ständigen Siedlungsplatz neolithischer Ackerbauern. Hütten aus Holz und Schilfrohr bildeten die Siedlung, in der schätzungsweise 500 Menschen lebten.

Das Niltal ist eigentlich eine riesige Oase. Im Juni beginnt das Wasser des Flusses anzusteigen, um im Herbst seinen Scheitelpunkt zu erreichen. Dann überflutet es ausgedehnte Ufergebiete, und der mitgeführte Schlamm setzt sich ab. Dieser Schlamm ist außerordentlich fruchtbar, und er läßt sich leicht lockern und bearbeiten.

Der Übergang zur Landbebauung fand in Nordafrika zirka 2 500 Jahre später statt als im Nahen Osten, wo zu dieser Zeit im südlichen Mesopotamien bereits erste Formen städtischer Zivilisationen entstanden waren.

Wie in Mesopotamien wurden auch in Ägypten innerhalb von rund 2 000 Jahren im Wechselspiel zwischen Bevölkerungswachstum und Intensivierung der Bodenbewirtschaftung – insbesondere durch Anlage ausgedehnter Bewässerungssysteme – die zunächst egalitären, kleinbäuerlichen Gemeinschaften durch hierarchisch strukturierte Großgemeinschaften ersetzt. Auch für diesen Konzentrationsprozeß wird die Verschlechterung des Klimas maßgeblich gewesen sein, die das Umland wieder in eine unfruchtbare Wüste zurückzuverwandeln begann.

Um zu überleben, waren die Bauern gezwungen, zu einer Bewässerungslandwirtschaft überzugehen, wäre doch das Niltal ohne künstliche Ent- und Bewässerung eine sumpfige Niederung inmitten der Wüste geblieben.

Ungefähr dort, wo heute Kairo liegt, gabelte sich der Nil in mehrere Arme, die sich, zum Delta verbreitert, ins Mittelmeer ergießen. Die Form der Landwirtschaft teilt das Nilland in das langgestreckte Oberägypten – im Osten und Westen von Wüsten gesäumt – und das flache, sich zum Meer hin stark verbreiternde Unterägypten.

Das Regelmaß der Überschwemmungen erzwang ein hohes Maß an Bodenarbeit, um die große Fruchtbarkeit des Nilschlamms, aber auch die Sumpflandschaft des Deltas zu nutzen. Es dauerte Jahrhunderte, bis die Ackerbauern in der Lage waren, sich den Fluß in großem Umfang dienstbar zu machen: Um das Wasser auch in höhergelegenes Gelände zu leiten, waren größere und kleine Kanäle zu graben, Hebewerke mußten gebaut und betrieben werden, zum Schutz der Felder waren Dämme aufzuschütten. Grabdarstellungen und Beigaben belegen, daß schon in der Zeit der 1. und 2. Dynastie (2900 bis 2660 v. Chr.) neben Steinwerkzeugen auch Hacken aus Kupfer und einfache urtümliche Pflüge verwendet wurden. Die ausgehobene Erde wurde in Körben transportiert.

Unbekannt ist jedoch weitgehend, wie autonome Dorfgemeinschaften, die über viele Jahrhunderte bestanden haben, letztlich zu hierarchischen Stadtstaaten zusammenwuchsen. Die sich entwickelnde Zusammenarbeit benachbarter Dorfgemeinschaften bei der Bearbeitung des Schwemmlands hatte dabei sicher eine Schlüsselfunktion. Am Anfang der geschichtlichen Zeit, mit dem Aufkommen schriftlicher Aufzeichnungen vor rund 5 000 Jahren, sind die Dorfgemeinschaften in einigen Dutzend Gauen, monarchisch regierten Stadtstaaten, vereinigt. Nachrichten über das Leben in den frühen Stadtstaaten sind spärlich und unvollständig. Quellen sprechen von größeren Königswirtschaften, die durch Beamte des Herrschers geleitet wurden.

Ein auf Bewässerung basierender Ackerbau erforderte zu seiner optimalen Gestaltung, daß das Wasser im gesamten besiedelten Niltal nach einem einheitlichen Plan reguliert und genutzt wurde. Aber konkurrierende Gaue behinderten einander in der Wassernutzung. Zwischen den Stadtstaaten kam es häufig zu Kriegen. »In die örtlichen Auseinandersetzungen greifen Kräfte verschiedener Art und verschiedener Wirkungsrichtung ein. Jede Formung von der Dorfgemeinschaft zum Gau und zum Gauverband mit gemeinsamer Spitze erfordert Vorherrschaft und Auslese. An den irdischen Auseinandersetzungen beteiligen sich die Ortsgötter entscheidend.

Diese Vorstellung, die uns Denkmäler der Reichseinigungszeit zwingend vor Augen führen, beruht auf der Grundvoraussetzung von der unbedingten Zusammengehörigkeit zwischen Gott und König, in bescheidenen Verhältnissen zwischen Gaugott und ›Oberhaupt des Gaues‹. Die Götter der Orte und Gaue handeln und leben wie Feudalherren, die Oberhäupter und die Könige sind ihre ›lebenden‹ Abbilder, oder ihre Söhne und Erben.«[2]

Im Verlauf der 1. Dynastie ging der 8. oberägyptische Gau mit seinem Hauptort Thinis als Sieger aus den ständigen Kämpfen hervor. Und so wurden unter den thinischen Herrschern die beiden Gauverbände Ober- und Unterägypten in einem Reich vereinigt.

In Abydos, nahe Thinis, wurden die Gräber der ersten Könige entdeckt. Einer der Könige, von Herodot als Reichseiniger Menes überliefert, verlegte die Hauptstadt des Reiches nach Memphis am westlichen Nilufer, dem heutigen Kairo gegenüber.

Die Geschichte des alten Ägyptens wird in drei große, durch Zwischenzeiten unterbrochene Epochen oder Reiche unterteilt. Ihnen voraus ging die Frühzeit der thinischen Herrscher, die Zeit der Reichseinigung. Nach heutigen chronologischen Ansätzen ergibt sich diese Zeittafel:

133

1. - 2. Dynastie	Frühzeit	2900-2660 v. Chr.
3. - 6. Dynastie	Altes Reich	2660-2160 v. Chr.
7. - 10. Dynastie	I. Zwischenzeit	2160-2040 v. Chr.
11. - 12. Dynastie	Mittleres Reich	2040-1785 v. Chr.
13. - 17. Dynastie	II. Zwischenzeit	1785-1525 v. Chr.
18. - 20. Dynastie	Neues Reich	1525-1070 v. Chr.

Ihre nahezu unbeschränkte Macht über die Arbeitskräfte des Alten Reiches ermöglichte es den Herrschern Ägyptens, die periodisch wiederkehrenden Arbeiten am Bewässerungssystem planmäßig und unter der Führung von Beamten zu organisieren. Die für die Arbeiten erforderlichen Menschen kamen aus den Dorfgemeinschaften, Bauern, die nach Beendigung der Fronarbeit auf ihr Land zurückkehrten.

Vermutlich war die überwiegende Fläche des Ackerlandes im Ägypten der Pharaonen Einzelbauern zur Bewirtschaftung überlassen, sind doch kleinbäuerliche Familienbetriebe besser als Großwirtschaften in der Lage, mit Hilfe arbeitsintensiver Methoden hohe Ernteerträge zu erzielen, wie es in Bewässerungswirtschaften die Regel ist.

Einen beträchtlichen Teil der Erträge hatten die Bauern in Naturalform an die mit der Steuereintreibung befaßten Beamten abzuliefern.

Die unbeschränkte Macht des Pharaos war nicht allgegenwärtig. Solange Menschen Landwirtschaft betrieben, bildeten Verwandtschaftsverbände die Grundlage ihres Zusammenlebens. Die despotischen Regime duldeten sie. Zwar unterstanden die Einwohner einer Dorfgemeinschaft einem von der Regierung ernannten Vorsteher, jedoch blieben die Bauern außerhalb der Fronarbeit von einer totalen Reglementierung aller ihrer Angelegenheiten verschont. Der für eine solche allumfassend strenge Beaufsichtigung erforderliche administrative Mehraufwand ließ sich durch einen eventuell möglichen Mehrertrag nicht decken.[3]

Mit wachsender Macht und zunehmendem Reichtum der Pharaonen im Alten Reich wuchs allerdings der Umfang der Fronarbeit. So wurden die immer gewaltiger werdenden Grabstätten der Könige errichtet.

Sklavenarbeit, das heißt zeitlich unbegrenzte Fron, fand während des Alten Reiches in den Bereichen statt, wo die Aufgaben räumlich konzentriert und darum leicht zu überwachen waren: in Steinbrüchen, im Bergbau, beim Bau von Tempeln und Palästen, aber auch als Hausarbeit in den Wirtschaften des Königs und der hohen Beamten. In der Landwirtschaft besaß die Sklavenarbeit kein großes Gewicht.[4]

Die Zahl der Menschen, die während des Alten Reiches in Ägypten lebten, wird auf eine bis anderthalb Millionen geschätzt. Viele überlieferte Quellen geben Auskunft über Leben und Glauben einer kleinen herausgehobenen Elite. Über das Leben, die soziale Organisation und die Glaubensvorstellungen der außerhalb städtischer Verbände und ihrer Wirtschaften lebenden Bauern und Handwerker ist hingegen nichts zu erfahren. Das Fehlen religiöser Zeugnisse der überwiegenden Zahl der Ägypter macht die ausgeprägte Ungleichheit im Patrimonialstaat des Alten Reiches deutlich. Es zeigt darüber hinaus, daß sich das religiöse Leben der meisten Menschen außerhalb der offiziellen Kultstätten und ihrer Tempel abspielte, die auch heute noch die Besucher aus aller Welt beeindrucken.

Die Mitglieder einer früheren Wildbeutergruppe oder eines Ackerbau treibenden Stammes hatten sich in Notfällen, zum Beispiel bei Krankheit, als Einzelne an den Heiler oder »Seelsorger« der Gemeinschaft gewandt, und die Fähigkeiten der Schamanen oder Medizinmänner sowie deren Berufung auf die Stärke der Geister, in deren Namen sie wirkten, hatten bei der Beseitigung von Übeln helfen können. Im Alten Reich bestand nun die Aufgabe der Götter eines Gaus oder später der Reichsgötter darin, die Interessen der Gesamtheit wahrzunehmen und insbesondere das Regelmaß der jährlichen Überflutungen zu sichern. Für den ägyptischen Untertan hing der Ernteerfolg vom Wirken des gottgleichen Pharaos, seiner Beamten und Priester ab. Die Reichsgötter interessierten sich nicht für die Nöte eines einzelnen Bauern und seiner Familie. Vermutlich blieben dafür auch im ägyptischen Doppelreich die dörflichen Zauberer und deren Geister zuständig.

Die überlieferten Zeugnisse des königlichen Totenkults, die Pyramiden und die zahlreichen in deren Umgebung errichteten Grabanlagen der Würdenträger des Reiches sind eindrucksvolle Zeugnisse des sakralen Herrschertums. Fresken und Inschriften in den Grabmälern der Würdenträger vermitteln anschauliche Bilder vom Arbeiten und Leben in den aristokratischen Wirtschaften. Vom Leben der Mehrzahl der Menschen, der kleinen Beamten, Handwerker und Bauern erzählen sie nichts. Die fanden ihre namenlosen Gräber im Wüstensand.

An der Spitze des Staates stand der Herrscher. Göttliche Legitimation bildete die Grundlage seiner Macht, die er mit Hilfe eines Stabes von Beamten ausübte. Während der 4. Dynastie erlebte der patrimoniale Staat seine Blütezeit. Damals entstanden mit den Pyramiden von Gizeh die gewaltigsten Pharaonengräber. Von Memphis aus, dem Machtzentrum, wurde der Doppelstaat regiert. Dort ernannte der König die hohen Beamten, die zur Wahrnehmung ihrer Aufgaben in die einzelnen Gaue des Reiches gesandt wurden. Die von den Würdenträgern wahrgenommenen Funktionen waren anfangs noch nicht erblich, und die Entlohnung der königlichen Beamten erfolgte in der Regel durch die Zuweisung von Dörfern, über deren Erträge verfügt werden konnte. Mehr als zwei Jahrtausende lang wurde im alten Ägypten an der Naturalwirtschaft festgehalten, eine Geldwirtschaft gab es nicht.

Während das Alte Reich bestand, überlagerten sich religiöse Anschauungen, die zu verschiedenen Zeiten in unterschiedlichen Gegenden vorhanden waren. Viele von ihnen reichten weit in die Vergangenheit zurück. So glaubte man, daß den Naturerscheinungen numinose – göttliche – Kräfte innewohnten, die entscheidenden Einfluß auf die Existenz des Individuums und der Gemeinschaft besäßen. Bei diesen Vorstellungen handelte es sich um nachwirkende Überreste altüberkommenen Glaubensgutes jener Gemeinschaften, die lange vor der Existenz des Alten Reiches das Niltal bewohnt hatten.

Numinose Wesen konnten gegenständliche, ortsgebundene Kultmale, Pflanzen und Tiere sein, und numinose Kräfte wurden zu Orts- oder Stammesheiligtümern. Aus ihnen entstanden die Gottheiten. In dem Maße, wie die Exponenten der Gemeinwesen zur herrschenden Klasse wurden, wuchs auch die Bedeutung der Götter, die der Sicherung ihrer Herrschaft dienten.

Zu allen Zeiten schützen Götter die soziale Ordnung, ahnden deren Verletzung, belohnen ihre Einhaltung. In Ägypten gab es viele Götter. Jede Stadt, jedes Gebiet besaß mehrere. In der Vor- und Frühzeit erschienen Götter in Tiergestalt, später wurden sie zu Mischwesen aus Menschenleib und Tierkopf. Beispiele sind der falkenköpfige *Horus* und der widderköpfige *Amun*. Sie dienten den Personifizierungen unterschiedlicher Naturerscheinungen: des Himmels, der Erde, der Luft, des Wassers. Einige Götter verkörperten gleichzeitig Erscheinungsformen des gesellschaftlichen Lebens.

Einer der Stadtgötter des 15. Gaus in Unterägypten war der *Ibis*. Als Verkörperung des Mondgottes *Thot* fand er Aufnahme in den Kreis der großen Götter des Reiches. Mit fortschreitender Zivilisation wandelte sich Thot zum Gott der Schrift, zum Schutzgott der Beamten. Eine andere Gottheit war *Maat*, die Personifizierung der Wahrheit und einer gerechten Weltordnung, religiöser Ausdruck der Forderung nach einem Verhalten, das der Sozialordnung der altägyptischen Gesellschaft entsprach. Jeder, der die Maat erkannte, war in der Lage, sich in Übereinstimmung mit ihr zu verhalten. Wer ihr nicht folgte, trat aus dem Sein heraus und verfiel dem Nichtsein.

Ein Wandel des Glaubensgutes läßt sich am Beispiel eines der Großtiere Ägyptens, des Löwen, gut nachweisen. Kultorte, an denen allerdings überwiegend Löwinnen verehrt wurden, befanden sich in Ober- und Unterägypten an den Mündungen der Wüstenwadis, dort, wo vorzeitliche Jäger in das Jagdgebiet der Löwinnen gerieten.

»In Esne und Hermonthis hieß die Löwin ›Schlächterin‹ (*Mnhj.t*), im Speos Artemidos *Pachet*, ›die Beißerin‹. Man nannte sie auch ›die Große, die die Wadis durchwandert, die inmitten der östlichen Wüste haust‹ oder ›die mit scharfen Augen und spitzen Krallen, die Löwin, die bei Nacht Nahrung erblickt und errafft‹. In Memphis führt die Löwin jenen Kultnamen, der dank des Ruhmes ihrer Stadt der bekannteste geworden ist: *Sachmet*, ›die Mächtige‹, die ›oben im Wüstental‹ hausen soll.

Der Löwin als Gebieterin der Wüste schrieb man, ähnlich wie dem Sethtier, die Herrschaft über die Unwetter und Regenfälle zu, die aus ihrem Bereich kommen, ebenso die Sendung der ›jährlichen Seuche‹, die mit den heißen Wüstenwinden im Sommer das Land überzieht.«[5]

In geschichtlicher Zeit erscheinen die Götterbilder friedlich und mit geschlossenem Rachen. »Hier liegt eine beabsichtigte Befriedung des göttlichen Raubtieres vor, die sich ebenso in den Bildwerken wie in bestimmten Mythen widerspiegelt. Man knüpft dabei an alte Jägersagen an, deren Spuren noch in Darstellungen von Helden, die wildes Wüstengetier, Löwe oder Fabeltiere, bändigen, in der Reichseinigungszeit nachweisbar sind. Der Jägerheros aber bezwingt nicht nur das Tier, er führt es ins Niltal zu den Menschen, aus der Ferne zur Verehrung in den Tempeln. Dort läßt man es bei rauschender Musik und Tanz mit Rauchtränken seine Wildheit vergessen.«[6]

Die Staatsreligion des Alten Reiches ging aus den Glaubensvorstellungen der vorangegangenen Stadtstaaten hervor. So gab es im gesamten Niltal zahlreiche Orte, in denen Falken, die schnell zupackenden Jäger der Lüfte, unter verschiedenen Namen als Götter verehrt wurden. Ihr Höhenflug findet in *Horus*, das heißt »der in der Höhe«, eine Ausdrucksform, die zu seinem klassischen Namen wurde. Bereits in der Zeit der Reichseinigung entstand die Vorstellung, daß sich »der Himmel als zwei ausgespannte Flügel über die Erde schützend breite. Aus ihm ist dann die weitergehende Vorstellung abgeleitet, daß einem als Falken gedachten Himmelsgott die beiden Hauptgestirne Sonne und Mond als seine beiden ›Augen‹ angehören. Man dachte sich also die Himmelsentstehung derart, daß ein geflügelter Gott sich von der Erde erhoben habe und schützend wie ein Dach über der Erde schwebe.«[7]

»Mit Rücksicht auf veränderte Kulturverhältnisse der Niltalbevölkerung, vor allem durch das Zurücktreten der in der vorgeschichtlichen Zeit Ägyptens so stark betonten Jagd gegenüber Ackerbau und Viehzucht der Bauernwirtschaft deutete man altüberkommenes Glaubensgut im Sinne der neuen Zeit um. Welche Einflüsse sich geltend machen können, darüber entscheidet der Staat mit Hilfe der von ihm gelenkten Theologie. Veranschaulichung und Verbreitung übernahmen die Mythen.«[8]

Der Ägyptologe Herrmann Knees vertritt die Meinung, daß die thinischen Herrscher in ihrer Religionspolitik Horus bewußt als Klammer einer allägyptischen Gottesvorstellung wählten, um alle Kräfte des Reiches zu vereinigen. Horus wurde zum Gott des Königs. Er ist ein Himmelsgott, der mit seinen Flügeln die Erde umspannt. Die Einheit von Gott und König findet ihre künstlerische Verkörperung in der lebensgroßen Statue des Königs Chefren (4. Dynastie). Das Haupt des Königs wird von den Flügeln des Falken bedeckt. Beide verschmelzen zum Tierkopf des Gottes.

»Als Inkarnation des Gottes Horus war der ägyptische König von Anfang an seinen Untertanen ein göttliches Wesen, das mit Recht auch göttliche Verehrung beanspruchen durfte. So wird in den Tempelreliefs der 5. Dynastie zum Beispiel dargestellt, wie der König von der oberägyptischen Göttin *Nechbet von Elkab* gesäugt wird oder wie er, mit einer Götterkrone gekrönt, umgeben von den Göttern *Anubis* und *Uto*, thronend Audienz erteilt.«[9]

In der Person des Pharaos sind die transzendentalen Kräfte des Staates vereinigt. Er ist ein Gott, später der Sohn eines Gottes. Seine Gottheit prädestiniert ihn zum Mittler zwischen Göttern und Menschen. Er ist der höchste Priester des Reiches und ernennt weitere Priester.

Eine autonome Kirche konnte sich im Ägypten der Pharaonen nicht entwickeln, und trotz der Bildung eines umfangreichen Berufspriestertums behielt der Staat die Kontrolle über die Einkünfte der Tempel.

Für den Gott-König konnte das Leben nicht mit dem Tode enden. Nach den religiösen Jenseitsvorstellungen führte ihn sein Weg über den leiblichen Tod hinaus. Um eine Wiedererweckung im Jenseits zu gewährleisten, mußte der Körper des Verstorbenen erhalten bleiben. Der Sicherung dieser körperlichen Fortexistenz dienten Einbalsamierung und Mumifizierung. Nur so konnte die vogelartige *Baï*-Seele des Toten im Grab ein- und ausgehen.

Um ein Leben für alle Zeiten zu erhalten, bedurfte der Verstorbene eines festen Hauses, eines Grabmals, aber auch der Mitgabe ihm Dienender. Sie fanden sich als Figuren im Grab der Pharaonen. Hinzu kamen die für ein jenseitiges Leben erforderlichen Gegenstände des täglichen Lebens. Die Pyramide, das Königsgrab, bildet den monumentalen Abschluß einer vielgliedrigen Bauanlage, die dem Totenkult des verstorbenen Herrschers diente. In dem zugehörigen Tempel hatten Priester dem Toten regelmäßig Opfer zu bringen. Nach ihrem Tod wurden auch die Mitglieder der königlichen Familie und die ersten Beamten des Reiches in festen Grabanlagen beigesetzt. Sie liegen in der Umgebung der Totenstätte des Königs, um auch im Jenseits einer Teilhabe an der lebenserhaltenden Kraft des Herrschers sicher zu sein.

In einigen Pyramiden des Alten Reiches finden sich Inschriften, die sogenannten Pyramidentexte. Auch sie dienen der königlichen Unsterblichkeit. In einem Großteil der Texte wird das Weiterleben des Pharaos im Jenseits als Gott unter Göttern geschildert. Durch die Pyramidentexte soll der Herrscher weit über den irdischen Bereich hinaus erhoben werden.

Wie man aus der Größe der Königsgräber erkennen kann, erreichte die zentrale Macht des Königs während der 4. Dynastie ihren Höhepunkt. Schon die Pyramiden der 5. Dynastie sind wieder deutlich kleiner. Parallel dazu wuchsen die Grabmäler der hohen Würdenträger. Sie wurden zu Steinpalästen mit zahlreichen Innenräumen, deren Wände mit Fresken und Inschriften bedeckt waren.

Noch während der 4. und zu Beginn der 5. Dynastie verfügte der König die Besetzung der Ämter. Aber in dem Maße, wie Ämter erblich wurden, nahm die Macht des Herrschers ab. In den Gauen begannen Erbregenten zu wirken, deren Bestreben es war, die Bindungen an die Zentralmacht zu lockern.

In die Zeit der 5. Dynastie fällt ein Paradigmenwechsel, der das sakrale Königtum schwächte. Es findet eine Vermenschlichung des Herrschers statt. Von der Verkörperung des falkenköpfigen Gottes Horus wandelt sich der Pharao zum Sohn des Sonnengottes *Rê*.[10]

Die Sonnenreligion nahm ihren Ausgang in Heliopolis in Unterägypten. Neben zahlreichen Tiergöttern wirkten dort auch erdgebundene Kräfte. *Atum*, dem »Selbstentstandenen«, »wies man als Kultstätte einen Erdhügel zu, den die älteste Götterlehre von Heliopolis als ›Urhügel‹ deutete, das heißt als den ersten festen Platz des Weltbeginns, der sich aus dem chaotischen Urgewässer *Nun* absonderte. ...

Die Vorstellung von der Urflut am Anbeginn der Dinge und vom Urhügel als erstem Zeichen der Weltordnung leitete sich naturgegeben aus dem jährlichen Geschehen der sommerlichen Nilüberschwemmung und dem ›Herausgehen‹ der Erde aus der träge ruhenden Überschwemmungsflut ab. Sie kehrt deshalb in den meisten Schöpfungssagen Ägyptens wieder.«[11]

In Heliopolis »stand an der Spitze der Urgott Atum, der durch das Ausatmen von Luft und das Ausspeien von Feuchtigkeit das Götterpaar *Schu* (Luft) und *Tefnut* (Feuchtigkeit) schuf. Beide brachten ihrerseits den Erdgott *Geb* und die Himmelsgöttin *Nut* hervor; deren Kinder sind *Osiris* und *Seth* mit ihren schwesterlichen Gemahlinnen *Isis* und *Nephthys*.«[12]

»Unverkennbar stellte Heliopolis in seiner Götterwelt ein Gegenstück zur Regierung des geeinten Ägyptens heraus. Man könnte meinen, daß hier mehr die Einstellung eines Verwaltungsbeamten und Staatsmannes als die eines von echter Glaubenskraft erfüllten Theologen am Werke war; es ist dieselbe, die das gewaltige Aufbauwerk des Staates des Alten Reiches leitete: Der Tempel des obersten Gottes eine Gerichtshalle, sein Götterkreis ein Beamtenkollegium, das Recht spricht; einst triebhaft handelnde Götter, die nun geduldig das Urteil des Vorsitzenden des Gerichtshofes entgegennehmen wie ein braver Staatsbürger! So wirkt die heliopolitanische Götterlehre als Musterbeispiel der von weisen Veziren geprägten Lebensregeln des neuen Ordnungsstaates.«[13]

Mit Atum verschmilzt der Sonnengott Rê zu Rê-Atum. Der Glaube an den Sonnengott wird zur Staatsreligion. Die Königsnamen der 5. Dynastie enthalten den Namen des Sonnengottes. Ihm werden eigene Tempel erbaut, deren Fresken in eindrucksvoller Weise die Sorge des Sonnengottes für das Geschehen in der Natur manifestieren. In den Pyramidentexten der 5. und 6. Dynastie wird das Leben des verstorbenen Königs im Jenseits geschildert. Er erhält einen Platz im Sonnenschiff, in dem der Sonnengott Tag für Tag über den Himmel fährt.

»Das Aufkommen privaten Grundbesitzes hat im Verein mit dem während der 5. Dynastie spürbaren Nachlassen der Zentralgewalt in der Verwaltung dazu geführt, daß auch die ›Provinz‹ nach und nach eine gewisse Rolle neben der Hauptstadt Memphis zu spielen begann. Vor allem erschien es den obersten Verwaltern der Gaue von der 5. Dynastie ab nicht mehr erforderlich, sich in der Nähe der Pyramide des jeweiligen Herrschers bestatten zu lassen, sondern er ließ sich sein Grab in dem Gau anlegen, den er zu Lebzeiten verwaltet hatte. Daß sich der ursprünglich aus Grabstiftungen von seiten des Königs entstandene Grundbesitz durch Vererbungen, Einheiraten in andere Familien, wohl auch durch Erwerbungen von abrundendem Grundbesitz auf Grund privater Abmachungen ständig vergrößerte, war offenbar durch den König nicht zu verhindern, und so wurden denn im Verlaufe des Alten Reiches viele der oberägyptischen Gauverwaltungen nach und nach erblich, wie wir aus manchen Inschriften der Gaufürstengräber entnehmen können.

Die einstigen königlichen Verwalter der Gaue wurden großenteils allmählich zu eingesessenen Gaufürsten, deren Geschlechter oft durch mehrere Generationen hindurch ihren Gau verwalteten, gewiß, solange die Zentralmacht in Memphis noch feststand, in friedlicher und freiwilliger Unterwerfung unter diese, aber immerhin die Möglichkeit der Verselbständigung offenlassend.«[14]

Gegen Ende der 6. Dynastie, vor rund 4 200 Jahren, war das innere Gleichgewicht des Alten Reiches empfindlich gestört. Die Unabhängigkeit der Lokalfürsten hatte einen Stand erreicht, der auf einen Sturz der Zentralmacht drängte.

In diese Zeit fällt eine erneute, etwa 200 Jahre währende trockenere und kühlere Klimaphase. Sie ist in zahlreichen Sedimentuntersuchungen in Afrika, im Mittelmeerraum, in Mesopotamien und bis nach Tibet hin nachweisbar.[15]

Diese Trockenperiode korrespondiert sowohl mit dem Zusammenbruch des akkadischen Großreiches in Vorderasien als auch mit dem Ende des Alten Reiches.

Langjährige Trockenheit, die zu Niedrigwasser des Nils führte, gefährdete die Lebensgrundlage des Staates. Nahrungsmittelknappheit und Hungersnöte waren die Folge. Typisch für eine Periode des Zusammenbruchs ist die Skepsis an den vom Staat verkündeten religiösen Werten. Mit dem Zerfall des Reiches in Gauverbände und Gaue wuchs die Macht der Gaufürsten, und die Dominanz der vielen Orts- und Gaugötter nahm zu.

Hinzu kamen Mythen über den Weltuntergang und die Vernichtung des Menschengeschlechts.

Aus dem Kollaps des Reichs wurde auf die Unvollkommenheit des Reichsgottes und seines Sohnes, des Pharaos, geschlossen. Auch die Jenseitshoffnungen der Herrschenden waren in Frage gestellt.

Literarische Kunde vom Zusammenbruch des Alten Reiches und seinen Auswirkungen gibt die Rede des Ipu, eines Vertreters der alten Ordnung:

> *Sehet, Dinge sind getan worden, die sich seit fernsten Zeiten nicht zugetragen haben. Der König ist von den Elenden gestürzt worden. Sehet, der als (königlicher) Falke(ngott) Begrabene ist aus dem Sarge gerissen. Was die Pyramide verbarg, ist ausgeleert. Sehet, es ist so weit gekommen, daß das Land des Königtums beraubt worden ist durch wenige Ignoranten. Sehet, es ist so weit gekommen, daß man sich aufgelehnt hat gegen das Schlangendiadem des Rê, der die beiden Länder (Ägyptens) in Ruhe hielt. Sehet, das Geheimnis des Landes, dessen Grenzen man nicht kannte, ist entblößt. Die Residenz ist in einer Stunde überwältigt worden. ... Sehet, die (heilige) Krh.t-Schlange ist aus ihrer Höhle genommen; das Geheimnis der Könige von Oberägypten und Unterägypten ist aufgedeckt.[16]*

Die I. Zwischenzeit, eine Periode der ökonomischen und politischen Schwächung, aber auch der weltanschaulichen Auseinandersetzungen, dauerte bis zum Ende des Klimaeinbruchs.

»Wie für das Gottesbild, so lassen sich auch für die Ethik die Linien von der Umbruchzeit nach dem Untergang des Alten Reiches gut verfolgen. War im Alten Reich der zentrale Begriff der ›Maat‹, eine Größe, die auf den Gott-König und die sakrale Ordnung des Staates bezogen war, eine Norm, deren Realisation in einem der rechten Ordnung im Staat entsprechenden Handeln vollzogen wurde und deren Gegenbegriff die Unordnung war, so werden in der ersten Zwischenzeit, als das Gegenteil von ›Maat‹ die Begriffe ›Sünde‹ (*,ij.t*), ›Lüge‹ (*grg*) und ›habgierig‹ (*,wn ,ib*) bevorzugt. Erstmals wird eine persönliche ethische Entscheidung betont. In dem für diese Umwälzung charakteristischen Literaturwerk, das unter dem Titel der ›Klagen des Bauern‹ bekannt geworden ist, steht die Mahnung: ›Bewege dein Herz, daß du die Maat kennenlernst‹. Das spricht für eine Qualität, die dem Denken und Wollen des Einzelmenschen erschließbar ist und nunmehr erst unserem Sinne von ›Wahrheit‹ entspricht. Im gleichen Text wird als ein ›schönes Wort, das aus dem Munde des Rê selbst kommt‹, der Ausspruch verkündet: ›Sprich die Wahrheit, tue die Wahrheit; denn sie ist groß, sie ist mächtig, sie ist dauernd.‹«[17]

Während des Neuen Reiches erreichte Ägypten in seiner rund zweitausendjährigen Geschichte die größte Ausdehnung. Im Süden wurden längs des Nils Gebiete bis zum vierten Katarakt erobert. Im Norden drangen ägyptische Heere bis nach Syrien vor. Das ägyptische Weltreich erstreckte sich über mehr als 3 000 Kilometer von Napata im nubischen Süden bis zur Orontesmündung im Norden. Die Breite des Reiches betrug jedoch nur einige 100 Kilometer. Mit dem Niedergang des Neuen Reiches reduzierte sich die Herrschaft der Pharaonen wieder auf das Kernland längs des Flusses.

3.2 DAS CHINESISCHE REICH

Das Chinesische Reich bestand annähernd 3 000 Jahre und löste sich erst am Beginn des 20. Jahrhunderts auf. Sein Herrschaftsgebiet erreichte eine Ausdehnung in den noch heute bestehenden Grenzen und reichte zu bestimmten Zeiten über sie hinaus. Mit einer Ost-West-Ausdehnung von mehr als 5 000 Kilometern umfaßt China im Westen Gebirgslandschaften mit Höhen bis zu 8 000 Metern und im Osten weite fruchtbare Ebenen. Die Nord-Süd-Ausdehnung vom Amur bis zum Südchinesischen Meer ist mit rund 5 500 Kilometern noch größer.

Der Naturraum des Landes läßt sich in drei große Bereiche gliedern: Im Westen liegt das tibetische Hochland. Seine kargen und weiträumigen Flächen sind von jeher nur dünn besiedelt. Nördlich und östlich fällt das Hochland in einen zweiten Großraum ab. Er gliedert sich in Plateaus und Becken mit Höhen zwischen 2 000 und 5 000 Metern. Zu ihnen zählen das mongolische Plateau, das Hochland von Yunnan, die Ausläufer des Wutai- und Taineng-Gebirges, die nordchinesische Tiefebene und die südchinesischen Berg- und Hügelländer.[18] Die beiden Schicksalsströme Chinas, der rund 4 800 Kilometer lange Huanghe, der Gelbe Fluß, und der fast 6 000 km lange Yangze, der Lange Fluß, fließen in West-Ost-Richtung. Am Mittel- und Unterlauf dieser Ströme liegt das Siedlungsgebiet der Ackerbauern.

Das Klima des Landes wird vom Monsun bestimmt. Von April bis September bringt der Sommermonsun feuchtheiße Luftmassen vom Pazifischen Ozean. Ein Zuviel an Regen führt zu katastrophalen Überschwemmungen, ein Zuwenig zu verheerenden Dürre-Perioden: Ein Mittelmaß an Regen und Wind war von jeher entscheidend für den Ernteertrag. Darauf richteten sich die Bemühungen der Menschen zur Wasserregulierung, dem galten ihre Bitten an Götter und Geister.

Der Wintermonsun weht zwischen September und April vom Kontinent zum Meer. Er bringt nicht nur trockene und kalte Luftmassen, er verursacht im Norden auch häufig Staubstürme. So entstanden im Laufe von Jahrmillionen durch Verwehungen Lößschichten mit einer Mächtigkeit von einigen zehn bis zu vielen hundert Metern. Löß ist ein lockeres gelbbraunes Sediment aus Quarz, Tonerdesilikaten und Kalk. Er ist von feinen, sich vielfach verzweigenden Kapillaren durchzogen, die eine gute Durchlüftung des Bodens zur Folge haben. Mineralische, für das Pflanzenwachstum wichtige Bodenbestandteile gelangen durch diese Kapillaren direkt an die Pflanzenwurzeln.

Weite Einzugsgebiete des Gelben Flusses liegen in Lößgebieten. Während der starken Regenfälle in der Monsunzeit reicht die Kraft der Wassermassen aus, um die mitgeführten Sinkstoffe bis zur Flußmündung in die Bohai-Bucht des Gelben Meeres zu transportieren.

Im Winter hingegen werden sie vorher abgelagert, so daß sich das Flußbett ständig erhöht. Am Unterlauf des Flusses führten diese Veränderungen immer wieder zu gewaltigen Überschwemmungen und zu einer Verlagerung des Flußlaufs innerhalb einer

Fläche von mehr als 500 Kilometern Breite. Durch Vertiefung des Flußbettes und die Anlage von Dämmen längs des Flusses suchten die Menschen das flache Siedlungsgebiet zu schützen.

Das Lößgebiet umfaßt die heutigen Provinzen Gansu, Shanxi und Shaanxi. »Shaanxi mit dem Wei-Fluß als Nebenarm des Gelben Flusses genießt seit uralten Zeiten den Ruf der Kornkammer Chinas. Hier, wo Weizen, Gerste und die chinesische Hirse *gaoliang* angepflanzt werden, konnte die seßhaft gewordene Bevölkerung von Ackerbauern auch erste Staatswesen bilden, und vom Gebiet Shaanxis und der benachbarten Provinz Gansu begann sich vor etwa 4500 Jahren die chinesische Kultur auszubreiten.«[19]

Das Tal des Wei-Flusses, das sich als weite Ebene bis zur Mündung in den Huanghe hinzieht, war über Jahrhunderte Sitz der Herrscher. Seit dem 11. Jahrhundert v. Chr. errichteten hier 13 Dynastien ihre Hauptstädte.

Bietet in Nordchina der Löß, die gelbe Erde, die Grundlage einer Ackerbaukultur, so ist es in Südchina der schwarze Boden, den der Yangze heranführt. Das Becken am Unterlauf des Flusses bildet den südchinesischen Teil einer großen Ebene. Auch hier schufen gewaltige Massen an Sinkstoffen im Laufe der Zeit einen Aluvialboden von großer Fruchtbarkeit. Die Überschwemmungen des Unterlandes finden im Frühjahr und Sommer statt.

Seit frühester Zeit ist der Reis die wichtigste Nahrungspflanze in Südchina. Er wird in Naßfeldern angepflanzt.

Wie in anderen Gebieten der Erde begann vor 10- bis 12000 Jahren auch in China der Übergang der Menschen von einer jagenden und sammelnden Lebensweise hin zu Ackerbau und Viehzucht. Den geologischen und klimatischen Bedingungen folgend, entwickelten sich während des Neolithikums im Süden der Reis und im Norden die Hirse zu dominierenden Nahrungsmitteln.

Mehr als 6000 Fundstätten jungsteinzeitlicher Kulturen wurden in der Volksrepublik China bis in die achtziger Jahre des 20. Jahrhunderts registriert. Rund 100 sind in großen Teilen freigelegt und systematisch erforscht worden. Die Mehrzahl befindet sich auf den nördlichen Lößböden sowie nördlich und südlich des Yangze.

Die frühesten bisher freigelegten jungsteinzeitlichen Siedlungen liegen in Südchina. Sie wurden in den östlichen Küstenregionen, an Flußläufen und in Kalksteinhöhlen entdeckt. Neben verzierten Keramikgefäßen, Nahrungsresten, Werkzeugen aus Stein und Tierknochen wurden auch Gräber freigelegt.

Die ältesten bisher in Nordchina entdeckten neolithischen Siedlungen liegen im Tal des Gelben Flusses und in der fruchtbaren nordchinesischen Hochebene. Radioaktive Datierungen weisen auf ein Alter der Siedlungen zwischen 8 500 und 7 000 Jahren hin. Die Funde dokumentieren eine seßhafte Kultur fortgeschrittenen Stadiums. Jagen und Sammeln, die altgewohnten Arten der Nahrungsbeschaffung, fanden ihre Ergänzung im Hirseanbau sowie in der Schweine- und Schafzucht.

Die Angehörigen dieser sogenannten Peiligang-Kultur bewohnten in kleinen Dorfgemeinschaften runde und quadratische Grubenhäuser. Ihre Toten bestatteten sie in Einzelgräbern nahe den Dörfern. Neben Keramikgefäßen und Steinwerkzeugen fanden die Ausgräber fein polierte Mühlsteine auf vier niedrigen Füßen und zylindrische Stabwalzen zum Mahlen der Körner. Die Peiligang-Kultur breitete sich im Huanghe-Becken sowie im Tal des Wei-Flusses aus.

Die jüngere Yangshao-Kultur, nach ihrem ersten Fundort in der Provinz Henan benannt, breitete sich im selben geographischen Raum aus wie die Peiligang-Kultur. Radioaktive Messungen ergaben ein Alter zwischen 7 000 und 5 000 Jahren. Die Bauern der Yangshao-Kultur siedelten überwiegend in größeren Dörfern.

Im Norden des Dorfes Benpo im Tal des Wei-Flusses, wurde eine Siedlung mit 46 Häusern ausgegraben, unter ihnen auch ein größeres Gebäude, das vermutlich alle Dorfbewohner gemeinsam nutzten. Im Norden der Siedlung legten Archäologen einen Friedhof mit 250 Gräbern und im Osten einen Komplex mit sechs Keramiköfen frei. Getreidereste, Gewebeteile – datierte Funde von Spinnwirteln bezeugen, daß die Technik des Spinnens bereits 5000 v. Chr. zur Herstellung von Geweben genutzt wurde –, Stein- und Knochengeräte sowie Tierskelette belegen, daß die Dorfbewohner von Ackerbau (Hirse), Jagd, Fischfang und Tierzucht lebten.

Im dritten Jahrtausend v. Chr. wandelte sich der Charakter der Agrargemeinschaften (Longshan-Kultur). Die Vielfalt der Ackerbaugeräte wuchs. Neben Schweinen und Hunden wurden zunehmend Schafe und in einigen Gebieten auch Pferde und Hühner gezüchtet. Die Kupfer-Verarbeitung breitete sich aus. Feiner gearbeitete und funktionellere Keramik jener Zeit deutet auf professionelle Töpferei hin. Schutzwälle aus festgestampfter Erde umgaben Dörfer und stadtähnliche Siedlungen. Das läßt auf die

Anwesenheit einer institutionalisierten Führungselite schließen, die sich durch benachbarte Niederlassungen bedroht fühlte.

Nach Jahrtausenden, in denen auch die Ackerbauern Chinas in egalitären Gemeinschaften gelebt hatten, zeichnete sich ein tiefgreifender Wandel zu patriarchalischen Strukturen ab. Grabbeigaben deuten darauf hin, daß während des vierten und dritten Jahrtausends neben einer sozialen Differenzierung auch ein Bedeutungswandel im Verhältnis von Mann und Frau statt-fand. Obwohl eine allgemeine Verbesserung des Gesundheitszu-standes erkennbar ist, nahm die relative Gesundheit der Frauen ab.[20]

Auch in der Funktion von Schriftzeichen wird der Wandel der Rolle der Frau deutlich: »Das Schriftzeichen für Familienname setzt sich zusammen aus den Bildungssymbolen für ›Frau‹ und ›gebären‹ und läßt demnach den Schluß zu, daß man in alter Zeit den Clan, die Sippe, als das vom Weibe geborene verehrte. ... Ihre herausragende, das Gemeinwesen bestimmende Funktion verlor die chinesische Frau in der ersten Hälfte des ersten Jahrtausends v. Chr.«[21]

Sichere schriftliche Zeugnisse über die Ausbildung hierarchi-scher Sozialstrukturen liegen nicht vor, und so lassen sich nur Vermutungen darüber anstellen, wie der gesellschaftliche Wandel zu patriarchalischen Strukturen in den chinesischen Gemeinwe-sen erfolgte.

In dem Maße, wie die Siedlungen für die in den Flußebenen lebende, im Laufe der Jahrtausende gewachsene Bevölkerung an Größe, Zahl und Wohndichte zunahmen, wurde es komplizierter, die Bewässerung der Reisfelder im Süden und der Hirsefelder im Norden effektiv zu organisieren, Ähnlich wie in Mesopotamien dürfte im Süden die Entwässerung der Felder einen wesentlichen Teil der Arbeiten zur Sicherung der Ernten ausgemacht haben. Neben den Überschwemmungen und Verlaufsänderungen des Huanghe bestand im Norden eher Dürregefahr.

Ähnlich wie in Ägypten haben auch im Alten China die um-fangreichen Arbeiten zur Wasserregulierung, deren Planung, Organisation und Koordinierung, den Prozeß der gesellschaftli-chen Differenzierung geprägt. Auch hier bedienten sich die loka-len Herrscher eines dafür qualifizierten Beamtenapparates.

»Die ursprüngliche Herkunft des Patrimonialbeamtentums aus der Vorflut- und Kanalisationsarbeit, also aus dem Bauwe-sen, die Herkunft der Machtstellung des Monarchen aus den zunächst im Wasserregulierungsinteresse unumgänglichen Fronden der Untertanen (wie in Ägypten und Vorderasien), die Herkunft des Einheitsreiches aus dem immer weiter um sich greifenden Interesse an Einheitlichkeit dieser Wasserregulierung für immer größere Gebiete im Zusammenhang mit dem Bedürfnis nach politischer Sicherung des Kulturlandes gegen die Nomadeneinbrüche«[22] drückt sich anschaulich in einer Legende aus, die über Jahrtausende im Volk lebendig geblieben ist: »Yu der Große ist ein im Volk besonders beliebter legendärer Herrscher. In der traditionellen Geschichtsschreibung wird er als Gründer der *Xia*-Dynastie (2205 bis 1766 v. u. Z.) geführt, deren Historizität allerdings nicht eindeutig erwiesen ist. Vielleicht ist die Legende von Yu dem Großen eine Verschmelzung dunkler Erinnerungen der Menschen an frühe Kämpfen gegen Flutkatastrophen.

Der Sage nach überschwemmte einmal eine verheerende Flut das Tal des Gelben Flusses. Selbst die Hügel standen unter Wasser, und die Menschen hatten keine Nahrung. Kaiser Shun befahl dem Beamten Yu, die Wasser zu bändigen. Der mobilisierte lokale Fürsten und einfaches Volk für die Aushebung von Kanälen und den Bau von Wasserwehrprojekten, um die Fluten ins Meer abzuleiten. 13 Jahre arbeitete er, bis er das Werk vollendet hatte.«[23]

Der traditionellen Überlieferung folgend, begann mit dem weisen Herrscher Yu eine erbliche Thronfolge, und er wird als Gründer der ersten Dynastie benannt. Sie erhielt den Namen seines Herrschaftsgebietes Xia, einer Region um das Huanghe-Knie mit östlicher Ausdehnung in die heutige Provinz Henan und fällt nach heutigen Vorstellungen in die Zeit zwischen dem 21. und dem 16. Jahrhundert v. Chr.

Bei der Bewertung schriftlicher Berichte über das dritte und zweite Jahrtausend v. Chr. ist zu beachten, daß sie weder auf neu entdeckten Quellen noch auf neuen archäologischen Funden beruhen.

»Die Veranlassung für diese Aktivitäten, die erst im 12. und 13. Jahrhundert endgültig zu einem Abschluß kamen, waren vielmehr oft Nützlichkeitserwägungen. Philosophischen Lehren und Ideologien sollte unter anderem durch zahlreiche, zeitlich möglichst weit zurückgreifende Verweise eine Aura von Altehrwürdigkeit verliehen werden, da allgemein die Maxime galt: je älter, um so authentischer. Zur Steigerung der Glaubwürdigkeit vermengte man geschickt auch einige idealisierte Elemente der jeweiligen historischen Realitäten in Gesellschaft und Politik mit Wunschvorstellungen und projizierte alles in die Zeiten der *san huang,* der ›Drei Erhabenen‹.«[24] Zu ihnen zählte auch der große Yu.

Xia-Dynastie		21. 16.Jh. v. Chr.
Shang-Dynastie		16. 11.Jh. v. Chr.
Zhou-Dynastie	Weatliche Zhou-Dynastie	11.Jh.-771 v. Chr.
	Östliche Zhou-Dynastie	770-256 v. Chr.
	Frühlings- u. Herbstperiode	770-476 v. Chr.
	Zeit d. Kämpfenden Reiche	475-221 v. Chr.
Qin-Dynastie		221-207 v. Chr.
Han-Dynastie	Westliche Han-Dynastie	206 v.-24 n. Chr.
	Östliche Han-Dynastie	25-220
Zeit der Drei Reiche	Wei-Dynastie	220-256
	Shu Han-Dynastie	221-263
	Wu-Dynastie	222-280
Westl. Jin-Dynastie		265-316
Östl. Jin-Dynastie		317-420
Südliche Dynastie		420-589
Nördliche Dynastie		386-581
Sui-Dynastie		581-618
Tang-Dynastie		618-907
Zeit d. fünf Dynastien		907-960
Song-Dynastie		960-1279
Liao-Dynastie		916-1119
Jin-Dynastie		1115-1234
Yuan-Dynastie		1279 1368
Ming-Dynastie		1368-1644
Qing-Dynastie		1644-1911

Mit der Shang-Dynastie (16. bis 11. Jahrhundert v. Chr.) beginnt eine Zeit, aus der zeitgenössische Schriftdenkmäler existieren. Sie finden sich als Inschriften auf Bronzegefäßen und auch auf Tausenden Fragmenten von Orakelknochen, war es doch üblich, Fragen an das Orakel auf Schulterblättern von Schweinen, Schafen und auf geglätteten Bauchpanzern von Schildkröten zu stellen. Eine bedeutsame Frage war die nach dem Ausgang einer Ernte.

»In den freigebliebenen Teil der Beschriftungsfläche wurden Löcher gebohrt und gemeißelt, in die bei der Befragungszeremonie, die im Ahnentempel stattfand, glühende Bronzestäbe gezwängt wurden, so daß sich durch die Hitzeeinwirkung unregelmäßige Fissuren einstellten. Es war das Privileg des jeweiligen Shang-Herrschers, ex cathedra die richtige Interpretation der Dehnungssprünge vorzunehmen. Vermutlich dienten die Orakelverkündigungen, die in jedem Fall legitimationsfördernd wirkten, meist nur als Entscheidungshilfen oder zur Einengung des Alternativspielraums. Die abschlägig beschiedene Frage nach einem guten Erntejahr in Shang konnte zum Beispiel in der ohnehin vorhandenen Absicht bestärken, an anderer Stelle mehr Neuland in Kultur zu nehmen.«[25]

Andere Texte enthalten Berichte über wichtige Ereignisse. Mit ihnen wollten die Angehörigen der Oberschicht ihre Ahnen über das Leben der Nachfahren informieren. Auch diese rituellen Akte erfolgten im Ahnentempel der Sippe. Als Gegenleistung erwartete man von den Geistern der Ahnen Antworten auf Orakelfragen zu aktuellen Problemen.

»In der Zusammenschau vermitteln die zeitgenössischen Bronze- und Knocheninschriften, die Fundauswertung riesiger Schachtgräber von Herrschern und anderer Gräber, die Freilegung einiger großer Städte und nicht zuletzt spätere Quellen ein relativ anschauliches Bild vom Shang-Reich. Die Shang und ihre Anhänger übten, wenn auch nicht permanent und innerhalb klarer Grenzen im heutigen Sinn, Kontrolle aus über eine Region, welche das Einzugsgebiet des Huanghe-Unterlaufs und angrenzende Teile von Shandong, Shaanxi und Shanxi und bis in den Norden von Anhui und nach Jiangsu im Yangzi-Mündungsgebiet reichte. Die Bevölkerung mag etwa vier bis fünf Millionen Menschen gezählt haben. Mittelpunkt des Reiches war eine im Laufe der Dynastie mehrfach verlegte Hauptstadt, die kultisches, politisches und ökonomisches Zentrum war.«[26]

Der König stand der patrilinear strukturierten Oberschicht vor. Er war sowohl weltlicher als auch religiöser Führer. Zur Aristokratie zählten Beamte des Hofes mit administrativen und Kontroll-aufgaben, Spezialisten für Ritualhandlungen und Krieger. An sie wurden Lehen im Herrschaftsbereich verliehen. Die Belehnung war erblich. Nach dem Tode eines Lehnsträgers durfte sein Nachfolger die Zeichen seiner fürstlichen Autorität erst anlegen, wenn er durch den König erneut belehnt worden war.

»Hintergrund dieser sich immer wieder erneuernden Lehensverleihung war der Gedanke, daß mit der Investitur die Wirkkräfte, die Ausstrahlung, die Moralität, die Tugend des höchsten Herrschers auf den Belehnten übergehen, der dann, gestützt durch diese Kraft, in seinem Gebiet die Menschen führt, Ordnung und Harmonie sichert und die rechtliche Gewalt ausübt. Ist diese Kraft frisch und dynamisch, dann geht es den Untertanen gut, dann gedeiht die Saat, dann herrscht Friede; versiegt die Kraft, verfallen die Menschen, verdorren die Ernten, brechen Unruhen und Kriege aus.«[27]

Zu den Pflichten des Herrschers gehörten die Ausrufung des Kalenders, der Monate und der Feiertage – dieser Ritus wurde von allen folgenden Herrschern bis zum Sturz der Quing-Dynastie (1911) vollzogen – und die genaue Einhaltung aller Opferriten. Den Ahnen des Herrschers, den Kulturheroen der Vorzeit, waren regelmäßig Opfer darzubringen, hatten sie den Menschen doch alle Kulturerrungenschaften wie Ackerbau, Kalender und Schrift gebracht und dann überliefert. Auf einem »Altar der Erde und der Ernten« opferte der Herrscher einmal im Frühjahr für gutes Wachstum und einmal im Herbst zum Dank für eine gute Ernte.

»Man darf sich das China der ersten Dynastie Shang – und noch weniger das der mythischen Epoche – natürlich nicht als jenes Riesenland vorstellen, zu dem das Reich der Mitte später wurde. Vielmehr hat die chinesische Zivilisation genauso begonnen wie die anderer Erdteile, nämlich in kleinen Siedlungsgebieten, in denen der Kampf um das Überleben in einer feindlich bedrohlichen Umwelt neben Jagd und Ackerbau die wichtigste Beschäftigung darstellte. Gerade die Dynastie Shang ist ein beredtes Beispiel dafür, daß es sich bei dem damaligen Staat eigentlich um eine Art Stadtstaat mit umliegenden Siedlungen gehandelt hat, ähnlich der griechischen Polis. Umfangreiche Ausgrabungen bei Anyang brachten bedeutende Funde zutage, die belegen, daß sich hier das Machtzentrum befand. Geschichtsexperten zufolge wurde der Regierungssitz aber mehrmals in die Landschaft Yin, südlich des Gelben Flusses verlegt. Das läßt nur den Schluß zu, daß die Bevölkerung wiederholt ihre Zelte hier abbrach, um sie dort wieder aufzubauen.«[28]

Aufgabe des Herrschers war es, das neue Siedlungsgebiet auszuwählen. Er wägte ab, ob der vorgesehene Platz günstige Lebensbedingungen bot und für die notwendigen sakralen Handlungen geeignet wäre. Ein Orakel hatte zu klären, ob seine Entscheidung die Zustimmung der Ahnen fand.

Nachdem die Ernte eingebracht war, wurden die Männer unter Aufsicht von Baubeamten zum Frondienst eingesetzt. Zuerst wurde der Stadtwall errichtet; es folgten der Bau des Ahnentempels und danach die Errichtung der Paläste und Wohnhäuser. Städte und Dörfer wurden nach einem geometrischen Muster gebaut. Da das Quadrat als Sinnbild der Erde galt, wurden Siedlungen als Vierecke angelegt.

Den längsten Bestand in der Geschichte Chinas hatte die Zhou-Dynastie. Die Östliche Zhou-Dynastie währte von 770 bis 256 v. Chr., und sie wird in die Frühlings- und Herbstzeit sowie die Zeit der Kämpfenden Reiche (475 bis 221 v. Chr.) unterteilt.

Das Hauptsiedlungsgebiet der Zhou wie auch die Hauptstadt des Westlichen Zhou-Reiches lagen im Tal des Wei-Flusses, nahe Xi'an. Kriegerische Auseinandersetzungen führten zu einer Verlagerung der Hauptstadt nach Osten.

Als unmittelbare Nachbarn der Shang-Herrscher bestanden zwischen beiden Gebieten enge Beziehungen. Vermutlich waren die Zhou-Herrscher zunächst Vasallen der Shang gewesen. Von ihnen übernahmen sie kulturelle und zivilisatorische Elemente.

Als die Zhou nach kriegerischen Auseinandersetzungen mit den Shang die Herrschaft im Reich antraten, entwickelten sie zur Legitimation der Machtübernahme eine neue Ideologie – das *tianming* – das Mandat des Himmels. Es wurde zum bleibenden Bestand der wechselnden Herrscher Chinas. Jeder legitime Herrscher verfügte als Himmelssohn (*tianzi*) über das Mandat des Himmels. Seine Aufgabe war es, für Wohlergehen und Stabilität im Reich zu sorgen. Auch sein persönlicher Lebenswandel mußte sich des tianmings würdig erweisen. Nach Ansicht der neuen Zhou-Herrscher hatte der letzte Shang-König das Mandat des Himmels verletzt und damit seine himm-lische Legitimation verwirkt.

»Die von den Zhou eingebrachte ›tianming‹-Idee mit ihren imperativen Weiterungen wurde später von den Konfuzianern weiter ausgebaut und ergab die bekannte Zyklentheorie von Aufstieg, Abstieg und der legitimen Ablösung der einzelnen Dynastien zugunsten neuer. ... Der jeweils letzte Herrscher einer Dynastie, samt seiner ihm ergebenen Minister, wurde in der offiziellen, stets fest in konfuzianischer Hand befindlichen Geschichtsschreibung überwiegend als an Staatsgeschäften mehr oder weniger desinteressierte, unfähige, verdorbene oder sonstwie mißratene Kreatur dargestellt. Durch sein Verhalten hatte er dokumentiert, daß er nicht willens oder in der Lage war, im Sinne des ihm verliehenen Mandats des Himmels das Reich ordentlich zu regieren.«[29]

Die Kontinuität des Übergangs von der Shang- zur Zhou-Herrschaft zeigte sich zum Beispiel in der Beibehaltung der Opferzeremonien im Ahnentempel – jetzt natürlich dem der Zhou – in der Befragung des Orakels mittels Knochen und Schildkrötenpanzern und in der Behandlung der Bauern, der überwältigenden Mehrheit der Bevölkerung.

Wie in der Shang-Zeit hatten Bauern auch in den acht Jahrhunderten der Zhou-Herrschaft keine Familiennamen. Nur als Bodenbesteller, als Fronarbeiter und zunehmend als Soldaten in den Massenheeren fanden sie ihre Daseinsberechtigung.

Die Zhou setzten das Lehnswesen der Shang fort. Mitglieder der königlichen Sippe und verdiente Aristokraten erhielten Land. Im Laufe der Jahrhunderte wuchs die Macht der Lehnsfürsten, und der Einfluß der Zentralgewalt ging zurück. Insbesondere die an den Grenzen des Reiches gelegenen Lehen wuchsen durch Eroberungen neuer Landesteile zu mächtigen Flächenstaaten.

Der Niedergang der Macht des Herrscherhauses und die Uneinigkeit der Lehnsfürsten über die Nachfolge ermöglichten den Erhalt der Zhou-Herrschaft. Ihre Funktion wurde auf solche Kulthandlungen eingeschränkt, die allein der legitime Inhaber des tianming vollziehen durfte.

Im Resultat der Kämpfe zwischen den Feudalfürsten um Machterweiterung und Vorherrschaft während der Frühlings- und Herbstperiode und in der nachfolgenden Zeit der »Kämpfenden Reiche« reduzierte sich die große Zahl der Lehen und Kleinstaaten auf drei: Qin im Westen, Qi im Nordwesten und Chu im Süden.

Die Eroberungskriege zwischen den Feudalstaaten erforderten in wachsendem Maße die Ausschöpfung aller materiellen und menschlichen Ressourcen. Dazu zählten nicht nur eine veränderte Kriegführung, wie der Übergang zu großen Dauerheeren, sondern auch technische, ökonomische und administrative Reformen. Sie gaben letztlich den Ausschlag für den Sieg des Qin-Reiches mit seinem Zentrum im Tal des Wei-Flusses. In diesem Teilstaat wurden alle Neuerungen am konsequentesten und erfolgreichsten realisiert.

Das Land wurde administrativ gegliedert. Aristokratische Privilegien wurden abgeschafft. An Stelle der alten Aristokratie trat ein Verdienstadel. Bauern faßte man nach militärischem Vorbild in Familienverbänden zusammen.

Hinzu kamen eine Reform des Feldersystems und die Erschließung neuer landwirtschaftlich nutzbarer Flächen. Von entscheidender Bedeutung waren dabei die Bemühungen um eine Verbesserung der Wasserführung. Eines der größten Bewässerungsprojekte im ersten Jahrtausend v. Chr. war der Bau des rund 150 Kilometer langen Zhengguo-Kanals. Er verlief nördlich des Wei-Flusses, verband zwei seiner Nebenflüsse miteinander und erschloß fast 3 000 Hektar landwirtschaftlicher Nutzfläche. Der Bau des Kanals wurde 247 v. Chr. vollendet. In diesem Jahr wurde der spätere Reichseiniger Zheng König von Qin.

Verbunden mit der Einführung einer direkten Besteuerung im 6. Jahrhundert v. Chr. erhielten die Bauern ein Nutzungsrecht über den von ihnen bestellten Boden. Ihre Steuern wurden zur wichtigsten Einnahmequelle des Staates.

In den gleichen Zeitraum fallen bedeutende technische Entwicklungen. Die Herstellung von Gußeisen, insbesondere von Temperguß, wurde erstmals 531 v. Chr. erwähnt – fast 2 000 Jahre bevor in Europa das erste Eisen gegossen wurde. Neben Waffen wurden auch Pflugschare und Spaten aus Eisen gefertigt.

In der Zeit der »Kämpfenden Reiche« kam das Brustgeschirr für Pferd und Zugtier in Gebrauch. Das neuartige Geschirr machte es möglich, um ein Mehrfaches schwerere Lasten als früher transportieren zu können.

An den zahlreichen Fürstenhöfen während der Frühlings- und Herbstperiode und in der Zeit der »Kämpfenden Reiche« bemühten sich umherziehende Schriftkundige, als Beamte Anstellung zu finden, um den Herrschern ihre religiösen und politischen Vorstellungen zu vermitteln. Zu ihnen zählte Kong Qiu (531 bis 479 v. Chr.), der unter seinem latinisierten Namen Konfuzius in allen späteren Kulturen bekannt ist.

»Der vornehmlich gesellschaftsbezogene Probleme aufgreifende Weise und seine Schule sprachen sich für eine streng hierarchisch-patriarchalisch strukturierte Sozialordnung aus, in der ein Katalog ethischer und gesellschaftlicher Normen, subsumiert unter dem Begriff li, den Umgang miteinander festlegte. Mit dem ständig vorgebrachten höchsten Lob für die frühen Zhou-Herrscher und Monarchen des vergangenen Goldenen Zeitalters versuchten Konfuzius und seine in mancher Hinsicht bedeutenderen Nachfolger der siechen Feudalordnung wieder aufzuhelfen. ... Die ihrem Wesen nach obrigkeitsfreundliche, auf die Zementierung ererbter Gesellschaftsstrukturen angelegte Lehre erlebte ihren größten Triumph jedoch erst in der Westlichen Han-Zeit (206 v. Chr. bis 8 n. Chr.), als sie, angereichert mit Ideen anderer

Denkschulen, zum generellen Maßstab für politisches Handeln avancierte. Der Konfuzianismus erhielt damals den Status einer Staatsdoktrin, den er praktisch bis zum Ende der Kaiserzeit behaupten konnte.«[30]

Mit der neuen nachfeudalen Gesellschaftsstruktur »erscheint eine nachfeudale Götterwelt, und sie allerdings hat, bei aller gebliebenen Naturreligion, ein so eminent Menschliches ... wie die Sittlichkeit des Kaisers und seine maßhaltende Besonnenheit. Das ist in dieser Form ein Neues, besonders im Gebiet der Naturreligionen, zu denen die chinesische noch zählt; und Konfuzius, der Stifter selbst, tritt trotz aller maßvollen Zurückhaltung immerhin laut und deutlich mit *seinem Namen* auf: als Lehrer des Kaisers und seines Reiches der Mitte.«[31]

Nachdem Qin 221 v. Chr. die Vorherrschaft erlangte, verlieh sich König Zheng den Titel »Erster erhabener Göttlicher« – Kaiser. Seine Herrschaft dauerte nur elf Jahre. Beraten durch seinen weisen Ratgeber Li Si bemühte er sich, die bereits im Qin-Staat bewährten Reformen auf das gesamte Reich zu übertragen.

Das Reich wurde in 36, später in 40 Bezirksverwaltungen und zahlreiche Kreisverwaltungen unterteilt. Alle leitenden Beamten der Hauptstadt Xianyang (nahe Xi'an), in den Bezirken und den Kreisen wurden vom Kaiser ernannt bzw. entlassen. Sie waren zu absolutem Gehorsam verpflichtet. Das bedeutete das Ende des Lehnswesens.

Weitere Maßnahmen zur Vereinheitlichung waren die Festlegung verbindlicher Maße und Gewichte, ein Münzsystem, Schriftzeichen, der Kalender und die Kleiderordnung. Ein dichtes Netz von Eilstraßen entstand. Sie verbanden die Hauptstadt mit fernen Zentren wie Pjöngjang in Nordkorea und Hanoi in Vietnam. Nach dem Bau des »magischen Kanals« (Lingqu) konnte man auf dem Wasserweg von der Hauptstadt bis in die südöstliche Provinz Guangdong gelangen.

Auf Befehl des Kaisers wurden fast zwei Millionen Dienstverpflichtete und Sträflinge eingesetzt, um, unter Einschluß bereits vorhandener Befestigungen, die erste Chinesische Mauer zu errichten. Sie war länger als die rund 4 000 Kilometer messende Mauer aus der Ming-Zeit (1368 bis 1644), deren Reste noch heute zu besichtigen sind. Neben dem Bau zahlreicher Paläste ließ der Kaiser unweit seiner Hauptstadt sein monumentales Grabmal errichten. Eine annähernde Vorstellung vom Umfang der Anlage vermitteln die seit 1974 freigelegten Teilabschnitte der Terrakotta-Armee. Der Kaiser starb 210 v. Chr. auf seiner letzten Reise durchs Land.

»Unter seinem Nachfolger, einem jüngeren Sohn, der durch betrügerische Manipulationen die Thronfolge angetreten hatte und 209 bis 207 v. Chr. regierte, entlud sich in Aufständen schlagartig die jahrelang angestaute Unzufriedenheit im Volk. Infolge der nicht enden wollenden monumentalen Bauprojekte der Großen Mauer, der Paläste, des Kaisergrabs, der Straßen- und Kanalbauten, durch Kriegszüge gegen die *Xiongnu* und den Grenzenwachdienst waren Fron und Militärdienst unerträglich geworden, Belastungen, unter denen zirka drei Millionen Männer der etwa 20 Millionen zählenden Bevölkerung zu leiden hatten. Hinzu kamen Steuerabgaben, die bis zu zwei Drittel der Ernte ausmachten. ... Mit Feldhacken und Holzknüppeln zerschlugen die aufständischen Bauern schließlich die Herrschaft der Qin-Dynastie, wie es in modernen historischen Darstellungen in der Volksrepublik China heißt.«[32]

Als Sieger aus dem Bürgerkrieg der folgenden Jahre ging Li Bang hervor, ein Mann aus dem Volke. Er wurde zum Begründer der Han-Dynastie. Umgeben von fähigen Beamten, milderte er die harten Gebote und Verbote der Qin-Dynastie. Er reduzierte sowohl die hohe Besteuerung als auch die maximale Dauer der jährlichen Dienstleistungen.

Nachdem Li Bang die Macht errungen hatte, kam er nicht umhin, seine erfolgreichen Heerführer und Verbündeten zu belohnen. Er übertrug Lehen an sie, aber auch an Nachkommen alter Fürstengeschlechter. Damit waren zukünftige Auseinandersetzungen und Kämpfe mit unbotmäßigen Lehnsträgern unvermeidlich geworden.

Den Weg zur Stabilisierung einer starken Zentralgewalt und zur Überwindung fortdauernder Unabhängigkeitsbestrebungen der Lehnsfürsten aus der Qin-Zeit ebnete ein Erlaß aus dem Jahre 196 v. Chr. In den Han-Annalen ist der Text des kaiserlichen Erlasses überliefert:

Ich habe gehört, daß unter den Königen keiner größer war als Wên von Tschou (Zhou), unter den Präsidialfürsten keiner größer war als Huan von Ts'i, beide aber haben ihren Ruhm erlangt, indem sie befähigte Männer bei sich aufnahmen. Auch jetzt gibt es im Reiche solche befähigten Männer, warum sollten denn auch Klugheit und Fähigkeiten nur bei den Leuten des Altertums zu finden sein? Das Unglück liegt nur darin, daß der Fürst keine Verbindungen mit ihnen hat, wie sollen unter solchen Umständen die Gebildeten an ihn herankommen? Nun ist es durch die göttliche Macht des Himmels, sowie durch die weisen Männer und hohen Würdenträger entschieden worden, daß ich das Reich regiere, so daß es wie eine einheitliche Familie ist. Mein Bestreben ist auch, daß dies für lange Zeit fortdauern möge, so daß Geschlecht um Geschlecht die Ahnenopfer im Tempel ohne Unterbrechung vollziehen kann. Ziemt es sich aber nicht, daß die befähigten Männer, die gemeinsam mit mir das Reich befriedet haben, auch gemeinsam mit mir in Frieden seine Gaben genießen? Weise Männer und hohe Würdenträger, die entschlossen sind, mir auf meinem Wege zu folgen, will ich ehren und auszeichnen; dem ganzen Reiche verkünde ich hiermit meinen Willen, auf daß er klar erkannt werde. Der General-Inspektor der Verwaltung (yü schi ta fu), Tschou Tsch'ang, wird ihn den Staatskanzlern (siang kuo) übermitteln, der Staatskanzler, Marquis von Tsan (das heißt Siao Ho), den Lehensfürsten und Königen, die Vize-Inspektoren (yü schi tschung tschi fa) den Präfekten der Bezirke: Wenn sie Persönlichkeiten kennen, die sie mit Bedacht als Leute mit glänzenden Tugenden bezeichnen können, so sollen sie selbst diese ermuntern und zur Reise [nach der Hauptstadt] ausrüsten. Sie sollen sie zu dem Amtssitze des Staatskanzlers schicken mit Angaben über ihren Lebenswandel, ihre Art und ihr Alter. Wenn solche Persönlichkeiten vorhanden sind und sie werden nicht gemeldet, so werden die betreffenden Beamten bei Bekanntwerden des Tatbestandes ihres Amtes entsetzt. Alte oder gebrechliche Personen dürfen nicht gesandt werden.[33]

Erst während der mehr als fünfzigjährigen Herrschaft des Kaisers Wudi (140-87 v. Chr.) wurde dieses Programm wirksam. Es folgte den Empfehlungen des konfuzianischen Gelehrten Dong Zhongshu (179-104 v. Chr.). Dieser forderte den Kaiser zu einer Änderung des Regierungssystems und der Staatsethik auf. Gelehrte sollten stärker gefördert werden, um die besten unter ihnen für den Staatsdienst auszusuchen. »Wenn alle Lehren außer der des Konfuzius verboten würden, dann werde die Ordnung wiederhergestellt und das Volk wisse, woran es sich halten könne.

Der Kaiser hielt sich an die Empfehlungen und ließ konfuzianische Schulen gründen und Beamtenprüfungen einführen.«[34]

Damit wurde der Aufbau eines Verwaltungsapparates möglich, der die Kontinuität im Reich der Mitte für die nachfolgenden 2 000 Jahre sicherte.

»Aus dem von Wu ti (Wudi) eingeführten System des ›hohen Studiums‹ ist in kaum noch unterbrochener Entwicklung im Laufe der Zeit das großartige, in der Welt einzig dastehende staatliche Prüfungssystem der Chinesen erwachsen, das erst im Jahre 1905 unter dem Druck der abendländischen Kultur sein Ende gefunden hat. Ungezählte Millionen von Beamten und Gelehrten hat es während seines zweitausendjährigen Bestehens geliefert, und alle hatten denselben konfuzianischen Bildungsgang durchlaufen, alle trugen dasselbe konfuzianische Weltbild in der Seele, alle waren mit demselben konfuzianischen Geiste erfüllt. Jedem Untertanen des Weltreiches war grundsätzlich die gleiche Möglichkeit des Aufstiegs gegeben, aber nur durch die einzige Tür des konfuzianischen Schrifttums; es liegt in der Natur der Dinge, daß der Lerneifer im Volke auf das höchste gesteigert werden mußte und daß der Gegenstand des Lernens nur *eine* Wissenschaft sein konnte, die konfuzianische, jede andere war von vornherein zum Verdorren verurteilt. Nicht bloß das Beamtentum und damit der Staat mußten einheitlich konfuzianisch werden, sondern durch den von hier aus wieder zurückstrahlenden Einfluß die ganze geistige Physiognomie des Volkes.«[35]

Da der Staat als Ausdruck der göttlichen Weltordnung angesehen wurde, trug er religiösen Charakter. Staatsrecht wurde zur allein richtigen und möglichen Religion. Die religiöse Stellung des Kaisers als Vermittler zwischen Himmel und Erde, Gott und Menschheit war als Unterbau der kaiserlichen Macht von unschätzbarem Wert, »nur mußte man dafür sorgen, daß nicht überstarke Lehensfürsten die wirkliche Bedeutung dieser Macht als zweifelhaft erscheinen lassen konnten. Ferner war der Grundbegriff der konfuzianischen Lehre, die Ehrfurcht (*hiao*), für die Regierung das denkbar geeignetste Werkzeug, das Volk in den Schranken einer festen Ordnung zu halten und jedes Widerstreben als verwerflich erscheinen zu lassen.

Die Ehrfurcht war die Wurzel der *li*, und in den li als dem System der kultischen Riten fand die erhabene Stellung des Kaisers als des Himmelssohnes ihren starken Ausdruck, während andererseits die li als System der Lebensregeln den Einzelnen an die

Stelle wiesen, die ihm in der Familie und dann in der Gesamtheit zukam. Die li galten als die Gesetze der ›heiligen Herrscher der Vorzeit‹, waren also Ausdruck der Weisheit des Altertums; frevelhafte Verirrung hatte sie lange Zeit hindurch verschüttet, es war die Pflicht der mit dem ›Auftrag des Himmels‹ bedachten Dynastie, sie wieder zur Geltung zu bringen.«[36]

Mit seiner Empfehlung, den Konfuzianismus zur Staatsreligion zu erheben, verband Dong Zhongshu eine Rechtfertigung und philosophische Interpretation des neuen Herrschaftssystems. Er bemühte sich, den höchsten Repräsentanten des Staates, den Sohn des Himmels, in die noch größere Ordnung des Kosmos einzufügen.

»Dong stellte den Menschen in die Wirkungszusammenhänge der beiden Urkräfte ›yin‹ und ›yang‹, der fünf Elemente sowie der vier Jahreszeiten und Himmelsrichtungen. So entsprachen zum Beispiel die fünf inneren Organe des Menschen den Elementen Wasser, Feuer, Holz, Metall und Erde, während die Gliedmaßen den vier Jahreszeiten zugeordnet wurden; für Gemütsschwankungen bot der Wechsel von ›yin‹ und ›yang‹ eine Erklärung. ›Yin‹ und ›yang‹ bestimmten aber auch die Beziehungen zwischen Herrscher und Untertanen, Vater und Sohn, Mann und Frau und so weiter. Fürst, Vater und Ehemann entsprachen dem starken männlichen Prinzip ›yang‹, waren somit den Vertretern des schwachen weiblichen Prinzips übergeordnet. Wie der Himmel über der Erde, stand der Fürst über seinen Untertanen. Auf dieser ›himmlischen‹ Eigenschaft beruhte wiederum seine Verantwortung für den korrekten Ablauf der Jahreszeiten.«[37]

»Und bei alldem eben ist die Menschenwelt, mit dem Kaiser an ihrer Spitze, nirgends mehr Naturgöttern unterworfen, sondern einzig dem *Gedanken des Himmels, – und dieser ist, ein letztes Spezifikum Ostasiens, kein Gott.* In allen westlichen Religionen lief von den niederen Göttern zum höchsten eine einzige superiore, eine gleichsam immer theistischer werdende Linie, in China dagegen sind Götter nur in der Natur, und die sie überwölbende, ihre superiore Welt ist nichttheistisch.«[38]

Parallel zum Konfuzianismus entwickelte sich die komplexere Religionsform des Daoismus (Tao). Der Daoismus ist untrennbar mit dem »Daodejing« verbunden, dem Buch vom Weg und der Wirkkraft. Einer Legende zufolge wurde es dem Grenzwächter von Laozi hinterlassen, bevor sein angeblicher Verfasser im hohen Alter über den Xiangu-Paß für immer in Richtung Westen verschwand. Das rund 5 000 Schriftzeichen umfassende Büchlein stammt sicher nicht aus der Hand des greisen Reisenden.

Seine heutige Form erhielt das Werk im 3. Jahrhundert v. Chr. Die in ihm versammelten vagen Sentenzen ließen einen großen Spielraum für Interpretationen zu. Das Wort *dao* bedeutete ursprünglich Weg. Und das Buch beschreibt im übertragenen Sinne den Weg, auf dem ein Mensch gehen soll, um sein Leben zu gestalten. In diesem Sinne wurde dao von den Schülern des Konfuzius bereits frühzeitig verwandt.

Im »Daodejing« erhält dao noch eine weitergehendere Bedeutung. Im Kapitel 25 heißt es: »Es gibt ein eigenschaftsloses und vollkommenes Wesen, das vor der Erde und dem Himmel entstanden ist: Wir dürfen es als die Mutter dieser Welt betrachten, doch ich kenne seinen Namen nicht. So nenne ich es ›dao‹. Und wenn ich ihm unbedingt einen Namen geben soll, dann das [unendlich] Große.«[39] Dao wird damit formlos, grenzenlos, zu einem Prozeß der ständigen Wandlung.

Ein zweites grundlegendes Buch des Daoismus, das »Zhuangzi«, ist nach seinem Verfasser benannt. Beide, Laozi und Zhuangzi, lehnen menschliche Begierden und ein Streben nach Wissen ab. Nur so findet, ihrer Lehre nach, der Mensch zu seiner wahren Natur. Nur ein dem Urzustand nahes Dasein gibt ihm seine Unverdorbenheit zurück. Ideal des philosophischen Daoismus ist das Konzept des »Nichthandelns«, also nichts Überflüssiges zu tun. So lehrt Zhuangzi:

Zerreiß die Irrungen des Willens! Löse die Verstrickungen des Herzens! Wirf ab die Last deiner Tugenden! Zerschlag die Sperren vor dem Dau (dao)! Reichtum, Ehre, Glanz, Würde, Ruhm und Gewinn – diese sechs verwirren den Willen. Gestalt, Geschäftigkeit, Schönheit, Verstand, Kraft und Phantasie – diese sechs verstricken das Herz. Haß, Begierde, Freude, Zorn, Trauer und Lust – diese sechs lasten auf des Menschen Tugend. Hinwendung, Anwendung, Nehmen, Geben, Wissen und Können – diese sechs sind die Sperren vor dem Dau. Wem aber diese vier mal sechs nicht zerwühlen die Brust, der hat das rechte Maß gefunden; wer das rechte Maß gefunden hat, besitzt Stille; wer Stille besitzt, besitzt Klarheit; wer Klarheit besitzt, dessen Herz ist so leer, daß es allem gegenüber offensteht; wer diese Art Leere besitzt, der tut nichts, und nichts bleibt ungetan.[40]

Sowohl der Konfuzianismus als auch der Taoismus zeichnen sich durch ihren grundsätzlichen Geist der Versöhnung aus: »In beiden Lagern sah man das Ideal in einer allumfassenden Weisheitslehre, ... das gemeinsame Ideal einer umfassenden Kenntnis – oder richtiger: einer Beherrschung – des eigenen Ichs. Diese Selbst-Beherrschung und die daraus resultierende Erkenntnis des eigenen Ichs und der Welt (denn der Kosmos bildet ein einheitliches Ganzes) werden durch eine Befreiung von Begierden und Wünschen erzielt. Als Folge stellt sich ein erhöhtes Kraftgefühl ein. Sowohl der konfuzianische Weise als auch der taotische Heilige vermeint, sobald er sich seiner selbst Herr fühlt, eine Herrschaft gewonnen zu haben, die sich auf den gesamten Kosmos erstreckt, außerhalb derer es nichts Erstrebenswertes gibt. ... Der Kosmos ist ein einheitliches Ganzes. Die Chinesen neigen in keiner Weise zu einem Glauben an geistige Wesen. Nur mit Mühe lassen sich im Volksglauben noch die Spuren eines unsystematischen Animismus ausmachen. Man glaubt da an Gespenster, an Totengeister, an rächende Dämonen und an alle möglichen Kobolde, die einem zwar bisweilen Schreck einjagen können, deren man sich aber durch einige Beschwörungsformeln entledigen kann, worauf man sie nur noch zum Gegenstand lustiger Geschichten macht. Alle Philosophen bekennen sich zu einem vollkommenen, jedoch eher heiteren als aggressiven Unglauben. Die Einfachheit der Anekdoten, die sie erzählen, zeigt, daß deren Motive in einem bäuerlichen Milieu gewachsen sind. Die Gottheiten, deren Anhängerschaft beschränkt ist und die nur örtliche und vorübergehende Bedeutung haben, etwa nach dem Satz ›Ist das Fest vorbei, so ist es auch mit der Gottheit vorbei‹ beherrschen keineswegs die philosophische Spekulation. Es gibt keinen organisierten Klerus; den Gottheiten fehlt jeder Rückhalt, denn sie sind in keiner Welt *transzendent*.«[41]

Marcel Granet kommt abschließend in seinem Buch »Das chinesische Denken« zu einer Wertung der Staatsethik, die auf einer spezifischen Ordnung von gegenseitigen Abhängigkeiten und Zusammengehörigkeiten beruht. »Gleichgültig ob man als Symbol dieser Ordnung das Tao wählt und im ›Tao‹ die Grundlage jeder Unabhängigkeit und jeder Harmonie erblickt, oder ob man als ihr Symbol das ›li‹ auffaßt und im ›li‹ die Grundlagen jeder hierarchischen Ordnung und gerechten Verteilung erblickt, der Gedanke der Ordnung enthält doch stets – zwar in sehr verfeinerter und doch ihrem bäuerischen Ursprung nicht entfremdeter Weise – die Empfindung, daß Verstehen und Sich-Einigen gleichbedeutend ist mit der Befriedung des Inneren und der äußeren Welt. Die gesamte chinesische Weisheitslehre geht von dieser Empfindung aus. Ein mehr oder minder starker mystischer oder positiver Einschlag, eine mehr oder minder naturbezogene oder humanistische geistige Orientierung sind nicht das Entscheidende, denn in allen Schulen findet sich – stets durch konkrete und darum um so wirksamer bleibende Symbole ausgedrückt – der Gedanke, daß *das Prinzip eines kosmischen guten Einvernehmens identisch ist mit dem Prinzip einer universellen Verständlichkeit.* Alles Wissen und alle Macht entspringen dem ›li‹ oder dem ›Tao‹. Jeder Fürst muß ein Heiliger und ein Weiser sein. Jede echte Autorität beruht auf der Vernunft.«[42]

Diese Staatsethik war nicht nur Sache der Herrschenden, sie galt ebenso auch für das arbeitende Volk.

»Die aus der Urzeit herstammenden Satzungen von Sippenordnung und Ahnendienst hatten durch das konfuzianische System nun erst recht ihre staatlich geschützte Kraft erhalten, und sie waren in der Tat das Band, und zwar das einzige, das *alle* umschloß, vom Herrscher bis zum Geringsten im Volke. Auf den Gesetzen der Ehrfurcht baute sich von nun ab das ganze soziale Gefüge auf, ohne sie war das Gebilde des Weltstaates nicht denkbar. Eins freilich hat der Konfuzianismus, auch als Religion, dem Volke nicht zu geben vermocht: die Befriedigung seiner urmenschlichen metaphysischen Bedürfnisse. Die noch nicht im Verstandesmäßigen verstummte menschliche Seele fragt nach dem Jenseits, aber der Konfuzianismus verweigerte darauf unwirsch die Antwort, er schloß nicht bloß das Volk von seinem Kultus aus, sondern gab ihm und selbst denen, die daran teilnahmen, statt des Brotes lebendiger Gottesnähe, den Stein einer harten Gesellschafts-Ethik. Die natürliche Folge ist gewesen, daß das Volk seine religiösen Bedürfnisse außerhalb des Konfuzianismus befriedigt hat: Es behielt seine eigenen aus der Urzeit stammenden Götter und Geister und schuf sich neue dazu, sei es aus einer naiven Naturbetrachtung heraus, sei es durch Umbildung bewunderter menschlicher Persönlichkeiten zu überirdischen Wesen. Seine Phantasie umrankte dieses Pantheon mit einer bunten Fülle von Geschichten und Vorstellungen und bildete einen eigenen, ebenso bunten Kultus dazu. Sowohl das Magiertum der Tao-Lehrer wie später der eingewanderte Buddhismus haben sich dieser Volksreligion in weitem Maße für ihre Zwecke bedient und haben in ihr die Hauptquelle für ihre Erstarkung gefunden.«[43]

Es verwundert nicht, daß Voltaire, das Haupt der französischen Aufklärung, in der chinesischen Staatsethik das Vorbild einer natürlichen und vernünftigen Religion sah, war in dieser alten Sittenlehre doch die Vernunft an jenen Platz gesetzt, den in der christlichen Kirche Offenbarung, Mysterium und Wunder einnahmen.

Beim Vergleich der altägyptischen und der chinesischen Gesellschaftsformation sind zahlreiche Gemeinsamkeiten zu erkennen. Ich stimme Max Weber zu, wenn er für das Entstehen von Zentralgewalt und Beamtentum in China und Ägypten die Notwendigkeit der Regulierung der jeweiligen großen Ströme als entscheidende Voraussetzung aller rationalen Wirtschaft benennt.[44]

In keinem der beiden Reiche konnte sich auf Dauer eine unabhängige religiöse Macht der Autorität des Staates entziehen. Trotz aller Gemeinsamkeiten entwickelten sich jedoch in beiden Zivilisationen ganz unterschiedliche Glaubenssysteme.

Für die ägyptischen Bauern »schuf« der Herrscher die Ernte. Sein gottgleiches Wirken sicherte das Regelmaß der Überschwemmungen. Blieben sie für längere Zeit aus, wie es zum Beispiel während der Ersten Zwischenzeit der Fall war, so offenbarte sich darin die Unvollkommenheit des Reichsgottes und seines Sohnes, des Pharaos.

In China blieb der Kaiser ein Mensch. Seine Stellung beruhte auf seinem Charisma als Sohn des Himmels, in dem seine Ahnen weilten.

»Gerade dieser charismatische Charakter der Religiosität nun entsprach dem Selbsterhaltungsinteresse des Beamtentums. Denn alles Unheil, welches das Land betraf, desavouierte nicht die Beamtenschaft als solche, sondern allenfalls den einzelnen Beamten und den einzelnen Kaiser, dessen göttliche Legitimation dann verwirkt erschien. Es war also durch diese besondere Art von irrationaler Verankerung der irdischen Ordnungen das Optimum der Vereinigung von Legitimität der Beamtenmacht mit dem absoluten Minimum von selbständiger, mit dem Beamtentum konkurrierender Gewalt überweltlicher Mächte und ihrer irdischen Vertretung erzielt.«[45]

Im 3. Jahrhundert v. Chr. entstand in China ein Einheitsreich, dessen Bestand in den folgenden beiden Jahrtausenden nur kurzzeitig unterbrochen war. Sicher wechselten die Herrscher auf dem Thron häufig, aber für das Volk bedeutete das lediglich einen Wechsel der Steuerempfänger, nicht einen Wechsel der sozialen Ordnung.[46]

Verwandtschaftsbeziehungen waren in den frühen Ackerbaukulturen für das religiöse Selbstverständnis von ausschlaggebender Bedeutung. In den beiden großen Zivilisationen im alten Ägypten und in China hingegen entwickelten sich gerade diese ursprünglich alles beherrschenden Familienverhältnisse in ganz unterschiedliche Richtungen.

»In Ägypten, wo der *Toten*- aber nicht der *Ahnen*kult alles beherrschte, zerbrach ... der Zusammenhalt der Sippe unter dem Einfluß der Bürokratisierung und des Fiskalismus. In China erhielt und stärkte er sich und wuchs zu einer den politischen Herrengewalten ebenbürtige Macht empor.«[47]

Jene Periode des menschlichen Zusammenlebens, in der sich die soziale Kooperation innerhalb früher Ackerbaukulturen aus einer freiwilligen in eine erzwungene wandelte, verdeutlicht den Beginn von Herrschaft. Trotz aller räumlichen und zeitlichen Variationen ihrer Formen und Methoden bestimmt auch heute Herrschaft unser Miteinander.

Sozialbeziehungen sind es, die unser Leben ausmachen, denn menschliches Leben ist Wechselwirkung untereinander und mit der Natur, ist Beziehung und Kooperation. Nur hier können sich Freiheit und Gleichheit herausbilden.

4 PROPHETISCHE RELIGIONEN

Der Großraum des Vorderen Orients, von dem die drei großen prophetischen Religionen ihren Ausgang nahmen, besteht aus der syrischen Wüste und den sie im Westen, Norden und Osten umgebenden Gebirgszügen. Daran schließen die Hochländer Palästina, Syrien, Anatolien, Armenien und Iran an. Beide Gebiete verbindet der fruchtbare Streifen des Zweistromlandes.

So vielgestaltig das Land ist, so verschieden sind auch die Völker als Träger der geschichtlichen Entwicklung dieser Region. Auf dem Aluvialboden des Unterlaufs von Euphrat und Tigris entstanden vor mehr als 5 000 Jahren die ersten hydraulischen Agrikulturen, von denen Ausgrabungen Zeugnis ablegen. Träger der Kultur war das Volk der Sumerer.

Die Anstrengungen vieler Menschen, die mit der Entwässerung und der Bewässerung des Sumpflandes am Unterlauf der Flüsse verbunden waren, führten dort zur Bildung der ersten Stadtstaaten. Sie sind verbunden mit dem Namen Uruk. Hier wurde durch Ausgrabungen ein umfangreiches Quellenmaterial freigelegt. Die mehr als 5 000 Jahre alte Tempelstadt Uruk, das biblische Erech, bestand in der frühesten Periode vermutlich aus zwei Tempelbezirken, von denen einer der großen Muttergottheit *Inanna*, später *Ischtar*, gewidmet war.

Die Stadtstaaten der Sumerer waren hierarchisch geführte Tempelstädte. An ihrer Spitze stand ein Priesterkönig (*Lugal*): Oberpriester, Richter und Feldherr in einer Person. Wie in Ägypten bildete die Stadt das beherrschende Zentrum für ein dem Stadtgott zugehöriges Gebiet. Alles Land galt als Eigentum dieses Gottes, und der Lugal, der Große Mensch, dem der Tempel als Herrschersitz diente, wurde als sein Vertreter angesehen. Um den Tempel herum wohnten die in der Verwaltung des Gebietes tätigen Beamten, Priester, Schreiber, Handwerker und Krieger.

In Uruk und den benachbarten Stadtstaaten wurde Inanna verehrt. Sie trat an die Stelle der aus vorgeschichtlichen Dorfkulturen vertrauten Muttergottheit. Inanna verband sich mit dem Gottmenschen *Dumuzi*, dem biblischen *Tamuz*, dessen Tod alles Tier- und Pflanzenleben stocken ließ.

Wenn die Große Mutter Inanna ihn aus dem Totenreich zurückholte, erwachte die Natur zu neuem Leben. Dieser Kreislauf von Tod und Leben in der Gestalt des Tamuz bildete die Grundlage des sumerischen Weltbildes.

Im Laufe des dritten Jahrtausends v. Chr. verlagerte sich die Entwicklung vom äußersten Süden am Persischen Golf, von Uruk, Eridu und Ur, in nördliche Richtung. In der Nähe von Babylon, der Hauptstadt der klassischen Zeit, lag Kisch, die Stadt des Königs Muslim.

Zu den zahlreichen Bauten, die zu dieser Zeit entstanden, zählt auch die erste Befestigungsanlage Uruks. Der doppelte Mauerring mit zahlreichen Türmen und Toren hatte eine Länge von mehr als neun Kilometern. Nach dem berühmtesten Werk der babylonischen Literatur, dem »Gilgamesch-Epos«, ließ *Gilgamesch*, der sagenhafte König von Uruk, diese Mauer errichten.

Immer wieder fanden in den folgenden Jahrtausenden zwischen den Bewohnern der zahlreichen Gebiete, deren Hauptstädte sich von Mari im Nordwesten über Assur und Nippur bis nach Eridu im Süden über das Land verteilten, Kriege um die Vorherrschaft statt, verbunden mit Auseinandersetzungen zwischen Königtum und Priestern. Mit solchen Kämpfen um die Oberhoheit im Lande sahen sich auch semitische Einwanderer, die Akkader, konfrontiert, die im Laufe der vorangegangenen Jahrhunderte, aus der syrisch-arabischen Wüste kommend, in der Gegend von Kisch in das Zweistromland eingedrungen waren. Sie zogen in nördlicher Richtung bis in das spätere Assyrien und südwärts in das sumerische Kernland.

Um 2350 v. Chr. errangen sie die Vorherrschaft in einem Gebiet, das neben einem großen Teil Mesopotamiens auch Teile Südwestirans bis hin nach Syrien und Kleinasien umfaßte. Dadurch wurde eine zentrale Regulierung der Fluß- und Bewässerungssysteme im Zweistromland möglich.

Der Aufbau des akkadischen Staates unterschied sich deutlich von dem der Sumerer. An der Spitze dieses akkadischen Weltreiches stand der König. Er galt nicht mehr als der Vertreter eines Gottes, sondern er verkörperte vielmehr einen zum Gott gewordenen Menschen. Sein Herrschaftsgebiet regierte er mit Hilfe der von ihm eingesetzten Beamten: »Aus einem theokratisch-föderativen Sumererstaat ist ein zentralisierter Beamtenstaat geworden, in dem der Wettstreit zwischen Tempel und Palast zunächst zu Gunsten des Königshauses ausgegangen ist.«[1]

Der Bestand eines Reiches, an dessen Spitze ein zum Gott gewordener Mensch steht, hängt entscheidend von der Persönlichkeit des Herrschers ab. Der Gründer des Reiches, Sargon I., war eine herausragende Führungspersönlichkeit, wie Chroniken und Königsschriften über sein Leben und seine Taten zu berichten wissen. Zur Begründung seiner göttlichen Abkunft erzählt die Chronik, daß seine Mutter, eine zur Kinderlosigkeit verpflichtete Priesterin und Gottesbraut, den Neugeborenen in einem Rohrkasten auf dem Euphrat aussetzte. Ein Gärtner fand ihn und nahm sich seiner an. »So wurde er selbst zum Gärtner und wuchs auf, bis die Göttin Ischtar von der Liebe zu ihm ergriffen wurde, ähnlich wie bei den Heroen der Vorzeit bei Tamuz und Gilgamesch. Nur mit ihrer Gunst errang er die Herrschaft über die ›Schwarzköpfigen‹, die Akkader.«[2]

Nachdem er die Macht errungen hatte, wählte er die Stadt Akkad zur Residenz, die in der Nähe der Sonnenstadt Sippar lag, wo seine Schutzgöttin, die himmlische Ischtar, der Venusstern, besondere Verehrung genoß.

Im Laufe der Zeit wuchsen die Religionen der Akkader und der Sumerer zusammen. Zwischen der semitischen Ischtar, die ursprünglich eine Sternengottheit war, und Inanna, der uralten Muttergottheit, schwand das Trennende. Auch der Sonnengott von Sippar, der eigentliche Reichsgott Akkads, verschmolz mit dem sterbenden und wiederentstehenden Vegetationsgott.

Um 2200 v. Chr. brach das akkadische Weltreich zusammen. Dieser Kollaps des Reiches stand in Verbindung mit einem anhaltenden Klimakollaps. Die Klimaschwankungen während des Holozäns beschränkten sich nicht allein auf den Wechsel zwischen relativ warm-feuchten und kalt-trockenen Zeiten. Wiederholt gab es in ausgedehnten Regionen auch warm-trockene und kalt-feuchte Phasen. Sedimentanalysen aus dem Golf von Oman belegen, daß zirka 2300 bis 2000 v. Chr. heiße nordwestliche Sommerwinde zwei- bis sechsmal mehr Staub über das Euphrat-Tigris-Becken in den Golf transportierten als in den Jahren zuvor und danach.[3] Eine gewaltige Staubglocke über Akkad in Zentralmesopotamien entzog den dort lebenden Menschen die Nahrungsgrundlage.

Dieser Klimawandel fiel übrigens nicht nur mit dem Zusammenbruch des akkadischen Weltreiches zusammen, sondern auch mit dem des Alten Reiches in Ägypten. Er reduzierte bzw. vernichtete die Weideflächen der Stämme, die an den Rändern des akkadischen Reiches lebten. Quellen berichten, daß ein halbwilder Stamm, die *Guti*, aus dem Zagrosgebirge kommend, große Teile des zerfallenden Reiches eroberten.

Nach dem Ende der Guti-Herrschaft, zum Ausgang der Trokkenzeit, berichten Chroniken von den Bemühungen, in den sumerischen Stadtstaaten die mit der anhaltenden Trockenheit verbundenen Probleme zu lösen.

Nicht als kriegerische Helden stellen sich die sumerischen Herrscher der Spätzeit dar. Ihr höchstes Ziel ist es, den Göttern Tempel zu errichten, damit sie ihnen helfen, die Dürre zu überwinden.

Der bemerkenswerteste Tempelbauer dieser Zeit ist Gudea, Herrscher von Lagasch im südlichen Zweistromland. Das Ausbleiben der Frühjahrsüberschwemmungen gibt ihm Veranlassung, einen neuen Tempel zu bauen.

›In meiner Stadt, was sich gehört, erscheint nicht, das Flutwasser steigt nicht. Die hohen Wasser leuchten nicht, zeigen nicht ihren Glanz. Gutes Wasser bringt, wie der Tigris, das Flutwasser Ellils nicht. Den Tempel soll der König verkünden, das E-ninnû, seine Bestimmungen sollen angesehen sein im Himmel und auf Erden.‹ So sprechen Ningirsu, der Gott von Lagasch, und sein Vater Ellil, der König aller Götter, der die Geschichte bestimmt.[4]

Ningirsu verspricht, dem Gudea ein Vorzeichen zu geben. Vor seinem Tempel wird der Himmel wanken. Die Länder werden von seinem Glanze bedeckt werden. Ningirsu gibt Gudea in allen Einzelheiten Auftrag, wie die verschiedenen Räume des Tempels auszuführen sind, und fährt dann fort:

An dem Tage, wo der rechtmäßige Hirte Gudea seine Hand an das E-ninnû, den Tempel meines Königtums, legt, wird am Himmel ein Wind das Wasser verkünden: dann soll aus dem Himmel Überfluß dir kommen, das Land soll von Überfluß dir schwellen. Wenn die Grundlagen meines Tempels gelegt werden, dann soll der Überfluß kommen. Die großen Felder sollen dir Frucht hervorbringen, die Wasser der Gräben und Kanäle sollen steigen. Aus Bodenspalten soll Wasser quellen. In Sumer soll das Öl im Überfluß ausgegossen werden, die Wolle im Überfluß abgewogen werden ... Am Tage, wo an meinem Tempel der Ensi eine fromme Hand legt, werde ich auf das Gebirge, an dem Ort, wo der Sturm wohnt, meinen Fuß setzen; von der Wohnung des Sturmes, dem Gebirge,

dem reinen Ort, werde ich dir einen Wind senden, damit er
gebe den Hauch des Lebens dem Lande.[5]

Wie in Lagasch wurden während der sumerischen Restauration
auch in den anderen Städten Monumentalbauten errichtet. Zik-
kurats, Hochtempel, überragten die vielräumigen Gotteshäuser.
Alle die gewaltigen Häuser der Götter sind Ausdruck einer Wiedererweckung des Gotteskönigtums.

Die anhaltende Trockenheit zum Ende des dritten Jahrtausends hatte auch nomadisierende westsemitische Stämme dazu
gezwungen, ihren Lebensraum in der syrischen Wüste aufzugeben. Sie drangen in das Gebiet von Mari am Mittellauf des
Euphrat vor und eroberten nacheinander zahlreiche Städte. In
wechselnden Koalitionen führten sie Kriege, um ihrerseits die
Oberherrschaft zu erlangen. Am Ende ging aus den Kämpfen
während der ersten drei Jahrhunderte des zweiten Jahrtausends
der Westsemite Hammurabi als Sieger hervor. Sein Ziel war ein
geeintes Reich von Sumer und Akkad.

Wie in der Gesetzesstele des Hammurabi dargestellt, sah er
sich als Beauftragter des Sonnengottes, aus dessen Hand er das
Hirtenamt übernahm. Darin symbolisiert sich eine Synthese des
akkadischen Weltherrschertums mit dem von den Göttern verliehenen Hirtenamt der sumerischen Könige. Hammurabis Gott ist
Marduk, der Stadtgott von Babylon. Der König sieht sich als dessen Beauftragter, als einen von den Göttern gesandten Heils- und
Friedensbringer. Im Nachwort des Gesetzeskodex heißt es:

Die großen Götter haben mich berufen.
So bin ich der Hirte, der Heil erhält, dessen Stab gerade ist.
Mein schöner Schatten ruht über meine Stadt gebreitet,
In meinen Schoß habe ich die Menschen des Landes Sumer
und Akkad genommen.
Durch meine Lebenskraft erhielten sie Fülle.
In Frieden sorge ich für sie.[6]

Neben dem »Gilgamesch-Epos« fand in der Hammurabi-Zeit auch
der sumerische Weltschöpfungsmythos seine klassische Form in
akkadischer Sprache. Er enthält die staatlicherseits mit Geset-
zeskraft ausgestattete Kosmogonie des Reiches. »Der Text berichtet, wie Marduk von den Göttern gewählt wird, um gegen die
Chaosmacht der *Tiamat* und gegen *Kingu,* den Usurpator der

Götterschaft, in den Kampf zu ziehen. Ihm gelingt es, das Wasserungeheuer Tiamat zu spalten. Aus den beiden Teilen seines riesigen Körpers bildet er die Himmelshalbkugel und die Erde. Das Blut des ebenfalls von ihm getöteten Kingu vermischt er mit Erde und formt daraus die Menschen, die zum Dienst der Götter bestimmt werden. Nach Abschluß seines Werkes feiern ihn die anderen Götter und verleihen ihm 50 göttliche Namen. In der Identifikation Marduks mit deren ehemaligen Trägern kommt eine Gleichsetzungstheologie zum Ausdruck, die, neben der Erhöhung Marduks zum obersten Gott des babylonischen Pantheons, die Reduktion der gewaltigen sumerischen Götterzahl zum Ziel hat. Diese Gleichsetzungstheologie findet ihre konsequenteste Anwendung in einer Götterliste aus dem Ende der Hammurabi-Zeit, in der alle Götter als Hypostasen des jeweils verehrten angesprochen werden.«[7] Mit Hammurabi etablierte sich ein zentralistischer Beamtenstaat, in dem Tempel und Palast die Pfeiler der Macht blieben. Die Mehrheit des Volkes auf dem Land und in den Städten hatte allerdings am Staatskult wenig Anteil. Ähnlich wie in Ägypten und China behielten niedere Gottheiten, Schutzheiligen vergleichbar, ihre überragende Bedeutung für das tägliche Leben der Menschen.

Die Hammurabi-Dynastie endete in der Mitte des zweiten Jahrtausends. Dann schalteten sich schon in der ersten Hälfte dieses Jahrtausends eingewanderte indogermanische Völker in die Kämpfe um eine erneute Vorherrschaft ein. In der Mitte des 13. Jahrhunderts v. Chr. wurde die Kulturwelt vom Nil bis zum Euphrat von drei bedeutenden Königen beherrscht: dem Ägypter Ramses II., dem Hethiter Chattusili III. und dem Assyrer Tukulti-Ninurta I.

Dann, noch vor dem Ende des Jahrhunderts, fegte ein erneuter Völkersturm über die Länder hinweg. »Die beiden großen Völkerfamilien der Indogermanen und der Semiten, die Vorder asien schon einmal, in der ersten Hälfte des zweiten Jahrtausends, umgeformt hatten, sandten nunmehr erneute Schübe von Volksstämmen aus ihrer fruchtbaren Mitte, die zunächst die Zentralgewalten der Hethiter, Ägypter und Assyrer vernichteten oder zumindest auf ihr Kerngebiet reduzierten.«[8]

Auch diese Völkerwanderung stand mit einem Klimawandel in Beziehung. Sedimentanalysen vom nördlichen Ende des Roten Meeres belegen eine ausgeprägte Trockenperiode um das Jahr 1100.[9]

Im 12. Jahrhundert v. Chr. setzte wiederum eine große Völkerbewegung ein. In dieser Periode drangen Steppennomaden, als *Aramäer* bezeichnet, aus der syrisch-arabischen Wüste in die Siedlungsgebiete vor. Diese Gebiete erstreckten sich von Syrien über Mesopotamien und Babylonien bis zum Persischen Golf. Zur gleichen Zeit fielen die Stämme der *Hebräer*, den Aramäern verwandt, in Syrien ein. Von der See her kamen die *Philister* und besetzten den südlichen Küstenstreifen Palästinas.

Der fruchtbare Landstreifen östlich des Mittelmeers ist uraltes bäuerliches Siedlungsgebiet. Im 13. Jahrhundert wurde er von den *Kanaanäern* bewirtschaftet, die mit den Semiten des Zweistromlandes verwandt waren.

In den Ebenen des mittleren und nördlichen Palästinas war neben Getreideanbau und Rinderzucht auch Obst-, Wein- und Olivenanbau heimisch. In den Oasen der angrenzenden Wüsten und auf dem Gebiet der Palmenstadt Jericho wurden auch Datteln geerntet. Regen und Quellbewässerung ermöglichten deren Anbau.

In Palästina hatten sich in den zurückliegenden Zeiten nie eigenständige Kulturen entwickeln können. Unter dem Einfluß konkurrierender Großmächte und ständig wirkender Interessenskonflikte zwischen den regionalen Herrschern bildeten sich Kleinstaaten, deren Gesetze und Glaubensvorstellungen von außen stark beeinflußt waren.

Im Laufe des 12. Jahrhunderts drangen semitische Kleintiernomaden mit ihren Schafen und Ziegen von Osten nach Palästina ein. Charakteristisch für Kleintierzüchter ist der Weidewechsel. Je nach Weideverhältnissen wechseln Zeltnomadentum und Bodenständigkeit. Mit Ausnahme der wenigen Orte mit Quellbewässerung hängt die Existenz der Kleinviehhirten vom Regen ab. Ihre soziale Organisation ähnelt der von Beduinen: »die Großfamilie als Wirtschaftsgemeinschaft, die Sippe als Garantin der persönlichen Sicherheit durch Blutrachepflicht, der Stamm, ein Verband von Sippen als Träger der militärischen Sicherung.«[10]

In der späten Bronzezeit und zu Beginn der Eisenzeit war das südliche Bergland, der spätere Südstaat Juda, steinig und von dichtem Gestrüpp und Wald bedeckt. Freies Land für einen Akkerbau stand kaum zur Verfügung. Wie Ausgrabungen einiger kleiner Ortschaften aus dem Beginn der Siedlungszeit zeigen, lag ein Siedlungsplatz im allgemeinen auf einer Anhöhe im offenen Gelände. Die Anlage der Ortschaften erinnert an Beduinenlager in der Wüste. Ein Oval für den Aufenthalt der Schafe und Ziegen ist von einer Folge von Räumen umschlossen. Keines der Dörfer dürfte mehr als 100 Menschen beherbergt haben. Selbst auf dem Höhepunkt der Besiedelung um 1000 v. Chr. lebten im Bergland kaum mehr als 40 000 Menschen.

Der Nordteil des Berglandes, in das im Laufe der Landnahme die Mehrzahl der Stämme eindrang, bildete eine Art Mosaik fruchtbarer Täler zwischen bewachsenen Berghängen. In einigen Tälern fand sich genügend Ackerland, um die Bewohner mehrerer Dörfer zu ernähren. Vom Nordrand der Bergregion erstreckte sich die weite Jesereel-Ebene, ein landwirtschaftlich reiches Gebiet, durch das die wichtige Überlandstraße zwischen Ägypten und Mesopotamien verlief.

Zu Beginn der Landnahme waren die sagenhaften, prunkvollen Städte der Bronzezeit schon längst verfallen. Die Städte Kanaans hatten die Funktion von Verwaltungssitzen, in denen lokale Fürsten mit ihrem kleinen Gefolge wohnten. Bauern lebten in kleinen verstreuten Dörfern des Umlandes. Da die lokalen Potentaten umfangreiche Tributzahlungen an die Pharaonen zu leisten hatten, verfügten sie kaum über Mittel zur Errichtung größerer öffentlicher Bauten. Große kanaanäische Städte lagen in der Küstenebene und im Norden, weit entfernt von den bewaldeten Bergregionen.

Der Landnahmeprozeß erfolgte in Etappen und erstreckte sich über das ganze 12. Jahrhundert. Einzelne Hirtengruppen ließen sich im Bergland nieder und bildeten autarke Dorfgemeinschaften. Im nördlichen Bergland begannen sie damit, Oliven und Weintrauben auzubauen. Ein Teil des Ertrages diente als Handelsgut. Aus den kleinen ländlichen Gemeinschaften entwickelte sich in den folgenden Jahrhunderten ein Netz von Städten, regionalen Marktzentren und kleinen Dörfern. Diese Entwicklung führte im 8. Jahrhundert schließlich zur Bildung der Königreiche Juda und Israel.

In der ersten Phase der Landnahme wurden die sogenannten *Lea*-Stämme (*Ruben, Simon, Levi, Juda, Sebulon, Issachar*) in Palästina ansässig. Von einer Gemeinschaft der zwölf Stämme Israel, die einen Gott namens *Jahwe* verehrte, läßt sich erst nach Abschluß der Landnahme sprechen. Jahwe ist mit dem Berg Sinai verbunden. – »Wo dieser Berg Sinai, möglicherweise ein – jetzt erloschener – Vulkan, zu suchen ist, ist freilich wieder umstritten; gegenüber der traditionellen Ansetzung auf der später nach dem Berge benannten Sinai-Halbinsel – auf der es aber nie Vulkane gab – hat jene andere Lokalisierung an Boden gewonnen, die den Berg in Nordwestarabien, etwa 200 Kilometer südöstlich von el-'Aqaba sucht. Jahwe ist anscheinend schon längst bevor es eine Gemeinschaft ›Israel‹ gab als die Gottheit dieses Berges verehrt worden. ... War Jahwe eine Berg- bzw. eine Vulkangottheit, so war er an die betreffende Lokalität gebunden; um ihn zu verehren, mußte man sein Heiligtum aufsuchen. Vermutlich war das Heiligtum ›Berg Sinai‹ eine Wallfahrtsstätte für viele in der näheren, aber auch in der weiteren Umgebung zeltende Stämme. So mögen auch in historisch nicht mehr faßbarer Zeit Sippen oder Stämme aramäischer Abkunft, die später in den Verband ›Israel‹ integriert wurden, diesen heiligen Berg als ein vielleicht weithin berühmtes Heiligtum aufgesucht haben. Dort widerfuhr ihnen dann ein Erlebnis, das sie veranlaßte, den Gott Jahwe von Sinai fortan als ihre Gottheit zu verehren.

Die Richtigkeit dieser Sicht – die freilich hypothetisch bleibt – vorausgesetzt, stünden wir vor einem nicht allzu selten zu beobachtenden Vorgang: Eine Gottheit, die an eine bestimmte Lokalität (Berg, Baum, Hain, Quelle u. ä.) gebunden ist, findet dadurch neue Verehrer, daß Menschen, die diese Stätte bisher nicht gekannt oder noch nicht aufgesucht hatten, nunmehr das betreffende Heiligtum besuchen und fortan die kultische Verehrung der dort wohnenden Gottheit als für sich selbst bindend und verpflichtend anerkennen.«[11]

In der Zeit vor der Landnahme hatte jeder der nomadischen Stämme seine eigene Gottheit. Sie wurde als Wege- und Schutzgottheit, als Vater des Stammes verehrt. »Jene Israeliten, die am Sinai der Lokalgottheit Jahwe begegnet waren, haben wahrscheinlich diese neue Gottheit mit der bisher von ihnen verehrten Vätergottheit identifiziert, haben sie fortan als eine Vätergottheit angesehen und angebetet. Ebenso geschah es dann bei den anderen israelitischen Sippen und Stämmen, die sich nach und nach zu Jahwe bekannten, bis hin zu jenem Ereignis am Ende der Landnahmezeit, das hinter der Erzählung vom Landtag zu Sichem historisch zu vermuten ist. Von nun an ist Jahwe, Jahwe allein, der Gott Israels.«[12]

Wie im gesamten Vorderen Orient stand im Zentrum des Glaubens der Kanaanäer der Vegetationswandel, repräsentiert durch eine Fruchtbarkeitsgöttin als Mutter des Lebens und einen jungen Gott, »der als jeweils sterbender und dann wiedererstehender Gott den alljährlichen Wandel im Aufblühen und Dahinwelken der Vegetation repräsentiert und bewirkt.«[13] In Kanaan sind es *El*, der Götterkönig, und *Baal*, der Erhalter der Schöpfung, der die Fruchtbarkeit repräsentiert.

Das allmähliche Eindringen der Stämme in das Kulturland erforderte eine Bestimmung des Verhältnisses Jahwes zu den Göttern der kanaanäischen Religion. So mußte das bewegliche Heiligtum der Stämme, die Lade, auf heiligem Boden aufgestellt und verehrt werden.

»Im Kulturland aber gab es keine Jahwe gehörigen Heiligtümer, sondern nur solche kanaanäischer Art. Im Lande Kanaan, wo der bisherige nomadisierende Viehhirte bald dazu übergeht, den Boden zu bearbeiten, will er dann auch der Gottheit für die Gaben des Ackers Dank sagen. Weil es keine Ackerbaufeste für Jahwe gegeben hatte, mußte der Israelit die *kanaanäischen Feste* übernehmen. ... Israel benutze fortan die El, Baal und anderen Gottheiten gehörigen Heiligtümer, um an ihnen Jahwe zu verehren. Die einzelnen Begehungen und kultischen Bräuche blieben dabei weitgehend erhalten. Die Israeliten feierten nun auch die Feste kanaanäischer Herkunft. ... So ist es durchaus denkbar, daß Jahwe mancherorts so stark in den hergebrachten Formen verehrt wurde, daß man den Eindruck hat, es handle sich bei ›Jahwe‹ nur um eine neue Benennung des hier schon lange verehrten El oder Baal.

Gewiß ist der Prozeß der Kanaanisierung nicht gleichmäßig verlaufen. Das einfache Volk war der kanaanäischen Art gegenüber, die Gottheit zu verehren, stärker aufgeschlossen, wie ja überhaupt die Verwandtschaft der Religionen im Volksglauben relativ eng ist. Dort, wo man in intensiver Berührung mit den Kanaanäern lebte, war die Tendenz zu Kanaanisierung sicherlich stärker als anderswo. Dieser Kanaanisierungsprozeß hatte nicht nur den Charakter der Zwangsläufigkeit – er war in mancher Hinsicht sogar überaus fruchtbar. Die Vorstellung von El als dem *Himmelsgott*, der über der Erde thront, war der von Jahwe überlegen, der auf dem Berge Sinai residiert oder an die Lade gebunden ist. Daß die Vorstellung von Jahwes Wohnsitz sich hier nach der kanaanäischen El-Vorstellung hin wandelte, hat seine kaum zu überschätzende Bedeutung für die spätere Gestalt des jüdischen und christlichen Gottesglaubens.«[14]

Der allmähliche Übergang nomadisierender Kleintierzüchter zur Seßhaftigkeit und schließlich zur Stadtsiedlung spiegelt sich in den Legenden des Alten Testaments wider. Da ich im folgenden immer wieder auf das Alte Testament als Quelle Bezug nehme, sind einige Anmerkungen erforderlich.

Das Alte Testament enthält eine Sammlung heiliger Schriften des antiken Judentums. Es gliedert sich in drei Hauptteile, die Tora, die Propheten und die Schriften. In der Tora, den fünf Büchern *Mose*, wird die Geschichte des Volkes Israel seit der Erschaffung der Welt erzählt. Sie endet mit dem Abschied Moses vom Volk Israel. In den Vorderen Propheten wird von der Einnahme Kanaans bis zur Zerstörung des Jerusalemer Tempels 586 v. Chr. erzählt. Die Hinteren Propheten berichten aus der Zeit von der Mitte des 8. bis zum Ende des 5. Jahrhunderts. Der größte Teil der Schriften entstand in persischer und hellenistischer Zeit.

Sicherlich entstand das Alte Testament in Etappen. Es enthält Sagen, Personen und Bruchstücke von Erzählungen, die weit in die Vergangenheit zurückweisen. Obwohl auf ältere Quellen zurückgehend, dürfte die Tora im 7. Jahrhundert n. Chr. niedergeschrieben worden sein, in einer Zeit, als es das Nordreich Israel nicht mehr gab.

»Die Genialität der Schöpfer des nationalen Epos im 7. Jahrhundert lag in der Art, wie sie die älteren Geschichten zusammenfügten, ohne ihnen ihre Menschlichkeit oder ihren individuellen Charakter zu nehmen. Von Abraham, Isaak und Jakob werden lebendige geistige Porträts gezeichnet, und gleichzeitig bleiben sie die metaphorischen Vorfahren des Volkes Israel. Und Jakobs zwölf Söhne wurden als die jüngeren Mitglieder einer vollständigeren Genealogie in die Tradition hineingenommen. Mit ihrer Kunst ist es der Bibel gelungen, die Kinder Abrahams, Isaaks und Jakobs zu einer einzigen Familie zu verschmelzen. Die Macht der Legende hat sie vereinigt – und zwar weitaus machtvoller und zeitloser, als es die vergänglichen Abenteuer einiger historischer Individuen, die ihre Schafe im Bergland Kanaans hüteten, je geschafft hätten.«[15]

Der Prozeß der Landnahme wird teils als kriegerischer, teils als friedlicher Prozeß geschildert. Abraham wandert mit seinen Schafen zwischen verschiedenen Orten, weideberechtigt durch Kontrakte mit den Ansässigen. Erst gegen Ende seines Lebens erwirbt er in Hebron ein Erbbegräbnis (Gen. 23.16). *Jakob* wird als ein in Zelten wohnender Viehzüchter geschildert. Durch Landkauf wird er in Sichem seßhaft (Gen. 33.19).

Die Erzväterlegende beschreibt die Patriarchen als pazifistische Persönlichkeiten. Ihr Gott ist ein Gott der Friedfertigen (Gen. 13.14f.). Sie sind Hirten, »welche familienweise durch friedlichen Kontrakt sich von der ansässigen Bevölkerung Weidereviere sichern und nötigenfalls, wie *Abraham* und *Loth*, friedlich unter sich verteilen. Es fehlt ihnen jeglicher Zug von persönlichem Heldentum. Eine Mischung von vertrauensvoll gottergebener Demut und Gutmütigkeit mit einer von ihrem Gott unterstützten, geriebenen Verschlagenheit kennzeichnet sie. ... Ein ergötzliches Spiel der Übervorteilung herrscht jahrelang zwischen Jakob und seinem Schwiegervater, sowohl beim Feilschen um die begehrten Weiber wie bei dem vom Schwiegersohn durch Knechtdienst erworbenen Vieh. Heimlich geht schließlich der Stammvater Israels dem schwiegerväterlichen Dienstherren durch, unter Mitnahme von dessen Hausgötzen, damit dieser seinen Weg nicht verrate. ... Völlig unanstößig erscheint es der Sage, daß ihr ausdrücklich als frommer Hirt geschilderter Held seinem hungrig heimkommenden, im Gegensatz zu ihm als unbedachter Bauer und Jäger geschilderten Bruder die Erstgeburt um etwas Speise abfeilscht, ihn dann um den väterlichen Segen mit Hilfe der Mutter betrügt, vor dem Zusammentreffen mit ihm ein höchst jämmerliches Angstgebet an seinen Gott richtet (Gen. 32.10 f.), durch List und für einen Kriegshelden würdelose Erniedrigung sich der gefürchteten Rache entzieht. Spröde Tugend in Verbindung mit einer rührsamen Großmut gegen die Brüder, die ihn aus Neid töten wollen und in die Sklaverei verkaufen, weil er im Traum sich als ihr Herr gefühlt hat, ist die Eigenschaft ihres bevorzugten Helden Joseph. Seine fiskalischen Fähigkeiten in der Ausnutzung der Notlage der Untertanen des Pharao qualifizieren ihn zu dessen Wesir, was nicht hindert, daß er seine Familie veranlaßt, seinem Herrn halbwahre Auskünfte über ihren Beruf zu geben.«[16]

Der pazifistische Charakter der Halbnomaden ist eine Folge der Zersplitterung der Stämme mit zunehmender Seßhaftigkeit. Solange sie in starken Viehzüchterstämmen vereint waren, führten sie Kriege. Feind der bergsässigen Bauern und der halbnomadischen Hirten war das Patriziat der Städte in der fruchtbaren Ebene und an der Küste. Die freien Bauern und Hirten der Berge strebten nach Fron- und Abgabefreiheit gegenüber den städtischen Herrschern. Das *Debora*lied im Buch der Richter schildert den siegreichen Kampf einiger Stämme unter der Führung Deboras und *Baraks* gegen den kanaanäischen Städtebund unter dem Feldhauptmann *Sisera*. Das Deboralied preist Jahwe als einen Kriegsgott, der in einem Wettersturm heranzieht und die Kanaanäer vernichtet. Dem Kampf voraus ging Deboras Kriegsprophetie um Jahwes Eingreifen zu sichern. Sie verhieß Barak: »Auf, das ist der Tag, da dir der Herr Sisera hat in deine Hand gegeben; denn der Herr wird vor dir her ausziehen« (Richt. 4.14). In der Zeit der Befreiungskriege, deren erster der Debora-Krieg gewesen ist, blieb ekstatische Prophetie, die zur Massenekstase werden konnte, eine lebendige Macht.

Teils erobernd, teils friedlich nutzten die Hebräer die Schwächeperiode des assyrischen Reiches (1100 bis 900) um seßhaft zu werden, sich der Kultur Kanaans anzupassen und im 10. Jahrhundert ein israelitisch-jüdisches Reich zu errichten. Rund 100 Jahre wird dieser Lokalstaat, der die Nord- und Südstämme vereinigte, unter seinen Königen Saul, David und Salomon Bestand haben. Nach dem Tod Salomons brach das gemeinsame Reich auseinander. Der volkreiche Norden mit seinem weit größeren Wirtschaftspotential erstreckte sich unter der Herrschaft der *Omriden* (884 bis 842) von der Gegend um Damaskus über das westjordanische Bergland, die Täler Israels bis in das südliche Gebiet von Moab. Unter der Regentschaft der Könige Omri und Ahab entstand die Hauptstadt Samaria. Die Bibel beschuldigt die Könige der Omriden-Dynastie wiederholt einiger der schlimmsten Sünden. Die Verfasser der Bücher der Könige schilderten die Omriden als bösartige Machthaber, die für ihr sündhaftes Verhalten die Strafe Gottes erhielten. »Der wahre Charakter Israels unter den Omriden ist geprägt von außerordentlicher militärischer Macht, architektonischen Leistungen und (soweit das heute beurteilt werden kann) hochentwickelter Verwaltung. Omri und seine Nachfolger ernteten den Haß der Bibel, gerade *weil* sie so stark waren und *weil* es ihnen gelang, mit dem Nordreich eine bedeutende Regionalmacht zu schaffen, die das armselige, ländliche, von Hirten bevölkerte Königreich Juda am südlichen Rand völlig überschattete. Die Möglichkeit, daß die israelitischen Könige aufblühten, mit den Nationen verkehrten, ausländische Frauen heirateten und Heiligtümer und Paläste vom kanaanäischen Typus bauten, war sowohl unerträglich als auch undenkbar.«[17] Die Bedeutung Israels als Regionalmacht sank in dem Maße wie Assyrien wieder erstarkte.

Mit der Eroberung und Zerstörung Samarias (721 v. Chr.) war es mit der politischen Bedeutung der Nordstämme endgültig vorbei. Der Südstaat Juda blieb ein nach wie vor wenig bedeutungsvolles, provinzielles Fürstentum, das sich zu einem Vasallen der Großmacht entwickelte. Flüchtlingsströme aus dem Nordreich ließen die Bevölkerung Judas zum Ende des 8. Jahrhunderts von einigen zehntausend auf zirka 120 000 anwachsen.

Unter Davids Herrschaft wurde das kanaanäische Jerusalem erobert. Mit der Überführung der heiligen Lade, die eine geraume Zeit halbvergessen im Silo gestanden hatte, machte David die Verehrung des bildlosen Bundesgottes zur Kultform der neuen Königsresidenz Jerusalem. Damit wurde der Süden zum Glaubenszentrum.

Entgegen der alten Tradition der Verehrung Jahwes auf einem einfachen Erdaltar ohne behauene Steine ließ Salomon innerhalb seiner gewaltigen Palastanlage den Tempel Jahwes errichten. Er ist als königliches Privatheiligtum anzusehen.[18]

Die Lade wird zum Symbol der besonders engen Verbindung Jahwes zu den davidistischen Königen. »Neben die Vorstellung, daß Jahwes Wohnung der Berg Sinai sei, daß Jahwe im Himmel throne, daß Jahwe Besitzer des palästinischen Kulturlandes sei, tritt nun die weitere, sehr folgenreiche, daß der Zion, Inbegriff des Jerusalemer Heiligtums, Gottesberg und Gotteswohnung sei. Auch hier sind kanaanäische Vorstellungen auf den Zion übertragen worden. Die Anschauung vom Zion als der Wohnung Jahwes läßt es sich angelegen sein, die Geborgenheit bei Jahwe besonders stark zu betonen.«[19]

Diese Entwicklung konnte nicht ohne Widerspruch bleiben. dessen Träger, die Propheten, zählen zu den bemerkenswertesten Persönlichkeiten Israels, ja der Religionsgeschichte überhaupt.[20]

An die Stelle des lockeren Bundes, den Jahwe einst mit den zwölf Stämmen geschlossen hatte, setzte Salomon einen zentral geleiteten Staat. Er richtete zwölf Verwaltungsbezirke ein, von denen jeder für einen Monat des Jahres die Kosten des Königshofes und des Staatsapparates tragen mußte. Aus freien Bauern und Hirten wurden steuer- und fronpflichtige Staatsangehörige. Das bäuerliche Bundesheer wurde durch ein ständiges königliches Heer mit starken Kampfwageneinheiten ersetzt.

Aber den israelitischen Massen hingegen blieb sehr wohl im Bewußtsein, daß der alte Bund und sein Heer anders ausgesehen hatten.

»Gegen die Institution des Königtums ist offenbar von Anfang an mannigfacher Widerspruch laut geworden, und dieselben Männer, die, von Jahwe beauftragt, einen von der Gottheit Designierten zum König ausrufen lassen, finden wir manchmal bald danach als unerbittliche Gegner dieser von ihnen selbst eingesetzten Männer. Denn die Macht des Königs droht letzten Endes Jahwes Ehre zu verdunkeln, der es sich selbst vorbehalten hat, sein Volk vor äußeren Feinden zu schützen. Ebenso kann man das sich immer stärker ausprägende soziale Gefälle von Land zur Stadt hin, aber auch innerhalb des städtischen Gemeinwesens, nicht als dem Willen Jahwes entsprechend ansehen. Und nicht zuletzt haben wir an den oft auffälligen, oft auch sehr verborgenen, schleichenden *Prozeß der Baalisierung* des Jahwe-Glaubens zu denken, von dem im Alten Testament an vielen Stellen – wenn auch manchmal nur verschlüsselt – die Rede ist. Dadurch wußte man den Ausschließlichkeitsanspruch Jahwes gefährdet: Jahwe und Baal hatten nichts miteinander gemein.«[21]

Prophetie als ekstatische Magie, Zauberheilkunde und Schamanismus wurde bereits in den Wildbeutergemeinschaften betrieben. Sie dienten sowohl der Vermeidung böser Folgen von Tabuverletzungen wie Krankheit und Not als auch dazu, positive Wirkungen wie Jagdglück und günstiges Wetter auszulösen. Erinnert sei auch an die Orakelprophetie durch Deutung von Zeichen, Objekten oder Naturerscheinungen. Auch diese Art der Prophetie wurde an den Königsresidenzen und in den Tempeln des Vorderen Orients praktiziert. Prophetie, die göttliche Weisungen gegen Entgelt übermittelt, unterscheidet sich deutlich von der freien Prophetie charismatischer Seher, wie sie das Alte Testament schildert.

Propheten waren öffentlich sprechende politische Demagogen. »Sie hätten weder ohne die Weltpolitik der die Heimat bedrohenden Großmächte – von der die Mehrzahl ihrer eindrucksvollsten Orakel handeln – noch auch andererseits auf dem eigenen Boden dieser Großmächte selbst entstehen können. Und dies hatte eben seinen Grund darin, daß auf deren Boden eine ›Demagogie‹ unmöglich war. ... Es liegen Anzeichen vor, und es entspricht den Verhältnissen der bürokratischen Staaten, daß die öffentliche Prophetie dort ausdrücklich verboten war.«[22]

Durch die Verkündung von Jahwes Willen schufen die Propheten Neues, indem sie das Alte, häufig Vergessene wieder aufnahmen und weiterführten.[23]

So kämpfte Elia für die Reinerhaltung des Jahwe-Glaubens, wenn er König Ahasja, dem Herrscher des Nordreiches, den Tod verkündete, nachdem dieser nach einer Verletzung Hilfe von Baal erbeten hatte (2. Kön. 1.1 ff.).

Das Königtum ging mit einer unvermeidlichen sozialen Differenzierung einher. Soziale Mißstände und Ungerechtigkeiten waren ebenfalls Ziele der Kritik. Elias verkündete Ahab, dem Vater Ahasjas, den Untergang seines Hauses, nachdem dieser sich durch eine Bluttat einen Weinberg angeeignet hatte (1. Kön. 21.1 ff.).

»Diese Kritik aber legt in der Tradition ein für allemal *einen* Maßstab zugrunde: das ›gute alte Recht‹ des altisraelitischen Bundes, so, wie die Träger der Kritik es verstanden. Die Umwandlung des Staates in einen Liturgiestaat, in ein ›ägyptisches Diensthaus‹ im Zusammenhang mit dem Wagenkampf und der Weltpolitik ist ihnen die Quelle alles Übels. Der ganze bürokratische Apparat ist ägyptischer Greuel, Volkszählungen ziehen, selbst wenn Jahwe selbst dazu – zur Strafe für Sünden – die Anregung gegeben hat, eine Pest nach sich. Das entsprach der volkstümlichen Auffassung. Die israelitischen Bauern wußten, daß sie einst für Fronfreiheit gegen die Ritter gekämpft hatten. Jetzt spürten sie die politische und ökonomische Übermacht des Königs und der Patrizier und ihre eigene zunehmende Schuldverknechtung. Die vom König unabhängigen Seher und Propheten ... verklären daher die Zeit, wo Jahwe selbst als Herzog dem Bauernheer voranzog und der auf dem Esel reitende Fürst sich nicht auf Rosse und Wagen und auf Bündnisse verließ, sondern ausschließlich auf den Bundeskriegsgott und seine Hilfe.«[24]

Am beeindruckendsten wirkten die Verkündigungen dort, wo sie den Verlauf der Weltgeschichte vorhersagen. So prophezeiten Amos und Hosea ein Strafgericht Jahwes. Wenige Jahre später eroberten die Assyrer Samara, und Israel wurde ausgetilgt. Dem verbliebenen Vasallenstaat Juda verkündete Jeremia den Untergang.

Unter Nebukadnezar eroberten die Heere des Neubabylonischen Reiches 586 v. Chr. Jerusalem, Stadt und Tempel wurden zerstört und die Bevölkerung nach Babylonien verbannt. Fortan war Juda nichts anderes mehr als eine babylonische Provinz.

Der Untergang Israels und Judas wird in der Unheilsprophetie als Strafe Jahwes für die vielfachen Sünden seines Volkes betrachtet. Die Großkönige und ihre Heere werden zu Werkzeugen Jahwes, mit denen der sein Volk straft. »Wir sehen, wie hier ein weiterer wichtiger Schritt auf den *absoluten Monotheismus* hin vollzogen wird: Jahwe ist nach prophetischem Glauben nicht nur der Gott, der die Geschichte seines eigenen Volkes lenkt ... er ist der Herr der *gesamten Geschichte* und benutzt sie, um seine bestimmte Absicht mit Israel durch- und zum Ziele zu führen. Damit gelten die Gottheiten der anderen Völker grundsätzlich als entmächtigt. ...

Das Entscheidende an der Botschaft der alttestamentlichen Propheten ist doch wohl dies, daß sie *Jahwes allgewaltiges Kommen* verkündigen: Jahwe hat sich aufgemacht, sein Volk ›heimzusuchen‹. Jahwe wird dabei erkannt als ein Gott, dessen furchtbarer Zorn über die Sünde und Verstocktheit seines Volkes entbrannt ist, denn dieses widergöttliche Tun und Treiben kann er als ein Gott nicht dulden, der Recht und Gerechtigkeit liebt und der eifersüchtig über die Ehre seines Namens wacht. So ist denn das Gericht unausweichlich, das bei der Größe der angehäuften Schuld nur ein *tödliches* sein kann. Zugleich aber wissen die Propheten doch um die Unverbrüchlichkeit der einst geschehenen Erwählung, und sie sehen darin die Liebe ihres Gottes zu seinem Eigentumsvolk wirksam. Von hier aus ist ein totales Vernichtungsgericht doch wieder eine Unmöglichkeit

Aus diesem *Widerstreit zwischen Zorn und Gnade* Jahwes, zwischen verdientem Gericht und verheißenem Heil gilt es nun einen Ausweg zu finden. Dabei gehen die Propheten sehr verschiedene Wege. Sie sind aber fast alle davon durchdrungen, daß Jahwes Kommen zum Gericht doch zugleich und zutiefst eine gnädige Heimsuchung ist. In das kommende Unheil Israels ist also in seltsamer Weise sein Heil hineinverschlungen. Jahwe macht zwar ein Ende mit dem Israel, wie es bisher war; aber es handelt sich dabei keineswegs um ein totales Ende dieses Volkes, sondern Jahwe hat Israel an einen ›Nullpunkt‹ herangeführt, wo er das große Neue, sein Heil setzt.

Der zum Unheil seines Volkes die Völker in Bewegung setzende Jahwe als Heilbringer – um diese dialektische, mit der Logik kaum zu fassende Botschaft kreist recht eigentlich die prophetische Verkündigung. Wenn Jahwe nun kommt, ist ›letzte Zeit‹. Wenn die Propheten so eine *eschatologische* Verkündigung betreiben, entleihen sie gern die Farben, mit denen sie die kommende letzte Zeit als Heilszeit schildern, uralten mythischen Vorstellungen aus Umweltreligionen. Gerade bei den im Südreich wirkenden Propheten spielt außerdem die Hoffnung auf einen

Heilskönig aus dem *Davidhause*, der in der ›letzten Zeit‹ regieren wird, eine bestimmte Rolle.«[25]

Diese Zukunftserwartung des Volkes schließt ein Verschwinden des Königtums mit all seinem Prunk und seinem Unterdrückungsapparat ein. Ein Heilsfürst nach Art der alten Stammesführer wird, auf einem Esel reitend, in Jerusalem einziehen. Von Zion wird das Gesetz ausgehen und des Herren Wort von Jerusalem. »Und er wird richten zwischen vielen Völkern, schiedsrichten bis in die Ferne, daß sie schmieden ihre Schwerter zu Pflugscharen und ihre Spieße zu Sicheln. Denn es wird kein Volk wider das andere das Schwert aufheben und werden fortan nicht mehr Krieg führen« (Jes. 2.4).

Mit der Zerstörung Jerusalems verschwand nach Israel auch Juda als staatliche Einheit. Jahwe hatte keinen politischen Träger mehr. »Jahwe ging aber nicht unter mit der politischen Gemeinde, an die er von Ursprung an gebunden gewesen war, wie das bei Assur und später auch bei Marduk der Fall sein mußte. Das Exil des jüdischen Volkes war kein Beweis für die überlegene Macht der fremden Götter, es war im Gegenteil die Bestätigung des von den Propheten vorausgesagten Strafgerichts Jahwes an seinem eigenen, von ihm abgefallenen Volke, das er durch die Götzen der Heiden erniedrigen ließ. Dann mußte aber auch die Heilsverheißung der Propheten sich bewahrheiten, und die Verbannten durften hoffen, daß Gott sie wieder in die Heimat führen werde, um dort ein neues Jerusalem unter einem Nachkommen Davids wiedererstehen zu lassen. Ohne politisch-nationale Grundlage, ohne Tempel, ohne Priestertum, ohne Kult wächst in Babylonien unter den jüdischen Exilanten ein Glaube heran, der frei von allen götzendienerischen Elementen, wie sie sich durch den Baal-Kult in Palästina immer wieder in den Jahwedienst eingeschlichen hatten, ganz auf die übersinnliche Idee eines universalen Prinzips eingestellt sein mußte, ein Glaube, wie ihn die Propheten schon immer verlangt hatten. ... Die Anhänger, die sich diesem Glauben verschrieben, waren kein Volk mehr, sie waren eine religiöse Gemeinde.«[26]

Das Babylonische Reich wurde 538 v. Chr. von den Persern erobert. Im Laufe des 6. und 5. Jahrhunderts kehrten Tausende Nachkommen aus dem Exil zurück. Der Wiederaufbau Jerusalems und des zweiten Tempels wurde zu Beginn des 4. Jahrhunderts abgeschlossen. Neben dem materiellen Wiederaufbau erfolgte unter priesterlicher Leitung (Esra) eine Reorganisation der Gemeinde. An Stelle unberechenbarer charismatischer Prophezeiungen traten Gesetze und Normen. Sie fanden ihren Niederschlag in der Tora. Eingang fanden sowohl die vom Tempel anerkannten Legenden (die fünf Bücher Mose) als auch rechtliche und rituelle Vorschriften. Zu ihnen zählen lebensgestaltende Gebote, wie Sabbat, Beschneidung, Speise- und Reinheitsvorschriften. »Nun gleicht das Leben des frommen Juden einem schmalen Pfade, den Gott an beiden Seiten mit einem Zaun eingefaßt hat. Die Aufgabe des Frommen ist es, auf dem Weg zu bleiben. Weh ihm, wenn er irgendwo den Gesetzeszaun durchbricht! Durch das Gesetz ist das ganze Leben reglementiert.«[27]

Der weitere geschichtliche Verlauf war durch den Übergang von der persischen zur griechischen Vorherrschaft geprägt. Sie wurde zunächst vom Ptolemäerreich in Ägypten und seit der Wende vom 3. zum 2. Jahrhundert von den Seleukiden in Syrien ausgeübt. Die wachsende Stärke Roms beschleunigte den Zerfall des Seleukidenreiches.

In diese Phase fiel der Aufstand der *Makkabäer*. 164 v. Chr. eroberte Judas Makkabi Jerusalem. Aus den Anführern des Aufstands ging die hasmonäische Dynastie hervor. Nach weniger als 100 Jahren geriet Palästina unter die Vorherrschaft Roms. Sie begann mit dem Eingreifen Roms in einen jüdischen Bürgerkrieg. 63 v. Chr. eroberten die Römer unter Pompeius Jerusalem.

»Der permanente Wechsel der Herrschaft hatte nicht nur erhebliche Folgen für die politische Verfassung und Administration, sondern auch für die ökonomische und gesellschaftliche Entwicklung im Land Israel sowie natürlich auch und nicht zuletzt für die religiöse. In ihrem Zentrum steht durchgehend – wie in allen vergleichbaren Gesellschaften der Antike – ›der Antagonismus zwischen einer kleinen Minderheit der den Surplus abschöpfenden Mitglieder der herrschenden Elite und deren Gefolgsleuten in Verwaltung und Militär einerseits und der großen Mehrheit der diesen Reichtum erwirtschaftenden Angehörigen der beherrschten Massen andererseits‹.«[28]

In den Jahrhunderten nach dem Exil lagen Macht und Reichtum in den Händen einer zahlenmäßig kleinen Elite, die in den Städten lebte. Zu ihr gehörten Angehörige der jeweiligen Hegemonialmacht und die sie stützenden Mitglieder der einheimischen jüdischen Oberschicht. Sie verstanden den Staat als ihre Beute. Konfiskationen, Enteignungen, Tribute, Steuern, Pacht und Frondienste bereicherten die Herrschenden. Die übergroße

Mehrheit der ländlichen Bevölkerung wurde immer ärmer. »Die augenfälligen ökonomischen und sozialen Folgen dieser Konstellation sind *Konzentration* von *Landbesitz* in den Händen weniger sowie die *Überschuldung* von immer mehr kleineren freien Bauern und der damit verbundene Abstieg vieler von ihnen zu Pächtern oder Tagelöhnern und in die Schuldhaft bzw. -sklaverei. Die soziale und ökonomische Wirklichkeit des jüdischen Volkes im Lande Israel war also davon bestimmt, wie weit sich die Schere zwischen der jeweiligen Ober- und Unterschicht im Blick auf das Land und den Gebrauch seiner Produkte öffnete.«[29]

Über die Verhältnisse in Palästina während der Herrschaft Roms berichtet Josephus als Zeitzeuge.[30] »Er schildert Situationen, in denen die Menschen nicht einmal Kleidung und auch keine Saat für das nächste Jahr haben. Die meisten bei Josephus bezeugten Hungersnöte fallen allerdings ins 1. Jahrhundert v. Chr. Jedoch ist auch für das Jahr 46/47 n. Chr. eine große Hungersnot unter Claudius bezeugt. So kann man generalisierend feststellen, daß in den Jahren der Mißernte die Bauernfamilien hungerten. Doch muß man auch damit rechnen, daß nicht einmal gute Erntejahre wirklich zur Versorgung ausreichten, wenn man voraussetzt, daß die Mindestfläche wahrscheinlich sieben Hektar betragen haben mußte, um eine sechs- bis neunköpfige Bauernfamilie einigermaßen zu ernähren. In jedem Fall scheint die überwiegende Mehrheit der Kleinbauern allenfalls zur Erwirtschaftung der eigenen Subsistenz in der Lage gewesen zu sein. Doch wissen wir darüber nichts Genaues. Kleinbauern haben keine literarischen Denkmäler hinterlassen. Auch ist die Grenze zwischen freien Kleinbauern, Pächtern und für Lohn arbeitenden Landarbeitern schwer zu ziehen. Selbst freie Kleinbauern standen in Erntezeiten als Arbeitskraftreserve für die Großgrundbesitzer zur Verfügung.«[31]

Die religiöse Entwicklung des nachexilischen Judentums war untrennbar mit der sozialökonomischen Entwicklung im Lande verbunden. Monotheismus und Glaube an die Erwählung des Volkes und des Landes Israel waren in der Tora festgeschrieben worden. In hellenistisch-römischer Zeit fand mit den wiederholten Wechseln von Herrschaftsstrukturen ein religiöser Pluralismus in Akzentuierungen der religiösen Überlieferungen und in der Toraauslegung seinen Ausdruck.

Als charakteristisch für die Epoche sind »einerseits die Ausbildung apokalyptischer und esoterisch-mystischer bzw. messianischer Vorstellungen, andererseits Bestrebungen zur Heiligung des Lebens durch strikte Beachtung insbesondere von Reinheitsvorschriften bis hin zu asketischen Lebenskonzepten zu nennen. Diese Grundströmungen haben eine gewisse übergreifende Bedeutung. Sind doch von ihnen so unterschiedliche Gruppen wie die der Pharisäer und Essener ebenso beeinflußt wie manche sozialrevolutionäre Aufstands- bzw. Widerstands- und kleinere charismatisch-asketische oder messianisch-prophetische Bewegungen, zu denen etwa auch die des Täufers Johannes und nicht zuletzt die seines Schülers, Jesus von Nazareth, zählen. Doch gehen weder diese Bewegungen noch die Gruppenbildungen einfach in der selektiven Adaption der Grundströmung auf. Sie stellen vielmehr eine jeweils spezifische und originelle Antwort auf die Krise der jüdischen Gesellschaft dar.«[32]

Die apokalyptischen Schriften reichen bis in das dritte vorchristliche Jahrhundert zurück. Ihre Bedeutung wuchs in hellenistisch-römischer Zeit in dem Maße, wie Unterdrückung, Not und Elend zunahmen. Eine Wende war nur in der Folge eines abrupten Umbruchs oder durch ein wundersames Eingreifen Gottes vorstellbar. Dem mußte jedoch eine furchtbare Katastrophe vorausgehen, ein Endgericht über die Menschheit. Damit verbinden sich Vorstellungen über messianische Erlösergestalten. Sie finden sich in den Schriften von Qumran und im Neuen Testament.

Solange die Lage des Volkes sich erträglich gestaltete oder solange das Volk glaubte, alles Unglück sei die Folge seiner eigenen Sünden, war ein Retter, ein Messias, nicht erforderlich. Da jedoch die Bedrückung im Nachexil immer stärker wurde, wuchs der Traum von einem Messias, einem Gesalbten des Herrn. Die Erwartung eines Wiedererweckers des Gottesreiches wurde zur Naherwartung.

»Vorbedingung für die Ankunft der Gottesherrschaft ist die Vernichtung der derzeit auf Erden schaltenden Macht. Und die Nationalrevolution selber verschlingt sich, bei all ihrer Kleinheit, mit der Weltwende, mit dem neuen Himmel der neuen Erde. ... In der berühmten Vision *Daniels* (um 160 v. Chr.) gewinnt der angestammte Messianismus gar solch ein Fleisch: ›Es kam einer in des Himmels Wolken, wie eines Menschen Sohn, bis zu dem Alten und wurde vor ihn gebracht. Der gab ihm Gewalt, Ehre und Reich, daß ihm alle Völker, Leute und Zungen dienen sollten‹ (Dan. 7.13 f.). Und die gelehrte Formulierung in Gott fand der Messiasgedanke bei Philo, dem alexandrinischen Zeitgenossen Jesu: Der himmlische Urmensch – der erstgeschaffene Adam, der nach Gottes Ebenbild (1. Mos. 1.27), nicht aus dem Staub (1. Mos. 2.7) gebildet – ist der Logos, der erstgeborene Sohn Gottes, ja der ›zweite Gott‹. Das ist nun nicht mehr nur der Gesalbte des Herrn, sondern er ist ein innerweltlicher oder *Menschengott*. Ja, der andere Gott, der unerkennbare des Himmels, gibt die Wolken- und Feuersäule, die Exodus- und Heilandsgewalt immer mehr an die Messiasgestalt ab; der Messias wird trotz der Unterordnung unter Jahwe diesem fast gleichgesetzt, aber als der gute Gott, als der Helfer und das Gute an Gott. Das ist eine theologische Veränderung, die weit über die bis dahin geschehene Sublimierung Jahwes hinausgeht; denn sie richtet sich in Gestalt des Menschensohns als eines zweiten Gottes gegen das alleinige Vertrauen auf Jahwe selbst.«[33]

Die wachsende Bedrückung während der Herrschaft Roms führte 66 n. Chr. zum Großen Aufstand. Der jüdische Krieg endete 70 n. Chr. mit der Eroberung Jerusalems und der Zerstörung des Tempels. Von nun an galt Rom als das in der apokalyptischen Vision des Propheten Daniel genannte »Vierte Weltreich«, nach dessen Untergang die Zeit des Heils unter dem Messias folgen sollte (Dan. 7.23).

Nach der Zerstörung des Tempels wurde die Synagoge zum Ort des Gottesdienstes. An Stelle des Tempelopfers traten Lehre und Gesetzestreue, und die mündlichen Überlieferungen wurden durch Gesetzeslehrer kodifiziert. Die Auslegung der Tradition im babylonischen Talmud wurde um 500 n. Chr. abgeschlossen. Er wurde zur Grundlage einer Neugestaltung des Lebens der Gläubigen in der Diaspora.

Der Gott der Juden ist ein fordernder Gott, der verlangt, was ihm zusteht, und denjenigen straft, der seinem Verlangen nicht folgt. Der Gott, dem die Christen folgen werden, verliert viel von dem Absolutheitsanspruch. Christus erscheint als ein menschlicher Mittler, der einen menschlichen Tod stirbt. Seine Botschaft lautet: Fürchtet euch nicht.

Wie alle Weltbilder agrarischer Zivilisationen unterlag natürlich auch das des eng mit den machtpolitischen und sozial-öko-
nomischen Verhältnissen im Römischen Weltreich verknüpfte
Christentum von Jesu bis Augustinus – mit dem am Ende dieses
Reiches der Übergang zur lateinisch-mittelalterlichen Kirche erfolgte – einem stetigen Wandel.

»Das Christentum wurde im Zeitalter der jüdischen Eschatologie und Apokalyptik, wie sie gerade in der Qumran-Gemeinde blühte, und zugleich im Zeitalter der weltweiten jüdischen
Missionspropaganda im Schoß des Judentums empfangen und
geboren. Es stellt in seiner Urform eine eschatologisch-messia-
nische Bewegung innerhalb des palästinensischen Judentums
dar. ... Johannes war nicht nur der prophetische Herold des End-
gerichts, sondern auch das Haupt einer der Qumran-Gemeinde
verwandten eschatologischen Gemeinschaft, und zwar einer
Täufersekte, in welcher die Bußtaufe als Symbol der Vergebung
und Wiedergeburt die Voraussetzung für das Bestehen im nahen
Gericht und für den Eintritt ins Gottesreich bildete. ... Jesus, ein
einfacher Laie und Handwerker, nahm seinen Ausgangspunkt
in der Täufersekte des Johannes. In einem visionären Erlebnis
bei der Taufe durch diesen im Jordan scheint er die Gewißheit
erlangt zu haben, nicht nur wie Johannes zur Verkündigung des
nahen Endreiches, sondern zur Vollstreckung des göttlichen Willens und zur Aufrichtung seiner Herrschaft berufen zu sein. Von
diesem Zeitpunkt an war Jesus von einem messianischen Selbstbewußtsein getragen, das heißt von dem Glauben, zum ›Gottes-
sohn‹ und zum ›Gesalbten‹, dem Danielischen ›Menschensohn‹
des Endreiches vorherbestimmt zu sein.«[34]

Das eigenständige charismatische Wirken Jesu verknüpft das
Markusevangelium mit dem gewaltsamen Tod des Johannes:
»Nachdem Johannes (von Gott) dahingegeben worden war, kam
Jesus nach Galiläa und verkündete das Evangelium Gottes« (Mk.
1.14).

Jesus und die von ihm berufenen Jünger wirkten zunächst am
Nordufer des Sees Genezareth. Von hier stammten auch die meisten seiner Gefolgsleute. Wie Jesus selbst kamen sie aus der Unterschicht. Die bittere Armut der Gefolgschaft Jesu beleuchtet die

Geschichte vom Sabbatkonflikt (Mk. 2.23). In dieser Geschichte verteidigt Jesus seine Ähren ausraufende Anhängerschaft mit dem Hinweis auf deren materielle Notlage gegen den Vorwurf des Sabbatbruchs. Die Sorge um das Lebensnotwendigste findet in der Bitte um das tägliche Brot im Vaterunser ihren Ausdruck. »Auch die wandernde Existenz der Jesusnachfolge deutet auf Lebensverhältnisse am Rande des Existenzminimums.«[35] Sie finden ihren Ausdruck im kritischen Verhältnis der Jesusnachfolge zur Oberschicht: »Eher geht ein Kamel durch ein Nadelöhr als ein Reicher in die Königsherrschaft Gottes« (Mk. 10.25).

Die charismatische Autorität Jesu stützt sich auf seine Wunderheilungen und Exorzismen. Diese Wunderkräfte werden »als eschatologische Ereignisse, nämlich als Anbruch des Sieges über das Reich der Dämonen bzw. der unreinen Geister und somit als partielle Anwesenheit des nahegekommenen Gottesreiches gedeutet. Dementsprechend wird in der Wortüberlieferung mit dem Hinweis auf exorzistische Wundertaten das Angekommensein des Gottesreiches begründet: ›Wenn ich durch den Finger (kraft des Geistes) Gottes die Dämonen austreibe, so ist ja das Gottesreich schon zu euch gelangt.‹«[36]

»In dieser Hinsicht geht Jesus einen wichtigen Schritt über die eschatologische Botschaft des Johannes hinaus, der zwar die Nähe des Gerichtes und die Notwendigkeit der Umkehr predigte, aber nicht die eschatologischen Kräfte schon in der Gegenwart wirksam sah. Dieser Unterschied könnte der Grund dafür sein, daß das charakteristischste Stichwort der Botschaft Jesu ›Gottesreich‹ bzw. ›Königsherrschaft Gottes‹ (gr. *basileia toû theoû*) ist. Die Jesusnachfolge nimmt damit ein Stichwort auf, das in der biblischen Tradition vorbereitet ist, aber in der eschatologischen Erwartung des Frühjudentums nur gelegentlich begegnet. Offenbar ist es ein insbesondere in Krisensituationen aktualisiertes Symbol. Jesus sah nicht das Gerichtswalten Gottes sich schon realisieren, sondern die Herrschaft Gottes ankommen, und zwar nicht zufällig bei Menschen, die in Not sind. Bemerkenswert ist, daß insbesondere den absolut Armen und Notleidenden (vgl. Lk. 6.20 f.) sowie den (Waisen-)Kindern (Mk. 9.33-37; 10.14 f.) das Gottesreich bedingungslos angesagt wird. Entscheidend ist also, daß die absolut Armen und Notleidenden in Israel als der Kern der eschatologischen Sammlung des Gottesvolkes für das Gottesreich gelten.«[37] Im Zentrum der urchristlichen Verkündigung steht die eschatologische Erwartung. Jesus predigt die Nähe des

Gottesreiches. In seinen Handlungen sollen die Menschen den Beginn des neuen Reiches erblicken.

»Die Anweisungen Jesu an seine Jünger sind beherrscht von dem Gedanken, daß das Ende, dessen Tag und Stunde jedoch niemand wisse, nahe bevorstehe. Auch infolgedessen tritt die Mahnung, auf alle irdischen Güter zu verzichten, scharf hervor ...

Die Vollendung des Gottesreiches werde erst eintreten, wenn er in Herrlichkeit auf des Himmels Wolken zum Gericht wiederkehren werde. Diese Wiederkunft in nächster Zeit hat Jesus kurz vor seinem Tode angekündigt und seine Jünger bei seinem Scheiden damit getröstet, daß er sofort in die überweltliche Stellung bei Gott eintreten werde ... Bedingung für den Eintritt in das Gottesreich ist erstlich die völlige Änderung des Sinnes, in welcher der Mensch die Lust dieser Welt, den Mammondienst und die Sorge um das irdische Leben wegwirft und bereit ist, alle Güter, die er besitzt, dahinzugeben, um seine Seele zu retten, sodann gläubiges Vertrauen auf die Gnade Gottes, die er dem Demütigen und Armen gewährt, und darum herzliche Zuversicht zu Jesus, als dem von Gott zur Verwirklichung des Gottesreiches auf Erden Berufenen und Erwählten. Die Verkündigung richtet sich demgemäß an die Armen, an die Leidtragenden, die nach der Gerechtigkeit Hungernden und Dürstenden ... und findet sie für den Eintritt und den Empfang der Güter des Gottesreiches besser vorbereitet, während sie den selbstzufriedenen Reichen und auf ihre Gerechtigkeit Stolzen, das Gericht der Verstockung und Verdammnis in der ›Hölle‹ prophezeit.«[38]

Betrachtet man das Verhältnis von Jesus und seinen Jüngern zum Judentum, so wird deutlich, daß Monotheismus und die Erwählung des Volkes durch Gott nie in Frage gestellt wurden. Die Überlieferung berichtet, daß die Jesusnachfolge zum Sabbat die Synagogen aufsuchte. Auch die Institution des Jerusalemer Tempels wird nicht in Frage gestellt. Eine Kritik an Mißständen bleibt im Rahmen tempelkritischer und unheilsprophetischer Phänomene innerhalb des zeitgenössischen Judentums.[39]

Als Jesus und seine Gefolgschaft nach Jerusalem pilgern, erleidet er das Schicksal eines Aufständischen gegen Rom, eines ›Räubers‹. Die zeichenhaften Reinigungshandlungen im Tempelbezirk mit ihrer Massenwirksamkeit konnten den römischen Prokurator Pilatus sehr wohl veranlaßt haben, den ›Räuber‹ zum Kreuztod zu verurteilen. »Offenbar diente dieses Schnellverfahren auch wegen der Nähe des Festes zur Abschreckung und sollte möglichen Unruhen vorbeugen. Die Darstellung des Vorgangs in der Passionsgeschichte der Evangelien geht freilich weit darüber hinaus. Sie setzt teilweise ein vorgängiges gerichtliches Verfahren des Synhedrium, einen Verräter aus den Reihen der engeren Gefolgschaft und ein gezieltes Interesse der jüdischen Behörden an einer Hinrichtung Jesu aus religiösen Gründen voraus. Zudem will sie den Eindruck erwecken, daß die jüdischen wie die römischen Autoritäten sich der Unschuld Jesu bewußt waren. Das ist mit Sicherheit eine tendenziöse Darstellung, die auch nicht einfach nur aus späteren Erfahrungen erklärt werden kann, sondern mit apologetischen Interessen der Abwehr der Kriminalisierung der ›Christen‹ im Römischen Reich begründbar ist.«[40]

»Es ist ... denn auch kein Zufall, daß Jesus wie ein Sozialbandit von den Römern hingerichtet wurde und in der Überlieferung ausdrücklich von Zeichenpropheten und sozialbanditischem Gegenkönigtum abgegrenzt werden mußte. Auch sozialgeschichtlich ist die Nähe zu Sozialbanditen und deren ›Neudefinition‹ einer sozioökonomischen Karriere der Verelendung mit Händen zu greifen. Entsprechend ist sozialgeschichtlich zugleich ein deutlicher Unterschied zu Pharisäern und Essenern und natürlich zu den Sadduzäern festzustellen, die allenfalls Sympathisanten in der Unterschicht gewinnen konnten, jedoch im Kern sich aus der Oberschicht und den Retainern (Gefolgsleuten, K.L.) rekrutierten. Die älteste Jesusnachfolge war demgegenüber wie das Sozialbanditentum, aber auch wie die Bewegungen charismatischer Zeichenpropheten eine Reaktion auf die Krise der jüdischen Gesellschaft in der Unterschicht. Die ›Gegenwelt‹, die sie entwarf, war auch präpolitisch. Gleichwohl sind die Unterschiede zum Sozialbanditentum ebenfalls deutlich. Reiche wurden kritisiert und zur solidarischen Barmherzigkeit aufgerufen, aber nicht überfallen und ausgeraubt. Überhaupt sind die Gewaltlosigkeit und das duldende Hinnehmen fremder Gewalt demonstrativ. Das charismatische Element konkretisiert sich in Kräften heilenden Wohltuns, nicht in körperlicher Auszeichnung und Heerführerqualitäten. Es findet auch – außer für Gebetssituationen – kein Rückzug aus der Gesellschaft in schwer zugängliche Gebiete statt. Der Ort der Wirksamkeit bleibt die Öffentlichkeit des Volkes.«[41]

Die Überlieferung berichtet von den ekstatisch-visionären Erfahrungen in der Jesusnachfolge, insbesondere im engeren Kreis seiner Gefolgschaft, welcher der Auferstandene erschienen sei. »Als Auferstandener und zu Gott Erhöhter steht er nach dem

Glauben seiner Anhängerschaft bereit, die Herrschaft über Israel demnächst aufzurichten. An der Naherwartung hat sich mithin nichts geändert, sie ist vielleicht noch dringlicher geworden. Zugleich vermittelt der Erhöhte schon seiner Gefolgschaft den eschatologischen Geist vom Himmel her. Dementsprechend verbinden die Evangelien die Erscheinungen des Auferstandenen vor dem Zwölferkreis mit erneuter Beauftragung und Sendung bzw. mit der Geistverleihung. Und in der Erzählung von der Ausgießung des Geistes zu Pfingsten in Jerusalem (Apg. 2), die auch Juden aus der Diaspora einbezieht, wird in Anknüpfung an prophetische Überlieferung (Joel 3.1-5; vgl. Jes. 59.21; Ez. 39.29) die Erwartung endzeitlicher Erneuerung des Gottesvolkes vergegenwärtigt. Offenbar wird also, ähnlich wie schon nach dem Martyrium des Täufers, der Tod Jesu bzw. seine Auferstehung als eine weitere entscheidende Etappe im heilsgeschichtlichen Drama verstanden, wobei Jesus selbst darin eine bleibend wichtige, nun vom Himmel ausgeübte Rolle zuerkannt wird.«[42]

Wie das zum Ende des ersten Jahrhunderts niedergeschriebene »Neue Testament« berichtet, endete das irdische Wirken Jesu mit der Auswahl der zwölf Apostel und einer vierzigtägigen Erscheinung des Auferstandenen.

Neben der jüdisch-aramäischen Urgemeinde in Jerusalem bildeten sich in den Diasporagemeinden des Römischen Reiches auch heidenchristliche Gemeinschaften. Die bedeutendsten entstanden im syrischen Antiochien, in Alexandria und in Rom.

Nach dem Ende des großen Aufstands und der Zerstörung des Tempels wurde die Abgrenzung der Diasporagemeinden zu einer zentralen Frage des Judentums. Vor dem jüdischen Krieg war es noch möglich, daß nebeneinander verschiedene Schulen mit teilweise gravierenden Unterschieden in ihren Lehrmeinungen bestanden. Danach wurde, insbesondere durch das Lehrhaus in Jabne, eine Lehrmeinung durchgesetzt, die *eine* jüdische Identität und *ein* adäquates jüdisches Leben weltweit sichern sollte. Die Aufstände in Palästina, die dem jüdisch-römischen Krieg folgten, verstärkten die Notwendigkeit einer Neudefinition des Judentums noch zusätzlich. Es war daher nur folgerichtig, daß in den Diasporagemeinden eine Auseinandersetzung um die Einhaltung der jüdischen Gebote durch die Heidenchristen entstand. Der Konflikt um gemeinsame Mahlzeiten, ein prägendes Element antiker Gruppen, wurde neben seiner theologischen Bedeutung zum Problem einer unbeschränkten sozialen Gemeinschaft von Juden und Nichtjuden.[43] Neben dem Essen fanden Gespräche und Unterhaltung durch Musik und Tanz statt. Bereits zu Beginn der Kaiserzeit gab es im Römischen Reich zahlreiche freiwillige Gemeinschaften bestimmter gesellschaftlicher Gruppen: Am bekanntesten sind die Vereinigungen von Handwerkern, Händlern und Kaufleuten. Diese Gruppen Gleichgesinnter bzw. Gleichinteressierter kamen regelmäßig zusammen.

Auch für die jüdischen Familien waren regelmäßige gemeinsame Mahlzeiten – zum Beispiel am Sabbat – eine Selbstverständlichkeit. Der Prozeß der Ausgrenzung führte zur Bildung eigener Gruppen christusgläubiger Juden. Damit wurde der Weg frei für ein neues Gottesvolk, bestehend aus Heiden und Juden. Christ sein bedeutete Mitgliedschaft in einer christlichen Gemeinde. Deren Mitglieder, in der Regel weniger als 40, kamen regelmäßig zusammen. Gebete, Belehrungen, gemeinsame Mahlzeiten und Initiationsriten wie die Taufe bildeten den Inhalt der Zusammenkünfte.

Bis weit ins 2. Jahrhundert setzten sich die christusgläubigen Gemeinden überwiegend aus Angehörigen der urbanen Unterschicht zusammen: Sklaven, Freigelassene und Handwerker. Die Ärmsten der Armen, Bauern, Landarbeiter und Landsklaven, gab es hingegen im Umfeld der paulinischen Gemeinden nicht. Nur sehr wenige Christusgläubige dürften Gefolgsleute der Oberschicht gewesen sein. Die Einschätzung der korinthischen Gemeinde durch Paulus gilt sicher noch für die folgenden beiden Generationen der meisten christlichen Gemeinden im Römischen Reich: »Seht doch auf eure Berufung, Brüder! Da sind nicht viele Weise im irdischen Sinne, sondern das Törichte in der Welt hat Gott erwählt, um die Weisen zuschanden zu machen, und das Schwache in der Welt hat Gott erwählt, um das Starke zuschanden zu machen. Und das Niedrige in der Welt und das Verachtete hat Gott erwählt: das, was nichts ist, um das, was etwas ist, zu vernichten« (1 Kor. 1.26-28).

Am Beginn des 2. Jahrhunderts beginnt das Christentum, Anhänger in der Oberschicht und in der mittleren Schicht der Gefolgsleute zu gewinnen. 300 Jahre nach seiner Entstehung sind die Anhänger des Christglaubens nicht mehr vorwiegend Juden, sondern Griechen, Römer, Syrer, kurz Angehörige aller Volksgruppen des Reiches.

Die römischen Behörden gestatteten den Christen, wie allen anderen Glaubensrichtungen, ihre Gottesdienste durchzuführen.

Christentum war erlaubt wie jede andere Religion. Eine korrekte Staatsgesinnung war lediglich mit Opfern vor den Bildern der Götter und des Kaisers verbunden. Erst eine Verweigerung galt als Verrat.

Vor Plinius, dem römischen Statthalter in Bythanien, fand um 117 n. Chr. ein Prozeß statt. In Beantwortung einer Anfrage des Plinius verfügte Kaiser Trajan, daß bereits die Zugehörigkeit zum Christentum als ein strafrechtlicher Tatbestand zu betrachten sei. Christen galten als Parteigänger eines gewissen Christus, eines Rebellen, der bereits auf Weisung des Pontius Pilatus hingerichtet worden war.

Im Laufe des 3. Jahrhunderts verstärkte sich die dauernde Krise im Römischen Reich. Wirtschaftlicher Niedergang, Geldentwertung, Barbareneinfälle, Hungersnöte, Pest und innere Aufstände destabilisierten das Imperium. Militärische Einheiten aus den Grenzregionen bestimmten römische Kaiser durch Akklamation. Zwischen 193 und 284 gab es 29 Kaiser und Prätendenten, von denen 24 während ihrer Amtszeit ermordet wurden oder im Kampf fielen.

Viele Menschen, Heiden wie Christen, sahen die Krise als göttliche Strafe an, und es wurde seitens der römischen Behörden üblich, die Christen als Verantwortliche für die Katastrophen des Reiches zu benennen. Mit einer Weisung des Kaisers Decius (249 bis 251) begann die organisierte Christenverfolgung, die bis zur Regierung Diokletians (284-305) andauerte.

Decius verfügte, daß alle Einwohner des Reiches ihre Ergebenheit an die alten Götter zu beweisen hätten. Erforderlich waren ein Protokoll vor einer Kommission und ein Opferakt. Opferverweigerung stand unter Todesstrafe. Viele Christen, Kleriker und Gemeindemitglieder, schworen dem Christusglauben ab. Einige widerstanden und wurden zu Märtyrern. Aus einer sporadischen Christenverfolgung, wie sie bis zur Mitte des 3. Jahrhunderts vorkam, wurde eine Rechtspraxis zur Aufrechterhaltung von »Ruhe und Ordnung«. Götterverehrung und Kaiserkult wurden zur Reichsreligion, und die über Jahrhunderte gängige Praxis der Duldung aller Religionen fand ein Ende.

Da sich durch die Christenverfolgung weder der Niedergang des Imperiums noch die damit verbundenen inneren und äußeren Probleme lösen ließen, wurde, nach antiken Vorstellungen folgerichtig, der offenbar mächtige Gott der Christen in das römische Pantheon aufgenommen. Äußerliches Zeichen dieser Umkehr waren Konstantins Bekehrung und das Mailänder Toleranzedikt von 313. Dessen Hauptforderung lautete, Christen sollten in ihren Gottesdiensten für Kaiser und Reich beten. Neben allen anderen Göttern fand damit auch der Gott der Christen Anerkennung. Zwischen dem Toleranzedikt und der Erhebung des Christentums zur Staatsreligion durch Verbot aller heidnischen Kulte vergingen weitere 80 Jahre.

»Weder Toleranzedikte noch die kaiserliche Bekehrung, noch die Förderung der Kirche konnten die römische Religionspolitik von einem Tag auf den anderen in ihr Gegenteil verkehren oder die überwältigende Mehrheit der heidnischen Bevölkerung dem Christengott zuführen. Verordnungen von oben waren kein geeignetes Bekehrungsmittel, obwohl sich der Kaiserkult bei den andauernden Krisen des Reiches nach dem alten *do-ut-des*-Prinzip als wirkungslos herausstellte.«[44]

Dem Toleranzedikt folgten großzügige Zuwendungen an die Kirche. Zahl und Größe von Kirchenbauten wuchsen rasch. Kirchliche Ländereien waren von der Steuerzahlung befreit, und der Klerus erhielt in bezug auf öffentliche Verpflichtungen eine Sonderstellung. Die notwendigen Mittel dazu wurden zu großen Teilen den heidnischen Tempelschätzen entnommen.

Der Herrscher lenkte »als Bischof des Äußeren« die neue christlich-römische Staatskirche. »Ja, noch mehr, das antike Gottkönigtum, das im römischen Kaisertum seine gewaltigste Entfaltung gefunden hatte, lebte im byzantinischen Kaisertum, wenn auch in christlicher Verbrämung, fort; nicht nur die ganze sakrale Terminologie, sondern auch das sakrale Zeremoniell wurde vom heidnischen Kaisertum übernommen. Wie in der antiken Welt war nun auch der christliche Herrscher heilig und göttlich, ein Stellvertreter Gottes, der den Auftrag hatte, das Reich Christi auf Erden auszubreiten.«[45]

Für die Urgemeinde ist Jesus ein Mensch, von Gott auserwählt, durch ihn zum Messias gemacht und schließlich zum eigenen Sohn erhoben: Nach kurzer Zeit wird dieser Sohn zurückkehren und Gericht halten. Herrschende werden ihre Strafe finden, und Leidende werden glücklich sein.

Damit das Christentum zur Staatsreligion, also zur Religion der herrschenden Oberschicht werden konnte, war ein tiefgreifender Paradigmenwechsel unerläßlich.

In der Urgemeinde stand die Erwartung des Gottesreiches im Mittelpunkt von Glauben und Hoffnung. Die Gläubigen hofften, den Anbruch des neuen Reiches noch selbst zu erleben. »Noch Paulus' Glaube ist von eschatologischen Hoffnungen erfüllt, aber der Termin beginnt sich bei ihm schon zu verschieben und in die Ferne zu rücken. Für ihn ist durch die Erhöhung des Messias die Endvollendung gesichert, und der letzte Kampf, der noch erfolgen muß, verliert gegenüber dem schon Geschehenen an Bedeutung.«[46]

Denn das Entscheidende war bereits geschehen. Das Wunder hatte in der Erscheinung Jesu selbst gelegen. »Die wirkliche geschichtliche Welt brauchte sich nicht mehr zu ändern, äußerlich konnte alles bleiben, wie es war, Staat, Gesellschaft, Recht, Wirtschaft, denn das Heil war ein Innerliches, Geistiges, Unhistorisches, Individuelles geworden, garantiert durch den Glauben an Jesus. Die Hoffnung auf die reale historische Erlösung ist ersetzt durch den Glauben an die schon vollzogene geistige, individuelle.«[47]

Die Kirchenoberen wehrten gelegentliche Versuche entschieden ab, kritische ethische Forderungen gegenüber dem Staat wiederzuerwecken. »Es genügt, Gott im Herzen zu haben und ihn dann zu bekennen, wenn ein offenes Bekenntnis vor der Obrigkeit unvermeidlich ist. Es genügt, den wirklichen Götzendienst zu fliehen, im übrigen darf der Christ in jedem ehrlichen Beruf bleiben, darf in demselben sich auch äußerlich mit dem Götzendienst berühren und soll klug und vorsichtig handeln, so daß er weder sich selbst befleckt, noch eine Befleckung über sich selbst und andere heraufbeschwört.

Diese Haltung nahm die Kirche seit Anfang des 3. Jahrhunderts überall an. Der Staat gewann dadurch zahlreiche ruhige, pflichttreue und gewissenhafte Bürger, die, weit entfernt, ihm Schwierigkeiten zu machen, vielmehr die Ordnung und den Frieden in der Gesellschaft stützten. ... Somit entwickelte sich die Kirche, indem sie ihre streng ablehnende Haltung gegenüber der Welt aufgab, zu einer staatserhaltenden und staatsverbessernden Macht.«[48]

Der Wandel einer Gemeinschaft, die den baldigen Anbruch des Gerichts und eine neue Zeit erwartete, zu einer Religionsgemeinschaft, die an eine bereits vollzogene Erlösung glaubte, erforderte zwei entscheidende Schritte: Eine hierarchisch gegliederte Kirche und eine Änderung des Christusdogmas.

In den Auseinandersetzungen um die Lehre entstand im 2. Jahrhundert neben dem apostolischen Glaubensbekenntnis »das

Bischofsamt, das durch eine angeblich ununterbrochene Amtsnachfolge und Handauflegungskette mit dem Amt der Apostel in Zusammenhang gebracht und als dessen Fortsetzung angesehen wurde. Wie das Taufbekenntnis wurde diese Nachfolge (*diadoché*, *successio*) als apostolisch bezeichnet. Mit der Entwicklung dieses Amtes, das ursprünglich die kollegiale Form des Presbyteriums besaß, aber frühzeitig eine monarchische Spitze erhielt, wurde das urchristliche Prophetentum, insbesondere auch das weibliche, unterdrückt.

Während ehedem die vom Geist berufenen und erfüllten Propheten und Prophetinnen die Leiter des Gottesdienstes gewesen und in dieser Funktion als die christlichen ›Hohepriester‹ angesehen worden waren, wurden nunmehr die kirchlichen Amtsträger, die Bischöfe und die ihnen untergeordneten Presbyter, die Leiter der Gemeinden.«[49]

Das neue Christusdogma ist mit Origines verbunden, einem der bedeutendsten Kirchenväter. Er wurde um das Jahr 105 im ägyptischen Alexandrien geboren, in jener Zeit eine Stadt der Wissenschaft und Philosophie. Durch Origines wurde die Philosophie zur Wegbereiterin eines neuen Christentums. Er bemühte sich, hellenistische Bildung und christlichen Glauben so zu vereinen, daß das Christentum als die vollendetste aller Religionen erschien.[50]

Für Origines ist Gott kein Übermensch, sondern der reine, trans-zendente, unbegreifliche Geist, der Einzige, der Schöpfergott, der durch seine Vorsehung alles leitet. Jesus, der Logos, der Sohn Gottes, der immer Gott war, vor aller Schöpfung existierte, eins mit Gott und doch von ihm unterschieden. Der heilige Geist geht vom Sohn aus, ist geringer als dieser, eine dritte Hypostase der Gottheit selbst. »Origines hatte mit seiner Verbindung von Glauben und Wissenschaft, von Theologie und Philosophie jene theologische Wende erreicht, welche die kulturelle Wende (Verbindung Staat – Kirche) vorbereitet hat.«[51] Mit Origines fand – unter dem Einfluß eines neuplatonisch gefärbten Hellenismus – eine Schwerpunkt- und Sinnesverlagerung im Christentum statt. »Und anstelle jenes Modells der vom Judentum übernommenen apokalyptischen Naherwartung von Jesus Christus als dem ›Ende der Zeit‹ steht nun jene bereits im lukanischen Doppelwerk – Evangelium und Apostelgeschichte – vorbereitete, hellenistisch verstandene heilsgeschichtliche Konzeption von Jesus Christus als der ›Mitte der Zeit‹ zum erstenmal vollendet da: die

Menschwerdung Gottes in Christus als der Angelpunkt der Weltgeschichte.«[52]

Aus einem Glauben an den zu Gott erhobenen Menschen wird der Glaube an einen Gott, der sich zu den Menschen herabläßt. Das Kirchenkonzil von Nicäa (325 n. Chr.) bestätigte diese neue Christusvorstellung, und Konstantin verkündete die Beschlüsse des Konzils als Reichsgesetze. »Die Einbürgerung der Logoschristologie in den Glauben der Kirche ... bedeutete die Umwandlung des Glaubens in eine Glaubenslehre mit griechisch-philosophischem Gepräge; sie schob die alten eschatologischen Vorstellungen zurück, ja verdrängte sie; sie setzte hinter den Christus der Geschichte einen begrifflichen Christus, ein Prinzip, und wandelte den geschichtlichen in eine ›Erscheinung‹; sie wies den Christen auf ›Naturen‹ und auf naturhafte Größen, statt auf die Person und das Sittliche; sie gab dem Glauben der Christen definitiv die Richtung auf die Kontemplation von Ideen und Lehrsätzen und bereitete damit das mönchische Leben einerseits, das bevormundete der unvollkommenen, tätigen Laien andererseits vor; sie legitimierte 100 Fragen der Kosmologie und der Weltwissenschaft als kirchliche und verlangte bei Verlust der Seligkeit eine bestimmte Antwort; sie führte dazu, daß man statt Glauben vielmehr Glauben an den Glauben predigte und verkümmerte die Religion, indem sie sie scheinbar erweiterte. Aber indem sie den Bund mit der Weltwissenschaft perfekt machte, gestaltete sie das Christentum zur Welt-, freilich auch zur Allerweltsreligion.«[53]

»Das Christentum, das ... zur offiziellen Religion des Römischen Imperiums erhoben wurde, hat eine völlig andere soziale Funktion. Es soll eine Religion der Führer und der Geführten zugleich sein, der herrschenden Klasse und der von ihr Beherrschten. Das Christentum erfüllt die Funktion, die Kaiser- und *Mithras*kult nicht annähernd so gut erfüllen konnten, die große Masse in das absolutistische System des Römischen Imperiums einzuordnen. Die revolutionäre Situation, wie sie bis in das 2. Jahrhundert nach Christus geherrscht hatte, war verschwunden. Es tritt der wirtschaftliche Rückgang ein. ... Die wirtschaftliche Situation führte zu einem System von sozialen Bindungen und Abhängigkeiten, das politisch im System des römisch-byzantinischen Absolutismus gipfelte. Das neue Christentum stand unter der Führung der herrschenden Klasse. Das neue Jesusdogma war von ihr und ihren intellektuellen Vertretern, nicht von der Masse geschaffen und formuliert.«[54]

Die Erhebung des Christentums zur Staatsreligion war mit einer Unterdrückung heidnischer Götter und der Plünderung ihrer Heiligtümer verbunden. »Aber mochte auch das Heidentum zum äußeren Tode verurteilt sein, so fanden doch mit dem Einströmen der breiten heidnischen Volksmassen auch zahlreiche Vorstellungen und Bräuche der heidnischen Volksreligion Eingang in die christliche Kirche, nachdem Philosophie, Mysterienwesen und Mystik längst Heimatrecht in ihr erhalten hatten. Der Weihrauch, in der Christenzeit zuerst verpönt als ›Speise der Dämonen‹ und als Zeichen des Abfalls durch das Opfer vor der Kaiserstatue, wurde ein wichtiges Element in der christlichen Liturgie. Die Prozession, ein wesentliches Stück des heidnischen Gottesdienstes, spielte nunmehr auch im christlichen Volk eine große Rolle. Heidnische Tempel, zum Beispiel das Pantheon in Rom, wurden in christliche Kirchen verwandelt oder wenigstens ihre Säulen in christliche Gotteshäuser eingefügt; auf ihren Fundamenten wurden solche errichtet; so steht die Geburtskirche in Bethlehem auf einem *Adonis*-Heiligtum, die Grabeskirche in Jerusalem auf einem Tempel aus der Zeit Hadrians, die Kirche San Clemente in Rom auf einem Mithräum.

Der in der Antike verbreitete Reliquienkult, in welchem die stofflichen Überreste großer Männer als Träger übernatürlicher Machtsubstanz verehrt wurden, fand mit der Märtyrerverehrung eine ausgedehnte Verbreitung in der christlichen Kirche. Die Märtyrergräber wie die vermeintlichen Apostelgräber wurden zu Pilgerstätten, an denen wie einst in den heidnischen Wallfahrtstempeln die Frommen durch die Inkubation (Tempelschlaf) Visionen und Orakel zu erlangen und wunderbare Heilungen zu erleben glaubten.

Die heidnischen Totenmahle wurden in christliche Liebesmahle an den Märtyrergräbern verwandelt. Zu den Gebeinen der Heiligen traten die Kreuzesreliquien, das heißt Stücke und Splitter von dem angeblichen Kreuz Christi, dessen Wiederauffindung in Jerusalem die Legende der Kaiserin Helena zuschrieb. Christliche Märtyrer und Bekenner wurden zu Nachfolgern heidnischer Götter; an Stelle der Dioskuren rief man zu den himmlischen Ärzten *Kosmas* und *Damian*, anstelle des *Poseidon* zum heiligen Nikolaus als dem Patron der Seefahrer und als Nothelfer großen Stils. Das Erbe der ›großen Mutter‹ aber trat die Mutter Christi an, die schon in der frühchristlichen Literatur von einem Legendenkranz umgeben worden war.«[55]

Die uralte Muttergottheit, zu der auch in vorangegangenen Jahrtausenden Menschen in ihrer Not flehten, wandelte sich aus Inanna, Ischtar, Isis, Artemis, Demeter usw. zur jungfräulichen Gottesmutter Maria. »Ja, die uralten Bilder der thronenden und der säugenden Muttergöttin mit dem Kinde sind zum Vorbild für die Darstellung der Gottesmutter in der christlichen Kunst geworden. Alte Muttergöttinnenfeste wurden zu Marienfesten. Unter dem Einfluß der Volksfrömmigkeit nahm die Gottesmutter auch in der Liturgie einen breiteren Raum ein. Selbst die nestorianische Kirche, welche der Mutter Christi den Namen Gottesgebärerin nicht zuerkannte, gab ihrer innigen Verehrung der heiligen Jungfrau und »Christusgebärerin« in hymnischen Ehrentiteln und Bildern ebenso Ausdruck wie die griechisch-orthodoxe, die armenische und äthiopische Kirche, welche beide dem Monophysitismus (der Lehre, daß in Christus nur eine Natur sei, nämlich die göttliche) zuneigten. Die Legenden, die sich um diese Gestalt wanden, fanden ihre Krönung in der an phantastischen Zügen reichen Erzählung von dem Hinscheiden (*koímsis, transitus*) Marias in der Anwesenheit der durch die Luft herbeigeeilten Apostel und vor der Entrückung ihres Leichnams in das irdische Paradies.«[56]

Rund 100 Jahre nach Origines' Tod kam Augustinus zur Welt. Er wirkte 35 Jahre lang als katholischer Bischof in der nordafrikanischen Hafenstadt Hippo und wurde zum bedeutendsten Lehrer der abendländischen Kirche. War Origines ganz und gar Grieche, so war Augustinus von Hause aus Lateiner.

Schon während seiner Lebenszeit hat sich die verfolgte Kirche in eine verfolgende verwandelt. In Nordafrika war noch im 4. Jahrhundert die Erinnerung an die Zeiten des Martyriums und an eine strenge Kirchenzucht lebendig. So wurde die Großkirche von den Donatisten, die sich als eine, von keinem Unwürdigen befleckte, reine Bischofskirche betrachteten, der Laxheit angeklagt. Die Donatisten behaupteten von sich, sie allein könnten die Sakramente in gültiger Form spenden. Der Kaiser verfügte jedoch nach vorangegangenen Diskussionen, die Donatisten unter Zwang in die katholische Kirche zurückzuführen. Als angesehener Repräsentant der Großkirche forderte Augustinus die »Unterordnung des Individuums unter die Kirche als Institution, als Anstalt des Heils, als Gnadenmittel«[57]. Als die Donatisten sich ihrer Eingliederung nicht fügen wollten, gingen die kaiserlichen Behörden gewaltsam gegen sie vor. Augustinus sah darin nichts Unchristliches. Er rechtfertigte das Recht des Staates, gewaltsam gegen Häretiker vorzugehen. Mit seiner theologischen Rechtfertigung von Gewalt wurde er zum Kronzeugen von Zwangsbekehrungen, Inquisition und Heiligem Krieg.[58]

»Daß hinter allem Elend der Welt eine große Sünde sich verberge, die sich auf alle Menschen auswirke, war die Überzeugung auch vieler Heiden in der Spätantike. Aber Augustin verschärft diese Auffassung durch Historisierung, Psychologisierung und vor allem Sexualisierung des Sündenfalls. Der Mensch ist Augustin zufolge von Anfang an durch Adams Fall zutiefst verdorben. ›In ihm haben alle gesündigt‹ (Röm. 5.12). ›In quo‹: so findet es Augustin in der damaligen lateinischen Bibelübersetzung und bezog dieses ›in ihm‹ auf Adam. Im griechischen Urtext steht aber schlicht: ›eph' ho‹ – ›weil‹ (oder ›auf den hin‹) – alle sündigten! So las Augustin aus diesem Satz des Römerbriefes nicht nur eine Ur-Sünde Adams heraus, sondern sogar eine Erb-Sünde, die jeder Mensch von Geburt an von vornherein mitbringe, gleichsam geerbt habe – der Grund dafür, warum jeder Mensch, an Leib und Seele vergiftet, auch dem Tode verfallen sei.«[59]

Die Erfahrung einer unergründlichen göttlichen Gnade wird durch Augustinus zur Lehre von der doppelten Prädestination, zum ewigen Leben für wenige Auserwählte und zur ewigen Verdammnis für die Mehrzahl der Menschen.

Da bereits der Geschlechtsakt eine strafwürdige Sünde ist, verfallen selbst die ungetauften Kinder der ewigen Verdammnis.

Die Lehre von der Erbsünde ist zutiefst menschenverachtend. Was ist das für ein Gott, der die Mehrheit der Menschen, die nie die christliche Taufe empfing, zur ewigen Verdammnis verurteilt? »Menschenwürde und Menschenrecht existieren im Christentum nur für Glaubende als von Gott Begnadigte. Wer dazugehört, darüber entscheidet die Kirche: *Extra ecclesiam nulla salus.* So ist es kein Zufall und erst recht kein historischer Unfall, daß seit je für die Christen die Heiden bis zu ihrer Taufe keine Menschen waren und auch nicht so behandelt werden mußten.«[60]

Im August 410 wurde Rom durch die Westgoten erobert. Die Anhänger der alten Götter sahen darin deren Rache. Für die Christen war es die Strafe Gottes für eine über Jahrhunderte verfehlte Politik und einen falschen Glauben. Augustinus bot eine andere Geschichtsdeutung. Er sah den Sinn der Geschichte im Kampf des Erdenstaates mit dem Gottesstaat. Dem Schema der Schöpfungswoche folgend, wird die Weltgeschichte zur Weltenwoche. Mit Jesu Erscheinen sei der sechste Tag der Weltenwoche angebrochen. An ihrem Ende wird das Jüngste Gericht stehen. Vom geistigen Erbe des Augustinus wird die katholische Kirche des Mittelalters zehren. Aber auch die großen Kritiker der römischen Amtskirche werden sich auf ihn berufen. So übernimmt Luther die Idee von der radikalen Verderbnis der menschlichen Natur durch den Sündenfall. Nicht weniger stark wird Calvin durch Augustinus beeinflußt. Von ihm übernimmt er die Lehre von der doppelten Prädestination und die Idee vom Gottesreich.

Und so wird Augustinus, der Bischof von Hippo, »zugleich der Gründer des römischen Katholizismus im Okzident wie der Urheber der großen religiösen und kirchlichen Opposition im Abendland«[61].

4.3 Der Islam

Die arabische Halbinsel, das Ursprungsland des Islam, berührt im Norden den fruchtbaren Halbmond. Westen, Süden und Osten werden vom Roten Meer, dem Indischen Ozean und dem Persischen Golf begrenzt. Abgesehen vom wasserreichen jemenitischen Bergland, wo sich Ackerbau bereits frühzeitig entwickelte, besteht die Halbinsel aus Wüsten und Steppen, in die einige Oasen eingestreut sind. Hirtennomaden durchstreiften das von wenigen Karawanenwegen und Handelsstraßen durchzogene Gebiet.

Wechselnde Beziehungen zwischen den Ländern des Mittelmeers und den asiatischen Ländern beeinflußten die Nutzung der Handelsrouten im Transitland zwischen den jeweiligen Herrschaftsbereichen.

Das 5. Jahrhundert war eine Zeit des Friedens zwischen dem Byzantinischen und dem Persischen Reich. Während dieser Zeit lief der regionale und internationale Handel über die weit sichereren Handelsstraßen in Ägypten, über das Rote Meer und durch das Euphrattal. Die schwierigeren und gefährlicheren Karawanenstraßen durch Arabien wurden gemieden. In dieser Phase des Niedergangs konnte sich das Nomadentum auf Kosten des Handels und, wo möglich, auch des Anbaus weiter ausbreiten.

Charakteristisch für die nomadischen und halbnomadischen Beduinen ist ihre Stammesorganisation. Nicht das Individuum, sondern die Gruppe bildet die Basis der sozialen Gemeinschaft. Die innere Gesellschaftsstruktur beruht auf der Abstammung in männlicher Linie. Lebensgrundlage der Stämme sind ihre Herden. Durch Überfälle auf seßhafte Nachbarn und Karawanen, die es wagten, Arabien zu durchqueren, gelangten Handelsgüter über grenznahe Stämme bis ins Landesinnere.

Wie alle frühen Gemeinschaften erkannte der Stamm nur persönliche Gebrauchsgegenstände als persönliches Eigentum an, Weideland, Quellen, Brunnen und Herden gehörten allen. »Die politische Organisation des Stammes war denkbar einfach. An seiner Spitze stand der *Sajjid* oder Scheich, ein gewählter Anführer, der nur selten mehr als ein *Primus inter pares* war. Er folgte der Meinung des Stammes eher, als daß er ein Meinungsführer gewesen wäre, und konnte weder Pflichten festsetzen noch Strafen verhängen. Die einzelnen Familien hatten Rechte und Pflichten innerhalb des Stammes, aber nicht nach außen. In ihren Funktionen ähnelte die ›Regierungstätigkeit‹ des Scheichs eher der eines Schiedsrichters als der eines Befehlshabers. Er verfügte über keinerlei Zwangsmittel; Begriffe wie Autorität, Königtum, öffentliche Bestrafung und dergleichen sind von der arabischen Nomadengesellschaft seit jeher verabscheut worden. Der Scheich wurde von den Stammesältesten gewählt und entstammte meist einer besonders angesehenen Familie.«[62]

Wie bei den semitischen Stämmen, die einst nach Palästina gekommen waren, verehrte jeder Stamm eine Gottheit, die häufig durch einen Stein oder einen anderen Gegenstand symbolisiert wurde. Auf ihren Wanderungen führten sie die Gottheit in einem roten Zelt, einer Art ›Bundeslade‹, mit sich. Dieser Schutzgott war das Identitätsmerkmal der Gemeinschaft. In ihm fand die Einheit des Stammes ihren Ausdruck.

In einigen Oasen lebten seßhaft gewordene Stämme. In den bedeutendsten kam es zur Bildung differenzierter städtischer Gesellschaften. Die wichtigste war Mekka. Die Stadt diente verschiedenen Stämmen als Beratungs- und Wallfahrtsort. Jeder Stamm hatte hier einen eigenen Stein. Die Sammlung der Steine in einem zentralen Schrein symbolisierte die Gemeinsamkeit. In Mekka bildete die würfelförmige Kaaba das Einheitssymbol.

Im 5. Jahrhundert gelangten mit Siedlern aus Byzanz und Persien auch deren Glaubensvorstellungen nach Arabien. So entwikkelte sich Nadschran in Südarabien zu einem christlichen Zentrum. In Jathrib, dem späteren Medina, entstand eine jüdische Gemeinde.

Der relativ lange Frieden zwischen Persien und Byzanz dauerte bis 502. Danach kam es wiederholt zu kriegerischen Auseinandersetzungen, die erst wieder im Jahre 628 endeten. Die im Frieden bevorzugten Handelsrouten waren während dieser Zeit unpassierbar geworden, und die jenseits der Grenzen von Byzanz und Persien liegenden Handelswege durch Arabien erlangten erneut wirtschaftliche Bedeutung. Mekka lag nahe dem Schnittpunkt der Handelswege von Norden nach Süden zwischen Mittelmeer und Jemen und von Osten nach Westen zwischen dem Persischen Golf und Djidda, einem wichtigen Hafen am Roten Meer.

In dieser Zeit, vor dem Aufstieg des Islam, übernahm der nordarabische Stamm der *Kuraisch*, der sein Nomadentum erst kurz zuvor aufgegeben hatte, die Macht in Mekka. Aus Angehörigen der Kuraisch entwickelte sich eine Oligarchie von Karawanenbesitzern und Organisatoren des Transithandels.

In diese Umwelt hinein wurde Muhammad um 570 in Mekka geboren. Seine Familie gehörte zwar zum Stamm der Kuraisch, jedoch nicht zur herrschenden Oligarchie. Als Waise wuchs er bei seinem Großvater und nach dessen Tod bei seinem Onkel auf. Als junger Mann trat er in den Dienst von Chadischa, einer wohlhabenden Witwe, die ihn später heiratete, wodurch er zu einigem Wohlstand gelangte. Die Überlieferung berichtet von mehreren Handelsreisen Muhammads, die er in ihrem Auftrag unternahm.

Im Alter von etwa 40 Jahren begann er sich regelmäßig zur Meditation in eine Höhle außerhalb Mekkas, nahe dem Berg Hira, zurückzuziehen. Dort empfing er im Zustand der Entrückung seine ersten Offenbarungen. Durch seine Gesichte und Stimmen glaubte Muhammad, zum Gesandten Gottes berufen zu sein. Davon berichten die ersten Zeilen der ältesten Offenbarung, der Sure 96 des Korans:

Trage vor (rezitiere) im Namen deines Herrn, der erschuf,
erschuf den Menschen aus geronnenem Blut.
Trage vor (rezitiere), denn dein Herr ist allgütig ...[63]

»*Ein* Gedanke beherrscht die ersten Verkündigungen Muhammads: das nahe Endgericht. In jagenden kurzen Zeilen klingen-

der Reimprosa, in sich überstürzenden Bildern wird das Herein-
brechen der Stunde, des Tages der Abrechnung, der Auferstehung
angekündigt. Nahe steht diese Stunde bevor, in Kürze wird sie
anklopfen und die in irdische Geschäfte verstrickten, Gott verges-
senden Menschen aus ihrer Ahnungslosigkeit aufschrecken und
Gott gegenüberstellen. Eine Naturkatastrophe wird das Gericht
einleiten – Erdbeben, Feuer, Sonnenfinsternis –, vielleicht am gewaltigsten geschildert in der 81. Sure:[64]

Wenn die Sonne zusammengefaltet wird
und wenn die Sterne herabfallen
und wenn die Berge sich rühren
und wenn die hochschwangeren Kamelstuten vernachlässigt
werden
und wenn die wilden Tiere sich versammeln
und wenn die Seelen gepaart werden (mit ihren Leibern)
und wenn das lebendig begrabene (Mädchen) gefragt wird,
um welcher Sünde willen es getötet ward,
und wenn die Seiten aufgerollt werden[65]
und wenn der Himmel weggezogen wird
und wenn das Paradies nahegebracht wird,
dann wird jede Seele wissen, was sie getan hat.[66]

»Zu jener Stunde wird *Israfil* die Trompete blasen, die Toten werden leiblich auferstehen und sich verwirrt über ihr Schicksal
fragen; gewisse Prüfungen sind zu überstehen, bis die Ungläubigen an Stirnlocken und Füßen weggeschleppt werden. In der
Schilderung der Höllenstrafen erreicht der Koran nicht die aus-
schweifende Phantasie christlicher Apokalyptiker; erst spätere
Volksfrömmigkeit konnte sich nicht genug tun in der Darstellung jeder Art von Strafen, von Feuerqualen und stinkendem hei-
ßem Wasser, von giftigen Bäumen, von körperlichen Züchtigun-
gen. Aber Muhammad ist nicht nur der Androher und Ermahner,
sondern auch der Verkünder froher Botschaft: der Fromme, welcher Gottes Befehlen gemäß lebt, wird ins Paradies eingehen, wo
Bäche von Milch und Honig in kühlen duftenden Gärten fließen
und jungfräuliche Geliebte ihn erwarten.«[67]
Aus der Verknüpfung von Schöpfung und Gericht ergibt sich
für Muhammad zwangsläufig, daß Schöpfer und Richter eine Person sind.
Die Sure 112 verkündet:

Sprich: Er ist der eine Gott,
Allah, der Alleinige
er zeugt nicht und wird nicht gezeugt,
und keiner ist ihm gleich.«[68]

Zu Muhammads treuesten Anhängern zählten seine Gattin Chadi-scha und sein Schwiegersohn Ali, der Sohn seines Onkels. Die geringe Unterstützung, die er in den ersten Jahren seines prophe-tischen Wirkens erhielt, kam aus den ärmsten Schichten der Stadt Mekka. In dem Maße, in dem sich Muhammad gegen die offizielle Religion wandte, verstärkte sich der Widerstand der Oligarchie. Sie empfand sein religiöses Wirken als Anmaßung eines keiner herrschenden Familie angehörenden Mannes, und sie befürch-tete, eine Abschaffung der alten Religion mindere die Position der Stadt als Handelszentrum und Ziel von Pilgerfahrten. Der Widerstand gegen Muhammad und seine Anhänger führte 622 zu dessen Übersiedlung nach Medina – arabisch als Hedschra be-zeichnet.

Die Oase von Medina, das Jathrib der vorislamischen Zeit, liegt rund 450 Kilometer nördlich von Mekka. Sie war überwie-gend von jüdischen Stämmen bewohnt.

Die Hedschra »stellt sowohl einen Wendepunkt in Muhammads Karriere als auch eine Revolution im Islam dar. In Mekka wird Muhammad als Privatmann und Bürger dargestellt, in Medina hingegen als Oberhaupt einer Gemeinde. In Mekka war er ge-zwungen, sich mit einer mehr oder weniger passiven Opposition zur herrschenden Ordnung zu begnügen, in Medina regierte er. In Mekka hatte er den Islam lediglich gepredigt, in Medina konn-te er ihn auch ausüben. Dieser Wandel spiegelt sich sowohl in den Erzählungen über sein Leben wider, deren mythischer Cha-rakter nun zugunsten eines eher historischen zurücktritt, als auch im Koran, der nun von theologischen zu gesetzgeberischen Fragen übergeht. Daß die Hedschra ein epochales Ereignis war, wurde von den Muslimen schon früh erkannt: Sie ließen die Da-tierung ihres neuen Zeitalters in dem Jahr beginnen, in dem sie stattfand.«[69]

In Medina verfügte Muhammad zunächst nur über die weni-gen Anhänger, die *Muhadschirun*, die mit ihm aus Mekka ge-kommen waren. Hinzu kamen die *Ansar*, Araber, die in Medina lebten und ihm halfen. Anfangs hoffte er auf die Unterstützung der Juden. Um sie zu gewinnen, übernahm er einige jüdische

Praktiken, wie das Fest Jom Kippur und die auf Jerusalem ausgerichtete Gebetsrichtung.

Da eine Anerkennung durch die Juden ausblieb, gab er die übernommenen Regeln wieder auf. »Bis dahin hatte der Prophet sich als Fortsetzer der großen prophetischen Religionen, des Judentums und Christentums, gefühlt und war überzeugt, das gleiche zu predigen, was auch sie lehrten. Biblische Erzählungen finden sich im Koran: so enthält die 12. Sure die Geschichte von Joseph und dem Weibe Potiphars. Doch die Juden lehnten die im Koran befindlichen lückenhaften Darstellungen ab. Das führte Muhammad zu der Überzeugung, daß die von den Juden vorgebrachten Geschichten gefälscht seien – echt seien allein die ihm offenbarten Worte; sein Glaube sei im Grunde älter als der der Juden: es sei der reine Glaube Abrahams, welcher – über *Ismail*[70] – als der Stammvater der Araber gilt und dem die Gründung des mekkanischen Zentralheiligtums zugeschrieben wird. Der reine Monotheismus, erstmals von Abraham gegenüber der alten Gestirnreligion vertreten, dann durch Juden und Christen verfälscht, sollte im Islam wieder lebendig werden. Als Folge dieser Erkenntnis änderte Muhammad die Gebetsrichtung, die bis dahin Jerusalem gewesen war, nach Mekka – und damit war die Gewinnung seiner Heimatstadt wieder zu seinem Ziel geworden.«[71]

Zur Festigung seiner religiösen Autorität formulierte der Prophet Regeln für das Zusammenleben zwischen den Muhadschirun und den arabischen Stämmen einerseits und den andersgläubigen Juden andererseits. »Das damit begründete Gemeinwesen, die *Umma*, war eine Weiterentwicklung der – in einigen wesentlichen Punkten modifizierten – vorislamischen Stadtgemeinschaft und stellt den ersten Schritt in Richtung auf die spätere islamische Autokratie dar. Sie hielt an der Organisation und den Gebräuchen des Stammeslebens fest; jeder Stamm behielt seine eigenen Rechte und Pflichten Fremden gegenüber bei. Innerhalb der Umma mußte auf all diese Rechte hingegen verzichtet und im Fall von Konflikten Muhammad als Schiedsrichter angerufen werden. Von diesen Bestimmungen waren nur die Kuraisch ausdrücklich ausgenommen. Kein Teil der Gemeinschaft durfte einen Separatfrieden mit einer fremden Macht schließen, und diejenigen, die gegen die Gesetze der Umma verstießen, wurden für vogelfrei erklärt.«[72]

Ein wesentlicher Unterschied gegenüber den Stammesregeln der vorislamischen Zeit war die Ersetzung der Blutsverwandtschaft durch den gemeinschaftsfördernden Glauben an einen Gott. Blutrache ächtete die Umma. Über Streitfälle hatte statt dessen ein Schiedsgericht zu entscheiden. »Der Scheich der Umma, Muhammad selbst also, herrschte über die zu seinem Glauben Übergetretenen nicht kraft einer begrenzten und konsensbedürftigen Autorität, die ihm von seinem Stamm widerstrebend und bis auf Widerruf zugestanden wurde, sondern kraft eines absoluten religiösen Vorrechts. Seine Autorität leitete sich somit nicht mehr von der öffentlichen Meinung, sondern von Gott ab, der sie Muhammad als seinem auserwählten Vertreter auf Erden übertragen hatte. Dieser fundamentale Unterschied sollte die gesamte spätere Geschichte der Herrschaft und des politischen Denkens der Muslime prägen.

Die Umma hatte somit einen Doppelcharakter: Sie war zum einen ein politischer Organismus, eine Art neuer Stamm mit Muhammad als Scheich und mit Muslimen und anderen als Untertanen. Zugleich hatte sie aber auch eine zutiefst religiöse Bedeutung, war vor allem auch eine religiöse Gemeinschaft, eine, wie man auch sagen könnte, Theokratie. Im Denken Muhammads und seiner – in dieser Hinsicht auch unserer – Zeitgenossen wurde und wird zwischen politischen und religiösen Zielsetzungen nicht wirklich unterschieden. Diese Dualität ist eines der wesentlichen Kennzeichen der aus der Umma Muhammads hervorgegangenen islamischen Gesellschaft und verstand sich zu dieser Zeit und an diesem Ort eigentlich von selbst. In der ursprünglichen arabischen Gemeinschaft mußte die Religion politisch ausgedrückt und organisiert werden, da es keine anderen Möglichkeiten gab. Umgekehrt konnte nur die Religion den Zusammenhalt eines Staates gewährleisten, dessen arabische Untertanen einen ausgeprägten Widerwillen gegen die ihnen völlig fremde Vorstellung einer politischen Autorität hegten.«[73]

Da die Einwanderer eine ökonomische Abhängigkeit von den Einwohnern Medinas vermeiden wollten, ergriffen sie den einzigen ihnen offenstehenden Beruf, das Kriegshandwerk. Der zwischen den Medinensern und dem in Mekka herrschenden Stamm der Kuraisch anhaltende Konflikt bot dazu reichlich Gelegenheit. Überfälle auf Handelskarawanen galten als legitime Kriegshandlungen, die beträchtliche Beute brachten.

Nach zahlreichen Kämpfen zog Muhammad, acht Jahre nach der Auswanderung, als Sieger in Mekka ein. Mit der Unterwerfung der Kuraisch unter die Umma war die irdische Sendung des

Propheten im wesentlichen erfüllt. Der überlieferten Biographie zufolge starb er 632 n. Chr., ein Jahr nach der Eroberung Mekkas. Zu seinem Nachfolger wurde Abu Bakr gewählt, der Vater seiner Lieblingsfrau Aischa. Die Wahl erfolgte nach arabischem Stammesbrauch. Abu Bakr erhielt den Titel Chalifa (Kalif), das heißt Stellvertreter des Propheten. Nachdem er zwei Jahre lang regiert hatte, folgten Umar (634-644) und dann Uthman (644-656).

Der von Muhammad gepredigte Monotheismus mit seinen ethischen Prinzipien wurde zur Basis, auf der in den folgenden beiden Jahrhunderten ein Weltreich entstand. Ihm gelang es, die schlummernden Potentiale der nach Expansion drängenden Araber zu wecken. Seine Lehre wurde zum Weltbild vieler Millionen Menschen.

Muslime aller Glaubensrichtungen unterscheiden zwischen den göttlichen Offenbarungen, die Muhammad erfuhr, und Ausführungen minderer Bedeutung. Erstere umfaßt der Koran, letztere eine Sammlung nachgeordneter Schriften, die Hedithen. In ihnen sind Aussprüche des Propheten festgehalten, die, ob authentisch oder nicht, für zahllose Muslime in aller Welt als Vorbild menschlichen Verhaltens gelten.

Der letzte einer langen Reihe persisch-byzantinischer Kriege endete 628. Er hinterließ zwei stark geschwächte Reiche, die dem Eroberungsdrang der arabischen Stämme wenig entgegenzusetzen hatten. Innerhalb eines Jahrzehnts eroberten die Araber Syrien, Palästina und den Irak. Im folgenden Jahrzehnt wurde Ägypten erobert. Die Expansion war weniger die des Islam als die arabischer Stämme, die in den Jahrhunderten zuvor wiederholt semitische Stämme in den fruchtbaren Halbmond führten. Erinnert sei an die Eroberung Palästinas durch die *Hebräer*. Die Religion war das Symbol des Sieges und der Einheit der Stämme.

Die frühen Kalifen übernahmen in den eroberten Gebieten den byzantinischen bzw. den persischen Verwaltungsapparat. Bestehende Rechtsnormen behielten ihre Verbindlichkeit. Die Araber übernahmen lediglich den staatlichen Grundbesitz. Private Grundbesitzer, deren Besitz von den Eroberern anerkannt wurde, hatten Steuern zu zahlen. Muslime unterlagen dagegen allein einer geringfügigen religiösen Steuer. Christentum und Judentum galten den Muslimen als tolerierbare, vom Gesetz erlaubte Religionen.

Nach einer Phase innerer Auseinandersetzungen zwischen den Stämmen um die Nachfolge übernahm 661 Muawija, ein

Neffe Uthmans, das Kalifat. Beide waren Mitglieder der *Umaijaden*, einer angesehenen Familie in Mekka.

Muawija sah sich vor der schwierigen Aufgabe, aus einem Konglomerat verschiedener Gebiete ein zentral geleitetes Reich zu formen. Erschwerend kam hinzu, daß die Stämme ihrer Stammestradition nach wie vor verhaftet blieben und der Idee eines arabischen Königreiches ablehnend gegenüberstanden.

Muawija verlegte die Hauptstadt des Reiches nach Syrien, und Syrien blieb während des Jahrhunderts der Umaijadenherrschaft die zentrale Provinz. Die *Schura*, die Ratsversammlung der Scheichs, bildete das wichtigste Herrschaftsinstrument des Kalifen. Um seine Ziele durchzusetzen, erteilte der Kalif kaum Befehle, er stützte sich vielmehr auf sein Prestige und seine Überzeugungsfähigkeit. Die Administration des Reiches blieb weiterhin in den Händen persischer bzw. byzantinischer Verwaltungsbeamter, welche die bewährten Verfahren ihrer Vorgänger nutzten. »Die Grundlage der umaijadischen Gesellschaft war die Herrschaft der Araber, die weniger eine Nation als eine vererbliche Gesellschaftskaste darstellte, in die man nur aufgrund seiner Geburt aufgenommen werden konnte. Sie bezahlten keinerlei Grundsteuern, sondern lediglich den persönlichen religiösen Zehnten. Nur sie konnten für die Amsar[74] rekrutiert werden; sie stellten zudem die überwiegende Mehrheit der in den Listen des Diwans erfaßten Krieger, die allmonatlich und alljährlich Pensionen und Zuwendungen – sowohl in Form von Geld als auch von Naturalien – aus der Beute der Eroberungen und den in den Provinzen eingehobenen Steuern und Abgaben erhielten.«[75]

Araber, die sich in den eroberten Ländern niederließen, bildeten gegenüber der einheimischen Bevölkerung eine Minderheit.

Im Laufe der Zeit wuchs in den Provinzen eine neue gesellschaftliche Gruppe heran, die *Mawali*. Diese Gruppe setzte sich überwiegend aus nichtarabischen Konvertierten zusammen, die als Handwerker, Ladenbesitzer, Kaufleute usw. in den Vorstädten lebten und deren Aufgabe darin bestand, die Bedürfnisse der arabischen Aristokratie zu befriedigen. Die von den Mawali immer wieder erhobene Forderung nach wirtschaftlicher und sozialer Gleichstellung erfüllte sich während der Umaijadenzeit nicht.

»Die Zahl der Mawali stieg rasch an und übertraf bald die der Araber. Ihre massenhafte Ansiedlung in den Garnisonsstädten führte zur Entstehung einer unzufriedenen und gefährlichen Stadtbevölkerung, die sich in zunehmendem Maß ihrer politischen Bedeutung, kulturellen Überlegenheit sowie ihres wachsenden Anteils an militärischen Unternehmungen bewußt wurde. Die von ihnen beklagten Mißstände waren in der Hauptsache wirtschaftlicher Natur. Die gesamte Struktur des arabischen Staates fußte auf der Voraussetzung, daß eine Minderheit von Arabern über eine Mehrheit nichtmuslimischer Steuerzahler herrschte.

Eine wirtschaftliche Gleichstellung der Mawali hätte zugleich einen Rückgang der Einkünfte und einen Anstieg der Ausgaben bedeutet, was vermutlich zu einem völligen Zusammenbruch geführt hätte. Obwohl die Unterscheidung zwischen den Eroberern und den Mawali bis zu einem bestimmten Grad mit dem ethnischen Unterschied zwischen Arabern und Nichtarabern zusammenfiel, war sie vor allem wirtschaftlicher und gesellschaftlicher Natur.«[76]

Die Unzufriedenheit der Mawali wurde durch die rein arabische Gruppe der *Schiiten* aufgefangen. In der *Schia* hatten sich Muslime gesammelt, welche die Ansprüche der Nachkommen Alis, des Schwiegersohns und Neffen Muhammads, auf das Kalifat unterstützten. »Die schiitischen Propagandisten wandten sich erfolgreich an alle Unzufriedenen und insbesondere an die Mawali, auf die der Gedanke einer legitimen Nachfolge in der Linie des Propheten eine weit größere Anziehungskraft ausübte als auf die Araber selbst. Die Schia war im Grunde genommen der in religiöse Begriffe gefaßte Ausdruck einer Opposition gegen den Staat und die etablierte Ordnung, deren Bejahung mit der Zustimmung zur mehrheitlichen islamischen Doktrin, der *Sunna*, gleichgesetzt wurde.«[77]

Eine weitere unzufriedene Gruppe, Halbaraber, Söhne arabischer Väter und nichtarabischer Mütter, meist Sklavinnen, wuchs in der Aristokratie heran. Dieser Gruppe wurden, den Stammesbräuchen entsprechend, viele Privilegien, insbesondere das der Kalifatnachfolge verwehrt. Als drittes destabilisierendes Element kamen die immer wieder ausbrechenden Blutfehden zwischen den arabischen Stämmen hinzu. Waren es in vorislamischer Zeit Fehden zwischen benachbarten Stämmen, so kam es in Folge der Expansion zu Fehden zwischen großen Stammesverbänden.

Am Beginn des 8. Jahrhunderts erreichte die Macht der Umaijaden ihren Höhepunkt. Im Innern des Reiches wurden die anfangs beibehaltenen persischen und byzantinischen Verwaltungsstrukturen durch ein arabisches System mit Arabisch als Amtssprache ersetzt. Ein arabisches Währungssystem wurde 696 eingeführt. Es trat an die Stelle der bis dahin gebräuchlichen Nachahmungen byzantinischer und persischer Münzen.

Noch wichtiger als die inneren Reformen war für den Bestand des Reiches die Wiederaufnahme der Expansion. In Zentralasien wurden Buchara und Samarkand erobert. Im Süden drangen die Araber nach Indien ein. 710 landeten sie in Spanien und besetzten einen Großteil der Iberischen Halbinsel.

In den folgenden Jahrzehnten traten – in der Regel im religiösen Gewand – wiederholt Konflikte auf, die letztlich zum Untergang der Umaijadendynastie führten. An ihre Stelle traten die *Abbasiden*.

Obwohl ethnische Gegensätze eine Rolle spielten, waren sie nicht der entscheidende Faktor für den Sturz der Umaijaden. »Freilich befanden sich unter den Siegern zahlreiche Perser; ihren Sieg hatten sie aber keineswegs als Perser errungen, die ihre Feinde als Araber betrachtet hätten. Und umgekehrt hatten sich auch viele Araber gegen die Umaijaden gewandt, vor allem jene immer zahlreicher und bedeutender werdenden Gruppen, die nicht in die Aristokratie der Eroberer aufgenommen worden waren. Dasselbe galt für die Halbaraber, deren Zahl ebenfalls stark gestiegen war. Und auch die Mawali waren nicht ausschließlich Perser. Unter ihnen waren auch Iraker, Syrer, Ägypter und selbst Araber, jene nämlich, die keine vollgültigen Mitglieder der Stammesaristokratie waren.«[78] Das Wesen des Wandels wird deutlich in den Veränderungen, die dem Sieg der Abbasiden folgte: »Die unmittelbarste und augenscheinlichste dieser Veränderungen war die Abschaffung des aristokratischen Abstammungsprinzips.

Der erste Abbasidenkalif, As Saffah (750-754), war der Sohn einer freien arabischen Mutter und wurde offenbar aus diesem Grund seinem Bruder vorgezogen, der eine Berbersklavin zur Mutter hatte. Bei seinem Tod war es jedoch eben dieser Bruder, der ihm trotz einigen Widerstandes unter dem Namen Al Mansur (754-775) als Kalif nachfolgte.«[79] Auch der berühmte Harun Ar Raschid (786-809) war Sohn einer Sklavin unbekannter Herkunft.

Unter den Abbasiden errangen die Malawi die lang erstrebte Gleichberechtigung. An Stelle des Arabertums wurde der Islam zum Identitätssymbol der herrschenden Elite.

Während des Kalifats Al Mansurs wurde die Hauptstadt des Weltreiches von Syrien in den Irak, nach Bagdad, verlegt. Bagdad als Sitz des Kalifen, seines Hofes und zahlreicher Verwaltungen ließ die Einwohnerzahl auf rund 300 000 steigen. Damit wurde der Schwerpunkt des Reiches »von der mediterranen Provinz Syrien nach Mesopotamien, in ein fruchtbares und wasserreiches Flußtal an der Kreuzung zahlreicher Handelsstraßen verlagert. Diese Verlagerung symbolisiert zugleich den Übergang von einem byzantinischen Nachfolgestaat zu einem nahöstlichen Großreich traditionellen Zuschnitts, in dem altorientalische und insbesondere persische Einflüsse eine immer gewichtigere Rolle spielen sollten.

Die Machtergreifung durch die neue Dynastie brachte einen Entwicklungsprozeß der staatlichen Organisation zum Abschluß, der bereits unter den Umaijaden eingesetzt hatte. Der Kalif verwandelte sich von einem Stammesscheich, der kraft der (stets nur auf Widerruf gewährten) Zustimmung der arabischen herrschenden Schichten regiert hatte, in einen Autokraten, der seine Autorität auf einen göttlichen Ursprung zurückführte, auf seine regulären Truppen stützte und mit Hilfe einer besoldeten Bürokratie ausübte. Am Hof der Abbasiden trat eine Hierarchie von Höflingen, hohen Beamten und später auch militärischen Befehlshabern an die Stelle der arabischen Stammesoberhäupter.«[80]

Auf einer Welle religiöser Bewegungen hatten die Abbasiden die Macht erlangt. Sie sicherten sich die Unterstützung ihres Vielvölkergemischs, indem sie die religiösen Aspekte ihrer Autorität betonten. Der Islam wurde zum Bindemittel, das die unterschiedlichen ethnischen Gruppen zusammenhielt.

Unter der Herrschaft Harun Ar Raschids erreichte das Abbasidische Weltreich seinen Höhepunkt. Danach brach die politische Einheit auseinander. Provinzen errangen unter der Herrschaft lokaler Dynastien ihre Selbständigkeit.

Destabilisierend wirkten die immer wieder aufflackernden Aufstände, ausgelöst durch das Elend der Landbevölkerung unter dem Druck der Großgrundbesitzer im Inneren. Für das Reich besonders bedrohlich war der Aufstand des Barbak (816-837). Seine Sekte, die Churramijja, fand ihre Anhänger in den Dörfern. Aserbaidschan bildete das Zentrum des Aufstands. Von dort breitete er sich nach Südwestpersien, über die kaspischen Provinzen und in westlicher Richtung bis nach Armenien aus. Erst 833 wurden die Babakiden nach Aserbaidschan zurückgedrängt und schließlich besiegt.

Von anderer Art war der Aufstand schwarzer Sklaven zwischen 869 und 883. »Der Islam war eine Sklavenhaltergesellschaft und ist es auch bis in die jüngste Zeit geblieben. Im Unterschied zum Römischen Reich bildeten die Sklaven jedoch nicht die wichtigste Produktionsbasis; produziert wurde im Islam vornehmlich von freien oder halbfreien Bauern und Handwerkern. Sklaven wurden hauptsächlich für Hausarbeiten, vor allem aber für militärische Aufgaben verwendet, wie die *Mamluken*, welche sich allmählich zu einer privilegierten Militärkaste entwickelten, die schließlich die Staatsgeschäfte übernahm. Es gab aber auch Ausnahmen. In einigen Großunternehmen mußten Sklaven Schwerstarbeit verrichten: etwa in Bergwerken, auf Galeeren und bei der Trockenlegung von Sumpfland. Der Aufstieg einer Klasse von Kaufleuten und Unternehmern, denen häufig beträchtliches Kapital zur Verfügung stand, ermöglichte den Kauf und die Beschäftigung einer großen Zahl von Sklaven, die zu landwirtschaftlichen Arbeiten herangezogen wurden. Sie lebten, zu Arbeitsmannschaften zusammengefaßt, in äußerstem Elend, wobei häufig Tausende einem einzigen Grundbesitzer gehörten. Sklaven dieser Art waren meist Schwarze, die vor allem in Ostafrika gefangengenommen, gekauft oder als Tribut von einem Vasallenstaat geliefert worden waren.«[81]

In den östlich von Basra gelegenen Salzsümpfen ließen reiche Grundbesitzer der Stadt schwarze Sklaven das Marschland entwässern, um das Salz gewinnbringend verkaufen zu können und danach den Boden landwirtschaftlich zu nutzen. Tausende Sklaven schufteten unter unmenschlichen Bedingungen. Ihr Aufstand griff rasch um sich. 871 eroberten sie Basra. In den folgenden Jahren drangen sie bis in die Nähe Bagdads vor. Der Aufstand wurde erst 883 niedergeschlagen.

»Die arabischen Eroberungen vereinten zum ersten Mal in der Geschichte ausgedehnte Territorien, die von den Grenzen Indiens und Chinas bis ins unmittelbare Vorfeld Griechenlands, Italiens und Frankreichs reichten, unter einer Herrschaft. Die Araber verschmolzen so, zunächst durch ihre militärische und politische Macht, später (und dauerhafter) durch ihre Sprache und ihren Glauben, zwei bis dahin gegensätzliche Kulturen zu einer einheitlichen Gesellschaft: einerseits die jahrtausendealte, vielfältige mediterrane Tradition Griechenlands, Roms, Israels und der alten nahöstlichen Kulturen und andererseits die blühende Zivilisation des Iran mit ihren besonderen Lebensweisen, Gedankenwelten und ihren fruchtbaren Kontakten zu den Hochkulturen des Ostens. Aus dem Zusammenleben all dieser Völker,

Religionen und Kulturen innerhalb der Grenzen der islamischen Gesellschaft entstand eine neue Zivilisation, die ihre Existenz zwar vielfältigen Ursprüngen und durchaus unterschiedlichen Persönlichkeiten verdankte, aber in all ihren Manifestationen auf unverwechselbare Weise vom arabischen Islam geprägt war.

Aus dieser Vielfalt der islamischen Gesellschaft ergibt sich ein zweites, für den europäischen Beobachter besonders überraschendes Merkmal: ihre relative Toleranz. Im Unterschied zu seinen westlichen Zeitgenossen empfand der mittelalterliche Muslim nur selten die Notwendigkeit, seinen Untertanen gewaltsam seinen Glauben aufzuzwingen: Er glaubte genauso unumstößlich wie sein christlicher Zeitgenosse, daß Andersgläubige zur Hölle fahren würden, wenn die Zeit gekommen sei, betrachtete es aber im Unterschied zu ihm als zwecklos, den göttlichen Schiedsspruch bereits in dieser Welt vorwegzunehmen. Meist war er es einfach zufrieden, in einer Gesellschaft vieler Religionen dem herrschenden Glauben anzugehören. Als Zeichen seiner Vorrangstellung erlegte er den anderen bestimmte gesellschaftliche und rechtliche Einschränkungen auf und scheute sich auch nicht, sie auf nachdrückliche Weise in Erinnerung zu rufen, sobald sie in Vergessenheit zu geraten drohten. Im übrigen ließ er ihnen religiöse, wirtschaftliche und geistige Freiheit und bot ihnen so auch die Möglichkeit, einen wesentlichen Beitrag zu seiner eigenen Kultur zu leisten.«[82]

Bereits unter den Umaijaden begann die Übersetzung griechischer Werke auf den Gebieten der Philosophie, der Naturwissenschaften und der Medizin. Die Bücher wurden entweder direkt aus der Originalsprache oder aus syrischen Fassungen ins Arabische übertragen. Unter dem Einfluß der übersetzten wissenschaftlichen Literatur wuchs eine Generation muslimischer Gelehrter heran, zu der zum Beispiel der Arzt und Philosoph Ibn Sina (Avicenna) und al-Biruni, Arzt, Astronom, Mathematiker, Physiker, Chemiker, Geograph und Historiker gehörten. Arabische Gelehrte leisteten bedeutendes auf den Gebieten der Mathematik, Physik und Chemie. Ibn al Haitham (Alhazen) legte vor 1 000 Jahren das Fundament der modernen Optik. Schon 600 Jahre vor Galilei führte er systematische Experimente durch. Die heute gebräuchlichen arabischen Ziffern wurden aus Indien übernommen. Erst im muslimischen Weltreich wurde das Zahlensystem zur Grundlage mathematischer Theorien. Algebra, Geometrie und Trigonometrie waren in bedeutenden Teilen arabische

Leistungen. So schufen arabische Gelehrte die Grundlagen, auf denen sich Jahrhunderte später in Europa die exakten Naturwissenschaften entwickelten. »Das prophetische Geschichtsbild des Islam, dem zufolge die Mission Muhammads das letzte Glied einer Kette von Offenbarungen darstellt, deren Vorläufer das Judentum und das Christentum sind, bot dem Muslim die Möglichkeit, Juden und Christen als Empfänger älterer und unvollendeter Versionen einer göttlichen Verkündigung zu betrachten, die nur er in letzter Vollkommenheit erhalten hat. Im Unterschied zum Christentum, das sich Jahrhunderte lang als Religion der Armen und Benachteiligten ausbreitete, bevor es zur Staatsreligion des Römischen Reiches avancierte, wurde der Islam bereits zu Lebzeiten seines Gründers zur grundlegenden Verhaltensrichtlinie einer expandierenden und siegreichen Gemeinschaft. Die riesigen Eroberungen des Islam während der ersten Gründergenerationen verankerten im Bewußtsein der Gläubigen die unerschütterliche Gewißheit göttlichen Wohlwollens, das in dieser Welt als Macht und Erfolg der einzigen Gemeinschaft zum Ausdruck kam, die Gottes Gesetz befolgte. Die Muslime konnten so von gebildeten Andersgläubigen zwar sehr viel lernen, das letzte Kriterium der Gültigkeit ihrer Lehren blieb jedoch die durch direkte Offenbarung geheiligte und durch den Erfolg ihrer Anhänger bestätigte Scharia.«[83]

Im Islam fand sich für die Erbsünde im christlichen Verständnis kein Platz. Allah vergibt alle Sünden, wenn der Sünder nur Reue und Bereitschaft zur Umkehr erkennen läßt. Heilsgewißheit erlangt der Muslim allein durch die Erfüllung der Gebote Allahs. Insgesamt bilden Religion, Politik und praktisches Leben im Islam eine viel unmittelbarere Einheit als im spiritualistischen Christentum des Mittelalters.

5 DER WEG
IN DIE WELT VON HEUTE

In diesem Kapitel sollen einige, mir wesentlich erscheinende Systemzustände bzw. Systemveränderungen benannt werden, die in die kapitalistische Gegenwart führten, in eine nahezu schrankenlos wachsende wissenschaftlich-technische Gesellschaft.

In der westlichen Zivilisation wurde und wird gelehrt, daß »das antike Griechenland das alte Rom hervorgebracht hat, Rom wiederum das christliche Europa, das christliche Europa die Renaissance, die Renaissance die Aufklärung und die Aufklärung die politische Demokratie sowie die Industrielle Revolution. Die Industrie wiederum soll – nachdem sie sich mit der Demokratie vermählt hat – die Vereinigten Staaten von Amerika gezeugt haben, die bekanntlich das Recht auf Leben und Freiheit sowie das Streben nach Glück verkörpern.

Ein solches Entwicklungsschema ist irreführend aus zwei Gründen. Erstens, weil es die Geschichte als eine Traumkarriere der Moral darstellt, als historisches Etappenrennen, bei dem jeder Teilnehmer die Fackel der Freiheit an den nachfolgenden Stafettenläufer übergibt. Die Geschichte verwandelt sich damit in eine märchenhafte Legende, die vom Siegeszug des Guten, von der Überwindung der Bösen durch die Tugendhaften handelt. Nicht selten wird daraus eine Geschichte, bei der die Sieger allein schon durch ihren Sieg beweisen, daß sie die Tugendhaften und Guten sind. Wenn der historische Prozeß die Durchsetzung eines moralischen Anliegens in der zeitlichen Dimension sein soll, werden diejenigen, die Anspruch auf dieses Anliegen erheben, automatisch zum auserwählten Werkzeug der Geschichte.

Dieses Schema ist noch in einem zweiten Sinne irreführend. Wenn Geschichte nichts als die Legende eines sich Schritt für Schritt verwirklichenden Anliegens ist, dann ist jedes Einzelglied des historischen Stammbaums, oder jeder Träger der Stafette, lediglich ein Vorbote der endgültigen Idealgestalt – und nicht etwa ein Produkt vielfältiger sozialer und kultureller Prozesse, die zu einer bestimmten Zeit und an einem bestimmten Ort abgelaufen sind.«[1]

Im »Osten« hingegen wurde Geschichte als gesetzmäßige Folge von Gesellschaftsformationen betrachtet. Dazu heißt es im Lehrbuch der Grundlagen des Marxismus-Leninismus: »Insgesamt hat die Menschheit vier Formationen durchschritten: die Urgesellschaft, die Sklavenhaltergesellschaft, die Feudalgesellschaft und die kapitalistische Gesellschaft. Gegenwärtig aber lebt sie in der Epoche des Übergangs zur nächstfolgenden, der kommunistischen Formation, deren erste Phase als Sozialismus bezeichnet wird.«[2] Die Entwicklung der menschlichen Gesellschaft wird hier als ein gerichteter gesetzmäßiger Prozeß postuliert, »der einer bestimmten, vom Willen und Bewußtsein der Menschen unabhängigen historischen Notwendigkeit unterworfen ist«[3]. Auch in diesem Sinne wird die Entwicklung der Menschheit zu einem Weg des historischen Fortschritts, zu einer Höherentwicklung.

Zumindest nach dem Scheitern des Realsozialismus am Ausgang des 20. Jahrhunderts wurde auch die Kanonisierung der Fünf-Stufen-These als das erkannt, was sie im Grunde seit Stalin war, »ein Prokustesbett, in das die Geschichte aller Länder, Regionen und Völker eingezwängt wurde. ... Da ging es nun schon eindeutig darum, der damals praktizierten Gesellschaftspolitik und Herrschaftsstruktur eine scheinbar unumstößliche historisch-nomologische Legitimierung zu verschaffen. Daher das simplifizierende Schema: a) In der Geschichte wirkt eine allgültige Abfolgegesetzlichkeit, kraft derer jede Stufe mit unabwendbarer geschichtlicher Notwendigkeit auf die vorherige folgt und nun also der Kapitalismus ebenso notwendig durch den Sozialismus ersetzt wird. b) Der sowjetische Gesellschaftstyp wird mit *dem* Sozialismus schlechthin identifiziert.«[4]

Langsam beginnt sich mit der Erkenntnis, daß Gesellschaftsformationen keine unvermeidlich aufeinanderfolgenden Formen des menschlichen Miteinanders darstellen, ein neues Geschichtsverständnis durchzusetzen. Nächstfolgende Gesellschaftsformationen sind demnach, im Sinne eines falsch verstandenen Fortschritts, auch keineswegs immer höherwertige Systeme. Wenn heute einige Staaten über kriegerische Vernichtungspotentiale verfügen, die ausreichen, den *Homo sapiens sapiens* und mit ihm den größten Teil aller Vielzeller mehrfach auszurotten, so ist darin kein Fortschritt erkennbar. Eine uneingeschränkte Ausnutzung der Natur ist nicht Fortschritt, sondern Torheit, ist ein Handeln wider besseres Wissen.

Menschliche Gemeinschaften waren zu allen Zeiten hochkomplexe dynamische Systeme. Neben einer Kontinuität über kürzere oder längere Zeiträume ereignen sich in ihr immer wieder Brüche. Wenn sich gesellschaftliche Systeme zu weit von einem

Gleichgewichtszustand entfernen, können sie kollabieren. Dabei haben kleine Ursachen tiefgreifende Veränderungen zur Folge.[5]

Der Wandel von der jagenden und sammelnden Lebensweise des *Homo sapiens sapiens* zu einer seßhaften, Bodenanbau und Viehzucht betreibenden Lebensform war keineswegs ein zwangsläufiger Schritt auf einem vorbestimmten Weg zu neuen höheren Formen der Organisation der menschlichen Gesellschaft. Im Gegenteil, in den wenigen Gebieten der Erde, in denen – unabhängig voneinander – die Neolithische Revolution erfolgte, ist dieser Wandel die Reaktion auf tiefgreifende Veränderungen des Lebensraums.

Warum begann nun der zweite Wandel, die Industrielle Revolution – die das Miteinander der Menschheit zutiefst veränderte –, ausgerechnet in Europa, genauer in England und zur gleichen Zeit in keiner anderen Weltregion? Welche Kräfte wirkten nach dem Untergang des Weströmischen Reiches in West- und Mitteleuropa an diesem nur hier ablaufenden revolutionären Prozeß mit?

Die historischen Ereignisse sind bekannt und bedürfen nur einer kurzen Erwähnung. – Was hingegen sind die inneren Ursachen, Motive und Impulse, die das soziale Leben in den Gemeinschaften beeinflußten und damit auch die Weltbilder formten, die das Handeln innerhalb dieser Gemeinschaften motivierten?

5.1 DAS MITTELALTER

Ein aktueller archäologischer Fund erinnert daran, daß lange vor dem Untergang Westroms auch die Gebiete an Rhein und Donau, jenseits des Limes, seit Jahrtausenden genutztes Bauernland waren. Bei Goseck in Mitteldeutschland wurde ein etwa 7 000 Jahre altes religiöses Heiligtum, eine Kreisgrabenanlage, entdeckt, deren Bau eindeutig von astronomischem Wissen zeugt. Außenmauer und innere Palisade sind von drei statt von zwei oder vier Toren durchbrochen. Dabei markiert das südöstliche Tor genau den Ort, wo die Sonne zur Wintersonnenwende aufgeht, das südwestliche Tor jenen, wo sie an diesem Tag untergeht: Eine präzise

Ankündigung der Jahreszeiten erfordert die Identifizierung der Wintersonnenwende. Messungen in aufeinanderfolgenden Jahren erlauben somit die Bestimmung der Jahreslänge. – Ein Wissen, das für jede Pflanzenbau betreibende Gemeinschaft unerläßlich ist.

Noch bis in die Römerzeit war der weit überwiegende Teil West- und Mitteleuropas von dichten Wäldern bedeckt. Siedlungen lagen als seltene Oasen inmitten dieser Wälder. Nur in günstigen Lagen, zum Beispiel in Flußtälern oder an Meeresufern, befanden sich zahlreichere, teils auch größere Siedlungen. Die Menschen empfanden die Natur nicht als »Umwelt«. Sie sahen sich als integralen Teil der Natur, in deren Kreislauf sie einbezogen waren. Die Natur bildete einen unauflöslichen Bestandteil ihres Seins und ihres Bewußtseins. Das über Jahrtausende gewachsene archaische Weltbild der agrarischen Gemeinschaften sah in der Zeit eine Abfolge jährlicher Zyklen mit ihren immerwährenden Wiederholungen. Markante Punkte wie die erwähnte Wintersonnenwende wurden zu Festtagen.

Auch das Verhältnis zum Boden, den die Gruppe nutzte – eine Familie, Sippe oder Dorfgemeinschaft –, stellte eine organische Verbindung zur Natur her. Nur als Mitglied seiner Gemeinschaft konnte der Einzelne den Boden nutzen, sich seine Früchte aneignen. »Zeit und Raum bilden in der Auffassung der Barbaren keine Begriffe a priori, welche außerhalb und vor der Erfahrung existieren. Sie sind nur in der Erfahrung gegeben und stellen einen untrennbaren Bestandteil dieser selbst dar, den man nicht aus dem Lebensstoff herauslösen kann.«[6]

Da sich die Menschen als organischen Bestandteil der Natur sahen, deren Rhythmus ihr Leben regelte, waren Naturerscheinungen für sie aktiv wirkende Kräfte. Wie in allen archaischen Religionen verehrten auch die Germanen Tiere, Bäume, Pflanzen, Quellen und Bergeshöhen. Wälder und Moore galten in ihrer Unergründlichkeit als Sitz von Geistern und Dämonen. Ein ferner Nachklang dieser Vorstellungen findet sich noch in unseren Märchen.

Im Laufe der vorchristlichen Jahrtausende bildeten sich aus mehreren benachbarten Dorfgemeinschaften Stämme. Im ersten Jahrtausend v. Chr. kam es in Teilen des besiedelten Raumes zu einer relativen Überbevölkerung. Außerdem entstand eine Stammes-aristokratie. Häuptlinge nahmen gegenüber den freien Stammesmitgliedern eine mehr oder weniger unangefochtene Führungsrolle ein.[7]

Eine ungleichmäßige Entwicklung ermöglichte es den überlegenen Stammesverbänden, gegen weniger starke Nachbarn Kriege zu führen.

In der zweiten Hälfte des ersten vorchristlichen Jahrtausends setzte eine nach Süden gerichtete Wanderungsbewegung keltischer und germanischer Stämme ein.

Sie wurde durch eine deutliche Klimaverschlechterung befördert. Die Ausbreitung arktischer Luftmassen führte zu einem kälteren und feuchteren Klima, das den in diesen Bereichen siedelnden Stämmen die Lebensgrundlage entzog.[8] So wanderten in den Jahren 113 bis 101 v. Chr. die Kimbern und Teutonen von der jütländischen Halbinsel durch Mitteleuropa bis an die Grenzen Italiens. »Rom erzitterte unter dem *furor teutonicus*, dem Teutonenschrecken; fortan verband Rom mit diesem Schrecken die Auseinandersetzungen mit den Stämmen des Nordens.«[9]

In den folgenden Jahrhunderten wechselten kriegerische Auseinandersetzungen und friedliche Beziehungen zwischen den Stämmen und den Römern einander ab. Die germanischen »Stammesverbände entwickelten sich zu neuen ethnischen Gemeinschaften, den Großstämmen der Franken, Alemannen, Sachsen, Thüringer, Friesen, Langobarden, Burgunder usw. Deren Tradition prägte nicht unwesentlich die Verhältnisse im deutschen Feudalstaat des Mittelalters.«[10]

Im 4. Jahrhundert erfaßte eine zunehmende Trockenheit weite Teile Asiens. Die über Jahrhunderte genutzte große Seidenstraße, auf der Kamelkarawanen chinesische Luxusgüter westwärts transportierten, wurde zeitweilig aufgegeben. Das Austrocknen großer Teile der Weideflächen Zentralasiens dürfte der Anstoß dafür gewesen sein, daß nomadisierende Völker in eine Art Kettenreaktion nach Westen vordrangen.

Der Einfall der Hunnen führte im Jahre 375 zum Zusammenbruch des gotischen Steppenreiches. Die im oberen Odergebiet ansässigen Vandalen durchzogen Gallien und Spanien und setzten von dort nach Nordafrika über. Die Burgunder verließen das von ihnen über Jahrhunderte besiedelte Odergebiet. Sie überschritten im 5. Jahrhundert den Rhein und gründeten das Burgunderreich. Am Niederrhein rückten die Franken vor und eroberten Gallien. »Am Ende des 5. Jahrhunderts waren vom Weströmischen Reich nur noch Erbmasse und Tradition vorhanden. Die politische und die militärische Macht lag in anderen Händen: in denen von Fürsten, Adel und freien Bauern der germanischen

Stammesverbände. Sie hatten ihre Königreiche gebildet oder waren im Begriff, diese zu errichten.«[11]

Im Weltbild der Germanen nahm der Fruchtbarkeitskult einen bedeutenden Platz ein. In ihm spiegelt sich der Wunsch nach ertragreichen Ernten und fruchtbarem Vieh wider. Die Frau und Mutter genoß als Verkörperung des Lebens und der Fruchtbarkeit hohe Achtung. Tacitus berichtet, den germanischen Frauen wohne etwas Heiliges und Seherisches inne. So galt eine Gottheit als Stammvater des Menschengeschlechts, die aus dem Mutterschoß der Erde geboren wurde.

Dem Werden neuen Lebens steht das Vergehen des Alten gegenüber. Viele Grabfunde belegen, daß auch die Germanen an die Weiterexistenz in einem Jenseits glaubten. In vorrömischer Zeit, in der eine gesellschaftliche Differenzierung innerhalb der Gemeinschaft kaum vorhanden war, wurden die Toten zumeist verbrannt und die Asche auf ausgedehnten Gräberfeldern in Urnen beigesetzt. Selbst wenn eine Gruppe ihren Siedlungsplatz wechselte, weil der Boden erschöpft war, blieb der Friedhof am alten Ort. Die Toten verweilten weiterhin in ihrer Gemeinschaft.

Mit zunehmender gesellschaftlicher Differenzierung gegen Ende der vorrömischen Zeit gibt es neben der Brandbestattung bei einigen Stämmen auch Körperbestattungen. Unter den zahlreichen Grabbeigaben finden sich jene Dinge, die der Verstorbene im Jenseits benötigt: Nahrung, Kleidung, Waffen und Schmuck. In den Grabausstattungen spiegelt sich die Stellung der Verstorbenen in der Stammesgemeinschaft wider.

Im Verlauf des 3. Jahrhunderts wird die Grablegung zur vorherrschenden Bestattungsform. Je stärker das Christentum unter den germanischen Stämmen Fuß faßt, um so mehr gleicht sich die Körperbestattung den Forderungen des neuen Glaubens an. Da die Sitte, dem Verstorbenen seine persönliche Habe mitzugeben, christlichen Vorstellungen widersprach, mußte sie ausgerottet werden. Beigaben wurden seit dem 8. Jahrhundert immer spärlicher. Der Blumenschmuck unserer Zeit ist ein Überbleibsel dieser Tradition.

Naturkräfte und andere, für die Germanen unerklärliche Vorgänge wurden sicher schon in vorrömischer Zeit personifiziert; vermutlich jedoch noch nicht als Götter. Sichere Hinweise auf einen Götterglauben stammen von römischen Schriftstellern. Tacitus berichtet, daß *Wodan* der Gott des Sturmes war, »der Gott des Gesanges, der Gott der Toten und damit der Beherrscher auch des Jenseits. Die *Walküren* empfingen und begleiteten die Seele des Kriegers nach Walhall, wie dies mehrfach auf Bildsteinen dargestellt ist. So war Wodan bzw. in der nordgermanischen Form *Odin* auch der Gott der Krieger. Entsprechend der wachsenden sozialen Differenzierung *auf Erden* erhielten auch die Götter in den Vorstellungen der Germanen eine Rangordnung. So rückte bei der Bedeutung des Krieges und des Totenkultes Wodan an die erste Stelle. ...

Als zweiten Gott nennt Tacitus den *Herkules*, mit dem wegen seiner Keule und dem Kampf mit Ungeheuern und Riesen nur der hammerschwingende *Donar* gemeint sein kann. Donar, der im Norden *Thor* hieß, war der Gott des Donners und des Blitzes. Die Germanen brachten ihm Tieropfer dar und riefen vor dem Kampf seinen Namen in den Schild, um aus dem Widerhall den Ausgang des Kampfes vorauszusagen.«[12]

Neben den männlichen Gottheiten gab es in der germanischen Götterwelt auch weibliche. Die bekannteste ist *Freya*, bei den Nordgermanen die Göttin der Fruchtbarkeit.

Nach dem Untergang Westroms entstand zu Beginn des 6. Jahrhunderts in Gallien eines der größten germanischen Stammesreiche, das Merowingerreich unter Chlodwig. Es stützte sich auf den Stammesadel und das Heeresaufgebot freier Bauern. In Gallien existierten aus römischer Zeit große weltliche und kirchliche Güter, in denen die Bauern durch das Kolonat an den Boden gebunden waren. Durch die Ansiedlung fränkischer Bauern wurde freier bäuerlicher Besitz und Gemeineigentum an Grund und Boden zu einem bestimmenden Bestandteil der sozialökonomischen Verhältnisse im fränkischen Reich.

Die um 500 bestehenden gesellschaftlichen Verhältnisse spiegelt die älteste Fassung der »Lex Salica« wider: »Der größte Teil dieses auf alte fränkische Tradition zurückgehenden Volksrechts beschäftigte sich mit Fragen des Eigentums und diente der Sicherung dieses Eigentums an Haus und Hof, an den Früchten des Ackerbaus, am Vieh, aber auch an Knechten und Sklaven. Das gesamte Gut des *freien Bauern*, eingeschlossen das bebaute Land, trug die Bezeichnung ›Allod‹. ... Die *Volksrechte* sicherten den Allodbauern ihre Stellung in der Gesellschaft ebenso, wie sie Adel und König das Recht auf deren Allod garantierten.«[13]

Die neuen Herrschenden nutzten die im gallo-römischen Adel vorhandenen Kenntnisse und Fähigkeiten beim Aufbau einer Verwaltung und beim Eintreiben von Abgaben. Erfahrungen wurden

auch gebraucht, »um dem Reich eine eigene, über die Stammes-
ideologie hinausreichende Grundlage zu geben: das Christentum.
So ließ Chlodwig die römische Bischofsorganisation der Kirchen
in Gallien im wesentlichen unangetastet. Die Bischöfe lohnten
ihm das durch Treue und Ergebenheit in seinen Diensten.

Die Kirchenorganisation und der christliche Glaube brachten nicht nur geistige und kulturelle Traditionen vergangener
Menschheitsgeschichte, vor allem Roms, über die Zeit des römischen Zusammenbruchs in die neue Epoche ein, sie schufen auch
eine einheitliche geistige Grundlage für die Begegnung von Menschen verschiedener ethnischer Herkunft in einem neuen Herr-
schaftsgebilde – dem Merowingerreich – bzw. in abgewandelter
Form auch in den anderen Reichen der Völkerwanderungszeit.
Damit entstanden Bedingungen für Assimilationsprozesse, die
im Verlauf von einigen Generationen ethnische Verschiedenartigkeit überwinden konnten.«[14]

Durch Aneignung ehemaligen römischen Staatslandes war der
König zum größten Grundeigentümer geworden. Mittels Schenkungen von Land an seine Dienstleute verhalf er dem Stammesadel zu einer eigenen ökonomischen Basis. Auch die Bischöfe
dehnten ihren Wirkungskreis aus. Kauf oder Schenkungen verwandelten bäuerliches Allod in Kircheneigentum, das gegen Abgaben und Dienstleistungen wiederum an abhängige Bauern ver-
geben wurde. Dabei verloren die Allodbauern ihr Eigentumsrecht
an den Grundherren. Grund und Boden, Haus und Hof samt Ge-
sinde verblieben den Bauern als erblicher Besitz.

Ein weiterer wichtiger Schritt zur Herausbildung eines Feudal-
staats bestand in der Einschränkung der Rechte der bäuerlichen
Vollversammlungen, der Things. An Stelle des vom Volk gewähl-
ten Thing-Vorsitzenden setzte der König einen Grafen als königlichen Richter ein.

Auch zwischen König und erstarkendem Adel kam es zu Auseinandersetzungen. Durch das Pariser Edikt von 614 erkannte
der König die ökonomische Unabhängigkeit des hohen Feudala-
dels von der königlichen Zentralgewalt an. Feudaladel und Kirche erhielten in ihren Grundherrschaften faktisch alle zur Herrschaft erforderlichen Funktionen. Der König wurde zum *Primus
inter pares*.

Die Kriege nach außen, aber auch der fortschreitende Prozeß
der Übernahme des Allod der freien Bauern durch den Adel,
führten zu einer Umgestaltung des Heeres. Neben den leichtbe-

waffneten Bauernkriegern kämpften zunehmend Panzerreiter. Damit er diese neuen militärischen Einheiten aufstellen und ausrüsten konnte, bediente sich der König der ökonomischen Kraft des Adels. Um »die Verläßlichkeit der Dienste der Grundherren zu sichern und den Kreis des Dienstadels zu erweitern, führte er das Lehnswesen ein. Land oder auch Teile von Grundherrschaften wurden den Adligen nicht mehr – wie das zur Zeit der Herausbildung des Merowingerreiches geschah – zu vollem Eigentum als Allod überlassen, sondern zur Nutzung übergeben. ... Das Eigentum an Grund und Boden blieb beim König oder Lehnsherrn, das Besitz- und Nutzungsrecht ging auf den Feudalherren, auf den Vasallen, wie er auch in Anlehnung an einen alten keltischen Begriff genannt wurde, über. Damit erhielten die Vasallen die Möglichkeit, feudale Grundherrschaften anzulegen bzw. auszubauen und Leibeigene und hörige Bauern auszubeuten. Ein Teil des Mehrprodukts hatten sie für Unterhalt und Ausrüstung als Panzerreiter im Dienste ihres Lehnsherren zu verwenden.«[15]

Im 8. Jahrhundert entstand ein Großreich, das von Mittelitalien bis zur Nordseeküste, von der Adria und der Donau bis nach Nordspanien und zur Atlantikküste reichte. Zu Beginn des 9. Jahrhunderts hatte sich auch das feudale Grundeigentum durchgesetzt. »Das bäuerliche Allod, im 6. Jahrhundert Grundlage der freibäuerlichen Existenz, war zum großen Teil beseitigt und in Feudaleigentum des Adels und der Kirche umgewandelt worden. Mit der Vergabe oder Wiedervergabe von Land aus dem feudalen Grundeigentum an selbstwirtschaftende Bauern gegen Dienstleistungen und Abgaben bildete sich nach und nach eine zwar nicht homogene, aber doch verhältnismäßig einheitliche Klasse feudalabhängiger Bauern heraus. Ehemalige Allodbauern, Kolonen, Knechte und selbst Sklaven gerieten auf der Grundlage des feudalen Grundeigentums in gleichartige Verhältnisse von Hörigkeit oder Leibeigenschaft. Die Einzelwirtschaften dieser feudalabhängigen Bauern waren ... stark genug, um in individueller Wirtschaftsführung Mehrprodukt zu erzeugen – jedenfalls in der Regel. Bedingung dafür war jedoch ein kollektives Zusammenwirken in Gemeinden, in übergreifenden Fragen der Wirtschaftsführung, der Weide und Waldnutzung für die Viehzucht oder auch um die aufkommende Fruchtwechselwirtschaft, insbesondere die Dreifelderwirtschaft, zu regeln. In diesem Zusammenhang kam der Allmende, dem ungeteilten, der gesamten Gemeinde gehörenden Wald und Weideland, große Bedeutung zu.«[16]

Für den Auf- und Ausbau der Feudalgesellschaft ist die Rolle der Kirche sehr wichtig. Sie gehörte einerseits zu den größten Grundbesitzern im Karolingerreich, andererseits dominierte sie auch das geistig-kulturelle Leben.

Schulen, die zunächst im Schutz der Klöster und Kirchen entstanden waren, entfalteten sich unter der Jurisdiktion der Kirche, die Lehrpläne und Organisationsform festlegte.

Schriftkundige Vertreter der Kirche, vor allem Mönche, sind die Verfasser der meisten in dieser Zeit verfaßten Schriften. Zu ihnen zählt der »Heliand«, ein religiöses Epos, in dem ein Kleriker in altsächsischer Sprache vom Leben und Leiden Christi erzählt. Der »Heliand« illustriert das Bemühen der Kirche, die Vorstellungswelt der Germanen mit dem christlichen Glauben zu verknüpfen. »Sinn und Tonart der Evangelienerzählung wurden darin grundlegend verändert. Christus tritt in diesem Werk weniger als göttlicher Lehrer als vielmehr in der Rolle eines Volkskönigs auf, der Land und Burgen unter sich hat. Er ist der Gefolgsherr seiner Männer, der Apostel; diese treten als ›ziere Degen‹ und ›getreue Helden‹ in Erscheinung. Der Kampf zwischen den Kräften des Guten und den Kräften des Teufels tritt in der Dichtung nicht als Konflikt zweier Prinzipien, sondern als bewaffneter Kampf in Erscheinung. Das ›Opferlamm Gottes‹ wurde in einen ›ruhmreichen Führer‹ verwandelt, der keinen Segen mehr, sondern großzügige Geschenke gibt. Der Glaube an den Erlöser wird als Treue der Gefolgsmänner zum Führer interpretiert, die Bergpredigt als eine Ansprache des lieben ›Landeswarts‹ auf einem sächsischen Volksthing dargestellt. Der Erlöser erlöst nicht vom Bösen (im geistlichen, sakramentalen Sinn), sondern verteidigt die ihm Getreuen gegen das Böse im Sinne der ihnen von außen drohenden Gefahr, ebenso wie er sie vom Hunger befreit. In der Dichtung ist der Satan die Verkörperung der Untreue und Judas der Eidbrüchige.«[17] In der Zeit der Bekehrung erfolgte kaum mehr als ein Ersatz der alten Götter durch einen neuen Gott und seine Heiligen.[18] Erst die Predigten der Bettelmönche im Spätmittelalter und die Durchsetzung der katechetischen Vorschriften im 13. Jahrhundert führten zu einem intensiveren christlich-religiösen Leben im Volke.

Während der Herrschaft Karls des Großen erfolgte eine Gliederung des Reichsgebietes in Kirchenprovinzen und Diözesen unter Aufsicht von Bischöfen. Die Kirche unterstand dem König. Karl der Große nutzte die Macht, er ernannte Bischöfe und Reichsäbte.

Die Lehre von der Gottgefälligkeit der Armut, des Gehorsams und der Demut, welche die Erlösung von allen Übeln ins Jenseits verlegte, erwies sich als ein geeignetes ideologisches Mittel, um die Feudalisierung zu fördern. Monotheismus bot auch in der christlichen Religion ein sicheres Muster zur Ableitung der gottgewollten und gottgefälligen feudalen Herrschaft.

Die Kirche machte den Lehnseid zu einer Art Sakrament, welches die Beziehungen innerhalb der Feudalgesellschaft fest miteinander verknüpfte. So wurde die Kirche im Laufe des Mittelalters zum Träger und zum Garanten einer Gesellschaft, deren Nutznießer sie selbst war. Abhängigkeiten wie die Leibeigenschaft galten als ehrenhaft und gottgewollt.

Charakteristisch für die Ausbildung des Feudalismus im Frankenreich war das Fehlen einer straffen Staatsorganisation. Da staatliche Steuern kaum erhoben wurden, bestand die Möglichkeit nicht, wie in Byzanz oder im Kalifat eine bürokratische Staatsstruktur mit absetzbaren Beamten aufzubauen. Es bildete sich ein Lehnsstaat heraus, in dem Landleihe und Vasallität den Zusammenhalt gewährleisteten. Auch die Träger der zur Rechtfertigung jeder Herrschaft unerläßlichen religiösen Ideologie unterschieden sich im Ausmaß ihrer Selbständigkeit. Während beispielsweise im Kalifat religiöse und staatliche Führung in einer Hand vereinigt war, zählten auf dem Gebiet des zerfallenen Weströmischen Reiches unabhängige kirchliche Institutionen zu den Großgrundbesitzern und Herrschaftsträgern. Das ermöglichte den Aufbau einer selbständigen Kirchenorganisation durch das katholische Papsttum. Dessen mit der Zeit immer mehr zunehmende Bedeutung dokumentiert der Investiturstreit, die Auseinandersetzung um das Recht der Vergabe kirchlicher Ämter, in dem sich am Ende die Kirche durchsetzte. Nach dem Tod Karls des Großen zerfiel das Großreich. Kirche und Hochadel bemühten sich in anhaltenden Auseinandersetzungen um den Ausbau ihrer Herrschaft. Hinzu kamen Kämpfe gegen die aus dem Norden eindringenden Normannen und die von Südosten her immer wieder einfallenden Ungarn. Am Ende des 9. Jahrhunderts entstand ein französischer Feudalstaat. Mit der Krönung Ottos I. durch den Papst wurde 962 das römisch-deutsche Kaiserreich gegründet.

Mit steigenden landwirtschaftlichen Erträgen und zunehmendem Anbau von Spezialkulturen um die Jahrtausendwende wuchs auch der Warenaustausch. Märkte waren in der Regel mit kirchlichen oder adligen Siedlungsplätzen verbunden. Durch die Ansiedlung von Kaufleuten, die sowohl den Nah- als auch den Fernhandel betrieben, und durch den Zuzug von Handwerkern bildeten sich frühstädtische Siedlungen.

In dem Maße, wie die wirtschaftliche Bedeutung der Städte zunahm, begann deren Einfluß auf die Auseinandersetzungen zwischen König und Feudaladel zu wachsen. So gewährte die Stadt Worms 1073, nachdem ihre Bürger den königsfeindlichen Bischof verjagt hatten, dem sich in offenem Kampf mit dem sächsischen Adel befindenden König Zuflucht. Der König dankte es der Stadt durch die Verleihung eines Zollprivilegs.

In den Städten des Mittelalters war der Einzelne Mitglied der Bürgerschaft. Seine Zugehörigkeit zum städtischen Verband sicherte seine Rechtsstellung. Diese Besonderheit der europäischen Städte wurde durch das Christentum ermöglicht, denn die christliche Gemeinde war von Beginn an ein gläubiger Verbund einzelner Menschen. Unpersönliche Berufsverbände ersetzten den ehemaligen Sippen- oder Geschlechterverband. In den Städten der Großreiche des Ostens hingegen blieb für die dort siedelnden Menschen die Bindung an eine lokale Sippe oder einen Stamm der bestimmende Bezug.

Um die Mitte des 11. Jahrhunderts charakterisierten in Italien, Deutschland, Frankreich und England feudale Abhängigkeitsverhältnisse das gesellschaftliche Gefüge. In den Städten, den Zentren der gewerblichen Warenproduktion, war ein Städtebürgertum herangewachsen, das sich erfolgreich gegen feudale Herrschaft durchzusetzen begann. »Diese Ausbildung relativ eigenständiger Stadtgemeinden ist eine wesentliche Besonderheit der europäischen Variante des Feudalismus. Sie erklärt sich in hohem Maße aus Eigentümlichkeiten der staatlichen Struktur, die durch das Fehlen einer zentralisierten, bürokratischen Verwaltung sowie durch eine bis ins 12. Jahrhundert zunehmende Verselbständigung adliger Herrschaftsbereiche gekennzeichnet war. In derartig locker gefügten, von Adelsherrschaften durchsetzten Staatsgebilden konnte sich – nach Erlangung einer gewissen ökonomischen Stärke – auch ein Bürgerverband mehr oder weniger verselbständigen. Dementsprechend hing das Ausmaß der von den Städten bis zum 13. Jahrhundert erreichten Autonomie nicht nur von den wirtschaftlichen Potenzen der Städte, sondern auch von der Festigkeit der jeweiligen feudalstaatlichen Organisation ab. Deren Schwäche sowie die von Anfang an vorhandene Stadtsässigkeit von Teilen des Adels begünstigten in Ober- und Mittelitalien eine besonders schnelle, nahezu uneingeschränkte Verselbständigung der städtischen Kommunen, denen es überdies gelang, umliegende Landgebiete unter ihre Kontrolle zu bringen und Stadtstaaten aufzubauen. Die weitgehende staatliche Zersplitterung erleichterte es auch sehr vielen deutschen Städten, ein hohes Maß an Autonomie zu erkämpfen. In Frankreich setzte dagegen das Erstarken des Königtums und einiger fürstlicher Gewalten der anfangs erfolgreichen kommunalen Bewegung seit dem 13. Jahrhundert Grenzen, und in England behinderten das Übergewicht des Königtums sowie das Fehlen von Rivalitäten zwischen ihm und mächtigen Fürsten die Unabhängigkeit der Städte.

Entscheidend war jedoch letztlich nicht der von den Städten jeweils erreichte Grad der Autonomie, sondern die Tatsache, daß in den meisten europäischen Staaten durch die Bildung von Stadtgemeinden die direkten feudalen Ausbeutungsverhältnisse innerhalb der Städte beseitigt und feudaler Willkür durch auf bürgerliche Interessen abgestimmte Rechtsnormen sowie eine eigene Rechtsprechung Grenzen gesetzt wurden. Auf diese Weise konnte die städtische Kommune zwar keineswegs das gesamte Feudalsystem sprengen, aber doch innerhalb der Stadtmauern und ungeachtet der Abführung von Steuern an die übergeordnete staatliche Gewalt einen gegen willkürliche feudale Eingriffe abgesicherten Raum schaffen.«[19]

In Staaten wie dem Byzantinischen Reich oder im arabisch-islamischen Kalifat unterlagen die Städte einer starken Zentralgewalt, die eine strenge administrative und ökonomische Kontrolle ausübte. Trotz eines häufig weit höheren Niveaus handwerklicher Produktion kam es zu keiner eigenständigen Entwicklung wie in Mittel- und Westeuropa.

So waren im Kalifat die großen Städte Sitz der Verwaltung, der Aristokratie und Zentren von Wissenschaft und Kultur. Die Produkte des spezialisierten Handwerks dienten vor allem den Bedürfnissen der Oberschicht und dem umfangreichen Fernhandel. Papierherstellung, Münzprägung, Waffenfabrikation und die Errichtung öffentlicher Bauten erfolgten durch staatliche Werkstätten. Selbständige Handwerker verkauften ihre Produkte auf dem Markt. Sie waren in staatlich kontrollierten Berufsgenossenschaften vereinigt, deren Kompetenz jedoch weit geringer als die der Zünfte in den Städten des Mittelalters in Mittel- und Westeuropa war. Selbst reichen Kaufleuten konnte es passieren, daß der Kalif oder sein Statthalter deren Eigentum zur Auffüllung der Staatskasse konfiszierte. Unter diesen Bedingungen war die Formierung eines eigenständigen Städtebürgertums als eine dritte Kraft kaum möglich.

Die Menschen des Mittelalters sahen die Welt als Einheit. Alle Teile trugen den Stempel des Ganzen. Da im christlichen Glauben alles Existierende auf Gott zurückgeht, trugen auch die Teile eine religiös-sittliche Färbung. Im Hochmittelalter gab es weder ethisch neutrale Kräfte noch Dinge. »Sie alle sind mit dem kosmischen Konflikt von Gut und Böse in Wechselbeziehung gesetzt und in die weltweite Heilsgeschichte einbezogen. Deshalb tragen Zeit und Raum sakralen Charakter; ein untrennbares Kennzeichen des Rechts ist seine moralische Güte; die Arbeit wird entweder als Strafe für die Erbsünde oder als Mittel zur Rettung der Seele betrachtet; nicht weniger deutlich ist auch der Reichtum mit der Sittlichkeit verbunden – er kann den Untergang der Seele in sich bergen, aber auch die Quelle zu guten Taten werden. Das sittliche Wesen aller ... Kategorien der mittelalterlichen Welt ist gerade die Offenbarung ihrer Einheit und inneren Verwandtschaft. Das, was dem Menschen des Mittelalters als eine Einheit erschien, die in der Gottheit ihre Vollendung fand, war auch in Wirklichkeit eine Einheit – denn es bildete die sittliche Welt der Menschen jener Epoche.«[20]

Eine besondere Bedeutung kommt dem mittelalterlichen Zeitverständnis zu. So wird eine räumliche Entfernung durch die Zeit gemessen, die zu ihrer Überwindung aufzuwenden ist. Auch im Rechtsverständnis ist die Zeit ein wesentlicher Charakterzug. Wahr ist jedes Recht, das *von alters her* gilt. Ein Zeitgefühl wird dem Menschen nicht angeboren. Es wird ihm durch die Kultur vermittelt, in die er hineinwächst.

In den hochindustrialisierten Ländern lebt die überwiegende Zahl der Menschen unter dem Diktat der Zeit. Vom Ablauf des Tages bis hin zum Ablauf der Jahre versucht er, sein Leben zu planen. Unerwartete Ereignisse werden als Störungen empfunden: im persönlichen Leben eine Erkrankung oder im Ablauf der Vorgänge in der Natur ein Hochwasser. Der moderne Mensch ist ein hastender, von der Zeit gejagter. Die Konditionierung in Kindheit und Jugend versucht einen Siegertyp zu formen; einen Menschen, der schnell und rationell das notwendige Wissen und Können erwirbt, das ihn im Kampf um Einkommen und Macht zum Sieger prädestiniert. Der ältere Mensch, der aus dem Wettbewerb ausgeschieden ist, besitzt nur in dem Umfang eine Existenzberechtigung, in dem er über ausreichende Mittel zum Weiterleben verfügt. Symbol unserer Zivilisation ist der eilende Sekundenzeiger.[21]

Die heutige Kategorie der Zeit hat kaum etwas mit der in früheren Zeiten gemein. Sowohl für die Jäger und Sammlerinnen als auch für die egalitären Gemeinschaften der Ackerbauern war die Zeit kein wertmäßig neutraler Begriff. Die Zeit enthielt geheimnisvolle und mächtige Kräfte. Sie konnten sich als günstig für die eine, gefährlich, ja feindselig für die andere Tätigkeit erweisen. Erinnert sei zum Beispiel an die Zeremonien zur Bestimmung des Zeitpunktes der Aussaat bei den Trobriandern. Im Glauben der Eskimos verschmolzen Gegenwart und Zukunft in der Wiederkehr eines Verstorbenen in einem Neugeborenen.

Wenn die Zeit zyklisch verläuft und Vergangenes wiederholt, so ist auch die Zukunft sich erneuernde Gegenwart oder Vergangenheit. Die Zukunft wird zum vorherbestimmten Schicksal. In der altnordischen Mythologie sind es die *Nornen*, die Schicksalsgöttinnen – Vergangenheit, Gegenwart und Zukunft –, die den Schicksalsfaden der Menschen spinnen.

Mit dem Übergang zum Christentum wurde der überlieferte zyklische Zeitverlauf, der vom Naturrhythmus geprägt war, schrittweise verdrängt. Überlieferte Feiertage, die Wendepunkte im Naturgeschehen markierten, wurden zu christlichen Feiertagen, die jetzt dem Leben Christi oder dem der Heiligen gewidmet sind.

Die Tage wurden in Tages- und Nachtstunden unterteilt. Tagesstunden rechneten vom Sonnenaufgang bis zu ihrem Untergang; Nachtstunden vom Sonnenuntergang bis zu ihrem Aufgang. Daher war im Sommer die Anzahl der Stunden am Tage länger als die in der Nacht. Im Winter dagegen war es umgekehrt. Da Zeit lokal bestimmt und empfunden wurde, gab es keine einheitliche Zeitskala in voneinander entfernten Regionen. Das Leben der Bevölkerung am Ort wurde durch das Glockengeläut geregelt. Es rief zur Früh- und Abendandacht, markierte aber auch besondere Ereignisse wie ein Feuer oder den Viehaustrieb.

Ackerbauern lebten im Rhythmus der Natur. Wie in ihr wechselten auch im menschlichen Leben Perioden des Werdens, Erblühens, Reifens, Welkens und Sterbens. Eine Folge, die sich von Generation zu Generation wiederholte.

Das Christentum schuf einen neuen Zeitbegriff. Die Zeit bewegt sich linear von der Schöpfung durch Gott bis hin zum Jüngsten Gericht. Heilsgeschichte ist im christlichen Weltbild ein unumkehrbarer auf ein Weltende gerichteter Prozeß. »Die *Geschichte* galt als von Gott begründete und gelenkte Heilsgeschichte, war nach dem Sündenfall aber die Phase der Bewährung der Menschen und vorübergehend-vergängliche Zeit bis zur durch Christus als Mittelpunkt der Geschichte ermöglichten Wiederbelebung der ewigen Seligkeit nach dem apokalyptischen Ende der Zeiten.«[22] Das Ende der Welt war im Mittelalter im Bewußtsein der Menschen fest verankert. In Krisenzeiten, wie beim Auftreten der Pest, entstand daraus eine akute Endzeitfurcht.

Im Mittelalter stehen sich daher im Bewußtsein der Menschen zwei zeitliche Ebenen im Fühlen gegenüber: die zyklische, durch den Rhythmus der Natur geprägte Zeit und die lineare des Christentums. »Diese Dualität der Zeitauffassung ist eine integrierende Eigenschaft des Bewußtseins des mittelalterlichen Menschen. Er lebt niemals allein nur in der irdischen Zeit, er vermag sich nicht aus dem Bewußtsein der sakralen Geschichte zu lösen, und dieses Bewußtsein wirkt grundlegend auf ihn als Persönlichkeit ein, denn die Rettung seiner Seele hängt von seinem Anschluß an die sakrale Geschichte ab.«[23]

Im Mittelalter regulierte der Klerus den Zeitverlauf. Da in der feudalen Agrargesellschaft keine Notwendigkeit bestand, die Zeit zu messen, um sparsam mit ihr umzugehen, verbot die Kirche an den zahlreichen Feiertagen das Arbeiten. Die Beachtung der religiösen Verbote erschien um vieles wichtiger als ein zusätzliches Mehrprodukt, und es ist beachtenswert, daß die Zahl der Tage, an denen Arbeitsverbot herrschte, also Müßiggang gefordert war, mehr als ein Drittel der gesamten Jahreszeit ausmachte. Im Ergebnis der umfassenden Regulierung der Zeit »wurde eine völlige Unterordnung des Menschen unter das herrschende gesellschaftliche und ideologische System erreicht. Die Zeit des Individuums war nicht seine individuelle Zeit, sie gehörte nicht ihm, sondern einer höheren Macht, die über ihm stand.«[24]

Die im Mittelalter und der Neuzeit immer wieder ausbrechenden sozial-religiösen Unruhen sind untrennbar mit einer Kritik der kirchlichen Zeit verbunden. Es sind die sozial-utopischen Vorstellungen Joachims, des Abtes von Fiore (um 1130-1202), auf die sich die Ketzer, die oppositionellen Kirchenkritiker vom 13. bis ins 17. Jahrhundert, immer wieder beziehen.

Joachim von Fiore verkündete eine neue Anschauung der Eschatologie der Geschichte. Es sind drei große historische Epochen, in denen nacheinander die Glieder der heiligen Dreieinigkeit dominieren: die alttestamentarische Epoche Gott-Vaters, die neutestamentarische Epoche von Gottes Sohn und die darauf folgende Epoche des heiliges Geistes, vor deren Beginn die Menschheit steht. Es ist »eine Gesellschaft allgemeiner Liebe, die keine unterschiedlichen und gegensätzlichen Stände mehr kennt. Diese Welt des dritten Testaments wird ein ›Zeitalter des Mönchstums‹ sein, in dem alle Menschen im allgemein gewordenen Kloster und Konsumtionskommunismus leben, ein ›Zeitalter des freien Geistes‹, der alle erleuchtet hat, jegliches Sondersein und die Sünden aus der Welt schafft, Liebe allgemein macht. Dieses Reich ist für Joachim das wahre Reich Christi, in dem Christentum nicht mehr nur als Kult verkündet wird und als Vertröstung fungiert, sondern wirklich gelebt wird; ohne Herren und Eigentum, in mystischer Demokratie.«[25]

Der Chiliasmus, lateinisch als Millennarium bezeichnet, erwartete den Beginn des dritten, des tausendjährigen Reiches für das Jahr 1260. »Joachims zeitliche Berechnungen sind mehrfach ›umgerechnet‹ worden. Nicht um der Zahlenspielerei willen, sondern weil man das tausendjährige Reich der Gerechtigkeit inbrünstig herbeisehnte. Neu wird im 16. und 17. Jahrhundert, daß man diese aufkommende Zeit naturwissenschaftlich zu fassen, sich wissenschaftlich auf sie vorzubereiten suchte, Möglichkeiten zu ihrer bestmöglichen Gestaltung ersann. Im beginnenden 17. Jahrhundert ist eine Erklärung der Welt, ein Mühen um eine Generalreform ohne Gott noch nicht vorstellbar. Aber es ist nicht mehr der Gott des Mittelalters oder Luthers.«[26]

Die eschatologischen Erwartungen der Millennarier nahmen der irdischen Ordnung des Feudalismus, die durch die Kirche mit getragen wurde, die innere Rechtfertigung. Folglich wurde der Chiliasmus entschieden bekämpft.

Die Herrschaft des kirchlichen Zeitverständnisses konnte nur so lange dauern, wie der gemäßigte Lebensrhythmus der agrarischen Feudalgesellschaft dominierte. In den größer werdenden Städten entwickelte sich ein neues Verhältnis zur Zeit, fußend auf einem neuen Rhythmus, der in erster Linie durch das städtische Leben und weniger durch die Natur gegeben war. »Die Stadt wird zum Träger eines neuen Verhältnisses zur Welt und dementsprechend auch zum Problem der Zeit. Auf den Türmen der Städte werden mechanische Uhren angebracht; sie sind Gegenstand des Stolzes der Bürger auf ihre Stadt, befriedigen zugleich aber ein vorher nie gekanntes Bedürfnis, die genaue Tageszeit zu wissen. In der Stadt bildet sich ein soziales Milieu heraus, welches ganz anders zur Zeit steht als die Feudalherren oder die Bauern. Für die Kaufleute ist die Zeit Geld; der Handwerker braucht die genaue Zeit, wann er seine Werkstatt betreibt. Die Zeit wird zum Maß der Arbeit. Nicht mehr das Geläut der Kirchenglocken, welches zum Gebet ruft, sondern der Schlag der Rathausuhr regelt das Leben der sich säkularisierenden Bürger. ... Die mechanischen Uhren wurden gegen Ende des 13. Jahrhunderts erfunden. Im 14. und 15. Jahrhundert sind die Rathaustürme vieler Städte Europas mit diesen neuen Uhren geschmückt. Die ungenauen Stadtuhren ohne Minutenzeiger bedeuteten jedoch eine wahrhafte Revolution auf dem Gebiet der sozialen Zeit. Die Kontrolle über die Zeit begann den Händen des Klerus zu entgleiten. Die Stadtkommune machte sich zur Herrin über ihre Zeit mit ihrem besonderen Rhythmus.«[27]

Im mittelalterlichen Weltbild war die Zeit fest im Sein verankert. Sie konnte sakral und weltlich, gut und böse sein. In den Städten hingegen wird Zeit als Quelle materieller Werte erkannt. Sie wird zum einförmigen Strom, der sich in gleich große eigenschaftslose Einheiten gliedern läßt. Dadurch wird sie objektiv meßbar, und erstmals in der menschlichen Geschichte beginnt die Entfremdung der Zeit vom Leben.

Ein zweiter Aspekt für das mittelalterliche Weltbild, dessen Wandel für den Weg in die Neuzeit bedeutsam erscheint, beschreibt das Verhältnis von Reichtum und Armut.

Die Verdammung des Reichtums und die Verherrlichung der Armut in den Werken der Kirchenväter des 3. bis 5. Jahrhunderts knüpft unmittelbar an die Wertvorstellungen des Neuen Testaments an. Christus und seine Jünger lebten in Armut. ›Ihr sollt euch nicht Schätze sammeln auf Erden, da sie die Motten und der Rost fressen, und da die Diebe nachgraben und stehlen. Sammelt euch aber Schätze im Himmel, da sie weder Motten noch Rost fressen, und da die Diebe nicht nachgraben noch stehlen. Denn wo euer Schatz ist, da ist auch euer Herz‹ (Mt. 6.19-21). ... Der mittelalterliche Christ mußte diese Gebote ernst nehmen. Den Gerechten dachte man sich als einen Armen; denn Armut war eine Tugend, die der Reichtum niemals werden konnte. Der Besitz galt als Verkörperung irdischer Interessen; er lenkte den Menschen von den Gedanken an das Leben nach dem Tode und von der Sorge um die Rettung der Seele ab. Der Glaube forderte aber

Absage an die irdischen Dinge und Interessen. Daher mußte einem wirklichen Anhänger Christi der Reichtum tiefe Abneigung einflößen. ›Verachte die irdischen Reichtümer, damit du himmlische erwerben kannst‹, sagte Bernhard von Clairvaux. Eigentum ist ein Hemmnis für die Liebe zu Gott und den Menschen; denn er bringt egoistische Gefühle und den Kampf um Besitztum hervor und verdrängt Freundschaftlichkeit durch Gier und Haß.«[28]

Die Bettelorden wirkten im Sinne dieser Lehren. So verbot Benedikt von Nursia den Gebrauch von Mein und Dein. In den später entstandenen Orden der Franziskaner und Dominikaner war nicht nur das persönliche, sondern auch das Gemeineigentum verboten. Die Mönche hatten von Almosen zu leben.

In den Städten war das Verhältnis der Bürger zu den Armen durch die Vorstellung beherrscht, daß Armenfürsorge einer Hilfe für verstorbene Verwandte gleichkomme. Arme, in denen die leidenden Seelen Verstorbener präsent sind, wurden in Seelenhäusern beherbergt. Im Spätmittelalter fehlte diese Einrichtung wohl in keiner Stadt. »Diesem Haus steht ein Seelenmeister vor. Baden im öffentlichen Bad ist teuer. Eine besondere Stiftung ermöglicht es den Armen, zu baden: Sie nehmen dann ein Seelenbad, ein Purgatorium, eine Reinigung sowohl des schmutzigen Körpers des Armen als auch der Seele, die er vertritt.«[29]

Für die Feudalgesellschaft war Eigentum unerläßlich. Der mittelalterliche Klerus verurteilte daher nicht das individuelle Eigentum, sondern seinen Mißbrauch. Augustinus lehrte, daß derjenige fremdes Gut besitzt, der Überflüssiges sein eigen nennt. Das frühchristliche Ideal der Gemeinde wandelte sich im Mittelalter zum Ideal des Kleineigentums, das eine Befriedigung der notwendigen Bedürfnisse sicherte. Was darüber hinaus erworben wurde, galt als sündhaft.

Für die im Hochmittelalter zu den größten Eigentümern zählende Kirche stand die Frage der Umverteilung nie. Das Gebot »Du sollst nicht stehlen« verteidigte den Feudalbesitz. »Die einzige Vorschrift der Kirche, die auf eine partielle Umverteilung der Güter gerichtet war, beschränkte sich auf die Mahnung zum Almosengeben. Die Armen und Besitzlosen standen in der Auffassung des Mittelalters Christus näher als die Eigentümer; in ihnen sah man das Bild Christi selbst. Deshalb wurde die Wohltätigkeit gegenüber den Armen immer gelobt. Die Herrscher und Feudalherren unterhielten gewöhnlich an ihren Höfen eine große Zahl von Bettlern, gaben ihnen Geld und beköstigten sie. Oft nahmen diese Ausgaben riesige Ausmaße an, und die reichen Leute verausgabten für die Bettler bedeutende Mittel; besonderen Eifer legten die vornehmen Frauen an den Tag, und einige Herrscher machten sogar vor der Opferung eines Teils des Staatseinkommens an die Bettler nicht halt. Große Bedeutung wurde dem Unterhalt von Bettlern und Notleidenden in den Klöstern beigemessen. In Cluny, zum Beispiel, ernährte man manches Jahr bis zu 17 000 Arme.«[30]

Im Vordergrund der Bereitschaft zur Almosengabe stand weniger die Nächstenliebe als die Sorge um die Rettung der eigenen Seele. Die Kirche sah in arm und reich eine wechselseitige Verbindung. Die reichen Menschen sind für die Erlösung der Armen geschaffen und die armen Menschen für die Erlösung der Reichen.[31] In diesem Zusammenhang sei auf die Normen hingewiesen, die das Verhalten eines Feudalherrn charakterisierten. Für ihn bedeutete Reichtum kein Selbstzweck, kein Mittel der Akkumulation. Befriedigung schöpfte er aus der demonstrativen Vergeudung seiner Schätze. Seine Standesethik verlangte, freigebig zu sein und sorglos seinen Reichtum zu verschwenden. »Der Reichtum ist für den Feudalherrn ein Mittel zur Unterhaltung gesellschaftlichen Einflusses und der Bestätigung seiner Ehre. Der Reichtum allein bringt keinerlei Achtung; im Gegenteil, der Kaufmann, der unermeßliche Werte aufbewahrt und nur dafür Geld ausgibt, um dieses im Ergebnis kommerzieller oder Wucheroperationen zu vermehren, löst in der mittelalterlichen Gesellschaftsordnung alle möglichen negativen Emotionen aus – Neid, Haß, Verachtung, Schrecken –, nur keine Achtung. Ein Herr aber, der ohne Berechnung sein Einkommen und die Beute vergeudet, verdient, sogar wenn er über seine Verhältnisse lebt, noch Gelage veranstaltet und Geschenke verteilt, jegliche Hochachtung und Ruhm. Der Reichtum wird von dem Feudalherrn als Mittel angesehen, um außerökonomische Ziele zu erreichen. Der Reichtum ist ein Zeichen, das von Tugend, Freigebigkeit und großzügiger Natur des Herrn zeugt.«[32] Diese Norm galt für die Könige im besonderen Maße. »Großzügigkeit gegenüber den Armen dieser Welt war eine Pflicht, die das moralische Bewußtsein des Mittelalters den Herrschern ausdrücklich auferlegte. Diese erfüllten sie, ohne zu knausern. Wer die Ausgabenrechnungen der königlichen Haushalte durchgelesen hat, weiß, daß dort Almosen einen wirklich breiten Raum einnahmen.«[33]

Die Kirche empfindet die Ausbreitung der Geldwirtschaft im

Hochmittelalter als Bedrohung ihrer eigenen Werte. Ein neues ökonomisches System, dessen Wurzeln in die europäischen Städte reichen, beginnt sich herauszubilden. Dort wächst der Handel unaufhaltsam, und die Kaufmannsgilden werden mehr und mehr zur vorherrschenden sozialen Kraft. Die mittelalterlichen Theologen erkennen ihrerseits zwar die Notwendigkeit des Handels für die Existenz der Feudalgesellschaft an, sehen darin jedoch etwas Schimpfliches, denn der Handel habe kein ehrenhaftes oder notwendiges Ziel (Thomas von Aquin). Handelsgewinn galt nur dann als gerechtfertigt, »wenn er dem gesellschaftlichen Nutzen dient (*publica utilitas*), wenn er gemäßigt ist und als gerechtes Entgelt für das Risiko, die Arbeiten und Aufwendungen (*stipendium laboris*) gerechnet werden kann und die Existenz des Menschen sichert; außerdem kann der Gewinn aus dem Handel durch wohltätige Ziele gerechtfertigt sein, für die er verwendet wird. Habgier und Gewinnsucht sind Sünde; ein Handel, der die Befriedigung dieser niedrigen Absichten verfolgt, wird bedingungslos verurteilt.«[34]

Als besonders verwerflich sah die Kirche den Wucher an. Begründet wird das Verbot des Wucherzinses mit Christi Worten: »Tut wohl und leihet, daß ihr nichts dafür hoffet« (Lk. 6.35). In den Augen der Theologen des Mittelalters gibt es keine Rechtfertigung für den Wucherer. Sein Einkommen ist unmoralisch und sündhaft, denn er verdient sein Geld sogar im Schlaf und an Festtagen. Als Zeitdieb ist der Wucherer ein Dieb am Eigentum Gottes. »Denn das ›Eigentum‹ – ein Begriff, der im Mittelalter nur im Zusammenhang mit dem römischen Recht des 12. und 13. Jahrhunderts erscheint und in der Regel nur bewegliche Habe bezeichnet – ist ein Gut der Menschen. Die Zeit hingegen gehört Gott, und nur Ihm allein. Zu jener Zeit, als die mechanische Uhr noch nicht erfunden war ... singen die Kirchenglocken noch das Lob des Herrn.«[35]

»Das Verbot der Wuchertätigkeit, das sich zuerst auf Personen geistlichen Standes bezog, war bald auf alle Christen erweitert worden. Bei den Karolingern wurde die Wuchertätigkeit nicht allein von der Kirche, sondern auch von der Staatsmacht verurteilt. Im Verlauf des gesamten Mittelalters bekämpften die kirchlichen Synoden, päpstlichen Dekrete, Prediger und Theologen die Sünde des Wuchers. Dante stellt die Stadt Cahors, deren Geldleute durch das Wuchertum weit bekannt waren, Sodom gegenüber und verurteilt die Wucherer neben den Amtsverkäufern, den Bestechlichen, Fälschern, Heuchlern und Kupplern zu Qualen im sechsten Kreis der Hölle.«[36]

Wucher als Weg zum sozialen Aufstieg mußte mit dem Schreckgespenst des Höllenfeuers gebremst werden. In den Predigten erscheinen immer wieder »Exempla«, kurze, vom Prediger als wahr ausgegebene Erzählungen. Von Jakob von Vitry, der um 1240 starb, wird folgendes Exemplum überliefert:

Ein anderer, sehr reicher Wucherer, der mit dem Tode rang, grämte sich sehr, stöhnte und flehte zu seiner Seele, ihn nicht zu verlassen, und er versprach ihr Gold und Silber und die Genüsse dieser Erde, wenn sie doch nur bei ihm bliebe. Aber sie erbat sich nicht einen Kreuzer und nicht das geringste Almosen für die Armen. Da er also sah, daß er seine Seele nicht würde halten können, wurde er wütend und sprach entrüstet zu ihr: »Ich habe dir eine gute Heimstatt mit großem Reichtum geboten, doch du bist dabei so töricht und niederträchtig geworden, daß du in dieser guten Heimstatt nicht länger bleiben willst. So geh' doch! Ich wünsche dich zu allen Teufeln, die in der Hölle sind.« Bald darauf gab er in den Klauen der Teufel seinen Geist auf und ward in der Hölle begraben.[37]

Der Zorn der Kirche traf den kleinen Wucherer mit voller Wucht. Die großen Bankiers galten nicht als Wucherer, da die Kirche den Geldaustausch und den Kauf oder Verkauf ausländischer Valuta nicht verurteilte. »In den Abrechnungsbüchern der Medici und anderer italienischer Geldwechslerbankiers sind viele tausend Notizen über den Tausch von Valuta, aber keinerlei Hinweise auf den Erhalt von Gewinn enthalten. Es wurden nur die ›Einkünfte und die Verluste beim Tausch‹ festgehalten.«[38] Diese Operationen waren nicht nur unbequem, sie vergrößerten auch die Kosten und erhöhten das Risiko, da der Austausch mittels Wechsel in eine andere Stadt oder ein anderes Land erfolgte. Den großen Bankiers blieben »genügend Schlupflöcher, um einer Verurteilung zu entgehen. Sie besaßen den Schutz der Starken dieser Welt, die bei ihnen Anleihen aufgenommen hatten, ja selbst der Päpste, deren Finanzoperationen ein riesiges Ausmaß erreichten. Man darf jedoch nicht vergessen, daß das negative Verhältnis zum Geldverleiher auf Zinsen stark das Risiko erhöhte, das mit diesen Operationen verbunden war, und den Beruf des Bankiers unpopulär und odiös machte. Erst die Neuzeit brach mit dieser mittelalterlichen Einstellung, die die freie Akkumulation und Bereicherung hemmte, und rehabilitierte jede beliebige Methode ökonomischer Tätigkeit. Geld stinkt nicht (*pecunia non olet*), doch nicht in jeder Gesellschaft.«[39]

Der Franziskaner Berthold von Regensburg war einer der bekanntesten Prediger des 13. Jahrhunderts. Die Zeit seiner Predigten fällt in ein Interregnum der deutschen Geschichte. Vom Beginn der fünfziger Jahre, dem Ende der Dynastie der Hohenstaufen, bis zur Wahl Rudolfs von Habsburg auf den Reichsthron (1273) durch die deutschen Fürsten herrschte Chaos im Land. Innere Fehden zwischen den Fürsten, plündernde Raubritter, ein Rechteverfall und Anarchie kennzeichneten die herrschaftslosen Jahre. In der gleichen Zeit erstarkt jedoch die Selbstverwaltung der Städte. »Aber auch innerhalb der Städte wuchs der Kampf – die Zünfte traten gegen die Vorherrschaft des regierenden Patriziats an, welche versuchten, die Verwaltung der Städte gewinnträchtig auszunutzen. Die kommunale Bewegung gegen kirchliche und weltliche Herren verflocht sich mit den Konflikten zwischen verschiedenen Schichten der städtischen Gesellschaft, und mitunter fand das Bürgertum (die ›mittleren Schichten‹ der Stadt) im Kampf gegen die patrizischen Oberschichten Verbündete in den städtischen Lehnsherren.«[40]

Ein Aufschwung im geistigen Leben kennzeichnete das Interregnum, das auch eine Blütezeit der Predigt darstellte. Deren herausragender Vertreter war der schon genannte Berthold von Regensburg. Nach den Worten Roger Bacons »brachte Bruder Berthold allein durch seine Predigt einen größeren Nutzen als fast alle anderen Brüder beider Orden (das heißt der Franziskaner und der Dominikaner)«.[41]

Unter zahlreichen Themen, die Berthold in seinen Predigten behandelt, taucht immer wieder auch der Konflikt von arm und reich auf. Der Prediger konstatiert: Die einen besitzen viel, die anderen wenig oder überhaupt nichts. Aber welche praktischen Schlußfolgerungen zieht er aus dieser ebenso einfachen wie wahren Feststellung?

»Nehmen wir an, ein Mensch hat zwei oder drei gute Mäntel, ein anderer jedoch hat nicht mal einen oder nur einen einzigen verschlissenen Überzieher: ist der Besitzende verpflichtet, dem Bettler einen von seinen Mänteln zu geben?

Als er das Thema ›Liebe deinen Nächsten wie dich selbst‹ behandelt, läßt der Prediger seinen fiktiven Gesprächspartner ihm entgegnen: ›Leider würdest du selbst, Bruder Berthold, sicher nicht so handeln. Ich bin dein Nächster, und du hast zwei gute Gewänder, und ich habe nur einen Mantel, aber dennoch wirst du eher mich in Not leben lassen als dich selber.‹ ›Ja, das stimmt‹, antwortet der Prediger. ›Ich habe Kleidung, doch ich werde sie dir nicht geben; aber ich möchte, daß es dir nicht schlechter, sondern sogar besser geht als mir. Die Liebe besteht darin, daß man dem Nächsten dasselbe wünscht wie sich selbst: für dich wünschst du das Himmelreich – wünsche es auch ihm.‹ Dieser Gedanke ist ganz wesentlich für Berthold, und er wiederholt ihn wörtlich in anderen Predigten.

Nicht mehr die Rede ist hier vom Armutsideal des Evangeliums und daß es wünschenswert sei, seinen Reichtum um der Rettung der Seele willen zu verteilen, worauf die Prediger einer früheren Periode des Mittelalters so beharrlich bestanden hatten. Der Reichtum war im Bewußtsein schon so stark mit der Persönlichkeit und ihrem ›Dienst‹, also ihrer Vorausberufung oder Berufung verschmolzen, daß die ›Liebe zum Nächsten‹ einen viel ›anämischeren‹, tatenloseren Charakter bekam als vorher. Man kann kaum in Zweifel ziehen, daß in dieser Umwertung der christlichen Werte der versteckte Einfluß einer neuen Ethik der Arbeit und des Besitzes beobachtet werden kann, die sich in der Stadt herausgebildet hatte. Die Ideale des Predigers, dessen Tätigkeit sich vorwiegend in städtischer Umgebung entfaltete, unterscheiden sich radikal von den traditionellen mönchischen Idealen. Die Lehre davon, daß jemand, der im Besitz zweier Hemden war, mit seinem Nächsten teilen mußte, der kein Hemd besaß, wurde zu Zeiten Bertholds schon als Häresie aufgefaßt. Diese Forderung muß nach Berthold als ein unzweifelhaftes Zeichen von Aufruhr verstanden werden.«[42]

In den Predigten Bertholds von Regensburg »bleibt das alles bestimmende Hauptziel des Menschen, ebenso wie früher, die Sorge um die Seele, aber die Rettung erfordert keinen Rückzug von der Welt, keine Askese und Absage an Reichtümer, Ränge und Privilegien. Die Gesellschaft mit ihren sozialen Berufungen wird bestätigt und nicht entwertet. Berthold sagt ›Ja‹ zu dieser Gesellschaft; sein ›Nein‹ bezieht sich nur auf Mißbräuche und Verletzungen der aufgestellten Ordnung. Er stellt sich den Christen als unverrückbares Element des sozialen Ganzen vor, der die ihm zufallende Funktion erfüllt. Ihre aktive und gewissenhafte Ausübung ist die Bedingung für die Rettung. Das ist kein Protestantismus und keine Prophezeiung oder Vorwegnahme der Reformation.

Die Lehre Bertholds ist ein organischer Teil des mittelalterlichen Katholizismus, der sich unmerklich zusammen mit den Veränderungen in der Gesellschaft änderte und auf diese sozialen Wandlungen einwirkte. Berthold von Regensburg ist ein orthodoxer Franziskanermönch, in den Augen seiner Zeitgenossen und der nachfolgenden Generationen von Gläubigen fast ein Heiliger. Er arbeitete unermüdlich an der Festigung der Grundlagen der Religion und an der Einführung von Maß und Ordnung in den gesellschaftlichen Beziehungen während des Interregnums; er ist kein Reformator, sondern ein Konservator. Aber es ist wichtig, in seinen Predigten das Echo jener Veränderungen des gesellschaftlichen Bewußtseins zu vernehmen, die in der Mitte des 13. Jahrhunderts schon so wesentlich waren, daß sie seitens der Religion ihre eigene Sanktion erhielten.«[43]

Gleichzeitig mit der Entwicklung neuer ökonomischer Praktiken formuliert die Scholastik Entschuldigungsgründe für Zins und Wucher. Der wichtigste und in den Augen der Kirche triftigste Grund liegt vor, »wenn der Wucherzins als Lohn, als Vergütung für Arbeit (stipendium laboris) betrachtet werden kann. Diese Rechtfertigung war der Rettungsanker für die Magister der Universitäten und die nicht wuchernden Händler. Es ist ermüdend, die Wissenschaft zu lehren, und es setzt eine Lehrzeit und Methoden voraus, für die Arbeit verausgabt werden muß. Über Land und Meer zu fahren, Handelsplätze aufzusuchen, Geld zu wechseln und sogar die Bücher zu führen, ist gleichermaßen eine Tätigkeit, die wie jede Arbeit einen Lohn verdient.«[44]

Hinzu kommt noch eine andere Entschuldigung, die mit einem relativ jungen Wert der christlichen Gesellschaft verbunden ist, dem Risiko. Es »ist wirtschaftlicher, finanzieller Natur und tritt in Gestalt der Gefahr auf, das verliehene Kapital zu verlieren (periculum sortis) und keine Rückzahlung zu erhalten – sei es der Zahlungsunfähigkeit oder der Böswilligkeit des Schuldners wegen. Der zweite Risikofall ist der interessantere (und wie der erste unter bestimmten Theologen und Kanonikern umstritten): die Erwägung der Unsicherheit (ratio incertitudinis). Mit diesem vom aristotelischen Denken (das nach 1260 in die Theologie und ins kanonische Recht eindringt) beeinflußten Begriff findet neben dem Sicheren auch das Unsichere Eingang in die wirtschaftliche Erwägung. Bei der Errichtung des Kapitalismus sollte diese Doppelerwägung eine wichtige Rolle spielen ... Das Christentum ererbt von der Mehrzahl der antiken Religionen ein doppeltes Jenseits der Belohnung und Bestrafung: das Paradies und die Hölle. Desgleichen übernimmt es die Idee von einem guten, aber gerechten Gott, einem Richter voller Barmherzigkeit und Strenge; er straft den Menschen und überantwortet ihn dem Genius des Bösen, dem Satan, wenn er das Maß an Willensfreiheit, das ihm von Gott gegeben ward, mißbraucht. Die Weiche zum Paradies oder zur Hölle wird nach Maßgabe der Sünden gestellt, die der mit der Erbsünde befleckte Mensch auf Erden, dem Ort der Buße und der Prüfung, begangen hat. Die Kirche überwacht diesen Prozeß des Heils und der Verdammung mehr oder weniger, indem sie Ermahnungen und Warnungen ausspricht und durch die Praxis der Buße den Menschen die Sündenlast erleichtert. Der Urteilsspruch beschränkt sich auf die Entscheidung Paradies oder Hölle und wird beim Jüngsten Gericht von Gott (oder von Jesus) gefällt; er behält in alle Ewigkeit Geltung. ... Als im Laufe des Aufblühens des Abendlandes vom Jahr 1000 bis zum 13. Jahrhundert die Menschen und die Kirche jene vereinfachende Gegenüberstellung von Hölle und Paradies als unerträglich empfanden, waren die Bedingungen gegeben, einen dritten Ort des Jenseits zu bestimmen, wo die Toten für den Rest ihrer Sünden büßen sollten. Es taucht das Wort *purgatorium* auf, um diesen endlich bestimmten Ort zu bezeichnen: das Fegefeuer. Es entsteht, wie gesagt, im Zusammenhang der Verinnerlichung des religiösen Gefühls: Will der Sünder von der Absicht seiner Bußfertigkeit Zeugnis geben, muß er eine innere Wandlung vollziehen und nichtsichtbare Handlungen ausführen. Das Fegefeuer paßt sich außerdem in eine religiöse Sozialisation ein, die mehr auf verschiedene soziale oder berufliche Schichten einwirkt als etwa auf Ordensglieder. Und schließlich ist die Geburt des Fegefeuers abhängig von der allgemeinen Tendenz, das – einem reduktionistischen Dualismus geschuldete – Aufeinanderprallen zweier Pole zu vermeiden: des Guten und des Schlechten etwa oder des Oben und des Unten.

Diese Tendenz wird von den Mittleren, den Zwischenformen unter den Sündern vorangetrieben, die – entgegen der augustinischen Unterscheidung – weder ganz und gar gut noch ganz und gar schlecht waren und im Moment des Todes weder der Hölle noch dem Paradies geweiht waren. Wenn sie vor dem Tode ernstlich bereuten und lediglich noch mit läßlichen Sünden oder mit Resten von bereuten, aber noch nicht vollends gesühnten Todsünden belastet sind, werden sie nicht auf ewig verdammt, sondern nur auf Zeit. Sie verbringen eine bestimmte Zeitspanne an einem Ort, Fegefeuer genannt, wo sie vergleichbare höllische Strafen erleiden, die Teufel an ihnen vollziehen.«[45]

Im späten Mittelalter gewinnt die Vorstellung vom »guten Tod«, das heißt einer von Reue erfüllten Sterbestunde wachsende Bedeutung. In ihr fällt die Entscheidung über Heil oder Unheil im Jenseits »und macht vielleicht dadurch überhaupt erst eine weitergehende Hingabe an das profane Leben möglich. Die forcierte Bewußtmachung des Sterbens und die Zunahme einer weltlichen Lebenseinstellung scheinen so direkt zusammenzuhängen, das *memento mori* führte zu einem verstärkten *carpe diem* und bildete damit einen der Fakten, aus denen das säkularisierte Weltbild dieser unserer Gegenwart erwachsen sollte.«[46]

Das Fegefeuer kennt nur den Ausgang ins Paradies. Wird ein Toter ins Fegefeuer geschickt, so weiß er, daß er spätestens beim Jüngsten Gericht errettet wird. Für den Wucherer, den Habgierigen wurden damit Reichtum und Hoffnung auf Erlösung zur doppelten Hoffnung. »Eine Schwalbe macht noch keinen Sommer und ein Wucherer im Fegefeuer noch keinen Kapitalismus. Aber ein ökonomisches System ersetzt ein anderes erst nach einem langen Weg voller Hindernisse jeglicher Art. Die Geschichte, das sind die Menschen. Die Wegbereiter des Kapitalismus, das sind die Wucherer, die Händler der Zukunft, die Handel mit der Zeit treiben; Leon Battista Alberti sollte sie im 15. Jahrhundert mit dem Geld überhaupt gleichsetzen. Diese Menschen sind Christen; und was sie auf der Schwelle zum Kapitalismus zurückhalten kann, das sind nicht die irdischen Konsequenzen der Verurteilung des Wuchers durch die Kirche, sondern die Angst, die bedrückende Angst vor der Hölle. In einer Gesellschaft, in der jedes Bewußtsein religiöses Bewußtsein ist, sind Hindernisse zuerst – oder zuletzt – religiöser Natur. Die Hoffnung, der Hölle zu entkommen, erlaubte es dem Wucherer, Wirtschaft und Gesellschaft des 13. Jahrhunderts auf ihrem Weg zum Kapitalismus voranzutreiben.«[47]

Nach einem Wort des Papstes war die Pariser Universität – Schule der Schulen – um 1200 zum »Herd« geworden, »wo das geistige Brot der lateinischen Welt gebrochen wird«. Dorthin wurde 1245 der Dominikaner Thomas von Aquin gesandt. Dort erschloß Albertus Magnus das griechische Denken, personifiziert in dem für die lateinische Welt neu entdeckten Aristoteles. Dank arabischer Gelehrter erhielten christliche Denker mit Hilfe der Aristotelischen Philosophie die Möglichkeit einer ersten wissenschaftlichen Schau ins Universum, unabhängig von der Bildwelt der Bibel.

Aristoteles hatte – nach längerem Widerstand – in der Scholastik als Logiker, als Meister in der Kunst des Schlußfolgerns Ansehen erlangt und sich den christlichen Denkern als ein Philosoph der Natur und des Menschen eröffnet. Die Kirchengelehrten waren nun mit Erkenntnissen konfrontiert, die unabhängig vom offenbarten Glaubensgut zu Objekten des Denkens wurden. Sie sahen sich vor die Frage gestellt, ob die Wahrheit in dieser Dualität zur Einheit gebracht werden konnte.

Thomas von Aquin wagte den Versuch, die Aristotelische Erkenntnislehre und Metaphysik in das theologische Lehrgebäude einzufügen. Das Wagnis gelang, und sein thomistisches Glaubensgebäude wurde zur Norm der römisch-katholischen Philosophie und Theologie.

»Das Kennzeichen des thomistischen Systems ist die Harmonisierung aller Gegensätze: zwischen Philosophie und Theologie, Vernunft und Glaube, Natur und Gnade, menschlicher Willensfreiheit und göttlicher Gnadenwahl, natürlicher und übernatürlicher Gottesoffenbarung. Der Dom der christlichen Offenbarungslehre hat eine Vorhalle (*praeambular*) in der natürlichen Gotteserkenntnis: Gott kann durch das natürliche Licht der Vernunft nicht nur erkannt, sondern geradezu bewiesen werden. Diese natürliche Gotteserkenntnis ist universal; sie wird auch allen Heiden zuteil. Sie befähigt jedoch nicht zur Erlösung; diese wird nur durch den Glauben an die übernatürlichen geoffenbarten Heilswahrheiten (Trinität, Inkarnation und Erlösung) geschenkt.«[48]

Gerade weil sich christlicher Glaube auf die in der Bibel überlieferte Offenbarung Gottes stützen kann, bietet sie einen höheren Grad an Sicherheit als die Wissenschaften, die allein dem menschlichen Verstand vertrauen.

Auf diese Weise bringt Thomas Glauben (*fides*) und menschliche Vernunft (*ratio*) in Einklang, ohne das Primat des Glaubens im Sinne der Kirche anzuzweifeln.

Als Neuzeit bezeichnen Historiker die Epoche vom Ausgang des 15. bis zum Ende des 18. Jahrhunderts: eine Zeit des Umbruchs in Europa, eine Zeit des Übergangs aus der feudalen in die bürgerliche Welt, an deren Ende Mensch und Boden zur Ware werden sollten. Alle Bereiche des menschlichen Lebens unterlagen in diesen gut drei Jahrhunderten teils unauffälligen, allmählichen, teils abrupten Veränderungen. »Staat und Gesellschaft, Politik und Wirtschaft, Kirche und Religion, Kultur und Wissenschaft, Welt- und Menschenbild erlebten Transformationen in unterschiedlicher Intensität, in unterschiedlichem Tempo und in unterschiedlichen Dimensionen. Sie waren das Resultat menschlicher Arbeit, politischer Aktionen, sozialer Bewegungen und kultureller Anstrengungen, das Ergebnis reformerischer Tätigkeit und revolutionärer Umbrüche. In allem widerspiegelt sich eine bemerkenswerte Dynamik und das Ringen um alternative Möglichkeiten gesellschaftlicher Gestaltung.«[49]

Spätmittelalter und Neuzeit waren von einer deutlichen Klimaverschlechterung geprägt. Die als »kleine Eiszeit« bezeichnete Phase begann mit dem 14. und endete in der Mitte des 19. Jahrhunderts. In Europa lagen die kältesten Perioden um 1350, 1470, 1570, 1600, 1690 und 1860. In der vorangegangenen Warmphase hatten günstige klimatische Bedingungen und verbesserte Anbaumethoden zu einem deutlichen Bevölkerungswachstum geführt. Ein Anbau von Wein war zuvor beispielsweise noch in Südschottland und in Ostpreußen möglich gewesen.

Bereits im 14. Jahrhundert traten gehäuft naßkalte Sommer auf, während derer das Getreide nicht ausreifen konnte. Schwere Hungersnöte waren die Folge. Die große europäische Pestepidemie (1347 bis 1352), während der rund ein Drittel der Bevölkerung den Tod fand, fiel in eine der kältesten Perioden der kleinen Eiszeit. Agrarkrise und Seuche förderten einen Wüstungsprozeß. Tausende Dörfer und Weiler wurden von ihren Bewohnern verlassen.

Zu allen Zeiten war Angst ein die Menschen zutiefst berührendes Gefühl. Gerade in Notzeiten, wie denen der drei großen Plagen – Hunger, Krieg und Pest –, ist sie besonders ausgeprägt. Angst und Aberglaube waren damals – und sind es noch heute –

auf das engste miteinander verbunden. Aus der Konstellation der Gestirne glaubte man die Ankündigung apokalyptischer Plagen erkennen zu können. In den Darstellungen der Künstler taucht das Motiv des Totentanzes auf. Ein grinsender, Grimassen schneidender Tod, ein universeller Gleichmacher führt einen Reigen an, der alle Stände umfaßt. Propheten verkündeten den nahen Weltuntergang. In Dürers Apokalypse fand er seinen künstlerischen Ausdruck.

In dieser Zeit des Übergangs begann in den Dörfern ein Auflösungs- und Differenzierungsprozeß. Die innere Ordnung der Gemeinden, die Basis des dörflichen Lebens, zerfiel Stück für Stück. Immer wiederkehrende Notzeiten verstärkten die Furcht der Menschen.

Historiker stellen eine »tiefe Gärung im westeuropäischen Dorf des 16. und 17. Jahrhunderts fest, eine Zerstörung des einstmaligen sozialpsychologischen Gleichgewichts, das im Mittelalter die Grundlage des dörflichen Gemeindelebens gewesen war. Zum ersten lassen sich eine Verschärfung der Antagonismen im Dorf und der Zerfall der Beziehungen gegenseitiger Hilfe feststellen. Zum zweiten war die traditionelle Weltanschauung in eine Krise geraten, die sowohl das Ergebnis dieser sozialen Veränderungen als auch der Einwirkung der Kirche war. Die neue, reformierte Version des Christentums, die unter Druck eingeführt worden war, bedeutete einen Bruch mit dem mittelalterlichen Volkschristentum.

All dies führte bei den Bauern zu einem quälenden Spannungszustand, der noch von der oben erwähnten Angst und Unsicherheit verstärkt wurde. Eine Situation war entstanden, die Bauern unbewußt dazu veranlaßte, Schuldige für ihre materiellen und psychologischen Mißstände zu suchen. ... Man brauchte einen Sündenbock, eine Figur, auf die man seine eigenen Ängste und Sünden projizieren konnte (unter anderem die eigene Teilnahme an magischen Ritualen) und deren Verfolgung der dörflichen Gemeinschaft ein Gefühl der Gesundheit und des inneren Wohls zurückgeben konnte. Eine solche in jeder Hinsicht bequeme Figur wurde die Hexe, die praktisch schutzlos war. Ihre Beschuldigung diente als Gewähr der Rettung der Seele des Denunzianten. Die Zahl der Schuldigen konnte man nach Bedarf vermehren. Aber das Wichtigste war, daß eine Hexe immer in der Nähe und bei der Hand war und ihre Vernichtung eine sofortige Befriedigung verschaffte. Dazu kam die für das Christentum

246

traditionelle Frauenfeindlichkeit, die zur Folge hatte, daß man in einer Frau ein ›Gefäß des Bösen‹ sah.«[50]

Katholische Prediger und protestantische Pfarrer »suggerierten den Gemeindemitgliedern den Gedanken von der Allgegenwart Satans und seiner Diener. Diese Dämonenmanie erfaßte breite Schichten der Bevölkerung und verschärfte das ohnedies angespannte sozialpsychologische Klima. Man gewöhnte sich daran, in politischen und religiösen Gegnern Diener Satans zu erkennen: Protestanten in Papisten, Katholiken in Protestanten, Protestanten und Katholiken in Juden, Türken, Hexen. Die Dämonenmanie lieferte ein universales Klischee für die Darstellung eines Feindes.«[51]

Mit der Hexenverfolgung wurden nicht nur die Prozeßopfer dämonisiert, sondern dies geschah auch mit der bäuerlichen Gesamtkultur, wie sie vornehmlich in den zahlreichen Volksfesten zum Ausdruck kam. »Der Hauptunterschied bestand darin, daß das Volk bei den Hexenverfolgungen selbst aktiv zur Vernichtung der Träger seiner eigenen Kultur herangezogen wurde. Bauern und Städter übten Druck auf die Staatsgewalt aus und forderten eine Verurteilung der Hexen. Sie jubelten beim Anblick der Scheiterhaufen, auf denen diese verbrannt wurden, und waren sich nicht darüber klar, daß das Urteil außer den Hexen ihr eigenes traditionelles Weltbild und Handlungssystem betraf.«[52]

Kulturbetrachtung konzentriert sich zum Ausgang des 15. Jahrhunderts traditionell auf Renaissance, Barock und später Aufklärung. Damit bewegt man sich allerdings im Weltbild einer sehr kleinen Elite. Die weit überwiegende Zahl der Menschen wurde, wie Gurjewitsch bemerkt, »von diesen neuen ideellen Tendenzen und dieser intellektuellen Orientierung überhaupt nicht berührt, sie blieben in einem Stadium, das man sozusagen mittelalterlich nennen kann.« Und er erinnert an eine Bemerkung Le Goffs: »Für die zeitgenössischen Historiker, die begriffen haben, daß der Schwerpunkt des sozialpolitischen Lebens im mittelalterlichen Europa das Dorf war, dauert die Zeit des Mittelalters trotz des vielfältigen Einflusses der Stadt auf die bäuerliche Umgebung bis ins 19. Jahrhundert an.«[53]

»Die Kultur der Massen und die Kultur der kirchlichen Elite hatten sich weit voneinander entfernt. Im 16. und 17. Jahrhundert hatten sie eigentlich keine gemeinsame Basis mehr. Aber diese Auseinanderentwicklung führte dazu, daß die herrschenden Kirchen, die katholische und die protestantischen verschiedener Schulen, ihre Aufgabe in der geistigen Unterwerfung der Bevölkerung sahen. Einige zeitgenössische Historiker stellten die These auf, daß Reformation und Gegenreformation bei allen Gegensätzen auch Gemeinsamkeiten hatten: sowohl Luther als auch Ignatius von Loyola gingen bei ihrer Tätigkeit von einer Vorstellung vom Volk aus, nach der es eine nichtchristianisierte Masse sei, die erst christianisiert werden müsse. Nach Meinung dieser Forscher waren Reformation und Gegenreformation ein energischer Versuch des Kampfes gegen Polytheismus und Magismus, mit denen die mittelalterliche Kirche sich hatte abfinden müssen, und die wahre Christianisierung der westeuropäischen einfachen Menschen, vor allen Dingen Bauern, fand eigentlich erst am Ende des 16. und im 17. Jahrhundert statt.«[54]

Wenn eine erste ursprüngliche Form der Ideologie der bürgerlichen Emanzipationsbewegung benannt werden soll, so ist es die kulturelle Bewegung der Renaissance.[55] Sie wurde von einer zahlenmäßig sehr kleinen, überwiegend städtischen Bildungsschicht getragen. Die Renaissance begann im 14. Jahrhundert in den italienischen Stadtstaaten, verbreitete sich im 15. Jahrhundert über die Grenzen Italiens hinaus und wurde im 16. Jahrhundert zu einem europäischen Phänomen. Als äußeres Merkmal gilt die Rezeption der Antike. Sie dient als Katalysator für ein heranwachsendes bürgerliches Weltbild.

Empfanden sich zuvor Menschen als Glieder einer Gemeinschaft, ohne die ihnen ein Leben weder sinnvoll noch möglich erschien, beginnt jetzt eine Bewegung hin zur Eigenständigkeit des Individuums. Die Renaissance führt zur Geburt eines neuen Menschenbildes. »Und dies nicht nur im utopischen Reich der Gedanken. Ein neues Bewußtsein seiner selbst geht auf, das zur Verwirklichung drängt. Der Mensch schaut sich nunmehr in seiner ganzen Kraft und Schönheit an. Man vergleiche nur die Gestalten des Michelangelo, selbst die, die religiöser Thematik gewidmet sind, mit mittelalterlichen Skulpturen, und man hat eine plastische Vorstellung vom Wandel im Menschenbild. Die leidende, ausgemergelte, ganz in der Gnade Gottes stehende Kreatur tritt zurück, in den Vordergrund rückt die Aktivität des Menschen, der maximale Gebrauch seiner Vermögen, seines Verstandes und der Sinnlichkeit. Nicht Gebet und Demut erscheinen als hohe Tugenden, vielmehr Tätigkeit, die auf Verwirklichung aller natürlichen Anlagen zielt. Glückseligkeit ist nicht nur im Himmel. Irdische Glückseligkeit aber hängt nicht vom Himmel

ab, sondern allein vom eigenen Tun. Der Mensch ist seines Glük-
kes eigener Schmied. Der *homo faber* wird geboren.«[56]
Die Diesseitsbezogenheit und der Anthropozentrismus fanden
im Denken Pico della Mirandolas ihre reinste Verkörperung. Er
lud 1486 Gelehrte aller europäischen Universitäten zu einer Dis-
putation nach Rom ein – ein Treffen, zu dem es jedoch leider
nicht kam. In einer dafür vorbereiteten Rede über die Würde
des Menschen läßt der Autor Gott zu Adam sprechen. Gott preist
die menschliche Schöpferkraft und die dem Menschen verliehene
Allmacht.

*Du bist durch keinerlei unüberwindliche Schranken ge-
hemmt, sondern du sollst nach deinem eigenen freien Willen,
in dessen Hand ich dein Geschick gelegt habe, sogar jene
Natur dir selbst vorherbestimmen. Ich habe dich in die Mitte
der Welt gesetzt, damit du von dort bequem um dich schaust,
was es alles in dieser Welt gibt. Wir haben dich weder als einen Himmlischen noch als einen Irdischen, weder als einen
Sterblichen noch als einen Unsterblichen geschaffen, damit
du als dein eigener, vollkommen frei und ehrenhalber schal-
tender Bildhauer und Dichter dir selbst die Form bestimmst,
in der du zu leben wünschst.*[57]

Für Mirandola besteht die Würde des Menschen in seiner Selbstbestimmung, darin, seines eigenen Glückes Schmied zu sein. Der
Literat Leon Baptiste Alberti (um 1404-1472), ein Architekt und
Humanist, beschreibt den Bewußtseinswandel der Kaufleute, jener Schicht, die zum eigentlichen Träger der Erneuerung wurde.
Alberti entstammte einer Genueser Patrizierfamilie mit kauf-
männischen Traditionen. In seinem Buch über die Familie des
Kaufmanns Giannozzi wird die Bedeutung eines aktiven Lebens
in Verbindung mit Leistungsmotivation und dem neuen Zeitverständnis hervorgehoben. Damit verbindet sich das Lob des Wohlstands, das die traditionelle Verteidigung der Armut verdrängt.[58]
Giannozzi beschreibt den Zusammenhang zwischen dem neu-
en Zeitverständnis und der Rationalisierung des Lebens: »An jedem Morgen, so sagt er, mache er sich einen Plan für den ganzen
Tag. Er behauptet zwar nicht (wie später Benjamin Franklin),
Zeit sei Geld, bedient sich aber ganz ähnlicher Formulierungen.
Die Zeit sei ›wertvoll‹, sie müsse mit Bedacht ›verausgabt‹ werden
und dürfe nicht ›verschwendet‹ werden.«[59]

Ins Zentrum der Geschäftsmoral rückt der Gelderwerb. Mit ihm verbindet sich ein wachsendes Machtbewußtsein, das in den italienischen Städten sichtbar wird. »Hier erheben sich allenthalben Paläste, Villen, Privatkapellen, in denen majestätischer Prunk mit erlesenem Geschmack wetteifert. Die Säle der Reichen bedecken sich mit kostbaren Malereien, ihre Gräber mit prächtigen Denkmälern, denen sie schon bei Lebzeiten größte Sorge widmen: der Charakterbau ist in der nordischen Stadt nach wie vor der Dom, in der italienischen Stadt der Palazzo.«[60]

Im Verlauf des 16. Jahrhunderts begannen sich die großen Patrizierfamilien in Florenz und Venedig aus dem Handel zurückzuziehen. Ähnliche Tendenzen stellten Historiker auch in anderen Städten fest, zum Beispiel in Lucca, Padua und Brescia. Mit dieser Veränderung des Lebensstils entschied sich diese Bürgerschicht für eine Adelsexistenz. »Aus Unternehmern wurden Rentiers; an die Stelle des Interesses am Profit trat das Interesse am Konsum. In den eleganteren Gesten der florentinischen Kunst des 16. Jahrhunderts spiegeln sich die Einstellungen ihrer Förderer, von Leuten, die, anders als ihre Väter und Großväter, nicht bereit waren, sich die Hände schmutzig zu machen.«[61]

Gelderwerb als Selbstzweck lehnten in der Folgezeit nicht nur die italienischen Patrizier ab. Es wird berichtet, daß beim Tod Anton Fuggers, des größten Bankiers des 16. Jahrhunderts, keiner seiner möglichen Erben in seine Nachfolge einwilligte. Sie waren der Meinung, es gäbe wichtigere oder lohnendere Aufgaben, als Geld zu verdienen.[62]

Untrennbar mit der Veränderung des Weltbildes der Patrizier verbunden, geht in der frühen Neuzeit eine erkennbare Veränderung in der Einstellung zu den Armen einher. In der Wahrnehmung der Reichen verschwindet das Bild vom Armen »als getreues Ebenbild unseres Herrn Jesus Christus« (Castiglione).

Die zunehmende Polarisierung zwischen Arm und Reich löst eine Art malthusianische Krise aus, »die Subsistenzmittel, die zur Verfügung standen, reichten für die angewachsene Bevölkerung nicht mehr aus.

Diese Krise förderte die Reorganisation des städtischen Armenwesens und brachte ein System der Armenpflege hervor, das genauer unterschied und wirkungsvoller war, aber zugleich weniger menschlich als das System, das es ersetzen sollte. Man unternahm ernsthafte Anstrengungen, um die ›Fremden‹ von den einheimischen Armen und natürlich die wirklich Armen von den

Schwindlern zu trennen; und man begann, die arbeitsfähigen Armen einzuschließen und zur Arbeit zu zwingen.

In Venedig folgten zum Beispiel neue Armengesetze auf die Hungersnot von 1528/29. Sie verboten das Betteln ohne offizielle Erlaubnis, befahlen den Gemeinden, sich um ihre Armen zu kümmern, wiesen die ›Fremden‹ und die hartnäckigen Bettler aus und die Kranken in die Hospitäler ein. 1545 wies ein Marineoffizier die Stadtoberen auf die Möglichkeit hin, Vagabunden auf den Galeeren der Republik einzusetzen. In den Jahren darauf unternahmen die Gesundheitsbeamten ungewöhnliche Anstrengungen, um Bettler zur Strecke zu bringen. Eine neuerliche Hungersnot führte in den 1590er Jahren zur Einrichtung des Mendicanti, eines besonderen Hospitals oder Arbeitshauses für Bettler.«[63] Menschen, die einstmals als die Armen Gottes galten, werden zunehmend für nutzlose Mitglieder der Gemeinwesen gehalten.

Renaissance – das ist auch das Zeitalter des Kolumbus, das Zeitalter der großen geographischen Entdeckungen.[64] Zunächst waren die Entdecker Portugiesen und Spanier oder Seeleute, die ihre Schiffe unter deren Flagge steuerten, im Verlauf der Neuzeit kommen Niederländer, Franzosen und Engländer als Auftraggeber und Reisende hinzu.

Die Folgen der ausgedehnten Entdeckungsreisen sind für die weitere ökonomische Entwicklung Europas von größter Bedeutung. Mit der Kolonisierung, also der Unterwerfung bzw. Ausrottung der Ureinwohner in den »entdeckten« Ländern begann ein Prozeß, in dessen Verlauf unermeßliche Reichtümer nach Europa flossen. Zwischen 1503 und 1660 gelangten knapp dreieinhalbtausend Tonnen Silber aus Südamerika nach Spanien. Dadurch verdreifachten sich die europäischen Silbervorräte. Die gewaltigen Edelmetall-Einfuhren vermochten jedoch nicht, den Bankrott der spanischen Krone zu verhindern, denn die militärischen und politischen Unternehmungen Karls V. und seines Sohnes Philipps II. verschlangen weit größere Summen als die, welche sie ausländischen Gläubigern schuldeten.

»Parallel dazu trieb der Zufluß des Silbers das Preisniveau der spanischen Binnenwirtschaft in die Höhe, die bereits vorher durch mehrere Faktoren geschwächt war: durch den Rückgang der einheimischen Nahrungsmittelerzeugung, durch die gesteigerten Holzexporte, mit denen die wachsenden Importe aus dem Ausland bezahlt werden mußten – insbesondere die drastisch gesteigerten Importe ausländischer Manufakturwaren, die in

Spanien wie in seinen ›indischen‹ Besitzungen konsumiert wurden. Das amerikanische Silber hat also die finanziellen Probleme der spanischen Monarchie kaum gemildert, wohl aber erheblich dazu beigetragen, den Niedergang der spanischen Industrie zugunsten ihrer Konkurrenten zu beschleunigen.«[65]

Während Spaniens Kolonialreich auf dem Silberbergbau basierte, orientierten sich die Portugiesen auf den Anbau von Zuckerrohr in den tropischen Niederungen der brasilianischen Küstenebene. Im 17. Jahrhundert dehnte sich dessen Anbau auch auf die karibischen Inseln aus.

Der Bedarf an Arbeitskräften in den spanischen Silberminen und in den Pflanzungen sowie für die portugiesischen Zuckerrohrplantagen und -mühlen förderte den Sklavenhandel. Das »schwarze Elfenbein« wurde zur wichtigsten afrikanischen Ware. Im 16. Jahrhundert gelangten zirka 200 000 Sklaven nach Amerika, und im Verlauf des 17. Jahrhunderts wurden 1,3 Millionen Sklaven vor allem an die Zuckerrohrplantagen in der Karibik »geliefert«. Als das »Goldene Zeitalter« des Sklavenhandels erwies sich jedoch das 18. Jahrhundert. Zwischen 1701 und 1810 wurden mehr als sechs Millionen Afrikaner gewaltsam umgesiedelt.[66] Den größten Anteil am Sklavenexport hatte England. Ein nicht unbeträchtlicher Teil jenes Geldes, das den Weg Englands in die Industrielle Revolution ermöglichte, kam aus dem Sklavenhandel.

Die Entdeckungsreisen europäischer Eroberer und Kaufleute nach Amerika waren Folge intensiver Bemühungen, Zugangswege zum asiatischen Kontinent zu finden, dem legendären Schatzhaus der Welt, angefüllt mit unermeßlichen Reichtümern.[67] »Als die europäischen Kauffahrer im 16. Jahrhundert ihren Handelshorizont nach Asien auszuweiten begannen, war die asiatische Landmasse im Besitz großer und mächtiger, auf Tributeinnahmen gestützter Reiche, die größer, dichter besiedelt und oft auch produktiver waren als die damaligen europäischen Staaten. Als erste schafften das die Portugiesen, die sich im Dienst ihres Königs und ihrer eigenen Interessen auf den Weg gemacht hatten. In ihrem Kielwasser folgte die holländische Ostindien-Kompanie, die den Portugiesen die Vorherrschaft in den südlichen Gewässern streitig machen wollte.«[68]

Im Wettstreit zwischen den reichen Holländern und den weit ärmeren Portugiesen behielt letztlich »eine Handelsbourgeoisie die Oberhand über eine aristokratische Elite, die sich auf den Seehandel verlegt hatte«.[69]

Den Holländern folgten die Engländer. Die von der englischen Krone lizenzierte East India Company war weit weniger zentralisiert als die holländische Ostindien-Kompanie, der ein achtmal größeres Startkapital als der englischen Company zur Verfügung gestanden hatte.

»Auf dem indischen Subkontinent traten die Engländer weder als religiöse Kreuzfahrer auf wie die Portugiesen noch mit dem ehrgeizigen Drang nach unmittelbarer politischer Macht wie die Holländer: Sie hatten es weder auf moralische noch auf politische, sondern auf rein ökonomische Ziele abgesehen. Um neue Forts zu bauen und Kriegsschiffe zu bemannen, mangelte es ihnen an organisatorischen Voraussetzungen wie an Kapital. Und natürlich machten sie sich auch keine Illusionen über die holländische Überlegenheit auf See. So machten sie denn aus der Not eine Tugend und akzeptierten die Souveränität der örtlichen Machthaber. Sie bemühten sich, bei diesen Machthabern Handelsvorteile herauszuhandeln und ließen sich häufig auch von den Regierungen ihrer Gaststaaten gegen ihre portugiesischen und holländischen Rivalen beschützen.«[70]

Die Company hatte sich 1690 in Kalkutta angesiedelt. Neben feinen Seiden- und Baumwollstoffen aus Bengalen exportierte sie Zucker, Reis, Indigo und Opium. In den folgenden Jahrhunderten baute die East India Company ihren territorialen Herrschaftsbereich aus. Nach 1765 wurde aus einer offiziell zugelassenen Handelsorganisation, die sich an die Vorschriften einer fremden Regierung zu halten hatte, ein militärisches und bürokratisches Instrument der britischen Regierung.[71]

Die Ideologie der Kolonisatoren basierte auf der These von der Ungleichheit der Menschen, auf dem Gegensatz zwischen »Wilden« und »Zivilisierten«.

Der Renaissance-Humanist Thomas Morus, der die Kolonisation mit kritischen Augen sah, verfaßte die erste kommunistische Utopie der Neuzeit. Absichtsvoll läßt er »einen Seefahrer über die glückselige Insel *Utopia* berichten, auf der das menschliche Leben in urkommunistischer, dem Urchristentum nicht widersprechender und der Natur gemäßer Weise organisiert ist«[72].

»›Renaissancezeit ist Reformationszeit.‹ Wie unterschiedlich die von Jan Hus, von Martin Luther und Thomas Müntzer, von Johann Calvin und Huldrych Zwingli initiierten Reformationsbewegungen auch waren, wie verschieden auch ihre Wirkungen in den einzelnen Ländern, was alle Reformationsbewegungen charakterisierte, das war ihre antipäpstliche Haltung, das war die Idee der Wiedergeburt – zwar nicht der antiken Kultur, wohl aber des ›wahren Christentums‹ –, das war ihr Masseneinfluß. Wie die Dinge damals lagen, vermochte nur religiöse Ideologie die Interessen breiter Volksschichten zu artikulieren. Der Protest gegen feudale und klerikale Bedrückung fand eben im Protestantismus seinen Ausdruck.«[73]

Zielte die Renaissancephilosophie mit ihrem neuen Wissenschaftsverständnis und ihren humanistischen Vorstellungen auf eine weitgehende Befreiung von der Theologie, so war das Ziel der Reformation die Befreiung von der herrschenden katholischen Ideologie und die Etablierung einer neuen Kirche.

Mit der Renaissance beginnt auch ein neues Kapitel des Humanismus.

»Unter *Humanismus* sei hier im umfassenden Sinne die Gesamtheit jener in der Geschichte der Menschheit aufgetretenen Ideen und Bestrebungen verstanden, die im Menschen den höchsten Wert und den letzten Zweck für den Menschen sehen, die das Wohl und das Glück der menschlichen Individuen und ihrer Gesellschaft als Maßstab des Wertens und Handelns setzen, die auf Bewahrung und Sicherung der natürlichen und gesellschaftlichen Existenz des Menschen zielen, die allseitige Ausbildung seiner Kräfte und Fähigkeiten, seiner praktischen, theoretischen und künstlerischen Talente befördern, die Achtung vor der Würde und der Freiheit der menschlichen Persönlichkeit fordern und realisieren, die die Höherentwicklung der menschlichen Gesellschaft, ihre sittliche Vervollkommnung und die Erweiterung der Freiheit des Menschengeschlechts zum Ziele haben.«[74]

Träger dieser Umwälzungen waren die Vertreter einer städtischen frühbürgerlichen Intelligenz, Handwerker-Künstler, Kaufleute und gebildete Edelleute, um es nochmals zu betonen: eine kleine Elite. Innerhalb der bäuerlichen Massen entwickelte sich dagegen ein volkstümlicher Biblizismus.[75] Trotz der Mißstände in der katholischen Kirche wuchs die Gläubigkeit des Volkes: Heiligenverehrung, Reliquienkult, Prozessionen und Wallfahrten nahmen zu.

Wie langsam sich die Mentalität einer geschlossenen, der Tradition und dem bäuerlichen Lebensrhythmus verhafteten Bevölkerungsgruppe ändert, erfuhren jene Gesellschaften, die im 20. Jahrhundert versuchten, eine jahrtausendealte Bauernmentalität der entwickelten kapitalistischen Produktion zu unterwerfen.

Typische Beispiele dafür finden sich in der Sowjetunion, in China und in zahlreichen Entwicklungsländern.

Mit den 95 Thesen über Lehre und Praxis des Ablasses eröffnete Luther seinen Angriff gegen die katholische Kirche. Der Ablaßhandel hatte sich zu einer Art Börse für Sündenvergebungen entwickelt; alles hatte seinen Preis: »Meineid, Schändung, Totschlag, falsches Zeugnis, Unzucht in Kirchen verübt, Sodomie notierte in Tetzels Instruktion mit zwölf Dukaten, Kirchenraub mit neun, Hexerei mit sechs, Elternmord (merkwürdig wohlfeil) mit vier. Ja, man konnte sogar, nicht in der Theorie, wohl aber in der Praxis, für gewisse Sünden vorausbezahlen und sich sozusagen eine Art Ablaßdepot anlegen; und das ganze Geschäft war an große Bankhäuser und Handelsfirmen verpachtet, die mit ganz modernen Mitteln der Reklame und des Kundenfangs arbeiteten.«[76]

Reformation bedeutete den Versuch, Leben, Glauben und Denken der Menschen in bedeutendem Umfang zu säkularisieren, viel Überflüssiges durch profan Nützliches zu ersetzen. »Das ›widernatürliche‹ Zölibat; die ›sinnlosen‹ Wallfahrten; die ›überflüssige‹ Pracht der Zeremonien; die ›unnützen‹ Klöster; den ›törichten‹ Karneval‹; die ›zeitraubenden‹ Feiertage; die ›abergläubische‹ Anrufung der Heiligen, die als freundliche Beistände, gleichsam als Unterbeamte Gottes, den ganzen Alltag licht und hilfreich begleitet hatten; die ›ungerechtfertigte‹ Armenpflege, die gibt, um zu geben, ohne viel nach ›Würdigkeit‹ und ›Notwendigkeit‹ zu fragen. Alle Kindlichkeit weicht aus dem Dasein; das Leben wird logisch, geordnet, gerecht und tüchtig, mit einem Wort: unerträglich. ...

Die Reformation heiligt erstens die Arbeit, zweitens den Beruf und damit indirekt den Erwerb, das Geld, drittens die Ehe und die Familie, viertens den Staat. Scheinbar zwar stellt sie ihn tiefer als das Mittelalter, nämlich außerhalb der Religion, aber gerade dadurch stellt sie ihn höher, begründet sie seine Souveränität. ... Die scharfe Trennung des Weltlichen und Geistlichen, die Luther anstrebte, sollte offenbar den Zweck haben, die Religion frei zu machen; aber gerade das Gegenteil wurde erreicht: die protestantischen Fürsten entzogen sich zwar der päpstlichen Oberherrschaft, fühlten sich aber nun selber als Herren ihrer Landeskirchen und bevormundeten ihre Untertanen nun genau so in allen Glaubenssachen, wie dies bisher von Rom aus geschehen war. Statt eines Statthalters Christi, der den Menschen vorschreibt, welches Verhältnis sie zu ihrem Gott haben sollen, gab es jetzt deren viele und zweifellos weniger kompetente und infolge ihres kleineren Wirkungskreises auch weniger verantwortliche: das war der ganze Unterschied.«[77]

Wenn hinter jedem katholischen Geistlichen eine allmächtige und gewaltige Kirche stand, residierte jetzt hinter einem protestantischen Prediger, einem Universitätsprofessor oder einem Schulmeister ein Landesherr. Unter diesen Bedingungen gelangte ein Zug von Servilität, Leisetreterei und Anpassung in diese Institutionen.

Der Protestantismus fand seine reinste Ausprägung im Calvinismus. Dessen starrer Prädestinationslehre folgend, die Menschen in Erwählte und Verdammte schied, wußte niemand, zu welcher dieser beiden Gruppen er gehörte. Für Calvin war wirtschaftliche Betätigung keine Sünde und Armut kein Verdienst. Die bereits zitierten Tugenden städtischer Kaufleute, Fleiß, Sparsamkeit, Mäßigung und rationeller Umgang mit der Zeit galten ihm als christliche Tugenden. Das Streben nach Erfolg und Reichtum als sittliche Aufgabe.

Mit der Neuzeit begann sich in den Städten, an Universitäten und an fürstlichen Höfen ein neues Weltverständnis durchzusetzen. Zum Ideal wurde der »intelligente, gebildete, kraftvolle, selbstbewußte und lebenszugewandte Mann, der schöpferische Mensch. Selbstbewußtsein und Diesseitigkeit bildeten keinen Gegensatz zu den christlichen Normen, diese wurden relativiert. Das Sündenbewußtsein trat zurück, und Arbeit wurde vom Fluch befreit, eine Folge der Sünde zu sein.«[78]

»Nicht mehr die Hinführung der Geschichte zum Jüngsten Gericht stand im Zentrum, sondern der Fortschritt der menschlichen Gesellschaft in Raum und Zeit als Maß aller Dinge. Ideologisiert wurde dieses Geschichtsverständnis mit der Apostrophierung einer unvollkommenen Vergangenheit und eines kontinuierlichen Fortschritts in eine lichte Zukunft hinein.«[79] – Ein Weg, von dem wir seit einigen Jahrzehnten wissen, daß er in einem atomaren Lichtblitz enden kann.

Welche Faktoren und Umstände führten in ihrem komplexen Zusammenwirken in Europa, und zuerst in England, letztlich zur Industriellen Revolution? Dort fand – erstmalig in der Geschichte der Menschheit – die Transformation von einer Akkumulation merkantilen Reichtums in eine kapitalistische Produktionsweise statt.

Französischsprachige Nachfahren norwegischer Wikinger hatten 1066 die englische Insel erobert. Nach der Niederschlagung von Aufständen angelsächsischer Adliger wurde deren Besitz zu großen Teilen als Lehen an normannische Adlige übertragen. Diese Übertragungen waren mit fest umrissenen Verpflichtungen gegenüber dem königlichen Lehnsherrn verbunden.

Im Resultat von Feudalfehden und Kirchenkämpfen war der englische König zu Beginn des 13. Jahrhunderts gezwungen, die »Magna Charta Libertatum« zu erlassen. Sie sicherte nicht nur dem Hochadel größere Freiheiten zu, sondern erfüllte auch einige Forderungen des Ritteradels und der Städte. Zur Kontrolle der Magna Charta wurde ein Adelsrat gebildet. Als Heinrich III. sich gegen dessen Interessen durchzusetzen versuchte, kam es zu Kämpfen, in deren Verlauf der König gefangengenommen wurde. 1265 trat erstmals ein Ständeparlament zusammen, in dem auch Ritter und Stadtbürger vertreten waren. Zum Ende des 13. Jahrhunderts erlangte das Parlament Einfluß auf die Gesetzgebung. »Bis zum Ende des 14. Jahrhunderts war England vor allem ein Agrarland, das sich nach innen orientierte und von der Seefahrt noch nicht viel wissen wollte. Von den Entwicklungen auf dem Kontinent unterschied sich die englische Wirtschaft jedoch in zweierlei Hinsicht. Erstens wurden während des 14. und 15. Jahrhunderts die ständig weitervererbten Lehensverpflichtungen der Bauern gegenüber den Grundherren nach und nach durch einen Pachtzins abgelöst, der in regelmäßigen Abständen je nach der ökonomischen Lage neu festgesetzt wurde. Das ermöglichte im Lauf der Zeit die Umwandlung der ›althergebrachten‹ Tributpflichten in variable Geldrenten. Im ausgesprochenen Gegensatz dazu konnte die Bauernschaft in Frankreich ihre Rechte auf den Grund und Boden durch eine stärkere Garantie ihrer fortlaufenden Weitervererbung verbindlicher absichern. Hier konnte der Grundherr zwar versuchen, die ihm zustehenden Abgaben zu erhöhen, aber durch die Heraufsetzung der Tributleistungen konnte er in keiner Weise entscheidend in die Belange der Verwaltung und landwirtschaftlichen Nutzung seines verpachteten Landes eingreifen. Im Vergleich mit den französischen hatten die englischen Bauern eine erstaunlich schwache Position. Insofern das Land dazu da war, einen Profit in Form einer variablen Geldrente abzuwerfen, stand es in der Macht des Grundherrn, das Land an die Pächter zu übertragen, die ihm die höchsten Profite erwirtschaften konnten. Die englischen Grundbesitzer waren daher eher als ihre französischen Klassengenossen in der Lage, den Grund und Boden als solchen in eine Ware zu verwandeln.«[80]

Im 15. Jahrhundert war die Leibeigenschaft praktisch verschwunden und durch eine Geldrente ersetzt. Die deutliche Klimaverschlechterung im 14. Jahrhundert und die mehrfach auftretenden Pestepidemien beschleunigten die Aufhebung der feudalen Fesseln, da überall Arbeitskräftemangel herrschte. »Das zweite wichtige Merkmal der englischen Ökonomie lag in der Tatsache, daß England schon früh die wohl beste Rohwolle Europas produzierte. Im 13. und 14. Jahrhundert wurde ein Großteil dieser Wolle im Ausland abgesetzt, insbesondere zur Verarbeitung durch die Wollindustrie Flanderns. Der Wollhandel wurde bald zu einem Hauptpfeiler des Einkommens des englischen Königshauses.«[81]

Zur Ausweitung der Schafzucht begannen Grundbesitzer bereits im 12. und 13. Jahrhundert mit der Einfriedung offener Felder und von Gemeindeland. Durch den starken Bevölkerungsverlust während der Pest beschleunigte sich der Einfriedungsprozeß – Schafzucht erforderte weit weniger Arbeitskräfte als landwirtschaftlicher Anbau.

In diese Zeit fiel die Teilung des Parlaments. Die Mitglieder des Oberhauses (House of Lords) rekrutierten sich aus dem Feudaladel und der hohen Geistlichkeit und wurden durch den König berufen. Die zweite Kammer war das Unterhaus (House of Commons). Seine Mitglieder wurden in den Grafschaften gewählt. Durch einen relativ hohen Vermögenszensus wurde die Zahl der Wahlberechtigten stark eingeschränkt. Mitglieder des Unterhauses waren kleine und mittlere Grundbesitzer (gentry) und Angehörige städtischer Oberschichten.

Nach der Niederlage Englands im Hundertjährigen Krieg mit Frankreich (1337 bis 1453) begannen die Rosenkriege, Kämpfe um die Vorherrschaft zwischen den Häusern Lancester und York. An ihrem Ende (1485) hatte sich der alte englische Hochadel bis auf geringe Reste selbst ausgerottet. Das Haus Tudor übernahm den Königsthron (1485 bis 1603).

»Im letzten Drittel des 15. Jahrhunderts erreichte die agrarische Entwicklung Englands eine qualitativ neue Stufe. Mit der verstärkten Nachfrage nach englischer Wolle begann die Schafzucht immer höhere Profite abzuwerfen. Vermögende Dorf- und Stadtbewohner gingen zur massenhaften Einhegung von Land und dessen Umwandlung in Viehweiden über. Damit wurde der

Prozeß der gewaltsamen Vertreibung der englischen Bauernschaft vom Boden eingeleitet. Diese sogenannte ursprüngliche Akkumulation des Kapitals, die, wie Karl Marx schreibt, nichts anderes ist als ›der historische Scheidungsprozeß von Produzenten und Produktionsmitteln‹, nahm in England auf Grund der besonders weitgehenden Auflockerung feudaler Bindungen auf dem Lande klassische Formen an. So vollzog sich der Übergang zu kapitalistischen Produktionsformen auf rasche und ungebrochene Weise.«[82] Thomas Morus charakterisierte den Wandel gegenüber dem König:

So weit ist es also gekommen, daß die Schafe, ihrer Natur nach zahm und genügsam, »jetzt so gefräßig und wild geworden« sind, »daß sie sogar Menschen verschlingen sowie Felder, Häuser und Städte verwüsten und entvölkern. In all den Gegenden eures Reiches nämlich, wo die feinere Wolle gewonnen wird, genügen dem Adel und den Edelleuten und sogar bisweilen Äbten, heiligen Männern, die jährlichen Einkünfte und Erträgnisse nicht mehr, die ihre Vorgänger aus ihren Gütern erzielten. Nicht zufrieden damit, daß sie mit ihrem faulen und üppigen Leben der Allgemeinheit nichts nützen, sondern eher schaden, lassen sie kein Ackerland übrig, zäunen alles als Viehweiden ein, reißen die Häuser nieder, zerstören die Städte, lassen nur die Kirchen als Schafställe stehen. ... Damit also ein einziger Verschwender, unersättlich und eine grausige Pest seines Vaterlandes, einige tausend Morgen zusammenhängenden Ackerlandes mit einem einzigen Zaun umgeben kann, vertreibt man die Pächter von Haus und Hof.«[83]

Die aus ihrem gewohnten Lebensrhythmus herausgeschleuderten bäuerlichen Massen verwandelten sich zu großen Teilen in Bettler, Räuber und Vagabunden. Und natürlich unterstellte die königliche Gesetzgebung den Betroffenen, es mangele ihnen nur an gutem Willen – die Parallele zu den Arbeitslosen in den industriell hochentwickelten Staaten unserer Tage liegt auf der Hand.

Im England Heinrichs VII. wurden eine Reihe von Gesetzen erlassen, deren Tendenz sich unter Heinrich VIII. fortsetzte: »Alte und arbeitsunfähige Bettler erhalten eine Bettellizenz. Dagegen Auspeitschung und Einsperrung für handfeste Vagabunden. Sie sollen an einen Karren hinten angebunden und gegeißelt werden, bis das Blut von ihrem Körper strömt, dann einen Eid schwören, zu ihrem Geburtsplatz oder dorthin, wo sie die letzten drei Jahre gewohnt, zurückzukehren und *sich an die Arbeit zu setzen* (*to put himself to labour*). Welche grausame Ironie! (Durch) Heinrich VIII. wird das vorige Statut wiederholt, aber durch neue Zusätze verschärft. Bei zweiter Ertappung auf Vagabundage soll die Auspeitschung wiederholt und das halbe Ohr abgeschnitten, bei drittem Rückfall aber der Betroffene als schwerer Verbrecher und Feind des Gemeinwesens hingerichtet werden.«[84]

In einem ähnlichlautenden Gesetz aus dem Jahre 1572 verfügt Elisabeth: »Bettler ohne Lizenz und über 14 Jahre alt sollen hart gepeitscht und am linken Ohrlappen gebrandmarkt werden, ›falls sie keiner für zwei Jahre in Dienst nehmen will‹; im Wiederholungsfall, wenn über 18 Jahre alt, sollten sie – hingerichtet werden, ›falls sie niemand für zwei Jahre in Dienst nehmen will‹, bei dritter Rezidive aber ohne Gnade als Staatsverräter hingerichtet werden.«[85]

»Ein Dokument, das im Jahre 1607 zum Nutzen der englischen Lords herausgegeben wurde, faßte das Problem der Veränderung in einen prägnanten Satz zusammen: ›Dem armen Mann soll das Seine zukommen: Behausung; und der Gentleman in seinem Streben nach Verbesserung nicht behindert werden.‹ Diese Formel scheint jenen rein wirtschaftlichen Fortschritt für selbstverständlich zu halten, der Verbesserung um den Preis sozialer Entwurzelung bedeutet. Sie verweist aber auch auf die Zwangsläufigkeit, mit der sich der arme Mann an seine elende Hütte klammert, dem Untergang geweiht durch des reichen Mannes Streben nach einer allgemeinen Verbesserung, von der dieser privat profitiert.

Die Einfriedungen sind zutreffend als eine Revolution der Reichen gegen die Armen bezeichnet worden. Die Lords und Adeligen erschütterten die soziale Ordnung, brachen altes Gesetz und Sitte, manchmal mit Gewalt, häufig durch Druck und Einschüchterung. Sie beraubten buchstäblich die Armen ihres Anteils am Gemeindeland, rissen die Häuser nieder, die die Armen nach bis dahin niemals gebrochenem Gewohnheitsrecht als ihr und ihrer Nachkommen Eigentum betrachtet hatten. Die soziale Struktur wurde zerbrochen, verwüstete Dörfer und die Ruinen menschlicher Behausungen bezeugten die Grausamkeit, mit der die Revolution wütete, die Verteidigung des Landes gefährdete, die Städte veröden ließ, die Bevölkerung dezimierte, den ausgepowerten Boden in Staub verwandelte, die Bevölkerung quälte und sie von ehrlichen Landleuten in eine Horde von Bettlern und Dieben verwandelte. Obwohl dies nur gebietsweise der Fall war, so drohten diese schwarzen Flecken zu einer einheitlichen Katastrophe zusammenzufließen.«[86]

Mit dem Ende der Rosenkriege und nachdem die englischen Könige vom Festland vertrieben waren, konzentrierten sich die herrschenden Kräfte in England auf die innere Entwicklung. Damit blieben ihnen die riesigen Ausgaben der Erbfolgekriege erspart, in denen sich Könige und Hochadel auf dem Kontinent gegenseitig erschöpften.

Bereits im 14. Jahrhundert begann sich in England eine eigene Textilproduktion herauszubilden. Um die städtischen Zunftschranken zu umgehen, verwandelten sich zuvor unbedeutende Dörfer und Marktflecken in Zentren der Tuchherstellung. Hier fanden sich billige Arbeitskräfte und die zum Betreiben der Walkmühlen erforderliche Wasserkraft. »Anstelle des Feudalherren im Herrenhaus herrschte im Dorf der Squire, der adelige Grundherr, der im Grafschaftsgericht saß, den Gemeindepfarrer der Kirche von England ernannte, Land verpachtete und wie seine Pächter ländliche Lohnarbeiter beschäftigte. Diese grundbesitzlosen Landarbeiter stellten einen weitaus höheren Prozentanteil der Landbevölkerung als in Frankreich. Sie arbeiteten in größerer Zahl als jenseits des Kanals in der Heimindustrie als Spinner und Weber. Für sie gab der Verleger und Tuchherr den Ton an, das heißt der Kaufmann und Produzent, der Webstühle vermietete und das fertige Tuch auf den Markt brachte. ... Im übrigen hatte der Verleger gleichfalls Grundbesitz im Dorf und saß neben dem Squire im Parlament, wo sich denn auch erwies, daß beide im Grunde dieselben Interessen verfolgten: Beide stimmten für die Einhegungsdekrete, die *Enclosure Acts*, für Subventionen und Korngesetze (*Corn Laws*), beide befürworteten Zölle und Schlagbäume, die Milizdekrete (*Militia Acts*) und Maßnahmen gegen Schmuggel; und beide setzten sich für die Beibehaltung des Armenrechts und den *Act of Settlement* von 1662, das heißt das Abwanderungsverbot aus den Heimatgemeinden, ein, um die Armen besser überwachen zu können.«[87]

Die für den Massenbedarf produzierten leichten und billigen Tuche erlaubten es den englischen Kaufleuten, auf anderen europäischen Märkten Fuß zu fassen. Zunächst in den nahegelegenen niederländischen Städten wie Brügge und Antwerpen. Im 15. Jahrhundert dehnten die Engländer ihren Einfluß auf Spanien,

Portugal und Italien aus. Bereits in der Mitte des Jahrhunderts übertraf der Tuch- den Wollexport wertmäßig um das Zehnfache. Die Ausweitung von Tuchproduktion und -export erforderte die Unterstützung durch den Staat. Einerseits wurde der Schutz der einheimischen Industrie gegen ausländische Importe notwendig, andererseits mußten ein eigener Schiffsbau gefördert und staatlich konzessionierte Handelsorganisationen gegründet werden, zum Beispiel 1577 die Spanish Company, 1581 die Levante Company und 1600 die East India Company.

Unter der Regierung Heinrichs VIII. begann eine eingeschränkte Reformation der Kirche. Durch Einführung des Suprematseides wurde 1534 der König zum obersten Kirchenherren erklärt. Angehörige des Klerus und Staatsbeamte, die sich dem Eid verweigerten, wurden mit dem Tode bedroht. Bekanntestes Opfer dieser Weigerung war Thomas Morus.

In den folgenden Jahren wurden Klöster geschlossen und der umfangreiche Grundbesitz der Kirche wurde eingezogen. Mit Heinrich VIII. starb 1547 ein Herrscher, der die Monarchie mittels der Reformation gestärkt hatte, »die unter starkem obrigkeitlichem Einfluß vorangetrieben wurde und sich primär als politisches Ereignis darstellte. Eine grundlegende Erneuerung der Kirche stand vorerst noch aus. Seine Herrschaftsweise hatte in ihrer Verbindung von elementarer Gewalttätigkeit und staatsmännischem Kalkül viel vom Zuschnitt eines Renaissance-Fürsten an sich. Erst sein Tod setzte die Kräfte frei, die er selbst ins Spiel gebracht hatte, die aber erst unter Elisabeth zu Mitträgern der Herrschaftsordnung wurden.«[88]

Unter der Regierung Elisabeth I. konstituierte sich die anglikanische Staatskirche. »Sie hatte sich von Rom gelöst, präsentierte sich als Bischofskirche mit der Königin als Verwalterin, vertrat in der Lehre protestantische Positionen, hielt aber an manchen katholischen Zeremonien fest.«[89]

Mit dem Tode Elisabeths erlosch die Dynastie der Tudors. Unter den nachfolgenden Stuarts, die sich um die Stärkung einer feudalabsolutistischen Herrschaft bemühten, eskalierten die Widersprüche zwischen Krone und Unterhaus. Die repressive Politik provozierte wachsenden Widerstand, der letztlich in revolutionäre Aktionen umschlug.

»Im englischen Parlament führten Puritaner die Opposition an. Die calvinistische Lehre vermittelte ihnen die Überzeugung, daß ihr Handeln gerechtfertigt ist. Von Luther auf die Gründung protestantischer Kirchen eingeschränkt, erhielt der Reformationsbegriff in der Englischen Revolution wieder etwas von seinen ursprünglichen revolutionären Implikationen. Zahlreiche politische Pamphlete und Petitionen verlangten die Abschaffung der Bischofskirche und weitere Veränderungen. Auch fanden angesichts wirtschaftlicher Krisen und der Aktivität der unteren Schichten mit dem Evangelium legitimierte Gleichheitsforderungen und Endzeiterwartungen Resonanz.«[90]

Mit den Siegen des Parlamentsheeres unter Oliver Cromwell, einem Puritaner, dessen politische Entscheidungen von strengem Biblizismus geprägt waren, endete 1646 der erste Bürgerkrieg. Nach dem Sieg spaltete sich das Parlament »in die zu Kompromissen bereite Mehrheit der *Presbyterianer* und die radikale Minderheit der *Independenten*. Die Presbyterianer traten für eine Kirche mit Ältesten und Synoden ein und plädierten für Uniformität, also eine intolerante Haltung gegenüber anderen Glaubensgemeinschaften. Sie waren zu Verhandlungen mit der Krone und einem Ausgleich im Interesse des inneren Friedens bereit. Die Independenten plädierten für eine freikirchliche, aus autonomen Kongregationen gebildete tolerante Kirche und lehnten Kompromisse mit der Krone ab. Chiliastische Vorstellungen nährten zudem die Idee, die Erwählten zu sammeln, um sie auf das Reich Christi vorzubereiten.«[91]

Der zweite Bürgerkrieg endete 1649 mit der Verurteilung und Hinrichtung Karls I. – ein bemerkenswerter Akt. Zwar waren wiederholt Herrscher insgeheim umgebracht worden, »aber es war noch nie zuvor geschehen, daß ein König als König im Namen des Volkes öffentlich angeklagt und hingerichtet wurde«[92].

»Am 6. Februar 1649 wurde das Oberhaus abgeschafft, am 13. Februar verabschiedete das ›Rumpfparlament‹ das Gesetz über die Ernennung eines *Council of State* (Staatsrat) als Exekutivorgan, am 17. März schaffte es das ›Königsamt‹ ab und erklärte England zur Republik: ›Das Volk von England soll von nun an als Gemeinwesen und freier Staat regiert werden.‹ Es verkörpert die höchste Autorität dieser Nation, repräsentiert von seinen Vertretern im Parlament und von denen, die zum Wohl des Volkes als Beamte und Minister bestellt werden. Die Republik wird hier mit den Begriffen *Commonwealth* (Gemeinwesen) und *Free State* (freier Staat) zurückhaltend umschrieben.«[93]

Cromwell, der 1653 zum Lordprotektor Englands berufen wurde, vertrat die Interessen von Großbürgertum und kapitalistisch wirtschaftendem Landadel. Mit deren Zustimmung erfolgte nach dem Tode Cromwells eine Restauration der Stuarts. Im Parlament formierten sich zwei Parteien: die *Torries*, Königsanhänger und alter Landadel, und die *Whigs*, Neuadel, Gentry und Großbürger.

Unter dem katholischen König Jakob II. (1658-1688) wuchsen erneut feudalabsolutistische Bestrebungen. Die wachsende Opposition erzwang die Absetzung des Königs (die sogenannte Glorreiche Revolution) und die Einsetzung des protestantischen Königspaares Maria II. und Wilhelm von Oranien. Mit der vom Parlament vorgelegten *Declaration of Rights* beschworen sie den Sieg des Bürgertums (*Bill of Rights*).

Das Unterhaus, zu dessen Wahl nur zirka zwei Prozent der männlichen Bevölkerung berechtigt waren, setzte die Politik im Interesse von Handelskapital und Landadel fort. Von 1744 bis 1760 regierte die Whigpartei fast ununterbrochen. Ihr Führer Robert Walpole, Schatzkanzler von 1721 bis 1742, gilt als erster bürgerlicher Premierminister.

In der zweiten Hälfte des 18. Jahrhunderts wurde England im Kampf um Kolonien und Märkte zur bedeutendsten Kolonialmacht Europas. Die Riesengewinne der Bourgeoisie trugen entscheidend zur ursprünglichen Akkumulation des Kapitals bei. Im gleichen Zeitraum wurde die Einhegung abgeschlossen, die wichtigsten Voraussetzungen für den Weg in den Kapitalismus waren erfüllt.

Die Verlagerung der Macht vom königlichen Hof auf das Bürgertum ließ die Verlierer keineswegs von der Bildfläche verschwinden, »sie machte sie vielmehr zu Teilhabern. Viele Institutionen der tributären Vergangenheit – wie etwa die Monarchie, die Peerswürde, die Kirche, das Parlament und das System des *common law* – wurden von den Engländern beibehalten und den Anforderungen neuer Funktionen angepaßt. Auch die Ideologie und die Umgangsformen des Adels überlebten als äußerliche Form, wenn nicht gar als inhaltliche Substanz von Klassenherrschaft: Profite erwirtschaftende Grundbesitzer, Kreditgeschäfte machende Kaufleute und aufsteigende Fabrikanten – sie alle übernahmen die symbolischen Lebensformen des alten Landadels.

Das englische Beispiel stellt in vielerlei Hinsicht einen einzigartigen Fall dar. Ursprünglich war England koloniales Randgebiet vor der Küste eines Kontinents, der von mächtigeren Nachbarvölkern bewohnt wurde und über mehr Reichtümer und besser entwickelte Institutionen verfügte als die britische Insel. Aber sein Gebiet wurde bereits sehr früh unter den normannischen Königen geeinigt, die auch seine Verwaltung vereinheitlichten und Hindernisse für die Zirkulation von Gütern und Menschen aus dem Wege räumten, was viele Nachbarvölker auf dem Kontinent noch bis weit ins 19. Jahrhundert so unselig belasten sollte. Die rechtliche Stellung der englischen Bauern erwies sich als überraschend schwach, was es leicht machte, sie von ihrem Grund und Boden zu vertreiben. Die Expansion des englischen Tuchhandels – eine Voraussetzung für die Eroberung größerer Märkte und politischer Einflußsphären – erwies sich als Erfolgsunternehmen, das von einer Reihe glücklicher Umstände begünstigt wurde. Schließlich war die englische Regierungsform – eine Mischung aus alten und neuen Elementen, die vor allem wenig Kosten verursachte – erstaunlich reibungslos in der Lage, die Verteilung der Klassenkräfte herbeizuführen, von der eine erfolgreiche kapitalistische Industrialisierung abhing.«[94]

5.3 Die Industrielle Revolution

Deutlicher werden Besonderheiten, aber auch Gemeinsamkeiten der Entwicklung Englands im 17. Jahrhundert, wenn wir sie mit der Situation in Frankreich, Deutschland und den Niederlanden vergleichen.

Frankreich war das Land des klassischen Feudalismus. In ihm hatte sich im Mittelalter und in der frühen Neuzeit ein umfassendes Gefüge hierarchisch abgestufter Beziehungen entwickelt. In der zweiten Hälfte des 17. Jahrhunderts stand Ludwig XIV. an der Spitze des Landes. Der von ihm ausgehende Konsolidierungsdruck hatte das Ziel, »die feudale Machtpyramide mit ihrer monarchischen Spitze in ein Netz von Gefolgschaftsbeziehungen zu verwandeln, das sich über das gesamte französische Territorium erstreckte und vom König durch seine Verfügung über die stärksten Machtmittel kontrolliert wurde.«[95] Ludwig XIV. schuf ein Herrschaftsmodell, das in Europa seinesgleichen suchte und vielen souveränen Fürsten bis ins ausgehende 18. Jahrhundert als Vorbild diente.

In Frankreich wurde der in Kontinentaleuropa vorherrschende Trend, die Mitsprache von Vertretungskörperschaften zu reduzieren, am konsequentesten durchgesetzt. Die französischen Generalstände traten 1614/15 letztmals zusammen. Erst 1788, am Vorabend der Großen Revolution, sah sich die Regierung gezwungen, die Generalstände wieder einzuberufen. Während bereits John Locke in seinen »Two Tactics of Government« (1690) jede Verletzung des Gesellschaftsvertrages zwischen Fürst und Vertretungskörperschaft als eine zwingende, auch naturrechtliche Legitimation ansah, um gegen diesen vorzugehen, fehlte in Frankreich über lange Zeit eine mit Sanktionsrechten ausgestattete Ständevertretung.

Der absolutistische Monarch lebte in der Exklusivität seiner Schloßanlage, »zu der nur noch die fast ranggleichen Personen Zutritt hatten. Sie konnten auf diese Art und auch durch die Verleihung unbedeutender oder auch wichtigerer Ämter unter Kontrolle gehalten werden. Das gelang schon deswegen, weil sie es selbst so wollten, um zumindest am Rande des Lichtkegels der Macht zu stehen. Die Steigerung des Gottesgnadentums bis zu einem Punkt, der keine Steigerung mehr zuließ und der nahe an den Aggregatzustand der Vergöttlichung (Friedensfürst, Sonnenkönig) heranreichte, die strenge Zeremonialisierung des Alltags vor dem Hintergrund eines Hofes, der nicht zufällig mit einem Welttheater verglichen worden ist, ein zum Prinzip erhobener Müßiggang.«[96]

Andere europäische Fürsten übernahmen wesentliche Elemente der französischen Herrschaftspraxis und des Herrschaftsbildes oder machten zumindest den Versuch dazu.

Der französische Staat des 17. und 18. Jahrhunderts und seine Beherrscher benötigten viel mehr Geld als je zuvor: um Heere aufzubauen, Kriege zu führen, Repräsentationsbauten zu errichten, einen umfangreichen Hofstaat zu unterhalten, Handelskompanien zu fördern usw. Da die Besteuerung zur Beschaffung der gewaltigen Summen allein nicht ausreichte, war das Schuldenmachen die naheliegendste Lösung. Bis zum Vorabend der Revolution war allein der Schuldendienst auf mehr als 50 Prozent des Staatshaushalts angewachsen.

Zur Zeit der glorreichen Revolution in England stand ein Wahlmonarch an der Spitze des »Heiligen Römischen Reiches Deutscher Nation«. Neben ihm regierten rund 250 quasisouveräne Herrschaftsträger. »Im Reich hatte sich der Dualismus Krone

– regionale Herrschaftsträger immer mehr zugespitzt und zu dem Ergebnis geführt, daß die Krone die wirkliche ›Verstaatung‹ – mit festen Behörden, dem Gewaltmonopol der Finanzhoheit und anderen Momenten – kaum zu erreichen vermochte, während die Territorien sich immer deutlicher zu ›Staaten im Staat‹ entwickelten: sie verfügten über ein differenziertes Behördensystem mit eigener Beamtenschaft, schufen entsprechende Ausbildungsanstalten, hatten das Münzrecht und beanspruchten das Gewaltmonopol.«[97]

Am Vorabend der Französischen Revolution war das Reich als Gemeinwesen erstarrt. »Verkrustet waren die Struktur und die Arbeitsweise seiner zählebigen Institutionen, selbst wenn sich zum Beispiel bei etlichen Assessoren des Reichskammergerichts durchaus aufgeklärtes Gedankengut hat nachweisen lassen. Verkrustet war die Sozialstruktur, wenn man etwa an die nach wie vor dominante Stellung der Zünfte denkt oder auch an die Art und Weise, wie anders konfessionelle Gruppen von den Entscheidungsgremien der Reichsstädte ferngehalten wurden. Verkrustet waren auch die Hohen Schulen und der dort vermittelte Unterricht; erst unter dem Eindruck der Blüte Göttingens kam in den 1780er Jahren etwas Bewegung im Sinn der Etablierung neuer Fächer und der Akzeptanz Anderskonfessioneller in die Universitäten. Verkrustet war die ganze Ordnungspolitik, die nach wie vor rasch an die engen Grenzen der vielen Klein- und Kleinststaaten stieß und diese – etwa im Währungsbereich oder bei Bekämpfung der Kriminalität – gar nicht oder nur mit der allergrößten Mühe überwinden konnte.«[98]

Erst im Gefolge der Französischen Revolution entfielen die alten staatlichen Strukturen »und damit auch die Grundlagen der bisherigen regionalen Patriotismen, die Bahn wurde frei für das neue Denken in der nationalen Kategorie – es wurde um so wirksamer, als damals der Nationalstaat von vielen Seiten und an vielen Ecken Europas zum Symbol einer neuen Zeit erhoben wurde. Doch blieb das altehrwürdige Gebilde des Alten Reiches als Reminiszenz und als mögliche Zukunftsperspektive in den Köpfen vieler Menschen bis weit über den Wiener Kongreß hinaus präsent, zudem wurde der im *Ancien Régime* wurzelnde Reichspatriotismus nicht von einem Tag auf den anderen von dem ›modernen‹ Nationalbewußtsein abgelöst.«[99]

In Holland führte der Übertritt zur protestantischen Konfession zu einem Bruch mit dem katholischen Spanien. Aus einem gut 80 Jahre währenden Krieg zwischen den niederländischen Generalsstaaten und dem spanischen Herrscherhaus gingen mit dem Ende des Dreißigjährigen Krieges die Vereinigten Niederlande nicht nur militärisch, sondern auch finanziell gestärkt hervor. Zwischen den holländischen Städten, die jeweils durch eine lokale Kaufmannsoligarchie regiert wurden, festigten sich die Beziehungen. Die neue Republik nahm bereitwillig religiöse Dissidenten aus Wallonien und Flandern sowie Juden aus Portugal und Spanien auf. Sie erweiterte damit ihr Potential an Kapital und menschlichen Fähigkeiten auf ganz enorme Weise. »Die Leistungen niederländischer Kaufleute, Seefahrer und Techniker wurden in anderen Ländern bewundert, studiert und genutzt. Die Niederlande verfügten über die größte Handelsflotte, ein entwickeltes Kreditwesen und ein wegweisendes Seerecht. Da ein großer Teil des Landes unter dem Pegel des Meeres lag, war dessen Schutz durch Deiche, Drainagen und Kanäle ein existentielles Problem. Ingenieure und andere Fachleute widmeten sich erfolgreich dieser Aufgabe. Bis 1650 wurden alle Seen nördlich des Ij trockengelegt und 27 000 Hektar Land gewonnen. Die Bevölkerung der Republik wies einen vergleichsweise hohen Bildungsstand und Alphabetisierungsgrad auf. Von der Universität Leiden gingen wichtige Impulse für die Entwicklung der Wissenschaften aus.«[100]

Das »extrem dicht besiedelte und wohl auch am stärksten urbanisierte Land war zur Konzentration gezwungen. Im agrarischen Sektor bedeutete das Modernisierung und Kommerzialisierung mit dem Zweck der Produktivitätssteigerung und die Konzentrierung des Anbaus auf hochwertige Gewerbepflanzen, da Brotgetreide aus dem Ostseeraum preisgünstig importiert werden konnte. Während im nach wie vor überwiegend agrarischen Kontinentaleuropa annähernd 90 Prozent der Bevölkerung in der Landwirtschaft arbeiteten, waren es in den Niederlanden nur noch etwa 30 und in der Provinz Holland gar nur 20 Prozent.«[101]

Der Anthropologe Eric Wolf nennt Gründe dafür, warum die Niederlande den Weg in eine industrielle Entwicklung nicht eingeschlagen haben: »Erstens blieben Seehandel, Schiffsbau und die damit zusammenhängenden Gewerbe auch weiterhin wichtig und profitabel. Zweitens erzielten kaufmännische Unternehmungen nach wie vor hohe Gewinne, höhere jedenfalls als Investitionen in die Textilproduktion. Drittens arbeiteten die landwirtschaftlichen Betriebe in den Niederlanden bereits auf kapitalintensiver und spezialisierter Grundlage und zahlten recht hohe Löhne;

folglich gab es keine verarmte Landbevölkerung, aus der die Industrie, wie in England, ihre billigen Arbeitskräfte beziehen konnte. Viertens basierte die ganze holländische Entwicklung letzten Endes auf dem profitablen Verkauf bestimmter Fähigkeiten und Dienstleistungen und nicht etwa auf massiven eigenen Ressourcen. Auch war die Einwohnerzahl der Niederlande beschränkt: Sie stieg von 1514 bis 1680 von 275 000 auf 883 000 und ging bis 1750 dann wieder auf 783 000 zurück. Selbst auf den Schiffen waren Arbeitskräfte Mangelware; im 18. Jahrhundert wurden von holländischen Reedern immer mehr skandinavische und norddeutsche Seeleute angeheuert. Zudem gab es in den Niederlanden weder Kohle- noch Eisenerzvorkommen, über die zum Beispiel England in reichem Maße verfügte. Und schließlich war die Republik von Beginn an ein Staatswesen, das sich aus beinahe autonomen Stadtstaaten zusammensetzte, die jeweils von ihrer einheimischen Kaufmannsoligarchie beherrscht wurden. Nur aufgrund der Vormachtstellung Amsterdams und aufgrund ihrer gemeinsamen Erfolge in der Aufstiegsphase hatte diese holländische Allianz zu einer gemeinsamen politischen Linie gefunden. In einer Periode wachsender Schwierigkeiten litt dann aber die Fähigkeit der verschiedenen Partner, eine gemeinsame Politik zu formulieren und durchzuführen, unter immer schärferen Fraktionskämpfen. Seit 1688 begann daher das holländische Kapital nach England abzufließen, wo es in der englischen ›East India Company‹, der ›Bank of England‹ und in britischen Staatsobligationen angelegt, aber auch in den sich neu entwickelnden Industrien investiert wurde.«[102]

Die Industrielle Revolution des 18. Jahrhunderts in England war der Beginn eines Prozesses, dessen Auswirkungen auf Natur und Menschheit mindestens so umfassend waren und sind wie die der Neolithischen Revolution.

»Die Industrielle Revolution war erst der Anfang einer Revolution, so extrem und radikal, wie sie nur je den Geist von Sektierern befeuerte, aber dieses neue Glaubensbekenntnis war durch und durch materialistisch und vermeinte, alle menschlichen Probleme könnten durch das Vorhandensein einer unbeschränkten Menge materieller Güter gelöst werden.

Unzählige Male ist dieser Prozeß beschrieben worden: Wie die Ausweitung der Märkte, das Vorhandensein von Kohle und Eisen sowie das feuchte, für die Baumwollindustrie günstige Klima, die Menge der durch die Einfriedungen des 18. Jahrhunderts enteigneten Menschen, die Existenz freier Institutionen, die Erfindung von Maschinen und andere Ursachen so zusammenwirkten, daß daraus die Industrielle Revolution hervorging. Es ist schlüssig nachgewiesen worden, daß man keinen Einzelfaktor aus dieser Kette herausheben und ihn als die entscheidende Ursache dieser plötzlichen und unerwarteten Entwicklung bezeichnen kann. ... Die Transformation der vorangegangenen Wirtschaftsform in das neue System ist so total, daß sie eher der Verwandlung der Raupe in einen Schmetterling gleicht als jegliche andere Veränderung, die sich in stetem Wachstum und Entwicklung äußert. ... Die maschinelle Produktion in einer kommerziellen Gesellschaft bedeutet letztlich nichts Geringeres als die Transformation der natürlichen und menschlichen Substanz der Gesellschaft in Waren.

Die Schlußfolgerung ist zwar unheimlich, aber für die völlige Klarstellung unvermeidlich: Die von solchen Einrichtungen verursachten Verschiebungen müssen zwangsläufig die zwischenmenschlichen Beziehungen zerreißen und den natürlichen Lebensraum der Menschen mit Vernichtung bedrohen.«[103]

Im 19. Jahrhundert erlebten die Menschen der Länder, in denen die Industrielle Revolution stattfand, den Niedergang ihrer Gemeinschaften, an die sie über Jahrhunderte gewöhnt waren: Dorf, Großfamilie, Gemeinde, Zunft und andere. An ihre Stelle trat nach 1870 eine imaginäre Gemeinschaft, die Nation. Sie fand ihren Ausdruck in den Nationalstaaten. Deren »Regierungen erreichten jetzt unmittelbar jeden Bürger auf ihrem Staatsgebiet in seinem Alltagsleben, durch kleine, aber allgegenwärtige Vertreter, vom Briefträger und Polizisten bis zum Lehrer und (in manchen Ländern) zum Eisenbahnschaffner. Sie bedurften der aktiven persönlichen Verpflichtung eines jeden Bürgers und schließlich auch jeder Bürgerin auf den Staat, bedurften also ihres ›Patriotismus‹. Die Autoritäten in einem zunehmend demokratischen Zeitalter, die sich weder auf die Religion als einer wirkungsvollen Garantin des allgemeinen Gehorsams noch darauf verlassen konnten, daß die sozialen Stände und Schichten sich in traditioneller Weise ihren Oberen spontan unterwerfen würden, suchten dringend einen Weg, um die Untertanen des Staates gegen Subversion und abweichende Meinungen zusammenzuschweißen. ›Die Nation‹ war die neue Bürgerreligion der Staaten. Sie lieferte das Bindemittel, das alle Bürger an den Staat band, sie schuf die Möglichkeit, den Nationalstaat unmittelbar jedem Bürger nahe zu bringen, und war ein Gegengewicht zu denen, die sich auf eine höhere als die Loyalität zum Staat beriefen: auf die Religion, auf eine Nationalität oder ethnische Gruppe, die nicht mit dem Staat identifiziert wurde, und vielleicht am meisten auf ihre Klasse. In konstitutionellen Staaten gab es einen um so größeren Spielraum für eine Berufung auf höhere Loyalitäten, je mehr die Massen durch eine Ausdehnung des Wahlrechts an der Politik beteiligt wurden.«[104]

Die Industrielle Revolution ersetzte das Motiv des Lebensunterhalts durch das des Gewinns. Alle Transaktionen wurden in Geldtransaktionen verwandelt. Im Laufe des 20. Jahrhunderts erreichte die Entwicklung des Kapitalismus einen Zustand, der eine nahezu unbegrenzte Anhäufung von Geld in Form monetären Vermögens ermöglicht. Es kann in Gestalt ständig wachsender Unternehmen umgesetzt werden. »Dieser Prozeß aber verwandelt den Markt; der Kapitalismus der Konkurrenz wird zum ›Monopolkapitalismus‹, zum ›managerial capitalism‹. Neben der ›invisible hand‹ kommt die ›visible hand‹ der großen Monopolunternehmen ins Spiel. Denn der moderne Konzern hat die Vielzahl kleiner Unternehmen ersetzt, indem er sie geschluckt und auf diese Weise deren Marktaktivitäten ›internalisiert‹ hat. Einstige Markttransaktionen werden innerhalb der Unternehmenshierarchien durch mächtige Manager zentral koordiniert und abgewickelt. Die Funktionen von Eigentum und Management trennen sich voneinander. Das Resultat sind verbesserte Effizienz, höheres Wachstum und eine Veränderung der ›basic structure ... of the economy as a whole‹ –, und wir können hinzufügen: nicht nur der Wirtschaft, sondern von Politik und Gesellschaft. Die Koordination des Wirtschaftsprozesses wird in ›fordistischen Zeiten‹ von Massenproduktion und Massenkonsumtion nicht mehr der ›invisible hand‹ des Marktes überlassen, sondern sie wird von der ›visible hand‹ der großen Konzerne übernommen.«[105]

Damit das Geldvermögen zu Kapital werden konnte, mußte es menschliche Arbeitskraft kaufen und sie mit Hilfe geeigneter Arbeitsmittel zur Vergrößerung des Vermögens einsetzen. Wenn bereits vor der zweiten Hälfte des 18. Jahrhunderts Waren um die halbe Welt transportiert wurden, konnte merkantiles Vermögen dadurch beträchtlich wachsen. Aber erst die Verwandlung von Produktionsmitteln und Arbeitskraft in Waren, die auf dem Markt angeboten wurden, schuf den sich selbst regulierenden Markt.

In allen vorkapitalistischen Gesellschaften waren Geld und Markt Randerscheinungen gewesen, und der größte Teil der Reproduktion erfolgte naturalwirtschaftlich. »Eine flächendeckende Geldwirtschaft und Marktwirtschaft entsteht überhaupt erst durch die kapitalistische Rückkoppelung des Geldes auf sich selbst. Dabei geht es nicht mehr um die Produktion von Waren als Endzweck, sondern die Warenproduktion dient nur noch als Mittel für den Verwertungsprozeß des Geldes als Selbstzweck, für die endlose Aufhäufung von Geldkapital um seiner selbst willen. ... Weil die Produktion von Gütern nicht der Zweck, sondern bloßes Mittel für die Geldverwertung ist, kann auch die Wohlfahrt nicht Zweck, sondern bestenfalls vorübergehendes Abfallprodukt des Kapitals sein.

Während in den vormodernen, naturalwirtschaftlichen Agrargesellschaften Not und Armut in erster Linie durch das Ausgeliefertsein an die »erste Natur« und durch den niedrigen Stand der Produktivkräfte bedingt waren, erzeugt der Kapitalismus ein sekundäres, rein gesellschaftlich bedingtes Elend. Weil der Zweck der Produktion einzig in der abstrakten Gewinnmaximierung von Geldeinheiten besteht, wird zum ersten Mal in der Geschichte nicht für die Befriedigung von Bedürfnissen produziert. Wenn nicht mindestens die durchschnittliche Profitrate zu erzielen ist, werden daher intakte Produktionsmittel auch dann stillgelegt oder heruntergefahren, wenn nebenan Menschen darben.«[106]

Marktwirtschaft ist ein ökonomisches System, das ausschließlich von Märkten kontrolliert, geregelt und gesteuert wird. Selbstregulierung bedeutet, daß die gesamte Produktion auf dem Markt zum Verkauf steht, und alle Einkommen entstehen aus diesen Verkäufen. Märkte gibt es für Güter (einschließlich Dienstleistungen), Arbeit, Geld und Boden.

Der Übergang von den geregelten zu selbstregulierenden Märkten am Ende des 18. Jahrhunderts bewirkte eine völlige Umwandlung der Gesellschaftsstruktur.

Die Französische Revolution führte nicht nur in Frankreich zum Sieg der bürgerlichen Gesellschaft. Über die Grenzen hinweg setzte sie auch in Deutschland den gesellschaftlichen Wandel von einer feudalen in eine bürgerliche Gesellschaft in Gang.

Noch 1830 lebten in Deutschland rund 80 Prozent der Bevölkerung von der Landwirtschaft. Um 1900 hatte sich das Verhältnis umgekehrt. Ein Millionenheer von Fabrikarbeitern und -arbeiterinnen arbeitete in Montanindustrie, Chemieindustrie und, beginnend mit dem Ausgang des 19. Jahrhunderts, in der Elektroindustrie.

In den ersten Tagen des Jahres 1848 schrieben Marx und Engels das »Kommunistische Manifest«. Der Historiker Golo Mann charakterisiert es als »eine Schrift von unerhörter Überzeugungskraft, einfach wie aus einem Guß trotz all der komplizierten Gedankenstücke, die darin verarbeitet wurden«.[107]
Die Bourgeoisie hat Ungeheures geleistet, heißt es im Manifest:

Erst sie hat bewiesen, was die Tätigkeit der Menschen zustande bringen kann. Sie hat ganz andere Wunderwerke vollbracht als ägyptische Pyramiden, römische Wasserleitungen und gotische Kathedralen, sie hat ganz andere Züge ausgeführt als Völkerwanderungen und Kreuzzüge. ... Die Bourgeoisie hat durch ihre Exploitation des Weltmarkts die Produktion und Konsumtion aller Länder kosmopolitisch gestaltet. Sie hat zum großen Bedauern der Reaktionäre den nationalen Boden der Industrie unter den Füßen weggezogen. Die uralten nationalen Industrien sind vernichtet worden und werden noch täglich vernichtet. Sie werden verdrängt durch neue Industrien, deren Einführung eine Lebensfrage für alle zivilisierten Nationen wird, durch Industrien, die nicht mehr einheimische Rohstoffe, sondern den entlegensten Zonen angehörige Rohstoffe verarbeiten und deren Fabrikate nicht nur im Lande selbst, sondern in allen Weltteilen zugleich verbraucht werden. An die Stelle der alten, durch Landeserzeugnisse befriedigten Bedürfnisse treten neue, welche die Produkte der entferntesten Länder und Klimate zu ihrer Befriedigung erheischen. An die Stelle der alten lokalen und nationalen Selbstgenügsamkeit und Abgeschlossenheit tritt ein allseitiger Verkehr, eine allseitige Abhängigkeit der Nationen voneinander. Und wie in der materiellen, so auch in der geistigen Produktion. Die geistigen Erzeugnisse der einzelnen Nationen werden Gemeingut. Die nationale Einseitigkeit und Beschränktheit wird mehr und mehr unmöglich, und aus den vielen nationalen und lokalen Literaturen bildet sich eine Weltliteratur.[108]

Der junge Marx sagte schon Mitte des 19. Jahrhunderts sowohl die Expansion des Kapitalismus als auch den Konzentrationsprozeß in der Industrie voraus. Für beide Vorhersagen wurde Deutschland zum klassischen Beispiel. So stieg die Kohleförderung bis 1900 auf 109 Millionen Tonnen. Im gleichen Maße wuchs die Produktion von Eisen, Stahl, Maschinen und Apparaturen. Entsprechend nahm die Erschließung neuer Märkte zu. Der Anteil der Menschen, die in Großbetrieben arbeiteten, stieg deutlich an. In durch Banken kontrollierten Kartellen wuchsen Unternehmen der Rohstoff- und Halbfabrikate-Fertigung zusammen. Auch der vorhergesagte Prozeß der Kapitalkonzentration trat ein. Um 1900 wurde die Industrie von immer wenigeren und immer reicheren Unternehmern kontrolliert. Das Heer der Fabrikarbeiter stieg auf 35 Millionen, und nur rund 25 Prozent der Deutschen ließen sich einem leidlich wohlhabenden Mittelstand zuordnen.[109] Was um 1900 zur Reife kam, hat sich in der Gegenwart zum Verwertungsprozeß des Geldes entwickelt. Soziale Kategorien sind nunmehr bloße Funktionskategorien eines ihnen übergeordneten »automatischen Subjekts« (Marx). Kapitaleigentümer, Manager und Lohnempfänger sind gleichermaßen der dinglichen Herrschaft eines »toten Gegenstandes« unterworfen, dem Geld. (R. Kurz)

Dem Weg Englands zur Schaffung eines freien Marktes stand zu Beginn des 19. Jahrhunderts ein bedeutendes Hindernis im Wege, das *Speenhamland-System*. Es war 1795 im Interesse der Landlords in dem Ort Speenhamland initiiert worden und garantierte dem Armen ein Mindesteinkommen in seiner Heimatgemeinde. Dank dieser staatlichen Subvention waren die Arbeiter keineswegs so frei, wie es die Unternehmer wünschten. Sie sahen in dem System, abgesehen von den Kosten, eine Gewöhnung der Armen an Bequemlichkeit, so daß es ihnen am Interesse zur Selbsthilfe fehle.

Der politische Sieg der Whigs über die Tories räumte dieses Hindernis aus dem Weg. Im Jahre 1834 verabschiedete das Parlament »The New Poor Laws«. Darin wurde verordnet, daß jeder, der Anspruch auf Hilfe erhob, im Arbeitshaus leben mußte. Die Aufsicht über die Armenhäuser wurde von den Gemeinden auf staatliche Inspektoren übertragen, und das Recht auf die Sicherung eines Mindestlebensunterhaltes verschwand. Die Existenz- und Arbeitsbedingungen verschärften sich drastisch.

In seinem 1837/38 erschienenen Roman »Oliver Twist« schildert Charles Dickens die Bedingungen, unter denen die Menschen im Arbeitshaus lebten. »Das Gesetz bewirkte, was mit ihm beabsichtigt war: Jeder, der irgendwie noch konnte, versuchte ›außerhalb‹ des workhouses Arbeit zu finden – zu welchen Bedin-

274

gungen auch immer und wo auch immer. Der flexible Arbeiter, bereit, jede Arbeit zu geringem Lohn anzunehmen, war geboren. Großbritannien hatte seinen freien Arbeitsmarkt.«[110] Bewirkte das Speenhamland-System eine Art geschützten Elends, so waren nun alle Voraussetzungen zur Schaffung des Marktes erfüllt. Um zu überleben, mußten sich Arbeiter zu jedem Preis verkaufen. Eine neue Kategorie von Armen entstand – das Fabrikproletariat.

Der Frühromantiker William Blake prägte die Metapher *the dark satanic milles*. »Die Mühlen des Teufels« wurde zum geflügelten Wort für die Fabrikhöllen. In seinem Bericht über »Die Lage der arbeitenden Klassen in England« schildert Friedrich Engels die Schrecken dieser Mühlen, in denen die tägliche Arbeitszeit zwölf bis 16 Stunden betrug. Engels schreibt auch über die weitverbreitete Kinderarbeit:

Und wenn man erst die Barbarei der einzelnen Fälle liest, wie die Kinder von den Aufsehern nackt aus dem Bette geholt, mit den Kleidern auf dem Arm unter Schlägen und Tritten in die Fabriken gejagt ... wurden, wie ihnen der Schlaf mit Schlägen vertrieben, wie sie trotzdem über der Arbeit eingeschlafen, wie ein armes Kind noch im Schlaf, und nachdem die Maschine stillgesetzt war, auf den Zuruf des Aufsehers aufsprang und mit geschlossenen Augen die Handgriffe seiner Arbeit durchmachte, wenn man liest, wie die Kinder, zu müde, nach Hause zu gehen, sich im Trockenzimmer unter der Wolle verbargen, um dort zu schlafen, und nur mit dem Riemen aus der Fabrik getrieben werden konnten, wie viele Hunderte jeden Abend so müde nach Hause kamen, daß sie vor Schläfrigkeit und Mangel an Appetit ihr Abendbrot nicht verzehren konnten ...; wenn man das alles und noch 100 andere Infamien und Schändlichkeiten in diesem einen Berichte liest, alle auf den Eid bezeugt, durch mehrere Zeugen bestätigt ... wenn man bedenkt, daß ... die Kommissäre selbst auf seiten der Bourgeoisie sind und alles das wider Willen berichten – so soll man nicht entrüstet, nicht ingrimmig werden über diese Klasse, die sich mit Menschenfreundlichkeit und Aufopferung brüstet, während es ihr einzig auf die Füllung ihrer Börsen à tout prix ankommt?[111]

Kinderarbeit als einen überwundenen Zustand aus der Frühzeit des Kapitalismus zu betrachten, ist übrigens ein Irrtum. Das Institut »Global Research and Consultancy Services« (Hyderabad/ Indien) berichtet in einer Studie aus dem Jahre 2003 über »Kinderarbeit im indischen Baumwollanbau – die Rolle multinationaler Saatgutunternehmen«.[112] Der indische Gesetzgeber verbietet sowohl Einzelpersonen als auch Unternehmen den Besitz umfangreicherer Landflächen. Große Agrarkonzerne wie Monsanto, Unilever und Bayer sind daher bei der Produktion von Saatgut auf kleine lokale Firmen angewiesen, die sie durch langfristige Verträge an sich binden. Da hybrides Saatgut nicht fortpflanzungsfähig ist, wird es jedes Jahr wieder aus neu gekreuzten Pflanzen hergestellt. Die Kreuzung erfordert einen hohen manuellen Aufwand, den überwiegend Kinder aufbringen. Insgesamt arbeiten bis zu 450 000 Minderjährige in der Saatguterzeugung, überwiegend Mädchen zwischen sechs und 14 Jahren. Für eine Zwölfstundenschicht erhalten sie einen Stundenlohn von weniger als 50 Cent. Die Arbeit birgt große gesundheitliche Gefahren in sich, da in keinem anderen landwirtschaftlichen Bereich so viele Pestizide eingesetzt werden wie im Baumwollanbau.

Ein Abkommen der UNO mit 50 großen Unternehmen fordert einen vollständigen Verzicht auf Kinderarbeit – auch bei Zulieferern. Aber die Fakten sprechen zu Beginn des 21. Jahrhunderts eine andere Sprache. Nach Angaben der Internationalen Arbeitsorganisation (ILO) arbeiten 250 Millionen Kinder im Alter von fünf bis 14 Jahren in Asien, Afrika und Südamerika, 111 Millionen von ihnen in gefährlichen Industrien. Die Gesamtzahl umfaßt auch Sklaverei, Prostitution und Kindersoldaten.

»An die Stelle der traditionellen Gemeinsamkeit einer christlichen Gesellschaft trat nun auf seiten der Wohlhabenden die Ablehnung jeglichen Verantwortungsgefühls für die Lebensverhältnisse ihrer Mitmenschen. Es kristallisierten sich gleichsam zwei Nationen heraus. Zur Verblüffung der denkenden Menschen zeigte es sich, daß unerhörter Reichtum von unerhörter Armut nicht zu trennen war. Gelehrte erklärten einhellig, man habe eine Lehre entdeckt, welche die Gesetzmäßigkeiten, die die Welt des Menschen bestimmen, außer Zweifel stellte. Im Namen dieser Gesetzmäßigkeiten wurde das Mitgefühl aus den Herzen getilgt, und eine stoische Entschlossenheit, die menschliche Solidarität im Namen des größten Glücks für die größte Zahl aufzugeben, erhielt den Rang einer weltlichen Religion.«[113]

Diese Gesetzmäßigkeiten, die Karl Polanyi als weltliche Religion bezeichnet, hatte die bürgerliche Philosophie der Aufklärung des 18. Jahrhunderts formuliert. Durch sie und die dazugehörige Wirtschaftstheorie wurden gesellschaftliche Verhältnisse zu *naturgegebenen* Gesetzmäßigkeiten, zu von jeher wirkenden unabänderlichen *Naturgesetzen.*

Mit Francis Bacon (1561-1626) begann (am Ende des 16. Jahrhunderts) das neuzeitliche aufklärerische Denken. Bacon steht am Anfang der bürgerlichen Gesellschaft, die sich vom Feudalismus löst. Die französischen Aufklärer sahen in ihm »den Lehrmeister des Menschengeschlechts, der selbst keinen Lehrmeister hatte« (Rousseau). Bacon ging es weder um die Wahrheit noch um die Fehler von Überlieferungswissen oder Offenbarungsglauben. »Gegenstand der von ihm mit Wissenschaft identifizierten Philosophie sollte die (objektive) Wirklichkeit als Grundlage für (subjektive) Theorie, das Sein als Basis des Bewußtseins, die Identität als Abbild der Realität anerkannt werden, Erfahrungsvorgänge als Vorausgang von Denkprozessen«[114].

Selbstbewußt stellte er dem »Organum« des Aristoteles sein »Novum Organum scientiarium« (1620) entgegen. Sein Forschungskonzept beschränkte sich nicht allein auf die Naturwissenschaften, sondern es erstreckte sich auf die Gesamtheit aller Wissensbereiche: auf Natur, Gesellschaft und Denken. Er wollte die Macht des Menschen über sich selbst und die Natur durch eine Revolution der Wissenschaft und deren Umsetzung in die Gesellschaftspraxis ermöglichen.[115] Ziel der Wissenschaft dürfe nichts anderes sein, als das Leben der Menschheit mit neuen Erfindungen, Entdeckungen und Reichtümern auszustatten.

Bacons Hauptforderung lautete: Entwickelt Wissenschaft und Technik, bringt das Räderwerk von Produktion und Handel in Schwung, und das *regnum humanum* wird sich von selbst einstellen. – Eine Forderung, der die bürgerliche Gesellschaft bis in die Gegenwart folgt: *Innovation* nennt man sie heute.

Bacon scheiterte mit seiner Wissenschaftskonzeption. Er wollte keine Entwicklung der Wissenschaften als Anliegen einzelner Wissenschaftler – oder ihrer Geldgeber. Er sah sie »als eine gesamtgesellschaftliche, vom Staat zu verantwortende Aufgabe, arbeitsteilig und kooperativ zu betreiben in einem die Wissenschaft als Ganzes wie in allen ihren Zweigen bedenkenden Forschungsverbund«.[116]

Aufklärung wurde zur geistigen Bewegung in der Periode der Emanzipation des Bürgertums von den Fesseln des Feudalismus. Religionen, Naturanschauung, Gesellschaft, Staatsordnung, alles unterzog man einer schonungslosen Kritik. Aufklärung hat »dem Obskuren, dem Mysteriös-Geheimnisvollen, dem Verworrenen, den Vorurteilen, dem Aberglauben, dem Fanatismus, aus dem Inquisitionen und Terrorismen kriechen, auf Erfahrung gestütztes und logisch begründetes, also klares Wissen gegenübergestellt. Aufklärerische Kritik verwandelte die Mythen in Metaphern. Aufklärung impliziert das Erklären. In beiden Termini steckt die ›Klarheit‹. Mit dem Erklären wird die Welt berechenbar und beherrschbar. Wissen ist Macht! Im Triumph der mathematischen Methode in den Wissenschaften und im Nutzen, den ihre Anwendung erbringt, findet diese Tendenz einen Ausdruck.«[117] Im 18. Jahrhundert bereitete die Aufklärung ein Weltbild vor, auf dem liberale und demokratische Bewegungen und Verfassungen bis in die Gegenwart beruhen.

Seit Galilei war die Verbindung von Mathematik und Experiment zur vorherrschenden physikalischen Forschungsmethode geworden. »Krönender Abschluß dieses wissenschaftlichen Wandlungsprozesses war die Erarbeitung einer einheitlichen Dynamik himmlischer und irdischer Körper durch Isaac Newton (1643-1727). Es war die erste geschlossene Theorie mechanischer Bewegungen, durch die Erde und Himmel als den gleichen Gesetzen unterworfen erkennbar wurden. Es sind jene Gesetze, denen alle Körper ›Himmels und der Erden‹ unter der Einwirkung von Kräften in Raum und Zeit folgen. Dieses fundamentale naturwissenschaftliche Weltbild gestattete, aus sich heraus die Keplerschen Gesetze der Planetenbewegung und die galileischen Gesetze der Fallbewegung abzuleiten.«[118] Mit Newton hat die Aufklärungsphilosophie ihre naturwissenschaftliche Fundierung erhalten. »In der vorwegnehmenden Identifikation der zu Ende gedachten mathematischen Welt mit der Wahrheit meint Aufklärung, vor der Rückkehr des Mythischen sicher zu sein. Sie setzt Denken und Mathematik in eins. Dadurch wird diese gleichsam losgelassen, zur absoluten Instanz gemacht.«[119]

Die Mathematik entwickelte sich zu einer Art Leitwissenschaft. Mathematiker wie Euler, d'Alembert und Lagrange zählten zu den umworbensten Wissenschaftlern, die glänzende internationale Karrieren machten – übrigens immer außerhalb der Universitäten. »Es war die Suche nach der inneren Ordnung der Welt, ihren Gesetzmäßigkeiten, die die Wissenschaft umtrieb.«[120]

Die von Newton formulierten Gesetze der Bewegung mechanischer Körper unter der Wirkung der Gravitation beeindruckten die Philosophen des 18. Jahrhunderts außerordentlich. Sie schufen Raum für eine neue Weltdeutung, die im Kapitalismus eine unabänderliche Naturgesetzmäßigkeit des menschlichen Zusammenlebens sah. Die bürgerliche Volkswirtschaftslehre glaubte, in den Regeln der Marktwirtschaft Naturgesetze der gesellschaftlichen Reproduktion zu erkennen.

Der englische Philosoph Thomas Hobbes (1588-1679) wurde zum Stammvater der marktwirtschaftlichen Ideologie. In seinem Bild vom Menschen stellte er diesen als ein egoistisches, von »Natur aus« einsames Individuum dar. »Das Zusammenleben ist den Menschen also kein Vergnügen, sondern schafft ihnen im Gegenteil viel Kummer, solange es keine übergeordnete Macht gibt, die sie alle im Zaum hält. ... So sehen wir drei Hauptursachen des Streites in der menschlichen Natur begründet: Wettstreben, Argwohn und Ruhmsucht. Dem Wettstreben geht es um Gewinn, dem Argwohn um Sicherheit, der Ruhmsucht um Ansehen. Die erste Leidenschaft scheut keine Gewalt, sich Weib, Kind und Vieh eines anderen zu unterwerfen, ebenso wenig die zweite, das Geraubte zu verteidigen, oder die dritte, sich zu rächen für Belanglosigkeiten. ... Und hieraus folgt, daß Krieg herrscht, solange die Menschen miteinander leben ohne eine oberste Gewalt, die in der Lage ist, die Ordnung zu bewahren. Und es ist ein Krieg, den jeder Einzelne gegen jeden führt.«[121]

Für Hobbes ist der »Krieg aller gegen alle« der Naturzustand der Menschheit. Um zu verhindern, daß sich die Individuen gegenseitig umbringen, fordert er den Staat als notwendige Zentralgewalt. Ihm gibt er den Namen des biblischen Ungeheuers »Leviathan«. Aufgabe des Staates sei es, den Naturzustand zu zügeln und Leben und Eigentum der Bürger zu schützen. Thomas Hobbes und John Locke (1632-1704) formulierten die Prinzipien einer *naturrechtlichen* Gesellschafts- und Staatstheorie in England.

Unter dem *Naturrecht* versteht Hobbes die Freiheit jedes einzelnen Menschen, seine Kräfte nach eigenem Ermessen zu gebrauchen, um für die Sicherheit seines Lebens zu sorgen. Das *Naturgesetz* bedeutet für ihn die Verpflichtung zum Erhalt friedlicher Beziehungen im Zusammenleben der Menschen. Als natürliches Wesen hat sich der Mensch den Gesetzen der Natur gemäß zu verhalten. Damit nimmt Hobbes gegen die feudalabsolutistische Ordnung seiner Zeit Stellung, die noch keine Bürger, sondern nur Untertanen kennt.

Unmittelbar nach der Revolution von 1688/89 veröffentlichte Locke seine Gedanken über Staat und Regierung. Für ihn existiert kein grundlegender Unterschied zwischen dem Naturrecht im Naturzustand und dem Naturgesetz im Vernunftstaat. Er vertritt die Meinung, daß der Staat nur geschaffen wurde, um die Naturrechte zu sichern. Den historischen Fortschritt sieht Locke in der rechtlichen Legalisierung des Privateigentums und der Herausbildung einer, den Bedürfnissen des aufstrebenden Bürgertums Rechnung tragenden politisch-rechtlichen Ordnung. Er fordert die Trennung von Legislative und Exekutive im Staat. Seine liberalen Vorstellungen standen Pate bei der Bildung von Verfassungsstaaten im 18. und 19. Jahrhundert in Europa und den USA.

Einer der bedeutendsten deutschen Aufklärer des 18. Jahrhunderts ist Immanuel Kant (1724-1804). Auch er sah im Wettbewerb egoistischer Einzelner ein Gesetz der Menschheitsentwicklung, ein Naturgesetz. Bereits 1775 schrieb er: »Dank sei also der Natur für die Unvertragsamkeit, für die mißgünstig wetteifernde Eitelkeit, für die nicht zu befriedigende Begierde zum Haben, oder auch zum Herrschen! Ohne sie würden alle vortrefflichen Naturanlagen in der Menschheit ewig unentwickelt schlummern. Der Mensch will Eintracht; aber die Natur weiß besser, was für seine Gattung gut ist: sie will Zwietracht. Er will gemächlich und vergnügt leben; die Natur will aber, er soll aus der Lässigkeit und untätigen Genügsamkeit hinaus, sich in Arbeit und Mühseligkeiten stürzen, um dagegen auch Mittel auszufinden, sich klüglich wiederum aus den letztern heraus zu ziehen. Die natürlichen Triebfedern dazu, die Quellen der Ungeselligkeit und des durchgängigen Widerstandes, woraus so viele Übel entspringen, die aber doch auch wieder zur neuen Anspannung der Kräfte, mithin zu mehrerer Entwickelung der Naturanlagen antreiben, verraten also wohl die Anordnung eines weisen Schöpfers; und nicht etwa die Hand eines bösartigen Geistes, der in seine herrliche Anstalt gepfuscht oder sie neidischer Weise verderbt habe.«[122]

Für Kant ist der »gesellschaftliche Vorteil ... nicht mehr bloß eine zufällige positive Gesamtresultante der vielen kapitalistischen Einzelwillen, sondern gerade umgekehrt sind die vielen egoistischen Einzelwillen der ›vereinzelten Einzelnen‹ das Resultat eines von göttlicher Vorsehung bestimmten Gesamtzusammenhangs, einer ›höheren Natur‹ des Systems.«[123] Worin Kant die »Anordnung eines weisen Schöpfers« sieht, wird für den Begründer der klassischen liberalen Wirtschaftstheorie, Adam Smith (1723-1790), zur »unsichtbaren Hand«. Smith war davon überzeugt, daß die Wohlfahrt der Gesellschaft sich von selbst ergebe, wenn ein jeder nur bedacht seinen eigenen materiellen Interessen nachgehe. Sein System aus Geld, Marktpreisen, Herstellungskosten, Löhnen, Gewinnen und Renten läßt am Ende Eigennutz zu Gemeinwohl werden. Den Interessenausgleich übernimmt die »unsichtbare Hand des Marktes«.

Es war das Bemühen der Aufklärer des 18. Jahrhunderts, die Ökonomie des Marktes in das erweiterte physikalische Weltbild einzufügen. Der Übersetzer und Herausgeber der deutschen Ausgabe des »Wohlstands der Nationen«, H. R. Recktenwald, schreibt in seiner Würdigung des Gesamtwerkes von Adam Smith: »Die englische Philosophie, die schottische Aufklärung seiner Epoche ... waren bestrebt, die Metaphysik, also unsere Psychologie und die Ethik in das mechanische Weltbild, wie es Kopernikus, Kepler, Galilei und Newton begründet hatten, einzufügen. Sie betrachteten das Universum als eine riesige Maschine, die sich, ist sie erst einmal angeworfen, selbst reguliere.«[124]

Thomas Malthus (1766-1834) geht den ersten Schritt zur Biologisierung des gesellschaftlichen Geschehens. In seinem 1798 veröffentlichten »Essay on the Principle of Population« stellte Malthus die These auf, daß Bevölkerungsentwicklung und Nahrungsmittelproduktion naturgegeben auseinanderklaffen. Malthus, der nach seinem Studium in Cambridge Geistlicher geworden war, glaubte ein göttliches Gesetz entdeckt zu haben, demzufolge die Natur im ewigen Wechsel ihr Recht fordere. Eine verarmte und geschwächte Bevölkerung werde durch Seuchen und Hungersnöte immer wieder und so lange reduziert, bis erneut ausreichend Nahrung zur Verfügung stehe. Geht es den Menschen besser, führt ihr Fortpflanzungstrieb zum Geburtenüberschuß, und der Zyklus beginnt von neuem.

Damit gab Malthus dem Bürgertum eine sehr erfreuliche Formel, wie David Ricardo (1772-1823) feststellte, die Mißgeschicke der Armen zu ertragen. Ricardos Hauptwerk »Über die Grundsätze der Politischen Ökonomie und Besteuerung« erschien 1817. In seinen Thesen zur Höhe des Arbeitslohns erklärte er die Armut der Arbeiter als naturgegeben. Das natürliche Lohnniveau entspreche dem Existenzminimum, das die Arbeiterbevölkerung brauche, um sich ihre Arbeitskraft zu erhalten. Wenn die Bevölkerung mehr als das Notwendigste zum Leben habe, vermehre sie sich, das Angebot an Arbeitskräften steige, das Lohnniveau sinke. Fällt es unter das Existenzminimum, dezimierten Hunger und Seuchen das Angebot an Arbeitskräften, die Löhne stiegen wieder.

Malthus und Ricardo standen dem Schicksal der Armen keineswegs gleichgültig gegenüber. Ricardos Theorie enthielt ein Element, das den starren Naturalismus auszugleichen versuchte: den Faktor Arbeit. »Ricardo führte zu Ende, was Locke und Smith begonnen hatten, die Humanisierung des ökonomischen Wertbegriffs; was die Physiokraten der Natur zugeschrieben hatten, nahm Ricardo wieder für den Menschen in Anspruch. ... Sogar innerhalb des Systems von Ricardo standen jene naturrechtlichen und humanistischen Faktoren nebeneinander, die in der ökonomischen Gesellschaft um die Vorherrschaft rangen. Die Dynamik dieses Zustands war von ungeheurer Kraft und führte dazu, daß der Trend zu einem wettbewerbsbestimmten Markt die unwiderstehliche Gewalt eines Naturereignisses annahm. Nun glaubte man, daß der selbstregulierende Markt aus den unerbittlichen Naturgesetzen folge und die Entfesselung des Marktes eine unausweichliche Notwendigkeit sei. Die Schaffung eines Arbeitsmarktes kam einer Vivisektion am Gesellschaftskörper gleich, durchgeführt von Menschen, die für diese Aufgabe durch jene Sicherheit abgehärtet waren, wie sie nur die Wissenschaft verleihen kann.

Daß das Armenrecht verschwinden mußte, war ein Teil dieser Gewißheit. ›Das Gesetz der Schwerkraft ist nicht unfehlbarer als die Tendenz solcher Gesetze, Wohlstand und Lebenskraft in Elend und Schwäche zu verwandeln ... bis schließlich alle Klassen mit der Seuche allgemeiner Armut angesteckt würden‹, schrieb Ricardo.«[125]

Der Grundwiderspruch des Kapitalismus zwischen den Eigentümern von Produktionsmitteln und jenen Menschen, die ihre Arbeitskraft auf dem Markt anbieten, wird in den bürgerlichen Staaten gesetzlich und politisch sanktioniert. Dabei kodifizieren die Ideologen des Bürgertums »nicht nur auf der instrumentellen Ebene gesellschaftlicher Beziehungen, sondern als Prinzipien, die im Universum selbst wurzeln – also im Wesen der Natur, im Wesen der menschlichen Natur und im Wesen der Gesellschaft. In von der kapitalistischen Produktionsweise dominierten Gesellschaften kleiden sich solche wesenhaften Unterscheidungen zum Beispiel in die calvinistische Auffassung, wonach Gott die Tugend belohne und erfolgreiche Menschen eben tugendhaft seien; oder in die Vorstellung, wonach ›die Natur‹ denjenigen den Sieg zuspricht, die sich in einem natürlichen Ausleseprozeß durchsetzen. Armut gilt hier als Beweis dafür, daß jemand ein Nichtsnutz und gemäß der natürlichen Auslese ein Versager ist, mithin auch zu Recht auf einer minderwertigen Position gelandet sei.«[126]

Wenn wir den Weg des Bürgertums zum Kapitalismus betrachten, insbesondere Formung und Einfluß seines Weltbildes, ist es unumgänglich, Max Webers Thesen über »Die protestantische Ethik und der Geist des Kapitalismus« zu erwähnen. Weber sah im Calvinismus die ideologische Grundlage des Kapitalismus. Im steten Bemühen, Gnadengewißheit zu erlangen, ordnete der Calvinist sein Leben der Arbeit unter. Erfolg und damit Gnadengewißheit wurden um so größer, je disziplinierter und intelligenter die Arbeit erledigt wurde. Hinzu kam Calvins Feststellung: Es ist nicht sündhaft, reich zu sein. Sondern in Sünde fällt nur, wer sich auf seinem Vermögen ausruht und es zur Befriedigung seiner lasterhaften Begierden mißbraucht. In Webers Augen war John Rockefeller der lebende Beweis dieser Berufsethik. Rockefeller sah in seinen Milliarden ein »Gottesgeld«, das er im Auftrag Gottes zu verwalten und zu mehren hatte.

Auf einer Konferenz im Sommer 1968 wurden Webers Thesen über den Zusammenhang zwischen Protestantismus und ökonomischer Rationalität einer kritischen Sicht unterzogen.[127] Die Beiträge stimmen darin überein, daß Weber dem Religiösen eine zu große Bedeutung für das Geschäftsleben zugeschrieben und sich geweigert hat, »die Wirksamkeit einer religionsfreien Geschäftsethik zuzugeben«.[128]

In den vorhergehenden Abschnitten dieses Kapitels wurde mehrfach über die Haltung mittelalterlicher Kaufleute berichtet, über deren rationale Anpassung an die Realität der Welt ihrer Zeit. – Zur Ergänzung noch ein Zitat. Francesco di Marco Datini, ein im 14. Jahrhundert in Prato lebender Kaufmann, stellte seinen Geschäftsbüchern das Motto voran »Im Namen Gottes und des Profits«.[129]

Weder die katholischen Dogmen des Mittelalters noch das protestantische Glaubensbekenntnis der englischen Bourgeoisie ebneten den Weg in eine vom Kapitalismus dominierte Welt. Vielmehr war das die Folge einer Vielzahl historisch einmaliger Kräfte und Randbedingungen. Das adäquate, diesen Weg begleitende Weltbild basierte auf dem quasireligiösen Glauben, daß der selbstregulierende Markt Folge unumgehbarer Naturgesetze sei. Verbunden damit war der Glaube an technischen Fortschritt, unendliches Wachstum und die Beherrschung der Welt.

Zu Beginn des 21. Jahrhunderts sind wir an Grenzen gestoßen, die es erforderlich machen, diese Glaubenssätze in Frage zu stellen. Auch dafür liefert die Aufklärung das geistige Fundament. Wir sollten uns darauf besinnen, daß das Ziel der Aufklärung in einer Selbstbestimmung durch eigenes Denken auf wissenschaftlicher Grundlage war. Die Wissenschaft als gesellschaftliche Aufgabe im Sinne Bacons eröffnet zumindest die Gelegenheit der Suche nach einem Weg, *der es allen Menschen ermöglicht, in Frieden und im Gleichgewicht mit der Natur zu leben.*

Die Stärke der Aufklärung lag ursprünglich in ihrem kritischen Element. Als sie zur Ideologie des Kapitalismus wurde, verwandelte sie sich in »etwas Negatives und Destruktives«, wie Horkheimer und Adorno feststellten. Diesen beiden Philosophen zustimmend, muß sich die Aufklärung »auf sich selbst besinnen, wenn die Menschen nicht vollends verraten werden sollen. Nicht um die Konservierung der Vergangenheit, sondern um die Einlösung der vergangenen Hoffnung ist es zu tun.«[130]

6 WISSEN HEUTE

Jedes Weltbild hat die Funktion, dem Menschen eine Orientierung zu geben, die ihm in seiner jeweiligen natürlichen und sozialen Welt einen Platz zuweist. Nur so kann er die auf ihn wirkenden Kräfte in Natur und Gesellschaft ordnend begreifen.

In früheren Zeiten waren diese Orientierungsrahmen überwiegend religiös geprägt. Ob der Mensch an mythische Ahnen glaubt, welche die Natur erschufen und sein Schicksal lenken, oder an einen allmächtigen Gott, der ihn belohnen oder bestrafen wird, beides gibt seinem Leben eine Richtung, einen Sinn.

Mit dem Beginn der Industriellen Revolution begannen sich pseudoreligiöse und pseudowissenschaftliche Glaubensvorstellungen zu entwickeln. Aber auch die Wissenschaft kann einen Orientierungsrahmen geben. Was sie jedoch auszeichnet, ist ihre Unbeständigkeit. Mit fortschreitender Erkenntnis wandelt sich dieser Orientierungsrahmen.

Im folgenden betrachten wir das heutige Bild der Wissenschaft vom Kosmos, der Erde, dem Leben und dem Menschen.

Die weit überwiegende Zahl der in hochentwickelten Ländern lebenden Menschen respektiert Wissen. Die technischen Umsetzungen der Naturwissenschaften werden teils anziehend, teils abstoßend wahrgenommen. Verstanden werden sie in der Regel nicht. Darüber hinaus ist Vernunft unattraktiv und bietet keinen Glaubensersatz. Da die Hingabe an transzendente Mächte fehlt, verliert ein auf Wissen basierendes Weltbild seine emotionale Kraft. Anregend wirken dagegen Pseudowissenschaften und Science-fiction. Wenn schon ferne Welten, dann Astrologie und »Krieg der Sterne«, aber nicht Astrophysik und Kosmologie.

In der zweiten Hälfte des 20. Jahrhunderts schreckte ein Produkt der Kernphysik, die Atombombe, eine breite Öffentlichkeit auf. Zu Beginn des 21. Jahrhunderts dringen Produkte der Molekularbiologie von gentechnisch veränderten Nahrungsmitteln bis zu geklonten Lebewesen in das allgemeine Bewußtsein.

Alle Lebewesen sind Glieder Jahrmillionen währender Evolution. Die Naturwissenschaften beginnen heute in diesen Prozeß einzugreifen. Selbst die biologische Natur des *Homo sapiens sapiens* erweist sich nicht nur als erkennbar, sondern es wird auch möglich, sie zu verändern.

Empfanden die Menschen des 19. Jahrhunderts die Früchte der Wissenschaft als Segnungen, begann sich im 20. Jahrhundert das Verhältnis zwischen Wissenschaft und Gesellschaft zu verändern. Bei weitem nicht mehr jedes Produkt der modernen Naturwissenschaften wird mit gläubigem und dankbarem Staunen begrüßt. Kritische Stimmen sprechen von Akzeptanzverlust, ja Akzeptanzverweigerung gegenüber wissenschaftlichen Resultaten. Zweifel an der Objektivität, an der Wahrheit der Wissenschaft werden laut. Hinzu kommt Angst vor den nicht vorhersehbaren Risiken, Angst vor augenfälligem Verlust ethischer Normen.

In dem Maße, in dem die Wissenschaft den Menschen und mit ihm einen Schöpfer entthronte, verlor die These von der *Causa Prima* und Gott als erstem Beweger ihre Berechtigung. An die Stelle der Vorsehung traten Naturgesetze, die auch das Chaos, das Nichtvorhersagbare einschlossen. Die Wissenschaft hat die unbelebte und die belebte Natur aus dem Bereich des Göttlichen entfernt.

Mit wachsendem Wissen über die biologische Natur des Bewußtseins, der Seele, schwindet der Glaube an einen Gott der abendländischen Tradition. Alles, was Wissenschaft und Technik zu realisieren vermögen, wird zur ethischen Norm. Ethik verkommt zum virtuellen moralischen Supermarkt der Religionen, Esoteriken, Heilslehren, Psychotherapien und Psychopharmaka.

6.1 Was ist Wissenschaft und was vermag sie?

Unsere Zeit ist durch die Wissenschaft und deren technische Anwendungen geprägt. Mit ihrer zielgerichteten und spezifischen Art des Herangehens an die jeweiligen Objekte erfaßt Wissenschaft die Gesetze der objektiven, von unserer Existenz unabhängigen Wirklichkeit. In ihr findet die sich ständig entwickelnde Erkenntnis der Welt ihren Ausdruck. Sie zählt zu den großen Errungenschaften der Menschheit. Die Worte »Wissen ist Macht« waren nie vorher von einer solchen Aktualität wie heute.

Die gewaltige Macht des Wissens in Verbindung mit ökonomischer und politischer Macht entscheidet heute sowohl über Leben und Tod der Menschheit als auch in wachsendem Maße über künftige Entwicklungslinien.

Wenn wir das heutige naturwissenschaftliche Weltbild begreifen wollen, müssen wir uns der Historizität aller Wissenschaften bewußt werden. Es gibt keine naturwissenschaftliche Theorie von ewiger Gültigkeit. Jede Theorie unterliegt einem Entwicklungsprozeß. Beinahe jeder wissenschaftliche Fortschritt ergibt sich aus der Krise einer älteren Theorie. Um Bedeutung und Geltungsbereich neuer Ideen richtig beurteilen zu können, müssen wir uns auch mit dem gedanklichen Inhalt älterer Theorien vertraut machen. Wenn wir der Natur neue Erkenntnisse abringen, betreten wir Neuland. Wir überschreiten erreichte Wissensgrenzen, können das aber nur unter Nutzung unseres bisherigen Wissens. Alte Kenntnisse werden zum Sprungbrett für neue Erkenntnisse. Newtons Gravitationsgesetz gilt für einen großen Bereich von Naturerscheinungen. Es verlor nichts von seinem Wert, als es durch die Einsteinschen Gravitationsgesetze in einem noch größeren Erkenntnisbereich abgelöst wurde.

Wie weit die Wissenschaft auch fortschreitet, Erkenntnisse in Form grundlegender naturwissenschaftlicher Gesetze bleiben in ihrer Gültigkeit bestehen. Hinzu kommt, daß das, was gestern Forschungsgegenstand war, heute zum gesicherten Fundus an Erkenntnissen zählt, und es wird zum Mittel, zum Werkzeug für weitere Forschungen. Dieser in seiner Art spezifische Systemcharakter der Wissenschaft ist eine der wichtigsten Ursachen dafür, daß es immer schwieriger wird, die Naturwissenschaften zu verstehen und mit ihnen umzugehen. Eine weitere Schwierigkeit ergibt sich aus der spezifischen Begriffsbildung auf den verschiedenen Gebieten der Wissenschaft.

Auch in der Kunst prägt die Vergangenheit die Gegenwart; aber wir können vieles von dem, was ein Dichter uns sagen will, verstehen, ohne von denen zu wissen, die sein Empfinden beeinflußt und geformt haben. Der Systemcharakter der Naturwissenschaft ist von besonderer Art, von viel größerer Bedeutung als der Systemcharakter der Kunst.

»Darum verbringt der Jünger der Wissenschaft so lange Jahre damit, sich das Wissen und die Methoden anzueignen, die er später als tätiger Wissenschaftler als gegeben voraussetzt und gebraucht; darum ist das Betreten dieses langen Tunnels, an dessen Ende erst das Licht der Erkenntnis schimmert, für den Laien, sei er Künstler, Gelehrter oder Mann der Praxis, so entmutigend.«[1]

Eins der wichtigsten Kennzeichen der fortgeschrittensten Naturwissenschaft, der Physik, besteht darin, daß aus ihren Erkenntnissen nicht nur qualitative, sondern auch quantitative Schlüsse gezogen werden. Dazu bedarf es der Mathematik. »Die meisten Grundideen der Wissenschaft sind an sich einfach und lassen sich in der Regel in einer für jedermann verständlichen Sprache wiedergeben. Will man diese Gedankengänge aber weiter verfolgen, so muß man sich auf die hierfür erforderliche, hochgradig verfeinerte Untersuchungstechnik verstehen. Die Mathematik ist immer dann ein unerläßliches Hilfsmittel für die Beweisführung, wenn wir Schlüsse zu ziehen gedenken, die sich experimentell nachprüfen lassen. Solange wir es nur mit physikalischen Grundideen zu tun haben, kommen wir unter Umständen auch ohne die Sprache der Mathematik aus. Der Preis, den wir für den Verzicht auf die Sprache der Mathematik zahlen müssen, ist eine Einbuße an Präzision, verbunden mit der Notwendigkeit, manchmal Ergebnisse einfach zitieren zu müssen, ohne zu zeigen, wie sie zustande gekommen sind.«[2]

Das umfassende Weltbild, das die moderne Physik uns zu vermitteln vermag, ist im Laufe des Erkenntnisfortschritts mit der Ausdehnung der räumlichen und zeitlichen Grenzen des Beobachtbaren zwar immer umfassender, aber auch weniger anschaulich geworden. Dem gegenüber steht, letztlich bedingt durch unsere Sinne, das menschliche Streben nach Anschaulichkeit.

Trotz aller Bemühungen, Wissenschaft verständlich darzustellen, läßt sich wissenschaftliche Sprache nicht beliebig vereinfachen. Fachspezifische Begriffe, mathematisch formulierte Gesetze lassen sich nur eingeschränkt in Umgangssprache übertragen.

Charakteristisch für die moderne Physik seit Galilei und Newton ist die Einheit des experimentellen und theoretisch-mathematischen Vorgehens. Das fruchtbare Wechselspiel zwischen mathematisch formulierten Theorien, experimentellen Untersuchungen und letztlich technischen Anwendungen führte zu einem beeindruckenden Zuwachs an Erkenntnissen in der Naturwissenschaft.

Aus der naiven Beobachtung haben sich im Laufe der Zeit zwei Verfahren entwickelt: das Ordnen und das Messen. Letzteres ist ein fortgeschrittenes quantifizierendes Stadium des Ordnens, das die Wissenschaft mit der Mathematik verbindet. Wie das Wort sagt, ist das Experiment zunächst ein Versuch. Durch die Einführung des Messens wurden die Wiederholbarkeit jedes Versuchs und seine maßstäbliche Veränderung möglich.

Bei Betrachtungen auf hoher Abstraktionsebene lassen sich Experimente auf wenige Operationen reduzieren: Schaffung eindeutiger und reproduzierbarer Versuchsbedingungen, Analyse und Synthese von Meßdaten, die alle mittels geeigneter Werkzeuge – wissenschaftlicher Geräte – realisiert werden. Hauptfunktionen jeder experimentellen Apparatur sind die Erweiterung des Wahrnehmungsvermögens, zum Beispiel durch ein Fernrohr, und die kontrollierte Einwirkung auf die Umwelt, zum Beispiel durch die Schaffung spezieller Temperaturbedingungen.

Messungen und Beobachtungen für sich sind in der Regel bedeutungslos. Die Theorie sagt uns, was gemessen und beobachtet worden ist und wie die experimentellen Daten zu interpretieren sind. Charakteristisch für eine physikalische Theorie ist die Einheit von physikalischen Aussagen und mathematischen Algorithmen. Ohne inhaltliche physikalische Aussagen, die experimentell überprüfbar sind, ist eine Theorie ein bloßes mathematisches Gerüst. Ebensowenig ist eine physikalische Datensammlung eine Theorie. Erst die mathematisch formulierte Theorie liefert uns eine Erklärung der Naturerscheinungen und erlaubt Voraussagen. Abgeschlossene Theorien, wie etwa die klassische Newtonsche Mechanik, beschreiben einen großen Erfahrungsbereich. Für jeden Bereich gibt es ein exakt formuliertes System von Begriffen und Grundgesetzen, dessen mathematische Konsequenzen offenbar streng gültig sind, solange wir innerhalb des Erfahrungsbereichs bleiben. Die Theorie verbindet viele Erscheinungen und Beobachtungen und führt sie auf eine einfache Wurzel zurück. Die Gefahr eines Irrtums erweist sich als um so geringer, je umfangreicher und vielfältiger die Erscheinungen sind und je einfacher das ihnen gemeinsame Prinzip ist, auf das sie zurückgeführt werden können.

Unsere Erfahrung ist, daß die Einfachheit der Naturgesetze einen objektiven Charakter besitzt. Einfachheit ist nicht im Sinne von Simplizität, sondern im wörtlichen Sinne zu verstehen. Bisher getrennte Gebiete ordnen sich in »ein Fach«. So erlaubte die von Newton formulierte Theorie gleichermaßen die Beschreibung irdischer und himmlischer Bewegungsvorgänge.

Charakteristisch für jede physikalische Theorie ist ihr begrenzter Gültigkeitsbereich, den wir erst in einer umfassenderen Theorie zu erkennen vermögen. Keine Theorie vermag ihren eigenen Gültigkeitsbereich anzugeben. Durch die Arbeit Albert Einsteins über die spezielle Relativitätstheorie, die er am Anfang des 20. Jahrhunderts formulierte, wissen wir, daß sich Newtons klassische Mechanik auf bewegte Körper beschränkt, deren Geschwindigkeiten gegenüber der Lichtgeschwindigkeit klein sind. Zum Ausgang des 20. Jahrhunderts begannen wir chaotische Bewegungsabläufe in mechanischen Systemen als nichtlineare Effekte zu verstehen und zu beschreiben. Die erwähnten Beispiele zeigen: die Grenzen des jeweils erreichten Erkenntnishorizonts werden immer dann sichtbar, wenn sie überschritten werden.

Für rund 2 000 Jahre bildete das qualitative Weltbild des Aristoteles die herrschende Ansicht über die Natur. Seine Physik entsprach den unmittelbaren Eindrücken. Das gilt für die neue Physik seit Galilei nicht mehr. Sie bezeichnet etwas Neues, das sich nicht mehr mit der Physik der Antike deckt. Während in der Physik des Aristoteles die Mathematik nicht präsent ist und das Experiment kaum eine Rolle spielt, ist die Physik der Neuzeit eine Synthese von mathematisch-theoretischen und experimentellen Methoden. Materielle Objekte und Prozesse werden durch idealisierte Objekte und Prozesse ersetzt. In den Experimenten wird unter kontrollierbaren Bedingungen das Verhalten der Objekte und Prozesse untersucht.

Die neue, auf Galilei und Newton zurückgehende Physik war mit der Formulierung einer eigenen Begriffswelt verbunden. Körper existieren in Raum und Zeit. Newton erklärt beide nicht näher, ihre Existenz wird vorausgesetzt. Masse, Geschwindigkeit, Beschleunigung und Kraft werden als Grundbegriffe definiert und in Grundgesetzen – Axiomen – miteinander verknüpft. Die ursprüngliche Bedeutung der Kraft hing wohl mit der menschlichen Erfahrung, der Kraft der Muskeln, zusammen. Um einen schweren Gegenstand zu heben oder zu bewegen, bedurfte es der Muskelkraft, verbunden mit einer Sinnesempfindung. Im Mittelpunkt der Newtonschen Mechanik steht ein neuer Kraftbegriff. Kraft wird als Ursache jeder beschleunigenden Bewegung von Dingen verstanden. Die Kraft zwischen zwei Körpern, zum Beispiel zwischen Sonne und Erde, wird zur unmittelbaren, über beliebige Entfernungen wirkenden Kraft. Aus dem physikalischen Kraftbegriff ist das sinnliche Element verschwunden.

Die Newtonsche Mechanik behandelt einen Erfahrungsbereich des Menschen in seiner Umwelt mit ihren bestimmten räumlichen Dimensionen, in dem Energien weder allzu groß noch allzu klein sind und in dem sich die auftretenden Geschwindigkeiten in großer Ferne zur Lichtgeschwindigkeit befinden. Die Überzeugung von der Allgemeingültigkeit dieser Erfahrung wurde vor allem dadurch bestärkt, daß sie der sinnlichen Wahrnehmung des Menschen entspricht. Die Illusion der klassischen Physik bestand darin, daß alle Gesetzmäßigkeiten und Begriffe uneingeschränkt auch außerhalb der menschlichen Erfahrungswelt gelten. Charakteristisch für das einheitliche Weltbild der klassischen Physik war die Vorstellung, daß auch das Nichtschaubare, wie etwa das Atom, nach dem Bild des Anschaubaren erklärt werden kann. Jede nichtwahrnehmbare Erscheinung galt als ausreichend erklärt, wenn sie sich auf ein Modell nach dem Muster des sinnlich Wahrnehmbaren zurückführen ließ.

Der Begriff des Atoms kommt aus der antiken Philosophie, die die Atome als das eigentlich Seiende, als die unteilbaren, unveränderlichen Bausteine aller Materieformen ansah. Zur naturwissenschaftlichen Hypothese wurde der Atombegriff durch die quantitative Chemie und die Kristallographie des 18. und am Beginn des 19. Jahrhunderts. Mit der Atomhypothese ließ sich erklären, daß Verbindungen chemischer Elemente in festen Massenverhältnissen auftreten und Kristalle regelmäßige Formen haben. Für die klassische Physik des 19. Jahrhunderts war das Atom ein real existierender, isolierter und unveränderlicher Baustein der Materie, eine Art winziger Billardball.

Die Lehre von den Wärmevorgängen, die Thermodynamik, entwickelte sich zunächst als eine eigenständige, von der Newtonschen Mechanik unabhängige, axiomatisch aufgebaute Theorie, die mit den Begriffen Temperatur, Druck und Volumen durchaus auskam. Die tiefere Bedeutung der Begriffe und Gesetze der Thermodynamik wurde erst deutlich, als es Physikern gelang, die statistischen Bewegungen der Atome zu beschreiben, die in Körpern aller Aggregatzustände in sehr großer Zahl vorhanden sind. Den Druck eines eingeschlossenen Gases erklärten sie durch die außerordentlich zahlreichen Stöße einzelner Atome auf die Gefäßwände; Wärmeerscheinungen damit, daß sich in erhitzten Körpern die Atome schneller bewegen als in kalten. In der zweiten Hälfte des 19. Jahrhunderts erhielt diese, als statistische Mechanik bezeichnete Theorie ihre gültige Form. Ihre Grundgesetze kommen aus der Newtonschen Mechanik. Da man jedoch die Lage und die Geschwindigkeit aller Atome eines Körpers nicht angeben kann und unsere Kenntnisse des Systems unvollständig sind, mußte man statistische Gesetzmäßigkeiten zur Beschreibung der komplizierten mechanischen Systeme verwenden. Die

Vereinigung von Mechanik und Wärmelehre in einer Physik der Materie war der letzte große Triumph der klassischen Physik.

Erhitzt man chemische Elemente und untersucht die von ihnen ausgesandte Strahlung, zum Beispiel mittels eines Spektrometers, zeigt jedes Element ein charakteristisches Strahlungsspektrum. Anhand dieser Spektren entdeckten Chemiker des 19. Jahrhunderts zahlreiche neue Elemente. Die Anwendung der Spektralanalyse auf Sonne und Sterne erbrachte einen neuen, vom Newtonschen Gravitationsgesetz unabhängigen Beweis von der Einheit des Universums. Irdische und himmlische Spektren wiesen auf das Vorhandensein der gleichen Elemente hin.

Die Entdeckung der Radioaktivität Ende des 19. Jahrhunderts lehrte die Wissenschaftler, daß chemische Elemente umwandelbar sind. Ein schweres Element, wie das Uran, zerfällt spontan über eine Reihe radioaktiver Elemente zu Blei. Die Physiker kamen nicht umhin, die Vorstellung von den Atomen als letzten, nicht teilbaren Bausteinen der Elemente aufzugeben. Es entstand das Modell des strukturierten Atoms, aufgebaut aus einem winzigen, elektrisch positiv geladenen Atomkern, in dem nahezu die ganze Masse des Atoms konzentriert ist, umkreist von Elektronen, den elementaren Trägern negativer elektrischer Ladung.

Aber auch dieses, von der klassischen Physik geprägte Bild des Atoms als eines Planetensystems im Mikrokosmos mußte aufgegeben werden. Erst durch die Quantentheorie gelang es, die Wirklichkeit der atomaren Welt auf qualitativ neue Art abzubilden.

Die in den zwanziger Jahren des 20. Jahrhunderts formulierte Quantentheorie verdeutlichte, daß es unmöglich ist, alle Begriffe, die bei der wissenschaftlichen Erschließung unserer Umwelt durch die klassische Physik geprägt worden waren, uneingeschränkt im Bereich atomarer Vorgänge zu verwenden. Der Anwendung von Begriffen wie Ort und Geschwindigkeit sind in atomaren Dimensionen Grenzen gesetzt.

Wissenschaftliche Begriffe sind Idealisierungen experimenteller Erfahrungen. Präzise Definitionen sind stets mit mathematischen Schemata verknüpft. Ausgehend von einem Axiomsystem, läßt sich eine physikalische Theorie formulieren, die zu Vorhersagen bisher nicht erwarteter Effekte führt und die ihrerseits der Kritik durch das Experiment unterliegt. Naturwissenschaftliche Theorien beschreiben stets nur einen begrenzten Erfahrungsbereich. Es sollte daher nicht verwundern, daß auch die adäquaten Begriffe der Theorie nur dieser Teilwirklichkeit entsprechen.

Jede erfolgreiche naturwissenschaftliche Theorie entschlüsselt einen Teil der Wirklichkeit. Ein wesentliches Charakteristikum jeder Theorie liegt in ihrer Fähigkeit, neue, bisher unerkannte Erscheinungen vorherzusagen. Ihr experimenteller Nachweis und die sich daraus häufig ergebenden Techniken sind es, die den Wahrheits- und Wirklichkeitsbezug einer Theorie sichern. Zum Beispiel formulierte James Clark Maxwell 1864 die Theorie des elektromagnetischen Feldes. Mit ihr überschritt er die bis dahin dominierenden Denkschemata der klassischen Mechanik. Mit den Maxwellschen Gleichungen gab er den Ideen von Michael Faraday über die elektromagnetischen Erscheinungen als Nahwirkungen zwischen elektrischen Körpern und Magneten eine mathematische Fassung.

Heinrich Hertz gelang 1887 der experimentelle Nachweis der in Maxwells Theorie vorhergesagten Wellen, die sich wie Licht verhielten. Damit erschloß sich der gesamte Bereich der elektromagnetischen Wellen von kilometerlangen Radiowellen bis hin zu Röntgenstrahlen und den allbekannten, unser Leben prägenden technischen Anwendungen.

Objektive Analyse im Experiment und erkennende Synthese in der Theorie sind zwei bestimmende Pole bei der wissenschaftlichen Aneignung der Natur. Zwischen beiden haben Modelle eine heuristische Funktion, deren Bedeutung zunimmt. So erwies sich das Atommodell als wichtige Etappe auf dem Weg zur Quantenmechanik.

Neben dieser Funktion des Modells als Vorstufe einer Theorie nutzen Wissenschaftler Modelle, um komplexe Systeme zu beschreiben, die uns wegen ihrer Einmaligkeit nicht zugänglich sind, wie etwa die Erde, oder wegen ihrer zeitlichen und räumlichen Entfernung, das frühere Erdklima bzw. die Sonne. Der Erkenntnisweg geht von der Theorie über die Modellierung eines Als-ob-Objekts zur Wirklichkeit.

Die Sonne ist ein Stern unter vielen. Sterne sind Gaskugeln, die durch die Schwerkraft zusammengehalten werden. Bei der Berechnung von Sternmodellen muß man Annahmen machen über die Variation der Dichte der Sternmaterie, der chemischen Zusammensetzung und der Temperatur vom Sternzentrum bis zur Oberfläche. Man muß die Naturgesetze kennen, nach denen die zur Energieerzeugung notwendigen Prozesse ablaufen, und man muß die Prozesse beschreiben, die den Transport der Energie aus dem Sterninnern zur Oberfläche bewirken. Die vielen Einzelinformationen – Daten und Gesetzmäßigkeiten – gibt man in leistungsfähige Computer ein, um die Entwicklung eines Sterns im Modell nachzuvollziehen. Die Richtigkeit der Modelle läßt sich nur durch indirekte Vergleiche mit Beobachtungsdaten prüfen.

Das Modell als Mittel der Erkenntnis, als Als-ob-Objekt, hat mit der Entwicklung der Rechentechnik ständig an Bedeutung gewonnen – ein Prozeß, der sich eher am Anfang als auf dem Höhepunkt seiner Entwicklung befindet.

Die Chaostheorie betrachtet die Entwicklung komplexer Systeme, die mehr oder weniger gut durch Modelle beschreibbar sind. Charakteristisch für diese Systeme ist ihr einsinniger zeitlicher Verlauf – Geschichte wiederholt sich nicht.

Wir wissen, daß für die Entwicklung komplexer Systeme eine empfindliche Abhängigkeit von den Anfangsbedingungen vorliegt. Um sie sichtbar werden zu lassen, muß man das Modell mit variierenden Anfangsbedingungen genügend lange auf einem Computer laufen lassen.

Die Wissenschaft kennt keinen Stillstand und keine »ewigen Wahrheiten«. Der fortschreitende Prozeß menschlichen Erkennens vom Geschehen in der Natur läßt uns nicht nur in immer weiter entfernte Raum- und Zeitdimensionen des Mikro- und Makrokosmos eindringen, er erschließt uns auch qualitativ neue Einblicke in das Geschehen unserer Umwelt. Dank neuer Einsichten und Methoden – denken wir nur an die Anwendung der Computer – sind Wissenschaftler heute in der Lage, komplexe Probleme unseres naturgegebenen Lebensraums in Vergangenheit, Gegenwart und Zukunft aufzugreifen und zu neuen Erkenntnissen zu gelangen.

Zahlreiche dynamische Prozesse von der Entwicklung des Universums, der Entstehung des Planetensystems, über die Vorgänge im Erdinnern, im Klimasystem der Erde bis hin zur Evolution des Lebens sind einmalige Abläufe, die unter Berücksichtigung ihrer jeweiligen Zeitskala vermutlich nicht beliebig weit vorhersagbar sind. Diese Erkenntnis relativierte das Wissenschaftsverständnis des 19. Jahrhunderts. Das Paradigma »Wissen um Vorherzuwissen« (A. Comte) verlor seine Bedeutung als alleiniger Wertmaßstab der Wissenschaft.

6.2 Das Universum

In jeder klaren Nacht, in der das Licht der Sterne nicht vom Licht der Straßen- und Wohnungsbeleuchtung überstrahlt wird, sehen wir über uns die unregelmäßig verteilten Sterne und ein den Himmel teilendes weißes Band, die Milchstraße. Das Bild der Milchstraße erweckt den Eindruck des engen Beieinanders vieler Einzelsterne. Seit uns die astronomische Beobachtungs- und Meßtechnik die räumliche Tiefe erschlossen hat, wissen wir, daß die Sterne der Milchstraße durch gewaltige Abstände voneinander getrennt sind.

Ein astronomisches Maß der Entfernung ist das Lichtjahr. Die elektromagnetischen Wellen des Lichtes legen in jeder Sekunde rund 300 000 Kilometer zurück; ein Lichtjahr ist die in einem Jahr zurückgelegte Entfernung von $9,6 \cdot 10^{12}$ Kilometern. Die größte bisher von Menschen zurückgelegte kosmische Distanz ist die Entfernung Erde-Mond. Sie beträgt rund eine Lichtsekunde. Die Sonne ist acht Lichtminuten von uns entfernt. Die Entfernung des sonnenfernsten Planeten Pluto beträgt im Mittel 5,5 Lichtstunden, und der erdnächste Stern, Proxima Centauris, befindet sich in einer Entfernung von 4,25 Lichtjahren.

Unsere Milchstraße – die Galaxis – ist, nach allen bisherigen Beobachtungen, ein riesiges System aus Staub, Gas und etwa 100 Milliarden Sternen. Wie ein gewaltiges Karussell rotiert die Scheibe um den Kern der Galaxis. Sie braucht im Mittel für einen Umlauf rund 100 Millionen Jahre.

Die überwiegende Zahl der am Himmel sichtbaren Sterne gehört zu dieser Scheibe, deren Durchmesser zirka 100 000 und deren Dicke annähernd 5 000 Lichtjahre beträgt. Die Sonne, ein Stern der Scheibe, ist ungefähr 28 000 Lichtjahre vom Zentrum der Galaxis entfernt.

Mit zunehmender Verwendung von Fernrohren in der astronomischen Beobachtung fand man neben den Sternen gelegentlich kreisförmige, häufig elliptisch geformte, nebelartig verschwommene Gebilde. Der auffälligste dieser Nebelflecke läßt sich bereits mit einem einfachen Fernglas im Sternbild Andromeda erkennen. Immanuel Kant stellte in seiner Schrift »Allgemeine Naturgeschichte und Theorie des Himmels« bereits 1755 die Hypothese auf, daß diese Nebelscheibchen Milchstraßensysteme ähnlich dem unseren seien. Erst mit der Inbetriebnahme des 2,5-Meter-

Spiegelteleskops auf dem Mount Wilson (USA), nach dem Ersten Weltkrieg, wurde die Vermutung zur Gewißheit: Ein Teil der Nebelflecke sind Weltinseln, Galaxien, ähnlich unserer Milchstraße. Unsere Galaxis ist eine Welt großer Vielfalt. Wir sehen nebeneinander das Werden neuer Sterne in zusammenfallenden Gas- und Staubwolken, und wir finden Überreste vergangener Sterne, die in Supernovae-Explosionen endeten. Sie liefern die schweren atomaren Baustoffe, aus denen sich neue Planetensysteme, ähnlich dem unseren, bilden. Viele Sterne kreisen paarweise in gegenseitiger Anziehung umeinander. Andere Sterne senden ihr Licht nicht gleichförmig, sondern mit variierender Helligkeit aus. Von Roten Riesen bis zu Weißen Zwergen, von leuchtenden Gaswolken bis zu dunklen Staubansammlungen und schließlich zu Materieformen, deren Existenz wir gegenwärtig nur vermuten – all diese Formen bilden die Galaxis, an deren Rand ein vergleichsweise winziges System liegt, dessen Zentralgestirn, die Sonne, sich weder durch seine Oberflächentemperatur noch durch seine Masse auszeichnet.

Die Galaxis gehört zur lokalen Gruppe von Galaxien, zu der auch der Andromedanebel und die beiden Magellanschen Wolken zählen. Die lokale Gruppe, der 36 Galaxien angehören, hat eine Ausdehnung von einigen Millionen Lichtjahren. Sie liegt am Rande eines Galaxienhaufens, des Virgo-Haufens. Er umfaßt zirka 2 000 Galaxien. Sein Zentrum befindet sich in einer Entfernung von rund 50 Millionen Lichtjahren.

Galaxienhaufen sind die größten durch Gravitation zusammengehaltenen Strukturen im Universum. Sie wiederum bilden Superhaufen. Der Virgo-Haufen gehört zum Virgo-Superhaufen.

Superhaufen mit einer Ausdehnung von rund 100 Millionen Lichtjahren bilden langgestreckte netzartige Filamente, die gigantische Leerräume umschließen. Erst weit oberhalb einer Ausdehnung von 100 Millionen Lichtjahren wird die räumliche Verteilung der Galaxien im Universum, von dem wir mehr als zwölf Milliarden Lichtjahre überblicken, nahezu gleichförmig.

Wie weit haben wir uns vom Mittelpunkt entfernt, in dem der *Homo sapiens sapiens* den weit überwiegenden Teil seiner Existenz zu leben glaubte? Vom Geozentrismus zum Heliozentrismus, von dort in einen der Spiralarme der Milchstraße, in der die Sonne als ein Stern neben 100 Milliarden anderen seit 4,6 Milliarden Jahren ihr Licht aussendet. Das Milchstraßensystem ist eine Spiralgalaxie unter 100 Milliarden anderen. Sie ist angesiedelt in einer der unzähligen lokalen Gruppen am Rande eines Galaxienhaufens. Weder im kosmischen Maßstab noch im irdischen: von einer Sonderstellung des Menschen ist nichts geblieben.

Alle Einsichten in die Struktur und Ausdehnung des Universums danken wir der Entwicklung neuer Instrumente und neuer Beobachtungs- und Meßtechniken in der Astronomie. Fanden astronomische Beobachtungen ursprünglich nur in dem kleinen Ausschnitt des Spektrums der elektromagnetischen Strahlung statt, den das menschliche Auge wahrnimmt, so erlaubt das moderne Instrumentarium Messungen von Radiowellen bis zu hochenergetischen Röntgenstrahlen. Ein wichtiger Schritt dahin war die Überwindung der Erdatmosphäre durch die Raumfahrt. Sie erschloß der Astronomie die vorher unzugänglichen Wellenlängenbereiche sowohl im infraroten als auch im ultravioletten Teil des Spektrums bis hin zur Astronomie der Röntgenstrahlung.

Eines der erfolgreichen astronomischen Teleskope der neunziger Jahre des 20. Jahrhunderts ist das Hubble-Weltraumteleskop, das in 600 Kilometer Höhe die Erde umkreist. Auch erdgebundene Teleskope werden durch eine neue Gerätegeneration ergänzt. So wurden, ebenfalls in den neunziger Jahren, die beiden Zehn-Meter-Spiegelteleskope auf dem Mauna Kea in Hawaii in Betrieb genommen. Jeder Spiegel ist aus 36 hexagonalen Segmenten aufgebaut. Jedes hat einen Durchmesser von 1,8 Metern. Mittels Computersteuerung wird eine nahezu perfekte Reflexionsfläche erreicht. Dank des neuen Instrumentariums wurde es möglich, die kosmische Entfernungsskala über 12 Milliarden Lichtjahre auszudehnen. Licht, das uns heute von jungen Galaxien aus diesen Entfernungen erreicht, begann seine Reise zu Zeiten, als unsere Sonne mit ihren Planeten noch nicht existierte. Jeder Blick in die Tiefe des Universums ist also ein Blick zurück in seine Vergangenheit.

Gemessen am Zeitraum der menschlichen Existenz, muten uns astronomische Erscheinungen stationär an. So sagt Aristoteles: »In der ganzen vergangenen Zeit hat sich, soweit die Erinnerung reicht, der oberste Himmel weder im ganzen noch in irgendeinem seiner eigentümlichen Teile verändert.«[3] Auch die Jahrhunderte während Entwicklung der Naturwissenschaften seit Galilei und Newton änderte nichts an der tiefen Überzeugung eines statischen Universums.

Die im Laufe der Zeit entwickelten Modelle hatten eines gemeinsam: Es waren Modelle, welche die Struktur eines stationären Universums beschrieben. Eine Evolution schlossen sie aus.

1916 veröffentlichte Albert Einstein die allgemeine Relativitätstheorie, in der er die enge Verknüpfung der Gravitation mit der Struktur von Raum und Zeit deutlich machte. Da es nahelag, diese moderne Gravitationstheorie auf das Universum anzuwenden, untersuchte Einstein, ob die Bewegungsgleichungen seiner Theorie für diesen Fall stationäre Lösungen besitzen. Durchdrungen von der Überzeugung eines statischen Universums, änderte Einstein seine Gleichungen durch Einfügen eines zusätzlichen Gliedes, der kosmologischen Konstante.

Zum Ausgang des 20. Jahrhunderts sind wir von der Idee eines sich entwickelnden Universums überzeugt. Wir wissen heute um die Evolution der Sterne, die vergangenen Generationen in ewigem Gleichmaß zu strahlen schienen. Wir können die Expansion des Universums mit den im Laufe der Jahrmilliarden sich wandelnden Materieformen beschreiben. Seit wenigen Jahren verfügen wir über neue Beobachtungsdaten, die es wahrscheinlich erscheinen lassen, daß die Expansion des Kosmos sich im Laufe der Zeit beschleunigt und ewig anhält.

Dem Astronomen Edwin Hubble gelang nicht nur die sichere Identifizierung der Spiralnebel als Galaxien ähnlich dem Milchstraßensystem. Er ermittelte auch einen entscheidenden Zusammenhang zwischen der Galaxienbewegung und ihrer Entfernung, der die Evolution des Universums verständlich macht. 1929 veröffentlichte er eine Arbeit mit dem Titel »Eine Beziehung zwischen Entfernung und Radialgeschwindigkeit bei extragalaktischen Nebeln«. Der von ihm entdeckte einfache Zusammenhang zwischen der Fluchtgeschwindigkeit, mit der sich Galaxien radial von uns fortbewegen, und ihrer Entfernung lautet: Fluchtgeschwindigkeit und Entfernung sind einander proportional. Den Proportionalitätsfaktor bezeichnet man als Hubble-Parameter oder Hubble-Zahl. Er gibt an, um welchen Betrag die Fluchtgeschwindigkeit wächst, gemessen in Kilometer pro Sekunde, bei einer Zunahme der Entfernung der beobachteten Galaxie um ein Megaparsec, das heißt 3,26 Millionen Lichtjahre.

Zum Ausgang des 19. Jahrhunderts war bereits bekannt, daß man aus dem Spektrum des Lichts, das Sterne aussenden, auf ihren Bewegungszustand schließen kann. Findet die Bewegung vom Beobachter weg statt, so ist die von ihm gemessene Wellenlänge größer als die Wellenlänge, die ein ruhendes Objekt aussenden würde. Wir sprechen von einer Rotverschiebung. Bewegen sich Quelle und Beobachter aufeinander zu, findet eine Verschiebung

Verschiebung hin zu kürzeren Wellenlängen statt. Überlieferte Weltbilder dokumentieren den Glauben der Menschen, sich an einem ausgezeichneten, für sie geschaffenen Platz im Universum zu befinden. Über Jahrtausende sahen sie sich im Mittelpunkt des Kosmos. Heute wissen wir, daß sich unser Platz im Universum durch nichts gegenüber anderen Orten auszeichnet. Einstein faßte dieses kosmologische Prinzip im Jahre 1931 in die Worte: »Alle Plätze im Universum sind gleich.«

Das kosmologische Prinzip hat einige bemerkenswerte Konsequenzen. Ein irdischer Beobachter, der in beliebige Richtungen des Raumes blickt, nimmt im Umkreis unserer Galaxis, unseres lokalen Haufens bzw. Superhaufens, deutlich Inhomoginitäten der Verteilung der sichtbaren Materieformen wahr. Wählt er jedoch einen räumlichen Maßstab, der über die Inhomoginitäten hinausreicht, zeigt sich in allen Richtungen ein ähnliches Bild, das heißt, der Raum ist isotrop. Wenn wir keinen ausgezeichneten Standort im Universum einnehmen, muß auch einem Beobachter, der sich an einem beliebigen anderen Standort befindet, der Raum in seiner weiteren Umgebung als isotrop erscheinen. In bestimmten Richtungen schneiden sich die von beiden Beobachtern wahrgenommenen Raumbereiche. Da jeder die gleichen Materieformen wahrnimmt und für beide Isotropie gilt, müssen auch in den sich nicht überschneidenden Raumbereichen gleiche Bedingungen herrschen. Der Raum ist homogen.

Isotropie in Verbindung mit dem kosmologischen Prinzip führt zur Homogenität des Universums. Die astronomischen Beobachtungen der zurückliegenden Jahre widersprechen dem nicht, wenn man den sichtbaren Teil des Universums in Zellen einer Ausdehnung von mehreren 100 Millionen Lichtjahren unterteilt.

Jeder Blick in die Tiefe des Weltalls ist ein Blick zurück in die Vergangenheit des Universums. Physiker und Astronomen gehen davon aus, daß die Naturgesetze in den einer Beobachtung zugänglichen Zeiträumen keiner Änderung unterlagen.

Grundlage des Versuchs der modellhaften Beschreibung des Universums sind also die beiden Axiome:
• In großen Maßstäben ist das Universum isotrop und homogen.
• Die physikalischen Naturgesetze sind raum-zeitlich invariant.
Auf der Grundlage der Einsteinschen Gravitationstheorie wurden mathematisch-physikalische Modelle formuliert, die die raum-zeitliche Entwicklung der sich wandelnden Materieformen des

Universums beschreiben. Aus einem Vergleich der astronomischen Beobachtungen mit den Modellvorstellungen können wir schließen, daß sich das Universum durch Expansion aus einer heißen und dichten Phase entwickelt hat.

Die Vorstellung eines sich stetig abkühlenden, expandierenden Universums wird durch die Beobachtung der Hintergrundstrahlung überzeugend gestützt.

Ist die sekundlich von der Flächeneinheit eines Körpers abgestrahlte Energie, seine Wärmestrahlung, gleich der vom Körper aufgenommenen Energie, befinden sich Körper und Umgebung im thermischen Gleichgewicht. Sie haben die gleiche Temperatur. Für diesen Fall läßt sich die je Raumeinheit enthaltene Energie durch eine Formel beschreiben, in der nur die Temperatur der Strahlung und ihre Wellenlänge als Veränderliche auftreten. Die Formulierung dieser Strahlungsformel gelang Max Planck im ersten Jahr des 20. Jahrhunderts. Er stellte die Hypothese auf, daß die elektromagnetische Strahlung nur portionsweise – quantisiert – entsteht. In ihr trat erstmals in der Geschichte der Physik das Plancksche Wirkungsquantum auf, eine den Mikrokosmos beherrschende fundamentale Konstante. Einstein sprach 1905 die darüber hinausgehende Vermutung aus, daß das Licht selbst aus Lichtquanten – Photonen – besteht.

Bei einer Temperatur von 5 800 Kelvin, der Oberflächentemperatur der Sonne, liegt das Maximum der Strahlungsenergie bei einer Wellenlänge von $5 \cdot 10^{-5}$ Zentimetern. Sinkt die Temperatur auf minus 270 Grad Celsius gleich drei Kelvin, liegt das Strahlungsmaximum gemäß der Planckschen Formel bei einer Wellenlänge von rund zwei Millimetern.

1964 entdeckten Robert Wilson und Arnold Penzias in New Jersey (USA) mit einer Hornantenne eine von der Beobachtungsrichtung im Raum unabhängige Mikrowellenstrahlung bei 7,35 Zentimetern. Sie müßte einer Äquivalenztemperatur von 3,5 Kelvin entsprechen, wenn es sich um einen Meßpunkt auf der Planckschen Strahlungskurve handeln sollte.

Die meisten Messungen der Folgejahre wurden auf der langwelligeren Seite der Strahlungskurve durchgeführt, da die Atmosphäre bei Wellenlängen unterhalb von zwei Millimetern immer undurchlässiger wird.

Eine neue Qualität der Messung kosmischer Hintergrundstrahlung wurde mit dem Start des Cosmic Background Explorer Satelliten (COBE) im November 1989 erreicht. Bereits nach kurzer Betriebsdauer erhielt man Daten, die mit beeindruckender Genauigkeit der Planckschen Strahlungsformel folgten. Die Äquivalenztemperatur ergibt sich zu 2,728 ± 0,002 Kelvin, und die Messungen bestätigen die Isotropie des Raumes.

Die Plancksche Strahlungsformel gilt unter Voraussetzung eines thermischen Gleichgewichts zwischen Strahlung und strahlendem Körper. Nur wenn zwischen den Photonen der Strahlung und den Körpern, zum Beispiel den Atomen, sehr viele Wechselwirkungen stattfinden, haben Körper und Strahlung die gleiche Temperatur.

Es ist offensichtlich, daß in Gegenwart und »sichtbarer« Vergangenheit ein thermisches Gleichgewicht zwischen Körpern und Strahlung nicht besteht bzw. bestand. Selbst von kosmischen Quellen, die mehr als zehn Milliarden Lichtjahre entfernt sind, erreicht uns das Licht beinahe unbeeinflußt. Der Bereich des Universums, den die Photonen auf ihrem langen Weg von der Quelle zum Beobachter durcheilten, ist offensichtlich so durchlässig, daß sie weder gestreut noch absorbiert wurden.

Aus der Rotverschiebung schloß man auf die Expansion des Universums, einen Prozeß, der mit einer stetigen Reduzierung der Substanzdichte einherging. Also muß in der Vergangenheit das Universum dichter gewesen sein. Die phänomenologische Thermodynamik lehrt, daß mit größerer Dichte stets eine höhere Temperatur verbunden ist. Im frühen Universum gab es eine Periode, in der Dichte und Temperatur sehr große Werte hatten. Zwischen Strahlung und substantiellen Materieformen, wie den Elektronen, bestand ein thermisches Gleichgewicht.

In dieser Phase gab es weder Sterne noch Galaxien. Selbst Elektronen und Atomkerne konnten sich nicht zu stabilen Atomen zusammenfügen. Die den Raum homogen erfüllenden, relativ energetischen Photonen zerschlugen sofort wieder sich bildende Atome. Wegen der riesigen Zahl der sekundlich ablaufenden Stoßprozesse zwischen Photonen und Elektronen bestand ein thermischer Gleichgewichtszustand. Mit fortschreitender Expansion nahmen Dichte und Temperatur und folglich die mittlere Energie der Photonen und der Elektronen allmählich ab. Als die Temperatur schließlich rund 3 000 Kelvin erreichte, hatten selbst die wenigen Photonen am kurzwelligen Ende der Planckschen Strahlungskurve nur noch Energien, die nicht mehr ausreichten, um Elektronen aus sich bildenden Wasserstoff- und Heliumatomen herauszuschlagen, das heißt sie zu ionisieren.

Unter der Wirkung der elektrischen Anziehung zwischen positiv geladenen Atomkernen und negativ geladenen Elektronen hatten sich in dieser Periode neutrale Atome, überwiegend Wasserstoff, gebildet. Daher waren keine freien Elektronen mehr vorhanden, an denen die Photonen gestreut werden konnten. Strahlung und Substanz hatten sich entkoppelt. Die Photonen konnten sich fortan wechselwirkungsfrei durch das expandierende Universum bewegen. So behielt ihre Intensitätsverteilung die Form der Planckschen Strahlungskurve. Aus winzigen Dichteschwankungen der Hintergrundstrahlung entwickelten sich im Laufe der Zeit jene kosmischen Stukturen, die wir heute sehen.

Die Wirkung der Expansion des Universums auf die sich ausbreitenden elektromagnetischen Wellen besteht in einem linearen Anwachsen der Wellenlänge, in einer linearen Rotverschiebung.

Verbinden wir die Beobachtung der Galaxienflucht mit Homogenität und Isotropie des Universums, gesichert durch die Hintergrundstrahlung, werden wir sicher zur »Urknall«-Hypothese geführt.

Am Anfang der Evolution fand eine Art Explosion statt, die den gesamten Raum erfaßte. Bei der Explosion drängten nicht sich verändernde Materieformen in einen leeren Raum vor, sondern der Raum mit den sich zeitlich wandelnden Materieformen expandierte.

Ein homogenes Universum, in dem alle Orte gleichwertig sind, muß in seiner Expansion dem Hubble-Gesetz folgen. Dabei ist zu beachten, daß diese Expansion nicht mit einer Expansion der Galaxien selbst verbunden ist. Sie werden durch die Schwerkraft zusammengehalten. Gleiches gilt für unser Sonnensystem, aber auch für jedes durch elektromagnetische Kräfte zusammengehaltene Atom.

Das Hubble-Gesetz besagt, daß das Licht entfernter Galaxien rot verschoben ist und diese Rotverschiebung mit wachsendem Galaxienabstand linear wächst. Hubble verknüpfte seine Beobachtungen mit der Vorstellung davoneilender Galaxien. So eingängig das Bild von uns weg rasender Galaxien auch ist, es ist falsch. Die Rotverschiebung hat ihre Ursache in der Expansion des Raumes selbst.

Jede Messung der Rotverschiebung einer entfernten Galaxie gestattet uns, unmittelbar festzustellen, um das Wievielfache das Universum zwischen Emission und Absorption expandierte. Um aus einer Messung der Rotverschiebung die Entfernung einer Galaxie zu bestimmen, müssen wir die zeitliche Variation der HubbleZahl kennen. Wir müssen daher theoretische Annahmen über die Geometrie des Universums machen, um aus den gemessenen Rotverschiebungen auf solche Größen wie Entfernungen, Fluchtgeschwindigkeiten oder das Alter des Universums zu schließen.

Mit der allgemeinen Relativitätstheorie formulierte Einstein eine schlüssige, durch unterschiedliche Experimente in den Folgejahren bestätigte Theorie des Raumes, der Zeit und der Gravitation. Sie lehrt uns das Gravitationsfeld als eine Krümmung der vierdimensionalen Raum-Zeit zu begreifen. Unter einer Krümmung ist eine Abweichung der Geometrie von der dreidimensionalen Euklidschen zu verstehen.

Die Geometrie des Euklid ist die Geometrie unseres Anschauungsraumes, die Geometrie unserer täglichen Erfahrung. Um das Jahr 1830 veröffentlichten der Mathematiker Nikolai Lobaschewski und, unabhängig von ihm, der Mathematiker János Bólay Untersuchungen über die Geometrie eines positiv gekrümmten Raumes. 1854 entwickelte der Mathematiker Bernhard Riemann eine weitere nichteuklidsche Geometrie, die Geometrie eines Raumes mit negativer Krümmung. Welche der Geometrien im Universum gilt, ist kein mathematisches, sondern ein physikalisches Problem.

Unsere heutigen Vorstellungen über die Evolution des Universums, die durch Beobachtungen von Galaxienflucht und Hintergrundstrahlung gestützt werden, beruhen auf der Annahme eines homogenen und isotropen Universums. Für diesen Fall gab der Mathematiker und Meteorologe Alexander Friedman eine Lösung der Einsteinschen Feldgleichungen an. Auf der Grundlage der Einsteinschen Gravitationstheorie formulierte er ein mathematisch-physikalisches Modell. Es beschreibt die Dynamik des Universums mit den sie ausfüllenden Materieformen. Wechselnde Materieformen befinden sich nach Friedman nicht in Ruhe, wie es noch Einstein bei seiner Anwendung der Feldgleichungen auf den Kosmos annahm. Ausgehend vom kosmologischen Prinzip, der Expansion des Universums und dem Nachweis der isotropen Hintergrundstrahlung, gewann das Friedman-Modell wachsende Bedeutung für unser Verständnis von der Evolution des Universums. Das kosmologische Standardmodell eines homogenen, isotrop expandierenden Kosmos, der sich aus einer heißen und dichten Frühphase entwickelt hatte, führt zu einfachen Zusam-

menhängen zwischen der Evolutionszeit und den damit verbundenen Werten von Dichte und Temperatur.

Beim Versuch, die Evolution des Universums zu erkennen und
modellhaft abzubilden, müssen wir auf unser Wissen über den
Mikrokosmos zurückgreifen. In den zurückliegenden Jahrzehnten entstand eine sich stetig verstärkende Verknüpfung zwischen
der Physik des Mikrokosmos und des Makrokosmos. Vergleicht
man Vorhersagen des Standardmodells mit den im Universum
gemessenen Gewichtsanteilen von Wasserstoff, Deuterium, den
Heliumisotopen und Lithium, findet man eine erstaunlich gute
Übereinstimmung.

James Peebles, einer der prominentesten Kosmologen, faßt das
gesicherte Wissen über den Kosmos mit folgenden Worten zusammen: »Im Laufe der vergangenen 70 Jahre haben wir überreich-
lich Beweise dafür gesammelt, daß unser Universum expandiert
und sich abkühlt. Erstens: Das Licht ferner Galaxien ist zum Rot
hin verschoben, so wie es sein sollte, wenn der Raum expandiert
und die Galaxien voneinander weggezogen werden. Zweitens: Ein
Ozean thermischer Strahlung erfüllt den Raum, so wie es sein
sollte, wenn der Raum früher dichter und heißer war. Drittens:
Das Universum enthält riesige Mengen Deuterium und Helium,
so wie es sein sollte, wenn die Temperaturen früher viel höher
waren. Viertens: Milliarden Lichtjahre entfernte Galaxien sehen
deutlich jünger aus, so wie es sein sollte, wenn sie den Zeiten
näher sind, als es noch keine Galaxien gab. Und schließlich: Die
Krümmung der Raumzeit scheint vom Materiegehalt des Universums abzuhängen, so wie es sein sollte, wenn sich das Universum
nach den Vorhersagen der Einsteinschen Gravitationstheorie
– der Allgemeinen Relativitätstheorie – ausdehnt. ... Ich vergleiche den Prozeß des Verknüpfens solch überzeugender Resultate
– ob in der Kosmologie oder in einer anderen Wissenschaft – mit
dem Bau eines Gerüsts. Wir versuchen jedes Indiz abzusichern,
indem wir unterschiedliche Messungen als Stützbalken benutzen. Unser Rahmengerüst für die Expansion des Universums ist
solide und stabil. Die Urknalltheorie wird nicht mehr ernsthaft
in Frage gestellt, denn alles paßt viel zu gut zusammen.«[4]

Neben diesem gut gesicherten Rahmengerüst gibt es zahlreiche ungeklärte Probleme, die Gegenstand heftiger Diskussionen zwischen den Kosmologen sind. In dem Maße, wie das neue
astrophysikalische Instrumentarium zum Einsatz kommt, werden
durch eine Flut neuer Beobachtungs- und Meßdaten die offenen

Fragen eine adäquate theoretische Interpretation finden. Zwei davon sind: Erstens: Einer der Parameter des kosmologischen Modells ist die Masse pro Raumeinheit, die Massendichte des Universums. In den Rechnungen bezieht man sie auf eine als kritische Massendichte bezeichnete Größe, die das Universum hätte, wenn es euklidisch (flach) wäre. Dieser, auf die kritische Dichte bezogene Massenparameter hat einen Zahlenwert kleiner bzw. größer als eins, wenn das Universum offen bzw. geschlossen ist. Als offen bezeichnen wir ein Universum, das unbegrenzt weiter expandiert, während in einem geschlossenen Universum die Expansion sich verlangsamt und nach Erreichen eines Maximums in eine Kontraktion übergeht. Seit Jahrzehnten bemühen sich Astronomen, die Dichte des Universums zu messen. Sie fanden heraus, daß alle sichtbaren Himmelskörper nur zwei bis drei Prozent zur kritischen Dichte des Universums beitragen.

Aus dem Rotationsverhalten von Spiralgalaxien und aus der Analyse der Relativbewegungen von Galaxien bzw. Galaxiengruppen in Haufen ergab sich übereinstimmend ein Dichteparameter von 20 bis 30 Prozent der kritischen Dichte. Das heißt der größte Teil der im Universum vorhandenen Massen ist unsichtbar. Wir wissen noch nicht, woraus diese Dunkelmaterie besteht.

Das zweite Problem ergibt sich aus einer Beobachtung, die von der Zeitschrift »Science« im Dezember 1998 als »Durchbruch des Jahres« gefeiert wurde. Zwei Forschungsgruppen untersuchten in den Jahren 1997/98 explodierende Sterne (*Supernovae*) in fernen Galaxien. Beide Gruppen kamen übereinstimmend zu dem Schluß, daß das Universum vor einigen Jahrmilliarden langsamer expandierte als heute, also die Expansionsrate mit zunehmendem Alter des Kosmos wächst.

Im Weltall müßte eine Energie wirken, die nicht an Massen gebunden ist und die Expansion im Laufe der Zeit beschleunigt, also eine das Universum füllende, zeitlich unveränderliche Vakuumenergie, eine Art Antigravitation. Einige Theoretiker betrachten die Vakuumenergie als zeitlich veränderlich. Diese dynamische Form einer inhomogenen Dunkelenergie trägt den bezeichnenden Namen »Quintessence«.

Damit schließt sich ein Kreis über mehr als 2 000 Jahre. In der Naturphilosophie des Aristoteles füllen den irdischen Raum die vier Grundelemente Erde, Wasser, Luft und Feuer, während den himmlischen Raum ein fünftes Grundelement, der Äther, die Quintessenz füllt.

Das Rahmengerüst des Modells eines expandierenden Universums ist solide und stabil. Ob jedoch alle bzw. ein Teil der Bauelemente, die von den Kosmologen zur Füllung des Gerüsts angeboten werden, ihren Platz im Standardmodell finden werden, bleibt abzuwarten. Vertrauen wir auf die neue Flut an Beobachtungsdaten, die in den kommenden Jahren zu erwarten ist. Wie bisher jede physikalische Theorie, muß auch die Kosmologie in einer mühsamen Folge von Versuch und Irrtum ihre abschließende Form finden.

Wie eine Theorie des Universums letztlich auch aussehen wird, eines ist sicher: der *Homo sapiens sapiens* wird nie wieder in den Mittelpunkt des Universums zurückkehren, in dem er sich in den vergangenen Jahrtausenden wähnte.

6.3 DAS SONNENSYSTEM

Es gehört zu den wissenschaftlichen Erkenntnissen des 20. Jahrhunderts, daß das Sonnensystem vor einigen Milliarden Jahren entstand. Vor 4,6 Milliarden Jahren zündete das thermonukleare Feuer im Zentrum einer in sich zusammenfallenden riesigen Wolke aus Gas und Staub. Innerhalb einiger 100 Millionen Jahre ordneten sich aus einer turbulenten Bewegung größere und kleinere Himmelskörper. Ein Planetensystem war geboren.

In der Theogonie und im jüdisch-christlichen Glauben wurden die Entstehung von Weltall und Erde zu einem Ereignis. James Usher, Erzbischof von Armagh, legte in der Mitte des 17. Jahrhunderts die Schöpfung auf das Jahr 4004 vor Christus fest. Die Generationen seit Adam und Eva zählend, folgte er den Datierungen des Alten Testaments.

Der Naturforscher George Louis Leclerc, Graf von Buffon, versuchte 1779 das Erdalter experimentell zu ermitteln. Er baute einen kleinen Globus von ähnlicher Zusammensetzung wie die Erde, erhitzte ihn und maß die Geschwindigkeit seiner Abkühlung. Daraus leitete er ein Erdalter von 75 000 Jahren ab.

Durch Funde von Fossilien in aufeinander liegenden Gesteins- und Erdschichten kamen Geologen und Biologen bis zur Mitte des 19. Jahrhunderts auf ein Erdalter von mehreren 100 Millionen

Jahren. Sehr zu ihrem Mißfallen errechnete der Physiker William Thomson, der spätere Lord Kelvin, 1862 in einer anscheinend fehlerfreien Rechnung, daß die Erde vor einigen zehn Millionen Jahren entstanden sei. Er ging davon aus, daß der Wärmegehalt der Erde allein durch ihre Kontraktion unter der Wirkung der Schwerkraft zustande kommt und die ursprünglich glutflüssige Erde sich durch Abstrahlung in den Weltraum stetig abkühlt. Für die Sonne wurde ein Alter von 100 Millionen Jahren ermittelt. Dabei wurde angenommen, daß die Energiequelle der Sonne auf die gravitative Kontraktion zurückzuführen und die Sonne im Laufe ihrer Entwicklung erheblich geschrumpft sei.

Den Schlüssel zur verläßlichen Datierung des Sonnensystems entdeckte der Physiker Henry Becquerel. Er beobachtete am 1. März 1896 erstmals einen radioaktiven Zerfall, die spontane Umwandlung eines chemischen Elements.

Die Entdeckung der Radioaktivität, der »Geburtstag« der Kernphysik, erschloß uns nicht nur eine neue, die Erdgeschichte bestimmende Energiequelle. Sie eröffnete den Weg, der uns in der Verschmelzung leichter Atomkerne die gewaltige Energiequelle der Sterne erkennen läßt.

Ohne gesichertes Wissen über das Alter des Sonnensystems und über den Energiegehalt von Sonne und Erde sind keine verläßlichen Datierungen der geologischen Erdzeitalter und der biologischen Evolution möglich. Dank der Erkenntnisse der modernen Physik verfügen wir heute über beides.

Die Kerne der Atome sind Quellen radioaktiver Strahlung. Insbesondere schwere Atomkerne, wie die des Urans, zeigen eine natürliche Instabilität. Der Atomkern des Urans mit der Ladungszahl 92 und der Massenzahl 238 ($^{238}U_{92}$) wandelt sich beim radioaktiven Zerfall durch spontane Emission eines alpha-Teilchens – eines Heliumatomkerns ($^{4}He_{2}$) – in den Atomkern Thorium ($^{234}Th_{90}$) um. Neben dem alpha-Zerfall entdeckten die Physiker zwei weitere Zerfallsarten: den beta-Zerfall, die Emission von Elektronen, und den gamma-Zerfall, die Emission sehr kurzwelliger elektromagnetischer Strahlen.

Untersucht man den Zerfall einer definierten Menge eines radioaktiven Elements, ergeben die Beobachtungen, daß der Kernzerfall Wahrscheinlichkeitsgesetzen gehorcht. Die meßbaren Signale individueller Zerfallsprozesse folgen also nicht in regelmäßigen Abständen aufeinander wie das Ticken einer Uhr, sondern unregelmäßig, den Gesetzen des Zufalls folgend.

Die Halbwertszeit des radioaktiven Zerfalls ist ein Maß für die Zerfallswahrscheinlichkeit. Enthält eine Probe beispielsweise $1 \cdot 10^6$ $^{238}U_{92}$-Kerne, so sagt dieses Maß, daß nach 4,5 Milliarden Jahren $0,5 \cdot 10^6$ Kerne zerfallen sind. Für jeden einzelnen Kern beträgt die Zerfallswahrscheinlichkeit 0,5 innerhalb der $4,5 \cdot 10^9$ Jahre. Dabei sind wir nicht in der Lage anzugeben, welcher individuelle Kern in einem gegebenen Zeitraum zerfällt. Wir können nur sagen, mit welcher Wahrscheinlichkeit dies geschieht und wie viele Kerne zerfallen werden. Radioaktive Kerne altern nicht! Alle Vorgänge der Mikrowelt haben grundsätzlich einen statistischen Charakter. Mit der Entwicklung der Quantenmechanik lernten die Physiker auch für diesen Erfahrungsbereich eindeutige quantitative und damit experimentell überprüfbare Voraussagen zu machen, nämlich die Wahrscheinlichkeiten elementarer Prozesse zu berechnen.

Beim Zerfall eines radioaktiven Atomkerns entsteht entweder ein stabiler oder ein instabiler, wiederum zerfallender Kern. Die überwiegende Mehrzahl der 45 natürlich vorkommenden radioaktiven Elemente läßt sich vier Zerfallsreihen zuordnen. So beginnt zum Beispiel die Uran-Radium-Reihe mit dem alpha-Zerfall des $^{238}U_{92}$. Nach vier Zerfallsschritten erreicht sie das Radiumisotop ($^{226}Ra_{88}$), das sich durch alpha-Zerfall in Radon ($^{222}Rn_{86}$) umwandelt. Die Reihe endet mit dem stabilen Bleiisotop ($^{206}Pb_{82}$).

Enthält eine Substanz, zum Beispiel ein Mineral, eine ausreichende Menge an Uranatomen, bildet sich innerhalb der Reihe ein Gleichgewicht heraus. Je nach Länge der Halbwertszeiten enthält die Substanz die verschiedenen Elemente der Zerfallsreihe in unterschiedlichen Konzentrationen. Die An- oder Abwesenheit radioaktiver Elemente einer Zerfallsreihe in einer Probe weist auf ihr Alter hin; die quantitative Bestimmung der Mengen unterschiedlicher Elemente erlaubt die Ermittlung des absoluten Alters der Probe. Aus dem meßbaren Mengenverhältnis des radioaktiven Ausgangselements, des $^{238}U_{92}$, und des stabilen Endisotops der Zerfallsreihe, $^{206}Pb_{88}$ im Fall der Uran-Radium-Reihe, läßt sich somit das Alter des untersuchten Minerals bestimmen. Voraussetzungen sind, daß das stabile Endprodukt allein durch den radioaktiven Zerfall gebildet wurde und noch vollständig in der Probe enthalten ist.

In den letzten sechs Jahrzehnten ist die Uran-Blei-Methode zur Altersbestimmung immer mehr verfeinert und durch weitere Methoden ergänzt worden. Mit den heute verfügbaren Verfahren wurden viele irdische Gesteinsproben untersucht. Die ältesten terrestrischen Gesteine, die bisher sicher datiert werden konnten, sind 3,7 Milliarden Jahre alte Gesteine der Isua-Formation auf Grönland.

Unter Alter ist dabei die Zeit zu verstehen, die verflossen ist, seit sich das entsprechende Material verfestigte.

Radioaktive Datierungen beschränken sich nicht auf irdische Gesteine. Mit den gleichen Verfahren wurde auch das Verfestigungsalter von Meteoriten und von lunarem Gestein untersucht. Das bisher untersuchte Mondgestein läßt sich in zwei Gruppen einteilen: Basalte, welche die Maria (Plural von Mare) ausfüllen, und feldspathaltige Gesteine der Hochländer. Die Auskristallisation des vulkanischen Magma in den Maria fand vor drei bis vier Milliarden Jahren statt, während die untersuchten Gesteinsproben der Hochländer ein Verfestigungsalter zwischen vier und 4,5 Milliarden Jahren ergaben.

Meteoriten kommen aus dem Sonnensystem. Es sind überwiegend Kleinkörper aus dem Asteroidengürtel, die auf der Erde einschlagen. Nach ihrer Zusammensetzung unterscheidet man Eisen- und Steinmeteorite. Sowohl das Erd- wie auch das Mondgestein unterlagen in der Frühphase der Himmelskörper gewaltigen Umwandlungsprozessen. Meteoriten bestehen wahrscheinlich aus einem ursprünglichen Material der Bildungsphase des Sonnensystems. Aus der relativen Häufigkeit der Elemente in Meteoriten erwarten wir daher einen unmittelbaren Aufschluß über die Zusammensetzung und über das Alter des Sonnensystems. An Steinmeteoriten ergaben die Altersbestimmungen Werte bis zu 4,6 Milliarden Jahren. Die Messung von Isotopenverhältnissen verschiedener chemischer Elemente in den Meteoriten ermöglicht darüber hinaus einen Einblick in die Vor- und Frühgeschichte des Sonnensystems.

Das Rüstzeug, mit dessen Hilfe es den Astronomen möglich wurde, den Lebensweg eines Sterns wie der Sonne zu verfolgen, sind die Gesetze der Physik, an deren Gültigkeit in Raum und Zeit kein Zweifel besteht. Die Gesetze der klassischen Physik gestatten die Bestimmung der äußeren Parameter der Sonne: der Masse, des Durchmessers und des Volumens. Aus spektroskopischen Untersuchungen der von der Sonne zur Erde gelangenden Strahlung läßt sich sowohl ihre Oberflächentemperatur wie auch ihre Leuchtkraft, das heißt die gesamte pro Sekunde abgestrahlte Energie, bestimmen.

Astronomen kennen die Anteile der chemischen Elemente im Kosmos aus zahlreichen spektroskopischen Untersuchungen von Sternen, aber auch von anderen kosmischen Objekten, wie beispielsweise von Gaswolken. Der dominierende Baustoff, aus dem sich die Sterne bilden, ist der Wasserstoff. Der Massenanteil des Heliums beträgt rund 25 Prozent, während alle anderen Elemente weniger als zwei Prozent beitragen.

Aufgabe der Astrophysiker ist es, aus diesen Daten mit Hilfe der physikalischen Gesetze Aufbau und zeitliche Entwicklung der Sonne zu ermitteln. In Abhängigkeit vom Radius sind Druck, Dichte, Temperatur und chemische Zusammensetzung der Gaskugel zu bestimmen. Aus den Altersbestimmungen verschiedener planetarer Körper ist bekannt, daß das Sonnensystem seit mehr als vier Milliarden Jahren existiert. Erdgeschichtliche Funde besagen, daß die Strahlung der Sonne und damit auch ihr physikalischer Zustand seither nahezu unverändert geblieben sind. Diese langanhaltende Stabilität belegt den im Innern der Sonne herrschenden Gleichgewichtszustand. Im Gleichgewichtszustand halten sich in jeder Tiefe der Druck des Sterngases und das Gewicht der darüberliegenden Schichten die Waage. Ohne Gasdruck würde die Sternmaterie kollabieren; ohne Schwerkraft würde sie ins All geblasen.

Mit zunehmender Tiefe wird der Gleichgewichtsdruck der Gase größer. Da der Gasdruck durch die Wärmebewegung der Teilchen verursacht wird, wächst in gleichem Maße auch die Temperatur. Modellrechnungen zeigen, daß der Druck im Zentrum der Sonne $2 \cdot 10^{11}$ Atmosphären und damit das Gas eine Temperatur von rund 15 Millionen Grad erreicht. Bei so hohen Temperaturen haben die Atome ihre Elektronenhüllen verloren. Kerne und Elektronen fliegen trotz der hohen Dichte frei umher. Sie verhalten sich wie ein verdünntes Gas. Diesem physikalisch einfachen Zustand ist es zu verdanken, daß die Wissenschaftler über das Innere der Sonne besser informiert sind als über das Zentrum der Erde.

Die im Zentrum der Sonne herrschenden Temperaturen reichen aus, um Wasserstoffkerne über eine Kette von Kernreaktionen zu Heliumkernen zu verschmelzen. Die Masse des Heliumkerns ist kleiner als die Masse der ungebundenen Wasserstoffkerne. Diese Massendifferenz wird daher bei der Kernfusion gemäß der Einsteinschen Formel:

Energie = Masse · Quadrat der Lichtgeschwindigkeit
in Bewegungsenergie umgewandelt. Die Kernfusion ist die seit

Jahrmilliarden stetig fließende Quelle, aus der die Sonne ihre uns unerschöpflich scheinende Energie entnimmt.

Im Gleichgewichtszustand zwischen Druck und Gravitation muß im Zentrum der Sonne die in jedem Volumenelement erzeugte Energie genauso groß sein wie die aus dem Zentrum austretende Energie. Wäre das nicht der Fall, würden lokale Erhitzungen oder Abkühlungen auftreten. Das Gleichgewicht wäre gestört. Der Energietransport aus dem Inneren verläuft über zwei Prozesse: Strahlung und Konvektion. Die Sternmaterie ist gegenüber der Strahlung aus dem Sterninneren wenig durchlässig. So gelangt die Strahlung nur über viele Streu-, Absorptions- und Reemissionsprozesse zur Oberfläche des Sterns, um sich dann ungehindert auszubreiten. Beim Energietransport durch Konvektion wird die Wärme durch aufsteigende Gasballen transportiert, während abgekühlte Gasmassen absinken. Die konvektive Art des Wärmetransports führt auf der Sonnenoberfläche zu einer typischen Granulation. Aufsteigende heiße und damit hellere Gasballen von rund 1 000 Kilometern Durchmesser neben kühlen und darum dunkleren, absinkenden Gasmassen prägen das Oberflächenbild der Sonne.

In Modellrechnungen läßt sich nicht nur der Entwicklungsweg der Sonne in den vergangenen 4,5 Milliarden Jahren zurückverfolgen, er läßt sich auch über das Heute hinaus fortsetzen. In einer Jahrmilliarde verbrennt die Sonne ein Prozent ihrer Masse. Rund zehn Prozent ihres gesamten Wasserstoffvorrats in ihrem Zentrum besitzen die für eine Fusion erforderliche Dichte und Temperatur. Die Sonne kann daher für weitere 5,5 Milliarden Jahre ihre Energie aus dem Verschmelzen von Wasserstoff beziehen. Während dieser Zeit bleiben Leuchtkraft und Oberflächentemperatur nahezu unverändert. Ist der Wasserstoffvorrat im Kern der Sonne aufgebraucht, schrumpft sein Inneres so lange, bis die Kernfusion von Helium zündet. Gleichzeitig verlagert sich die Wasserstoff-Fusion in eine den Zentralbereich umschließende Kugelschale. Nach weiteren drei Milliarden Jahren ist schließlich der gesamte Wasserstoff der Sonne aufgebraucht. In diesem Zeitintervall wird sie hundertmal größer als heute sein, und ihre Leuchtkraft wird sich vertausendfacht haben. Die Sonne wird zu einem Roten Riesen geworden sein, der den sonnennächsten Planeten, den Merkur, verschlungen haben wird. Der Riese wird seine Strahlen auf eine luftlose, wasserlose, vom Leben verlassene Erdoberfläche senden.

Der Entwicklungsweg der Sonne von einer heißen und dichten Gaskugel, in der die Wasserstoff-Fusion bereits gezündet hat, bis zur Sonne unserer Tage und darüber hinaus zum Roten Riesen, der letztlich zu einem Weißen Zwerg schrumpft, ist gut bekannt. Sternmodellrechnungen beruhen auf gesichertem physikalischem Wissen und umfangreichen astronomischen Beobachtungen an Sternen in allen Entwicklungsstadien. Was ging dem jedoch voraus? Wie und wo entstand eine Ursonne? Für diese komplexen Probleme sind weder die Modellrechnungen noch die Beobachtungen zum Beginn des 21. Jahrhunderts abgeschlossen.

Wie bereits erwähnt, beobachtet man in unserer Galaxis nebelartige Lichtflecke. Zwei mit einem Fernglas zu erkennende Nebelflecke finden sich in den Sternbildern Andromeda und Orion.

Während ersterer eine Spiralgalaxie ist, ähnlich der unseren, wurde der Orion-Nebel als eine riesige Gas- und Staubwolke identifiziert. In ihr verbirgt sich die Geburtsstätte Tausender Sterne.

Gaswolken, aus denen sich Sterne bilden, bestehen zum überwiegenden Teil aus molekularem Wasserstoff. Die Temperatur des Gases liegt bei zehn Kelvin, das heißt zehn Grad über dem absoluten Nullpunkt. Die Dichte liegt im Mittel zwischen 100 und 1 000 Molekülen in jedem Kubikzentimeter. In lokalen Bereichen der Wolke können Dichte und Temperatur deutlich höher liegen.

Neben dem dominierenden Wasserstoff wurden in den Wolkenstrukturen zahlreiche weitere Moleküle, zum Beispiel Wasser und Ammoniak, aber auch mikroskopisch kleine Staubpartikel entdeckt. Neben Sauerstoff, Wasserstoff und Stickstoff enthalten sie schwere Elemente wie Magnesium, Silizium und Eisen, also Reste von Supernovae-Explosionen.

Die Materieteilchen in einer Wolke üben unter der Gravitationswirkung aufeinander anziehende Kräfte aus. Dem entgegen wirkt der durch ihre Wärmebewegung verursachte Druck. Übersteigt in einem lokalen Bereich der riesigen Wolke die Masse einen kritischen Wert, beginnt ein Zusammenfall. Die Gravitationskräfte übersteigen die Druckkräfte. Der Prozeß der Bildung eines Protosterns setzt ein, das heißt das sogenannte Frühstadium eines Sterns beginnt. Hat die Masse des Protosterns durch die einstürzende Materie einige Zehntel der Sonnenmasse erreicht, ist die Temperatur im Innern auf zirka eine Million Grad gestiegen. Sie reicht aus, um die Fusion von Deuterium zu Helium zu zünden.

Durch die Fusion des Deuteriums entsteht zusätzliche Wärme. Sie wird durch Konvektion gleichmäßig über das Volumen der Gaskugel verteilt. Die Wärme bewirkt ein Aufblähen des Protosterns. Dabei vergrößert er sich auf das Fünffache.

Die Deuterium-Fusion kann nur so lange andauern, wie Materie sich auf der Oberfläche des Protosterns anlagert. Ein Verdichtungsgebiet in einer Molekülwolke, in dem ein Protostern wächst, enthält weit mehr Masse als der sich bildende Stern. Es muß demnach einen Mechanismus geben, der die Anlagerung beendet. Astronomen vermuten, daß von der Oberfläche eines Protosterns ein starker Wind ausgeht, der dem einfallenden Gas entgegenweht und letztlich das Verdichtungsgebiet in der Wolke auflöst.

Ist die Deuterium-Fusion beendet und hat der Wind des Protosterns das Verdichtungsgebiet aufgelöst, wird ein hell leuchtender Stern sichtbar. Er gewinnt seine Energie aus der gravitativen Kontraktion. Unter der Wirkung der Schwerkraft schrumpft er langsam. Seine Leuchtkraft sinkt. Durch fortschreitende Verdichtung steigt die Temperatur im Innern. Erreicht sie zehn Millionen Kelvin, setzt im Zentrum die Fusion des gewöhnlichen Wasserstoffs ein: Eine Ursonne beginnt ihren Entwicklungsweg. Modellrechnungen ergeben, daß der Protostern rund 30 Millionen Jahre braucht, um zur Ursonne zu werden.

Soweit Gas und Staubteilchen sich nicht im Protostern sammeln, tragen sie zur Bildung der Planeten bei. So führen die in der sogenannten Akkretionsscheibe um den Protostern kreisende Staubteilchen untereinander Stöße aus, bei denen sie aneinander haftenbleiben. Bis jedoch daraus kilometergroße Kleinkörper – Planetesimals – entstehen, vergehen einige Millionen Jahre. Durch Aufsammeln von weiterem Material aus der Scheibe wachsen einige Planetesimals innerhalb von zehn bis 100 Millionen Jahren zu Planeten.

Wenn die Modellrechnungen zur Entstehung von Sternen und Planeten die im Kosmos ablaufenden Prozesse richtig beschreiben, muß es neben unserem Planetensystem viele andere geben. 1995 gelang nach jahrelanger Suche die Beobachtung eines Planeten, der einen sonnenähnlichen Stern umkreist. Seine Masse ist annähernd so groß wie die Jupiters. Bis zum Ende des 20. Jahrhunderts hat sich die Zahl der in der Galaxis beobachteten Planeten auf 50 erhöht. Verbesserte Beobachtungstechniken werden ihre Zahl rasch wachsen lassen.

Die Beobachtung anderer Planetensysteme wird uns nicht

nur weitere Erkenntnisse über deren Entstehungsprozeß ermöglichen, sie wird auch neue Einsichten in die Entwicklung außerirdischer Lebensformen vermitteln. Die Bahnen der neu entdeckten Planeten erweisen sich als stark exzentrisch, als langgestreckte Ellipsen. Sollten weitere Messungen zeigen, daß die kreisähnlichen Bahnen der Planeten des Sonnensystems eher die Ausnahme als die Regel sind, wird die Wahrscheinlichkeit außerirdischer Lebensformen noch geringer: Zwar können wir in Fernsehfilmen täglich das Zusammentreffen zwischen Irdischen und Außerirdischen betrachten, der erreichte Wissensstand läßt deren Existenz jedoch immer unwahrscheinlicher werden.

Mit Raumsonden gelangten Astronomen zu neuen Einsichten über die Planeten. Wir kennen heute nicht nur die Bewegungen der Körper des Sonnensystems, sondern auch ihre Massen, Volumina und damit ihre Dichten. Daraus lassen sich Rückschlüsse auf den inneren Aufbau und die chemische Zusammensetzung ziehen. Die inneren Planeten, Merkur, Venus, Erde und Mars, unterscheiden sich in ihrer Zusammensetzung auffällig von den äußeren Planeten. Ihre Dichten liegen zwischen 3,9 und 5,5 Gramm je Kubikzentimeter. Sie sind Gesteinskörper, aufgebaut aus Metallen, Metalloxiden und Silikaten. Jupiter und Saturn haben Dichten von 1,3 und 0,69 Gramm je Kubikzentimeter. Sie müssen daher eine ähnliche Zusammensetzung haben wie die Sonne, also überwiegend aus Wasserstoff und Helium bestehen. Die mittlere Dichte des Uranus beträgt 1,27 Gramm je Kubikzentimeter. Die Dichte des Neptuns liegt mit 1,65 Gramm je Kubikzentimeter etwas über der von Uranus. Diese Werte lassen vermuten, daß beide Planeten überwiegend aus Wasser, Ammoniak und Methan in gefrorenem Zustand bestehen. Sie bilden offenbar eine eigene Gruppe zwischen den an Gestein, Metall und Sauerstoff reichen inneren Planeten und den an Wasserstoff und Helium reichen Jupiter und Saturn.

Kennt man die Masse und die Zusammensetzung eines Planeten, so lassen sich daraus Rückschlüsse auf seinen inneren Aufbau ziehen. Im Gleichgewichtszustand halten sich innerer Druck und Schwerkraft die Waage.

Astronomen haben bisher zahlreiche Monde entdeckt, die Planeten umkreisen. In Größe und Aufbau zeigen sie eine große Vielfalt. Es gibt Riesen unter ihnen. So übertrifft der Durchmesser des Saturnmondes Titan den des Planeten Merkur. Ein anderer Saturnmond – 1980 S35 – hat dagegen einen Durchmesser von nur zehn Kilometern. Man beobachtet unregelmäßig geformte Gesteinsbrocken, wie etwa den asteroidenähnlichen Jupitermond Amalthea.

Aus Oberflächenkratern von Planeten und Monden läßt sich schließen, daß in den Jahrmillionen nach der Planetenbildung und ihrer Satelliten ein schweres Bombardement stattgefunden haben muß. Ein Teil der Einschlagkörper waren Planetesimals, welche die Sonne auf instabilen Bahnen umliefen. Ein anderer Teil waren Körper, die in Umlaufbahnen um die Planeten übriggeblieben waren.

Steigende Computerleistungen erlauben immer detailliertere Modellrechnungen über die Entstehung unseres Erdtrabanten.[5] Die von der Mehrzahl der Experten vertretene Hypothese sieht den Ursprung des Mondes im Zusammenstoß der noch glutflüssigen Erde mit einem großen Körper. Ein Teil der dabei freigesetzten Masse blieb auf einer Erdumlaufbahn und verdichtete sich unter der Wirkung der Gravitation zum Mond. Das heutige Erd-Mond-System läßt sich am besten rekonstruieren, wenn der mit der Erde kollidierende Körper so schwer wie der Mars war.

Während der Entstehungsphase des Sonnensystems wurde die Zahl der Planeten, Monde, Asteroiden und Kometen fixiert. Vorstellungen darüber, daß diese Körper ihre Bahnen ändern, ja verlassen könnten, existierten nicht. Seit Newtons Formulierung der Gravitationstheorie waren Astronomen davon überzeugt, daß die Bahnen der Körper im Sonnensystem regulär und vorausberechenbar sind. Dieses traditionelle Bild wurde im 20. Jahrhundert zerstört.

Heute wissen wir, daß in komplexen Systemen wie dem Sonnensystem zwar deterministische physikalische Gesetze gelten, das zeitliche Verhalten jedoch nicht uneingeschränkt vorherzusagen ist. Eine gleichförmig periodische Bewegung aller Himmelskörper im Sonnensystem gibt es nicht. Sie verläuft chaotisch. Es ist charakteristisch für diese Art des Bewegungsablaufs, daß winzige Änderungen der Anfangsbedingungen des Systems zu ganz unterschiedlichen Bewegungsabläufen führen können. Das Studium solcher Systeme ist Gegenstand der Chaostheorie.

Die Keplerbahn eines Planeten, eine durch kleine Störungen verformte Ellipse, auf der sich ein Planet regulär über Jahrmilliarden bewegt, ist das Bild, das die klassische Physik vermittelt. Gelingt es den Physikern, ein physikalisches System durch eine Differentialgleichung zu beschreiben und lassen sich die Anfangsbedingungen mit hinreichender Genauigkeit angeben, so ist die Entwicklung des Systems für alle Zeiten determiniert. Es besteht eine eindeutige Verknüpfung von Ursache und Wirkung. Vergangenheit und Zukunft sind vollständig in der Gegenwart enthalten.

Der klassische Determinismus, das Credo der Newtonschen Mechanik, postuliert eine gesetzmäßig vorhersagbare Verknüpfung von Ursache und Wirkung. Implizit schließt das die Vorstellung ein, daß ähnliche Ursachen auch ähnliche Wirkungen haben.

Jede Messung, wie die Positionsbestimmung eines Planeten auf seiner Bahn, ist mit einem Meßfehler behaftet. Trotzdem waren die Astronomen von der Vorhersagbarkeit des Bahnverlaufs überzeugt. Kleine unvermeidliche Abweichungen in den Anfangsbedingungen konnten nur zu kleinen, in der Regel vernachlässigbaren Wirkungen auf den Bahnverlauf führen.

Diese Überzeugung brachte der Mathematiker Henry Poincaré zu Beginn des 20. Jahrhunderts ins Wanken. Er zeigte, daß man bereits beim Dreikörperproblem keine exakte Lösung der Bewegungsgleichungen angeben kann. Für drei massive Körper, zum Beispiel das System Sonne, Erde, Mond, die sich gegenseitig anziehen, sind ihre Anfangspositionen bekannt. Beim Versuch, für beliebige Zeiten in Vergangenheit und Zukunft die Konfigura-tion des Dreikörpersystems zu berechnen, fand Poincaré, daß eine berechenbare Lösung für alle Zeiten nicht existiert. Obwohl eine Beziehung zwischen der Konfiguration der Körper und der Zeit besteht und diese Beziehung die Konfiguration auch vollständig bestimmt, entzieht sie sich doch der Berechenbarkeit und damit der Vorhersagbarkeit.

Poincaré hat bewiesen, daß das Mehrkörperproblem der klassischen Mechanik nicht allgemein berechenbar ist. Damit wurden Regularität und Stabilität des Bewegungsablaufs von Himmelskörpern in Frage gestellt. Seit den achtziger Jahren des 20. Jahrhunderts ermöglichen leistungsstarke Computer die Modellierung der Bewegung der Körper im Sonnensystem. Zu Beginn des 21. Jahrhunderts wissen wir, daß das Sonnensystem zahlreiche chaotische Bewegungsabläufe einschließt. Betrachten wir nur ein Beispiel, das allerdings von existentieller Bedeutung für die Evolution zum *Homo sapiens* wurde, die Bahnen der kleinen Planeten, der Asteroiden. Die Bahnen der kleinen Planeten liegen im Asteroidengürtel zwischen Mars, der für einen Umlauf um die Sonne 1,9 Jahre benötigt, und Jupiter mit einer Umlaufzeit von rund zwölf Jahren. Die Umlaufzeiten der rund eine Million Asteroiden liegen zwischen zwei und vier Jahren.

Jack Wisdom vom Massachusetts Institute of Technology (MIT) in Cambridge (USA) hat in einer Computersimulation den Bahnverlauf von Kleinplaneten über 100 Millionen Jahre verfolgt.[6] Dabei zeigte sich, daß Asteroiden, deren Umlaufzeit um die Sonne in einem festen Verhältnis zur Umlaufzeit des Jupiters steht, einen irregulären chaotischen Bahnverlauf zeigen. So bewegt sich ein Kleinplanet über rund 200 000 Jahre auf einer kreisähnlichen Ellipse kleiner Exzentrizität, um dann in eine langgestreckte irreguläre Ellipse großer Exzentrizität zu springen. Nach rund 800 000 Jahren geht die Bahn wieder in eine Ellipse kleiner Exzentrizität zurück, die durch weitere Ausbrüche großer Exzentrizität unterbrochen wird.

Die Exzentrizitäten der irregulären Bahnellipsen können so groß werden, daß die Asteroiden die Umlaufbahnen von Mars und Erde kreuzen. Deterministisches Chaos im Verhalten kleiner Planeten wird zur Ursache für den Transport von Asteroiden zur Erde. Astronomen registrieren jährlich den »nahen« Vorbeiflug von Asteroiden, die sich gelegentlich bis auf wenige 100 000 Kilometer der Erde nähern.

Auf der Erde sind weit mehr als 100 Krater bekannt, die durch Meteoriten verursacht wurden. Die irdischen Meteoritenkrater sind jünger als einige 100 Millionen Jahre, da geologische Vorgänge ältere Krater zerstören.

Auskunft über die Häufigkeit von Zusammenstößen himmlischer Kleinkörper mit der Erde erhalten wir daher besser vom Mond. Ein Blick durch ein Fernrohr auf die von Kratern bedeckte Oberfläche des Erdtrabanten zeigt, daß Meteoriteneinschläge in erdgeschichtlichen Zeiten häufig stattgefunden haben. In den Maria sind zahlreiche Einschlagkrater unterschiedlicher Größe zu erkennen. Die Analyse von Gesteinsproben, die die Apollo-Mission vom Mond mitgebracht hat, ergab, daß die Häufigkeit der Einschläge in den zurückliegenden 3,5 Milliarden Jahren nahezu konstant geblieben ist. Aus dem Größenverhältnis von Mond- und Erdoberfläche läßt sich schließen, daß im gleichen Zeitraum auf unserem Planeten größenordnungsmäßig alle zehn Millionen Jahre ein Einschlag stattgefunden haben müßte, der einen Krater von mehr als 50 Kilometern Durchmesser hinterließ. Ein gewaltiges Massensterben von Flora und Fauna markiert den Übergang von der Kreidezeit ins Tertiär vor 65 Millionen Jahren. Mit ihm endete das Zeitalter der Reptilien, und die Vorherrschaft der Dinosaurier wurde durch die Säugetiere abgelöst. Ursache des Massensterbens war der Einschlag eines Meteoriten mit einem Durchmesser von rund zehn Kilometern. Als Ort des Einschlags wurde ein riesiger Krater identifiziert, der an der Nordküste der heutigen Halbinsel Yucatán am Golf von Mexiko liegt. Der äußere Durchmesser des Kraters beträgt 195 Kilometer. Er ist heute unter mächtigen Kalksteinsedimenten verborgen. Wir sind damit dem Erkennen eines komplizierten historischen Ereignisablaufs einen beträchtlichen Schritt näher gekommen, der von nachhaltigem Einfluß auf die Evolution des Lebens war.

Dieser Zusammenhang macht den Unterschied zwischen der Physik und einer historischen Wissenschaft, wie der Evolutionsbiologie, deutlich. Die Physik verifiziert ihre Theorien in der Regel durch wiederholbare Experimente. Historische Wissenschaften, wie die Kosmologie, die Geologie und die Evolutionsbiologie, stehen vor der schwierigen Aufgabe, Beobachtungen theoretisch erkennbar zu machen. Die Entwicklung des Sonnensystems, der Erde und des Lebens sind historisch einmalige, experimentell nicht nachvollziehbare Prozesse. Ausgehend von einer Fülle von Beobachtungen können wir fachspezifische Axiome formulieren, ihre Konsequenzen in Modellen untersuchen und sie mit den Beobachtungen konfrontieren. Jede neue Beobachtung fügt sich entweder in den gegebenen theoretischen Rahmen ein, oder sie zwingt uns, diesen Rahmen zu erweitern bzw. durch einen neuen zu ersetzen.

Wenn die physikalischen Naturgesetze für alle Formen der Materie gelten, also auch für Lebewesen, so hat jede andere Naturwissenschaft, zum Beispiel die Biologie, ihren eigenen Forschungsgegenstand mit eigenen fachspezifischen Begriffen. Ihre fachspezifischen Axiome grenzen das Feld des physikalisch Möglichen ein. Vor 300 Jahren formulierte Newton die Bewegungsgesetze massiver Körper. Bis in die jüngste Vergangenheit waren die Wissenschaftler vom Determinismus mechanischer Bewegungsabläufe überzeugt. Eine Erkenntnis der jüngsten Vergangenheit ist die Aufdeckung des deterministischen Chaos im Bewegungsablauf mechanischer Systeme, wie dem Bahnverlauf von Asteroiden über Jahrmilliarden und den Meteoriteneinschlägen auf der Erde, die zu nachhaltigen Beeinflussungen der Biosphäre führten.

»Was heute die Physik mit der historischen Naturwissenschaft verbindet, ist die Nichtvorhersagbarkeit. Der Weg des Himmelskörpers, der vor 65 Millionen Jahren die Erde traf, war prinzipiell nicht vorausberechenbar, obwohl wir die Bewegungsgesetze kennen. Also waren auch die Folgen für das Leben nicht vorhersagbar. Wäre der Asteroid auf Grund einer winzigen Abweichung im Bahnverlauf an der Erde vorbeigeflogen, so hätte das Leben einen anderen Verlauf genommen. Alles komplexe Geschehen in der Natur, also auch die Evolution des Lebens, ist in seinem historischen Verlauf einmalig.«[7]

6.4 Die Erde

Für die Geowissenschaften sind die im System Erde ablaufenden Vorgänge nur auf der Außenhaut, der Erdkruste, unmittelbar wahrnehmbar. Dabei ist zu berücksichtigen, daß die Erde mit ihren schalenförmig aufeinanderfolgenden Komponenten Kern, Mantel, Kruste, Hydrosphäre und Atmosphäre ein komplexes System bildet, dessen Teile wechselseitig aufeinander wirken.[8]

Auch heute, rund 4,6 Milliarden Jahre nach ihrer Entstehung, ist die Erde ein ruheloser Planet. Erdbeben und Vulkanausbrüche mit ihren häufig verheerenden Folgen sind spektakuläre Zeugnisse dynamischer Prozesse unter der Erdoberfläche. Sie haben sich tief in das Gedächtnis und die Weltbilder der Menschen eingeprägt, die über Generationen im Schatten solcher Prozesse lebten.

Neben diesen episodischen Ereignissen beobachten die Geowissenschaftler auch langsame, während eines Menschenalters kaum wahrnehmbare Vorgänge, die das Aussehen der Erdoberfläche verändern.

Zur Erforschung des dynamischen Systems Erde wird ein reiches Arsenal unterschiedlicher Meß- und Beobachtungsverfahren eingesetzt. Durch die Kopplung mit der Rechentechnik wurde eine neue Qualität der Datenanalyse erreicht. Beobachtungen am Erdkörper werden durch Laborexperimente und Modellrechnungen ergänzt.

Das Wissen über die innere Struktur der Erde verdanken wir vornehmlich der Seismologie. Von Erdbeben, Explosionen und Vibratoren ausgehende elastische Wellen breiten sich in Gesteinsschichten unterschiedlicher Dichte mit verschiedenen Geschwindigkeiten aus. An Grenzflächen zwischen Schichten, an denen sich die Dichten sprunghaft ändern, werden die Wellen reflektiert. Durch ein Netz seismischer Stationen werden die Wellen registriert, wenn sie die Erdoberfläche wieder erreichen. Wie die Computertomographie den Medizinern erlaubt, Schnittprofile durch den menschlichen Körper zu zeichnen, so ist es seit einigen Jahren möglich, mittels seismischer Tomographie dreidimensionale Darstellungen vom Erdinnern anzufertigen und damit den inneren Aufbau der Erde sichtbar zu machen. Diese Untersuchungen werden durch Laborexperimente an Gesteinen und Metallen unter extrem hohen Drücken und Temperaturen, wie sie im Erdinnern herrschen, ergänzt. Die kombinierten Untersuchungen erlauben Rückschlüsse auf die chemische und mineralogische Zusammensetzung im Erdinneren und auf deren physikalische Parameter, wie Temperatur, Druck und Dichte.

Die Dynamik des Erdkerns ist mit dem Vorhandensein und der Variation des Erdmagnetfeldes verknüpft. Die Polarität der bei der Erstarrung der Gesteine eingeprägten Magnetisierung wurde durch die Stärke und Richtung des Erdmagnetfeldes am Ort und zur Zeit der Erstarrung bestimmt.

In der Schmelze richten sich winzige magnetisierbare Bereiche im Gestein nach dem äußeren Magnetfeld aus. In Gesteinen aller Altersstufen findet sich die zu Stein erstarrte Polarität des Feldes. Sie zeugt davon, daß die Erde bereits vor 3,5 Milliarden Jahren ein Magnetfeld besaß.

In einer Tiefe von zirka 2 900 Kilometern beginnt der flüssige äußere Erdkern und in einer Tiefe von 5 900 Kilometern der feste innere. Beide bestehen überwiegend aus Eisen. Das Magnetfeld der Erde wird durch Konvektionsströme in der Metallschmelze des äußeren Erdkerns hervorgerufen. Auslöser der Konvektion ist die Temperaturdifferenz zwischen den begrenzenden Kugelschalen des äußeren Erdkerns.

Bei der Konvektion wird Wärme durch die bewegten Flüssigkeits- oder Gasmassen selbst transportiert. Konvektion ist auf der Erde allgegenwärtig. Wir finden sie im Erdkern, im Erdmantel, in den gewaltigen ozeanischen Strömungen oder in den Bewegungen großer Luftmassen.

Umpolungen des Erdmagnetfeldes traten in geologischen Zeiten häufig auf. Radiometrisch datierte Lavagesteine zahlreicher Fundstellen belegen, daß in den letzten 3,6 Millionen Jahren neun Umpolungen stattgefunden haben. Die jüngste, die den Südpol zum gegenwärtigen Nordpol umwandelte, trat vor 780 000 Jahren auf. Augenfällig in der Abfolge der Umkehrungen ist die Ungleichmäßigkeit, mit der sie stattgefunden haben.

Aus paläomagnetischen Untersuchungen wissen wir, daß Magnetfeldänderungen eine Übergangsperiode einschließen, die letztlich in einem Umklappen der Polarität endet. Nicht jede Polwanderung führt tatsächlich zum Umklappen. In der Phase des Übergangs verliert das Erdmagnetfeld seinen ausgeprägten Dipolcharakter und nimmt komplexe Formen an. Solche Anomalien, deren Polarität der des Dipolfeldes entgegengerichtet ist, gewinnen dabei eine große Bedeutung. Gegenwärtig finden sich diese Gebiete in hohen südlichen Breiten.

Der heutige Stand mathematischer und experimenteller Modelle deutet darauf hin, daß sich im äußeren Erdkern eine konvektive Bewegung der Metallschmelze durch Selbstorganisation aufbaut. Durch schraubenförmige Walzen im äußeren Erdkern, einem System, weit entfernt von einem stabilen Gleichgewichtszustand, entsteht ein äußeres dipolartiges Magnetfeld. Seine zeitlichen Variationen können durch chaotische Bewegungsabläufe im System zustande kommen.

Untersuchungen des Erdmantels mittels seismischer Tomographie lassen die dort ablaufenden Konvektionsprozesse sichtbar werden. Isotopenanalysen von Gesteinen, die über vulkanische Prozesse zur Erdoberfläche gelangen, erlauben Rückschlüsse auf die Mischungsvorgänge im Mantel und auf seine chemische Zusammensetzung. Die Physik ermöglicht die Modellierung der Dynamik der Konvektionsprozesse, wie sie in plastisch verformbaren Festkörpern unter hohem Druck ablaufen. Durch Laborexperimente über das konvektive Verhalten von Flüssigkeiten gewinnt man ergänzende Einsichten in das komplexe dynamische Geschehen im Erdmantel.

Sichtbares Zeugnis der dynamischen Vorgänge im Erdmantel ist das zeitlich veränderliche Erscheinungsbild der Ozeane und Kontinente mit seinen Folgen, wie Vulkanismus und Erdbeben. Auch die aus menschlicher Sicht anscheinend unveränderliche Verteilung der Kontinente und Ozeane auf dem Globus ist nur eine Momentaufnahme.

Ähnlich wie im Erdkern findet im Erdmantel ein Wärmetransport durch Konvektion statt. Während das quasiflüssige Metall des äußeren Erdkerns mit einer Geschwindigkeit von einigen Zentimetern in der Minute strömt, kriecht das plastisch verformbare Material des Mantels, hauptsächlich Magnesiumsilikat, nur mit einer Geschwindigkeit von wenigen Zentimetern im Jahr.

Bei der Untersuchung der Ausbreitung elastischer Wellen im Erdmantel fanden Geophysiker in 410 und 660 Kilometern Tiefe enge Übergangszonen, in denen die seismischen Geschwindigkeiten eine deutliche, ja sprunghafte Änderung erfahren. Alle bisherigen Studien deuten darauf hin, daß an den beiden Grenzen ein Strukturwandel des Magnesiumsilikats stattfindet, der zu einer Dichteänderung des Mantelmaterials führt.

An der Grenzfläche zwischen äußerem Erdkern und unterem Erdmantel, die man als Kern-Mantel-Grenze bezeichnet, treffen das Silikatgestein des Mantels und die geschmolzenen Eisenlegierungen des Kerns aufeinander. Hier findet der chemisch und thermisch abrupteste Übergang statt. Diese sogenannte D″-Schicht hat eine Dicke von rund 200 Kilometern. Sie variiert jedoch stark über laterale Abstände.

Aus zeitweiligen Instabilitäten der D″-Schicht bilden sich vermutlich die als »Plumes« bekannten Gebiete, in denen heißes Mantelmaterial geringer Dichte wie in einem Schlot nach oben steigt. Bei Erreichen der Untergrenze der Lithosphäre breitet es sich radial in der Asthenosphäre aus. Es bildet einen halbkugelförmigen Kopf, der die darüberliegende Erdkruste aufwölbt. Dies kann zur Bildung gewaltiger ozeanischer oder kontinentaler Plateaus führen.

Die Erdkruste hat sich in den Jahrmilliarden ihrer Geschichte ständig verändert. Wo sich einst Ozeane befanden, türmen sich heute gewaltige Gebirgsformationen. Wo riesige Gräben und Bruchstrukturen Kontinente durchzogen, öffneten sich Meere.

Dokumente der Geologen sind die Gesteine, das Baumaterial der Erdkruste.

Jedes Gestein trägt seine Geschichte in sich. Findet man sedimentäres Kalkgestein, in welchem versteinerte Meerestiere eingeschlossen sind, überlagert von Sandsteinen, wie sie sich auch heute in Wüsten finden lassen, kann man daraus schließen, daß im Fundbereich einem Flachmeer eine Wüstenformation folgte. Das räumliche Übereinander entspricht einem zeitlichen Nacheinander. Dort, wo die horizontale Lagerung gestört ist, wo Schichten gebogen, gebrochen, gefaltet oder übereinandergeschoben sind, erlauben die Bewegungsbilder Rückschlüsse auf die Bewegungsvorgänge und die sie bewirkenden Kräfte.

Ein wichtiger Bestandteil vieler Sedimente sind Fossilien. Finden sich kurzlebige Formen horizontal weit verbreitet, jedoch vertikal auf begrenzte Schichten beschränkt, so läßt sich nach ihnen das relative Alter einer Schicht bestimmen; sie werden zu Leitfossilien, unentbehrlichen Führern durch gestörte Schichten.

In rund 200jähriger intensiver Feld- und Laboratoriumsarbeit mehrerer Generationen von Geologen haben sich die Kenntnisse über die unterschiedlichen tektonischen Strukturen und ihre Einordnung in Raum und Zeit ständig vermehrt. Dank neuer Untersuchungstechniken (Tiefseegeophysik, Unterwasserfotografie u. a.) gelang es den Geologen, den vorher kaum erschlossenen größeren Teil der Erdkruste, die Ozeanböden, der Erforschung zugänglich zu machen.

In einer Gesamtlänge von mehr als 60 000 Kilometern durchzieht ein vulkanisches Gebirge alle Ozeane. Diese mittelozeanischen Rücken erheben sich bis zu drei Kilometern über den Meeresboden. Längs der Rücken erstreckt sich eine Spalte (Rift), in der Magma aus dem Erdmantel nach oben dringt. Eine neue ozeanische Kruste entsteht. Den Beweis für die somit bewirkte Spreizung der Meeresböden lieferten magnetometrische Messungen über dem Meeresgrund. Im erstarrten Basalt fanden sich symmetrisch zu beiden Seiten der Riftzonen angeordnete Streifen wechselnder Polarität des Erdmagnetfeldes. Unter Berücksichtigung der Zeitskala der magnetischen Polarisationswechsel läßt sich die Geschwindigkeit ermitteln, mit der neuer Meeresboden entsteht. Sie variiert zwischen einem und 16 Zentimetern im Jahr. Mit zunehmendem Abstand von der Riftzone nimmt das Alter der Gesteine am Meeresboden zu. Am Kontinentalrand erreicht es mit fast 200 Millionen Jahren seinen maximalen Wert. Keiner der Ozeane, die das Gesicht der Erde gegenwärtig prägen, ist älter.

Da die längs der Rücken entstehende ozeanische Kruste nicht zu einer Vergrößerung der Erdoberfläche führt, muß in dem Maße, wie sich neue Kruste bildet, alte vernichtet werden. Aus der Verbindung der Spreizung der Meeresböden mit der Hypothese der Kontinentalverschiebung entstand in den sechziger Jahren die Theorie der Plattentektonik.

Sie geht davon aus, daß die äußere Erdschale, die Lithosphäre, aus mehreren starren Platten besteht, die sich auf der zähplastischen Asthenosphäre bewegen. Längs der mittelozeanischen Rücken entfernen sich die Platten voneinander. Trifft eine ozeanische Platte auf eine kontinentale, schiebt sich der Rand der leichteren Kontinentalplatte auf die dichtere ozeanische, die in die Asthenosphäre abtaucht. Der Rand der Kontinentalplatte wird durch den Prozeß der Subduktion gestaucht. Er faltet sich zu einer langgestreckten Gebirgskette auf. Ein typisches Beispiel sind die Anden längs der südamerikanischen Westküste. Hier subduziert die Nazca-Platte unter die Südamerikanische. Trifft eine ozeanische Platte noch vor der Küstenlinie auf eine Kontinentalplatte, entstehen Inselgirlanden. Ein charakteristisches Beispiel ist die Girlande der japanischen Inseln, wo die Pazifische Platte unter die Eurasische gezogen wird.

Treffen zwei Kontinentalplatten aufeinander, widerstehen – wegen ihrer geringen Dichten – große Teile der kontinentalen Krusten beider Platten einer Subduktion in den Mantel. Die Krusten der aufeinandertreffenden Platten werden deformiert und zu einem gewaltigen Kettengebirge aufgetürmt. So entstand der Himalaja, wo die Lithosphärenplatte des indischen Subkontinents mit der Eurasischen Platte zusammentrifft.

Charakteristische Merkmale aktiver Plattengrenzen sind Vulkanismus und Erdbeben. Man unterscheidet nach den geologischen und morphologischen Eigenschaften verschiedene Arten von Erdbebenzonen. Eine davon ist mit den mittelozeanischen Rücken verbunden, längs derer neue Ozeanböden entstehen. Es treten Flachbeben auf, deren Herde nicht tiefer als 70 Kilometer reichen. Längs der Zonen, an denen zwei Plattengrenzen horizontal aneinander entlangschürfen, treten als zweite Art ebenfalls Flachbeben auf. Typisches Beispiel dafür ist die San-Andreas-Störung in Kalifornien, wo die Pazifische Platte nordwestwärts am nordamerikanischen Kontinentalrand entlangschürft.

Erdbebenzonen einer dritten Art, die mit starkem Vulkanismus verbunden sind, beobachtet man längs der Subduktionszonen. Neben Flachbeben treten mitteltiefe Beben mit einer Herdtiefe zwischen 70 und 300 Kilometern auf und Tiefenbeben, deren Herde in Tiefen zwischen 300 und 680 Kilometern liegen. Beispiele von Subduktionszonen sind die bereits erwähnte Gebirgskette der Anden und die Girlande der japanischen Inseln. Erinnert sei an die gewaltigen Beben in Chile in den Jahren 1939 und 1960.

Rund 90 Prozent aller Vulkane liegen an den Rändern von Lithosphärenplatten. Unterschiedliche tektonische Bedingungen führen zu unterschiedlichen Arten vulkanischer Aktivitäten. So quillt aus Rift-Vulkanen längs der mittelozeanischen Rücken die Schmelze ruhig aus den unterirdischen Schloten. Subduktionszonen-Vulkane verursachen dagegen stets explosive Ausbrüche. Der explosive Vulkanausbruch des Tambora auf der indonesischen Insel Sumbawa 1815 war der gewaltigste in geschichtlicher Zeit. Dieser Ausbruch ließ das Jahr 1816 in Nordamerika und Westeuropa zum »Jahr ohne Sommer« werden. Kältewellen mit Schnee und Eis bei winterlichen Temperaturen in den Sommermonaten hatten für die Ernten katastrophale Folgen.

Zeugen weitaus verheerenderer Vulkanausbrüche in vorgeschichtlicher Zeit sind riesige Caldera, das heißt kesselförmige Einbrüche vulkanischen Ursprungs. Eine Caldera entsteht, wenn sich durch einen plötzlichen Ausbruch eine wenige Kilometer unter der Erdoberfläche liegende Magmakammer explosiv entleert und die Kammerdecke einstürzt.

Eine der größten bekannten Caldera ist die Toba-Caldera auf Sumatra mit einer Ausdehnung von annähernd 100 Kilometern. Der Ascheregen des Toba-Ausbruchs vor 74 000 Jahren reichte über die Bucht von Bengalen und Sri Lanka bis nach Indien. Solche gewaltigen Ausbrüche ereignen sich in Abständen von einigen 100 000 Jahren. Sie beeinflussen das Erdklima nachhaltig.

Die Drift der Lithosphärenplatten führte in geologischen Zeiten zur Verschmelzung von Landmassen zu Superkontinenten, die wiederum in mehrere kleinere Kontinente auseinanderbrachen. Geologische Zeugnisse lassen vermuten, daß es sich bei diesem Wechselspiel um einen zyklischen Prozeß handelt, der andauert. Betrachten wir ein Beispiel aus der jüngeren Erdgeschichte, das die Gestalt Afrikas und sein Klima im Osten des Kontinents entscheidend veränderte.

Zu Beginn des Miozän vor rund 20 Millionen Jahren war Afrika von West nach Ost von einem Gürtel tropischen Regenwaldes bedeckt. Heute besteht Ostafrika aus einem Mosaik von lichten Wäldern und Savannen, das durch das Ostafrikanische Grabensystem von dem dichten Regenwald im Westen getrennt ist. Dieses System erstreckt sich von Äthiopien im Norden über Tausende Kilometer bis nach Tansania im Süden – ein eindrucksvolles Beispiel einer Dehnungsstruktur der Erdkruste. Weitere Teile des Grabensystems sind die Becken des Roten Meeres und des Golfs von Aden. Während in Ostafrika die Erdkruste bisher nur gedehnt und eingebrochen ist, haben sich im Roten Meer und im

Golf von Aden beide Kontinentalränder bereits soweit voneinander entfernt, daß zwei neue Meere entstanden sind.

Ausgangspunkt des Ostafrikanischen Grabensystems ist das Afar-Dreieck in Äthiopien, von dem die drei Spreizungszonen ausgingen. Zu Beginn der Entwicklung einer dreiarmigen Riftstruktur findet eine Aufwölbung der kontinentalen Kruste statt. Ursache der Aufwölbung ist ein stationärer Wärmestau unterhalb der Kruste. Er wird durch die im Mantel aufsteigende basaltische Schmelze bewirkt. Das heiße Magma im Kopf des Plumes kann teilweise zum Aufschmelzen der darüberliegenden Erdkruste und damit zu ihrer Schwächung führen.

Im Oligozän vor rund 30 Millionen Jahren begannen in Ostafrika zwei große Kuppeln emporzuwachsen, die sich beide bis zu 3 000 Metern über dem Meeresspiegel erheben: der Äthiopische Dom, der Äthiopien und den Jemen umfaßt, und der Kenianische Dom, der Uganda, Kenia und Tansania einschließt. Der Aufwölbung und der damit verbundenen Dehnung der Erdkruste folgte deren Auseinanderbrechen. Die in nordöstlicher und in nordwestlicher Richtung ausgreifenden Riftstrukturen führten zu einer Abtrennung der Arabischen Halbinsel vom Afrikanischen Kontinent; das Rote Meer und der Golf von Aden begannen sich im Unter-Miozän zu öffnen. In südlicher Richtung dehnte sich die Riftstruktur bis zum Südwestrand Afrikas aus, ohne daß es bis heute zu einer Teilung des Kontinents gekommen ist. Die Zerrung der Kruste führte zu einem komplizierten Muster zahlreicher Bruchschollen. Jede der dabei entstandenen Grabensenken besteht aus einem langgestreckten, schmalen, abgesunkenen Krustenblock, der sich mit Lavagestein verbunden hat, das aus dem Mantel aufgestiegen ist. Einige im Verlauf des Miozän abgesunkene Gräben dieser Riftstruktur wurden zu großen Seen, zum Beispiel der Turkana- und der Tanganjikasee.

Längs des Grabenbruchs entstanden unterschiedliche, voneinander abgegrenzte Lebensräume: Von üppigen Bergwäldern bis hin zum lockeren Gehölz der Savannen, Seen und Flüsse mit ihren typischen Auenwäldern, aber auch Halbwüsten und ausgetrocknete Talsohlen. Die Vielfalt der Lebensräume bedingte die Vielfalt der Arten. Ihre Isolation in begrenzten räumlichen Bereichen erhöhte die Wahrscheinlichkeit einer genetischen Umwandlung und damit die Entwicklung neuer Arten bei einer Änderung des Klimas. Wir sind eine der Arten, die dieser dynamischen Umwelt ihre Existenz verdanken.

Die Bildung des Ostafrikanischen Grabenbruchsystems, die sich über das ganze Miozän erstreckte, hatte bedeutende klimatische Auswirkungen. Ostafrika geriet in den Regenschatten der Hochländer des Kenianischen Doms, so daß die feuchten Winde vom Südatlantik diese Gebiete nicht mehr erreichten. Am Ostrand des Kenianischen Doms wuchsen hohe Vulkane wie der Kilimandscharo empor, welche die Feuchtigkeit der vom Indischen Ozean landeinwärts wehenden Passatwinde abfingen. Diese wachsenden Hindernisse, gekoppelt mit der weltweiten Entwicklung zu kühlerem und trocknerem Klima, führten zur Zweiteilung der Vegetationszonen. Im Westen Afrikas blieb der tropische Regenwald bestehen. Bereits im mittleren Miozän war der Wald Ostafrikas durch offenes Gelände unterbrochen. Vor rund vier Millionen Jahren bildete die Vegetation Ostafrikas ein Mosaik aus dichten Wäldern und lichten Baum- und Buschsavannen.

Zum Klimasystem der Erde gehören der Träger des Klimas – die Atmosphäre – und die an das Klimageschehen gekoppelten Komponenten: Hydrosphäre, Kryosphäre und Biosphäre. Außerdem zählt die Landoberfläche dazu.

Jede Komponente des Klimasystems folgt in ihrem Verhalten den sie charakterisierenden Naturgesetzen mit einer typischen Zeitskala. So lassen sich die großräumigen Bewegungsabläufe in der Atmosphäre und im Ozean zwar durch die gleichen physikalischen Gesetze beschreiben, doch die Zeiten, in denen die Vorgänge ablaufen, betragen in der Atmosphäre Wochen, während sie sich in den Ozeanen über Jahrhunderte hinziehen können.

Durch die Änderung eines der klimarelevanten Faktoren, zum Beispiel der Umstellung des Strömungsmusters im Ozean, entsteht ein Antrieb auf das Klimasystem. Infolgedessen wird das System, durch Anpassung, also durch Änderung seiner charakteristischen Parameter, darauf eingestellt. Die Atmosphäre reagiert auf einen Antrieb innerhalb von Stunden oder Tagen. Die Zeitskala, längs der die Ozeane auf einen Antrieb reagieren, reicht für die oberen Wasserschichten von Tagen bis zu einigen Jahrtausenden für große Tiefen. Die Kryosphäre reagiert bei den Eiskappen der Pole bis zu Jahrtausenden. Prozesse an Land folgen einem Antrieb in einem Zeitraum von Tagen bis zu Monaten, während die Biosphäre beim Wachstum des Planktons innerhalb von Stunden reagiert, beim Wachstum der Bäume innerhalb von Jahrhunderten.

Auf einen Anpassungsdruck kann das Klimasystem über unterschiedliche innere Rückkopplungsmechanismen verstärkend oder abschwächend reagieren. Ausgehend von Messungs- und Beobachtungsdaten, lassen sich die ablaufenden Prozesse nur in wenigen Fällen durch geeignete Modelle annähernd beschreiben.

Die komplexen Wechselwirkungen zwischen den Komponenten des Klimasystems mit ihren spezifischen Prozessen und Zeitskalen führen zu einem komplizierten Verhaltensmuster, das gegenwärtig erst in Bruchstücken bekannt ist.

Aus einem Raumschiff erscheint dem Beobachter die Atmosphäre als ein dünner, bläulicher, die Erdkugel umgebender Saum. Sichtbar ist die Atmosphäre nur bis in eine Höhe, in welcher die Dichte der in ihr enthaltenen Teilchen ausreicht, das Sonnenlicht merklich zu streuen. Die Atmosphäre ist ein komplexes Gemisch aus Gasen, Wassertropfen und Eispartikeln. Hinzu kommen feste und flüssige Beimengungen, wie Staub und Säuretröpfchen.

Vor zirka vier Milliarden Jahren endete das schwere Bombardement der Planeten und ihrer Monde durch gewaltige Geschosse aus Resten der Urmaterie der Akkretionsscheibe. Erst danach konnte durch Ausgasen des jungen Planeten Erde eine Uratmosphäre entstehen. Ihre Zusammensetzung dürfte den Entgasungsprodukten heutiger Vulkane entsprochen haben. Deren Hauptbestandteile sind Wasserdampf, Kohlendioxid und Stickstoff. Der Uratmosphäre fehlte jeglicher dauerhaft freie Sauerstoff.

Nachdem die Erdoberfläche genügend abgekühlt war, konnte der Wasserdampf kondensieren und abregnen. Ein wesentlicher Nebeneffekt war die Auswaschung des Kohlendioxids. Es wurde im Karbonatgestein gebunden. Vor zirka 3,4 Milliarden Jahren kam ein weiterer Prozeß des Abbaus von Kohlendioxid hinzu. Durch Photosynthese begannen Cyanobakterien (Blaualgen) ihre Nährstoffe unter Wirkung des Sonnenlichts aus Kohlendioxid selbst herzustellen.

Ursprünglich enthielten die Atmosphären von Erde und Venus annähernd die gleichen Gase mit ungefähr den gleichen Häufigkeiten. Wegen des geringeren Abstands zur Sonne gab es auf der jungen Venus keine lange Regenzeit; der Wasserdampf konnte wegen der stärkeren Sonneneinstrahlung nicht abkühlen. Das Kohlendioxid blieb in der Atmosphäre, und die Oberflächentemperatur stellte sich auf 425 Grad ein.

Der Mars ist nicht nur weiter von der Sonne entfernt als die Erde, er ist auch viel kleiner und damit masseärmer. Seine Schwerkraft reicht nicht aus, um eine Atmosphäre zu halten.

Das organische Leben verdankt seine Existenz der Position der Erde im Sonnensystem zwischen der Gluthölle der Venus und der kalten, luftleeren Wüste des Mars.

Aus geochemischen Befunden läßt sich folgern, daß erst vor rund zwei Milliarden Jahren der Sauerstoffgehalt der Atmosphäre ein Prozent der heutigen Konzentration erreichte; eine Konzentration, die Sauerstoff atmende Organismen zum Leben benötigen.

Die Klimageschichte der Erde ist in den Sedimenten von Ozeanböden und vom Grund der Binnengewässer sowie in kontinentalen Ablagerungen archiviert. So erhält man beispielsweise aus Bohrkernen vom Meeresboden eine Information über die Zusammensetzung fossiler Überreste des Planktons, das zu verschiedenen Zeiten dicht am Meeresboden lebte. Das ermöglicht Rückschlüsse auf den Temperaturverlauf des ozeanischen Tiefenwassers während dieser Zeit. So sank während der Erdneuzeit, seit 65 Millionen Jahren, die Temperatur des ozeanischen Tiefenwassers um annähernd 15 Grad Celsius. Auch die Lufttemperatur in Erdbodennähe fiel im Mittel um 10 bis 15 Grad Celsius.

Ohne die Details der komplexen Prozesse zu kennen, die Klimaveränderungen mit ihren Auswirkungen auf die Ökosysteme bewirkten, wissen wir dennoch, welche Vorgänge bestimmenden Einfluß gehabt haben. An erster Stelle waren es tektonische Prozesse, die auch während der Erdneuzeit das Gesicht der Erde verwandelten und das globale Klima, aber auch die Ökosysteme nachhaltig veränderten.

Der gewaltigste Riftvorgang der Erdneuzeit hatte die Trennung von Australien und der Antarktis zur Folge. Mit dieser Riftbildung begann die Australische Platte nach Norden zu wandern. Eine der Folgen war die schon erwähnte Entstehung der Gebirgskette des Himalaja. Sie führte zur Ausbildung einer Monsunzone mit ihrem charakteristischen Wechsel von ausgeprägten Regen- und Trockenmonaten.

Die Trennung Australiens von der Antarktis veränderte darüber hinaus im Bereich des Südpols die Wind- und Meeresströmungen, die sich weltweit auswirkten. Bereits vor der Lostrennung Australiens lag die Antarktis über dem Südpol; sie war jedoch eisfrei. Ihre Küsten wurden von relativ warmem, aus niedrigen Breiten kommendem Oberflächenwasser umströmt. Mit der Drift Australiens nach Norden bildete sich vor zirka 30 Millionen Jahren zwischen beiden Kontinenten eine Strömung heraus, die den aus dem Norden kommenden warmen Meeresstrom ablenkte. Nach diesem zur Abkühlung der Antarktis führenden ersten Schritt entwickelte sich im Oberflächenbereich eine den antarktischen Kontinent umkreisende Meeresströmung, deren polnahe Lage eine weitere Abkühlung des Kontinents bedingte.

Damit nahm die Vereisung der Antarktis ihren Anfang. Die Temperatur der das Festland umkreisenden Wassermassen sank auf Werte nahe dem Gefrierpunkt. Kältere und damit dichtere Wassermassen über weniger dichten Schichten bewirken ihr Absinken und damit eine vertikale Konvektion. So konnte sich eine ozeanische Tiefenzirkulation ausbilden. Durch sie wurde kaltes antarktisches Bodenwasser nach Norden geführt.

Die Vereisung der Antarktis war kein stetiger Prozeß. Ein ständiger ostantarktischer Eisschild besteht seit 15 Millionen Jahren. Seit der darauffolgenden Vereisung der Westantarktis trägt der Kontinent eine permanente Eiskalotte. Dieses gewaltige Kühlsystem führte zu einem weltweiten Absinken der Höhe des Meeresspiegels und der mittleren Lufttemperatur, trotz deutlicher Schwankungen in der Ausdehnung des Eisschildes. So gab es Perioden einer stärkeren Vereisung vor fünf und vor 2,4 Millionen Jahren. Sie spiegeln sich auch in der variierenden Höhe des Meeresspiegels wider. Vor drei bis 2,5 Millionen Jahren entstanden in der Arktis die ersten ausgedehnten Eisflächen. Das noch anhaltende Quartäre Eiszeitalter begann.

Die Gattung *Homo*, aus der vor rund 150 000 Jahren der *Homo sapiens sapiens* hervorging, ist Zeitzeuge einer Klimaepoche, die als Quartäres Eiszeitalter bezeichnet wird. Im Verlauf der vier Milliarden Jahre Erdgeschichte waren Klimaepochen ausgesprochen selten, in denen ein mehr oder weniger großer Teil der Erdoberfläche von Eis bedeckt war. So vergingen zwischen dem gegenwärtigen Eiszeitalter und dem davorliegenden Permokambrischen Eiszeitalter rund 250 Millionen Jahre. In dieser Zeit blieb die Erdoberfläche weitgehend eisfrei. In mittleren Breiten herrschte ein zunächst warm-trockenes, später warm-feuchtes Klima.

Die zahlreichen noch vorhandenen Spuren des gegenwärtig anhaltenden Eiszeitalters zeigen, daß diese Klimaepoche eine Folge relativ kalter Perioden, der Kaltzeiten (Glaziale), und relativ warmer Perioden, der Warmzeiten (Interglaziale) ist.

Beherrschendes Kennzeichen einer Kaltzeit ist das Anwachsen der Eismassen. In Europa und Nordamerika bildeten sich in den Kaltzeiten des Quartären Eiszeitalters gewaltige Decken von

Inland- und Gletschereis, die weit über die Grenzen ihrer Nähr-
gebiete vordrangen.

Jede Vereisung hinterließ charakteristische Spuren. Fossilien-
funde spiegeln den regionalen Klimawechsel wider. Funde auf
dem Festland belegen, daß vor allem die Säugetiere eine rasche
Entwicklung durchliefen. Beispielsweise gingen aus den frühplei-
stozänen Rüsseltieren die beiden Entwicklungsformen der Wald-
und Steppenelefanten hervor. Aus letzteren entwickelte sich das
Mammut, eine der kalten Tundra angepaßte Spezies. Auch die
Flora spiegelt die Temperaturschwankungen im gegenwärtigen
Eiszeitalter wider. Pollenfunde in Sedimenten und Moorschich-
ten belegen den Wechsel der Pflanzengesellschaften im Klima-
verlauf. In Mitteleuropa fanden sich in den zu einer Kaltzeit
gehörenden Schichten Pollen arktisch-alpiner Glazialpflanzen.
Mit zunehmender Erwärmung folgten Gehölze: zuerst Birke und
Kiefer. Ihnen folgten die wärmebedürftigeren Pflanzen wie der
Haselstrauch, später Eiche, Ulme und Linde. Pollenfunde dar-
überliegender Schichten belegen, daß mit abnehmender Temperatur Ulme und Linde verschwanden, während Birke und Tanne
vordrangen.

In den neunziger Jahren des 20. Jahrhunderts gelang es, mit
einer hohen zeitlichen Auflösung den Wechsel zwischen Kalt- und
Warmzeiten aufzuklären. Dazu bedurfte es der Erschließung des
Klimaarchivs der Eisschilde Grönlands und der Antarktis. Die in
der Kryosphäre archivierten Informationen umfassen mit mehr
als 200 000 Jahren die letzten beiden Glazial-Interglazial-Zyklen
der Klimageschichte unseres Planeten. Diese Informationen ermöglichen eine vertiefte Einsicht in die Dynamik des Klimasystems, in das komplexe Zusammenspiel seiner physikalischen,
chemischen und biologischen Komponenten.

Die Metamorphose von Schnee zu Eis konservierte Klima-
zeugnisse vergangener Perioden in einer Vielzahl von Spuren:
natürliche radioaktive und stabile Isotope, vulkanischer Staub,
Aerosolteilchen und schließlich die Luft mit all ihren Komponenten, also auch die klimarelevanten Spurengase wie Kohlendioxid
und Methan. Mit verfeinerten Meßtechniken in Speziallabors gelang es, die Spuren immer genauer zu identifizieren.

Die übereinstimmenden Resultate der Analysen von Eisbohr-
kernen vom Gipfel Grönlands zeigen eine Folge irregulärer Klimasprünge während der letzten Kaltzeit. Zwischen dem Ende
der Eem-Warmzeit vor 114 000 Jahren und dem Beginn der Neo-

Warmzeit vor 11 600 Jahren ereigneten sich 25 Wechsel zwischen relativ kalten (Stadialen) und relativ milden Phasen (Interstadialen). Beim Wechsel zwischen Stadial und Interstadial änderte sich die Temperatur um fünf bis sieben Grad Celsius. Die Dauer der Interstadiale variierte zwischen einigen Jahrhunderten und wenigen Jahrtausenden. Besonders bemerkenswert ist der steile Temperaturanstieg beim Übergang von einer kalten zu einer warmen Phase. Die Abkühlung vom Interstadial zum Stadial erfolgte schrittweise über einen längeren Zeitraum. Während eines der Höhepunkte der letzten Kaltzeit vor annähernd 19 000 Jahren lag die Oberflächentemperatur im jährlichen Mittel um rund 10 Grad Celsius niedriger als heute. Die mittlere Wintertemperatur in Nordwesteuropa lag 15 bis 20 Grad unter den gegenwärtigen Werten. Diese starke winterliche Abkühlung war durch die Meeresvereisung bedingt, die sich bis in eine Breite von 45 Grad Nord erstreckte. Die Temperatur des Oberflächenwassers der tropischen Ozeane ging um rund fünf Grad zurück.

Mit dem Übergang vom Stadial der jüngeren Dryas zur Präborealen Phase begann vor 11 600 Jahren das Holozän, die Neo-Warmzeit. Im Bereich des Nordatlantiks änderten sich die klimatischen Verhältnisse innerhalb weniger Jahrzehnte drastisch. Die mittlere Temperatur stieg um sieben Grad Celsius. Die Grenze des Wintereises, die während der jüngeren Dryas noch in der Biskaya lag, verschob sich nordwärts in die Norwegensee.

Die Übergänge zwischen Stadial und Interstadial und zur Neo-Warmzeit stellen keine regionalen Ereignisse dar. Vergleicht man die Entwicklung der Vegetation Ostafrikas, dem Gebiet, in dem wir die Wiege der Menschheit sehen, mit den Klimavariationen während des Quartären Eiszeitalters und der Entwicklung der Hominiden, zeigt sich eine verblüffende Parallelität. Übergänge zu kühleren trockeneren Bedingungen fallen in Zeitintervalle, in denen erkennbare Übergänge in der Hominidenentwicklung stattfanden.

So beeindruckend der Erkenntniszuwachs der letzten Jahrzehnte auch ist, zu bedenken bleibt, daß trotz aller methodischen Errungenschaften vertiefte Einsichten in die Dynamik des Gesamtsystems Erde erst jüngeren Datums sind. Anzumerken ist, daß die ständigen, allmählichen, aber auch die plötzlichen, sprunghaften Umbrüche, welche die Geschichte unseres Heimatplaneten prägen, nicht mit dem Erscheinen des *Homo sapiens* ein Ende gefunden haben. Umbrüche wird es auch in den kommenden Jahrmilliarden geben. Heute wissen wir: Die Erde war und bleibt ein komplexes dynamisches System, dessen ineinandergreifende und sich wechselseitig bedingende Komponenten die Vielfalt und den Detailreichtum bewirken, den wir bewußt wahrzunehmen beginnen.

6.5 DAS LEBEN

Das Beständige in der Geschichte der Erde ist der Wandel.

Lithosphärenplatten wandern auf der Erdoberfläche. Meere öffnen und schließen sich. Kontinente vereinigen sich zu Superkontinenten und brechen wieder auseinander. Zeiten eines verstärkten Vulkanismus wechseln mit tektonisch ruhigeren Perioden. In Kaltzeiten umschließen Eispanzer große Teile der Kontinente und Ozeane. Innerhalb weniger Jahre werden sie durch Warmzeiten abgelöst. Einschläge gewaltiger Meteoriten bewirken globale Klimaschocks. Im Klimasystem wirken die verschiedenen Komponenten komplex aufeinander ein und verursachen unvorhersagbare Sprünge. Wandel längs unterschiedlicher Zeitskalen charakterisiert den Verlauf der Prozesse von der Entstehung der Erde bis hin zum Klima- und Wettergeschehen. Unter diesen wechselnden Randbedingungen ist die biologische Evolution zu sehen. Deren Verlauf erweist sich als nicht reproduzierbar und damit als einmalig.

Unter den Planeten des Sonnensystems hat nur die Erde im Verlauf ihrer Entwicklung Strukturen hervorgebracht, welche die Fähigkeit zur Selbstvermehrung besitzen, die sich durch Mutation oder genetische Neukombination wandeln und diese Veränderungen an die Nachkommen weitergeben können.

Diese Organismen und die zu ihrer Existenz notwendigen Nährstoffe bilden die Biosphäre. Sie reicht in die Hydrosphäre, in die Sedimentgesteine der Erdkruste und in die unteren Schichten der Atmosphäre hinein.

Seit nahezu vier Milliarden Jahren existiert Leben auf der Erde. Die ersten Lebewesen waren winzige einzellige Organismen. Wie sie entstanden, konnte noch nicht ermittelt werden. An ihrer Entstehung waren Uratmosphäre, Urozeane und Gesteine beteiligt.

Wir wissen seit der Entdeckung von Ökosystemen an den heißen Mündungen unterseeischer Vulkanschlote, daß Leben auch in extremen Umgebungen entstehen und existieren kann.

Einzellige Organismen sind auch heute noch die dominierende Lebensform, so wie sie es zu Beginn des Lebens waren. Sie und nicht die augenfälligen, vielzelligen Pflanzen- und Tierarten sind es, die den Hauptanteil der Aktivitäten in der Biosphäre haben.

Selbst in Gesteinsschichten von 1 500 Metern Tiefe leben Bakterien. Sie setzen molekularen Wasserstoff mit Kohlendioxid zu Wasser und Methan um.

Noch in den achtziger Jahren des 20. Jahrhunderts waren Biologen der Meinung, daß sich alle heutigen Lebewesen zwei Entwicklungslinien zuordnen lassen: den Prokaryoten, einzelligen Bakterien ohne Zellkern, und ein- oder vielzelligen Eukaryoten mit einer komplexen Zellstruktur. Inzwischen kam eine dritte Gruppe hinzu, die Archaebakterien, die ebenfalls keinen Zellkern besitzen. Ihr Erbgut enthält jedoch Gene, die neben Bakterien und Eukaryoten eine eigenständige Entwicklung belegen.

1996 gelang erstmals die Entschlüsselung des gesamten Erbguts eines Archaebakteriums, eines Methanbilders, der bei Temperaturen um 85 Grad Celsius optimal gedeiht.

Darwin folgend, setzte sich unter den Biologen die Überzeugung durch, daß alle ausgestorbenen und lebenden Arten der Erde voneinander abstammen, sich daher in einem Stammbaum vereinen lassen. In seiner Wurzel sollte sich ein einzelliges Lebewesen befinden, ein erster gemeinsamer Vorfahre.

Die Basis dieses eingängigen Bildes ist durch die Genforschung in Frage gestellt worden. Erst sie schuf die Möglichkeit, molekulare Unterschiede einzelliger Organismen aufzudecken.

Die evolutionäre Anpassung an die Umwelt ist nach Darwin das Ergebnis des Zusammenwirkens von Variation und Selektion, von Zufall und Notwendigkeit.

Die Baupläne für die Organismen, ihr Erbgut, bezeichnet man heute als Genom, die einzelnen Erbanlagen als Gene. Sie sind es, die zufälligen Variationen (Mutationen) unterliegen; diese Mutationen sind bezüglich einer Anpassung des Organismus an die Umwelt ungerichtet. Die Auslese (Selektion) verändert die Population einer Art, indem sie den an die Umweltbedingungen am besten angepaßten Individuen und damit ihrem Erbgut einen größeren Fortpflanzungserfolg verschafft. In jeder Generation erkundet eine Art das Feld der Möglichkeiten, indem sie in einem ersten

Schritt Individuen mit unterschiedlichem Erbgut hervorbringt, um es dann in einem zweiten Schritt der Umwelt zu überlassen, die im weitesten Sinne bestangepaßte Lösung herauszufiltern.

Jedes Gen besteht aus einer einzigartigen Folge molekularer Bausteine – der DNA –, die Anleitungen für den Bau der Proteine enthält. Sie gibt an, in welcher Reihenfolge die Zelle verschiedene Aminosäuren miteinander verbinden soll, um ein Protein, einen hochmolekularen Eiweißstoff, zu erzeugen.

Der genetische Code kann sich durch Mutationen verändern, die sich im Laufe der Evolution im Erbgut ansammeln. Wenn also zwei Arten von Organismen aus einer Vorgängerart hervorgehen, werden ihre Genfolgen im Laufe der Zeit voneinander abweichen. Genforscher sind daher in der Lage, die Stammesgeschichte (Phylogenese) lebender Arten zu rekonstruieren. Sie messen dazu die Sequenzdivergenz von Genen oder Proteinen in Organismen.

In den neunziger Jahren des 20. Jahrhunderts wurde das Genom zahlreicher einzelliger Organismen (Bakterien, Archaeen, Eukaryoten) entziffert. Dabei ergaben sich Widersprüche zum allgemein akzeptierten universellen Stammbaum des Lebens. Er besagt, daß sich eine erste Vorgängerlinie in Bakterien und Archaeen aufspaltete und die Eukaryoten sich aus einem den Archaeen ähnelnden Vorläufer entwickelten.

Alle neuen Befunde deuten darauf hin, daß die Evolution nicht gradlinig verlief, sondern sich baumförmig verzweigte. Zwar wird das Erbgut »vertikal«, also von Generation zu Generation weitergegeben, aber neben dieser Form der Weitergabe gibt es auch einen »horizontalen« Gentransfer zwischen gleichzeitig lebenden Spezies. So kann zum Beispiel die Antibiotika-Resistenz einiger krankheitsauslösender Bakterien auf andere Bakterienarten übergehen.

Seit Beginn des 21. Jahrhunderts wissen wir, daß die frühe Geschichte des bakteriellen Lebens durch horizontale Gentransfers stark beeinflußt wurde. Der Stammbaum des Lebens wurzelt nicht in einer einzigen Urzelle, sondern in einer Urgemeinschaft primitiver Zellen mit unterschiedlichen Genen. An die Stelle einer Urzelle, einer Wurzel, tritt eine Zellgemeinschaft, ein Wurzelgeflecht.[9] Der Biophysiker Carl Woese faßte das in die Worte: »Der Vorfahre kann kein spezieller Organismus gewesen sein, keine einzelne organismische Linie. Er war eine locker verknüpfte, mannigfaltige Gemeinschaft primitiver Zellen, die als eine Einheit evolvierte; und diese erreichte schließlich ein Entwicklungsstadium, in dem sie in mehrere getrennte Gemeinschaften zerfiel, aus denen wiederum die drei primären Abstammungslinien wurden (Bakterien, Archaea und Eukaryoten).«[10]

Die ersten durch fossile Funde belegten mehrzelligen Eukaryoten haben ein Alter von rund 900 Millionen Jahren. Größere vielzellige Organismen erschienen erstmalig vor zirka 580 Millionen Jahren gegen Ende des Präkambriums, und eine Landbesiedelung durch Vielzeller reicht 450 Millionen Jahre zurück.

Wir richten unser Augenmerk vorwiegend auf vielzellige Lebewesen, das heißt auf Pflanzen und Tiere. Aber mehr als die Hälfte der Geschichte des Lebens ist ausschließlich eine Geschichte von Einzellern. Bakterielle Lebensformen waren, sind und werden auch in Zukunft die vorherrschenden Bewahrer des Lebens sein.

Es ist notwendig, noch ein weiteres Mißverständnis auszuräumen. Die meisten Menschen, einschließlich vieler Naturwissenschaftler, stellen sich Bakterien als Einzeller vor, die sich frei in einer Flüssigkeit bewegen. Mit diesem, durch mikroskopische Laborbeobachtungen naheliegenden Fehlschluß hat das Leben von Bakterien wenig zu tun. Nur den kleinsten Teil ihrer Zeit verbringen Bakterien als frei schwebende Einzeller. Im Regelfall bilden sie eine Vielfalt komplexer Lebensgemeinschaften. Derartige Kolonien begegnen uns täglich im Zahnbelag oder in der Schleimschicht einer Blumenvase, in der das Wasser einige Tage nicht erneuert wurde.

In diesen Kolonien beträgt der Anteil an Bakterien kaum ein Drittel. Den überwiegenden Teil bildet eine zähe, von den Einzellern abgesonderte extrazelluläre Matrix, die von einem Netzwerk offener Wasserwege durchzogen ist. Durch sie werden die in Häufchen siedelnden Bakterien mit Nährstoffen versorgt und ihre Stoffwechselabfälle entsorgt.

In den Biofilm-Kolonien synthetisieren die Bakterien Botenstoffe. Über sie »koordinieren sie den Aufbau von Mikrokolonien mit ihrem raffinierten architektonischen Umfeld. Das angelegte System, das den Zufluß von Nährstoffen und den Abtransport von Abfällen ermöglicht, weckt Assoziationen zum Kreislaufsystem höherer Organismen. In manchen Biofilmen arbeiten sogar viele Arten von Bakterien zusammen, um eine Nahrungsquelle zu erschließen, die eine Art allein nicht so effektiv ausbeuten kann.«[11]

Die bakterielle Form des Lebens ist ein Musterbeispiel für den Erfolg des Lebendigen. »Bakterien gibt es in derart überwältigender Zahl und Formenvielfalt; sie leben unter so unglaublich unterschiedlichen Lebensbedingungen und bedienen sich vieler Stoffwechselwege, die nicht ihresgleichen haben. Unsere Verrücktheiten – nukleare und andere – können ohne weiteres in absehbarer Zukunft zu unserer eigenen Zerstörung führen. Dabei nehmen wir wahrscheinlich die meisten großen Landwirbeltiere mit – höchstens ein paar tausend Arten. Mit Sicherheit können wir nicht 500 000 Käferarten ausrotten, aber auch unter ihnen könnten wir eine beträchtliche Lücke reißen. Aber daß wir die Vielfalt der Bakterien auch nur merklich antasten könnten, bezweifle ich. Diese Lebewesen lassen sich nicht in die Vergessenheit bomben, und auch kein anderes vorstellbares Verbrechen würde sie nennenswert beeinflussen.«[12]

Das vor rund 540 Millionen Jahren endende Präkambrium war vor allem ein Zeitalter mikroskopisch kleiner einzelliger Organismen. Fossile Abdrücke von Bakterien in Sedimenten und versteinerte Bakterienrasen belegen, daß eine Vielzahl von Arten die unterschiedlichen ökologischen Nischen besiedelten. Der Evolutionsverlauf während des Präkambriums unterschied sich deutlich von dem späterer Perioden.

In den frühen Perioden der Evolution war es der grundlegende Wandel von Biochemie und Stoffwechsel der mikroskopisch kleinen Organismen, der in weitaus stärkerem Maße das Geschehen prägte, als morphologische Änderungen es vermochten. So hat erst die Photosynthese der frühen Cyanobakterien, die vor mehr als drei Milliarden Jahren begann, den Stoffwechsel aller später auftretenden Pflanzen und Tiere ermöglicht.

Fossile Spuren von Eukaryoten aus dem Präkambrium vor ein bis zwei Milliarden Jahren sind selten. Dagegen ist die Zeit vor 1 000 bis 540 Millionen Jahren durch mehrere Lagerstätten gut belegt. Diese zeigen, daß zwischen der Mannigfaltigkeit der Arten und den wechselnden Umweltbedingungen eine Korrelation besteht. Bemerkenswert ist insbesondere das sprunghafte Auftreten neuer Gruppen von Organismen nach der Varanger-Eiszeit, die vor 590 Millionen Jahren endete.

Eine gut erforschte Lagerstätte besteht aus fein geschichteten und wenig gestörten Meeressedimenten auf Spitzbergen. Sie entstand vor 850 bis 600 Millionen Jahren. Die fossilen Zeugnisse zeigen eine reiche Entfaltung von Eukaryoten. Bereits in den ältesten Schichten sind Spuren mehrzelliger Algen vorhanden. Hinweise auf vielzellige tierische Organismen finden sich jedoch nicht. Hätten vor 800 Millionen Jahren bereits Tiere gelebt, so müßten sie weich und so winzig gewesen sein, daß sie keine bisher auffindbaren Spuren hinterlassen haben.

Die ersten vielzelligen Tiere, von denen fossile Abdrücke gefunden wurden, gehören zu einer weltweiten Fauna, die nach ihrem bekanntesten Fundort in den südaustralischen Ediacara-Bergen benannt worden ist. Das plötzliche Auftreten tierischer Vielzeller vor ungefähr 580 Millionen Jahren, die meist sehr flach gebaut waren und keine harten Stützstrukturen besaßen, ist an den schroffen Übergängen in den Gesteinsschichten deutlich zu erkennen.

Die Biosphäre, in der plötzlich die Ediacara-Tiere erschienen, war eine artenreiche, vielgestaltige und ökologisch komplexe Welt. Neben- und miteinander existierten Bakterien, einzellige Eukaryoten, vielzellige Pflanzen und möglicherweise auch winzige vielzellige Tiere. Vermutlich wurde das Erscheinen der Ediacara-Fauna erst möglich, als der Sauerstoffgehalt der Atmosphäre wenigstens zehn Prozent des heutigen Wertes erreichte. Das setzte allerdings voraus, daß diese makroskopischen Tiere bereits ein entwickeltes Kreislaufsystem besaßen, welches den Sauerstoff zu den Geweben transportierte. Tiere ohne Kreislaufsystem hätten wahrscheinlich eine noch höhere Sauerstoffkonzentration benötigt.

Alle Befunde weisen auf tiefgreifende tektonische, klimatische und bio-geochemische Veränderungen in Lithosphäre und Klimasystem hin. Sie gingen dem plötzlichen Erscheinen der Ediacara-Fauna voraus. Unmittelbar vor ihrem Erscheinen überschritt der Sauerstoffgehalt der Ozeane vermutlich den Schwellenwert, den die großen, stark abgeflachten Organismen dieser Fauna zu ihrer Existenz benötigten. Entwicklungsgeschichtlich führte die Ediacara-Fauna wohl in eine Sackgasse. Vor etwa 550 bis 545 Millionen Jahren verschwanden die Vielzeller dieser Fauna. Damit waren vermutlich die Voraussetzungen für eine erneute massive Diversifikation gegeben.

Den Beginn des Paläozoikums prägte die kambrische Explosion vor 530 Millionen Jahren, während der neben einer reichen Weichtier-Fauna erstmals Vielzeller mit harten Skeletten in der fossilen Dokumentation auftauchen. In einem geologisch sehr kurzen Zeitraum von wenigen Millionen Jahren schuf die Natur vielzellige Organismen, deren Baupläne auch heute noch der Tierwelt als Muster dienen. Die Geschichte dieser Vielzeller ist die eines plötzlichen, geradezu explosiven Auftretens einer großen Anzahl verschiedener anatomischer Baupläne, von denen etliche wieder verschwanden, während die überlebenden Stämme eine auffällige Differenzierung erfuhren. Die Verschiedenartigkeit und mit ihr die Zahl der Stämme nahm ab, während die Vielfalt der Arten innerhalb einer geringen Anzahl von Bauplänen bis in die Gegenwart zunahm.[13]

Warum die einen überlebten, die anderen nicht, ist unbekannt. Die ausgestorbenen Gruppen waren vermutlich nicht weniger gut an ihre Umwelt angepaßt als die Überlebenden.

Selbst als beim größten Massensterben in der Geschichte der Vielzeller gegen Ende des Perm vor 250 Millionen Jahren rund 80 bis 96 Prozent aller im Meer lebenden Arten verschwanden, findet sich unter den jüngeren Fossilien kein Hinweis darauf, daß neue Stämme auftraten.

Mit dem Übergang vom Präkambrium ins Paläozoikum erschienen nicht nur die auch heute noch lebenden Tierstämme, sondern auch die gegenwärtigen Lebensformen. Im Präkambrium ernährten sich die Tiere von toten organischen Stoffen, oder sie lebten in Symbiose mit Algen, die zur Photosynthese fähig waren. Mit der kambrischen Explosion kamen Räuber auf, die sich von lebender Materie ernährten.

Wenn auch die Hypothese, welche die Entfaltung der Vielzeller mit einem sprunghaften Anstieg des Sauerstoffgehalts verknüpft, von vielen Experten vertreten wird, bleibt die kambrische Explosion ein mysteriöses Ereignis in der Geschichte des Lebens. In einer Periode von weniger als zehn Millionen Jahren wandelte sich das Leben im Weltmeer. Vielfältige mikroskopische Organismen wurden durch verschiedenartige makroskopische Vielzeller verdrängt.

Die damals entstandenen Baupläne entsprechen im wesentlichen den Konstruktionstypen der Körperarchitektur der modernen Tierwelt. Nur wenig grundlegend Neues kam hinzu. Wir wissen weder, weshalb ein Teil der seinerzeit entstandenen Stämme überlebten und dermaßen beständig sind, noch weshalb in den zurückliegenden mehr als 520 Millionen Jahren keine grundsätzlich neuen Körperbaupläne hinzukamen.

Die biologische Evolution führte zur Veränderung der Arten, zu ihrem Aussterben und zur Entstehung neuer Arten. Beispielsweise kann der Genaustausch zwischen zwei Populationen einer Art durch eine geographische Trennung unterbrochen werden, so daß zwischen beiden keine Kreuzungen mehr möglich sind. Die isolierten Populationen passen sich im Laufe der Zeit ihrer

Umwelt an und entwickeln sich genetisch auseinander. Bleibt der Genaustausch zwischen den beiden Populationen hinreichend lange unterbrochen, können die genetischen Unterschiede so groß werden, daß eine geschlechtliche Fortpflanzung zwischen ihnen nicht mehr möglich ist. Eine neue Art ist entstanden.

In der Regel zweigen sich Arten als kleine, getrennt lebende Populationen von unverändert bleibenden Vorgängern ab. Neue Arten können entweder an der Peripherie großer, stabiler Zentralpopulationen entstehen oder durch räumliche Trennung, zum Beispiel auf benachbarten Inseln.

Der Darwinismus betrachtet eine Mutation als eine zufällige, irreversible Veränderung der DNA. Die Ursache eines Artenwandels sieht die Theorie allein in der Akkumulation zahlloser, kleiner Anpassungsschritte durch die natürliche Auslese, das heißt als eine Addition von Mikroevolutionen.

Sprunghafte Übergänge, wie sie Niles Eldredge und Stephen Gould 1972 mit ihrer Hypothese des unterbrochenen Gleichgewichts forderten, sollten nicht auftreten. Der evolutionäre Wandel sollte langsam und kontinuierlich fortschreiten.

Inzwischen kennen wir zahlreiche Beispiele dafür, daß eine Streßsituation in Populationen zu einer unerwartet hohen Evolutionsgeschwindigkeit führen kann, wie zum Beispiel eine Entdeckung aus den neunziger Jahren nachweist.[14]

Im größten See Afrikas, dem Viktoriasee, leben mehr als 300 Arten von Buntbarschen. Bereits Anfang der neunziger Jahre wurde durch molekularbiologische Untersuchungen nachgewiesen, daß sie sich alle von einer Stammform herleiten lassen. Johnson und seine Mitarbeiter zeigten mit ihren Messungen, daß der Viktoriasee zum Ende der letzten Kaltphase vor 12 000 Jahren komplett ausgetrocknet war. Die heute im See heimischen Buntbarsche müssen sich daher in einer extrem kurzen Zeitspanne entwickelt haben. Ergänzende Untersuchungen im Malawisee ergaben darüber hinaus, daß nur einige 100 Jahre, Zeiträume, die aus konventioneller evolutionärer Sicht vernachlässigbar sind, zur Artenbildung bei Buntbarschen ausreichen.

Die Frage lautet also nicht mehr, ob ein sprunghafter Artenwandel auftreten kann, sondern wie der Mechanismus auf molekularer Basis beschaffen ist, durch den ein Wechsel zwischen langer Stagnation und schneller Veränderung stattfindet.

Vor wenigen Jahren wurde über eine Entdeckung berichtet, die man als Hinweis darauf betrachten kann, wie sich im Erbgut verborgene Mutationen unter Streß ausprägen.[15] Bei Überhitzung von Zellen werden spezielle Eiweißstoffe, sogenannte Hitzeschockproteine, produziert. Sie bewirken, daß durch Verklumpung geschädigte Proteine wieder ihre Normalform annehmen. Die meisten Hitzeschockproteine werden nur im Notfall synthetisiert und fehlen unter streßfreien Bedingungen. Das als HSP90 bezeichnete Hitzeschockprotein zählt jedoch auch bei Zellen höherer Lebewesen im Normalzustand zu einem der häufigsten Eiweißstoffe. Wie die neueren Untersuchungen ergaben, »dient HSP90 als Puffer für genetische Variabilität. Unter Normalbedingungen unterdrückt es die Auswirkungen von Mutationen und ermöglicht so die Bewahrung eines Veränderungspotentials auf der Gen-Ebene bei gleichzeitiger Einheitlichkeit auf der Umsetzungs-Ebene, das heißt beim Phänotyp. Kommt es durch veränderte Umweltbedingungen hingegen zu extremen Belastungen, wird die Variabilität freigesetzt und manifestiert sich in einer Vielzahl von neuen Phänotypen. Das Besondere daran: Die veränderten morphologischen Eigenschaften sind vererblich und können – über mehrere Generationen hinweg – von der Unterdrückung der HSP90-Funktion unabhängig werden.

Obwohl diese Mutationen für die Mehrzahl der betroffenen Individuen nachteilig sein dürften, erhöht der Mechanismus dennoch die Überlebenschance der Spezies insgesamt. Wenn Umweltbedingungen sich schlagartig in einer Weise ändern, daß die Schockproteine praktisch permanent gebraucht werden, käme die langsame, über Millionen von Generationen vollzogene Anpassung durch graduelle Evolution zu spät. Eine rasche Aufspaltung in viele verschiedene Typen mit drastisch verschiedenen Eigenschaften eröffnet hingegen die Möglichkeit, daß einer von ihnen unter den neuen Bedingungen gedeihen kann, selbst wenn alle anderen zum Aussterben verurteilt sind.«[16]

Es bleibt zu prüfen, ob auch bei anderen Arten in einer Streßsituation dieser molekulare Mechanismus wirksam wird.

Neben der Frage nach der Entstehung neuer Arten steht die Frage nach dem Aussterben. Aussterben bedeutet, daß Populationen einer Art in allen Ausbreitungsgebieten verschwinden. Eingrenzende Faktoren für die Anzahl der Organismen einer Art sind die Umweltbedingungen (zum Beispiel das Klima), die ökologischen Bedingungen (zum Beispiel das Nahrungsangebot), der Druck durch andere Arten, der Zufall und die jeder Population innewohnende Dynamik.

Zu allen Zeiten verschwanden Arten, und es entstanden neue, die teils an ihre Vorgänger erinnerten, teils qualitativ neue Merkmale aufwiesen. Das Alter der Arten variiert in weiten Grenzen. Bei Wirbeltieren liegt die mittlere Lebensdauer einer Art bei zwei Millionen Jahren. Hochspezialisierten Arten, wie dem Mammut, war eine relativ kurze Existenzdauer beschieden. Es gibt im Tier- und Pflanzenreich aber auch Gattungen und Arten, die seit einigen 100 Millionen Jahren existieren.

Gleich, ob eine Art 100 Millionen oder 100 000 Jahre lebt: Eine Existenz auf Dauer gibt es nicht. Das Artensterben ist weder die Folge einer biologischen Minderwertigkeit noch Ausdruck der Unfähigkeit, unter beständigen Umweltbedingungen zu leben. Bei Umweltbedingungen, wie sie gegenwärtig auf der Erde herrschen, sollte bei Tieren und Pflanzen im Mittel etwas mehr als eine neue Art per Jahr entstehen, während die Aussterberate wenig unter eins läge – wenn es den *Homo sapiens sapiens* nicht gäbe!

In der Geschichte der Evolution kam es wiederholt zu einem Massensterben. Diese Vorgänge markieren die Grenzen zwischen den großen geologischen Zeitaltern. So zeigt das Massensterben vor 65 Millionen Jahren das Ende des Mesozoikums und das vor 250 Millionen Jahren das des Paläozoikums an.

Merkmale von Organismen, die zu normalen Zeiten den Erfolg einer Art sichern, können sich qualitativ von denjenigen unterscheiden, die das Überleben während einer Krise einer Art fördern.

Vermutlich hat die Klasse der Säugetiere den Meteoriteneinschlag vor 65 Millionen Jahren deshalb überlebt, weil ihre Individuen klein waren, nicht aber, weil sie gegenüber den Dinosauriern anatomische Vorzüge aufzuweisen hatten. Die Säugetiere waren weit verbreitet, weil die Dinosaurier die für Landwirbeltiere geeigneten ökologischen Nischen besetzt hatten und nicht, weil sie den in der Krise wichtigen Überlebensvorteil der Kleinwüchsigkeit »vorausahnten«.

Welche Arten auf Grund welcher Eigenschaften ein Massenaussterben überstehen, läßt sich nicht vorhersagen. Möglicherweise handelt es sich um nicht erkennbare Merkmale. Erst durch den extremen Streß, dem die Art während eines Umbruchs der Umweltbedingungen ausgesetzt ist, werden sie aktiv.

Durch welche Ursachen die in der Geschichte des Lebens wiederholt auftretenden Massenuntergänge auch immer bewirkt wurden, sie eröffneten der Evolution stets neue Wege. Dominierende Gruppen verschwanden und überlebende Populationen, die sich vorher nicht entfalten konnten, nahmen eine vielgestaltige Entwicklung. Die Evolutionsgeschwindigkeit nach einem Massensterben nahm zu. Es entwickelten sich neue Lebensformen und -weisen. Ein heftiger, unter Umständen chaotischer Konkurrenzkampf unter den Arten beherrschte für einige Zeit die Welt des Lebens, bis wieder Ruhe einkehrte und die natürliche Auslese ihre bewahrende Funktion übernahm. So wie der graduelle Wandel beständiger Umwelt- und Lebensbedingungen einen Teil der Evolution bildet, hat auch jeder katastrophale Umbruch nicht nur mit seinen verheerenden Auswirkungen, sondern auch mit der Eröffnung neuer Möglichkeiten seinen Anteil daran.

Der moderne Darwinismus erklärt zweifellos viele Beobachtungen. Mutationen und Rekombinationen der Gene bewirken zufällige, ungerichtete Veränderungen im Bauplan der Organismen. Durch die natürliche Auslese werden günstige Erbanlagen bevorzugt und ungünstige benachteiligt. Aber wie der klassische Determinismus, das Credo der Newtonschen Mechanik, für komplexe mechanische Systeme durch das deterministische Chaos seine Entsprechung gefunden hat, erfährt auch die neodarwinistische Synthese gegenwärtig eine Erweiterung.

Die in den Genen niedergelegten Baupläne der Organismen sind mehr als additive Molekülketten. Organismen sind mehr als nur die Summe ihrer Individuen. Biologische Systeme sind aus der Sicht des Physikers zur Selbstorganisation fähige Ordnungsstrukturen – offene Systeme –, die sich spontan strukturieren und/oder ihre Funktion verändern können.

Die Evolution der Lebewesen ist eine Folge von Prozessen der Selbstorganisation. Durch Änderung innerer oder äußerer Bedingungen wird ein Evolutionszustand instabil, der wiederum einen Prozeß der Selbstorganisation auslöst und damit zu einer neuen Struktur des Systems führt. Die Dynamik des Prozesses ist nichtlinear. Übergänge zwischen den Systemzuständen können sprunghaft erfolgen.

Das spezifische Element der Selbstorganisation auf dem Weg der Evolution des Lebens ist die Selbstreproduktion. Sie ist eine von der Natur geschaffene, spezielle Form der Selbstorganisation, welche die spontane Herstellung von Kopien des Systems ermöglicht. In ihr kommt die Fähigkeit des Systems zum Ausdruck, sich unter bestimmten Bedingungen als organisches Ganzes zu reproduzieren. Mutationen führen zu fehlerhaften Selbstreproduktionen. Selbstreproduktion in Verbindung mit Mutation, Rekombination und Selektion charakterisieren den Weg der biologischen Evolution als einen historischen Prozeß, in dem sich Neues durchsetzt und Altes verschwindet.

6.6 Der Mensch

Die Erkenntnisse über die raumzeitliche Entwicklung des Universums sind zweifelsohne bedeutsam für unser Weltbild. Aber kaum ein Mensch macht den Sinn seines Lebens davon abhängig, daß die Sonne ein Stern unter vielen ist. Weit unmittelbarer wirkt die Darwinsche Revolution auf unsere Ansichten über Sinn und Zweck unseres Seins. Der *Homo sapiens sapiens* ist weder Gottes Schöpfung noch Ergebnis eines vorherbestimmten Evolutionsfortschritts. Unsere Art ist ein zufällig entstandener Zweig des üppigen Lebensbaums.

Für die gebildete Klasse im viktorianischen England war die Tatsache, daß im Tier- und Pflanzenreich eine Evolution wirkt, das heißt Pflanzen und Tiere nicht in vollkommener und unveränderlicher Form erschaffen worden sind, ein schwerer Schock. Daß aber der Mensch, insbesondere ein weißer Angehöriger der Mittel- und Oberklasse Teil der Evolution sei, verursachte im 19. Jahrhundert einen Sturm der Empörung, der im 20. Jahrhundert fortbestand. So unterzeichnete im März 1925 der Gouverneur des US-Staates Tennessee ein Dekret, in dem untersagt wurde, an den öffentlichen Schulen des Staates eine Theorie zu lehren, in der die Schöpfungsgeschichte geleugnet wird. Infolgedessen verschwand die Evolution schrittweise aus den populären Lehrbüchern für Mittelschulen der Vereinigten Staaten. Im August 1999 stellten es die Schulbehörden im USA-Staat Kansas den Schulen frei, ob sie Darwins Evolutionstheorie in den Lehrplan aufnehmen wollen. Kenntnisse über dieses Thema werden an den öffentlichen Schulen nicht mehr verlangt.

Als Darwins »Ursprung der Arten« 1859 erschien, gab es noch keine überzeugenden Funde menschlicher Fossilien. Um das wenige Jahre zuvor im Neandertal gefundene Skelett und seine zeitliche Einordnung tobte in Deutschland ein heftiger Streit. Hinzu kam, daß die Wissenschaftler des 19. Jahrhunderts unterschiedliche ethnische Gruppen keineswegs als Angehörige der Spezies Mensch ansahen. So hielt Darwin eine Wildbeuter-Gemeinschaft auf Feuerland für die letzten Überlebenden urtümlicher, primitiver Menschen. »Nie werde ich das Erstaunen vergessen, das mich beim ersten Anblick einer Schar Feuerländer an einer wilden, zerklüfteten Küste überkam, und wie von selbst ergriff mich der Gedanke: so sahen unsere Ahnen aus! Die Feuerländer waren nackt und mit Farben bemalt, ihr langes Haar hing wirr herab, ihr Mund geiferte vor Erregung, und ihr ganzer Ausdruck war wild, verwundert und mißtrauisch. Sie kannten keinerlei Kunstfertigkeiten und lebten wie wilde Tiere von dem, was sie erjagten. Sie hatten keine Regierung und zeigten sich erbarmungslos gegen jeden, der nicht zu ihrem eigenen kleinen Stamme gehörte.«[17]

Aus heutiger Sicht ist die im 19. Jahrhundert heiß umstrittene Frage der fehlenden Bindeglieder der Entwicklung zum *Homo sapiens* eindeutig entschieden. Bis in die Gegenwart fanden Paläanthropologen hunderte versteinerte Überreste, die der Familie der Hominiden zugerechnet werden konnten.

Die Sammlung identifizierter und datierter fossiler Knochen in Verbindung mit molekulargenetischen Vergleichsuntersuchungen an heute lebenden Primaten dient als sichere Basis zur Rekonstruktion eines Stammbaums, der bis zur Trennung der Entwicklungswege zum Schimpansen einerseits und zum *Homo sapiens* andererseits vor sechs bis acht Millionen Jahren zurückreicht.

Aus dieser frühen Periode gab es bis zum Ende des 20. Jahrhunderts kaum Funde. Im Dezember 2000 berichtete ein französisch-kenianisches Forscherteam über die Entdeckung von versteinerten Arm- und Oberschenkelknochen, Zähnen und Kieferteilen von fünf Individuen – vielleicht einer Familie der Urzeit.[18] Ein älterer Erwachsener, drei jüngere und ein Kind lebten vor sechs Millionen Jahren am Ufer eines vorzeitlichen Sees im heutigen Kenia von Früchten und Wurzeln. Die als »Millenium Menschen« bezeichnete Gruppe ging auf zwei Beinen.

Die Menschwerdung begann mit dem aufrechten Gang, der sich parallel zum Rückzug des tropischen Regenwaldes aus Ostafrika entwickelte. Der Lebensraum des frühen Vormenschen waren die offenen Randgebiete der Wälder.

Die Zuordnung aller bisherigen Funde zum Stammbaum der

Hominiden deuten darauf hin, daß wenigstens drei Gattungen zu unterscheiden sind. Die frühen in Afrika lebenden Australopithecinen, deren letzte Art vor 2,5 Millionen Jahren ausgestorben ist, und die ihnen folgenden Gattungen *Homo* und *Paranthropus.* »Die Teilung manifestiert zwei Wege der Evolution in Anpassung an ein insgesamt kühleres und trockeneres, häufig wechselndes Klima, das zu einer wachsenden Zahl unterschiedlicher Lebensräume führte. Einerseits den Weg der anatomischen Anpassung zum *Paranthropus robustus* und zum *Paranthropus boisei*, die mit ihren massiven Kauapparaten zu Spezialisten für nährstoffarme, pflanzliche Steppennahrung wurden, und andererseits den Weg der Gattung *Homo*. Prägend für sie wurde die Entwicklung eines anderen Organs, des Gehirns, das zum Inbegriff der Menschwerdung wurde. Innerhalb von drei Millionen Jahren verdreifachte sich das Hirnvolumen. Wir kennen aus der Geschichte der Evolution keine andere Art, bei der in so kurzer Zeit eine derart schnelle Entwicklung des Gehirns – relativ zur Körperentwicklung – stattgefunden hat. Dieser Weg der evolutionären Anpassung ließ den Menschen zum Universalisten werden, der allen klimatischen Veränderungen gewachsen war.«[19]

Wechselnde Klima- und Lebensbedingungen beeinflußten wiederholt das Leben der Hominiden. Die dabei erzwungene Anpassung an veränderte Aktions- und Existenzbereiche bevorzugte Genvarianten, die eine für das Überleben taugliche Körper- und Verhaltensausstattung besaßen. Die Leistungsfähigkeit des Gehirns war besonders gefordert.

Lange Tragezeiten, geringe Geburtenraten sowie die Aufzucht der Säuglinge und Traglinge bedingen eine früh einsetzende Arbeitsteilung in den Gruppen. Über angeborene Verhaltensformen hinaus wird das Nachahmen zur sozial bestimmenden Lernform. Durch sie werden Verhaltensweisen erworben und durch Gestik und Lautbildung weitergegeben.

Vor zirka drei Millionen Jahren lebten im Osten Afrikas die ersten Vertreter der Gattung *Homo*. »Die Zwänge der Rahmenbedingungen und die Sogkraft der Leistungsanforderungen hatten mit einem Hirnvolumen von zirka 700 Kubikzentimetern ein Organ hervorgebracht, dessen Funktionen auf Vervollkommnung seiner eigenen Leistungsfähigkeit hin ausgelegt waren. Die größer gewordenen assoziativen Felder der Großhirnrinde hatten die Lern- und Merkkapazität dieses Organs erheblich gesteigert. ... Aufgrund systemeigener Gesetze drängt ein solches Nervensystem nach voller Nutzung und – was bedeutsamer ist – nach Vervollkommnung seiner Dispositionen. Denn es registriert ja auch sein eigenes Versagen, und zwar als Mißerfolg mit Unbehagen. Das ist nicht selten mit ernsten Schäden und gar mit Existenzgefahr verbunden. Das soll künftig vermieden werden. So zieht Lernfähigkeit ihre eigene Vervollkommnung nach sich.

Wir können hier einen Augenblick innehalten und fragen: Wie und was wurde gelernt? Es ist nicht schwer vorstellbar: Umherziehendes Leben in Gebieten mit dürrem Gras und kargen Baumbeständen mußte dem Hunger begegnen. Auch dem der Raubtiere. Die ziehenden Gruppen konnten nicht sehr groß sein. Es waren Kohorten von vielleicht 20 bis 25 Individuen. Zum Überleben mußten Lagerplätze ausgesucht werden. Schutz sollten sie bieten vor Kälte und kräftigen Wildtieren. Zugang zur Nahrung mußte da sein. Mit Sicherheit für jene, die überlebt haben. Nur nährstoffarme Pflanzen als Nahrung? Das führt zu Krankheit, Infektionen und Schäden im Enzymhaushalt. Also werden Knochenmark, Hirn und Muskelfleisch als eiweißhaltige Kraftspender eine zunehmende Rolle gespielt haben. Sie erfüllten vitale körperliche Bedürfnisse. Um all dies zu sichern oder zu erreichen, braucht man eine gewisse Verständigung untereinander. Jede Art sozial bezogener Aktivitäten oder Aktionen bedarf der Fähigkeit zur Kommunikation. Und auch diese Funktionen und Leistungen hängen von einem Organ ab: vom Gehirn. Der Aus- und Aufbau seiner Leistungen hat seitdem nicht mehr nachgelassen. Und die Auswirkungen dieser Vorgänge sind wieder greifbar: In den unteren beiden Gesteinslagen des Olduvai-Gebietes wurden an sechs verschiedenen Stellen zahlreiche gesplitterte Knochen und zugeschlagene Steine gefunden; grob zwar und einseitig behauen, aber eben nicht mehr von Tiertatzen oder -pranken zugerichtet. Weitere Funde in Kenia und in Südafrika bezeugen, daß vor zirka 2,5 Millionen Jahren die ersten Werkzeuge zugerichtet worden sind.«[20]

In der frühen Phase des Quartären Eiszeitalters vor 2,3 bis 1,8 Millionen Jahren traten alle 40 000 Jahre Wechsel zwischen Kalt- und Warmzeiten auf. Während kalter Phasen trockneten Flüsse und Seen Ostafrikas aus. Weite Gebiete verssteppten. Die sich vergleichsweise rasch ändernden Lebensräume führten letztlich zum Aussterben der Australopithecinen und zur Evolution der frühen *Homo*-Arten, dem *Homo habilis* und später dem *Homo ergaster*. In einer ersten Migrationswelle verließ der *Homo ergaster*, aus dem der frühe *Homo erectus* evolvierte, vor etwa 1,8 Millionen Jahren den afrikanischen Kontinent. Versteinerte Knochenfunde in Georgien, Java und China belegen seinen Wanderungsweg nach Norden und Osten. Die Überlebensfähigkeit der in kleinen Gruppen weite Lebensräume – schließlich Kontinente – durchziehenden Hominiden konnte nur durch Abstimmungen bei Verhaltensentscheidungen gesichert werden. Ohne Kommunikation ist keine Koordinierung sozialer Aktivitäten möglich. Die Ausbildung sprachlicher Mitteilungsformen besitzt gegenüber visuellen Verständigungsformen Vorteile. Die Lautbildung läßt die Hände frei für manuelle Aktivitäten. Sie ist moderierbar und durchdringt die Dunkelheit.

Wiederum im Osten Afrikas entstand vor zirka 1,4 Millionen Jahren eine Spätform des *Homo erectus*. Er entwickelte qualitativ neue Werkzeuge und Jagdtechniken. Die als Acheuleén-Industrie bezeichneten Steingeräte – die ersten Geräte dieser Art fand man bei St. Acheul in Frankreich – waren größer, sorgfältiger bearbeitet und symmetrisch geformt.

Vor rund einer Million Jahren verstärkten sich die Unterschiede zwischen Kalt- und Warmzeiten, und der Wechsel erfolgte alle 100 000 Jahre. Zu dieser Zeit setzte eine zweite Migrationswelle aus Afrika ein. Ihr Träger war der *Homo erectus* mit seinen qualitativ neuen Werkzeugen. Wieder führte der Weg nach Norden und Osten. Von dort aus erfolgte wahrscheinlich die Besiedelung Europas.

Den Funden in der nordspanischen Gran-Dolina-Höhle wird ein Alter von 780 000 Jahren zugeschrieben. Der berühmte Unterkiefer von Mauer bei Heidelberg hat ein Alter von 500 000 Jahren. Funde mit einem Alter von 300 000 Jahren gibt es an zahlreichen Orten Europas. Sie werden dem *Homo erectus* oder dem *Homo heidelbergensis* zugeordnet. Aus ihnen hat sich wahrscheinlich der *Homo neandertalensis* entwickelt: Ein Menschentyp mit einem entwickelten Gehirn und einem massigen, gedrungenen Körperbau, der den kalten Phasen des europäischen Klimas gut angepaßt war. Er koexistierte einige 10 000 Jahre mit unserer Art, dem *Homo sapiens sapiens*, bis er vor etwa 30 000 Jahren ausstarb.

Alle in den zurückliegenden drei Jahrzehnten durchgeführten Gen-Analysen am Menschen aus verschiedenen Teilen der Erde belegen, daß auch die Wiege des *Homo sapiens sapiens* in Afrika stand.[21] Aus Subsahara-Afrika kommend, erreichte er vor annäherrnd 100 000 Jahren den Nahen Osten. Von dort drang er nach Asien, Ozeanien, Europa und schließlich nach Amerika vor.

Funde und Genanalysen deuten darauf hin, daß der *Homo sapiens sapiens* bereits vor zirka 150 000 Jahren als Wildbeuter in Afrika lebte. Sein Aufbruch in andere Kontinente wurde vermutlich durch das Ende der letzten Warmzeit vor zirka 115 000 Jahren ausgelöst. Die einsetzende Kaltzeit mit ihren häufigen Wechseln zwischen kalten und wärmeren Phasen begleitet den weiteren Weg unserer Spezies.

Die unter den Experten kontrovers geführte Debatte über den Zeitpunkt der vollen Ausbildung der kognitiven Fähigkeiten des modernen Menschen erhielt zu Beginn des 21. Jahrhunderts eine neue Wendung. Alle bisherigen Zeugnisse schöpferischen Denkens, wie fortgeschrittene Jagdtechniken, wie die 32 000 Jahre alten Tiergemälde in der Höhle von Chauvet oder die 34 000 Jahre alte Venus von Dolni Vestonice, führten zur Hypothese, daß vor zirka 50 000 Jahren eine Genvariation eine Art »kulturellen Urknall« bewirkte. Dieses Szenario wurde stark erschüttert durch eine Entdeckung in der Höhle Blombos Cave in der südafrikanischen Kap-Provinz.

Ein Grabungsteam entdeckte an einem Rastplatz des *Homo sapiens sapiens* zwei sorgfältig geglättete fingerlange Ockerstükke, die mit Ornamenten versehen waren. Ihr Alter wurde auf 77 000 Jahre bestimmt.[22] Diese und andere Funde legen den Schluß nahe, daß alle genetischen Voraussetzungen zur Entwicklung der kognitiven Fähigkeiten unserer Spezies bereits mit Erscheinen des *Homo sapiens sapiens* vor mehr als 100 000 Jahren gegeben waren.

»Am Ende der letzten Kaltzeit, nach der inselähnlichen Besiedelung der Erdoberfläche zwischen nördlichem und südlichem Wendekreis, treten qualitative Wandlungen vor allem in der psychischen Verfassung von Menschengruppen ein. Seit diesem Zeitraum werden auch die sozialen Lebensbereiche organisiert und überwacht. Von da an steuern die Denkprozesse nicht mehr nur die Handlungen von einzelnen Menschen und Kollektiven, das ist eine alte Geschichte, nein, sie bilden soziale Strukturen zu Institutionen um. Die legen die Verhaltensgebote und Zuständigkeiten für Gruppen und Schichten fest, und sie steuern auch darüber Verhalten und Einstellungen einzelner Menschen. Und diese Regeln werden vererbt, als ob sie genetischen Ursprungs wären. Es sind latente Einstellungen und Gewohnheiten, die sich in die Lebensformen von Bevölkerungen und ihren Gruppierungen einschleichen, als ob sie seit je zur menschlichen Natur gehört hätten. Es sind Formen gemeinschaftlicher Weltbilder, die als Folge von Denkprozessen zu entstehen beginnen.«[23]

Eines der eindrucksvollsten Bilder der Erschaffung des Menschen zeigt das Deckengemälde in der Sixtinischen Kapelle des Vatikans. In neun Deckenfeldern gestaltete Michelangelo in den Jahren 1508 bis 1512 den Schöpfungsbericht des ersten Buches Mose. Im Bild Adams sehen wir das neue Menschenbild der Renaissance. Die leidenden ausgemergelten Kreaturen der mittelalterlichen religiösen Bilder und Skulpturen werden von einem Menschen voller Kraft und Schönheit verdrängt. Renaissance bedeutet aber auch die Kopernikanische Wende, in der das heliozentrische Weltbild wiedergeboren wurde. Mit Kopernikus und Galilei begann der Siegeszug der Wissenschaft.

Im 20. Jahrhundert tritt an die Stelle der Erschaffung des Menschen durch Gott das Bild eines Spermiums, das in eine weibliche Eizelle eindringt. Und zum Beginn des 21. Jahrhunderts beginnt an dessen Stelle wiederum ein neues zu treten. In eine zuvor entkernte Eizelle dringt eine Hohlnadel ein und ersetzt den entfernten Kern durch eine andere DNA. Welch ein Wandel des Weltbildes: von Gott, der in einem einmaligen Schöpfungsakt den Menschen schuf, über den *Homo sapiens sapiens* als Glied der natürlichen Evolution mittels sexueller Fortpflanzung bis hin zur Labor-Zeugung nach Wunsch!

Die Zeitschrift »Science« klassifizierte die wissenschaftliche Erkenntnis von der Sequenzierung des menschlichen Genoms, die Entzifferung des menschlichen Erbguts als herausragende wissenschaftliche Leistung des Jahres 2000. Eine solche Würdigung verdeutlicht sowohl die mit diesem Wandel verbundenen naturwissenschaftlichen Fragen als auch deren ethische Konsequenzen.

Als Träger der Erbinformation befinden sich in jeder Zelle Chromosomen, die während der Zellteilung eine fadenartige Struktur erkennen lassen. Unterschiedliche Tier- und Pflanzenarten sind durch bestimmte Chromosomenzahlen charakterisiert. Die menschliche Zelle besitzt 46 Chromosomen. Bei der sexuellen Fortpflanzung enthält die befruchtete Eizelle einen mütterlichen und einen väterlichen Chromosomensatz. Während der Reifung der Keimzellen werden die Chromosomen so verteilt, daß jede der beiden Geschlechtszellen einen Chromosomensatz enthält, bestehend aus zufällig verteilten mütterlichen und väterlichen Chromosomen. Träger der Erbinformation in den Chromosomen sind die DNA-Moleküle, deren Struktur der Physiker Francis Crick und der Biochemiker James Watson 1953 aufdeckten. Das DNA-Molekül bildet eine Doppelhelix. Es gleicht einer Strickleiter, die sich schraubenförmig um eine zentrale Längsachse windet. Die beiden »Stricke« der Leiter bestehen aus miteinander verbundenen alternierenden Zucker- und Phosphatgruppen. Purin-Pyrimidin-Basenpaare bilden die »Sprossen« der Leiter. An jedem Zuckermolekül hängt eine der vier Basen Adenin (A), Thymin (T), Cytosin (C) oder Guanin (G). Sie stehen sich paarweise wie die Zähne eines Reißverschlusses gegenüber. Ihre chemische Zusammensetzung und ihre Form erlauben jedoch nur, daß sich Adenin mit Thymin und Cytosin mit Guanin paaren können. Zwischen ihnen wirkt eine schwache Bindung. In Verbindung mit der chemischen Zusammensetzung bewirkt sie ein Umeinanderschrauben der beiden Stränge. Die Untereinheiten des DNA-Moleküls nennt man Nukleotide. Sie bestehen aus Zucker, der Desoxyribose, einer Phosphatgruppe und einer der vier verschiedenen Basen.

Wenn man die beiden Stränge der Doppelhelix trennt, können sich an jedem der Stränge Bausteine für einen neuen Strang anlagern. Hat der offene Einzelstrang etwa die Basenfolge GTCA, entsteht der komplementäre Strang CAGT, da immer nur die Basen A-T und G-C ein Paar bilden können. Vor jeder Zellteilung ermöglicht die Basenpaarung die Anfertigung exakter Kopien der DNA-Moleküle.

In den der Entdeckung der DNA-Struktur folgenden Jahrzehnten fanden die Molekularbiologen Antwort auf die Frage, wie die Erbinformation in den Genen, das heißt in den funktionell charakterisierten Abschnitten der DNA, verschlüsselt ist. Sie erkannten das *Wie* der Übersetzung der genetischen Information in jene Eiweißstoffe (Proteine), welche letztlich Aufbau und Funktion der Zellen aller lebenden Organismen bestimmen. Das Wesen der Vererbung besteht vornehmlich in der Fähigkeit jeder Zelle, von Generation zu Generation die für sie spezifischen Proteine mit ihren charakteristischen Sequenzen von Aminosäuren herzustellen.

Wie bewirkt nun die Gruppierung der Nukleotide im DNA-Molekül den Einbau der Aminosäuren in die Proteine? Die vier im DNA-Molekül vorhandenen Basen Adenin, Thymin, Cytosin und Guanin sind die *Buchstaben* der genetischen Schrift. Mittels des genetischen Codes übersetzt die Zelle die Vier-Buchstaben-Schrift der Nukleinsäure in die Zwanzig-Buchstaben-Schrift der Proteine.

Im Doppelstrang der DNA bezeichnen wir die Nukleotide mit den Anfangsbuchstaben der Basen. Jeweils zwei stehen sich als komplementär gegenüber. Mit ihrer Reihenfolge ist die genetische Information determiniert. Ein Triplett aus drei aufeinanderfolgenden Basen bildet ein Codewort, ein Codon. Jedem Codon entspricht eine der 20 Aminosäuren. Aus vier Nukleotiden lassen sich 64 verschiedene Codons bilden: AAA, AAC, AAG und so weiter. Es gibt allerdings eine höhere Zahl von Kombinationsmöglichkeiten, als zur Bezeichnung der 20 Aminosäuren notwendig sind. Die Mehrzahl der Aminosäuren ist daher durch mehr als ein Codon charakterisiert. Darüber hinaus existieren Tripletts, die keine Aminosäure codieren, sondern Signale für den Start bzw. den Stop der Transkription darstellen.

Die Umsetzung der in einem definierten Abschnitt des DNA-Moleküls enthaltenen Information in eine Sequenz von Aminosäuren erfolgt in mehreren Schritten. Die Wasserstoffbrücken im entsprechenden Abschnitt der DNA öffnen sich, die beiden Stränge weichen auseinander. Durch Anlagerung von komplementären Ribonukleinsäure-(RNA-)Nukleotiden an die entsprechenden Nukleotide des DNA-Strangs kommt es zur Bildung eines einsträngigen komplementären RNA-Moleküls. (RNA enthält Uracyl an Stelle von Thymin und Ribose an Stelle von Desoxyribose). Die RNA-Kette löst sich von der DNA und überträgt die Information als ein Bote (*messenger*) aus dem Zellkern ins Zellplasma. Diese Ribonukleinsäure wird daher als mRNA bezeichnet. Im Zellplasma bindet sie sich am Ort der Biosynthese – dem Ribosom. Sie dringt in ein Ribosom ein und durchläuft es Schritt für Schritt, wobei die genetische Information wie von einem Lochband Codon für Codon abgelesen wird.

Die in jedem Triplett verschlüsselte Anweisung für den Einbau einer Aminosäure in ein Protein erfolgt durch Zwischenschaltung einer weiteren Ribonukleinsäure, die man als Transport-RNA (tRNA) bezeichnet. Davon gibt es 20 verschiedene im Zellplasma gelöste Versionen. In jeder ist eine Aminosäure mit dem entsprechenden Anticodon verbunden, das komplementär zum Triplett der mRNA ist. Rückt die mRNA im Ribosom um ein Triplett vor, legt sich an die bisher gebildete Aminosäuren-Sequenz eine weitere, dem Anticodon entsprechende Aminosäure an. Durch die Wechselwirkung Codon/Anticodon wird die in der Codon-Sequenz determinierte Aminosäure-Sequenz realisiert. Danach trennen sich tRNA und eingelagerte Aminosäure. Die tRNA wird ausgestoßen, und die Aminosäure verbleibt in der wachsenden Proteinkette. Die fertigen Proteine falten sich zu dreidimensionalen Strukturen, die etwa als Enzyme beim Stoffwechsel oder als Strukturelemente einer spezifischen Zelle zu wirken beginnen.

Nun besitzt der Mensch beispielsweise mehr als 200 verschiedene Zelltypen, die an verschiedenen Stellen des Organismus unterschiedliche Funktionen erfüllen. So haben die Zellen der Leber die Aufgabe, die Giftstoffe aus dem Blut zu entfernen, Verdauungsstoffe zu speichern und Blutproteine herzustellen. Zellen der Haut hingegen schützen den Körper vor schädlichen Einwirkungen. Sie sind darauf spezialisiert, fasrige Proteine zu erzeugen, die, zusammengelagert, die Hauptbestandteile der Hornhaut, von Nägeln und Haaren bilden.

Die ersten Embryonalzellen, die aus der Vereinigung der elterlichen Ei- und Samenzelle entstehen, sind zunächst unspezialisiert. Aus ihnen kann ein kompletter Organismus entstehen. Nun enthalten nicht nur die Keimzellen, sondern alle Zellen eines Individuums, gleich, welcher Spezialisierung, in ihrer DNA dieselbe genetische Information. Damit es zu einer Determinierung und schließlich zu einer Differenzierung der Zellen auf dem Wege von der befruchteten Eizelle zum komplexen Organismus kommt, muß in jeder Zelle ein Regulationsmechanismus wirken. Er sorgt für ein gesteuertes An- und Abschalten unterschiedlicher Gene der DNA, um neben der Grundausstattung jeder Zelle auch die verschiedenen zellspezifischen Proteine erzeugen zu können. Anhand vieler Experimente gelangte man zu der Erkenntnis, daß der Bestand an Proteinen einer spezialisierten Körperzelle sowie der Zeitpunkt ihrer Bildung durch Steuerung ihrer Transkription bestimmt werden. Nachdem die DNA sich geöffnet hat, heften sich Komplexe von Proteinen, die man als Transkriptionsfaktoren bezeichnet, an bestimmte Gene an. Ausgewählte Abfolgen von Basenpaaren bilden dabei die *Ankerstellen*. Die angehefteten Transkriptionsfaktoren aktivieren ein Enzym, mit dessen Hilfe die genetische Information der Nukleotidenfolge – wie dargelegt – in eine Boten-RNA überschrieben (transkribiert) wird. Um die richtigen Ankerstellen längs der DNA zu erkennen, hat die Natur verschiedene Transkriptionsfaktoren entwickelt. Zum Beispiel falten sich die Aminosäureketten des Transkriptionsenzym RNA-

Polymerase II derart, daß sie die abzulesende Doppelhelix zangenförmig umschließen.

Die im Februar 2001 veröffentlichte Version des menschlichen Erbguts umfaßt drei Milliarden Basen, als Folge der vier Buchstaben A, G, C und T in immer wechselnder Reihenfolge. Weniger als drei Prozent der Folge lassen sich rund 25 000 Genen zuordnen. Weitere Abschnitte der DNA erfüllen Aufgaben wie das An- und Abschalten von Genen. Welche Funktionen der bei weitem größere Teil der DNA besitzt – häufig als »Schrott« bezeichnet – ist noch unbekannt. Die Vorstellung, daß für vererbbare Merkmale nur die DNA-Bereiche relevant sind, die Bauanweisungen für Proteine tragen, ist unwahrscheinlich. Erste Untersuchungen des »DNA-Schrotts« deuten darauf hin, daß zahlreiche, bisher verborgene Gene nicht über Proteine ihre Wirkung entfalten, sondern über RNAs.[24] Bereits 1993 wurden sogenannte Mikro-RNAs entdeckt. Die winzigen, nur 22 Nukleotide langen RNAs dienen, wie neuere Untersuchungen zeigen, in zahlreichen Organismen zur Genregulation. Sie scheinen auch zur Umgestaltung des Genoms fähig zu sein.[25]

Mit der Entschlüsselung des menschlichen Erbgutes wurde durch die Medien in der Öffentlichkeit der Eindruck erweckt, daß die Kenntnis unserer DNA-Sequenz erklärt, wer wir sind, warum wir altern und welche Krankheiten uns ereilen. Von einer Klärung dieser Fragen ist die Wissenschaft noch weit entfernt. Die Entschlüsselung des menschlichen Genoms erschloß eine gewaltige Textdatenbank, deren Syntax und Grammatik noch weitgehend unbekannt sind. So wichtig die bisherigen Resultate dieser weltweiten Forschung auch sein mögen, sie bleiben ein erster Schritt auf einem langen Weg. Zu der ersten Datenbank werden in den kommenden Jahrzehnten weitaus komplexere Datenbanken hinzukommen. Sie umfassen Vielfalt und Muster von rund 150 000 RNA-Transkripten und Hunderttausender Proteine in den mehr als 200 menschlichen Zelltypen.

Gene sind längs des eindimensionalen DNA-Stranges angeordnet. Abgesehen von zufälligen Mutationen ändern sie sich im Laufe des Lebens nicht. Dreidimensional gefaltete Proteine, die aus Tausenden Aminosäuren bestehen können, unterliegen ständigen Veränderungen, zum Beispiel in Abhängigkeit vom Gewebe, in dem sie sich befinden, oder vom Alter des Menschen. Eine der anspruchsvollen Aufgaben der Zukunft besteht in der Entschlüsselung des *Protenoms*, das heißt der Gesamtheit der Eiweißstoffe des menschlichen Körpers und ihrer Aufgaben in der Zelle. Hinzu kommt, daß viele Aufgaben der Zelle nicht durch einzelne Proteine, sondern durch Proteinkomplexe bewirkt werden.

Die Entschlüsselung des menschlichen Genoms ist ein gewaltiger Fortschritt. Wie jedoch 25 000 Gene das komplexe Verhalten der Myriade menschlicher Zellen hervorbringt, wissen wir noch nicht. Der Mikrobiologe André Rosenthal bewertet den erreichten Stand der Erkenntnis mit den Worten: »Zusammenfassend kann man sagen, daß durch die Aufklärung des menschlichen Genoms sehr deutlich geworden ist, daß starre und mechanistische Auffassungen ungeeignet sind, um die Komplexität von Lebensprozessen zu beschreiben. So ist die genetische und zelluläre Komplexität einer Zelle bzw. eines Organismus nicht allein durch die Anzahl der Gene bestimmt, die das Genom dieser Zelle bzw. des Organismus ausmachen. Der Mensch hat nur etwa doppelt so viele Gene wie die Taufliege *D. melanogaster.* Die Komplexität einer Säugerzelle muß durch andere Faktoren bestimmt sein. Sie wird auch nicht allein durch die Anzahl der Transkripte und Proteine bestimmt, die zum Beispiel in einer menschlichen Zelle zu einem bestimmten Zeitpunkt exprimiert werden. Erst wenn man die enorme Zahl der möglichen Protein-DNA- und Protein-Protein-Wechselwirkungen berücksichtigt und die Art und Weise, wie Signale zwischen Zellen und von der äußeren Membran in den Kern geleitet werden, beginnt man, sich schrittweise an die Komplexität von Lebensprozessen anzunähern. Diese wird vor allem durch dynamische Prozesse in Raum und Zeit wie zum Beispiel Gen- und Proteinexpression, Proteintransport, Realisierung der Proteinfunktion in bestimmten zellulären Kompartimenten und Signaltransduktion beschrieben. Komplizierte Wechselwirkungsmechanismen, -netzwerke und -kaskaden sind fast völlig unerforscht.«[26]

»Der Mensch ist weit mehr als die Summe seiner Gene oder genetischen Merkmale. Unabhängig davon, wie hochauflösend unsere Methoden eines Tages auch sein mögen: Die Komplexität einer lebenden Zelle – ganz zu schweigen von der eines vielzelligen Organismus – werden wir nicht adäquat beschreiben können. Die heutige Biologie mit ihren Unterdisziplinen Genetik, Molekularbiologie und funktionelle Genforschung basiert fast vollständig auf reduktionistischen Konzepten. Das Geheimnis des Zusammenspiels zwischen molekularen Prozessen auf der einen und inneren sowie äußeren Umwelteinflüssen auf der anderen Seite wird sich so schnell nicht lüften lassen. Die Synthese dieser komplexen und völlig unterschiedlichen Datensätze wird nicht gelingen. Auch in Jahrhunderten wird es den gläsernen Menschen nicht geben. Und darüber sollten wir froh sein.«[27]

6.7 Das Gehirn

Von den Stammesreligionen der Wildbeuter bis zu den semitisch-prophetischen Religionen, immer wird die eigenständige Existenz einer menschlichen Seele postuliert. Deren Weg führt nach dem körperlichen Tod, so verkünden es die frühen Religionen, in eine meist benachbarte Landschaft. Erinnert sei an die Insel Tuma, auf die sich der Geist eines verstorbenen Trobrianders begibt. Ist eine unbestimmte Zeit vergangen, wird die Wiederkehr der Seele möglich. Auch zahlreiche spätere Religionen betrachten eine Wiedergeburt in menschlicher Gestalt als Regel. Häufig erfolgt sie über zahlreiche Zwischenstationen.

Die in Europa seit dem frühen Mittelalter dominierende christliche Religion sieht im menschlichen Körper ein vergängliches Gefäß für die unsterbliche Seele. Nach dem Tod führt deren Weg in die Hölle oder in den Himmel.

René Descartes, einer der großen Philosophen zu Beginn der Neuzeit, betrachtete Geist und Seele als immateriell und von gänzlich anderer Natur als das Gehirn. Die Naturwissenschaften haben das Problem des Bewußtseins über lange Zeit gemieden oder verdrängt und zwar nicht nur wegen der außerordentlichen Schwierigkeiten bei dessen Erforschung. Die damit verbundenen Fragen waren durch religiöse und philosophische Vorstellungen stark vorbelastet.

Das Erbgut von Mensch und Schimpanse unterscheidet sich nur um 1,6 Prozent. Insbesondere im Hinblick auf das Wesen des Menschen zählt das Genom des Schimpansen zu den aktuellen Themen der Forschung. Untersuchungen der letzten Jahre lassen erkennen, daß Unterschiede zwischen Primaten eher in der Genregulation ihren Ursprung haben, als in der Struktur der Erbanlagen.

Ein Vergleich des Schimpansenchromosoms 22 mit dem entsprechenden menschlichen Chromosom 21 ergab, daß mehr als 80 Prozent der untersuchten funktionellen Gene des Schimpansenchromosoms nicht dieselben Aminosäuren codieren wie ihre Gegenstücke auf dem menschlichen Chromosom. Kommende detaillierte Untersuchungen werden deutlich machen, was beide Spezies unterscheidet.[28]

Erst seit einigen Jahrzehnten sind wir Zeugen eines dramatischen Wandels im Wissen um das Gehirn, dem Sitz von Verstand und Geist, von Gefühl und Bewußtsein. Obwohl vieles noch unklar bzw. nur in Ansätzen erkennbar ist, soviel scheint sicher: Menschliches Verhalten und Bewußtsein beruhen auf hochkomplexen Wechselwirkungen von Milliarden Nervenzellen.

Auch das menschliche Gehirn ist Resultat einer Jahrmillionen während natürlichen Auslese. Gene, die sich im Laufe der Entwicklung bildeten, legen weitgehend Struktur und Funktion des Gehirns fest.

Die charakteristischen Merkmale der Nervenzellen und fast aller ihrer biochemischen Bestandteile sind seit Jahrmillionen unverändert geblieben. Rund 90 Prozent der Gene, die in menschlichen Nervenzellen wirksam sind, finden sich auch in den Nervenzellen von Schnecken. Viele Bereiche, insbesondere diejenigen, die unsere kognitiven Fähigkeiten und unser Bewußtsein formen, sind bei der Geburt nur rudimentär vorhanden. Erst durch Wechselwirkung mit der Umwelt, überwiegend während der Kindheit, erfolgt ihre Ausprägung. Das reife menschliche Hirn ist das Ergebnis von Erbanlagen *und* Umwelt.

Quellen des heutigen Wissens sind die Neurowissenschaften: kognitive Psychologie, Neurologie, Neurochirurgie und Neuropsychologie. Neben Tierexperimenten sind es vor allem Untersuchungen an Patienten mit Kopfverletzungen oder krankhaften Veränderungen im Gehirn, die in großem Umfang zum bisherigen Erkenntnisstand beitrugen. So entdeckte der Neurologe Paul Broca bereits 1861 bei Patienten, die zwar Sprache verstanden, sie aber nur unter Schwierigkeiten sprechen konnten, Schäden in einem Bereich der linken Hirnhälfte (Broca-Zentrum).

Im 20. Jahrhundert kamen nichtinvasive Meßverfahren hinzu. Zu ihnen zählen unter anderen die Messung magnetischer und elektrischer Hirnströme mittels Magnet- und Elektro-Encephalographie (MEG und EEG) und bildgebende Verfahren wie Kernspin- und Positronen-Emissions-Tomographie (NMR und

PET). Bei wachsender raum-zeitlicher Auflösung erlauben sie die Erkennung und Aufzeichnung von Aktivitätsmustern im Gehirn. Die neuen Verfahren belegen eindeutig, daß alle mentalen Funktionen auf Aktivitäten von Nervenzellen beruhen. Ihre begrenzte räumliche Auflösung gestattet bisher allerdings nur die Erkennung aktiver Hirnareale. Die Erforschung des raum-zeitlichen Aktivitätsmusters einzelner Nervenzellen erfordert die Einbringung von Mikroelektroden.

»Uns stellt sich heute das Gehirn als extrem distributiv organisiertes System dar, in dem zahllose Teilaspekte der einlaufenden Signale parzelliert und parallel abgearbeitet werden. Zwar stehen alle Zentren miteinander über mächtige und reziproke Bahnverbindungen in intensiver Wechselwirkung, aber es ist völlig unklar, wie ein derart parallel organisiertes System dazu kommt, das Bild einer kohärenten Wahrnehmungswelt zu entwerfen und sich insgesamt zielgerichtet zu verhalten.«[29] Vieles spricht dafür, daß neuronale Netzwerke als hochdynamische, nichtlineare Systeme zu betrachten sind, deren Komplexität qualitativ neue Eigenschaften hervorbringen.

Die bemerkenswerten Fortschritte bei der Entschlüsselung des menschlichen Genoms haben in der Öffentlichkeit den Eindruck entstehen lassen, daß Gene auch unser Verhalten bestimmen. In den Medien tauchen Beiträge auf, die den Eindruck vermitteln, in einigen Jahrzehnten könne ein genetisch vorgeformter Mensch erschaffen werden, der in seinen körperlichen und geistigen Fähigkeiten dem heutigen Menschen weit überlegen sei. Zugehörige Bilder suggerieren, nach einer hochwertigen Ausbildung stünde dem Markt ein perfekt funktionierender, weißhäutiger Jugendlicher zur Verfügung. Das schleichende Gift des Rassismus findet dabei eine neue Ausprägung. Wissenschaft, die in ihrer kommerziellen Umsetzung auf eine technische Subjektbeherrschung orientiert, sprengt die Grenzen unseres Verständnisses vom Menschen.

Für dieses Verständnis vom Menschen als einem sozialen Wesen ist jedoch vor allem die Frage »Gene oder Umwelt« von existentieller Bedeutung. Sicher sind Erbanlagen auf die neuronale Entwicklung des Kindes von großem Einfluß, aber jeder Neurowissenschaftler kennt die außerordentliche Formbarkeit der Nervenzellen. Unser Gehirn wird in entscheidendem Maße durch Erfahrung geprägt. »Jeder Anblick, jeder Laut und Gedanke hinterläßt auf bestimmten neuronalen Schaltkreisen einen Eindruck und verändert damit die Wahrnehmung künftiger Anblicke, Laute und Gedanken. Die Hirnstruktur ist keineswegs von Geburt an festgelegt, vielmehr ist das Gehirn ein lebendes, dynamisches Gewebe, das sich fortwährend auf den neuesten Stand bringt, um die jeweils gegebenen sensorischen, motorischen, emotionalen und geistigen Anforderungen zu erfüllen.«[30]

Die unteren und stammesgeschichtlich älteren Hirnstrukturen, die sämtliche lebenswichtigen Körperfunktionen, wie Atmung und Blutdruck, steuern, sind bei der Geburt nahezu vollständig entwickelt. Zu diesen Strukturen rechnen das Rückenmark und der an seinem oberen Ende sitzende Hirnstamm.

Nach der Geburt übernehmen höhere Regionen des Gehirns schrittweise die Kontrolle über die geistige Entwicklung. Zu ihnen zählen das Kleinhirn, das hochkomplexe Bewegungen steuert, die Basalganglien, die für die Koordination der Muskelbewegungen verantwortlich sind, und das limbische System. In ihm befinden sich das emotionale Gedächtnis sowie die Steuerung des kognitiven Gedächtnisses. Das Hirn wird durch eine zirka zwei Millimeter dicke Rinde, den Kortex, bedeckt. Die stark gefurchte Großhirnrinde ist Sitz der bewußten Erfahrungen, der rationellen Fähigkeiten und des willkürlichen Verhaltens.

Bei der Geburt ist die Großhirnrinde noch wenig geformt. Die Faltung und mit ihr die Ausbildung der typischen Furchen erfolgt während der folgenden Monate und Jahre, in denen sich die Fähigkeiten des Kindes entwickeln und das Bewußtsein seiner Existenz wächst. Nach der Geburt nehmen die Sinnesorgane Signale aus der Umwelt auf. Im Wechselspiel zwischen Umwelteinflüssen und Genen entwickelt sich das Gehirn des Kindes. Ein Prozeß, der sich bis in die Pubertät fortsetzt.

Der Ablauf der neuronalen Entwicklung ist durch Gene programmiert. Ihre Ausprägung wird durch Umwelteinflüsse bestimmt. Gene *und* Umwelt, beide wirken an der Ausbildung des Gehirns mit. Die Gene können wir kaum beeinflussen, die Umwelt, in der unsere Kinder heranwachsen, dagegen um so mehr.

Bereits im ersten Lebensjahr wächst das Gewicht des kindlichen Hirns von einem Viertel auf fast drei Viertel des Wertes, den es im Erwachsenenalter haben wird. Dieses Wachstum wird durch die Entwicklung von Milliarden winziger Nervenzellen, den Neuronen, bewirkt.

Jedes von den größenordnungsmäßig 50 Milliarden Neuronen im menschlichen Hirn ähnelt in seiner Form einem Baum. Es besteht aus einem Wurzelgeflecht, den Dendriten, das Signale benachbarter Neurone übernimmt. Das Wurzelgeflecht geht in einen Stamm über, das Axon, an dessen Beginn der Zellkörper mit dem Zellkern liegt. Vom verzweigten Ende des Axons werden über Synapsen Informationen weitergegeben.

Die Signalleitung in jeder Nervenzelle erfolgt durch kurze elektrische Impulse, den Aktionspotentialen.

Die Übertragung von der Synapse zum Dendriten einer benachbarten Nervenzelle geschieht mittels eines chemischen Botenstoffes, des Neurotransmitters. Durch ihn gelingt die Überwindung eines kleinen Spalts, der beide Neuronen trennt. Über die Abfolge elektrischer und biochemischer Signale wirken die Nervenzellen im Verbund.

Neben Nervenzellen baut sich das Gehirn aus Gliazellen auf. Sie bilden ein Hüll- und Stützgewebe für die Neuronen und vermitteln einen Stoffaustausch. Wie neuere Untersuchungen belegen, kommunizieren Gliazellen sowohl mit Neuronen als auch untereinander.[31]

Im Gegensatz zu anderen Körperzellen, zum Beispiel Haut- und Leberzellen, die sich ständig regenerieren, erfolgt die Zellbildung von Neuronen in den meisten Hirnregionen nur ein einziges Mal. Eine Ausnahme macht allein der Hippocampus, der Bedeutung für Lernen und Gedächtnis besitzt. Die überwiegende Mehrzahl der Nervenzellen begleitet uns ein Leben lang. Das erklärt auch die verheerende Wirkung von Hirnschäden. Einmal zerstört, sind sie nicht wieder ersetzbar.

Die rund 50 Milliarden Neuronen entstehen überwiegend in der ersten Hälfte der Schwangerschaft in einem atemberaubenden Tempo. Einmal entstanden, wandern Nervenzellen entlang der aus Gliazellen gebildeten Pfade in genetisch vorbestimmte Hirnregionen. An ihrem Bestimmungsort angekommen, sind sie in der Regel zunächst noch funktionslos, weil sie mit einem kurzen Axon, wenigen Dendriten und ohne synaptische Verbindungen ihre Funktionen noch nicht erfüllen können.

Die eigentliche Gehirnentwicklung besteht in der Verschaltung der Neuronen. Im Unterschied zu ihrer Genese und der Migration dauert der Prozeß der Dendriten- und Synapsenbildung, ohne den Neuronen nicht miteinander kommunizieren können, mehrere Jahre. An einem Neuron können bis zu 10 000 Dendriten entstehen. Mehr als 80 Prozent aller Dendriten wachsen erst nach der Geburt.

Eine zentrale Frage der Neurowissenschaft ist die Verschaltung der Billionen Synapsen. Wie finden Neuronen aus einer nahezu unendlichen Zahl von Möglichkeiten die richtigen heraus, die es zum Beispiel dem Leser dieses Textes ermöglichen, ihn zu lesen und zu verstehen?

Während des Säuglingsalters und in der frühen Kindheit bildet sich in der Großhirnrinde annähernd die doppelte Zahl an Synapsen, die letztlich erforderlich ist. Ein genetisch determinierter Plan zur Verschaltung der Milliarden Neuronen existiert nicht. Die Umweltbedingungen, unter denen ein Kind heranwächst, führen zur Auslese der nützlichen Verbindungen. Verstärkte und fordernde Aktivitäten stabilisieren die notwendigen Schaltungen. Weniger aktive Synapsen bilden sich dagegen zurück.

»Die Umgebung eines Kleinkinds beeinflußt direkt und fortwährend die Struktur und letztlich die Funktion seines Gehirns. Alles, was ein Kind sieht, berührt, hört, fühlt, ertastet, denkt und so weiter, übersetzt sich in einer bestimmten Anzahl von Synapsen in elektrische Aktivität und verbessert ihre Chance, langfristig zu überleben. Synapsen hingegen, die selten aktiviert werden – ob wegen nie gehörter Sprachen, nie gespielter Musik, nie ausgeübter Sportarten, nie gesehener Berge oder nie empfundener Liebe –, verkümmern und sterben ab. ... Der Umfang, in dem die Auslese von Synapsen vor sich geht, ist enorm. In der frühen Kindheit und Jugend büßt das Gehirn Synapsen in der Größenordnung von 20 Milliarden *täglich* ein. Das mag sich drastisch anhören, ist im allgemeinen jedoch eine gute Sache: die Beseitigung verirrter und die Stärkung überlebender Synapsen lassen unsere geistigen Prozesse mit zunehmender Reife immer reibungsloser und zusammenhängender ablaufen; die Gemeinschaftsanschlüsse lesen sich selbst aus und werden damit zu klaren, privaten, effizienten Informationsübertragungsleitungen. Auf der anderen Seite mag dies auch erklären, weshalb unser Denken mit zunehmendem Alter immer weniger flexibel und kreativ ist. Zwar weist das Gehirn auch im Erwachsenenalter noch eine gewisse subtile Plastizität auf (schließlich ist das unsere Methode zu lernen oder uns an irgend etwas zu erinnern), doch so formbar wie in der Kindheit ist es nie mehr.«[32]

Während der Phase des Dendritenwachstums und der Anpassung der Synapsen läuft ein weiterer, für die Funktion der Nervenzellen unerläßlicher Prozeß ab. Es bilden sich die Myelinscheiden, das heißt Lipidschichten, die alle Axonen umhüllen.

Sie wirken als Isolatoren und verhindern eine Infomationsübertragung zwischen benachbarten Axonen. Sie sichern die Übertragung der elektrischen Impulse in voller Stärke.

Nervensysteme im Rückenmark und im Hirnstamm sind bei der Geburt voll ausgebildet. Die Bildung der Myelinscheiden in Mittel- und Kleinhirn und den subkortikalen Bereichen des Vorderhirns erfolgt in den ersten beiden Lebensjahren. Eine fettarme Mangelernährung wirkt sich in dieser Zeit erkennbar negativ aus. In ausgedehnten Regionen von Scheitel-, Schläfen- und Stirnlappen der Großhirnrinde, in denen komplexe geistige Prozesse wie Sprache, Bewertung und logisches Denken ablaufen, erfolgen Synapsenauslese und Bildung der Myelinscheiden bis zum Ende der Kindheit. Die Qualität aller Fähigkeiten, die sich in der Kindheit ausbilden, wird in einer Jahre währenden Auslesephase fixiert. Im Wechselspiel mit der Umwelt wird entschieden, welche der vielen neuronalen Verbindungen sich letztlich stabilisieren. Nur solange ein Überschuß an Synapsen und Dendriten vorhanden ist, bleibt das Gehirn formbar. Nach dem Abbau des Überschusses muß es mit den installierten Schaltkreisen auskommen. In die gängige Computersprache übersetzt: Eine Nachrüstung mit schnelleren Prozessoren ist nicht möglich.

Die geistige Entwicklung in der Kindheit ist ein kumulativer Prozeß. Bereits die ersten sinnlich wahrnehmbaren Erfahrungen besitzen einen großen Einfluß auf die Entwicklung der höheren emotionalen und kognitiven Fähigkeiten.

Die Entwicklung von Intelligenz, oder besser von kognitiven Fähigkeiten, beruht auf der wechselseitigen Beeinflussung von Gehirnwachstum und Erfahrung. In den ersten fünf Lebensjahren wächst das Gehirn auf seine volle Größe. In dieser Zeit fallen größte Formbarkeit und nachhaltigster Einfluß der Umwelt zusammen. Kognitive Fähigkeiten wie Neugier, Aufmerksamkeit, Motivation sowie Ausdauer entwickeln sich aufs vorteilhafteste, wenn die gefühlsmäßigen und körperlichen Bedürfnisse des Kindes von seiner unmittelbaren Umgebung geprägt werden.

Kognitive Fähigkeiten lassen sich nicht in bestimmten Regionen lokalisieren. Sie sind ein generelles Attribut des Gehirns. Studien an Menschen mit Schädigungen der beiden Stirnlappen zeigen, daß diese zur Zerstörung der Persönlichkeit und zur Unfähigkeit zu jeder geistig anspruchsvollen Tätigkeit führen.

Die Entwicklung von kognitiven Fähigkeiten und des Gedächtnisses sind untrennbar miteinander verbunden. Wir sind die Summe dessen, woran wir uns erinnern. Welche verheerenden Folgen ein Gedächtnisverlust auf die Persönlichkeit besitzen kann, zeigt die Altersdemenz.

Bei der Geburt ist der Tastsinn gut entwickelt. Er ermöglicht dem Neugeborenen einen Zugang in eine neue Welt. So sind Körperkontakte unverzichtbar. Sie wirken sich auf Körperwachstum, emotionales Wohlbefinden und kognitives Potential aus.

Fehlen regelmäßige körperliche Kontakte, zum Beispiel bei Findlingen in Waisenhäusern, bleiben diese Kinder, trotz ausreichender Ernährung und medizinischer Versorgung, geistig und körperlich deutlich zurück.

Neben dem Tastsinn existieren Geruchs-, Geschmacks-, Gesichts- und Hörsinn, mit dem das Problem der menschlichen Sprache verbunden ist. Sprache ist die Funktion des Gehirns mit dem höchsten Abstraktionsgrad. Ohne sie ist menschliches Denken unvorstellbar. Worte bilden die Grundbausteine unserer bewußten Gedanken und Überlegungen. Sie sind das Medium, durch das wir als soziale Wesen aufeinander einwirken. Sprache wirkt als beherrschendes Mittel der sozialen Wechselwirkung. Mitteilungen über eigenes und fremdes Befinden, über den eigenen Status und das Verhältnis zu anderen, über soziale Situationen und Vorkommnisse, alle fördern letztlich den Zusammenhalt menschlicher Gemeinschaften.

Der Neurologe Alexander Lurija sieht in der Sprache den Organisator unserer inneren Welt, und der Biologe Jacques Monod meint, Sprache sei das *Ei* gewesen, aus dem die *Henne Mensch* geboren wurde.

Für die geistige Entwicklung des Menschen erweist sich das Gehör als der wichtigste unserer Sinne. Durch Außen- und Mittelohr gelangt ein akustisches Signal mit nur geringen Energieverlusten in das mit Flüssigkeit gefüllte Innenohr. In der Hörschnecke erfolgt die Umwandlung der Schallschwingungen in Nervenimpulse. Als mechano-elektrische Wandler dienen zirka 10 000 Haarzellen. Damit ist das menschliche Ohr das Sinnesorgan mit der bei weitem geringsten Anzahl an Sinneszellen, befinden sich doch zum Beispiel auf der Netzhaut nicht weniger als 100 Millionen Photorezeptoren.

Erst die nachfolgende Verarbeitung im Gehirn ermittelt aus den spärlichen Eingangssignalen die vielfältigen auditorischen Wahrnehmungen. Die Haarzellen sind über Synapsen mit primären Hörnervenzellen verbunden. Eintreffende Informationen wandern über mehrere Schaltstellen in Hirnstamm, Mittelhirn und Thalamus zur Großhirnrinde. Vom Thalamus verlaufen Nervenfasern zur Hörrinde am oberen Rand des Schläfenlappens. Erst wenn dort Signale eintreffen, werden Geräusche bewußt wahrgenommen. Hier werden die Signale nach Tonhöhe, Lautstärke und Herkunft verarbeitet. Anschließend werden sie in höheren Regionen des akustischen Rindenfeldes als gesprochener Satz oder als Musikstück interpretiert. Die Gebärdensprache von Gehörlosen ist ein strukturiertes Kommunikationssystem, dessen Grammatik genauso komplex ist wie in der Lautsprache. Abstrakte Sprachmerkmale sind beiden gemeinsam. Unterschiedlich dagegen ist die Art der Darbietung. Gebärdensprachen verwenden visuell-räumliche Muster. Trotz unterschiedlicher Ein- und Ausgabe werden in beiden Sprachen die gleichen Bereiche des Gehirns aktiviert.

Menschen mit Schäden im unteren linken Stirnlappen, dem Broca-Zentrum, sind fähig, einzelne Wörter und einfache Sätze zu formulieren. Sie vermeiden jedoch Verschachtelungen, Präpositionen und überhaupt Funktionsworte. Im hinteren oberen Teil des linken Schläfenlappens, im Wernicke-Zentrum, findet die Klammerung zwischen Wortbildung und Begriffsbestimmung (und umgekehrt) statt. Bei Schädigungen dieser Region fehlt die Fähigkeit, Sprache zu verstehen. Das Sprachvermögen setzt sich aus mehreren Komponenten zusammen. Die hörende Person muß einzelne Sprachlaute und die daraus gebildeten Worte aufnehmen. Sie muß lautliche Betonungen, morphologische Zusätze und syntaktische Konstruktionen erkennen.

Gerade die bildgebenden Scanverfahren, wie Kernspin- und Positronen-Emissions-Tomographie, belegen anschaulich, daß nicht einzelne lokalisierbare Zentren im Gespräch aktiv werden. Je nach Aufgabe organisieren sich Netzwerke wachsender Verschaltungen unter Einschluß beider Hemisphären. Die Schläfen-Scheitellappen-Region wird aktiv, wenn es um das Verständnis einzelner Worte geht. Im linken Stirnlappen des Kortex geschieht dagegen die grammatikalische Verarbeitung des Gehörten. Neuronale Netze, die Begriffe repräsentieren, verteilen sich über zahlreiche Bereiche beider Hemisphären.

Alle Abläufe im neuronalen Netzwerk zur Rekonstruktion von Wissen können auch zur Aktivierung von Systemen führen, die zwischen Begriff und Sprache vermitteln und dafür sorgen, passende Wortformen und syntaktische Strukturen zu erzeugen.[33]

Bereits drei Monate vor der Geburt sind die neuronalen Strukturen für das Hören funktionsfähig. Die weitere Entwicklung des Gehörs verläuft langsam und parallel zum Erlernen und Beherrschen der Sprache. Zur vollen Reife gelangt das Gehör erst zu Beginn der Schulzeit. Gesichts- und Hörsinn sind beide durch Erfahrung formbar. Sprache und auch Musik erweisen sich als unverzichtbar für die Entwicklung höherer Hirnfunktionen wie Gefühl und Denkfähigkeit. Ohne eine frühe, anhaltende Sprachpraxis verlieren Kinder die Fähigkeit, Sprache zu erlernen und anzuwenden. Fortschritte beim Lernen einzelner Wörter bis zu grammatikalischen Sätzen verlaufen parallel zur Entwicklung beider Sprachzentren. So findet die Myelinbildung im Wernicke-Zentrum bereits mit zwei Jahren statt, während sie sich im Broca-Zentrum erst mit vier bis sechs Jahren in allen Kortexschichten nachweisen läßt.

Die Sprachentwicklung ist Teil des genetischen Programms, das in der frühen Embryonalphase einsetzt. Sie steuert den Verlauf der Gehirnentwicklung von unten nach oben. Aber Kinder lernen nicht sprechen, indem sie warten, bis Dendriten und Synapsen sich entwickeln und Myelinscheiden Axonen umhüllen. Spracherwerb wird wie jede Sinneswahrnehmung und die Aneignung aller motorischen Fähigkeiten entscheidend durch Erfahrung geprägt.

»Vielleicht sogar noch mehr als andere Fähigkeiten – schließlich ist Sprache im wesentlichen ein sozialer Akt. Um sicherzustellen, daß zwei Menschen derselben Gemeinschaft dieselbe Sprache sprechen, ist die Sprachfähigkeit als solche, wie sie sich im Verlauf der Evolution entwickelt hat, in hohem Maße von der jeweiligen sprachlichen Umgebung abhängig, in der das Kind aufwächst. Das heißt die für Sprache zuständigen Schaltkreise im Gehirn entstehen nur dann regulär und dauerhaft, wenn das Kind mit der konsistenten Kombination von Lauten, Bedeutung und Grammatik einer bestimmten menschlichen Sprache konfrontiert wird. Ebenso wie der Akt des Sehens die Schaltkreise der visuellen Wahrnehmung vervollständigt, sorgen Hören und Gebrauch von Sprache zu Beginn des Lebens für die Feinabstimmung jedes Bestandteils im großen Netzwerk der Sprache: von den Schaltkreisen, die Laute analysieren, bis hin zu jenen, die Bedeutung und Syntax interpretieren, und jenen, die ihre rasche und präzise Erzeugung durch die Stimme steuern. Und wie beim Gesichtssinn muß der Kontakt mit Sprache zu einem bestimmten Zeitpunkt während der relativ kurzen ›sensiblen Phase‹ zu Beginn des Lebens erfolgen.«[34]

Zurück zur Frage »Gene oder Umwelt«. Alle bisherigen Untersuchungen belegen, daß die Antwort nicht »entweder oder« lauten kann, sondern nur »sowohl als auch«. Sprachliche Fähigkeiten sind, wie Haar- oder Augenfarbe, erblich bedingt. Zwillingsstudien belegen die Erblichkeit von Sprachbegabung zu rund 50 Prozent.[35]

Schulische Fähigkeiten wie korrektes Lesen und Schreiben sind nur zu 20 Prozent genetischen Anlagen zuzuschreiben. Die sprachliche Qualität der Umgebung eines Kindes besitzt einen großen Einfluß auf die Ausbildung der für Sprache notwendigen Hirnregionen. Form und Umfang der sprachlichen Interaktion zwischen Eltern und Kind entscheiden über seine sprachlichen Leistungen. Sie lassen sich nicht durch elektronische Geräte ersetzen.

So wichtig die Entwicklung motorischer und sensorischer Fähigkeiten in der Kindheit auch ist, als bedeutsamer für die Prägung der Persönlichkeit zeigt sich die emotionale Entwicklung. Aus gefühlsmäßigen Wechselwirkungen des Kindes mit seiner Umwelt wächst sein Selbstvertrauen, sein Sicherheitsgefühl und seine Antriebskraft. Die soziale Integration in eine Gemeinschaft erfordert Fähigkeiten, zum Beispiel eigene Gefühle zu erkennen, sie zu kontrollieren, die anderer zu deuten und adäquat zu reagieren.

Das Gefühls- und Sozialleben wird durch das limbische System gesteuert. Auch seine neuronale Strukturierung bildet sich aus einer Mischung genetischer Veranlagungen und Wechselwirkungen mit der Umwelt. Genetisch bedingt ist vor allem das Temperament, weit weniger die Persönlichkeit.

Studien an erwachsenen ein- und zweieiigen Zwillingen deuten darauf hin, daß rund 50 Prozent der Abweichungen bei Persönlichkeitsmerkmalen wie Emotionalität, Geselligkeit, Vorsicht und Aggressivität durch Erfahrungen zustande kommen.

»Der Grund, weshalb die Persönlichkeit stärker formbar ist als das Temperament, liegt darin, daß sie von verschiedenen Gehirnregionen gesteuert wird. Während das Temperament weitgehend ein Produkt des unteren limbischen Systems ist ... wird das komplexe und nuancenreiche Gefühlsleben, das wir letztlich führen, von den höheren limbischen Strukturen gesteuert, unseren langsam reifenden Stirnlappen. Und wie der Kortex insgesamt, weisen die Stirnlappen eine bemerkenswerte Plastizität auf und formen sich selbst entsprechend der Gesamtheit emotionaler Erfahrungen des Individuums. In besonderer Weise ist dies in der Kindheit der Fall, wenn sich die ersten präfrontalen Synapsen bilden. Doch setzt sich der Prozess auch noch in den Vorschuljahren fort, wenn mit halsbrecherischer Geschwindigkeit die Umgestaltung stattfindet, und hält die ganze Kindheit hindurch an, bis die Feinabstimmung der limbischen Schaltkreise abgeschlossen ist.«[36]

Kein Kind beginnt moralisches Verhalten aus dem Nichts heraus zu entwickeln. Als Voraussetzung ethischen Verhaltens verfügt jeder Säugling über eine Reihe angeborener Reaktionen. Alle Kinder sind bereit, nahestehenden Menschen liebevolle Gefühle entgegenzubringen und Freude, aber auch Schmerz mit ihnen zu teilen.

Erst die Wahrnehmung der spezifischen Wertesysteme, unter deren Einfluß das Kind heranwächst, führt zu differenzierten sozialen Reaktionen. Im Laufe seiner Entwicklung übernimmt das Kind die grundlegenden moralischen Prinzipien seiner Sozialgemeinschaft. Moralische Identität wächst langsam. Es geschieht in vielen kleinen Schritten durch soziale Rückmeldungen, durch Beobachtung des Handelns anderer, durch Reflexion des Erlebten und durch spielerische Wiederholungen des Verhaltens der Erwachsenen. Prägend für den Heranwachsenden sind die kulturellen Einflüsse des gesamten Umfelds von der Familie bis zur Werbung im Fernsehen. Aber das Zuschauen allein genügt nicht. Entscheidend ist das Selbermachen. Nur dadurch findet ein interaktiver Dialog mit der Umwelt statt, der für die Optimierung der Entwicklung des kindlichen Gehirns unerläßlich ist.[37] Menschwerdung und Menschsein sind untrennbar mit der Einbettung in eine Sozialgemeinschaft verknüpft. Ein isoliert aufwachsendes Individuum, dem es an jeder stimulierenden menschlichen Umgebung fehlt, kann, wie das Beispiel des Kaspar Hauser zeigt, nicht zu einem Sozialwesen heranwachsen.

Aus der Summe der Erfahrungen eines Menschen bildet sich der Begriff des SELBST als ein verdichtetes Gedächtnisbild eigener Handlungserfahrungen. Seine Reflexion ist an entstehendes Bewußtsein gebunden. Das ist Voraussetzung für den Begriff des ICH. Beide Begriffe sind nicht identisch. Immer bezieht sich der Begriff des SELBST auf den handelnden Menschen (Selbstmord und nicht Ichmord). Im ICH sind die Erfahrungen des aktiven

SELBST verdichtet. Veränderte Selbsterfahrungen in Permanenz können das relative Bild vom ICH verändern. Dabei laufen unbewußte Mechanismen von Selbstwertverschiebungen ab.[38]

Das SELBST entsteht beim Menschen durch eine anhaltende Realitätskontrolle. Ständig melden die Sinnesorgane in welchem Zustand sich der Organismus in seiner Umgebung befindet. Bewußtsein erweist sich als die Fähigkeit, Wissen aus der Perspektive des eigenen Körpers zu ermitteln, auszuwählen und zu bewerten.

Bewußtseinsforscher unterscheiden zwischen dem Hintergrundbewußtsein und dem Aktualbewußtsein.[39] Das eine vermittelt andauernde Gefühlserfahrungen: das ist mein Körper, das sind meine Gedanken, die mein Handeln bestimmen. Das Aktualbewußtsein stellt die geistigen Inhalte in eine individuelle Perspektive. Es vermag, bewußte Sinneswahrnehmungen, geistige Eindrücke und Überlegungen in eine episodische zeitliche Reihenfolge einzuordnen.

Durch bestimmte Hirnschäden können unterschiedliche Bewußtseinszustände ausfallen. Beispielsweise kann bei dem Betroffenen der Eindruck entstehen, daß Teile seines Körpers nicht zu ihm gehören. Andere Hirnschäden lassen das Körper- und Umwelterleben unverändert, aber die Patienten wissen nicht mehr, wer sie sind.

Das meiste von dem, das uns bewußt sein könnte, bleibt aktuell unbewußt. Einiges des bewußt Erlebten wird abrufbar in den unterschiedlichen Gedächtnisregionen des Hirns bewahrt. Anderes geht unwiederbringlich verloren.

Neurowissenschaftler haben in den zurückliegenden Jahren in großem Umfang entschlüsselt, welche Hirnregionen zum Bewußtsein beitragen. Wir nehmen nur das bewußt wahr, was mit neuronalen Aktivitäten in den assoziativen Regionen des Kortex einhergeht. So sind die elementaren Verarbeitungsprozesse unserer Sinneswahrnehmungen, zum Beispiel beim Hören, unserem Bewußtsein unzugänglich. Signale aus der Umwelt, die das Gehirn über die Sinnesorgane erreichen, werden »nur über eine sehr kleine Fraktion von Verbindungen in die Großhirnrinde eingekoppelt. Das System beschäftigt sich hauptsächlich mit sich selbst; 80 bis 90 Prozent der Verbindungen sind dem inneren Monolog gewidmet.«[40]

Bewußtseinszustände sind das Endprodukt komplexer, unbewußt ablaufender Prozesse im Gehirn. Das gilt auch für das Gefühl, in unseren Absichten und Handlungen frei zu sein. Untersuchungen des Neurobiologen Benjamin Libet vom Anfang der achtziger Jahre, vertieft durch Untersuchungen in den letzten Jahren, belegen, daß in subkortikalen Regionen Aktivitäten ablaufen, bevor sich ein Mensch zu einer Handlung entschließt. Ein sogenanntes Bereitschaftspotential entsteht. Das Gefühl, aktiv handeln zu wollen, kommt erst auf, nachdem eine Handlung durch den Aufbau des Bereitschaftspotentials eingeleitet wurde.

Die für bewußte Handlungen erforderlichen neuronalen Aktivitäten in den subkortikalen Basalganglien werden ihrerseits durch das limbische System gesteuert. »Allerdings arbeiten beide Gedächtnisorganisatoren, der emotionale wie der kognitive, weitgehend unbewußt. Dies bedeutet, daß das bewußte Ich bei all seiner funktionalen Wichtigkeit keinen entscheidenden, sondern nur einen beratenden Einfluß auf diejenigen Handlungen ausübt, die es als selbstveranlaßt empfindet. In diesem Sinne ist die subjektiv empfundene ›Willensfreiheit‹ nicht die höchste Kontrollinstanz unserer Handlungen.«[41] Die Fragen nach dem Bewußtsein, nach dem freien Willen gehörten bis in die jüngste Vergangenheit allein in die Zuständigkeit von Theologen und Philosophen. Der bisherige Erkenntnisstand der Neurowissenschaften zeigt, daß alle Bewußtseinszustände, also auch meditative und ekstatische, mit neuronalen Prozessen verknüpft sind. »Auch wenn noch nicht alle Ereignisse genau bekannt sind, welche die bewußtseinsbegleitenden Vorgänge im Gehirn bewirken – eines ist klar: Bewußtsein ist vollständig an bestimmte physikalische, chemische und physiologische Prozesse in unserem Gehirn gebunden. Blockiert man diese Vorgänge in der Großhirnrinde, ... dann sind wir auch nicht mehr in der Lage, bestimmte bewußtseinsbegleitete kognitive oder motorische Leistungen auszuführen.«[42]

»Geist und Bewußtsein – wie einzigartig sie von uns auch empfunden werden – fügen sich also in das Naturgeschehen ein und übersteigen es nicht. Und: Geist und Bewußtsein sind nicht vom Himmel gefallen, sondern haben sich in der Evolution der Nervensysteme allmählich herausgebildet. Das ist vielleicht die wichtigste Erkenntnis der modernen Neurowissenschaften.«[43]

Das menschliche Genom schreibt den Aufbau des Körpers vor. Das schließt den Gesamtplan des Gehirns ein. Weit mehr als 10 000 Gene mit all ihren Produkten wirken am Aufbau des unglaublich komplexen Netzwerks aus Nervenzellen. Alle Versuche, über eine Genoptimierung Menschen mit erwünschten geistigen Fähigkeiten zu erzeugen, sind irrige Allmachtsphantasien.

Die Ausprägung jedes Menschen ist unauflöslich mit Umwelteinflüssen verknüpft. Eine gezielte Beeinflussung komplexer geistiger Merkmale wie der kognitiven Fähigkeiten durch Genmanipulation ist ausgeschlossen. Was von derartigen Versuchen in naher Zukunft erwartet werden kann, sind Fehlbildungen und Pfusch.

Die natürliche Auslese ließ im *Homo sapiens* ein Gehirn entstehen, das ein Überleben unter wechselnden Umweltbedingungen ermöglichen sollte. Wie die Erkenntnisse der Wissenschaft zeigen, erlaubt uns dieses Organ, die Welt weit besser zu verstehen und in Teilen zu verändern, als für ein Überleben erforderlich wäre. Nutzen wir diese Möglichkeit, um ein Weiterleben unserer Art als Teil der Natur zu sichern.

Bei allen bisher erreichten Erkenntnissen der Naturwissenschaften, betrachtet unter dem Gesichtspunkt der Relevanz für ein Weltbild, sollten drei grundlegende Einsichten bedacht werden:

• Bestand hat, was von Naturwissenschaftlern erkannt oder entdeckt wurde und sich in einer Theorie begründen läßt. Jeder darüber hinausgehende Fortschritt lebt vom Zweifel. Er motiviert die Überprüfung der Erkenntnisse. Er ist letztlich die Quelle neuer Einsichten.

• Aus den Naturwissenschaften entwickeln sich in atemberaubendem Tempo technische Umsetzungen in immer neue, unser Leben dominierende Artefakte. Ob und wie die den Erkenntnissen der Naturwissenschaften innewohnenden Möglichkeiten umgesetzt werden, ist keine Frage der Wissenschaft. Sie kann nur durch die Gesellschaft beantwortet werden. Die Entscheidung liegt in den Händen derer, die unter den jeweils gegebenen Verhältnissen über die politische und ökonomische Macht verfügen.

• Wissenschaft ist keine säkularisierte Religion. Sie will nicht geglaubt werden. Sie will und *muß* immer wieder kritisch hinterfragt werden. Ihre Erkenntnisse liefern keine Handlungsanleitungen zur Lösung gesellschaftlicher Probleme und keine Motivation für den Umgang mit der Natur. Sie gibt dem Einzelnen keine Orientierung über seinen Platz im Sozialgefüge.

7 ETHIK UND SOZIALBEZIEHUNGEN HEUTE

WIE WIR SEHEN KONNTEN, SIND FRAGEN ÜBER DIE NATUR DES MEN-
SCHEN, EINSCHLIEßLICH SEINES BEWUßTSEINS, DURCH DIE WISSENSCHAFT
SCHRITTWEISE BEANTWORTBAR. FRAGEN WIR JEDOCH, *wer* wir sind, so
sprengt diese Frage den Rahmen der Naturwissenschaften.

Die Wissenschaft sieht sich heute in der Lage, Probleme im
Zusammenhang mit der Natur des Menschen, einschließlich dem
seines Bewußtseins, schrittweise zu lösen. Fragen wir jedoch, *wer*
wir eigentlich sind, so sprengt diese Ungewißheit den Rahmen
der Naturwissenschaften.

Der Brockhaus definiert Moral »als verbindlich akzeptierte
ethisch-sittliche Normen des Handelns und der Werturteile, der
Tugenden und Ideale einer bestimmten Gesellschaft«.[1] Zentraler
Inhalt einer Moral ist ihre Aussage über das »richtige« Verhalten
in der Gemeinschaft. Damit schafft sie Normen des Sozialver-
haltens. In der Jugend werden diese Normen als Orientierungs-
schema übernommen, um, entsprechend den gesellschaftlichen
Gegebenheiten, als »eigene« Meinung fortzuwirken.

In der Bergpredigt hat Jesus die Forderung erhoben: Alles,
was ihr wollt, das euch die Leute tun, sollt auch ihr ihnen tun.
Diesen Glaubenssatz übersetzte der Philosoph der Aufklärung,
Immanuel Kant, in eine aus der menschlichen Vernunft abgelei-
tete ethische Norm: Handle so, daß die Maxime deines Willens
jederzeit zugleich als Prinzip einer allgemeinen Gesetzgebung
dienen könnte.

Ethische Normen der Gesellschaft verlieren heute in einer
durch die globale neoliberale Marktwirtschaft dominierten Welt
immer mehr an Wert. Das wichtigste Prinzip jedes menschlichen
Miteinanders, die Gleichheit, wird durch eine explodierende
soziale Differenzierung verdrängt. Menschliche Erkenntnisse
werden in wachsendem Maße zur hemmungslosen Nutzung der
Natur verwendet.

Die natürlichen Ressourcen der Erde sind im großen Umfang
bereits aufgebraucht. Das globale Ökosystem ist irreversibel geschädigt. Wie stabil kann eine Gesellschaft sein, die sich zunehmend aus beziehungslosen Individuen zusammensetzt und die
ihre Ökosysteme, ihre Lebensgrundlage, fortschreitend vernichtet?

Subjektivität, wie sie heute insbesondere in den Staaten der sogenannten Ersten Welt praktiziert wird, charakterisiert den Menschen als ein in der Realität handelndes Wesen. Sicher ist die Anerkennung des eigenen Selbst legitim, wenn sie sich gegen Fremdbestimmung richtet. Sie verliert ihre Berechtigung, wenn sie keine Rücksicht auf den Mitmenschen nimmt. Das Durchschnittsindividuum in den entwickelten Ländern orientiert sich zunehmend auf seine persönlichen Belange. Nicht über Probleme der Welt, wie Klima- und Umweltkatastrophen, will es nachdenken. Was es interessiert, sind Karriere, Konsum und Spaß. Gesellschaftliche Verhältnisse werden zu Beziehungen von Angebot und Nachfrage. Eine Gesellschaft, die sich nicht mehr als ein selbstorganisierendes System begreift und auf ein sie verbindendes Weltbild zunehmend verzichtet, kann nicht stabil bleiben.

Seit 1960 verdoppelte sich die Zahl der Menschen auf 6,1 Milliarden im Jahr 2001. Das Wachstum der Population fand nahezu ausschließlich in den ärmeren Ländern der Welt statt. In dieser Zeit wuchs die Konsumtion vorwiegend in den entwickelten Industriestaaten. Die Hälfte der Weltbevölkerung verfügt über weniger als zwei US-Dollar für ihren täglichen Lebensunterhalt.

Wir verbrauchen alle natürlich vorkommenden Ressourcen mit wachsender Geschwindigkeit, wissen aber nicht, wohin mit dem Abfall. So wuchs die Emission des Treibhausgases Kohlendioxid zwischen 1900 und 2000 auf das Zwölffache – mit den bekannten Folgen für das Klima der Erde.

Wir befinden uns auf Kollisionskurs mit der Umwelt. Die technischen Umsetzungen naturwissenschaftlicher Erkenntnisse haben unsere Lebenswelt verändert. Wie können, wie müssen wir unser Wissen einsetzen, um die Zukunft der Menschheit als Teil der Natur zu sichern? Was muß bei der Nutzung vorhandener Ressourcen an Land und im Wasser getan werden, um Nahrung für alle Menschen zu sichern? Wie müssen die sozialökonomischen Verhältnisse der Zukunft gestaltet werden, um die sich öffnende Schere zwischen arm und reich zu schließen? Wie müssen Technik, Landwirtschaft, Ökonomie und Sozialbeziehungen umgestaltet werden, um die Kontroverse mit der Natur zu beenden? Welches Weltbild braucht eine Gesellschaft, die einen neuen Weg in die Zukunft sucht? Fragen, auf die wir keine schlüssigen Antworten haben, vor allem keine handlungsorientierenden Antworten, die den Weg der Menschheit in die Katastrophe verhindern.

Ethischen Normen zur Nutzung von Wissenschaft und Technik, die über einen guten Glauben an Religion und Philosophie hinausreichen, sollte Geltung verschafft werden: Normen, die fordern, alles zu realisieren, was zur Rettung von Natur und Menschheit erforderlich erscheint. Bevor wir uns im abschließenden Kapitel diesen Fragen zuwenden, wollen wir eine Bestandsaufnahme einiger Probleme versuchen, die am Beginn des 21. Jahrhunderts vor uns stehen.

7.1 Der Mensch – ein Teil der Natur

Die Biologin Rahel Carson veröffentlichte 1962 ihr Buch »Der stumme Frühling«. In ihrem Warnruf, der ein weltweites Echo gefunden hat, untersuchte sie die Auswirkungen des Einsatzes von Pestiziden auf Mensch und Umwelt. »Aus Wasser, fruchtbarem Boden und dem grünen Pflanzenkleid der Erde setzt sich die Welt zusammen, die das Tierleben unseres Planeten erhält. Obwohl der moderne Mensch sich dieser Tatsache selten erinnert, könnte er ohne die Pflanzen nicht existieren. Sie machen sich die Sonnenenergie zunutze und erzeugen die grundlegenden Nahrungsstoffe, die der Mensch zum Leben braucht. Unsere Einstellung zu Pflanzen ist höchst engherzig. Wenn uns eine Pflanze von irgendeinem unmittelbaren Nutzen erscheint, hegen und pflegen wir sie. Ist uns aus irgendeinem Grunde ihre Anwesenheit unerwünscht oder auch nur gleichgültig, verurteilen wir sie vielleicht sofort zur Ausrottung. Neben den Pflanzen, die für den Menschen oder seine Haustiere giftig sind oder Nutzpflanzen den Platz wegnehmen, werden viele nur zur Vernichtung ausersehen, weil sie nach unserer beschränkten Ansicht zur unrechten Zeit am unrechten Platz auftreten. Viele andere werden nur ausgemerzt, weil sie zufällig in Gesellschaft unliebsamer Pflanzen vorkommen.«[2]

Seither sind 40 Jahre vergangen. An der Aktualität des Buches hat sich kaum etwas verändert. Allein im letzten Jahrzehnt wurden rund 100 000 früher unbekannte Chemikalien in die Umwelt gebracht. Ihre Auswirkungen wurden nie ausreichend untersucht. In erschreckender Regelmäßigkeit berichten die Medien über die Auswirkungen alter, aber auch neuer, von Menschen geschaffener Produkte und Verfahren auf Umwelt und Mensch. Jüngstes eindrucksvolles Beispiel dafür ist das massenhafte Auftreten von BSE bei Nutztieren.

Auch zu Beginn des 21. Jahrhunderts singen die Vögel im Frühling, aber ihr Gesang wird leiser und die »Rote Liste« der vom Aussterben bedrohten Tier- und Pflanzenarten länger. Sie enthält mittlerweile 48 Prozent aller untersuchten Pflanzen, 24 Prozent aller Säugetiere und zwölf Prozent aller Vogelarten.

1972 trafen sich in Stockholm Vertreter von 113 Staaten zu einer Konferenz der Vereinten Nationen über Umweltprobleme. Neben einer Deklaration von Prinzipien und einem Aktionsplan mit mehr als 100 Empfehlungen wurde die Bildung des UN-Umweltprogramms (UNEP) vorgeschlagen.

1992, 20 Jahre nach Stockholm, fand in Rio de Janeiro wiederum eine UN-Konferenz statt. Für die entwickelten Industriestaaten standen die Probleme eines weltweiten Umweltschutzes im Vordergrund. Für die Länder der Dritten Welt lagen die Prioritäten bei den Problemen Entwicklung und Armutsbekämpfung

Resultate von Rio waren eine Klimarahmenkonvention, eine Biodiversitätskonvention, die Empfehlungen zum Schutz vorhandener Ökosysteme und Arten umfaßt, die Agenda 21, die in einem Aktionsplan Absichtserklärungen für eine nachhaltige Entwicklung der Welt enthält, und schließlich die Bildung einer Kommission für nachhaltige Entwicklung (CSD).[3]

30 Jahre nach Stockholm und zehn Jahre nach Rio ist die Bilanz ernüchternd.

Unterzeichnete Vereinbarungen wurden nicht umgesetzt. Erweckte Hoffnungen blieben unerfüllt. Die Geschwindigkeit, mit der Wälder abgeholzt, Meere überfischt und Böden degradiert werden, änderte sich kaum. Die Ressource Frischwasser wird immer knapper. Die weltweite Klimaänderung setzt sich fort.

Zwei Beispiele zur Illustration dieser Fakten: Auf einer Rio-Nachfolgekonferenz 1997 in Kyoto wurde beschlossen, den Ausstoß klimarelevanter Treibhausgase bis zum Zeitraum 2008 bis 2012 gegenüber 1990 um 5,2 Prozent zu reduzieren. Die Vereinbarung tritt 2005 in Kraft, nachdem auch Rußland sie ratifiziert hatte. Die Vereinigten Staaten lehnten einen Beitritt ab. Die USA allein sind aber für fast ein Viertel der weltweiten CO_2-Emission verantwortlich. Ihre Reduktionsverpflichtung sollte sieben Prozent betragen. In den Jahren 1990 bis 2000 fand keine Reduktion statt. Im Gegenteil, der Ausstoß allein an CO_2 wuchs um zirka 18 Prozent.[4]

Wassermangel und verunreinigtes Wasser sind die entscheidenden Ursachen für eine hohe Kindersterblichkeit in vielen Ländern. Laut UNICEF starben im Jahr 2000 allein an Durchfallerkrankungen und an Malaria zwei Millionen Kinder, alle zehn Sekunden ein Kind. »Etwa 50 Prozent der Menschen in den Entwicklungsländern leiden an durch kontaminiertes Wasser oder Nahrung verursachten Krankheiten, und schätzungsweise 14 000 bis 30 000 Menschen sterben täglich an Krankheiten, die auf unzureichende Wasserversorgung oder kontaminiertes Wasser zurückzuführen sind. Das entspricht weit mehr Opfern als in der Tragödie vom 11. September. Nur findet diese Tragödie Tag für Tag, Jahr für Jahr statt – ohne ein Sterbenswörtchen davon in den Medien.«[5]

30 Jahre nach Stockholm veranstalteten die Vereinten Nationen in Johannesburg eine Konferenz über Nachhaltigkeit und Entwicklung. Zu ihrer Vorbereitung veröffentlichte UNEP den Bericht »Global Environment Outlook 3« (GEO3), der die Veränderungen der zurückliegenden 30 Jahre bilanziert und einen Ausblick auf die kommenden 30 Jahre gibt.[6]

Der Bericht zeichnet ein düsteres Bild der ökologischen Situation. Zwei übergreifende Ursachen werden dafür benannt: Die wachsende Kluft zwischen arm und reich und das im Vergleich zur globalen Ökonomie weit zurückbleibende ökologische Management. Jede noch so geringe Umweltentlastung wird durch Wachstum der Weltbevölkerung und Weltproduktion praktisch sofort aufgezehrt.

Der Johannesburger »UN-Weltgipfel für Nachhaltige Entwicklung« wurde zu einem Gipfel der nachhaltigen Enttäuschung. Was zehn Jahre zuvor in Rio in Absichtserklärungen formuliert worden war, blieb auch im Johannesburger Aktionsplan unverbindlich. Die Fischbestände der Weltmeere sollen bis 2015 geschützt werden – wenn möglich. Staatszuschüsse für fossile Energieträger sollen reduziert werden – irgendwann, irgendwie. Gesiegt hat wiederum »der weltweit entfesselte Kapitalismus, der alle Ökokurven nach oben treibt: mehr Energieverbrauch, mehr Raubbau, mehr Umweltfrevel. Das Klimaprotokoll, das vor fünf Jahren in Kyoto geschlossen wurde? Ein Fetzen Papier. Das Wetter ist, wie es ist, man muß damit leben, tönt es aus Washington.«[7]

Die vom Generalsekretär der Vereinten Nationen beschworene globale Allianz für Umwelt und Entwicklung gehört weiterhin ins Reich der Visionen.

Um die Komplexität des Klimasystems und einen möglichen Einfluß der Menschheit auf eine Klimaänderung besser zu verstehen, wurde 1988 von den Vereinten Nationen ein »Intergovernmental Panel on Climate Change« (IPCC) zusammengeführt. Bereits in ihrer ersten Einschätzung kamen die Experten 1990 zu dem Schluß, daß ein weiteres Anwachsen der Konzentration von Treibhausgasen in der Atmosphäre durch menschliche Aktivitäten die globale Temperatur in Erdnähe um 0,2 bis 0,5 Grad Celsius pro Jahrzehnt steigen läßt. Die ersten Vorhersagen waren mit vielen Unsicherheiten belastet. Umfassende Untersuchungen in der ersten Hälfte der neunziger Jahre fanden ihren Niederschlag in einem zweiten Bericht des IPCC (1995), der folgende Aussagen enthält:

• Menschliche Einflüsse auf das Klima sind bereits erkennbar.
• Eine Zunahme von Treibhausgasen und Aerosolen in der Atmosphäre wird im 21. Jahrhundert das Anwachsen der mittleren globalen Temperatur in Erdbodennähe um 1,0 bis 3,5 Grad Celsius bewirken und im globalen Mittel zu einem Anstieg des Meeresspiegels um 15 bis 90 Zentimeter führen.

Auch diese Schlußfolgerungen waren mit Unsicherheiten behaftet. Zu ihnen zählte das IPCC die folgenden Quellen:

• Senken der Treibhausgase.
• Mit Wolken, Ozeanen, Meereis und Vegetation verbundene Rückkopplungsprozesse, die sowohl globale als auch regionale Klimaänderungen stark beeinflussen können.
• Überraschende, sprunghafte Änderungen des Klimas, die dem komplexen, nichtlinearen Charakter des Klimasystems und seiner Komponenten geschuldet sind.[8]

Die Arbeitsgruppe, die sich mit den wissenschaftlichen Grundlagen des Klimawandels befaßt, legte 2001 ihren dritten Bericht vor.[9]

Unumstritten unter den Klimaforschern ist die Erkenntnis, daß die bodennahe Lufttemperatur im globalen Mittel während des 20. Jahrhunderts um 0,6 Grad Celsius angestiegen ist. Die sieben wärmsten Jahre seit Beginn der systematischen weltweiten Temperaturmessung lagen alle nach 1983. Auf Grund vieler indirekter Indizien läßt sich feststellen, daß 1998 das wärmste Jahr der letzten 1000 Jahre war.

Die Erwärmungen zeigen deutliche regionale Unterschiede. In ihrer Einschätzung des Klimawandels stellt die Deutsche Meteorologische Gesellschaft fest: »In Deutschland hat sich die bodennahe Lufttemperatur in den letzten 100 Jahren sogar stärker erhöht als im globalen Mittel, nämlich um 0,9° C, wobei in diesem Fall das Jahr 2000 das bisher wärmste gewesen ist: 9,9° C, das heißt 1,6° C über dem Mittelwert 1961 bis 1990. In den letzten Jahren sind dabei vor allem die Winter wärmer geworden, und zwar im Mittel um mehr als 1,5° C; aber auch im Frühling und Sommer ist diese Erwärmung mit rund einem halben Grad recht deutlich.

Der Niederschlag hat im weltweiten Mittel ebenfalls zugenommen, jedoch zeigen sich bei diesem Klimaelement noch viel ausgeprägtere jahreszeitliche und regionale Besonderheiten als bei der Temperatur. Mit Blick auf Europa sind vor allem ein drastischer Niederschlagsrückgang im östlichen Mittelmeerraum, in den 30 Jahren um bis zu 50 Prozent und eine Zunahme in Südskandinavien hochsignifikant. In Deutschland findet man die stärksten Effekte wiederum im Winter, wo eine kräftige Zunahme um etwa ein Viertel zu verzeichnen ist, im Sommer dagegen eine leichte Abnahme. Diese winterliche Niederschlagszunahme, die besonders im Westen und Süden Deutschlands ausgeprägt ist, trägt sicherlich zum häufigeren Hochwasser bei. Dabei ist bedeutend, daß dies – und nicht nur in Deutschland – häufig mit einer Zunahme extremer Niederschlagsereignisse verbunden ist. Die milder und niederschlagsreicher werdenden Winter Mitteleuropas stehen sicherlich im Zusammenhang mit einer sehr markanten Umstellung der atmosphärischen Zirkulation. Dies äußert sich in einer größeren Häufigkeit und Andauer von Wetterlagen mit vorherrschend westlicher Luftströmung.«[10]

Die Frage nach den Ursachen des Temperaturanstiegs im zurückliegenden Jahrhundert beantwortet das IPCC mit den Worten: »Most of the observed warming over the last 50 years is likely[11] to have been due to the increase in greenhouse gas concentration.«[12] – Noch 1995 hatten die Fachleute den Temperaturanstieg mit der deutlich schwächeren Feststellung bewertet: Balance of evidence suggest.

Um diese Aussagen und die Vorhersagen für das 21. Jahrhundert verstehen und bewerten zu können, müssen wir uns mit dem Treibhauseffekt und seiner quantitativen Erfassung beschäftigen.

»Der Energiehaushalt der Erde wird durch zwei Faktoren entscheidend bestimmt: die Zusammensetzung der Atmosphäre und die Energie, die als Sonnenstrahlung die Erde erreicht. Im Mittel fällt auf jeden Quadratmeter Erdatmosphäre sekündlich eine Energie von 342 Watt, wovon gegenwärtig 107 Watt pro Quadratmeter wieder reflektiert werden, so daß im Mittel von Atmosphäre und Erdoberfläche 235 Watt pro Quadratmeter absorbiert werden. Die wichtigste Rolle bei der Reflexion spielen die Wolken, winzige flüssige und feste Teilchen in der Atmosphäre, die sogenannten Aeorosole und Gasmoleküle, sowie schnee- oder eisbedeckte und vegetationslose Teile der Erdoberfläche. Von den 235 Watt pro Quadratmeter werden 67 in der Atmosphäre und 168 durch die Erdoberfläche absorbiert. Dadurch wird den Böden und den oberen Ozeanschichten Wärme zugeführt.

Wenn aber 235 Watt je Quadratmeter von der Erde und ihrer Atmosphäre absorbiert werden, muß im thermischen Gleichgewicht sekündlich die gleiche Energie wieder abgestrahlt werden. Satellitenmessungen haben dies bestätigt.

Jeder gegenüber seiner Umgebung erwärmte Körper strahlt Energie ab. Zwischen der Temperatur eines Körpers und der von ihm als Strahlung abgegebenen Energie besteht ein eindeutiger Zusammenhang. So entspricht einer als Strahlung abgegebenen Leistung von 235 Watt pro Quadratmeter eine Körpertemperatur von −18 Grad Celsius. Das entspricht der mittleren Temperatur der Atmosphäre in einer Höhe von rund sechs Kilometern.

Die Strahlung eines erwärmten Körpers erstreckt sich über einen breiten Wellenlängenbereich. Das Maximum der von der Sonne abgestrahlten Energie befindet sich im Bereich des sichtbaren Lichts, die von der Erde abgegebene Strahlung liegt im Infraroten mit einem Maximum bei einer Wellenlänge von 15 Mikrometern. Sie wird zum größten Teil durch Wasserdampf und klimarelevante Spurengase wie Kohlendioxid (CO_2), Methan (CH_4), Distickstoffoxid (N_2O) und Ozon (O_3) absorbiert und in Sekundenbruchteilen wieder reemittiert. Die reemittierte Strahlung ist ungerichtet. Ein Teil kann erneut vom Erdboden oder der Atmosphäre absorbiert werden. Im Wechselspiel von Absorption und Emission stellt sich in erdnaher Atmosphäre ein Zustand des thermischen Gleichgewichts ein. Ihm entspricht gegenwärtig eine globale, mittlere Temperatur in Erdbodennähe von 15 Grad Celsius.

Die Differenz zwischen Strahlungstemperatur der Atmosphäre von −18 Grad und mittlerer Temperatur nahe der Erdoberfläche kommt im wesentlichen dadurch zustande, daß die Atmosphäre

Strahlung verschiedener Wellenlängen unterschiedlich stark absorbiert. Während sie für sichtbares Licht praktisch durchlässig ist, absorbiert sie einen bedeutenden Teil der Infrarotstrahlung. Die Konzentration klimarelevanter Spurengase, die im Infraroten absorbieren, bestimmt die Höhe der Gleichgewichtstemperatur der Atmosphäre in Erdbodennähe. Diesen Vorgang der Erwärmung bodennaher Luft bezeichnet man als Treibhauseffekt. Ändert sich in der Atmosphäre der Anteil der klimarelevanten Spurengase – der Treibhausgase –, so stellt sich ein neues thermisches Gleichgewicht bei einer anderen Temperatur ein: die Erde hat ein neues Klima.

Durch menschliches Tun verändern sich Konzentration und Verteilung der Treibhausgase und Aerosole in der Luft. Diese Änderungen bewirken in der Erdatmosphäre einen Strahlungsantrieb (*radiation forcing*), das heißt eine Störung der Energiebilanz, gemessen in Watt pro Quadratmeter. Er kann durch Änderung des Reflexions- oder Absorptionsvermögens der Sonnenstrahlung oder des Emissions- oder Absorptionsvermögens der terrestrischen Infrarotstrahlung hervorgerufen werden.

Ein Anwachsen der Konzentration von Treibhausgasen erhöht den Anteil der terrestrischen Infrarotstrahlung, die absorbiert wird, und die Temperatur in den unteren Schichten der Atmosphäre steigt an. In diesem Fall spricht man von einem positiven Strahlungsantrieb. Die winzigen festen und flüssigen Teilchen der Aerosole gelangen durch Verbrennung fossiler Brennstoffe und von Biomasse in die Atmosphäre. Sie reflektieren oder absorbieren die Sonnenstrahlung und beeinflussen die Wolkenbildung und deren Reflektionsvermögen. Eine Zunahme der Aerosole in der Troposphäre bedingt in der Regel eine Abkühlung, also einen negativen Strahlungsantrieb.

Aerosole verbleiben nur einige Tage in der Luft, bis sie zur Erdoberfläche absinken. Ihr Strahlungsantrieb wirkt sich daher überwiegend regional aus, beispielsweise über stark industrialisierten Gebieten. Treibhausgase verbleiben dagegen Jahrzehnte bis Jahrhunderte in der Atmosphäre. Sie werden durch Luftströmungen gleichmäßig verteilt und wirken global.

Eine veränderte Strahlungsbilanz der Erde durch Eintrag zusätzlicher Treibhausgase und Aerosole führt zu einem Strahlungsantrieb und damit zu einer Temperaturänderung. Dies kann eine Umstellung im Muster der atmosphärischen Zirkulation hervorrufen und dadurch die anderen Komponenten des Klimasystems beeinflussen. So kann ein Anwachsen der Niederschläge den Strömungsverlauf in den Ozeanen beeinflussen, der wiederum auf die Strömungsverhältnisse in der Atmosphäre zurückwirkt. Rückkopplungsprozesse dieser Art charakterisieren das nichtlineare Wechselspiel zwischen den Komponenten des Klimasystems.«[13]

So erhöhte sich die Konzentration von Kohlendioxid in der Atmosphäre zwischen 1750 und 2000 um 31 Prozent. Die gegenwärtige CO_2-Konzentration ist die höchste der letzten 420 000 Jahre. Die Steigerung der letzten 70 Jahre ist zu drei Vierteln durch Nutzung fossiler Energieträger verursacht. Der Rest sind überwiegend Auswirkungen von Waldrodungen.

Die atmosphärische Konzentration von Methan wuchs zwischen 1750 und 2000 um 151 Prozent. Auch sie erreichte den höchsten Wert der letzten 420 000 Jahre. Quellen des Anstiegs sind menschliche Aktivitäten, beispielsweise Rinderhaltung und Reisanbau.

Durch die Akkumulation langlebiger Treibhausgase in der Troposphäre erhöhte sich der Strahlungsantrieb seit 1750 um 2,43 Watt pro Quadratmeter.

Ozon und Aerosole besitzen teils positive, teils negative Anteile am Strahlungsantrieb. Im Mittel ist der direkte globale Strahlungsantrieb der Aerosole negativ. Alle Modellrechnungen zur Beschreibung der bereits eingetretenen Klimaänderungen kommen derzeit zu dem Ergebnis, »daß der Mensch über den anthropogenen Zusatz-Treibhauseffekt die global gemittelte bodennahe Lufttemperatur seit zirka 1860 bereits um rund ein Grad Celsius erhöht hat, abzüglich des im globalen Mittel kühlenden Effekts durch die ebenfalls anthropogenen zusätzlichen Sulfataerosole (Sulfatpartikel, die aus der Schwefeldioxid-Emission in die Atmosphäre stammen) sind es etwa 0,6° C, in guter Übereinstimmung mit dem beobachteten Trend. Ähnliches ergibt sich auch aus der empirisch-statistischen Analyse der Beobachtungsdaten. Somit stellen alle vorliegenden Studien zum Problem der globalen Klimaänderungen fest, die verschiedene Ursachen berücksichtigen – anthropogene wie natürliche –, daß der Temperaturanstieg der letzten Jahrzehnte sehr wahrscheinlich von menschlichen Einflüssen dominiert ist.«[14]

Bereits die Klimaänderungen des 20. Jahrhunderts führten zu zahlreichen Veränderungen natürlicher physikalischer Systeme. Beispiele sind das Schmelzen der Gletscher, das Auftauen von Permafrostböden und das frühere Aufbrechen des Eises auf Flüssen und Seen.

Auch auf Klimaänderungen empfindlich reagierende biologische Systeme zeigen erkennbare Veränderungen. Korallenriffe, Atolle, Mangrovenwälder, polare und alpine Ökosysteme, Savannen und natürliche Grasländer sind Beispiele dafür.

Eine wachsende Zahl von Untersuchungen beschäftigte sich mit den Folgen des Klimawandels auf den Lebenszyklus von Pflanzen- und Tierarten.[15] So begann in Europa Ende des 20. Jahrhunderts der biologische Frühling im Mittel acht Tage früher als vor 30 Jahren. Direkte Beobachtungen wurden durch Satellitenmessungen bestätigt. Reflektionsmessungen im roten und infraroten Bereich erlauben Rückschlüsse auf jahreszeitliche Änderungen der Biomasse. Daten belegen, daß sich die Wachstumsphase in Eurasien in den zurückliegenden zwei Jahrzehnten um 18 Tage verlängerte. In Nordamerika beträgt die Verlängerung zwölf Tage.

Auch zahlreiche Tierarten veränderten ihren Lebenszyklus. Zwei Beispiele: Gefährdet sind Zugvögelarten, die den Rückflug in ihre nördlichen Brutgebiete unabhängig vom dort früher einsetzenden Frühling antreten. Einige Zugvögelarten, deren Winterquartiere in Äquatornähe liegen, orientieren sich beim Aufbruch an der Tageslänge. Zum Zeitpunkt ihrer Ankunft ist keine optimale Nutzung ihrer Habitate mehr möglich. Sie kommen zu spät, und jene Nahrungsquellen, die sie zur Aufzucht der Brut benötigen, haben ihre Populationsmaxima bereits überschritten: die Nahrungsketten beginnen sich zu entkoppeln.

Eine wichtige Nahrungsquelle für Fische und Wale sind Planktonarten. Seit den frühen achtziger Jahren haben sich wärmeliebende Arten dieser Kleinstlebewesen im nordwestlichen Atlantik um rund zehn Breitengrade nach Norden ausgedehnt. Der Lebensraum arktischer und subarktischer Arten reduzierte sich im entsprechenden Umfang.

Diese wenigen Beispiele verdeutlichen die derzeitigen Auswirkungen der bisherigen Temperaturerhöhung auf natürliche Ökosysteme. Die Folgen eines weiteren Temperaturanstiegs auf den Lebenszyklus von Pflanze und Tier werden wahrscheinlich weit stärker sein.

In vielen Fällen lassen sich Auswirkungen des Klimawandels auf natürliche Systeme nicht von menschlichen Einwirkungen trennen. Dazu zählen: Nutzung von Land, Wasser, Wäldern, Küstenzonen und marinen Systemen (Fischerei). Die Verwundbarkeit natürlicher Systeme variiert mit der geographischen Lage, der Zeit und den sozialökonomischen Bedingungen ihrer Nutzung. Besonders empfindlich reagieren auf einen Klimawandel Systeme, die nur geringe Möglichkeiten einer Anpassung besitzen. So sind Menschen, die auf trockenen (ariden) und halbtrockenen (semiariden) Böden ihren Lebensunterhalt finden, weit stärker gefährdet als Menschen, die in Gebieten mit ausreichender Wasserversorgung leben.

Im IPCC-Bericht 2001 und im Bericht GEO3 werden zahlreiche Folgen des bisherigen Klimawandels diskutiert.[16]

Betrachten wir die Auswirkungen der Land- und Wassernutzung: Böden sind komplexe Systeme, die sich durch Wechselwirkung zwischen Ausgangsgestein, Wasser, Luft und belebter Umwelt bilden. Die Entwicklung eines anbaufähigen Bodens aus nacktem Gestein dauert im gemäßigten Klima mehrere 1 000 Jahre. Als offene Systeme tauschen sie mit ihrer Umgebung Energie, Stoffe und genetische Informationen aus. Sie sind anfällig gegenüber externen Belastungen. Natürliche Veränderungen gehen langsam vonstatten. Schädigungen (Degradationen), die zu unumkehrbaren Veränderungen ihrer Struktur und Funktion führen, verlaufen in der Regel so schnell, daß eine natürliche Anpassung nicht möglich ist.

Von den 130 Millionen Quadratkilometern eisfreier Landfläche der Erde wurden 1990 14,8 Millionen Quadratkilometer als Ackerland genutzt. Ständig werden neue Böden kultiviert. Da Akkerland durch Degradation der Böden verlorenging, vergrößerte sich die Anbaufläche in den zurückliegenden Jahrzehnten nur wenig. Unter den Ursachen der Bodendegradation dominieren Erosion durch Wasser und Wind. Menschliche Einwirkungen, die zu einer Degradation führen, sind zu annähernd gleichen Teilen auf Ackerbau, Überweidung und Rodung zurückzuführen.

Landdegradation in trockenen und halbtrockenen Gebieten bezeichnet man als Desertifikation. Dürren infolge unzureichender Niederschläge bewirken eine natürliche Desertifikation. Überweidung, Entwaldung und unangepaßter Ackerbau führen ebenfalls zur Umwandlung von Steppen und Savannen in wüstenähnliche Landschaften. Bereits heute sind 70 Prozent aller landwirtschaftlich genutzten Trockengebiete unterschiedlich starken Desertifikationen ausgesetzt.

Die Degradation der Böden durch Rodung von Wäldern erfolgte bis in die neunziger Jahre auf 580 Millionen Hektar. Zwischen 1975 und 1990 wurden 220 Millionen Hektar tropischer Wälder zur Holzgewinnung vernichtet. Durch Überweidung wurden 680 Millionen, das heißt 20 Prozent des weltweiten Weidelandes degradiert.

Die Intensivierung des Ackerbaus in Industrie- und Entwicklungsländern hat zur Bodenerosion geführt. Die Schädigung von Ackerland reicht von Bodenversalzung und Staunässe, wie man sie auf künstlich bewässerten Flächen findet, über Bodenverdichtung, verursacht durch den Einsatz schwerer Landmaschinen, bis zur Verunreinigung der Böden (und des Wassers) durch Pestizide und Düngemittel. Unangepaßter Ackerbau führte zur Degradation von 550 Millionen Hektar.

Neben den Verlusten durch Degradation geht weltweit gutes Ackerland durch Urbanisierung verloren. Allein in China sind in den letzten zehn Jahren mehr als 200 neue Städte entstanden und 100 Millionen Bauern aus ländlichen Gebieten in Städte abgewandert.

Süßwasser ist das wichtigste menschliche Nahrungsmittel und gleichzeitig Grundlage zur Erzeugung aller anderen Lebensmittel. Im Gegensatz zu weiteren, für das menschliche Leben notwendigen Ressourcen – zum Beispiel Brennstoff – läßt sich Wasser durch nichts ersetzen. Frischwasser macht 2,5 Prozent der Wasservorräte der Erde aus. Zwei Drittel sind in Eiskappen und Gletschern gebunden. In allen Seen, Bächen, Flüssen und Strömen finden sich insgesamt weniger als 0,01 Prozent des weltweiten Wasservorrats. Nur dieser Teil ist der menschlichen Nutzung direkt zugänglich. Der Wasserkreislauf zwischen Ozeanen, Böden und Atmosphäre sorgt für seine ständige Erneuerung.

Die jährliche Verdampfung von Oberflächenwasser beträgt bei Ozeanen 505 000 Kubikkilometer, bei Landflächen sind es 72 000 Kubikkilometer. Als Niederschläge fallen 485 000 Kubikkilometer über den Ozeanen und 119 000 über Land. Die Differenz zwischen Niederschlag und Verdunstung über den Landmassen, also 47 000 Kubikkilometer bleiben jährlich als Frischwasserzufuhr auf der Oberfläche und zur Erneuerung des Grundwassers.

Für den menschlichen Verbrauch stehen gegenwärtig 12 500 Kubikkilometer Wasser pro Jahr, also rund 2 100 Kubikmeter pro Kopf, zur Verfügung, wobei das Grundwasser unberücksichtigt bleibt. Von den direkt zugänglichen Vorräten nutzen wir zur Zeit 54 Prozent. Zwischen 1940 und 1987 stieg die globale Wasserentnahme um 210 Prozent, während die Weltbevölkerung um 117 Prozent zunahm. Bei einem Bevölkerungswachstum auf mehr als acht Milliarden Menschen bis zum Jahr 2025 werden bei gleichbleibendem Pro-Kopf-Verbrauch ungefähr 70 Prozent des direkt verfügbaren Frischwassers genutzt.

Gegenwärtig verbraucht die Landwirtschaft 70 Prozent des Wassers aus Flüssen, Seen und Grundwasser führenden Schichten. Die künstlich bewässerten Anbauflächen wuchsen in den vergangenen 30 Jahren von rund 200 Millionen auf 270 Millionen Hektar. Dadurch erhöhte sich die Wasserentnahme von 2 500 auf 3 500 Kubikkilometer. Intensive Bewässerung führt zur Versalzung von jährlich mehr als einer Million Hektar landwirtschaftlicher Nutzfläche. Weltweit sind davon 20 Prozent der Ackerflächen betroffen.

Ursachen des steigenden Wasserverbrauchs sind Bevölkerungswachstum, Industrialisierung und künstliche Bewässerung in der Landwirtschaft. Zur Gewinnung der erforderlichen Wassermengen und zur Energiegewinnung wurden an 60 der weltweit größten Flüsse Staudämme und Kanäle zur Wasserableitung errichtet.

Die Folgen einer Übernutzung von Flußwasser auf natürliche Ökosysteme lassen sich an zwei Beispielen gut verdeutlichen. Einer der bedeutendsten Flüsse in den Vereinigten Staaten ist der Colorado River, der einst den Grand Canyon grub. Nach dem Passieren von zehn riesigen Stauseen und zahlreichen Wasserableitungen versickern in manchen Jahren die letzten Tropfen des Flusses in der Wüste von Arizona, bevor er das Meer im Golf von Kalifornien erreicht. In dem extrem veränderten Flußsystem sind 29 der 50 bekannten Fischarten ausgestorben oder gefährdet. Die einst reichhaltige Tier- und Pflanzenwelt des Flußdeltas ist verschwunden. Mit der Zerstörung des Ökosystems verschwanden auch die im Delta lebenden Menschen.

Die Flüsse Amu-Darja und Syr-Darja münden in den Aralsee. Aus den Bergen des Tienschan und des Pamir kommend, bilden sie das wichtigste Wasserreservoir für Usbekistan, Kirgistan, Tadshikistan, Turkmenistan und den Süden Kasachstans. Bis in die fünfziger Jahre wurde die Hälfte des Flußwassers entnommen, die andere Hälfte, jährlich 55 Milliarden Kubikmeter, flossen in den See.

Die Intensivierung der Bewässerung, hauptsächlich für den Baumwollanbau, bewirkte eine drastische Reduzierung des Wasserzuflusses in den Aralsee. Seit 1960 hat er mehr als vier Fünftel seines Volumens verloren. Der Wasserspiegel sank um 19 Meter, und der Salzgehalt übersteigt den von Meerwasser.

Der Aralsee zählt heute zu den – bisher – größten ökologischen Katastrophen auf der Erde. Von ehemals 24 im See lebenden Fischarten sind 20 ausgestorben. Die Fischfangrate, die in den fünfziger Jahren 44 000 Tonnen im Jahr erreichte, hat sich nahezu auf Null reduziert. Vom ausgetrockneten Grund des Sees verteilt der Wind jährlich zwischen 40 und 150 Millionen Tonnen eines giftigen Staub-Salz-Gemisches auf die umliegenden Anbauflächen. Die Saat wird geschädigt oder vernichtet.

Annähernd zwei Milliarden Menschen decken ihren Wasserbedarf durch Grundwasser. In Teilen Indiens, in China und in den USA führte die übermäßige Entnahme bereits zu deutlichen Absenkungen des Grundwasserspiegels. In den Küstenregionen des Indischen Ozeans bewirkte die Grundwasserentnahme stellenweise das Eindringen von Salzwasser weit landeinwärts.

In allen Teilen der Erde führten Regulierungen natürlicher Wasserläufe zur Vernichtung von Feucht- und Sumpfgebieten. Rund die Hälfte der weltweit vorhandenen Feuchtgebiete gingen im 20. Jahrhundert verloren.

Über Zehntausende Jahre lebte der Mensch im Gleichklang mit der Natur. Seine Weltbilder waren durch Achtung, ja Ehrfurcht gegenüber allen belebten und unbelebten Naturerscheinungen geprägt. Sie sicherten das Leben der Gemeinschaften.

In dem Maße, wie sich Ackerbau und Viehzucht ausbreiteten, änderten sich Teile der Weltbilder. Achtung, Angst und Dankbarkeit gegenüber der Natur und ihren Gaben blieben erhalten. Im Glauben der Ackerbauern förderten Geister und göttliche Wesen die jahreszeitlichen Wechsel von Saat, Wachstum und Ernte. Sie hemmten den Ernteerfolg, wenn unumgängliche Rituale mißachtet wurden.

Mit dem Beginn der Industriellen Revolution schwand in den Industrieländern die Achtung vor der Natur. Man begann sich ihr gegenüber zum Herren aufzuschwingen. Alles, was ihr der Mensch zu seiner vermeintlichen Wohlfahrt entnahm oder als Abfall zurückgab, nahm oder gab er bedenkenlos. Noch bis zur Mitte des 20. Jahrhunderts konnten wir uns auf Unwissen um die Folgen berufen.

Heute kennen wir sie und wissen, was wir tun!

Wie Michael Focault feststellte, fand »mit der Kolonisierung, das heißt dem kolonisatorischen Völkermord« eine Weiterentwicklung des Rassismus statt.[17] Das im Verlauf des 19. Jahrhunderts zur Macht gelangte Bürgertum erklärte die Nation zu einer Angelegenheit der Erhaltung der biologischen Art. Dieser moderne Rassismus spaltete die Bevölkerung in jene, die leben dürfen, und jene, die sterben müssen. Ihr Tod dient der kollektiven »Volksgesundheit«. »Die Besonderheit des modernen Rassismus, seine Spezifik, ist nicht an Mentalitäten, Ideologien und Lügen der Macht gebunden. ... Der Rassismus ist an das Funktionieren eines Staates gebunden, der sich zum Zweck der Ausübung seiner souveränen Macht der Rasse, der Eliminierung der Rassen und der Reinigung der Rasse zu bedienen gezwungen sieht.«[18]

Eine führende Rolle bei der Ausübung von Rassismus übernahmen zu Anfang des 20. Jahrhunderts die USA. Zu dieser Zeit waren in vielen amerikanischen Staaten große soziale Probleme herangereift. Angelockt von einer unter Volldampf laufenden Maschinerie des industriellen Zeitalters kamen in den Jahren 1890 bis 1920 rund 17 Millionen Menschen allein aus der Alten Welt. Eine Gruppe einflußreicher und angesehener US-Bürger widmeten sich mit Hilfe der Eugenik der Aufgabe, das Land von armen, einfältigen, kranken, kriminellen und – vor allem – farbigen Einwohnern zu befreien. Gedeckt durch eugenische Gesetze verstümmelten US-Ärzte bis in die siebziger Jahre des 20. Jahrhunderts über 60 000 Frauen und Männer durch Sterilisation.[19]

Selbst nach dem Zweiten Weltkrieg, in dessen Verlauf der Rassismus mit dem Holocaust einen Höhepunkt des Schreckens erlebte, verschwand er nicht aus dem Bewußtsein der Menschen und der Politik einiger Staaten der Erde. Erinnert sei an das Apartheid-Regime in Südafrika, das erst 1994 sein Ende gefunden hat und an die Rassentrennung in den Vereinigten Staaten, gegen die sich gewaltloser Widerstand unter Führung des Geistlichen Martin Luther King richtete.

Auch heute ist Rassismus weit verbreitet. Sind die sozialökonomischen Beziehungen in einer Gemeinschaft annähernd im Gleichgewicht, fällt er kaum auf. Herrschen in der Gesellschaft jedoch soziale Spannungen, die sich durch Masseneinwanderungen aus armen Ländern verstärken, wird latenter Rassismus nicht nur sichtbar, er manifestiert sich in voller Stärke.

Viele Moralsysteme und fast alle modernen Religionen verurteilen den Rassismus. Können wir aber aus wissenschaftlicher Sicht ausschließen, daß einige Rassen anderen überlegen sind? Die Naturwissenschaften sind heute in der Lage, die Frage zu beantworten, ob vorhandene genetische Unterschiede zwischen Populationen der einen oder anderen von ihnen eine Überlegenheit gewährt. Jedem ist bewußt, daß bei Hautfarbe, Haaren, Augen, Gesichts- und Körperformen deutliche Unterschiede zwischen Menschengruppen existieren. Die Ausbreitung des modernen Menschen von Afrika auf die übrigen Kontinente führte zur Anpassung an die jeweiligen Umweltbedingungen. Die sichtbaren Unterschiede zwischen den verschiedenen Populationen lassen sich auf eine klimabedingte natürliche Selektion zurückführen.

Bewohner der Äquatorialzone schützt ihre schwarze Hautfarbe vor Schäden durch ultraviolette Sonnenstrahlen. Eine an Melaninpigmenten reiche Haut verhindert das Eindringen der UV-Strahlung. Im heißen und feuchten Klima des tropischen Regenwaldes sind Menschen kleinwüchsig. Dadurch vergrößert sich das Verhältnis von Oberfläche zu Körpervolumen. Die Verdunstung von Schweiß, die von der Oberfläche her erfolgt, kühlt den Körper ab. Bei Menschengruppen, die, wie die Eskimos, in größerer Kälte leben, dient der Körperbau dem Schutz vor extremer Kälte. Körper und Kopf sind abgerundet, um das Verhältnis von Oberfläche zum Körpervolumen zu verkleinern. Das reduziert den Wärmeverlust nach außen. Die Nase ist klein, um die Erfrierungsgefahr zu verringern. Kleinere Nasenlöcher lassen die Luft langsamer in die Lunge strömen. Die Augen werden durch fettgepolsterte Lider geschützt.

Merkmale einer Klimaanpassung sind homogen für jede Gruppe, die unter denselben Klimabedingungen lebt. Sie sind Merkmale der Körperoberfläche, denn über sie erfolgt die Wärmeregulierung. Daraus jedoch den Schluß zu ziehen, daß es sich um Rassen handelt, zwischen denen, zum Beispiel bei den geistigen Fähigkeiten, Unterschiede bestehen, sind Fehlschlüsse.

In den zurückliegenden Jahren wuchs die Zahl der Untersuchungen genetischer Ähnlichkeiten zwischen Populationen in Abhängigkeit von der sie trennenden geographischen Distanz. Alle Untersuchungen an unterschiedlichen Genen ergaben, daß der genetische Abstand kontinuierlich mit der Entfernung wächst.

Vergleiche der genetischen Struktur von Menschen ausgewählter Gruppen verschiedener Kontinente ergaben, daß die überwiegende Zahl der beobachteten Differenzen innerhalb jeder Population lag. Nur drei bis fünf Prozent der genetischen Variation zwischen Individuen fanden sich zwischen Menschengruppen getrennter Populationen.[20]

Wenn wir unter Rassen Populationen verstehen, die sich in ihrem Genotyp deutlich voneinander unterscheiden, müßte zwischen ihnen eine statistisch signifikante Differenz bestehen. Da aber genetische Abweichungen kontinuierlich mit der Entfernung zunehmen und die meisten Differenzen innerhalb derselben lokalen Gruppe auftreten, ist jede Art der Grenzziehung reine Willkür. Nach allen Schrecken der zurückliegenden Zeit muß man die Ansichten, sichtbare Variationen zwischen Menschengruppen unterschiedlichen Rassen zuzuordnen, als vollkommen sinnlos zurückweisen.

In den zurückliegenden Jahrhunderten wurde der »Rassenreinheit« besondere Bedeutung zugemessen. Züchter von Katzen und Hunden bemühten sich, homogene Tiergruppen zu erzeugen. Der Wunsch nach genetischer Reinheit mittels wiederholter Paarung zwischen engen Verwandten ist ein riskantes Unternehmen. Es reduziert die Widerstandskraft gegen Krankheiten und führt zur Abnahme der Fruchtbarkeit.

»Generell ist es besser, das Gegenteil anzustreben: Alle Tierarten einschließlich des Menschen haben größere Möglichkeiten, hohe Niveaus bei wichtigen Merkmalen wie der Widerstandskraft gegen Krankheiten, der Fruchtbarkeit, der Intelligenz usw. zu erreichen, wenn sie genetisch gemischt sind.«[21]

Genetische und linguistische Analysen belegen, daß die Europäer, vor allem die Mitteleuropäer, eine Mischrasse sind.

In zahlreichen Genanalysen der letzten Jahre wurde das Erbgut der Mitochondrien von mehr als 10 000 Europäern untersucht.[22] Aus einem Vergleich dieses Erbguts läßt sich ein DNA-Stammbaum berechnen.

Die bekannte Mutationsgeschwindigkeit erlaubt eine zeitliche Einordnung der Vorfahren in den DNA-Stammbaum. Vergleicht man die genetischen Muster mit den DNA-Daten von Menschen außereuropäischer Räume, erkennt man, woher die einzelnen europäischen Grundmuster kommen und welches Alter sie haben.

Eine zweite Methode zur zeitlichen Rekonstruktion von Wanderungen sind linguistische Analysen. Sprachforscher bemühen sich seit vielen Jahren um ein besseres Verständnis der Verwandt-schaft zwischen Sprachen und Sprachfamilien. Wie beim DNA-Stammbaum lassen sich auch bei Sprachen Stammbäume rekon-struieren. Wegen der dabei auftretenden Schwierigkeiten gelang es den Linguisten bisher nicht, einen einzigen Stammbaum auf-zustellen, der alle Sprachfamilien umfaßt. Dennoch zeigen alle Sprachfamilien eine gemeinsame Struktur.»... dies könnte ein ausreichender Grund für die Vermutung sein, daß die gegenwär-tig gesprochenen Sprachen von einer oder mehreren abstammen, die in Afrika zur Zeit der Expansion des modernen Menschen gesprochen wurden, so daß Afrika der Ausgangspunkt sowohl der modernen Populationen wie der modernen Sprachen wäre und das Datum der Expansion der Populationen mit dem der Expansion der Sprachen zusammenfiele.«[23]

Ein Vergleich des genetischen Stammbaums mit dem Entwick-lungsstammbaum der Sprachfamilien zeigt eindrucksvolle Ähn-lichkeiten. Aus ihnen läßt sich schließen, daß die ältesten Europä-er vor mehr als 40 000 Jahren aus dem mittleren Osten und aus Mittelasien gekommen sind.

Die Cro-Magnon-Menschen, die Schöpfer der Kunstwerke in den Höhlen und Grotten Südfrankreichs und Nordostspaniens, verständigten sich untereinander in einer Sprache , aus der sich möglicherweise das moderne Baskisch herleitet.

Auf dem Höhepunkt der letzten Vereisung vor rund 20 000 Jahren konnten die Alteuropäer nur in wenigen, klimatisch gün-stigen Refugien überleben. Zu ihnen zählt Südwesteuropa. Wie Genanalysen belegen, erfolgte von hier mit Beginn des Holozän ein Teil der erneuten Besiedelung des europäischen Westens und Nordens.[24]

Im größten Teil Nordeuropas verständigten sich die Menschen in Sprachen, die zur uralischen Sprachfamilie gehören. Ihre ge-netische Verwandtschaft läßt vermuten, daß sie ursprünglich Uraler waren, die sich stark mit Nordeuropäern vermischten.[25]

In Europa werden, abgesehen vom Baskischen und Finougri-schen, indoeuropäische Sprachen gesprochen. Europa wurde in zwei Phasen durch Populationen besiedelt, die sich in indoeu-ropäischen Sprachen verständigten. Zum ersten durch die über die Türkei nach Europa sich ausbreitenden Ackerbauern und zum zweiten durch Steppenvölker aus dem Osten. Als ihren Ursprungsort hat die Archäologin Marija Gimbatas die Kurgan-Region angegeben.[26] Sie liegt nördlich des Kaspischen Meeres.

Der sintflutartige Einbruch des Salzwassers in das Süßwasser des Schwarzen Meeres vor 7 500 Jahren löste eine Wanderungsbewegung der an seinen Ufern siedelnden Ackerbauern aus. Einige Gruppen erreichten die Steppenregionen nördlich von Kaukasus und Kaspischem Meer. Diese Gebiete waren für den Ackerbau wenig geeignet. Die Menschen fanden hier jedoch Pferde, die sie domestizierten und die ihnen eine sichere Lebensgrundlage gaben. Hinzu kam eine hohe Kultur der Metallgewinnung und Bearbeitung. Mit der Herstellung von Geräten und Waffen aus Bronze waren sie vor rund 6 000 Jahren für ihre Expansionszüge nach Europa bereit. In der Regel werden Wanderungsbewegungen durch Dürreperioden in den Ursprungsregionen ausgelöst.

Vor 6 000 Jahren erlebte die Nordhemisphäre eine drastische Klimaverschlechterung.

Die späteren Wanderungsbewegungen von Menschengruppen sind bekannt. Erinnert sei an die Völkerwanderungen, die zur weiteren genetischen Durchmischung der Bevölkerung Europas beitrugen.

Der Biologe Ernst Mayr definiert eine Art als eine Gruppe potentiell oder theoretisch paarungsfähiger Individuen, die von anderen Gruppen reproduktiv isoliert sind; also Gruppen von Lebewesen, die ihr genetisches Material in einem Genpool austauschen. Diese Definition ist bis heute ein zentraler Bestandteil der modernen Evolutionsbiologie.

Der *Homo sapiens sapiens*, der moderne Mensch, ist *eine* Art. Nach all dem Mißbrauch, der die Beziehungen von Menschen in Vergangenheit und Gegenwart belastet, sollte jede Trennung in Unterarten oder Rassen vermieden werden.

Diese knapp skizzierten Gen- und Sprachanalysen vermitteln den Stand unseres heutigen Wissens. Genanalysen gibt es jedoch erst seit den achtziger Jahren des 20. Jahrhunderts. Auch linguistische Forschungen deckten neue Zusammenhänge auf, die bis vor wenigen Jahrzehnten unbekannt waren. Der heutige Stand der Wissenschaft auf einem für das menschliche Miteinander so sensiblen Gebiet wie dem Rassismus führte zu allen Zeiten auch unter Wissenschaftlern zu Auseinandersetzungen. Dabei spielten deren Weltbild und gesellschaftliche Stellung – bewußt oder unbewußt – eine nicht zu vernachlässigende Rolle.

Betrachten wir beispielhaft die Rassismusdiskussion in der UNESCO. 1945 wurden in Paris die »United Nations Educational Scientific and Cultural Organisation« gegründet und der

Biologe Julian Huxley Ende 1946 zu ihrem ersten Generaldirektor gewählt. Seine Haltung zum Rassismus, zum Mißbrauch der Wissenschaft formulierte er einige Jahre später: »Viele Anwendungen der Wissenschaft haben zu neuen, umfassenderen Sichtweisen für die Art und Weise geführt, wie der Mensch die Natur kontrollieren kann. Aber dann war da die Wiederentdeckung der Abgründe und Schrecken des menschlichen Verhaltens, wie sie sich in den Vernichtungslagern der Nazis, den kommunistischen Säuberungen und der Behandlung der Kriegsgefangenen in Japan zeigten; das führte zu der ernüchternden Erkenntnis, daß die Kontrolle des Menschen über die Natur sich nur auf die äußere Natur erstreckt; die schwierige Eroberung seiner eigenen, inneren Natur steht noch aus.«[27]

Eine Gruppe von Wissenschaftlern, zu der auch Julian Huxley und Theodosius Dobzhansky gehörten, formulierte eine 1950 veröffentlichte UNESCO-Erklärung, die sich dafür aussprach, den Begriff der Rasse aufzugeben und durch die weit weniger mit Ressentiments belastete Bezeichnung »ethnische Gruppe« zu ersetzen. »Unter allen praktischen gesellschaftlichen Gesichtspunkten ist ›Rasse‹ weniger ein biologisches Phänomen als vielmehr ein sozialer Mythos. ... Biologische Unterschiede zwischen ethnischen Gruppen sollte man im Hinblick auf gesellschaftliche Anerkennung und soziales Handeln nicht beachten. Die Einheitlichkeit der Menschheit ist die Hauptsache. ... Und tatsächlich zeigt die gesamte menschliche Geschichte, daß der Geist der Zusammenarbeit nicht nur eine natürliche Eigenschaft der Menschen ist, sondern auch tiefer wurzelt als jede egoistische Neigung. ... Nach unserer derzeitigen Kenntnis gibt es keinen Beweis, daß die Menschengruppen sich in ihren angeborenen geistigen Eigenschaften unterscheiden, sei es in Intelligenz oder im Temperament. Die wissenschaftlichen Befunde deuten darauf hin, daß das Spektrum der geistigen Fähigkeiten bei allen ethnischen Gruppen ziemlich gleich ist. ... Und schließlich stützen biologische Untersuchungen die Ethik der weltweiten Brüderlichkeit: Denn der Mensch wird mit dem Hang zur Zusammenarbeit geboren, und wenn dieser Trieb nicht befriedigt wird, werden Menschen und Nationen krank.«[28]

Vor dem Hintergrund der anhaltenden Rassendiskriminierungen in zahlreichen Staaten, meldeten sich viele Kritiker aus den Reihen der Wissenschaftler zu Wort. Ihre unterschiedlichen Einwände bezogen sich auf die zu dieser Zeit nicht gesicherten

Teile der Erklärung, wie auf das Verhältnis zwischen Erbgut und Umwelt bei der Ausbildung geistiger Fähigkeiten. Ein neues Komitee, das sich vorwiegend aus westeuropäischen und amerikanischen Wissenschaftlern zusammensetzte, veröffentlichte 1952 eine zweite Erklärung. Auch in ihr gelangten die Experten zu keiner einheitlichen Meinung bezüglich des Anteils von Genen und Umwelt an der menschlichen Intelligenz. Der bislang letzte Versuch, eine aktualisierte Fassung der UNESCO-Erklärung über den biologischen Gesichtspunkt der Rassen zu verabschieden, wurde 1993 unternommen. Auch dieses Papier teilte das Schicksal der vorangegangenen. Es wurde zur Überarbeitung an das Komitee zurückgewiesen.

Dobzhansky kam bereits 1962 in seinem Buch »Mankind Evolution« zu Folgerungen, die durch Forschungen der letzten Jahre bestätigt wurden: »Daß Menschen gleich sein können, ohne gleich auszusehen, wurde ... mehrfach betont. Gleichheit ist eine Wahrheit, Ähnlichkeit oder Unabhängigkeit ist eine Wahrnehmung. Strenggenommen sagt die Wissenschaft nichts darüber, ob Menschen gleich sein sollen oder nicht, aber sie zeigt, welche Folgen sich angesichts der beobachteten Vielfalt der Menschen aus gleichen oder ungleichen Chancen ergeben. ... Die Leugnung der Chancengleichheit macht die genetische Vielfalt unwirksam, mit der die Menschheit im Laufe ihrer Entwicklungsgeschichte ausgestattet wurde. Ungleichheit verschleiert und behindert die Fähigkeiten mancher Menschen und verbirgt bei anderen den Mangel an Begabung. Umgekehrt erlaubt Gleichheit ... die optimale Ausnutzung des reichhaltigen Genvorrats der Spezies Mensch.«[29]

Wir wissen heute, daß jedes komplexe menschliche Verhalten genetisch beeinflußt, aber nicht genetisch gesteuert ist. Komplexe Verhaltensmerkmale, wie kognitive Fähigkeiten, Geisteskrankheiten oder das Verhalten von Individuen in der Gemeinschaft allein der Ausprägung des genetischen Erbes zuzuordnen, sind falsch.

Der Reduktionismus der modernen Genetik erreichte mit der Entschlüsselung des menschlichen Genoms einen Höhepunkt. Seitdem erscheinen in der Öffentlichkeit in unregelmäßigen Abständen Berichte, in denen über die Entdeckung eines Gens berichtet wird, welches diese oder jene Krankheit, diese oder jene menschliche Eigenschaft bewirken soll. Der wissenschaftliche Wert solcher Aussagen ähnelt der These, daß der Rückgang der Geburtenrate in Deutschland auf den Rückgang nistender Klapperstörche zurückzuführen sei.

Auch in der Genetik sind Zweifel angesagt. Die wenigsten Krankheiten lassen sich eindeutig einem Gen zuordnen. In der Regel sind an der Prädestination von Krankheiten zahlreiche Gene beteiligt, bzw. verschiedene Gene können zum gleichen Krankheitsbild führen. Allein in den neunziger Jahren wurden zirka 400 klinische Testreihen zur Gentherapie mit mehr als 3 000 Patienten durchgeführt. Meist endeten die Experimente enttäuschend.

Jedes Gen steht unter der Kontrolle anderer. Das komplexe Zusammenwirken der Gene mit der Vielzahl der RNA-Transkripte und der riesigen Zahl der Proteine in mehrfach rückgekoppelten Prozessen sind kein gesichertes Wissen der Gegenwart, sondern Forschungsgebiete der Zukunft.

Von der Berichterstattung in den Massenmedien beeinflußt, beginnt sich in Teilen der Bevölkerung der Industriestaaten unterschwellig eine neue Form der Eugenik herauszubilden. Dabei bewegen sich mikrobiologische Forschung, aber auch medizinische Praxis in vier Richtungen: die Präimplantationsdiagnostik, die embryonale Stammzellentherapie, das therapeutische Klonen und die Keimbahntherapie.

Präimplantationsdiagnostik wird weltweit bereits angeboten. Paare, die ein genetisches Risiko fürchten, können eine Befruchtung im Reagenzglas wählen. Nach einer In-Vitro-Fertilisation bildet sich eine Zelle, die sich in rascher Folge teilt. Bis zum Achtzellenstadium kann sich aus jeder dieser als totipotent bezeichneten Zellen ein eigenständiges Lebewesen entwickeln. Für eine Präimplantationsdiagnostik entnimmt man ein bis zwei Zellen, um sie im Labor auf genetische Fehler zu untersuchen. Wird die Zelle als gesund befunden, kann der Embryo in den Uterus übertragen werden.

Gegenwärtig kennen Wissenschaftler bereits einige 1 000 Genabschnitte, die sich mit Erbkrankheiten in Verbindung bringen lassen. Zwangsläufig führt das Ergebnis der Diagnose zur ethischen Frage, ob ein neues Leben als unwert ausgesondert werden soll, zum Beispiel wegen einer Behinderung oder wegen einer unerwünschten Eigenschaft. »Natürlich steht es jedem Elternpaar frei, im Wissen darum auch ein behindertes Kind zur Welt zu bringen. Doch dies wird aufgrund umfassender Diagnose wohl bald die Ausnahme werden. Es ist im Gegenteil ein gesellschaftliches Klima vorstellbar, das Erbkrankheiten unterschwellig diskriminiert, weil ›so etwas‹ angesichts medizinischen Wissens doch wirklich nicht mehr sein müsse.

Anders ausgedrückt: Es ist kein platonischer Menschenhirt, aber auch kein hitlerscher Schurke nötig, den eugenischen Gedanken in die Praxis umzusetzen. Es reichen besorgte Eltern. Den Rest erledigen möglicherweise Kindergarten, Schule und ein soziales Umfeld, das ein unglückliches genetisches Schicksal künftig nicht mehr als gottgegeben betrachtet, sondern als selbst verschuldet. ... Fazit: Negative Eugenik ist möglich. Im Einzelfall wird sie bereits praktiziert. Sie könnte auf Dauer Moral und Gesellschaft umkrempeln, aber nicht das menschliche Erbgut in toto.«[30]

Nach einer künstlichen Befruchtung lassen sich im Labor aus überzähligen totipotenten Zellen embryonale Stammzellen züchten. Ziel der embryonalen Stammzellentherapie ist die Entwicklung von Geweben aller Arten; also die Schaffung eines Ersatzteillagers für künftige Transplantationen.

Das bekannte Problem der Abstoßung transplantierten Gewebes führte zu einem weiteren Gebiet der Forschung, dem therapeutischen Klonen. Ziel ist die Herstellung von Ersatzgewebe aus körpereigenem Material. Einer gespendeten Eizelle wird der Zellkern entfernt. Dem Patienten wird eine Körperzelle, zum Beispiel eine Hautzelle entnommen. Ihr Zellkern wird in die entkernte Eizelle übertragen. Dadurch entsteht eine neue totipotente Zelle, die sich wie eine befruchtete Zelle entwickeln kann. Der Vorteil des therapeutischen Klonens liegt darin, daß das mit dem Zellkern aus der Körperzelle des Patienten gewonnene Material nach einer Transplantation nicht abgestoßen wird. An diese Form des therapeutischen Klonens schließt die Vorstellung vom Klonen eines Menschen nahtlos an.

Das vierte Forschungsfeld, die Keimbahntherapie, zielt letztlich darauf, das Schicksal künftiger Generationen zu bestimmen. Im Tierversuch wird seit einigen Jahren eine Genübertragung auf dem Umweg über die Keimbahn erforscht. So gelang es, Mäusen jedes gewünschte Gen punktgenau einzupflanzen. Die Maus Lucy war das erste Säugetier mit einem künstlichen Chromosom. Neben ihren 20 natürlichen Chromosomen vererbte Lucy an ihre Nachkommen ein zusätzliches Chromosom, das aus dem Genlabor der Firma Chronos Molecular Systems in British Columbia stammte.

Bisher wurden viele Formen von Mäusen gezüchtet. Nackte, dicke, kranke, langlebige, klügere und solche, die man als Muskelpakete bezeichnen kann.

An der Universität von Los Angeles fand 1988 ein Symposium »Engineering the Human Germline« statt. Dabei ging es nicht um die Heilung seltener Erbkrankheiten, nicht um die Frage, ob man in die menschliche Keimbahn eingreifen darf, sondern um das Wie und Wann. Im Vordergrund stand die Frage der Verbesserung des menschlichen Erbguts. Daher der Begriff Ingenieurtechnik statt Medizin. Das angestrebte Ziel wird möglicherweise in einigen Jahrzehnten erreichbar sein. Von den naturwissenschaftlichen und biotechnischen Voraussetzungen her erscheint es den beteiligten Wissenschaftlern und Technikern nicht mehr unmöglich, einen neuen Adam zu erschaffen. Künftigen Eltern, die es sich finanziell leisten können, sollen im Laufe des 21. Jahrhunderts die Möglichkeiten geboten werden, ihrem Nachwuchs ein ausgesuchtes Genbündel in die Wiege zu legen. Bisher ist die Keimbahntherapie am Menschen in den meisten Staaten gesetzlich verboten. So anregend und interessant die Diskussion um Ethik und Recht auch sein mag, letztlich gilt, wie stets in der Vergangenheit, was machbar und gefragt ist, das wird gewinnbringend verkauft – gleichgültig, ob es sich um Atombomben, genetisch verändertes Pflanzgut oder schließlich um positive Eugenik handelt.

Die Möglichkeiten einer kommerziellen und/oder sozialen und politischen Eugenik laufen auf eine weitere grundlegende Veränderung unserer gesellschaftlichen Beziehungen hinaus. Akzeptieren wir beispielsweise, daß eine junge Frau ihren Leib vermietet, um ein Kind zu gebären, das genetisch nicht das ihre ist, führt diese Praxis zur Professionalisierung der Zeugung nach eugenischen Prinzipien. Diese Praktiken erinnern an die Idee des »Lebensborns« im Dritten Reich: Junge Frauen nordischen Typs wurden von jungen SS-Männern des gleichen Typs geschwängert, um künftige rassische Eliten für Führer und Reich zu produzieren.

Alle Versuche, den *Homo sapiens sapiens* durch Genmanipulation zu »verbessern«, beseitigen nicht die gravierenden Schäden in unseren sozialökonomischen Beziehungen. Unausgereifte naturwissenschaftliche Erkenntnisse und ihre biotechnischen Umsetzungen dürfen nicht zur Basis unseres Selbstverständnisses, unseres Weltbildes werden. Normen des menschlichen Miteinanders lassen sich nicht durch Zuchtregeln ersetzen. Zwischen einer Auswahl reproduktionswürdiger Gene und einem friedlichen Miteinander aller Populationen unserer Art in einer natürlichen Umwelt besteht kein deterministischer Zusammenhang.

Wenn das gegenwärtig herrschende Gesellschaftssystem Menschen
so konditioniert, daß sie die Auswirkungen des Systems als unaus-
weichlich betrachten, so ist dieses System falsch. Wenn unser Be-
wußtsein, unser Weltbild auf eine Art und Weise manipuliert wird,
daß wir uns als austauschbar, letztlich als überflüssig und durch
einen neuen Adam ersetzbar ansehen, müssen wir uns dagegen
wehren.

Zur Grundlage eines wissenschaftlichen Weltbildes über das
menschliche Miteinander muß die Gleichheit aller Menschen
werden. Dabei geht es um die Gleichheit der Menschen in ihrer
sozialen Organisation und nicht um die Aufhebung individueller
Unterschiede in Charakter und Intelligenz.

7.3 Sozialökonomische Beziehungen heute

Durch Schule, Hochschule, Arbeits- und Freizeitwelt geprägte
Menschen sind heute immer weniger in der Lage, die ihr Leben
bestimmenden sozialökonomischen Verhältnisse zu erkennen und
kritisch zu werten. Eigeninteresse bestimmt zunehmend das Sein,
wird zur Lebensgrundlage. Anteilnahme am Nebenmenschen ist
die Ausnahme. Ein Ausscheiden aus der aktiven Teilnahme, sei
es aus dem Ausbildungs- oder dem Arbeitsprozeß, wird von der
Gesellschaft als Versagen gebrandmarkt und vom Einzelnen auch
so empfunden. Tiefer liegende Gründe werden nur von wenigen
hinterfragt.

Über Jahrtausende wurden Blitze als übernatürliche Erscheinungen begriffen. Noch im 18. Jahrhundert wurden während
eines Gewitters die Kirchenglocken geläutet, um Schaden fern-
zuhalten. Zwischen 1750 und 1784 schlugen Blitze in deutschen
Ländern in zirka 400 Kirchen ein. Sie töteten mehr als 100 glok-
kenläutende Kirchendiener. Ein göttlicher Schutz vor Blitzein-
schlägen existierte nicht. Solange man es nicht besser wußte,
hielt man am Hergebrachten fest. Ähnlich verhält es sich heute
mit der unsichtbaren Hand des alles beherrschenden Marktes.

Die wachsende Kluft zwischen arm und reich, die Zerstörung
der Natur, Hunger und Tod vieler Millionen Menschen, der Zer-

fall der Familie, die wachsende Gewalt, diese und weitere Charakteristika, die unser Leben am Beginn des 21. Jahrhunderts bestimmen, sind weder gottgewollt noch eine unentrinnbare Naturgesetzlichkeit. Das gilt auch für das gebetsmühlenartig beschworene wirtschaftliche Wachstum, das die Kräfte des Marktes einfordern, einen wissenschaftlich-technischen Fortschritt, in dessen Folge immer weniger Menschen als Produzenten in Industrie und Landwirtschaft erforderlich sind, und für eine nahezu ungebremste Umweltzerstörung.

So wie der Mechanismus des Blitzes erkennbar und Blitzeinschläge vermeidbar wurden, lassen sich auch die Kräfte erkennen, die den Markt beherrschen. Offen bleibt, ob sich Mittel und Wege finden lassen, die unsichtbaren Kräfte des Marktes zu bändigen. Die von den agierenden Politikern angebotenen »Reformen« ändern nichts. Sie dienen in erster Linie der Erhaltung des gegenwärtigen sozialökonomischen Systems.

Bei der Bewertung wirtschaftswissenschaftlicher Analysen und der daraus hergeleiteten Schlüsse müssen wir beachten, daß ökonomische und naturwissenschaftliche Theorien nicht gleichwertig sind.

Eine experimentell gesicherte naturwissenschaftliche Theorie erlaubt Vorhersagen bzw. die Angabe von Wahrscheinlichkeiten für das Eintreten von Folgeerscheinungen. Erinnert sei an die Projektionen des IPCC über die Klimaentwicklung im 21. Jahrhundert.

Eine wirtschaftswissenschaftliche Theorie beherrscht für einige Zeit das Denken und Handeln von Wirtschaftsvertretern und Politikern. Während dieser Phase wird der Theorie eine »ewige« Gültigkeit zugeschrieben. Ändern sich Rahmenbedingungen und Wirtschaftspraxis, versagen bisher genutzte Steuerungsmechanismen. Eine neue Theorie tritt an die Stelle der alten.

Der Ökonom John Maynard Keynes vertrat die Auffassung, daß der kapitalistische Markt durch ein Überangebot von Waren und einen Mangel an zahlungsfähiger Gesamtnachfrage zu charakterisieren sei. Zur Sicherung eines ungestörten Ablaufs des Marktmechanismus empfahl er ein behutsames Eingreifen des Staates, um einen reibungslosen Kreislauf von Produktion und Verbrauch zu ermöglichen. Das schloß die Vorstellung ein, der Staat sei für die Wohlfahrt seiner Bürger verantwortlich und besitze also die Legitimation, in die Gestaltung gesamtwirtschaftlicher Beziehungen einzugreifen.[31]

Vom Ende des Zweiten Weltkrieges bis zum Beginn der siebziger Jahre bestimmte der Keynesianismus das Wirtschaftsgeschehen in der Marktwirtschaft. Verbunden mit einem starken Wirtschaftswachstum stieg der Anteil, den die Arbeitnehmer am Wirtschaftsergebnis erhielten. Folglich entwickelte sich eine Massennachfrage. In Europa führten eine starke Gewerkschaftsbewegung, aber auch der Wettstreit mit dem alternativen System des Realsozialismus zur »sozialen Marktwirtschaft«, zum »Wohlfahrtsstaat«.

Eine Zäsur des Keynesianismus brachte die zyklische Krise in der ersten Hälfte der siebziger Jahre. »Der Konjunktureinbruch war keine ›normale‹ Krise – wenige Jahre zuvor war der internationale Währungsverbund, durch den die Währungen der Mehrzahl der Länder zu stabilen Währungskursen an den goldgedeckten Dollar gebunden waren (*Bretton Woods*), auseinandergebrochen; der Wert des Dollars fiel in kurzer Zeit von 4 DM auf 1,70 DM; die OPEC trieb den Erdölpreis auf das Fünffache, und in zahlreichen Ländern kletterten Inflationsrate und Staatsschuld auf Rekordhöhe. Erste Anzeichen einer Marktsättigung zeichneten sich ab, die Nachfrage bewegte sich nur mäßig, die Gewinnmargen waren äußerst gering.«[32] Die bis dahin gültige Theorie wurde aufgegeben, als eine Wirtschaftssteuerung durch staatliche Eingriffe ihre Wirkung verloren hatte. Das bis dahin einzig wahre Paradigma wurde durch die Theorie des freien, unregulierten Marktes ersetzt.

»Weniger Staat, mehr Markt« lautet seither eine der wichtigsten Forderungen. Der Ökonom Milton Friedman forderte, daß die Selbstheilkräfte des Marktes nicht durch das unzureichende, bornierte Wissen des Staates beschädigt werden dürfen. Nur der Markt sei weise. Wer sich klüger schätze als jene, die Wirtschaft unspektakulär und weise lenkende unsichtbare Hand, und interveniere, den würde der Markt schon bestrafen.[33] Als unanfechtbare Beweise dieser Auffassung werden zwei Punkte benannt. Erstens: Das Zusammenbrechen des Realsozialismus mit seiner Planökonomie. Zweitens: Die Erfolge der deregulierten Wirtschaften der USA und Großbritanniens seit Reagan und Thatcher.

Was eine naturwissenschaftliche von einer ökonomischen Theorie unterscheidet, ist ihre Gültigkeit. Erkenntnisse in Form naturwissenschaftlicher Gesetze bleiben im Rahmen ihres Geltungsbereiches bestehen. Sie bilden die Basis zum Vordringen in neue Erkenntnisbereiche.

Ganz anders bei den zu ihrer Zeit »ewigen Wahrheiten« ökonomischer Theorien. Der Ökonom Gerd Friedrich charakterisiert deren Wandel mit den Worten: »Der Paradigmawechsel in den Wirtschaftswissenschaften wird weniger durch neue Einsichten, als vielmehr durch veränderte Verwertungsbedingungen des Kapitals hervorgerufen.«[34]

Grundlage des Strukturwandels in Wirtschaft und Gesellschaft im letzten Viertel des 20. Jahrhunderts sind die Möglichkeiten, die der Einsatz der Mikroelektronik bietet, und die qualitativ neuen Kommunikationstechniken unter Einbeziehung von Satelliten.

Automatische Produktions- und Informationssysteme lösten vor allem in der Produktion einen gewaltigen Rationalisierungsschub aus, der auch bei Dienstleistungen zu wirken beginnt. Im Resultat reduzierte sich der Bedarf an menschlicher Arbeitskraft in der Industrie. Immer weniger Menschen erzeugen immer mehr Produkte. Die Folge ist eine ständig wachsende strukturelle Arbeitslosigkeit, die auch durch Billigjobs nicht zu kompensieren ist.

Schon in der Frühzeit des Kapitalismus wurden Arbeitende zeitweilig überflüssig. Sie warteten in der Reservearmee des Arbeitsmarktes.

Heute werden Arbeitskräfte ausgeschlossen. Sie sind überflüssig, da sie weder über die Kenntnisse und Fähigkeiten verfügen, die der Markt fordert, noch über die erforderlichen Mittel, um am Konsum teilzunehmen. Sie sind im Sinne des Neoliberalismus ganz und gar nutzlos. Ihr Anteil an der Weltbevölkerung beträgt zum Beginn des 21. Jahrhunderts rund 70 Prozent.

Integrierte Computer- und Kommunikationssysteme führten zu transnationalen Produktionsverhältnissen. Global verteilte und verflochtene Großkonzerne teilen ihre innerbetrieblichen Abläufe weltweit auf. Abgeflachte Unternehmenshierarchien, teilweise delokalisierte Gruppenarbeit, Externalisierung von Arbeitsabläufen und Unternehmensnetzwerke sind einige der neuen Organisationsformen. Wertschöpfungsketten werden eingerichtet, um das globale Kostengefälle zu nutzen. Neue Qualitäten in Transportsystemen verbilligen und beschleunigen den weltweiten Frachtverkehr. Eine international organisierte Produktion wird profitabel. Erzeugt wird da, wo Arbeitskräfte billig sind, verkauft dort, wo entsprechende Gewinne erzielt werden können.

Die Jagd nach Profit war von Beginn an die treibende Kraft der kapitalistischen Produktionsweise. Daher bestimmen auch am Anfang des 21. Jahrhunderts in erster Linie Profitstrategien das Handeln der Monopole. Die »planmäßige Gestaltung« transnationaler Unternehmen schließt neben einer Kapitalkonzentration sowohl Zentralisations- als auch Dezentralisationsaktivitäten ein. Unter zunehmendem Konzentrationsdruck und bei allgemeiner Labilität des Systems beginnen die angeblich optimalen Organisationsstrukturen der Monopole chaotische Züge anzunehmen.

Die 100 größten transnationalen Unternehmen (ohne Finanzkonzerne) beschäftigten im Jahre 2000 weltweit sechs Millionen Menschen. Sie erzielten einen Außenhandelsumsatz von zwei Billiarden Dollar – ein Drittel des Welthandels.[35] Dabei werden Teilaufgaben zunehmend aus den Mutterkonzernen ausgegliedert (*outsourcing*). Zwischen 1960 und 2000 hat sich der Anteil von USA-Konzernen unter den 100 größten von 69 auf 26 verringert. Vermutlich kaum ein Anzeichen von Stärke. Möglicherweise erklärt dieser Umstand – zumindest teilweise – die gegenwärtige Aggressivität der Vereinigten Staaten.

Die grenzenlose Mobilität des Kapitals zwingt Länder und Regionen in einen Standortwettbewerb. Nur wer optimale Bedingungen für eine Kapitalverwertung bietet, wird erwählt. Der Zu- und Abfluß von Kapital wird am Wohlverhalten gemessen. Auf diese Weise üben Unternehmen Druck aus auf Lohn-, Steuer-, Sozial- und Umweltbedingungen.

Quasi über der Ebene der industriellen betriebswirtschaftlichen Globalisierung liegt die des Finanzkapitals. Sie entstand, als 1971 die Goldkonvertibilität des Dollars fiel, die letzte Bindung des Weltwährungssystems an objektive, durch Waren gedeckte Werte. Das System fester Wechselkurse endete 1973.

Die Deregulierung führte zu einem sprunghaften Anwachsen von Finanzgeschäften.

»Bei einem jährlichen Welthandel von 5 113 Milliarden US-Dollar (am Jahresende 1996) kann man leicht überschlagen, wie hoch der Teil der täglichen Börsenumsätze ist, der mit der Abwicklung realer Geschäfte zu tun hat. Bei 250 Börsentagen im Jahr werden täglich rund 56 Milliarden Dollar für ›reale‹ Geschäfte umgesetzt, das sind etwa vier Prozent der Devisentransfers. Der große Rest von 96 Prozent dient offensichtlich der kurzfristigen Spekulation.«[36]

Die Entwicklung von Rechen- und Kommunikationssystemen erlaubt es, ungeheure Geldmengen mit Lichtgeschwindigkeit zu bewegen. Mehr als eine Billion Dollar kreisen täglich um den Erdball, um fiktive Wertsteigerungen zu realisieren. Sie sind im eigentlichen Wortsinn wertlos.

Wie sich ein auf Waren bezogener Welthandel und ein spekulativer Finanzmarkt auseinanderentwickeln, läßt sich am Dow-Jones-Index der New Yorker Börse ablesen. Bis zu einem Höhepunkt der Kurse im März 2000 nahm die fiktive Wertschöpfung folgenden Verlauf[37]:

Dow Jones Index	Jahr
1000	1982
2000	1987
4000	1995
8000	1997
11 750	März 2000

Die Entwicklung der Börsennotierungen führte bei den 100 größten transnationalen Konzernen zu einer Vergrößerung ihres Vermögens um 700 Prozent.

»Die globalen Finanzbewegungen sind nicht mehr der monetäre Ausdruck eines entsprechenden Flusses von Waren und Dienstleistungen, sondern genau umgekehrt sind die Flüsse der realen Waren (und damit die materielle Reproduktion der Menschheit), nur noch ein Ausdruck, ja sogar nur noch ein Abfallprodukt der verselbständigten ›Geisterakkumulation‹ von spekulativem Geldkapital.«[38]

Drei Aspekte charakterisieren die sozialökonomischen Verhältnisse der Gegenwart:
• Rationalisierung durch Automatisierung.
• Transnationale Produktionsverhältnisse.
• Verselbständigung der Finanzmärkte.
Dieser Entwicklung liegt die Theorie des Neoliberalismus zugrunde: Nicht die Wirtschaft dient dem Wohl des Menschen, sondern der Mensch hat, so er gebraucht wird, dem Funktionieren der Wirtschaft zu dienen. Ökonomen und Soziologen, die den Lehren des Neoliberalismus folgen, betrachten den Menschen als ein von Eigeninteressen getriebenes Individuum. Daraus folgt, daß der Wohlfahrts- bzw. Sozialstaat eine Fehlentwicklung darstellt, die schnellstens behoben werden muß. Menschliche Wohlfahrt ist nicht Zweck, sondern günstigenfalls vorübergehendes Abfallprodukt des Kapitals.

In den hochindustrialisierten Ländern war und ist das unmittelbare Ziel der neoliberalen Lehre die Demontage des Sozialstaates und die Öffnung der Entwicklungs- und Transformationsländer für eine entsprechende Wirtschaftspolitik. Der Neoliberalismus wandelt den Markt von einem Mittel zum Zweck in ein Mittel zum Selbstzweck um.

Welche Auswirkungen wären nach dieser Theorie als unvermeidbar, quasi naturgegeben hinzunehmen? Zunächst ein Zitat aus einem Festvortrag, den Friedrich von Hayek, Nobelpreisträger des Jahres 1974, im Februar 1979 an der Universität Freiburg gehalten hat: »Das Soziale bezeichnet kein definierbares Ideal, sondern dient heute nurmehr dazu, die Regeln der freien Gesellschaft, der wir unseren Wohlstand verdanken, ihres Inhalts zu berauben. ... Ich muß gestehen, wenn Sie auch darüber entsetzt sein werden, daß ich nicht sozial denken kann, denn ich weiß nicht, was das heißt.«[39]

Weil der Markt ein Glücksspiel ist, können Menschen – im Verständnis des Neoliberalismus – verarmen und in Not geraten. Die Beseitigung dieser Not kann jedoch nicht Sache sozialer Gerechtigkeit sein, denn an den Markt als unpersönliche Institution können keine Gerechtigkeitsforderungen gestellt werden. »Die ungebrochene Anziehungskraft des Ideals sozialer Gerechtigkeit ist, so Hayek, nur zu verstehen als ein Appell an niedere kollektivistische Moral und tribalistische Instinkte (Altruismus, Solidarität).

Ein solches Ideal ist Auflehnung gegen höhere individualistische und von der kulturellen Evolution hervorgebrachte Moral, nämlich gegen das Privateigentum, die negative Freiheit, die Rechtsgleichheit. Die Forderung nach sozialer Gerechtigkeit ist demnach ein historischer Rückschritt, ein Anachronismus, der zudem vom Standpunkt eines höheren Zivilisationsstandes amoralisch ist. Gleichheit kann es nur insoweit geben, als die Spielregeln für die Teilnahme am Markt für alle gleich sind, es kann ›Übereinstimmung nur im Hinblick auf die Mittel und nicht auf die Ziele‹ (Hayek) geben.«[40]

In seinem Buch »Kapitalismus und Freiheit« schreibt Milton Friedman, Nobelpreisträger des Jahres 1976, zum gleichen Problem:

»Es gibt wenige Entwicklungstendenzen, die so gründlich das Fundament unserer freien Gesellschaft untergraben können, wie die Annahme einer anderen sozialen Verantwortung durch Unternehmer als die, für die Aktionäre ihrer Gesellschaften soviel Gewinn wie möglich zu erwirtschaften.«[41]

Mit diesen Forderungen der Väter des Neoliberalismus ist die 1947 von den politischen Führern der Welt verabschiedete allgemeine Erklärung der Menschenrechte nicht zu vereinbaren.

Sie sichert jedem Menschen einen Anspruch auf wirtschaftliche, soziale und kulturelle Rechte zu, die für seine Würde und freie Entfaltung der Persönlichkeit unverzichtbar sind. Nach 1948 wurden die Inhalte dieser positiven Rechte in einer Reihe von Übereinkommen und Erklärungen präzisiert.

Seit 1990 veröffentlicht die UN-Organisation »Entwicklungsprogramm der Vereinten Nationen« (UNDP) jährlich einen »Bericht über die menschliche Entwicklung«, der gegenwärtig folgende Aspekte umfaßt:

- Jeder Mensch soll über einen ausreichenden Entscheidungsspielraum verfügen. So steht es im Prinzip jedem frei, auf dem Markt Lebensmittel zu kaufen. Diese Freiheit verliert aber ihren Sinn, wenn Menschen zu arm sind, um sie wahrzunehmen.

- Als soziale Wesen sollen Menschen am Leben ihrer Gemeinschaft teilhaben und darauf Einfluß nehmen können. Das Zugehörigkeitsgefühl zur Gemeinschaft vermittelt Zufriedenheit, erleichtert die Orientierung und gibt dem Leben einen Sinn.

- Soziale Gerechtigkeit darf nicht nur bei der Verteilung der Lebenschancen herrschen. Jeder Mensch, gleich, welchen Geschlechts, soll über die Möglichkeit verfügen, Bildung zu erwerben und ein gesundes Leben zu führen.

- Menschen streben nach Sicherheit, aber Sicherheit bezieht sich nicht nur auf militärischen Schutz und die Abwehr von Gewalt und Verbrechen, sondern auf viele Aspekte des Lebens. So ist Arbeitslosigkeit eine erhebliche Quelle von Unsicherheit.

- Menschliche Entwicklung darf sich nicht darauf beschränken, die Bedürfnisse heutiger Generationen zu decken. Sie muß auch künftigen die Grundlagen für ein ausreichendes Lebensniveau sichern.

Trotz anders lautender Absichtserklärungen verschärfte sich nach dem Ende des Ost-West-Konflikts die seit langem wirkende Krise der Gerechtigkeit. Obwohl die Menschheit immer reicher geworden ist, wuchs die Polarisierung zwischen arm und reich in den

Entwicklungsländern, in den Transformationsländern Osteuropas und in den hochentwickelten Ländern.

Im Zentrum der Betrachtung menschlicher Entwicklung steht in der Regel das Wirtschaftswachstum.[42] Die Entwicklung der zurückliegenden Jahrzehnte läßt deutlich erkennen, daß zwischen Wirtschaftswachstum und menschlicher Entwicklung keine automatisch wirkende Beziehung besteht.

Obwohl das globale Bruttoinlandsprodukt (BIP)[43] zwischen 1960 und 1993 von vier Billionen auf 23 Billionen Dollar und das Pro-Kopf-Einkommen weltweit um mehr als das Dreifache zugenommen hat, verstärkte sich die Polarisierung in der Einkommensverteilung weiter. Von den 23 Billionen Dollar entfielen 15 Billionen auf die entwickelten Länder und nur fünf Billionen auf die Länder der Dritten Welt, in denen 80 Prozent der Weltbevölkerung leben.

Der Abstand im Pro-Kopf-Einkommen zwischen entwickelten Ländern und denen der Dritten Welt wuchs zwischen 1960 und 1993 von 5 700 auf 15 400 US-Dollar.

An mehr als 100 Ländern der Erde mit einem Drittel der Weltbevölkerung ging in den zurückliegenden 15 Jahren das Wachstum gänzlich vorbei. Zwischen 1965 und 1993 stieg die Zahl der Menschen, die in Staaten mit einem Negativwachstum leben, von 200 Millionen auf eine Milliarde. In 42 Ländern dieser Gruppe, mit mehr als 400 Millionen Menschen, fiel das durchschnittliche Pro-Kopf-Einkommen von 229 US-Dollar im Jahr 1980 auf 210 US-Dollar 1993.

Die folgende Tabelle zeigt die Entwicklung der Einkommensdifferenz zwischen Staaten, gemessen am Verhältnis der Einkommen der reichsten 20 Prozent zu dem der ärmsten 20 Prozent. Der Anteil der reichsten 20 Prozent der Bevölkerung am Welteinkommen wuchs zwischen 1960 und 1997, während der Anteil der ärmsten 20 Prozent zurückging.[44]

Jahr	Verhältnis
1960	30:1
1970	32:1
1980	45:1
1990	60:1
1997	78:1

Die Zahlen beziehen sich auf Einkommensunterschiede zwischen einzelnen Staaten. Würde man die Einkommensverteilung innerhalb der Länder berücksichtigen, verfügten die reichsten 20 Prozent der Weltbevölkerung über mehr als das 150fache der ärmsten 20 Prozent. Das Verhältnis des Durchschnittseinkommens der reichsten fünf Prozent der Weltbevölkerung zu dem der Ärmsten fünf Prozent wuchs von 78:1 im Jahre 1988 innerhalb von fünf Jahren auf 114:1.

Einerseits stieg weltweit zwischen 1989, 1996 und 2003 die Anzahl der Dollar-Milliardäre von 157 auf 447 und 587. Ihr Vermögen übersteigt das jährliche Gesamteinkommen der Länder, in denen die Hälfte der Weltbevölkerung lebt. Andererseits wuchs während der zurückliegenden drei Jahrzehnte der Anteil der Menschen mit einem Negativwachstum von fünf auf 18 Prozent. Das Heer der absolut Armen, das heißt jener Menschen, deren jährliches Einkommen 370 US-Dollar (in Preisen von 1985) nicht übersteigt, erreichte 1993 1,3 Milliarden. Drei Milliarden Menschen, annähernd die Hälfte der Weltbevölkerung, müssen täglich mit zwei Dollar oder weniger auskommen (Weltbank).

Die übliche Größe, um den Entwicklungsstand eines Landes zu messen, ist das in US-Dollars umgerechnete Pro-Kopf-Einkommen. Sie läßt sich leicht ermitteln und steht über längere Zeiträume zur Verfügung, hat jedoch nur eine begrenzte Aussagekraft. Wesentliche Lebensbereiche wie Gesundheit, Bildung und das Ernährungsniveau bleiben unberücksichtigt. Ungleichheiten zwischen sozialen Gruppen eines Landes werden verdeckt. Außerdem vernachlässigt diese Größe den Unterschied zwischen erzeugendem und verbrauchendem Wachstum. Letzteres wirkt zwar einkommenssteigernd, führt aber zu einer Verschlechterung der Lebensverhältnisse.

Wenn das eigentliche Ziel in menschlicher Entwicklung besteht, dürfen wir Wachstum nicht am Überfluß produzierter Güter messen, sondern daran, ob und wie es das Leben der Menschen bereichert. Fördert Wirtschaftswachstum den gerechten Ausgleich, respektiert es die Natur, verstärkt es den sozialen Zusammenhalt und sichert es Sozialstrukturen? Die eigentliche Frage sollte demnach lauten: welches Wachstum und für wen? Wachstum militärischer Rüstung und von Verbrechen, von Umweltschäden und Autounfällen? Diese und viele andere Aktivitäten fördern zwar das BIP eines Landes, haben jedoch mit menschlicher Entwicklung wenig zu tun. Das BIP war nie dafür gedacht, menschliches Wohlergehen zu charakterisieren. Es sollte vielmehr die Ströme von produktionsbezogenen Einkommen und Ausgaben messen.

Ein weiterer Umstand, der die Aussagekraft von Einkommensstatistiken beeinträchtigt, liegt darin, daß sie nur den offiziellen Markt – den formellen Sektor – messend erfassen. Gerade in den Ländern der sogenannten Dritten Welt entfalten die Armen außerhalb des offiziellen Marktes vielfältige wirtschaftliche Aktivitäten, um zu überleben. Der informelle Sektor der kleinbäuerlichen Subsistenzproduktion und die vielfältigen ökonomischen Aktivitäten der Armen in den wachsenden Städten ernähren mehr Menschen als der formelle Sektor. In den Entwicklungsländern beschäftigt der informelle Sektor rund 60 Prozent der städtischen Erwerbstätigen, von denen Frauen und Kinder die Mehrheit bilden.

Die USA, das wichtigste Industrieland der Erde, verfügten nach dem Zweiten Weltkrieg über fast zwei Drittel der weltweiten Industriekapazität. Nachdem sich die anderen Industriestaaten von den Zerstörungen des Krieges erholt hatten, sank der Anteil Amerikas am Welt-BIP von 50 Prozent im Jahre 1960 auf 25 Prozent Mitte der neunziger Jahre, wobei die Devisenkurse als Maßstab gewählt wurden. In den USA selbst stieg das BIP inflationsbereinigt von 1973 bis 1995 um 36 Prozent.[45] Dieser Einkommensanstieg kam nicht allen Bürgern in gleichem Maße zugute. Der Stundenlohn von Arbeitern und Angestellten in nichtleitenden Positionen, das heißt für die überwiegende Zahl aller Erwerbstätigen, ging im gleichen Zeitraum um 14 Prozent zurück. Der gesamte Zuwachs kam den höheren Einkommensgruppen zugute. Allein die Spitzenverdiener – ein Prozent der Erwerbstätigen – erhielten 64 Prozent des Einkommenszuwachses. Zum Ausgang des 20. Jahrhunderts waren die Reallöhne der Industriearbeiter wieder auf dem Niveau angelangt, wo sie sich Mitte des Jahrhunderts schon einmal befanden, obwohl sich das reale BIP pro Kopf während dieses Zeitabschnitts verdoppelt hat.

Die folgende Tabelle zeigt die Einkommensentwicklung in den Vereinigten Staaten zwischen 1970 und 2000. Sie enthält in jeder Zeile die prozentuale Aufteilung des Einkommens, gemittelt über fünf Jahre auf fünf Einkommensgruppen, die jeweils 20 Prozent aller Haushalte umfassen bzw. den Anteil am Einkommen, den fünf Prozent der Haushalte mit dem höchsten Einkommen auf sich vereinigen.[46]

Jahre	erste 20 %	zweite 20 %	dritte 20 %	vierte 20 %	fünfte 20 %	oberste 5 %
1971-1975	4,2	10,5	17,1	24,6	43,5	16,5
1976-1980	4,3	10,3	17,0	24,8	43,7	16,1
1981-1985	4,1	10,0	16,5	24,7	44,6	16,3
1986-1990	3,8	9,6	16,0	24,2	46,3	18,3
1991-1995	3,7	9,2	15,4	23,7	48,0	20,0
1996-2000	3,6	8,9	15,0	23,2	49,3	21,6

Nicht nur für die untersten 20 Prozent der Haushalte ging der Anteil am Gesamteinkommen stetig zurück, sondern auch für die folgenden 60 Prozent. Lediglich für die 20 Prozent der Haushalte mit dem höchsten Einkommen wuchs das Einkommen in den 30 Jahren zwischen 1971 und 2000, am stärksten für die fünf Prozent der Topverdiener. »1998 flossen mehr als drei Prozent des Gesamteinkommens den oberen 0,01 Prozent zu. Das bedeutet, daß die 13 000 reichsten Familien in Amerika über fast ebenso viel Geld verfügten wie die 20 Millionen ärmsten Haushalte.«[47]

Ähnlich den Einkünften aus Erwerbsarbeit entwickelten sich die Vermögensverhältnisse. Anfang der neunziger Jahre verfügte ein Prozent der Bevölkerung der Vereinigten Staaten über mehr als 40 Prozent des Volksvermögens, doppelt soviel wie Mitte der siebziger Jahre. Die Zahlen des U.S. Census Bureau lassen deutlich erkennen, daß sich die sozialökonomischen Verhältnisse in den Vereinigten Staaten zu einer 20-zu-80-Gesellschaft entwickeln. Der eigentliche Kern der amerikanischen Leistungsgesellschaft, die Mittelschichten, zählen zu den Verlierern. Sie bilden die drei mittleren Einkommensgruppen.

Zu den fünf Prozent der Topverdiener zählen Manager, Ingenieure, Informatiker, PR-Spezialisten, Anwälte, Steuerberater und Finanzexperten. Sie formen eine Elite, ohne die das ökonomische System nicht funktionsfähig wäre. Sie bilden den Kern der zirka acht Millionen US-Bürger, die in »gated enclave communities« leben, in festungsartig abgeschirmten und gesicherten Enklaven.[48]

Die Mittelschichten leben seit mehr als 100 Jahren in der Vorstellung, die eigentliche Bedeutung des Lebens läge im Erwerb eines ständig steigenden Status, in Einkommenserhöhung und Autoritätszuwachs.[49]

Wohneigentum und sozialer Aufstieg der Kinder wurden zu Symbolen der Mittelschichten. Der Erosionsprozeß der letzten Jahrzehnte beginnt die Statussymbole in Frage zu stellen.

Die Vergrößerung der Einkommensdisparität begann Ende der sechziger Jahre. Während der folgenden beiden Jahrzehnte wurde sie breiter und tiefer. Nach dem Zusammenbruch des Realsozialismus beschleunigte sich der Prozeß. Er erfaßte alle Berufsgruppen, qualifizierte Arbeitnehmer gleichermaßen wie gering qualifizierte.

Mitte der neunziger Jahre müssen zwei Mitglieder eines Haushalts arbeiten, um den gleichen Reallohn zu erhalten, der 1970 von einem erwirtschaftet wurde. Untersucht man die Einkommensentwicklung für verschiedene Altersgruppen, zeigt sich trotz wachsenden Bildungsstandes eine Reduzierung bei den 25- bis 34jährigen um 25 Prozent. Die Anfangsgehälter waren gesunken, und die Aufstiegsmöglichkeiten hatten sich verschlechtert. Auch Männer mit einem College-Abschluß in der potentiell verdienststärksten Altersgruppe, der 45- bis 54jährigen, mußten zwischen 1973 und 1993 einen Einkommensverlust um ein Drittel hinnehmen.[50]

Die Zahl der unterhalb dieser Armutsschwelle lebenden Menschen stieg von 25,4 Millionen 1970 auf 36,4 Millionen 1995. Dieser Zahl entsprechen 13,8 Prozent der Gesamtbevölkerung. Besonders stark von Armut betroffen sind Kinder und Jugendliche unter 18 Jahren. 1995 betrug ihr Anteil 20,8 Prozent. Im ethnischen Vergleich liegt der Anteil der Weißen bei 8,5 Prozent, der Schwarzen bei 29,3 Prozent und der Lateinamerikaner bei 30,3 Prozent. Unabhängig von ihrer ethnischen Zugehörigkeit, lebten 27,8 Prozent der Menschen, die außerhalb der Vereinigten Staaten geboren wurden, unterhalb der Armutsgrenze.

Der strukturellen Arbeitslosigkeit begegneten die Vereinigten Staaten unter anderem mit einer Reform der Sozialhilfe. Die als »Jobwunder USA« gepriesenen Maßnahmen sind der Versuch, mit Menschen umzugehen, die auf dem ersten Arbeitsmarkt nicht mehr gewünscht oder gebraucht werden. Sie werden zumeist als *underserving poor* bezeichnet, als selbstverschuldete, kein Mitleid verdienende Arme.

Das amerikanische Beschäftigungswunder beruht in erster Linie auf wachsender Ungleichheit. »Das immense Wachstum der Beschäftigung in den USA seit den siebziger Jahren ist nicht nur, aber vor allem der Zunahme von schlecht bezahlten Arbeitsplätzen zu verdanken. Die schlechtest bezahlten Arbeitsplätze haben sehr stark und die sehr gut bezahlten nur wenig zugenommen – die mittleren haben relativ abgenommen. Die amerikanische

Mittelschicht schrumpft. Die Folgen sind zunehmende Armut und eine wachsende soziale Polarisierung, die sich insbesondere in den großen Städten in einer ständigen Bedrohung des zivilen Alltags zeigt.«[51] In einer Analyse der ökonomischen Entwicklung in den USA beantwortet Doug Henwood die Frage nach den Ursachen der wachsenden Polarisierung: »The answers are simple: the largest low-wage labor force in the First World and the weakest welfare state.«[52]

Im Verlauf der neunziger Jahre änderten sich die Ziele der Sozialhilfe für Familien und Kinder. Aus einer Milderung der Not wurde die Pflicht zur Arbeitsaufnahme. Aus einem Recht auf Sozialleistungen wurden für die Unterprivilegierten stigmatisierende und disziplinierende Almosen. Die bundesstaatliche Gesetzesgrundlage wurde 1996 verabschiedet. Eine wichtige Neuerung war die Übertragung des Rechts zur Gestaltung der Reform auf die Einzelstaaten. Die entsprechenden einzelstaatlichen Reformen zeigen folgende Gemeinsamkeiten:

• Beschränkung der Sozialhilfe auf insgesamt fünf Jahre.
• Allgemeine Arbeitspflicht.
• Beschäftigungsorientierung kontra Ausbildungsorientierung (work first).
• Administrative Dezentralisierung.
• Aufhebung des Rechtsanspruchs auf Sozialhilfe.[53]

Hinzu kommen Workfare-Programme, die von Sozialhilfeempfängern verlangen, daß sie zum Erhalt ihrer Sozialhilfe Vollzeit oder Teilzeit arbeiten. »Auf alle Fälle werden arme Personen langsam, aber sicher auf die eine oder andere Weise aus den Sozialhilfeprogrammen hinausgedrängt. Da sie anschließend in der Öffentlichkeit nicht mehr sichtbar sind, zumindest derzeitig, tragen sie unbewußt zum anfänglichen Erfolg – in der Wahrnehmung der allgemeinen Öffentlichkeit – der Sozialhilfe->Reform‹ bei. Das hohe Wirtschaftswachstum zum Ende des 20. Jahrhunderts verstärkte den Eindruck von Erfolg. Einige der für ehemalige SozialhilfeempfängerInnen gefundenen Arbeitsplätze haben die darauffolgende Rezession nicht überstanden. Die Hilfsbereitschaft von Freunden und Verwandten solcher ehemaliger SozialhilfeempfängerInnen, die zu Beginn der Reform ihren Sozialhilfeanspruch aufgegeben hatten, war nicht von Dauer.

Ein denkbares Szenario der Auswirkungen der Sozialhilfereform könnte Parallelen zu einem anderen traumatischen staatlichen Programm aufweisen: dem Programm zur Beseitigung städtischer Slums in den fünfziger und sechziger Jahren. Bei diesem Programm verloren die armen Leute zwar nicht plötzlich ihr Einkommen, doch die Behausung. Sie wurden auf einen Wohnungsmarkt getrieben, auf dem es zu wenige Wohnungen für geringe Einkommen gab. Fast alle der mit dem Bulldozer niedergemachten innerstädtischen Bezirke waren zuvor von Schwarzen bewohnt, so daß das Programm umgangssprachlich als *Negro removal* bezeichnet wurde.«[54]

Ein weiteres Problemfeld, das die wachsende Differenzierung in der Gesellschaft der Vereinigten Staaten charakterisiert, liegt auf dem Gebiet der inneren Sicherheit. Aus einer öffentlichen Aufgabe wurde innerhalb weniger Jahrzehnte eine private Dienstleistung. Im Jahre 1970 wurde noch doppelt soviel Geld für die Polizei ausgegeben wie für private Wach- und Schutzdienste. Nach nur 20 Jahren hat sich das Verhältnis umgekehrt. Mitte der neunziger Jahre arbeiten rund 1,6 Millionen Privat-Sheriffs in den USA, fast dreimal soviel wie Polizisten. Für die privaten Sicherheitsdienste werden jährlich 64 Milliarden Dollar ausgegeben, weit mehr als das Jahresbudget aller Polizeikräfte des Landes umfaßt.

Die Zahl der Wohngebiete wächst rasch, in die sich wohlhabende Bürger hinter Mauern und Tore zurückziehen, bewacht von privaten Sicherheitskräften. Rechnet man die privat gesicherten Appartementhäuser hinzu, leben 28 Millionen Bürger in solchen Enklaven.

Parallel dazu erhöhte sich die Zahl der Gefangenen im bundes- und einzelstaatlichen Strafvollzug. Die Zahl der Häftlinge wuchs von 0,341 Millionen (1975) über 0,781 Millionen (1984) und 1,444 Millionen (1994) auf 2,0 Millionen (2002). Obgleich Schwarze nur zwölf Prozent der Bevölkerung ausmachen, stellten sie bereits Anfang der neunziger Jahre 45 Prozent der Inhaftierten.

Das Desinteresse eines großen Teils dieser Gesellschaft an öffentlichen Belangen und den für ihre Durchsetzung verantwortlichen Institutionen spiegelt sich in der Wahlbeteiligung wieder. Bei den Kongreßwahlen 1998 gingen von 198 Millionen wahlberechtigten Bürgern der USA nur 45,3 Prozent zur Wahl. Wahlberechtigte aus Familien mit einem Jahreseinkommen oberhalb 75 000 Dollar beteiligten sich zu 59,6 Prozent, solche aus Familien mit einem Jahreseinkommen von weniger als 5 000 Dollar nur zu 25,4 Prozent. Insbesondere junge Menschen, die stark von den Veränderungen der sozialökonomischen Verhältnisse betroffen sind, verloren zunehmend das Vertrauen in gesellschaftliche Institutionen. Bei den Kongreßwahlen 1998 beteiligten sich die 18- bis 24jährigen nur zu 18,5 Prozent an der Wahl.[55]

Die neunziger Jahre waren in den USA Jahre des Aufschwungs, angetrieben durch den Glauben an die »New Economy«. Ökonomen nährten die Vorstellung, daß dieser Aufschwung keine Konjunkturzyklen mehr kenne und ewig währe. Im März 2000 erreichte der Börsenindex des Dow Jones die schwindelerregende Höhe von 11 752 Punkten.

Mit dem Platzen der Spekulationsblase verlor er innerhalb von zwei Jahren rund 37 Prozent seines Wertes. Dem entsprach ein Verlust von 6,7 Billionen Dollar. Im Resultat blieben überschuldete Konsumenten zurück. Hinzu kamen zahlreiche Bilanzskandale, wachsende Arbeitslosigkeit und riesige Defizite in der Handels- und Leistungsbilanz der USA.

Drei Jahre nach dem Platzen der Spekulationsblase stieg die Privatschuld der Haushalte auf ein historisches Hoch. Allein im Jahre 2003 wuchs sie nach Angaben des Wirtschaftsmagazins »Economist« um rund 900 Milliarden Dollar. Die Schulden eines Durchschnittshaushalts liegen über seinem Nettojahreseinkommen. Viele amerikanische Privathaushalte schöpfen ihren Kreditrahmen bei Banken und Kreditkartenformen bis zum Limit aus.[56]

Die Spekulationsblase wurde, wie die inzwischen bekannt gewordenen Bilanzskandale am amerikanischen Kapitalmarkt belegen, von den Managern einstiger Wall-Street-Lieblinge durch Betrug aufgeblasen. Milliarden Kosten erschienen in den Bilanzen als Investitionen. Den Aktionären wurde das Märchen vom unendlichen Wachstum der Unternehmensgewinne erzählt. »Kreative Buchführung« trug zur Erfüllung der Phantasieprognosen bei. Für die Manager war der Prozeß mit einer Explosion ihrer Bezüge verbunden. Innerhalb von 20 Jahren wuchs das Verhältnis zwischen ihren Bezügen und dem Durchschnittsverdienst von 80 auf 500. »Dem Magazin ›Fortune‹ zufolge haben die 100 Spitzenmanager in den USA Ende der neunziger Jahre im Durchschnitt tausendmal so viel Geld erhalten wie ein durchschnittlicher Arbeiter.«[57]

Zwischen 2001 und 2004 verloren rund drei Millionen Amerikaner ihren Arbeitsplatz. Besonders stark war der Abbau in der Industrie. Dort arbeiteten noch Mitte der sechziger Jahre zirka

30 Prozent aller Beschäftigten. Ende 2000 waren es noch rund 13 Prozent. In den folgenden drei Jahren fiel ihr Anteil auf elf Prozent. Nach US-Schätzungen geht annähernd ein Drittel auf das Konto von Arbeitsplatzverlagerungen in andere Länder.

Da die Weltwirtschaft von den Finanzmärkten getragen wird, hinterläßt jede »bewältigte« Finanzkrise eine zusätzliche Arbeitslosigkeit. Sie stieg in den Vereinigten Staaten auf 8,7 Millionen Menschen.[58] Hinzu kommen 4,4 Millionen, die als Langzeitarbeitslose gelten und nicht mehr von der Statistik erfaßt werden.[59]

Die Leistungsbilanz gibt an, ob ein Staat über seine Verhältnisse lebt, also mehr ausgibt, als er einnimmt. In der Handelsbilanz spiegelt sich das Verhältnis von Einfuhren zu Ausfuhren wider. In Amerika wuchsen sowohl das Leistungs- als auch das Handelsbilanzdefizit auf Rekordhöhe. Das Defizit der Leistungsbilanz betrug 1990 50 Milliarden Dollar, 1998 schon 245 Milliarden, zwei Jahre später 435 Milliarden, und für 2004 werden mehr als 500 Milliarden Dollar erwartet. Für das Fiskaljahr 2005 sieht der Haushaltsentwurf ein Defizit der Leistungsbilanz von 521 Milliarden vor. Allein der Militäretat soll auf mehr als 470 Milliarden Dollar steigen, rund sieben Prozent mehr als 2004.

»Mehr als zwei Milliarden Dollar Kredit brauchen die USA börsentäglich aus dem Ausland, um ihren Exzeß zu finanzieren. Im vergangenen Jahr waren private ausländische Geldgeber schon nicht mehr bereit, über Käufe von Aktien, Rentenpapieren oder über Direktinvestitionen das Defizit zu decken. Die asiatischen Notenbanken sprangen in die Bresche. Sie haben über Devisenmarktinterventionen zugunsten des Dollar gut die Hälfte des Defizits in Höhe von 540 Milliarden Dollar gedeckt. Ohne diese Interventionen notierte der Dollar heute viel tiefer, ja es wäre vielleicht zum großen Dollar-Krach gekommen.«[60]

»Insgesamt betrug die Summe der im Ausland von Privaten und Regierungen gehaltenen Schuldpapiere Ende Januar 1,5767 Billionen US-Dollar. Ein Jahr zuvor betrug die Summe 1,2404 Billionen. Mit anderen Worten: Die Bush-Regierung hat innerhalb eines Jahres zusätzliche Auslandsschulden in Höhe von 336,3 Milliarden US-Dollar angehäuft.«[61]

Was passiert, wenn das Ausland, insbesondere Japan und die Volksrepublik China, nicht mehr bereit sind zu intervenieren?

Niemand kann vorhersagen, was in der Gesellschaft der Vereinigten Staaten und in den anderen hochentwickelten Industrieländern, die in unterschiedlichen Graden mit ihren »Reformen« von Arbeitsmärkten und Sozialsystemen dem amerikanischen Weg folgen, geschehen wird, wenn der anhaltende Trend wachsender Disparität langfristig anhält.

In der Marktwirtschaft unserer Tage, die Interessen und Rechte des Individuums zur Richtschnur des Handelns erklärt und die soziale Verantwortung des Einzelnen für alle Mitglieder der Gemeinschaft Schritt für Schritt abbaut, verstärkt dies die Instabilität des Systems.

Erfolgreiche Gesellschaftsformationen verfügten über ein sie einigendes Weltbild, ein von ihren Mitgliedern anzustrebendes Ziel. Fehlt die einigende Vision in kritischen Zeiten, fallen gesellschaftliche Gruppen auf ihre ethnische Zugehörigkeit zurück, und ein zusätzlicher Sprengstoff entsteht. Gegenwärtig erleben wir Gewaltausbrüche eines vorwiegend religiös geprägten Fundamentalismus, der sich nicht auf Gruppen in den Entwicklungsländern beschränkt. Ein religiös geprägtes Sendungsbewußtsein beeinflußt nicht zuletzt das Handeln des Präsidenten der Vereinigten Staaten. Es ist ein gefährlicher Irrglaube, daß die gewaltsame Vertreibung von Menschen einer anderen Volksgruppe oder Religion die Verhältnisse zum Besseren wendet. Das Gegenteil tritt ein: Die sozialen Verwerfungen verstärken sich.

7.4 Der eindimensionale Mensch

Das Weltbild eines Menschen und die sozialökonomische Struktur einer Gesellschaft, in der er lebt, sind untrennbar miteinander verbunden. Sein Weltbild soll ihm die Botschaft vermitteln, all das denken und tun zu wollen, was die Gesellschaft von ihm erwartet. »Unsere Welt erscheint uns sinnvoll, und der Konsens mit unseren Mitmenschen gibt uns die Gewißheit, daß unsere Ideen richtig sind. Selbst wenn unser Weltbild falsch ist, erfüllt es seine psychologische Funktion. Aber es war nie völlig falsch oder vollkommen richtig, sondern stets eine annähernde Erklärung der Phänomene, die ausreichte, um dem Menschen das Leben zu ermöglichen. Unser Weltbild entspricht nur in dem Maße der Wirklichkeit wie unsere ›Lebenspraxis‹ frei von Widersprüchen und Irrationalität ist. Das Bemerkenswerteste ist, daß es keine Kultur gibt, die ohne einen solchen Orientierungsrahmen auskäme. Das gleiche gilt für jedes Individuum. Oft leugnet der Einzelne, ein solches Weltbild zu besitzen, und bildet sich ein, auf die verschiedenen Phänomene und Ereignisse seines Lebens von Fall zu Fall und gestützt auf sein eigenes Urteil zu reagieren. Aber es ist leicht nachzuweisen, daß der Betreffende lediglich seine eigene Weltanschauung für selbstverständlich hält, weil sie ihm als die einzig vernünftige erscheint und ihm überhaupt nicht bewußt ist, daß alle seine Vorstellungen von einem allgemein akzeptierten Bezugsrahmen ausgehen.«[62]

In den hochindustrialisierten Zivilisationen erreichte die Ökonomisierung des Bewußtseins in der zweiten Hälfte des 20. Jahrhunderts eine neue Qualität. Der »Neue Mensch« folgt den Grundanforderungen des Marktes. Er begreift sie als Chance und Lebensinhalt. Sie formen seine Identität durch einen unausweichlichen eindimensionalen Weltbezug (Marcuse). Er stellt immer weniger soziale und kulturelle Ansprüche an die Gesellschaft. Er kennt nur noch seine Eigenverantwortung gegenüber den ökonomischen Zwängen des Marktes. Die eigene Gesellschaftlichkeit tritt dem Individuum als fremde äußere Macht gegenüber, als verselbständigte Ökonomie. »Jede erwerbstätige Person soll sich selbst verantwortlich fühlen für ihre Gesundheit, ihre Mobilität, ihre Anpassungsfähigkeit an variable Arbeitszeiten sowie für die Aufarbeitung ihrer Kenntnisse. Sie soll ihr ganzes Leben als ihr Humankapital verwalten, ständig mit Fortbildungskursen in ihr Leben investieren und verstehen, daß die Verkäuflichkeit ihrer Arbeitskraft von der kostenlosen freiwilligen und unsichtbaren Arbeit abhängt, durch die sie sich ständig von neuem produziert.«[63]

Vom Kindergarten, über Schule und Berufsausbildung bis zur Hochschule wird jungen Menschen das Bewußtsein vermittelt, eine marktgerechte Flexibilität und ein dynamischer Leistungswille sichere den Weg in ein glückliches, erfülltes Leben. Konsum, Besitz und Macht sind die äußeren Ziele, die durch ein marktgerechtes angestrengtes ›Leistungsverhalten zu erreichen seien. Wissen wird zur Markenware und der Mensch zu einer Art Warenkorb, »wobei der Korb von standardisierten Wissenswaren, die ein Mensch nachweislich konsumiert hat, seinen Wert bestimmt. Nicht standardisiertes, nichtzertifiziertes, nicht in akkreditierten Einrichtungen erworbenes Wissen erscheint als wertlos. Die Freiheit des Lernens nähert sich der Freiheit des Kunden im Supermarkt an, der zwischen einer wachsenden Anzahl von Fertiggerichten wählen kann.«[64] Die Art der Anpassung und die damit verbundene Entfremdung führen zu einem Verlust an Selbstbewußtsein und kritischem Denken. Ersatz bieten eine Dienstleistungsindustrie und Suchtmittel aller Art.

Wir leben in einem warenproduzierenden System, in dem nicht die Menschen vergesellschaftet sind, sondern die von ihnen produzierten Waren. »Die Waren der entfesselten Marktwirtschaft sind nicht mehr für den Menschen da, sondern der Mensch soll für die Waren zugerichtet werden. Der Wert der Waren beruht nicht mehr auf ihrem Gebrauchswert, sondern auf ihrem Marktwert: Gut ist, was sich verkaufen läßt. Den Waren werden Eigenschaften angedichtet, die Menschen wieder jung, schön, attraktiv, sexy, dynamisch, gesund und frisch machen sollen.«[65]

In der Gesellschaft der totalen Warenproduktion sind Menschen »vereinzelte Einzelne, die zueinander nur in Bezug allseitiger Konkurrenz stehen«[66].

Nie zuvor waren Menschen in ihrem gesellschaftlichen Rahmen strukturell so stark atomisiert wie heute. Noch nie standen sie einander in derart wechselseitiger Gleichgültigkeit gegenüber wie unter der Herrschaft des Neoliberalismus. Dabei wird die Erkenntnis verdrängt, daß Individualität nie für sich existiert, sondern nur in bezug auf einen gesellschaftlichen Rahmen.

Das Grundprinzip der kapitalistischen Ethik fordert von allen Menschen – die nicht zufälligerweise über eigenes Vermögen verfügen: ›Im Schweiße deines Angesichts sollst du dein Brot verdienen.‹ Der alte Wahlspruch: ›Jeder ist seines Glückes Schmied‹ kehrt in neuer Form zurück: ›Du erhältst eine Chance, nutze sie um jeden Preis.‹ Wer aus dem System herausfällt, und das ist der größte Teil der Menschheit, gerät ins Abseits. Er ist überflüssig und wird zum Opfer. »Die Haltung, zu der jeder gezwungen ist, um seine moralische Eignung für diese Gesellschaft immer aufs neue unter Beweis zu stellen, gemahnt an jene Knaben, die bei der Aufnahme in den Stamm unter den Schlägen der Priester stereotyp lächelnd sich im Kreis bewegen. Das Existieren im Spätkapitalismus ist ein dauernder Initiationsritus. Jeder muß zeigen, daß er sich ohne Rest mit der Macht identifiziert, von der er geschlagen wird.«[67]

In der Renaissance, einer Zeit großer Persönlichkeiten, begann der Glaube an die gestaltende Kraft des Individuums zu wachsen. Daraus entwickelte sich der Subjektivismus der Moderne, der Vorrang des Individuums über die Gemeinschaft. Zwischenmenschliche Beziehungen, ob in Familie oder in räumlicher Gemeinschaft, verlieren ihren Wert. Der Halt, den Menschen in Tradition und Religionen finden, nimmt ab oder pervertiert zum Fundamentalismus.

In den hochindustrialisierten Ländern Europas hat sich der Prozeß der Marginalisierung der etablierten Kirchen in den letzten Jahrzehnten beschleunigt. Auf die Frage, welche Bedeutung die Kirche in ihrem familiären Leben, bei moralischen und bei sozialen Problemen noch besitzt, antwortet die Mehrheit der Westeuropäer: keine.[68] Selbst die wichtigsten religiösen Feste wie Ostern und Weihnachten werden überwiegend als freie Tage wahrgenommen, an denen der Konsum explodiert. »Die meisten sehen heute die Kirche als eine Art Aldi-Laden. ... Man nimmt die interessanten Angebote mit – Kindergärten, Schulen, besondere Gottesdienste –, läßt die Gebote und den Papst liegen, bezahlt an der Kasse seine Kirchensteuer und erwartet dafür eine prompte Dienstleistung. Dann guckt man im nächsten Laden, was die Astrologie so anbietet, was es bei der Psychotherapie oder dem Buddhismus gibt – und entscheidet sich nächste Woche wieder neu.«[69]

An die Stelle des religiösen Glaubens treten Glaube an den wissenschaftlich-technischen Fortschritt und Aberglaube: »Fortschrittsglaube ist eine Art ›irdische Religion der Moderne‹. Für ihn gelten alle Merkmale des religiösen Glaubens: Vertrauen in das Unbekannte, Ungesehene, Ungreifbare. Vertrauen wider besseres Wissen, ohne Wissen um den Weg, um das Wie. Fortschrittsglaube ist das Selbstvertrauen der Moderne in ihre eigene, Technik gewordene Schöpfungskraft. An die Stelle von Gott und Kirche sind die Produktivkräfte getreten und diejenigen, die sie entwickeln und verwalten – Wissenschaft und Wirtschaft.«[70]

In den Staaten des Realsozialismus war nicht nur der Glaube an den wissenschaftlich-technischen Fortschritt unumstößlich. Er wurde als Teil der Höherentwicklung der Menschheit angesehen. Für den Marxismus-Leninismus war Fortschritt, die Zielstrebigkeit der gesellschaftlichen Entwicklung, ein objektives Gesetz der gesellschaftlichen Entwicklung. Mit dem Zusammenbruch des Realsozialismus schwand der Glaube an einen Sinn der Geschichte, an den unaufhaltsamen Durchbruch zu einer besseren Gesellschaft, an Fortschritt und Vernunft.

Aberglauben manifestiert sich in vielen Arten, zum Beispiel im Glauben an das Wirken Außerirdischer. »Einer Meinungsumfrage des Magazins ›Time‹ zufolge glauben fast 70 Prozent der Amerikaner an die Existenz von Engeln; und eine andere Studie förderte die Tatsache zu Tage, daß 50 Prozent an die Präsenz von UFOs und extraterrestrischen Wesen auf der Erde glauben, während eine Umfrage von Gallup (laut Bericht von CNN vom 19. August 1997) ergab, daß 71 Prozent glauben, die amerikanische Regierung habe dieses Thema bewußt vertuscht. Mehr als 30 Prozent glauben, sie hätten einen Kontakt mit den Toten hergestellt.«[71]

Wie Umfragen belegen, glauben 90 Prozent der Amerikaner an Gott. 40 Prozent besuchen regelmäßig die Kirche.[72] Doch nur Minderheiten betrachten sich als Kinder Gottes, erschaffen nach Gottes Ebenbild, seiner Führung ergeben und von seiner Liebe erfüllt. Für die überwältigende Mehrheit der Amerikaner stellt Religion heute direkt oder indirekt einen Bezugsrahmen für das Selbst dar. Göttliche Autorität und menschliche Pflicht zur Güte und zur Hilfe für andere wird zur Selbsthilfe, zur Aufgabe, das Beste aus seinem Leben zu machen.[73] Der religiöse Eifer in den USA hat auch damit zu tun, »daß im amerikanischen ›Kirchensupermarkt‹ jeder nach seiner ganz eigenen Fasson selig werden kann«[74].

Im Spätkapitalismus charakterisieren Bindungs- und Orientierungslosigkeit im wachsenden Umfang die Beziehungen der Menschen. Sie verlieren ihren gesellschaftlichen Zusammenhalt, ihre soziale Identität. Aber Menschen können nicht ohne Identität leben. »Wo der Bürger verschwindet, bilden sich Ersatzidentitäten. ... Die persönliche Identität realisiert sich nur als autonomes Projekt, als Emanzipation von überkommenen Konditionierungen. Zugehörigkeit zerstört die individuellen Unterschiede durch die Unterordnung unter Werte und Hierarchien der Gruppe. Entfremdung jedes Einzelwillens im Rausch des Gemeinschaftsgefühls: ›Konformismus‹. Denn das Individuum formt sich im wahrsten Sinne des Wortes nach dem Modell der Gruppe, in der jeder Einzelne die Heteronomie eines anonymen Bildes wiederholt und ihm gehorcht. Wo der Dissens als Verrat gilt und mit Verstoßung bezahlt wird. ... In dieser vollkommenen chaotischen Atomisierung der Identität, der Untertänigkeiten, die sich summieren, statt der Freiheiten, die sich vervielfältigen und vereinen, wird der Konformismus das einzig Verbindende: die Integration des

Konformismus unter die Kategorie des Erfolgs. Man fängt schon als Kind an: Gruppenzwang des Konsums und Zugehörigkeit zu einem Modelabel.«[75]

»Wir alle sind derzeit Zeugen – und Akteure – eines fundamentalen Wandels, der alle Lebensbereiche erfaßt. Was zählt und einen vorwärtsbringt, ist die Verkaufsstrategie, das Marketing. Dies ist für den Bereich der Güterproduktion und der Dienstleistungen schon längst offensichtlich. Doch spielt das Marketing inzwischen auch in der Politik, bei den Kulturschaffenden und Kulturvermarktenden, in der Informationsindustrie, im Bildungsbereich, bei den Kirchen, in den zwischenmenschlichen Beziehungen, ganz zu schweigen von der Unterhaltungsindustrie, eine zentrale, wenn nicht *die* zentrale Rolle.

Überall geht es vorrangig um die Verpackung, das Aussehen, das Image, den Showeffekt, die Vermittlung, die Didaktik, die Performance, die Darstellung, das Outfit, die Inszenierung. Es geht nicht mehr um die Frage, was jemand faktisch tut und leistet, wer jemand ist, welche Fähigkeiten jemand tatsächlich hat. Alles dreht sich darum, wie man am besten seine behauptete Leistung, sein gut verpacktes Produkt, seine gestylte Persönlichkeit, sein selbstbewußtes Image, seine gut in Szene gesetzte Botschaft ›rüberbringt‹ und verkauft.«[76]

Um diesen marktgerechten Wandel des Bewußtseins zu verinnerlichen, so zu werden, wie alle anderen es von einem erwarten, ist ein neues Identitätsgefühl erforderlich. Es zeichnet sich durch eine Reihe von Charakterzügen aus, die an den Erfordernissen des Marktes orientiert sind. Ein erstes wichtiges Erfordernis für alle an der Produktion Beteiligten ist die *Flexibilität*. Der Mensch von heute hat die Flexibilität zu lieben, »die Abwechslung, das je Neue und Andere, das Nicht-Festgeschriebene, die Herausforderung. Seine Flexibilität zeigt sich vor allem in seiner Fähigkeit, möglichst viele Persönlichkeitsrollen spielen zu können, für die es auf dem Markt eine Nachfrage gibt.«[77]

Ein zweites Erfordernis ist die *Mobilität*. Der Mensch von heute soll sich nicht mehr an eine regionale Kultur und Landschaft gebunden und in seiner Umwelt verwurzelt fühlen. Er soll »überall – und nirgends – zu Hause sein. Dem Auto-mobil-isten kann nichts Schlimmeres passieren, als daß er – etwa aus gesundheitlichen Gründen – nicht mehr reisefähig ist, ihm der Führerschein entzogen oder ihm durch eine Erhöhung der Mineralölsteuer seine Mobilität eingeschränkt wird.«[78]

Ein drittes Erfordernis ist seine *emotionslose Bezogenheit*. Jeder muß jederzeit ersetzbar und austauschbar sein. Letztlich kommt es auf die Ausbildung der Fähigkeit an, jede Art von Beziehung jederzeit zur Disposition zu stellen.

Damit verbunden ist ein vierter Charakterzug, die *coolness*. Der Produktionsfaktor Mensch, das Humankapital unserer Tage, »ist leidenschaftlich gern ganz cool, ohne Regung, ohne Ängste, ohne Gefühle der Ohnmacht, der Eifersucht oder des Neides. Er kann problemlos und ganz sachlich im Team mitarbeiten, weil er bei allen Problemen cool bleiben kann.«[79]

Diese und andere Charakterzüge, die sich in Abhängigkeit von den Erfordernissen des Marktes ausbilden, prägen zunehmend das Identitätsgefühl der Menschen – ›Ich bin so, wie ihr mich wünscht‹.

»Diese Mißachtung des Eigenseins und der Eigenkräfte hat zur Folge, daß auch die Beziehungen der Menschen untereinander oberflächlich werden. Sie stehen nicht mehr als Einzelpersönlichkeiten, sondern als austauschbare Ware miteinander in Beziehung und sind weder gewillt noch imstande, das Einmalige und Besondere des anderen zu erfassen.«[80] In einer anonymen Arbeitswelt wird die Vorstellung zur Illusion, daß es auf jeden Einzelnen ankommt. »Es kommt ›nicht‹ auf ihn an; der militant menschenverachtende Satz ›Keiner ist unersetzlich‹ wird zur pragmatischen Grundmaxime.«[81]

Die Bewußtseinsänderung des ›Neuen Menschen‹ spiegelt sich im Wandel der Familie wider. Sie war über Zehntausende Jahre die Grundform des menschlichen Miteinanders. Noch in der vorindustriellen Zeit lebten mehrere Generationen als Großfamilie zusammen.

Mit der Industrialisierung und der Verstädterung wandelte sie sich zur Kernfamilie mit Eltern und mehreren Kindern in einem Haushalt. Mit dem stetigen Rückgang der Kinderzahl wurde sie zur Kleinfamilie.

Die Entwicklung der letzten Jahrzehnte zeigt wiederum einen erkennbaren Wandel der Kleinfamilie. Die emotional-geistige Verbindung zwischen den Eheleuten und die liebevolle Erziehung von Kindern sind Aufgaben, die Zeit, Kraft und eine humane Umwelt voraussetzen. »Unsere heutige krisengeschüttelte Gesellschaft bietet jedoch keine besonders günstige Umgebung für die Entfaltung von Liebe, Fürsorge und Verantwortung; sie fördert viel eher den Egoismus des Einzelnen, der sich im Kon-

kurrenzkampf durchsetzen muß. Das immer raschere Arbeits-
tempo ermüdet so sehr, daß sich Ehepartner zu Hause oft nur vor
dem Bildschirm entspannen. Die allgemeine Unsicherheit und
die Arbeitslosigkeit schaffen Frustrationen, die sich auch in der
modernen Familie oft in Aggressionen der Eltern gegen die Kinder, aber auch des Ehemannes gegen die Ehefrau entladen.«[82]

Wir erleben den Zerfall der Familie – bisweilen sichtbar, meist
nur innerlich. In Deutschland kamen 1980 auf je 10 000 Einwohner 63 Eheschließungen und 18 Ehescheidungen. Bis 2000 sank
die Zahl der Eheschließungen auf 51 und die der Ehescheidungen stieg auf 24. Im Jahre 2000 erlebten 148 000 minderjährige
Kinder die Scheidung ihrer Eltern. Folglich stieg die Zahl der
Alleinerziehenden mit Kindern unter 18 Jahren auf rund zwei
Millionen.[83]

Zunehmende Bedeutung gewinnen nichteheliche Lebensgemeinschaften. Ihre Zahl verdoppelte sich zwischen 1988 und
2000 auf mehr als 2,1 Millionen. Nur die Hälfte von ihnen lebt
in einem gemeinsamen Haushalt. Die Zahl der »Singles« stieg in
Deutschland auf rund acht Prozent aller Haushalte.[84] Im Jahre
2000 wurden in der Europäischen Union rund ein Viertel aller
Kinder außerhalb einer Ehe geboren. In Schweden hat mehr als
die Hälfte der Kinder Eltern, die nicht verheiratet sind.[85]

In den USA beobachtet man den gleichen Wandlungsprozeß
der Familie. Für einen bedeutenden Teil der Mittelschicht ist
die Ehe nicht mehr mit der Notwendigkeit verbunden, Kinder
zu haben. Ein Individualismus, der neben persönlichem Nutzen
und Erfolg auch Lebensgenuß und die Kultivierung der eigenen
Person zur Lebensmaxime macht, läßt die Ehe zur »Lebensstil-
Enklave« werden.[86]

Die Konditionierung des Menschen für die Bedürfnisse des
Marktes führt zu einer Verarmung des Eigenseins, der Eigenkräfte. Diese Kräfte sieht er vielmehr in den Waren, die er sich
aneignen kann. Menschen erkennen sich in ihren Waren wieder.
So finden viele ihre Seele in ihrem Auto. In seinem Buch »Haben
oder Sein« beschreibt der Psychologe und Sozialphilosoph Erich
Fromm dieses Verhalten als Existenzweise des Habens. »Die Ha-
ben-Orientierung ist charakteristisch für den Menschen der westlichen Industriegesellschaft, in welcher die Gier nach Geld, Ruhm
und Macht zum beherrschenden Thema des Lebens wurde.«[87]

Einer der bedeutendsten Vertreter der Frankfurter Schule für
Sozialforschung, Herbert Marcuse, schreibt in seinem Buch »Der

eindimensionale Mensch« über falsche Bedürfnisse. Sie »sind diejenigen, die dem Individuum durch partikuläre gesellschaftliche
Mächte, die an seiner Unterdrückung interessiert sind, auferlegt
werden: diejenigen Bedürfnisse, die harte Arbeit, Aggressivität,
Elend und Ungerechtigkeit verewigen. Ihre Befriedigung mag
für das Individuum höchst erfreulich sein, aber dieses Glück ist
kein Zustand, der aufrechterhalten und geschützt werden muß,
wenn er dazu dient, die Entwicklung derjenigen Fähigkeit (seine
eigene und die anderer) zu hemmen, die Krankheit des Ganzen
zu erkennen und die Chancen zu ergreifen, diese Krankheit zu
heilen. Das Ergebnis ist dann Euphorie im Unglück. Die meisten
der herrschenden Bedürfnisse, sich im Einklang mit der Reklame zu entspannen, zu vergnügen, zu benehmen und zu konsumieren, zu hassen und zu lieben, was andere hassen und lieben,
gehören in diese Kategorie falscher Bedürfnisse.«[88]

»Die Erzeugnisse durchdringen und manipulieren die Menschen; sie befördern ein falsches Bewußtsein, das gegen seine
Falschheit immun ist. Und indem diese vorteilhaften Erzeugnisse mehr Individuen in mehr gesellschaftlichen Klassen zugänglich werden, hört die mit ihnen einhergehende Indoktrination
auf, Reklame zu sein; sie wird ein Lebensstil, und zwar ein guter
– viel besser als früher –, und als ein guter Lebensstil widersetzt
er sich qualitativer Änderung. So entsteht ein Muster *eindimensionalen Denkens und Verhaltens.*«[89]

»In diesem Prozeß wird die ›innere‹ Dimension des Geistes beschnitten, in der eine Opposition gegen den Status quo Wurzeln
schlagen kann. Der Verlust dieser Dimension, in der die Macht
negativen Denkens – die kritische Macht der Vernunft – ihre
Stätte hat, ist das ideologische Gegenstück zu dem sehr materiellen Prozeß, in dem die fortgeschrittene Industriegesellschaft die
Opposition zum Schweigen und mit sich in Einklang bringt. Die
Gewalt des Fortschritts verwandelt Vernunft in Unterwerfung unter die Lebenstatsachen und unter das dynamische Vermögen,
mehr und größere Tatsachen derselben Lebensweise herzustellen. Die Leistungsfähigkeit des Systems macht die Individuen
untauglich für die Erkenntnis, daß es keine Tatsachen enthält,
die nicht die repressive Macht des Ganzen übermitteln. Wenn
die Individuen sich in den Dingen wiederfinden, die ihr Leben
gestalten, dann geschieht das nicht, indem sie den Dingen das
Gesetz geben, sondern indem sie es hinnehmen – nicht das Gesetz der Physik, sondern das ihrer Gesellschaft.«[90] Unsere durch

den Markt beherrschte und gesteuerte Welt des eindimensionalen Seins inszeniert eine illusionäre Wirklichkeit:

»1. Man möchte sich der Illusion hingeben, daß der Mensch jeder menschlichen Aktivität und Anstrengung enthoben ist und nichts selbst tun muß, um seine eignen Fähigkeiten und Kräfte zu üben und zur Entfaltung zu bringen.

2. Man gibt sich der Illusion hin, daß nicht das, was aus dem Menschen hervorgeht, wertvoll ist, sondern das, was in ihn hineingeht und was er sich aneignen kann. Nicht ich bin aktiv, sondern der Kaffee, das Erlebnisbad, der Action-Film, die Möbel, der links- oder rechtsdrehende Joghurt aktivieren mich.

3. Man kann sich der Illusion hingeben, daß sich die Ambiguität des Lebens vermeiden läßt, und will die Tatsache umgehen, daß menschliches Leben im allgemeinen befriedigend *und* enttäuschend, lust- *und* schmerzvoll ist, durch Liebe und Haß ausgezeichnet ist.

4. Vor allem läßt sich mit der illusionären Wirklichkeit das Versagen, die Beschämung über das eigene Scheitern, die Begrenztheit und Endlichkeit des eigenen Vermögens und Lebens ausblenden.

5. Schließlich bietet die Inszenierung illusionärer Wirklichkeit den großen Vorteil unmittelbarer und sofortiger Befriedigung. Wir müssen weder warten, noch kommen wir zu kurz. Alles, was wir zu tun haben, ist, einzutauchen: in die Cyberwelt, in die Traum-, Erlebnis-, Phantasiewelt, in die Welt von McDonald und Disneyland, in die exotische oder mittelalterliche Welt – und uns darin zu Hause zu fühlen.«[91]

Präformierung durch Erziehung ist heute erfolgreich, wenn illusionäre Wirklichkeit als »gesunder Menschenverstand« verinnerlicht und Wunschfühlen als echtes Fühlen erlebt wird. Im Weltbild eines Menschen verschmilzt sein Wissen um sich selbst mit dem seiner Gemeinschaft. Über Erziehung, Bildung, Gewohnheiten, Sitten und Kunst wird dem Heranwachsenden das Weltbild seiner Zeit und Umgebung vermittelt. Letztlich gewinnt er das Gefühl, daß die Befolgung gesellschaftlicher Verhaltenserwartungen seine freie Entscheidung ist. »Im Alltag folgen die Menschen den moralischen Vorstellungen, die sie als gegeben vorfinden. So wird eine konsumorientierte kapitalistische Gesellschaft die Idee des ›guten‹ Lebens mit dem Bild des Schlaraffenlandes oder des Supermarktes gleichsetzen. Dann ist die oberste Prämisse der Lebenshaltung: ›Das Vergnügen, das du heute haben kannst, verschiebe nicht auf morgen.‹«[92]

Über Zehntausende Jahre menschlichen Miteinanders war Muße ein wesentlicher Bestandteil des Lebens. Im menschlichen Miteinander dominierten Rede und Gegenrede, gemeinsame Feiern, Musik und Tanz. Im Spätkapitalismus verkam Muße zur Freizeit-Gestaltung. Max Horkheimer und Theodor W. Adorno charakterisieren sie in ihrer bereits im amerikanischen Exil geschriebenen »Dialektik der Aufklärung« mit den Worten: »Amüsement ist die Verlängerung der Arbeit unterm Spätkapitalismus. Es wird von dem gesucht, der dem mechanisierten Arbeitsprozeß ausweichen will, um ihm von neuem gewachsen zu sein. Zugleich aber hat die Mechanisierung solche Macht über den Freizeitler und sein Glück, sie bestimmt so gründlich die Fabrikation der Amüsierwaren, daß er nichts anderes mehr erfahren kann als die Nachbilder des Arbeitsvorgangs selbst. Der vorgebliche Inhalt ist bloß verblaßter Vordergrund; was sich einprägt, ist die automatisierte Abfolge genormter Verrichtungen. Dem Arbeitsvorgang in Fabrik und Büro ist auszuweichen nur in der Angleichung an ihn in der Muße. Daran krankt unheilbar alles Amüsement. Das Vergnügen erstarrt zur Langeweile, weil es, um Vergnügen zu bleiben, nicht wieder Anstrengung kosten soll und daher streng in den ausgefahrenen Assoziationsgeleisen sich bewegt. Der Zuschauer soll keiner eigenen Gedanken bedürfen: das Produkt zeichnet jede Reaktion vor: nicht durch seinen sachlichen Zusammenhang – dieser zerfällt, soweit er Denken beansprucht –, sondern durch Signale. Jede logische Verbindung, die geistigen Atem voraussetzt, wird peinlich vermieden.«[93]

Die Kulturindustrie ging auf in der Dienstleistungsgesellschaft der hochentwickelten Zivilisation unserer Tage; also in Gesellschaften, in denen alles käuflich wird, was machbar ist – aber auch alles möglich ist, was Rendite, was Einschaltquoten bringt. Diese Dienstleistungsgesellschaft entschärft die dem Spätkapitalismus innewohnenden Konflikte. Die Fernbedienung erlaubt es dem Konsumenten, Unerfreuliches zu meiden und seinen Tagträumen Genüge zu tun. Entpolitisierung und Verzicht auf Moral dominieren. Spaß, Comedy, Gewalt und Zynismus beherrschen den Bildschirm.

»Der deregulierte Kapitalismus hat die uralte Dialektik von Brot und Spiele neu entdeckt; da es aber immer weniger Brot zu verteilen gibt, vermehrt er seine Angebote an Attrappen, Götzen, Fetischen, Narkotika und sonstigen Ersatzwerten und artifiziellen Paradiesen. Der spätkapitalistische Usurpationsprozeß hat längst die ökonomische Sphäre *sensu stricto* überschritten und durch die Multimedialisierung der Welt auch das Bewußtsein des Menschen erfaßt und weitgehend kolonisiert.

Die von Aldous Huxley und George Orwell in ihren Zukunftsromanen vorweggenommene totale Gleichschaltung des Individuums rückt immer näher, nur mit dem Unterschied, daß die Gehirnwäsche heute mit subtileren Methoden als in den totalitären Staaten vor sich geht. Warum auch einen Big Brother einsetzen, wenn man sich durch die pausenlose mentale Manipulation die Chance verschafft, die Triebstruktur des Subjekts *ab ovo* fehlzuleiten?«[94] Durch den stummen Zwang der Verhältnisse ebenso wie notfalls durch Staatsgewalt werden Menschen »eindimensional« gemacht und zur Exekution blinder Systemgesetze an sich selbst genötigt.[95]

Der Alptraum einer zerfallenden Gesellschaft wird zur Wirklichkeit. Durch Selbstorganisation wirkende Bedingungen, die Menschen zu Mitgliedern von Sozialgemeinschaften werden ließen, schwinden. An ihre Stelle treten Gruppen vorprogrammierter, beziehungsloser Individuen.

Wie bereits erwähnt, hängt gesellschaftlicher Erfolg heute entscheidend davon ab, wie gut ein Mensch seine Persönlichkeit verkauft, also gleichzeitig als Verkäufer und zu verkaufende Ware in Erscheinung tritt (Fromm). Im Leben des Menschen innerhalb der Marktgesellschaft steht nicht mehr ein glückliches Leben als Teil einer Gemeinschaft im Mittelpunkt, sondern seine Verkäuflichkeit. Typisch für derart geprägte Menschen ist der Verlust an emotionalen Bindungen. Sie sind sich selbst, ihrer Arbeit, der Natur und ihren Mitmenschen entfremdet.

Vom Weltbildwandel in unserer Zeit sind Kinder und Jugendliche besonders betroffen. Er zeigt sich im Rückgang elterlicher Präsenz und Wirksamkeit – nicht nur bei Alleinerziehenden – zugunsten massenmedialer Einflüsse und einer Eigensozialisation von Kindern und Jugendlichen. Ein typisches Beispiel sind die »peer-groups«, Cliquen Gleichaltriger. Sie wachsen dort, wo Bindungen, Gewißheiten und Grenzen schwinden. In dem Maße, wie gesellschaftliche Regeln ihren Wert verlieren, Eltern und Lehrer nicht mehr wissen, was richtig oder falsch ist und welchen Beruf Kinder ergreifen sollen, wächst das Bedürfnis der Heranwachsenden nach selbst geschaffenen Normen.

»Erfahrungen älterer Menschen haben angesichts des permanenten Gesellschaftswandels an Bedeutung verloren. Gefragt sind

Mobilität, Anpassungsfähigkeit und notfalls die Bereitschaft, noch einmal ganz neu anzufangen. Auf diesen ›Ökonomisierungsdruck‹ reagieren Pubertierende mit Angstgefühlen.«[96] Sie können insbesondere bei Jungen zu Aggressionen, aber auch zu Selbstmord führen. Nach Angaben des Deutschen Psychotherapeutenverbandes stieg bei Suizidfällen der Anteil der bis zu Zwanzigjährigen in den neunziger Jahren um ein Drittel. Depression entwickelte sich zu einer der größten Volkskrankheiten. Zum Ende des 20. Jahrhunderts sind in Deutschland zirka vier Millionen Menschen an einer behandlungsbedürftigen Depression erkrankt. Sie geht einher mit einem hohen Leidensdruck, der häufig im Suizid endet.

Eine Gesellschaft beziehungsloser Individuen ist über längere Zeiträume nicht überlebensfähig. Der Ethnologe Hans Peter Duerr fordert: »Wir brauchen eine einfache ruhige Zivilisation, die mit dem leeren und ziellosen Kapitalismus bricht, indem sie sich auf die Unvereinbarkeit des Menschen mit den Gesetzen des entfesselten Marktes besinnt. Andernfalls werden wir an unserer Vereinzelung krepieren, jeder für sich.«[97]

Den Gang der Geschichte kennzeichnen Instabilitäten menschlicher Gemeinschaften, die letztlich zum Zusammenbruch der sozialökonomischen Systeme führten. In keiner der vorhergehenden geschichtlichen Phasen war jedoch der gesellschaftliche Niedergang von einem derart ausgeprägten Schwinden eines einigenden Weltbildes begleitet. Die Gründungsmythen der Neuzeit: Vernunft, Fortschritt, Wachstum erfahren einen fortschreitenden Bedeutungsverlust.

Am Beginn des Kapitels stellten wir drei Fragen:
- Wie sichern wir unsere Zukunft als Teil und nicht als Herr der Natur?
- Wie müssen Landwirtschaft, Technik, Ökonomie und Sozialbeziehungen gestaltet werden, um dieses Ziel für *alle* Menschen zu erreichen?
- Welches Weltbild braucht eine Menschheit, die nach neuen Wegen in die Zukunft sucht?

Die Antworten, zu denen uns die Analyse der gegenwärtigen Verhältnisse führt, sind eindeutig. Ein Weiter-so-wie-Bisher würde uns in den Abgrund führen. Die nahezu ungebremste Einflußnahme auf die Natur kann zum Auslöser einer weltweiten Katastrophe werden, der wir am Ende möglicherweise selbst zum Opfer fallen.

Ein großer Teil der Menschheit lebt zu Beginn des 21. Jahrhunderts in einer Welt, aus der natürliche Lebensbedingungen praktisch verschwunden sind. Aber diese künstliche Welt kann die Abhängigkeit von der natürlichen Umwelt nicht aufheben. Wir sind und bleiben Teil der Biosphäre.

8 WAS BRINGT UNS DIE ZUKUNFT?

Immer wieder haben Menschen den Versuch unternommen, in die Zukunft zu schauen. Erinnert sei nur an einige der Utopien, zum Beispiel an das Wunschreich des Thomas Morus vom Beginn des 17. Jahrhunderts oder an die erschreckenden Zukunftsvisionen von Aldoux Huxley und George Orwell am Anfang des 20. Jahrhunderts. In den sechziger Jahren des vergangenen Jahrhunderts sagten Hermann Kahn und Anthony Wiener für das erste Drittel des 21. Jahrhunderts eine »nachindustrielle Gesellschaft« voraus, wie sie Daniel Bell skizziert hatte. Sie sollte in den führenden Industrieländern, insbesondere den USA, entstehen und nicht mehr vom Massenkonsum dominiert sein. Unter anderem wäre sie so zu charakterisieren:

- Die freie Marktwirtschaft spielt eine untergeordnete Rolle, verglichen mit den Ausgaben der öffentlichen Hand und den Sozialausgaben.
- Das Leistungsprinzip ist nicht mehr vorrangig.
- Neuerungen gehen in geringerem Maße als gegenwärtig von der Privatwirtschaft aus.
- Es bestehen wirksame Sicherungen für das Einkommen und die Wohlfahrt.[1]

Die Realität am Beginn des 21. Jahrhunderts führt uns hingegen unmißverständlich vor Augen, daß vor jedem Versuch, einen Blick in die Zukunft unserer Spezies zu wagen, die Warnung steht: Langfristige Vorhersagen der Entwicklung komplexer gesellschaftlicher Systeme sind nahezu wertlos! Betrachten wir als Beispiel die demographischen Vorausberechnungen. Gegenwärtig spielen sie in Deutschland zur Rechtfertigung des Abbaus der sozialen Sicherungssysteme eine entscheidende Rolle. Die mittlere Variante der neuen Vorausberechnung des Statistischen Bundesamtes kommt zu dem Schluß, daß 2050 100 Menschen im Erwerbsalter 78 Rentnern gegenüberstehen, fast doppelt so viele wie 2001.[2] Aber Vorausberechnungen der Bevölkerungsentwicklung sind keine Prognosen. Es sind bedingte Vorhersagen, die sich erfüllen, falls die zugrunde liegenden Annahmen zutreffen – zum Beispiel über die Geburtenhäufigkeit.

Welch starken Schwankungen die Geburtenhäufigkeit in den vergangenen 50 Jahren unterlag, zeigen die Daten in Deutschland-Ost und Deutschland-West. Zwischen 1950 und 1970 lagen sie bei rund 2,3 lebendgeborenen Kindern pro Frau im Mittel gleichauf. Bis in die Mitte der achtziger Jahre fielen sie auf zirka 1,4 in Deutschland-West, während sie in Deutschland-Ost bei 1,7 lagen. Nach dem Ende der DDR fiel die Geburtenziffer zwischen 1990 und 1994 von 1,5 auf 0,77, um bis 2000 wieder auf 1,2 anzusteigen.[3]

Falls, wie in der Regel bei Vorausberechnungen angenommen, die Geburtenhäufigkeit in Deutschland konstant bleibt, und bei unterschiedlichen Annahmen über die Entwicklung von Sterblichkeit und Wanderungsbewegungen, sollen 2050 hierzulande zwischen 67 und 81 Millionen Menschen leben.

Unabhängig von kritischen Anmerkungen, mit denen man die eine oder andere Annahme versehen könnte: sie gehen alle von einem ungestörten Fortbestand der gegenwärtigen Verhältnisse aus.

Nehmen wir an, Bevölkerungsstatistiker des Deutschen Reiches hätten im ersten Jahrzehnt des 20. Jahrhunderts eine Vorausberechnung der Bevölkerungsentwicklung vorgenommen. Sie wären von der damals aktuellen Bevölkerungsstruktur ausgegangen. Diese hatte die Form einer klassischen Bevölkerungspyramide: »Die stärksten Jahrgänge stellen die Kinder, und die Besetzungszahlen der späteren Jahrgänge verringern sich allmählich als Folge der Sterblichkeit. ... 1950 haben die beiden Weltkriege und die Weltwirtschaftskrise Anfang der dreißiger Jahre deutliche Kerben in der Pyramide hinterlassen. Heute gleicht der Bevölkerungsaufbau Deutschlands ... eher einer ›zerzausten Wettertanne‹.«[4]

Betrachten wir als ein weiteres Beispiel die Wirkung der Immunschwäche-Krankheit HIV/Aids auf die Bevölkerungsentwicklung – ein nicht vorhersagbares Ereignis. Sie wurde erstmalig 1981 beschrieben. Nach wenigen Jahrzehnten beginnt diese Pandemie das Bevölkerungswachstum meßbar zu verändern, vor allem in Afrika und Teilen Asiens. Südafrika ist mit rund 42 Millionen (1996) Menschen das bevölkerungsreichste Land im Süden dieses Kontinents. Dort begann die Pandemie später als in anderen Ländern der Region. 2001 war jedoch bereits jeder fünfte Erwachsene infiziert. Zwischen 2005 und 2010 wird die mittlere Lebenserwartung, verglichen mit einer Lebenserwartung ohne Aids, um 26,8 Jahre sinken. Selbst wenn es gelänge, bis 2010 wirksame Mittel gegen die Seuche zu entwickeln, soll-

te die Bevölkerungszahl im Jahre 2050 um neun Prozent unter
der des Jahres 2000 liegen und nicht bei 91 Millionen, wie noch
1996 berechnet.[5]

Beide Beispiele illustrieren die Problematik einer langfristigen Vorausschau. Bei einem Rückblick auf das 20. Jahrhundert
wird die enorme Unsicherheit deutlich, mit der jeder Versuch eines Blicks in die Zukunft behaftet ist.

8.1 EIN RÜCKBLICK AUF DAS 20. JAHRHUNDERT

Der Wirtschaftshistoriker Jürgen Kuczynski analysierte in seinem Buch »1903« die Lage im Deutschen Reich zu Beginn des
Jahrhunderts. Die Daten führten ihn zu dem Schluß, »daß 1903
ein normales Jahr in der Frühzeit des deutschen Imperialismus
gewesen ist. Die Wirtschaftslage zeigte weder eine Krise noch
einen Boom an. Die Klassenkämpfe waren insgesamt weder besonders angeheizt noch abgemildert. Die herrschenden Klassen
wurden weder besonders schwer noch besonders leicht mit den
Verhältnissen fertig, und das gleiche gilt für die Arbeiterklasse.
Die Zwischenschichten befanden sich weder in einer besonders
guten noch besonders schlechten Lage. Zwar gab es eine Blüte
im Leben der Intelligenz insofern, als das geistige Wirken in Wissenschaft und Kunst auf hohem Niveau stattfand, aber auch das
begann üblich zu werden, ist auch im nächsten Vierteljahrhundert zu beobachten.«[6]

Der Historiker Golo Mann charakterisierte Deutschland am
Beginn des 20. Jahrhunderts mit den Worten: »Das Deutsche
Reich war in seiner Wirklichkeit ein ungeheuer starker, konzen-
trierter, von dem Motor einer machtvollen Industrie vorwärts ge-
triebener Nationalstaat.«[7]

An seiner Spitze stand Wilhelm II. Er hielt sein Amt für ein
Geschenk Gottes, für die natürliche und rechte Ordnung. Im ersten Jahrzehnt des 20. Jahrhunderts wuchs das Deutsche Reich
zu einer Weltmacht heran, »ein Machtgebilde ... kraftstrotzend,
expansiv, prahlerisch, von Gefahren nichts wissend, über dünne
Eisdecke stapfend, als sei der Boden aus lauter Kruppstahl«.[8]

Eine Einschätzung, mit der man auch die USA am Beginn des 21. Jahrhunderts charakterisieren könnte.

Der Erste Weltkrieg begann als ein europäischer Krieg mit Deutschland und Österreich-Ungarn auf der einen und der Dreierallianz Frankreich, Großbritannien und Rußland auf der anderen Seite. »Im imperialen Zeitalter waren Politik und Wirtschaft miteinander verschmolzen. Internationale politische Rivalität ahmte Wirtschaftswachstum und Wettbewerb nach, deren charakteristisches Merkmal es ja schon prinzipiell war, grenzenlos zu sein. ›Die natürlichen Grenzen von Standard Oil, der Deutschen Bank oder der De Beers Diamond Corporation lagen dort, wo das Universum endet, zumindest aber erst da, wo ihre Expansionsfähigkeit endete.‹ Konkreter noch: Auch für die beiden Hauptkontrahenten Deutschland und Frankreich lagen die Grenzen jenseits des Horizonts. Denn Deutschland wollte eine weltweite politische und maritime Machtposition erringen, die zu dieser Zeit noch von Großbritannien eingenommen wurde. Aber Großbritannien befand sich bereits am Abstieg und befürchtete, mit Deutschlands Vormarsch automatisch in eine untergeordnete Rolle zurückgedrängt zu werden. Es ging daher um alles oder nichts. Und für Frankreich ging es schon damals (wie auch später immer wieder) weniger um eine globale als um eine andere drängende Frage: um die Kompensation für seine zunehmende und offenbar auch unvermeidliche demographische und ökonomische Unterlegenheit gegenüber Deutschland. Auch die Zukunft Frankreichs als Großmacht stand hier auf dem Spiel. ... Um 1900, auf dem Gipfel des imperialen und imperialistischen Zeitalters, war der deutsche Anspruch auf einen einzigartigen, globalen Status (›Am deutschen Wesen soll die Welt genesen‹ – so lautete die Phrase) noch ungebrochen, ebenso wie der Widerstand Großbritanniens und Frankreichs dagegen – beide damals noch unbestreitbar ›Großmächte‹ in einer eurozentrierten Welt.«[9]

Im Jahre 1923 kulminierte in Deutschland die sich in den Nachkriegsjahren verstärkende Inflation mit dem völligen Zusammenbruch der Währung. Durch sie wurden auch die letzten Reste der Ersparnisse des deutschen Bürgertums vernichtet, ein Prozeß, der Mitteleuropa für den Faschismus reif machte.

Auslöser der Weltwirtschaftskrise der Jahre 1929 bis 1931 in den USA waren Überproduktion und Börsenspekulation. Die dramatischen Auswirkungen der Krise waren dem Versuch geschuldet, die zurückgehende Nachfrage durch Verbraucherkredite hochzutreiben. In den USA und in Deutschland fiel die Industrieproduktion um rund ein Drittel. In der schlimmsten Zeit der Krise (1932/33) stieg die Arbeitslosigkeit in den Vereinigten Staaten auf 27 Prozent und in Deutschland auf 44 Prozent. »Als die faschistische Welle während der Weltwirtschaftskrise immer mehr anschwoll, wurde auch immer deutlicher, daß nicht nur Friede, soziale Stabilität und die Wirtschaft in diesem Zeitalter der Katastrophe zurückwichen oder kollabierten, sondern auch die politischen Institutionen und intellektuellen Werte der liberalen bürgerlichen Gesellschaft des 19. Jahrhunderts.«[10] Die Weimarer Republik der Jahre 1918 bis 1930 war im wesentlichen ein verstümmeltes und geschwächtes Kaiserreich ohne Kaiser.[11] Hitlers Faschismus war die deutsche Reaktion auf das Trauma der Weltwirtschaftskrise und das Unvermögen der Weimarer Republik, sie zu meistern. Träger der faschistischen Bewegung waren die Mittelschichten und das Kleinbürgertum. »Faschismus, das war der Triumph des Antiliberalismus. Und er lieferte den Beweis, daß der Mensch ohne die geringsten Schwierigkeiten völlig irrsinnige Glaubenssätze über alles und jedes in der Welt mit meisterhafter Beherrschung der Hochtechnologie seiner Zeit verbinden kann. Das späte 20. Jahrhundert, mit seinen fundamentalistischen Sekten, die mit den Waffen des Fernsehens und computergesteuerten Wohltätigkeitsveranstaltungen kämpfen, haben uns mit diesem Phänomen noch vertrauter gemacht.«[12]

In Hitlers Weltbild gab es zwei, die Geschichte durchziehende und gestaltende Handlungsmotive. Der ewige Kampf der »weißen« Völker um Lebensraum und der gemeinsame Kampf aller »weißen« Völker gegen Juden.[13] Hitlers Rassismus war »ein Konglomerat aus den spätdarwinistischen Behauptungen des 19. Jahrhunderts und der Vorliebe für eine neue Genetik (für die man in Deutschland leider sehr empfänglich war), oder genauer gesagt: für jenen Zweig der angewandten Vererbungslehre (Eugenik), bei dem man davon träumte, durch Selektion des »wertvollen« und Elimination des »unwerten Lebens« eine neue menschliche Superrasse zu züchten«.[14]

Wie instabil der Frieden nach dem Ende des Ersten Weltkrieges und wie groß die Wahrscheinlichkeit eines Zusammenbruchs auch gewesen sein mag, es gilt als unbestreitbar, daß der Zweite Weltkrieg durch die Aggression Deutschlands, Japans und (etwas zögernder) Italiens ausgelöst wurde.[15] Meilensteine auf dem Weg zum Krieg reichten von der japanischen Invasion in der Mandschurei 1931, Italiens Krieg gegen Abessinien 1936, die deutsch-italienische Intervention im spanischen Bürgerkrieg 1936 bis 1939, den *Anschluß* Österreichs 1938, bis zu den deutschen Gebietsansprüchen gegenüber der Tschechoslowakei und Polen. »Die weltweite menschliche Katastrophe, die der Zweite Weltkrieg ausgelöst hatte, war die größte, die es je in der Geschichte der Menschheit gegeben hat. Und die nicht geringste Tragik bei dieser Katastrophe liegt darin, daß die Menschheit gelernt hat, in einer Welt zu leben, in der Mord, Folter und Massenvertreibung zu einer so alltäglichen Erfahrung wurden, daß wir sie gar nicht mehr beachten. Der Rückblick auf die 31 Jahre zwischen der Ermordung des österreichischen Erzherzogs in Sarajevo und der bedingungslosen Kapitulation Japans zeigt, daß dies eine Ära der Verwüstung war, die nur dem Dreißigjährigen Krieg im 17. Jahrhundert der deutschen Geschichte vergleichbar ist.«[16]

Der Zweite Weltkrieg war für die meisten beteiligten Länder vor allem ein Kampf ums Überleben. »Der Preis der Unterwerfung unter das Regime der deutschen Nationalsozialisten war Versklavung und Tod, wie sich vor allem in Polen, in den besetzten Gebieten der Sowjetunion und am Schicksal der Juden gezeigt hatte, deren systematische Ausrottung einer ungläubigen Welt Schritt für Schritt bekannt werden sollte. Folglich wurde der Krieg ohne Einschränkungen geführt. Der Zweite Weltkrieg eskalierte vom Massenkrieg zum totalen Krieg.«[17]

Die Kriegsverluste sind wohl kaum errechenbar, da Zivilisten genauso umstandslos getötet wurden wie Soldaten. Vermutlich liegen sie drei- bis viermal höher als im Ersten Weltkrieg. »Aber was bedeutet letztlich statistische Genauigkeit, wo Größenordnungen derart astronomisch sind? Wäre das Grauen des Holocaust geringer, wenn Historiker zu dem Schluß kämen, daß Hitler nicht sechs Millionen Juden (die ungefähre, aber fast sicher übertriebene Schätzung), sondern fünf oder vier ausgerottet hätte? Und was bedeutet es letztlich, ob die neunhunderttägige deutsche Belagerung von Leningrad (1941 bis 1944) einer Million oder *nur* einer Dreiviertelmillion durch Aushungerung und Erschöpfung den Tod gebracht hat? Können wir Zahlen wirklich *begreifen*, die jenseits der Realität des Vorstellbaren liegen? Was bedeutet es dem Leser dieser Seite wirklich, daß von 5,7 Millionen russischen Kriegsgefangenen in Deutschland 3,3 Millionen starben?«[18]

Am Ende des Zweiten Weltkrieges gelangte eine Vernichtungswaffe zum Einsatz, welche den Kalten Krieg, die Zeit bis zum Zusammenbruch der Sowjetunion, prägen sollte. Am 6. August 1945 wurde über Hiroshima die erste Atombombe abgeworfen. Drei Tage später fiel eine zweite Atombombe auf Nagasaki. Durch beide Atomwaffen wurden, direkt und durch ihre Spätfolgen, mehr als 200 000 Menschen getötet.

Beide Bomben gewannen ihre vernichtende Energie aus der Spaltung schwerer Atomkerne. 40 Jahre zurück, also um 1905, wußten die Physiker noch nicht einmal von der Existenz der Atomkerne. Ihr Nachweis gelang dem Physiker Ernest Rutherford erst 1911, der die Streuung von Teilchen an Atomen durch die einfache Hypothese erklären konnte, daß ein Atom aus einem sehr kleinen positiv geladenen Kern und einer Anzahl negativ geladener Elektronen besteht, die die Hülle des Atoms bilden. 1923 entdeckten die Physiker, daß sich Atomkerne aus Protonen und Neutronen aufbauen, die durch eine neuartige starke Kraft zusammengehalten werden. Die Kernspaltung wurde 1938 entdeckt. In wenigen Jahren mündete dieses neue Wissen in den Betrieb eines Kernreaktors und in den Bau von Atombomben. Das Beispiel demonstriert die ungeheure Dynamik von Wissenschaft und Technik im 20. Jahrhundert. Daran wird sich »voraussichtlich« auch im 21. Jahrhundert wenig ändern, falls die Menschheit sich nicht durch Atombomben oder andere Massenvernichtungswaffen selbst ausrottet.

Neben den nuklearen Waffenarsenalen der USA und der Sowjetunion entstanden solche auch in England, Frankreich und China. Die nukleare Proliferation setzte sich weiter fort, trotz aller Bemühungen, sie zu bremsen. Zu Beginn des 21. Jahrhunderts verfügen auch Israel, Indien und Pakistan über einsatzbereite Atomwaffen.

Zu einem charakteristischen Merkmal des Zweiten Weltkrieges wurde die Entpersönlichung der Kriegsführung. Sie manifestierte sich in einer wachsenden Brutalisierung, wie zum Beispiel die systematischen Bombardierungen von Städten belegen. Bomben, getragen von Flugzeugen, Raketen oder Marschflugkörpern, werden durch Knopfdruck ausgelöst.

Erinnert sei an die Kriege, an denen die USA in den zurückliegenden Jahren teilgenommen haben: an den Einsatz chemischer Kampfstoffe zur Entlaubung der vietnamesischen Wälder – nach einem Bericht des »Wall Street Journal« vom Februar 1997 wurden in Südvietnam rund eine halbe Million Kinder mit dioxinbedingten Mißbildungen geboren –, an den Einsatz zielgenauer Bomben und Marschflugkörper in den Golfkriegen, in Afghanistan und in Jugoslawien, alle mit ihren »unvermeidlichen Kolateralschäden«.

Das Vierteljahrhundert von 1948 bis 1973 nannten die Angloamerikaner das »Golden Age«. Während dieser Zeit kamen auf das Konto der fortgeschrittenen kapitalistischen Länder rund drei Viertel der Weltproduktion und mehr als 80 Prozent des Exports von Industrieprodukten. Die Industrieproduktion vervierfachte sich, der Welthandel wuchs um das Zehnfache, und die Landwirtschaftsproduktion stieg von Jahr zu Jahr. Die dominierende Fortschrittsideologie ging wie selbstverständlich davon aus, daß der Prozeß nie enden würde und eine uneingeschränkte Naturbeherrschung möglich wäre. Wie die vorangegangenen und die folgenden Booms endete das Goldene Zeitalter im simultanen Zusammenbruch von Immobilienmarkt und Banken. Hinzu kam eine Explosion der Ölpreise.

Das Goldene Zeitalter erlebte auch den Zusammenbruch der alten Kolonialimperien. »1970 gab es keine Gebiete von nennenswerter Größe mehr, die noch unter der direkten Verwaltung von ehemaligen Kolonialmächten oder ihrer Siedlerregimes standen, abgesehen von Zentral- und Südafrika und natürlich dem umkämpften Vietnam. Das imperiale Zeitalter war zu Ende. Nur knapp ein Dreivierteljahrhundert zuvor hatte es noch als unzerstörbar gegolten. Und auch nur 30 Jahre zuvor hatten noch die meisten Menschen dieser Welt unter seiner Herrschaft gelebt.«[19]

In Vietnam kämpften die Franzosen, unterstützt von den Briten und später auch den USA, einen verzweifelten Kampf, um die siegreiche Revolution unter Ho Chi Minh aufzuhalten und die Herrschaft zurückzugewinnen.

Im Süden des geteilten Landes hielten die USA ein Satellitenregime am Leben. »Als es so aussah, als sollten dessen Tage gezählt sein, begann die USA einen zehn Jahre währenden Krieg in Vietnam, bis sie 1975 – nachdem sie mehr Bomben auf das unglückliche Land geworfen hatten, als im Zweiten Weltkrieg insgesamt eingesetzt worden waren – schließlich besiegt und zum Rückzug gezwungen werden sollten.«[20]

Die Zeit zwischen dem Abwurf der ersten Atombomben und dem Ende der Sowjetunion war durch den Kalten Krieg geprägt, eine Zeit andauernder Konfrontation zwischen den beiden Supermächten. Beide Machtblöcke – Nato und Warschauer Pakt – waren gezwungen, auf einen Krieg gegeneinander zu verzichten. Die Kubakrise im Jahre 1962 lehrte die Entscheidungsträger

»dermaßen das Fürchten, daß sie für eine Weile zur Vernunft kamen«[21].

Seit dem Ende des Goldenen Zeitalters verloren die Nationalstaaten zunehmend ihre wirtschaftliche Macht. Regierungspolitik erwies sich als unfähig, die ökonomischen Probleme zu überwinden. Arbeitsplätze, die in Krisenzeiten verloren gingen, standen in Zeiten des Aufschwungs nicht mehr zur Verfügung. Auslagerungen von Arbeitsplätzen und Automatisierung in Industrie und zunehmend in Dienstleistungen lassen eine Sockelarbeitslosigkeit stetig wachsen. Hinzu kommt ein beschleunigter Abbau der sozialen Sicherungssysteme nach dem Zusammenbruch des Realsozialismus.

Wir wurden zu Zeitzeugen des Zusammenbruchs einer der beiden in der Nachkriegszeit dominierenden Weltmächte. Gleiches geschah in den europäischen Staaten, die in ihrer sozialökonomischen Entwicklung dem Modell des Realsozialismus der Sowjetunion folgten. Aus einem scheinbar stabilen Block weniger eng miteinander verflochtener Staaten entstand ein Trümmerhaufen ethnischer Gruppierungen, die in immer wieder aufflackernden kriegerischen Auseinandersetzungen nach neuen Wegen suchen. In Vielvölkerstaaten wuchs mit dem ökonomischen Niedergang die Bereitschaft zur Separation bis hin zum Zerfall der Gemeinwesen.

Die Stabilität beliebig großer und beliebig mächtiger sozialer Systeme ist stets Belastungen unterschiedlicher Herkunft ausgesetzt, an denen sie, stets bedingt auch durch innere Spannungsverhältnisse, zugrunde gehen können. Und dies in allen Erdteilen, zu allen Zeiten, bis hin zur Gegenwart. Zivilisationen erweisen sich als dynamische gesellschaftliche Systeme, die kollabieren können, wenn sich ihr Zustand weit vom Gleichgewicht entfernt.

»Mit dem Ende des Kalten Krieges waren plötzlich auch all die Stützpfeiler zusammengebrochen, die das internationale Gefüge und (was noch immer nicht wirklich wahrgenommen wird) auch die Strukturen der innenpolitischen Systeme getragen hatten. Was zurückblieb, war eine wacklige und an vielen Stellen in sich zusammenstürzende Welt. Denn es gab nichts, wodurch diese Stützen ersetzt werden konnten. ... Das Ende des Kalten Krieges erwies sich nicht als das Ende des internationalen Konflikts, sondern als das Ende einer ganzen Ära – und das nicht nur für den Osten, sondern für die ganze Welt.«[22]

Kein erwachsener Mensch, der im ersten Jahrzehnt des 20. Jahrhunderts, der »Belle Epoque«, in Europa lebte, hätte auch nur andeutungsweise ahnen können, was die folgenden Jahrzehnte bringen würden. Jede Art der längerfristigen Lebensplanung, sowohl eine individuelle als auch die einer Gemeinschaft, ist zur Makulatur geworden.

Was unterscheidet das erste Jahrzehnt des 21. Jahrhunderts von dem des 20. Jahrhunderts? Die Welt von heute erscheint um vieles instabiler, als sie den Zeitgenossen vor 100 Jahren erschien, sie scheint zunehmend aus dem Gleichgewicht zu geraten.

8.2 Problemkreise am Beginn des 21. Jahrhunderts

In diesem Abschnitt wollen wir drei Problemkreise diskutieren: Kriegs-, Natur- und soziale Katastrophen. Sie können den Weg der Menschheit in einen weltweiten Zusammenbruch befördern.

Am Beginn der Diskussion der Probleme, die uns im 21. Jahrhundert erwarten, steht die Frage von Krieg und Frieden. Die jüngste Vergangenheit und Gegenwart lassen kaum einen Zweifel, daß die Kriegsgefahr eher größer statt geringer geworden ist, wenn wir sie mit der zweiten Hälfte des 20. Jahrhunderts vergleichen. Seit dem Ende des Zweiten Weltkrieges wurden allein in Afrika südlich der Sahara 54 Kriege und Bürgerkriege geführt.

Während der Zeit des Kalten Krieges wurden territoriale Auseinandersetzungen mit aktiver Unterstützung der Großmächte geführt. Fast alle Bürgerkriege waren Teil der Auseinandersetzung zwischen den beiden Machtblöcken, politisierte Konflikte allein durch häufige finanzielle Einbeziehung der jeweiligen Führungsmacht. Es waren Zeiten, in denen die politische, soziale und ökonomische Entwicklung noch politisch gesteuert wurde und nicht der Regulation durch die Kräfte des Marktes überlassen blieb.[23]

Mit dem Ende des Realsozialismus wurden die neuen Kriege zu Ressourcenkonflikten. »Die Herrschaft über die Territorien, wo die Ressourcen ausgebeutet werden können, ist notwendig, um die Waffen erwerben zu können, mit denen der Krieg fortgesetzt werden kann.«[24]

Der Reichtum der jeweiligen Kriegsregion wurde zu ihrem Fluch: »die strategischen Bodenschätze des Kongobeckens, das ›schwarze Gold‹ und die Diamanten in Angola, die Ölquellen im Südsudan – sie ermöglichen es den Kombattanten, ihre Kriege auf Ewigkeit zu finanzieren und fortzuführen. Liberias Staatschef Taylor hat sich per Gesetz sämtliche ›strategischen Güter‹ seines Hoheitsgebietes angeeignet: Regenwälder und Edelsteine, Agrarprodukte und Meeresfrüchte, ja sogar frühzeitliche Funde und Kultobjekte. Er zählt zu den ruchlosesten Großhändlern mit sogenannten Blutdiamanten, und er erfreute sich lange Zeit hochkarätiger Geschäftspartner. Der südafrikanische Weltmarktführer De Beers hatte noch im Februar 2000 eine Holding in Monrovia.«[25]

Diese Kriege werden von lokalen Warlords, Guerillagruppen und von international operierenden Söldnerfirmen geführt. Sie finanzieren sich durch den Verkauf von Bohr- und Schürfrechten an internationale Konzerne in den von ihnen kontrollierten Gebieten.

Eine weitere Geldquelle bilden Drogen- und Menschenhandel. Finanzierung wurde zu einem bestimmenden Effekt der Kriegführung selbst. Auch darin ähneln sie eher dem Dreißigjährigen Krieg mit all seinen Schrecken als den zwischenstaatlichen Kriegen vom 18. bis ins 20. Jahrhundert.[26] In der Regel dominieren in ihnen leichte Waffen und zivile Transportmittel. Sie sind für die Kombination von Massakern und Scharmützeln völlig ausreichend. Warlords und Söldnerfirmen erweisen sich als »ein zuverlässiger Indikator dafür, daß sich der Krieg wieder lohnt – jedenfalls dann, wenn er mit leichten Waffen, billigen Kämpfern und Anschlußmöglichkeiten an die Geschäfte der globalisierten Wirtschaft geführt werden kann.«[27]

In den neuen Kriegen wird das öffentliche Gewaltmonopol zerstört und die Macht privatisiert. »Ihre Legitimation besteht nicht mehr in der Akzeptanz durch die Bürger, sondern in dem Profit, der mit ihrem Einsatz erzielt werden kann. Die Logik der Macht ändert sich; sie folgt eher den Regeln der Ökonomie als jenen der förmlichen Politik.«[28] Ähnlich wie vor der Industriellen Revolution werden Kriege wieder als eine Art Geschäft betrieben, in denen es in erster Linie um ökonomische Machtansprüche, wie die Verfügungsgewalt über Erdöl und um die Akkumulation von Reichtum geht.

Derartige weltweit anhaltende Kriege werden zur Lebensform, denn sie sichern den Akteuren ihren Lebensunterhalt. Solange keine grundlegenden Veränderungen der ihnen zugrundeliegenden sozialökonomischen Verhältnisse eintreten werden, dauern sie im Laufe des 21. Jahrhunderts an.

Noch weit gefährlicher für die Menschheit sind die imperialen Kriege, die von den USA mit dem Ziel einer weltweiten Hegemonie geführt werden. Am Beginn des 21. Jahrhunderts wurden wir Zeitzeugen des Krieges gegen Taliban und Al Quaida in Afghanistan (2001) und des Irak-Krieges (2003). Beide sind Teil einer Neuorientierung der USA nach dem Ende des Kalten Krieges.

Sie findet ihren Ausdruck in der Nationalen Sicherheitsdoktrin der Vereinigten Staaten vom September 2002. Um mit der Bedrohung durch den Terrorismus fertig zu werden, fordert die Doktrin, es müsse jegliches zur Verfügung stehende Mittel angewendet werden: militärische Macht, verbesserte innere Sicherheit, Strafverfolgung, nachrichtendienstliche Tätigkeiten. Energische Anstrengungen zur Unterbindung des Finanznachschubs für Terroristen seien zu unternehmen.[29] Terrororganisationen sollen durch folgende Maßnahmen der USA-Administration zerschlagen und zerstört werden:

• Unmittelbares und kontinuierliches Handeln, das sich aller Elemente nationaler und internationaler Macht bedient. Unser unmittelbarer Schwerpunkt werden die weltweit agierenden Terrororganisationen sowie die terroristischen und staatlichen Sponsoren sein, die versuchen, Massenvernichtungswaffen oder deren Vorstufen zu beschaffen oder anzuwenden.

• Verteidigung der Vereinigten Staaten, des amerikanischen Volkes und unserer nationalen und internationalen Interessen, indem wir Bedrohungen ausmachen und ausschalten, bevor sie unsere Grenzen erreichen. Die Vereinigten Staaten werden sich ständig um die Unterstützung der internationalen Organisationen bemühen, werden aber auch nicht zögern zu handeln, wenn es notwendig werden sollte, unser Recht auf Selbstverteidigung wahrzunehmen, indem wir präemptiv gegen solche Terroristen vorgehen und sie davon abhalten, daß sie unserem Volk und unserem Land Schaden zufügen.

• Den Terroristen weitere Finanzierung, Unterstützung und Zuflucht verwehren, indem wir Staaten überzeugen oder zwingen, ihrer souveränen Verantwortung gerecht zu werden.[30]

Dabei wird übersehen – offenbar bewußt –, daß ein weltweit im verborgenen operierender Terrorismus nicht als Kriegsgegner im herkömmlichen Sinne betrachtet werden kann.

Terrorismus ist Folge von Ursachen, die es zu erkennen gilt, um sie zu überwinden.

In einer Rede in West Point am 1. Juni 2002 erklärte Präsident Bush: »Die größte Gefahr für die Freiheit liegt an der Schnittstelle von Radikalismus und Technologie. Wenn die Verbreitung von chemischen, biologischen und nuklearen Waffen, gepaart mit der Technologie für ballistische Flugkörper – wenn dies stattfindet, könnten sogar schwache Staaten und kleine Gruppen die katastrophale Macht erlangen, große Nationen anzugreifen. Unsere Feinde haben eben diese Absicht erklärt und wurden bei dem Versuch ertappt, solche schrecklichen Waffen zu beschaffen. Sie wollen in der Lage sein, uns zu erpressen oder uns oder unseren Freunden Schaden zuzufügen – und wir werden uns ihnen mit aller Macht widersetzen.«[31]

Wie der amerikanische Justizminister John Ashcroft erklärte, wird damit das ›Recht des Stärkeren‹ zum moralischen Gebot. Dieses Recht sei Amerika nicht von irgendeiner Regierung oder durch irgendein Dokument, sondern von Gott verliehen worden.

In der Sicherheitsdoktrin werden die sogenannten Schurkenstaaten definiert:

• Diese Staaten tun ihrem eigenen Volk Gewalt an und verschwenden ihre nationalen Ressourcen zur persönlichen Bereicherung der Herrschenden.
• Sie mißachten das Völkerrecht, bedrohen ihre Nachbarn und verletzen kaltschnäuzig von ihnen unterzeichnete internationale Verträge.
• Sie sind zur Beschaffung von Massenvernichtungswaffen und anderer moderner Militärtechnologie entschlossen, um sie als Drohung oder offensiv zur Durchsetzung der aggressiven Pläne ihrer Regime einzusetzen.
• Sie unterstützen Terrorismus auf der ganzen Welt.
• Sie lehnen grundlegende menschliche Werte ab und hassen die Vereinigten Staaten sowie alles, wofür sie stehen.[32]

In der Sicherheitsdoktrin wird behauptet, daß die umfassende Strategie zur Bekämpfung von Massenvernichtungswaffen die USA zu Präventivschlägen zwinge.

»Die Vereinigten Staaten haben sich seit langem die Option auf präemptive Handlungen offengehalten, um einer Bedrohung ihrer nationalen Sicherheit hinreichend begegnen zu können. Je größer die Bedrohung, desto größer das durch Untätigkeit entstehende Risiko – und desto zwingender das Argument für antizipatorische Selbstverteidigung, selbst wenn Unsicherheit darüber besteht, wann und wo der Feind angreifen wird. Die Vereinigten Staaten werden gegebenenfalls präemptiv handeln, um solche feindlichen Akte unserer Gegner zu vereiteln oder ihnen vorzubeugen.«[33] Neuartige Bedrohungen rechtfertigen vorbeugende Maßnahmen, für die ein Mandat des Weltsicherheitsrates nicht unbedingt erforderlich ist. So lautet die Bush-Doktrin im Kern. Sie stellt einen radikalen Bruch des modernen Völkerrechts nach dem Zweiten Weltkrieg dar. Durch ein juristisches System allgemein wirkender Verbote, wechselseitiger Verpflichtungen und Bindungen sowie multilateraler Institutionen sollte das Prinzip der gleichen Verbindlichkeit und Geltung für alle Akteure, ob schwach oder stark, arm oder reich, befördert werden.[34] Seine Schwäche lag und liegt in der mangelnden Durchsetzbarkeit, in der fehlenden Möglichkeit, »eine gleiche Verbindlichkeit für alle«[35] durchzusetzen.

Mit der Vorbereitung und Durchführung des zweiten Irak-Krieges wird die neue Sicherheitsdoktrin umgesetzt. In einem ersten Schritt versuchte man das Volk der Vereinigten Staaten und die Welt davon zu überzeugen, daß der Irak über alle Arten einsatzbereiter Massenvernichtungsmittel verfüge und eine Verbindung zwischen Saddam Hussein und Al Quaida bestehe.

Bereits vor Beginn des Irak-Krieges schien es wahrscheinlich, daß das ständig wiederholte und mit neuen Details ausgeschmückte Bedrohungsszenarium eine Lüge war. Ein Jahr nach Einmarsch amerikanischer Truppen in Bagdad erwiesen sich die Kriegsbegründungen der USA und Großbritanniens als haltlos. Sie »sind Gegenstand peinlicher Untersuchungsausschüsse im Kongreß und investigativer Reportagen der amerikanischen Medien. Ehemalige enge Bush-Mitarbeiter, vom Ex-Finanzminister Paul O'Neill bis zum Terror-Experten Richard Clarke, schildern eine kriegsentschlossene Regierung, die sehr wohl wußte, wie hanebüchen ihre Behauptung war, hinter den Verbrechen des 11. September 2001 habe neben Al Qaida auch Saddam Husseins Regime gesteckt.«[36] Der Irak-Krieg war eine geopolitische Machtdemonstration und keine selbstlose demokratische Mission, sagt Emmanuel Todd.

Am 1. Mai 2003 erklärte der US-Präsident die Kampfhandlungen für weitgehend beendet und die Bereitschaft seines Landes und der mit ihm verbündeten Staaten, den Irak zu sichern und wieder aufzubauen. Die Befreiten erwiesen sich jedoch als renitent. Sie leisten den Besatzungstruppen zunehmend Widerstand. Die Zahl der US-Soldaten, die nach dem Ende des Feldzugs den Tod fanden, liegt weit höher als die der Gefallenen während des Krieges. Wie bereits der Afghanistan-Krieg, zeigt auch der Krieg gegen den Irak, daß Luft- und technische Überlegenheit auf Dauer keinen Sieg garantieren. Trifft die hochtechnisierte Kriegsmaschine der Vereinigten Staaten auf ein zur Gegenwehr entschlossenes Volk, verwandelt sich die Aggression in eine Niederlage – wie schon in Vietnam.

Ein Jahr nach dem Kriegsende schockierten Fotos von US-Soldaten die Welt. Sie zeigten, wie Iraker von ihnen gedemütigt, mißhandelt und gefoltert wurden. »Die US-Soldaten haben die Gefangenen nicht bloß roh angefaßt, und sie handelten nicht in einer rechtlichen Grauzone. Sie haben gefoltert und sich deshalb eines Kriegsverbrechens schuldig gemacht. Denn spätestens seit der Haager Landkriegsordnung von 1907 und den Genfer Konventionen müssen Kriegsgefangene ehrenhaft behandelt werden. Dazu zählt auch das Verbot, aus ihnen mit Gewalt Informationen herauszupressen. Selbst nach dem Ende der Kampfhandlungen bleibt eine Besatzungsmacht an das Kriegsvölkerrecht gebunden. Zudem verbieten alle Menschenrechtskonventionen die Folter – wie ruchlos auch immer die Gefangenen selbst gehandelt haben mögen.«[37]

Mit ihrer imperialen Politik verabschiedeten sich die USA vom Völkerrecht. Die strikte Beschränkung militärischer Gewalt, wie sie dem UN-Friedensgebot von 1945 zugrunde liegt, wurde faktisch aufgehoben.

Washington nahm auch Abschied »vom umweltschützenden Kyoto-Protokoll, zog sich aus dem ABM-Vertrag von 1972 zurück, lehnte den Atomtestvertrag, das Protokoll über biologische Waffen und den Internationalen Strafgerichtshof ab«.[38]

Im Innern der Vereinigten Staaten wurde der rechtliche Status von Nicht-Staatsbürgern radikal eingeschränkt. Durch Präsidentenerlaß vom November 2001 können sie bei Verdacht auf terroristische Taten unbeschränkt inhaftiert und gegen sie Prozesse vor den »military comissions« durchgeführt werden Das sind keine Militärgerichte, wie sie das Kriegsrecht vorsieht. »Das Neue an der ›Anordnung‹ von Präsident Bush ist, daß sie den rechtlichen Status dieser Individuen radikal auslöscht und damit gleichzeitig Wesen hervorbringt, die juristisch weder eingeordnet noch benannt werden können. Nicht nur, daß die in Afghanistan gefan-

441

genen Taliban nicht den Status von Kriegsgefangenen gemäß der Genfer Konvention erhalten – sondern es gibt für sie überhaupt keinen Anklagepunkt, der in amerikanischen Gesetzen festgelegt ist: Weder Gefangene noch Angeklagte, sind sie einfache Verhaftete (*detainees*), die einer rein faktischen Herrschaft unterworfen sind, einer Haft, die nicht nur zeitlich, sondern ihrem Wesen nach unbestimmt ist, denn sie entzieht sich jedem Gesetz und jeder Form rechtlicher Kontrolle. Vergleichbar ist dies allenfalls mit dem rechtlichen Status der Juden in den Nazi-Lagern, die mit der Staatsbürgerschaft jede rechtliche Identität verloren, aber wenigstens die jüdische noch behielten.«[39]

Damit wurde ein Ausnahmezustand geschaffen, »in dem sich menschliches Handeln ohne Bezug zum Recht mit einer Norm ohne Bezug zum Leben konfrontiert sieht. ... Ja, der Ausnahmezustand hat heute erst seine weltweit größte Ausbreitung erreicht. Der normative Aspekt des Rechts kann so ungestraft entwertet, ihm kann widersprochen werden von einer Regierungsgewalt (*violenza governamentale*), die im Ausland internationales Recht ignoriert, im Inneren einen permanenten Ausnahmezustand schafft und dann vorgibt, immer noch das Recht anzuwenden.«[40]

Charakteristisch für das imperiale Streben der USA ist ihre weltweite militärische Präsenz. »Welche Gründe auch immer die Vereinigten Staaten ursprünglich dazu veranlaßten, Truppen in ein Land zu schicken und dort Stützpunkte zu errichten, die Gründe für ihr Bleiben sind imperialer Natur – regionale und globale Hegemonie, Rivalen den Zugriff auf das Territorium verwehren, einen Zugang für amerikanische Unternehmen schaffen, ›Stabilität und Glaubwürdigkeit‹ als Militärmacht demonstrieren.«[41] Ein Bericht des US-Verteidigungsministeriums vom September 2001 führt insgesamt 33 Länder auf, in denen mindestens 100 Militärangehörige im aktiven Dienst stationiert waren. Das Militärpersonal in diesen Basen umfaßt 251 000 Angehörige der Streitkräfte. »Das Imperium der Militärbasen ist eine eng vernetzte Welt – eine Welt mit eigenen Traditionen, Gebräuchen und Lebensstilen, mit eigenen Hierarchien und Klassenstrukturen, eine Welt, die in zunehmendem Maße isoliert vom Rest der amerikanischen Gesellschaft existiert. Man vermag sich kaum mehr vorzustellen, daß am Vorabend des Zweiten Weltkrieges nur 168 000 Mann in den amerikanischen Streitkräften dienten. Heute unterhalten die Vereinigten Staaten in Friedenszeiten eine Streitmacht von 1,4 Millionen Männern und Frauen, die finanziert werden aus einem Militärhaushalt, der den Staatshaushalt der meisten Länder dieser Erde überschreitet und die in einer abgeschlossenen, unabhängigen Welt der Basen leben.«[42] Zu den Soldaten unter Waffen kommen noch 1,3 Millionen Reservisten hinzu.

Die zunehmende Militarisierung läßt sich an drei Indikatoren erkennen: Die Entstehung eines Berufsmilitärs und die Glorifizierung von deren Idealen, ein Übergewicht von Offizieren oder Vertretern der Rüstungsindustrie in hohen Regierungsämtern und eine Politik, »mit der die militärische Verteidigungsfähigkeit zur höchsten Priorität des Landes erhoben wird. In seiner Antrittsrede verkündete Präsident George W. Bush: ›Um nicht durch Schwäche eine Herausforderung zu provozieren, werden wir unsere Verteidigung über jede Herausforderung hinaus ausbauen. Wir werden uns der Gefahr der Massenvernichtungswaffen stellen, damit dem neuen Jahrhundert neue Schrecken erspart bleiben.‹«[43]

Das ohnehin zu einem mehrfachen Overkill ausreichende Arsenal an Nuklearwaffen soll durch die Entwicklung neuer taktischer Atombomben (*mini-nukes*) ergänzt werden. »Im Dezember 2003 hat der Kongreß allein für das Jahr 2004 die Bereitstellung von 6,3 Millionen Dollar für die Entwicklung dieser neuen Generation ›defensiver‹ Nuklearwaffen bewilligt. Der gesamte Verteidigungsetat der Vereinigten Staaten hat mit 400 Milliarden Dollar ungefähr den gleichen Umfang wie das gesamte Bruttoinlandsprodukt der Russischen Föderation.«[44]

Die neue Sicherheitsdoktrin der Vereinigten Staaten ist Teil einer langfristigen Strategie, die bereits am Anfang der neunziger Jahre entwickelt wurde. Ihr Ziel ist die Absicherung der globalen Hegemonie der USA mittels High-Tech-Waffensystemen. Dazu rechnet auch die Kontrolle der wichtigsten Ölförderregionen. Der »Kampf gegen den islamischen internationalen Terrorismus« und gegen die »Achse des Bösen« bilden den integralen Teil der Strategie für eine globale »Pax Americana«.

In diesen »Visionen« einer strategischen Rolle der USA finden sich Vorstellungen des jetzigen Verteidigungsministers Rumsfeld, des Vizeverteidigungsministers Wolfowitz, des Vizepräsidenten Cheney und anderer hochrangiger Regierungsbeamter. Viele ihrer Vorstellungen wurden in Think Tanks entwickelt, Denkfabriken der sogenannten Neokonservativen. So wurde das »Project for a New American Century« (PNAC) mit dem Ziel gegründet, die weltweite amerikanische Führung zu unterstützen und zu fördern. Die Gründungsmitglieder des PNAC, zu denen die genannten Politiker zählen, betrachteten die Administration unter Präsident Clinton als zu schwach, um mit den Herausforderungen der Zukunft umgehen zu können. Sie forderten »ein Militär, das stark genug und bereit genug ist, die gegenwärtigen und zukünftigen Gefahren zu meistern; eine Außenpolitik, die kühn und entschlossen die amerikanischen Prinzipien in der Welt unterstützt und verbreitet; eine nationale Führung, welche die globalen Verantwortungen der Vereinigten Staaten akzeptiert«.[45]

Einige Monate bevor George W. Bush die Präsidentschaft übernahm, veröffentlichte das PNAC einen Entwurf zur Eroberung einer weltweiten Hegemonie mit dem Titel »Amerikas Verteidigung neu aufbauen«.

Philosophischer Gedankenvater der Neokonservativen ist der Philosoph Leo Strauss, der in den dreißiger Jahren vor der nationalsozialistischen Verfolgung aus Deutschland geflohen war. In Amerika lehrte er lange Zeit an der University of Chicago. Viele der heute als neokonservativ bezeichneten Politiker und Geisteswissenschaftler zählen zu seinen ehemaligen Studenten und, in zweiter Generation, zu deren Studenten.

Strauss vertrat die These der »versteckten Bedeutung« (*hidden meaning*): In Arbeiten früherer Philosophen seien bewußt verdeckte und nur wenigen Eingeweihten erkennbare Bedeutungen verborgen. »Allein die verstehende Elite kann und soll die essentielle (*platonische*) Wahrheit menschlicher Gesellschaft und Geschichte innehaben, der Masse, die sie weder verkraften noch mit ihr umgehen könnte, muß sie vorenthalten werden. Um den Staat zu schützen und die Ordnung einer Gesellschaft aufrechtzuerhalten, ist die führende Elite daher verpflichtet, sowohl freie Forschung einzugrenzen als auch die Mittelmäßigkeit und Untugend der gewöhnlichen Leute auszubeuten. Gesellschaft, so Strauss, braucht Lügen vor allem über die Natur der politischen Realität. Dies widerspricht offenkundig der konventionellen Weisheit moderner demokratischer Gesellschaften. Doch ist gerade dieses elitäre Denken von Strauss für Neokonservative von Bedeutung, weil es eine auf Grundsätzen basierende Rationalisierung für zweckmäßige Politik und notwendige Lügen bietet, die denen erzählt werden, die von der Wahrheit demoralisiert würden. ... In Strauss' Analyse der Fehlerhaftigkeit des Liberalismus ist auch seine Ablehnung der Säkularisierung von Bedeutung. Denn sie führt seiner Ansicht nach zu Individualismus, Liberalismus und Relativismus und ermöglicht damit genau die Merkmale, die zu Meinungsverschiedenheiten innerhalb einer Gesellschaft führen und so deren Fähigkeit schwächen, mit externer Bedrohung umzugehen. Für den Atheisten Strauss ist Religion der Klebstoff, der die Gesellschaft zusammenhält und kontrollierbar macht. In Anlehnung daran wird von Neokonservativen immer wieder betont, daß das Problem des Liberalismus in der Zurückweisung des biblischen Elements wurzelt. Manche sehen gar die Trennung von Kirche und Staat als gravierendsten Fehler der Gründungsväter der Vereinigten Staaten an.«[46]

Das Menschenbild der Neokonservativen folgt vor allem der These von Thomas Hobbes vom »Krieg den jeder Einzelne gegen jeden führt«. Für Neokonservative stellt der Krieg den Naturzustand dar. »Frieden hingegen beurteilen sie als utopischen Traum, der zu Weichheit, Dekadenz und Pazifismus führt; man muß ihm mißtrauen, Friedensprozesse sind somit immer verdächtig. Besonders wenn Frieden durch Diplomatie, Rüstungskontrolle oder Inspektionen bewerkstelligt wurde, lehnen Neokonservative ihn ab. Denn mit Feinden kann man aus ihrer Sicht nicht verhandeln. Vor allem die Verhandlungen mit relativ schwachen Feinden der USA bezeichnen sie als ›appeasement of evil‹.«[47]

Die anscheinend unbegrenzte militärische Überlegenheit der USA gegenüber dem »Rest der Welt« verpflichtet sie, diese Macht auch einzusetzen. Ein Präsident der Vereinigten Staaten sei daher verpflichtet, seiner Verantwortung gerecht zu werden.

Diese These fiel bei George W. Bush auf fruchtbaren Boden. »»Mit der Frage des Krieges lebt Bush‹, so sagt er selbst, ›in völligem Frieden.‹ Seit dem Wahlkampf des Jahres 2000 meint er, daß seine Präsidentschaft Teil eines göttlichen Plans sei. Eine Überzeugung, die seit dem Anschlag vom 11. September 2001 immer deutlicher wird. Der Glaube an die Vorsehung verleiht ihm Handlungsgewißheit und Schicksalsergebenheit. ›Wir kennen die Wege der Vorsehung nicht, und doch können wir ihr vertrauen‹, sagte er in seiner Rede zur Lage der Nation.«[48]

Bushs Weltbild ist von einem Sendungsbewußtsein getragen, das seine Wurzeln in den frühchristlichen Erweckungsgemeinden von Texas hat. Es entstand »erst, als sein Freund Don Evans, heute Handelsminister, ihn für eine Bibelgruppe warb. Zehn Männer lasen Vers für Vers. Die Geschichte der Konversion des Paulus war, ganz klassisch, Bushs Damaskus-Erlebnis. Es half ihm, seine erste Wiedergeburt zu vollenden, indem er zu seinem vierzigsten Geburtstag dem Alkohol und der Partyszene abschwor. Heute spricht Bush selten, aber offen darüber. ›Ohne Gott‹, sagt er, ›säße ich heute in einer Bar in Texas anstatt im Oval Office.‹ Oder in den Worten eines alten Freundes: ›Goodbye Jack Daniels, hello Jesus.‹«[49]

Während des Irak-Krieges berief sich Bush wiederholt auf die Botschaft der Bibel. Wenn er in gnadenloser Zweiteilung »Wir« und »Andere« unterscheidet und das »Andere« als böse bezeichnet, so erinnert diese dualistische Bewertung an den endzeitlichen Kampf zwischen guten und bösen Mächten. Obwohl die Bibel den Kampf in militärischen Bildern schildert, nimmt sie den Menschen davon aus. Für ihn gilt ein Gewaltverzicht ohne Wenn und Aber. Religiosität prägt heute Bushs Weltanschauung und sein Handeln. Sein Hang zum Schwarz-Weiß-Denken findet in einem Satz Ausdruck, den er nach dem 11. September formulierte: »Wer nicht für uns ist, ist gegen uns.«

Der Theologe Klaus Berger setzt sich in einem Aufsatz mit der Rhetorik von »gut« und »böse« auseinander, verteilt auf lebende Menschen. Die Ursprünge dieser Sichtweise »reichen tief in das Christentum zurück, beruhen aber auf einer schwerwiegenden Fehldeutung. Zum einen haben schon bald nach dem Auftreten des Islams christliche apokryphe Apokalypsen, also neu verfertigte Schriften über das Ende der Zeiten, Mohammed und den Islam als Verkörperung des Antichristen, des absolut Bösen am Ende der Zeiten, gesehen. Zum anderen aber, und das ist hier die wichtigere Linie, übernahmen viele der christlichen Gruppen, die die neue Welt besiedelten, aus der radikalen englischen Reformation das Bewußtsein der Auserwählung. Als Gruppe der Auserwählten haben solche Christen die besseren Institutionen (Gesetz, Verfassung). Was für Juden einstmals das Gesetz als Basis für den Stolz auf das Auserwähltsein war, ist im militanten Protestantismus eine extrem harte Ausgabe von Verfassungspatriotismus geworden. Die Hochschätzung des Gesetzes und der zivilen Ordnung im Calvinismus trägt beträchtlich dazu bei, diese Ordnung missionarisch als das Heilmittel zu verwenden, an dem die Welt genesen soll.

Daß man in die Weltgeschichte gewaltsam eingreifen kann, diese Annahme beruht auf einer seit den Kreuzzügen üblichen Mißdeutung der Offenbarung des Johannes, Kapitel 20. Dort ist nach Ablauf des Reiches der 1 000 Jahre davon die Rede, Gog und Magog würden die heilige Stadt Jerusalem bedrohen. Dann kommt nach einer ›Völkerschlacht‹ das Gericht. Zur Zeit der Kreuzzüge hat man die Angabe der 1 000 Jahre wörtlich verstanden und sich zur Rettung Jerusalems aufgemacht. Doch in der Offenbarung des Johannes steht mit keinem Wort etwas von christlichen Hilfstruppen beim Ansturm der gottlosen Völkerscharen gegen Jerusalem. Diese hat man schon zu Beginn der Kreuzzüge in einer grandiosen Fehldeutung hinzugefügt. So entstanden die Kreuzzüge. Präsident Ronald Reagan sagte gleich zu Beginn seiner Amtszeit, wir seien die Generation, ›auf die die Sache mit Gog und Magog zukomme‹. Doch mit einem grundsätzlich auf das Ende der Welt ausgerichteten Verständnis von Geschichte ist eine strikte Zweiteilung von Guten und Bösen in Sichtweite. Die Guten fassen sich als Hilfstruppen des Gerichtes Gottes auf. Der Schauplatz ist der Vordere Orient, vor allem Jerusalem. Die Guten können der Welt das Licht des wahren Gesetzes bringen.

Auch dies ist eine eklatante Fehldeutung. Den Christen der Offenbarung des Johannes ist jede Gewalt untersagt. Und dagegen, daß ich eine Gruppe als ›die Gerechten‹ bezeichnen und andere namentlich als die Bösen qualifizieren darf, wendet sich die generelle biblische Aussage, daß alle Menschen Sünder sind und es nicht einen Gerechten gibt. Insbesondere das Gleichnis vom Unkraut unter dem Weizen in Matthäus 13,24-30 mahnt dazu, keine Scheidung von Guten und Bösen vorzunehmen, sondern das Böse und die Bösen auszuhalten. Denn böse zu sein, das ist jeweils nicht eine Gefahr für die jeweils anderen, sondern für die Christen selbst, wie die Schlußbitte des Vaterunsers zeigt (›Führe uns nicht in Versuchung, befreie uns vielmehr von dem Bösen.‹). ... Präsident Bush liebt auch ein anderes Wort der Evangelien, nämlich den Satz von der notwendigen Entscheidung für die USA oder für die Terroristen (Rede vom 20. September 2001). Der Satz entspricht Lukas 11,23 und Matthäus 12,30. Hier redet also einer, der als der letzte Bote der Endzeit zur endgültigen Entscheidung aufruft. Doch sollte der Präsident bedenken, daß dieser Satz auch bei Cicero vorkommt, und zwar aus dem Munde der unterlegenen Partei. Doch der Präsident wird bei der Meinung bleiben, er fechte den eschatologischen Entscheidungskampf ›Gut gegen Böse‹ aus: ›We fight evil‹ (Wir bekämpfen das Böse, 16. Oktober 2001). Daher bleibt der Schluß: So viel Weltende war nie!«[50]

Wie gefährlich dieses Weltbild für den Weltfrieden ist, liegt klar auf der Hand. Atombomben und High-Tech-Waffensysteme

in den Händen eines vom »Sendungsbewußtsein« durchdrunge-
nen Präsidenten, der als ein »Auserwählter« die Rolle des Rich-
ters wahrnimmt, läßt Schlimmes für die Zukunft befürchten.

Ein zweiter Problemkreis, der im 21. Jahrhundert zunehmend
an Bedeutung gewinnen wird, umfaßt die Wechselwirkung zwischen Mensch und Natur. Zum Beginn dieses Jahrhunderts *wissen* wir, daß die bereits eingetretenen Klimaänderungen überwiegend anthropogen sind. Sie wirkten sich weltweit auf physikalische und biologische Systeme aus. Beispiele sind das Schmelzen
der Gletscher, das spätere Zufrieren von Flüssen und Seen in
höheren und mittleren Breiten und das frühere Auftauen ihrer
Eisdecken sowie die zeitliche und räumliche Verschiebung der
Lebensräume von Pflanzen und Tieren. Auch humane Systeme
erwiesen sich als verwundbar. Beispiele sind die Gefährdungen
von Wasserressourcen, landwirtschaftlich genutzten Gebieten
und Küstenzonen.

Wie bei der Schilderung der bisherigen Klimaänderungen und
ihrer Auswirkungen ist es sinnvoll, auch im Zusammenhang mit
den Zukunftsgefahren auf die Veröffentlichungen des »Zwischenstaatlichen Ausschusses für Klimaänderungen« (IPCC) Bezug zu
nehmen. In seinem dritten Wissensstandsbericht aus dem Jahre
2001 werden in einem ersten Band[51] die Projektionen zukünfti-
ger Klimaänderungen beschrieben und in Band zwei[52] die Emp-
findlichkeit, Anpassungsfähigkeit und Anfälligkeit von natürlichen und humanen Systemen gegenüber einer fortschreitenden
Klimaänderung im 21. Jahrhundert geschildert.

Wichtigstes Ziel der weltweiten Modellrechnungen ist es, den
Einfluß anthropogener Strahlungsantriebe auf das Klima der Zukunft abzuschätzen. Wegen der Komplexität des Klimasystems mit
seinen durch Kreisläufe gekoppelten Komponenten sind selbst
die umfangreichsten, zur Simulation der Klimaentwicklung in
der Gegenwart genutzten Modelle nur begrenzt aussagefähig. Sie
lassen bei anhaltendem Zuwachs von Treibhausgasen und Aerosolen einen Trend der Klimaänderung erkennen. Wie lange er
anhält, läßt sich nicht vorhersagen.

Im Bericht des IPCC wird zwischen einer Vorhersage (*predic-
tion*) und einem Entwurf (*projection*) unterschieden. Den Entwurf
kann man als eine bedingte Vorhersage betrachten. Sie wird sich
erfüllen, falls die zugrunde liegenden Annahmen – zum Beispiel
des Verbrauchs fossiler Energieträger – eintreffen.

Die allgemeinen Zirkulationsmodelle sind am aussagefähigsten betreffs der globalen Entwicklung. Ihre Grundlage sind physikalische Gesetze zur Beschreibung dynamischer Prozesse in der Atmosphäre, hinzu kommen empirische Beziehungen. Alle finden ihren Ausdruck in einem die Zirkulation beschreibenden System mathematischer Gleichungen, das explizit unlösbar ist. Wie bei den entsprechenden Modellen zur Wettervorhersage ist eine Lösung nur mit Hilfe mathematischer Näherungsverfahren möglich.

Den Modellen zur Beschreibung der Zirkulation in Ozeanen liegen die gleichen physikalischen Gesetze zugrunde. Während die atmosphärische Zirkulation durch die Differenz in der Strahlungsbilanz zwischen äquatorialen und polaren Breiten aufrechterhalten wird, sind Winde und thermohaline Tiefenzirkulation die Antriebskräfte der oberflächennahen Strömungen im Ozean. Auch das mathematische Gleichungssystem zur Beschreibung der ozeanischen Zirkulation ist nur näherungsweise zu lösen.

Die umfassendsten derzeit verwendeten Klimamodelle sind die globalen gekoppelten Ozean-Atmosphäre-Modelle. Sie sind Grundlage der Projektionen des IPCC für das 21. Jahrhundert. Ihnen liegen unterschiedliche Szenarien über Art und Umfang von Energieerzeugung, Bevölkerungswachstum und Varianten der ökonomischen Entwicklung in den Weltregionen zugrunde.

Wie alle bisherigen Untersuchungen zweifelsfrei belegen, ist der Einfluß der Kohlendioxid-Emission aus der Verbrennung fossiler Energieträger dominierend für den Anstieg der atmosphärischen CO_2-Konzentration. Bis zum Beginn der Industriellen Revolution lag sie bei 280 parts per million (ppm), zu Beginn des 21. Jahrhunderts stieg sie auf 375 ppm. Modellrechnungen des Kohlenstoffkreislaufs sagen bis 2100 für die verschiedenen Emissionsszenarien einen Anstieg auf 540 bis 970 ppm voraus. Die verschiedenen Projektionen berücksichtigen Rückkopplungseffekte des Klimas mit Ozeanen und Landmassen. Es ist zu erwarten, daß mit steigender CO_2-Konzentration in der Atmosphäre Ozeane und Landmassen einen geringer werdenden Anteil an Kohlendioxid absorbieren werden.

Zur Stabilisierung des Strahlungsantriebs, den die Treibhausgase verursachen, wäre eine drastische Reduzierung ihrer Emission unumgänglich. Um beispielsweise die atmosphärische CO_2-Konzentration bei 450 ppm zu stabilisieren, wäre ein Rückgang ihrer Emission unter die Werte von 1990 innerhalb weniger

Jahrzehnte erforderlich. Zu beachten ist dabei, daß die mittlere Verweilzeit von CO_2 in der Atmosphäre rund 120 Jahre beträgt.

Zusammengefaßt enthält der Bericht des IPCC die folgenden Projektionen:

- Zwischen 1990 und 2100 wird die mittlere globale Temperatur in Erdbodennähe um 1,4 bis 5,8 Grad Celsius wachsen.
- Sehr wahrscheinlich werden sich die Landmassen stärker erwärmen als im globalen Mittel.
- Die globale Konzentration des Wasserdampfes in der Atmosphäre wird steigen und die Niederschläge werden zunehmen. Verstärkte Niederschläge finden wahrscheinlich über der Antarktis und in mittleren und hohen Breiten der Nordhemisphäre statt.
- Im globalen Mittel wird der Meeresspiegel um neun bis 88 cm steigen. Ursache dafür sind in erster Linie die Wärmeausdehnung des Wassers und das Schmelzen von Gletschern und Eiskappen.

Die quantitativen Schätzungen, zum Beispiel ein Temperaturanstieg um 1,4 bis 5,8 Grad, schließen den gesamten Streubereich ein, den sowohl die unterschiedlichen Szenarien als auch die verschiedenen verwandten Klimamodelle bewirken. Der Wissensstandsbericht behandelt die zahlreichen Emissionsszenarien als gleichwertig. Sie reichen von Szenarien einer sich näher kommenden Welt mit zielgerichtetem Umweltschutz, sozialer Gerechtigkeit und dominierender Nutzung nichtfossiler Energiequellen bis zu Szenarien einer heterogenen Welt, wie sie unsere Gegenwart prägen, in der die Nutzung fossiler Energieträger nach wie vor dominiert. Der bisherige Trend läßt letztere Szenarien weit wahrscheinlicher erscheinen. Ihre Projektionen liegen im oberen Bereich des Anstiegs von Temperatur und Meeresspiegel.

Natürliche Systeme, die nur eine begrenzte Anpassungsfähigkeit besitzen, können durch Klimaänderungen erheblich und irreversibel geschädigt werden. Zu den gefährdeten natürlichen Systemen zählen Gletscher, Korallenriffe und Korallenatolle, Mangrovenwälder, boreale und tropische Wälder, polare und alpine Ökosysteme sowie Feuchtgebiete. Der Lebensraum einiger Tier- und Pflanzenarten wird in Anzahl und Ausdehnung zunehmen. Für andere Arten wächst das Risiko des Aussterbens. Es gilt als sicher: die geographische Ausbreitung von Schäden wird mit dem Ausmaß und der Geschwindigkeit der Klimaänderung zunehmen.

Betrachten wir zum Beispiel das natürliche System der Arktis. Sie umfaßt die nördlichen Regionen Nordamerikas, Nord- und Zentralasiens.

Im Frühjahr 2004 veröffentlichte das »Arctic Climate Impact Assessment« (ACIA), eine Organisation aus Wissenschaftlern der acht Arktisanrainerstaaten, erste Untersuchungsergebnisse. Sie gehen teilweise über die des dritten Wissensstandsberichts des IPCC hinaus. In einem Vortrag vor einer US-Senatskommission berichtete Richard Corell, Chairman des ACIA, über den bisherigen dramatischen Klimawandel in der Arktis und die damit verbundenen Risiken.[53] Er zitierte Beobachtungen einer indigenen Bewohnerin der arktischen Region Sibiriens.

Sie schildert ihre Beobachtungen und die Auswirkungen des Wandels auf ihre Lebenswelt: Der Schnee beginnt früher zu schmelzen. Seen und Flüsse frieren im Herbst später zu. Für die Rentierherden wird es schwieriger, auf dem schwächeren Eis ihre Wege zu finden. Die Winter sind deutlich wärmer geworden als früher, und gelegentlich fällt Regen. Diese Veränderungen konnten wir nicht erwarten. Wir sind darauf nicht vorbereitet. Der Wandel im Jahreszyklus zerstört unsere Lebensgrundlage – die Rentierherden.[54]

Diese Beobachtungen bestätigen wissenschaftliche Untersuchungen. In der zweiten Hälfte des 20. Jahrhunderts stieg die Durchschnittstemperatur über der Arktis doppelt so schnell wie im globalen Mittel. In diesem Zeitraum stiegen über Alaska und dem Westen Kanadas die mittleren Wintertemperaturen um drei bis vier Grad Celsius. Die Projektionen sagen für die kommenden Jahrzehnte eine weit größere und schnellere Erwärmung der Arktis voraus als im globalen Mittel. Als Folge der dramatischen Erwärmung schrumpft die Meereseisdecke. Die ganzjährig zugefrorene Fläche nahm in jedem der vergangenen Jahrzehnte um drei Prozent ab. Im selben Zeitraum verminderte sich die Mächtigkeit der verbliebenen Eisdecke dramatisch, teilweise um 40 Prozent. Die nördliche Seeroute zwischen Kanada und Rußland ist gegenwärtig 20 bis 30 Tage im Jahr passierbar. Bis 2080 werden es 90 bis 100 Tage sein. Ein Modell sagt dies bereits für 2050 voraus.

Der zirka 3,1 Millionen Kubikkilometer umfassende Eisschild Grönlands schmilzt zusehends. Bereits in den letzten beiden Jahrzehnten wuchs seine Abtauzone um 16 Prozent. Die Geschwindigkeit, mit der die arktischen Gletscher Alaskas schrumpfen, verdreifachte sich in den neunziger Jahren. Allein die Gletscher

Alaskas tragen zur Hälfte des weltweiten Gletscherschwundes bei.

Eine weitere Folge der raschen arktischen Erwärmung ist das Tauen der Permafrostböden. Damit dürfte die Zunahme des Wasserabflusses der russischen Ströme in das arktische Becken zusammenhängen. In der zweiten Hälfte des 20. Jahrhunderts wuchs deren Abfluß um sieben Prozent.

Bevor wir die Risiken verdeutlichen, die mit dem dramatischen arktischen Klimawandel verbunden sind, einige Worte zum Charakter von extremen Klimaphänomenen: Für das Klimasystem kennen die Physiker im wesentlichen sowohl die Wirkung der entsprechenden Naturgesetze als auch die Anfangsbedingungen. Wie wir heute wissen, sind für das Verhalten solcher komplexen nichtlinearen Systeme wie Klima und Wetter über eine gewisse charakteristische Zeit hinaus keine Vorhersagen möglich. Ursache dieses Verhaltens sind Systemeigenschaften, die bewirken, daß winzige Veränderungen in den Anfangsbedingungen zu gewaltigen Differenzen in den Folgeprozessen führen können. Selbst bei voller kausaler Determiniertheit aller Einzelprozesse erweisen sich komplexe Systeme über eine charakteristische Zeit hinaus nicht nur praktisch, sondern auch theoretisch als nicht vorhersagbar. Im Falle des Wetters liegt dieses Zeitintervall bei rund zehn Tagen, im Falle des Klimas vermutlich bei einigen Jahrzehnten oder Jahrhunderten.

Erinnert sei an die 25 irregulären Klimasprünge während der letzten Kaltzeit zwischen dem Ende der Eem-Warmzeit vor zirka 114 000 Jahren und dem Beginn der Neo-Warmzeit vor 11 500 Jahren. Bei jedem Wechsel änderte sich die Temperatur um fünf bis sieben Grad Celsius. Beim letzten Wechsel, dem Übergang in die präboreale Phase, stieg die mittlere Temperatur im nordatlantischen Bereich innerhalb weniger Jahrzehnte um sieben Grad. Die Grenze des Meereises verschob sich aus der Biskaya in die Norwegensee.

Da die weltweite atmosphärische Zirkulation durch die Strahlungsbilanz zwischen äquatorialen und polaren Breiten bewirkt wird, kann eine deutliche Änderung im polaren Bereich die globale Energiebilanz merklich verändern. Solange große Meereisflächen das einfallende Sonnenlicht in den Weltraum reflektieren, bleibt die Polarregion eine starke Senke für die aus niederen Breiten strömenden Luftmassen. Eis und Ozeane reflektieren Sonnenlicht unterschiedlich. Den Prozentsatz des reflektierten

Lichts bezeichnet man als Albedo. Für Meereis liegt er bei 85 Prozent, das heißt fast das gesamte Sonnenlicht wird reflektiert. Für eisfreie Meeresflächen liegt er bei sieben Prozent, nahezu die gesamte eingestrahlte Energie wird absorbiert. Die Temperatur des Meerwassers steigt, und der Schmelzprozeß beschleunigt sich. Die Wissenschaftler sprechen von einer positiven Rückkopplung.

Durch verstärkte Aufnahme von Wasserdampf in der Atmosphäre kann die Wolkenbedeckung zunehmen. Das kann einerseits zur Abkühlung führen, andererseits können Wolken ein Entweichen langwelliger Wärmestrahlen in den Weltraum verhindern. Die Modellierung verschiedener ineinandergreifender positiver und negativer Rückkopplungssysteme erweist sich als sehr schwierig. Die bisherigen Veränderungen zeigen jedoch, daß im Endeffekt eine rasche Temperaturerhöhung und ein zunehmendes weiteres Schmelzen von Meereis stattfinden. Da die positiven Rückkopplungen offenbar überwiegen, wird eine rasche arktische Erwärmung auch den Temperaturanstieg in mittleren und hohen Breiten verstärken. Das kann zu einer sprunghaften Änderung der atmosphärischen Zirkulation auf der Nordhalbkugel führen.

Ein weiterer Mechanismus, der zu weltweiten Auswirkungen auf das Klima führen kann, liegt in einer Veränderung des Musters der ozeanischen Zirkulation. Für die Temperaturverteilung auf der Erdoberfläche ist neben der atmosphärischen auch die ozeanische Zirkulation von großer Bedeutung, da der Wärmetransport zu den Polen durch Ozeane und Atmosphäre von vergleichbarer Größe ist. Unter der Wirkung ständiger Winde bilden sich an der Meeresoberfläche große horizontale Wirbel, die sich über weite Teile der Ozeane erstrecken. Die markantesten sind die subtropischen Wirbel. In ihnen wird das Wasser nach Westen geführt, und in intensiven Randströmungen wie dem Golfstrom fließt es längs der Kontinente nach Norden. Die vom Golfstrom transportierten Wassermassen treffen östlich der Neufundlandbank auf eine Kaltwasserströmung, den Labradorstrom. Das warme Wasser des Golfstroms teilt sich hier in zwei Systeme. Sie führen teils bis ins europäische Nordmeer, teils fließen sie in mittleren Breiten in einem großen subtropischen Wirbel nach Südwesten zurück.

Dichte Wassermassen über weniger dichten Schichten führen unter der Schwerkraft zu einer vertikalen Konvektion. Ursache einer solchen Schichtung ist entweder eine Abkühlung der Oberfläche oder eine Zunahme des Salzgehalts, zum Beispiel durch Eisbildung oder Verdunstung. Wärmetransport durch Konvektion wird daher als thermohaline Konvektion bezeichnet.

Eine Tiefenkonvektion kann nicht stattfinden, wenn die Dichte des Oberflächenwassers geringer ist als in darunterliegenden Schichten. Es kommt zur Ausbildung einer Sprungschicht zwischen warmem Oberflächen- und kaltem Tiefenwasser. In den tropischen und subtropischen Ozeanen, in denen eine Sprungschicht ganzjährig oberflächennahes warmes Wasser von kälterem Tiefenwasser trennt, beschränkt sich die thermohaline Konvektion auf eine relativ flache Schicht unter der Meeresoberfläche. Nur in hohen Breiten kann die Konvektion wegen lokalen Fehlens einer Sprungschicht bis zum Meeresboden vordringen.

Die thermohaline Tiefenzirkulation erfolgt nicht stetig über ausgedehnten Flächen. Die wenigen bisher vorliegenden Beobachtungen ergaben, daß dichte Oberflächenwasser sporadisch in relativ engen Strömungskanälen in die Tiefe sinken. Strömungskanäle wurden nur in wenigen Meeresgebieten gefunden, so im antarktischen Weddelmeer, in der Grönland-, Island-, Norwegensee (GIN-See) und in der Labradorsee.

Die Gesamtmenge an frisch gebildetem nordatlantischem Tiefenwasser beträgt gegenwärtig ungefähr 17 Millionen Kubikmeter pro Sekunde. Das absinkende Wasser strömt in größerer Tiefe über den Äquator hinweg in Richtung Antarktis. Es vereinigt sich mit dem noch mächtigeren Strom kalten Tiefenwassers, der in östlicher Richtung die Antarktis umläuft. Der Strömungsverlauf im Weltmeer gleicht einem riesigen Transportband, das Tiefenzirkulation und Oberflächenströmung miteinander verbindet.

Der Salzgehalt des kalten Oberflächenwassers steuert das lokale Absinken großer Wassermassen in hohen Breiten. Kleine Änderungen des Salzgehalts, wie sie durch einen veränderten Zufluß von Frischwasser bewirkt werden – beispielsweise durch stärkere Niederschläge –, können zu einer Umstellung im Zirkulationsmuster führen. Neue Untersuchungen belegen, daß die zahlreichen Klimasprünge während der letzten Kaltzeit mit abrupten Änderungen des Strömungsverlaufs im Atlantik verknüpft waren.

Das gegenwärtig rasch schmelzende Meereis und der zunehmende Abfluß von Gletschern und Flüssen bewirken eine Reduzierung des Salzgehalts im arktischen Becken und damit eine

Schwächung der Tiefenkonvektion. Klimamodelle deuten darauf hin, daß der Abschwächungsprozeß zum Ende des 21. Jahrhunderts in eine sprunghafte Umstellung des Zirkulationsmusters münden könnte.

Ein dritter Mechanismus, den die rasche arktische Erwärmung auslösen kann und der potentiell globale Auswirkungen impliziert, ist die Freisetzung von Treibhausgasen, die in den ausgedehnten arktischen Dauerfrostböden und in den Sedimenten arktischen Flachwassers gebunden sind. Während Permafrostböden in Alaska und Kanada nur fleckenhaft auftreten, besteht rund die Hälfte des russischen Territoriums aus Dauerfrostboden. Er stellt eine gewaltige Methanquelle dar. Ein rascher weiterer Anstieg der Oberflächentemperatur kann zu einer Freisetzung dieses Treibhausgases führen und damit einen zusätzlichen Wärmeschub bewirken, der sich weltweit auswirken würde.

Eine weitere Methanquelle ist Methanhydrat, eine eisartige Verbindung von Wasser und Sumpfgas, die nur bei tiefen Temperaturen und hohem Druck stabil ist. Wenn nur ein Bruchteil des in großen Mengen am Meeresboden gebundenen Gashydrats die Meeresoberfläche erreicht, werden riesige Mengen an Methan freigesetzt. Dabei ist zu beachten, daß ein Molekül dieses Treibhausgases dreißigmal effektiver wirkt als ein CO_2-Molekül.

Methanhydrat findet sich vorwiegend an Kontinentalabhängen, in denen der Meeresboden vom relativ flachen Schelf zur Tiefsee abfällt. Als Flachwasser-Gashydrat ist es im arktischen Gewässer vorhanden. Die Kälte des Wassers zwischen Nordkap und Spitzbergen bewirkt starke Ablagerungen von Methanhydrat bereits in Tiefen von 300 bis 350 Metern. »Wie seismische Reflexionsprofile zeigen, reichen die jetzt noch vorhandenen Gashydrate etwa 180 Meter tief in den Meeresboden. Schon ein Anstieg der Wassertemperatur um nur ein Grad Celsius würde genügen, sie aus dem Stabilitätsfeld geraten zu lassen. Da die Gashydratfelder Durchmesser von bis zu mehreren Dutzend Kilometern haben und ein Kubikmeter Gashydrat bis 164 Kubikmeter freies Gas speichert, könnten bei der Zersetzung enorme Mengen Gas aus dem Meeresboden brechen. Zur Zeit ist das Hydrat im Winter beständig. Im Sommer jedoch, wenn sich das Bodenwasser um bis zu ein Grad erwärmt, entweichen bereits größere Mengen Methan aus dem Hydrat. Eine massive Freisetzung des Gases könnte einen Treibhauseffekt auslösen, der die Temperatur weiter steigen ließe. So käme ein fataler Rückkopplungsprozeß in Gang,

in dem sich Erwärmung und Methanfreisetzung gegenseitig auf-
schaukeln würden.«[55]

Das Beispiel der Arktis zeigt, daß ein Temperaturanstieg um
wenige Grad, wie er in den kommenden Jahrzehnten erwartet
wird, das Risiko großräumiger Unregelmäßigkeiten gefährlich
erhöht.

Auch die Auswirkungen der arktischen Erwärmung auf einige
der dort lebenden Arten sind bedrohlich. Die Jagd der Eisbären
auf Robben hängt vom Zustand des Meereises im Frühjahr ab.
Änderungen von Ausmaß und Tragfähigkeit können den Lebensraum der Eisbären deutlich reduzieren. Eingeborene berichten,
daß bereits gegenwärtig das an Umfang und Dicke schrumpfende
Meereis ein Überleben von Großsäugern wie Eisbären, Walrossen
und einigen Robbenarten gefährdet, die von den Inuit in Alaska, Nordkanada und Grönland gejagt werden. Der Lebensraum
von Karibus und Rentieren, die eurasische Form der Karibus,
schrumpft durch den Rückgang der Tundren. »Zukünftige Klimaänderungen können zu einer Abnahme der Populationen von
Rentieren und Karibus führen, eine Bedrohung der Nahrungsgrundlage von Gemeinschaften, die bereits seit 9 000 Jahren bestehen.«[56]

Aus der Vielzahl der Gefährdungen, die die projizierten Klimaänderungen des 21. Jahrhunderts bewirken werden, betrachten
wir als Beispiel die Auswirkungen auf Hydrologie und die Wasser-
ressourcen. Wasser ist für die Erhaltung des Lebens auf der Erde
unverzichtbar. Klimaänderungen, wie Temperaturerhöhung und
veränderte Niederschläge, wirken sich auf natürliche und humane Systeme aus. Hinzu kommen Änderungen im Wasserhaushalt
durch zunehmende Nutzung von Anlagen zur Flußregulierung,
von Dämmen, Wasserreservoiren und landwirtschaftlichen Be-
wässerungssystemen.

Das Wechselspiel zwischen Art und Umfang der Nutzung hy-
drologischer Systeme und klimabedingten Änderungen der Niederschläge wird für die Mehrheit der Menschen zur Überlebensfrage.

Die Auswirkungen der projizierten Klimaänderungen auf
Fließgewässer und Grundwasserspeisung folgen überwiegend
den erwarteten Niederschlagsänderungen. Die Mehrzahl der Szenarien erwartet eine Zunahme des Abflusses in hohen Breiten
und in Südostasien, aber einen Rückgang in Zentralasien, in den
Gebieten rund ums Mittelmeer, im Süden Afrikas und in Austra-

lien. Der Klimawandel wird daher den Wassermangel verstärken, der bereits in ariden und semiariden Regionen besteht.

Annähernd 1,7 Milliarden Menschen leben zu Beginn unseres Jahrhunderts in Ländern mit Wasserknappheit, was bedeutet, daß dort jeweils mehr als 20 Prozent der erneuerbaren Wasser-Ressourcen genutzt werden. Bei einem Bevölkerungswachstum auf mehr als acht Milliarden im Jahr 2025 wird die Zahl des unter Wasserknappheit leidenden Teils der Menschheit die Fünf-Milliarden-Marke erreichen – ohne einen bis dahin eintretenden Wandel des Klimas zu berücksichtigen. In Ländern, die schon gegenwärtig unter Wasserknappheit leiden, werden sich Abfluß und Grundwasserspeisung weiter verringern. Modellrechnungen lassen erwarten, daß beispielsweise in Indien, wo pro Kopf jährlich zirka 2 400 Kubikmeter zur Verfügung stehen, Bevölkerungswachstum und Klimawandel bis 2050 die verfügbare Wassermenge unter 1 000 Kubikmeter sinken lassen.[57]

Folgendes Beispiel illustriert den bereits vorhandenen Mangel: Im Mai 1995 bat die Regierung Mexikos die Vereinigten Staaten um einen Kredit – allerdings nicht in Dollars, sondern in Wasser aus dem Rio Grande. Zu dieser Zeit herrschte im nördlichen Mexiko das dritte Jahr in Folge eine Dürreperiode, der Ernten und Viehbestände zum Opfer fielen. – Der Kredit wurde abgelehnt, da die texanischen Farmer Engpässe in ihrer Wasserversorgung befürchteten.[58]

Die bestehende Kluft zwischen Frischwasserbedarf in einigen der am stärksten bevölkerten Regionen der Welt und den vorhandenen Ressourcen wird im 21. Jahrhundert wachsen.

Auf dem indischen Subkontinent – Indien, Bangladesch, Bhutan, Nepal und Malediven – lebten 1996 1,1 Milliarden Menschen, darunter 74 Prozent auf dem Lande. Das Klima dieser Weltregion ist vom Monsun geprägt: von Juni bis September wehen der starke Südwest-Monsun und der weit schwächere Nordost-Monsun. Zirka 80 Prozent sämtlicher Niederschläge fallen während der Monsunperiode.

Die jährliche Frischwasserentnahme verteilte sich 1996 zu 92 Prozent auf die Landwirtschaft, zu drei Prozent auf die Industrie und zu fünf Prozent auf private Haushalte. Der im Weltvergleich hohe Frischwasserverbrauch in der Landwirtschaft wird durch den sehr hohen Grad an künstlich bewässerten Nutzflächen verursacht. Rund die Hälfte der weltweit vorhandenen Bewässerungssysteme entfallen auf Asien. Diese seit Jahrtausenden praktizierte

Kultur führte dazu, daß in Indien, dem weltweit drittgrößten Getreideproduzenten, 43 Prozent des Ackerlandes bewässert werden. Der durch Bevölkerungswachstum steigende Frischwasserbedarf führte zu einer wachsenden Inanspruchnahme der Grundwasservorräte. So wuchs die Zahl flacher Bohrbrunnen zur Entnahme von Grundwasser von 3 000 im Jahre 1950 auf sechs Millionen 1990.[59] Wasservorräte, die vor Jahrtausenden unterirdisch aufgefangen wurden, können durch Niederschläge nicht mehr ergänzt werden. In einigen indischen Staaten, die zu den wichtigsten Anbaugebieten zählen, sind viele Brunnen bereits unbrauchbar geworden. »Wenn es zu kostspielig wird, Grundwasser aus größeren Tiefen heraufzupumpen, oder das Wasser zu salzig wird, es auf Feldern zu benutzen, wird man das Pumpen einstellen. Ohne andere Wasserquellen wird die Nahrungsmittelproduktion in diesen Gebieten zusammenbrechen.«[60]

Nicht nur das Grundwasser, auch die großen Ströme leiden unter übermäßiger Wasserentnahme. Die starke Nutzung des Ganges führte dazu, daß in der Trockenzeit kaum noch Flußwasser das Meer erreicht. Die Situation wird sich weiter verschärfen. Bis zum Jahre 2050 wird für Indien ein Bevölkerungsanstieg auf 1,57 Milliarden projiziert.

Im Mittel erhält man mit Hilfe einer Tonne Wasser bei industrieller Nutzung das Siebzigfache des Profits, den ein Einsatz im Getreideanbau bringt. Mit zunehmender Industrialisierung wird auch der Wasserbedarf der Industrie, der weltweit zum Ende des 20. Jahrhunderts bei rund 22 Prozent lag, stark anwachsen.

Es wird erwartet, daß die städtische Bevölkerung bis 2025 auf 4,7 Milliarden steigen wird. Als Zentren finanzieller und politischer Macht werden auch Städte Wasser aus der Landwirtschaft abziehen. In den Megametropolen der Entwicklungsländer ist bereits gegenwärtig eine Versorgung der Armen mit sauberem Trinkwasser nicht gesichert. Hinzu kommt, daß die Trinkwasserversorgung weltweit aus der kommunalen Verantwortung in privatwirtschaftliche, profitorientierte Unternehmen überführt wird. Nimmt man Teilen der Gesellschaft durch drastische Preiserhöhungen den Zugang zu sauberem Trinkwasser – wie es beispielsweise nach der Privatisierung im Frühjahr 2001 in Bolivien geschah –, ist das Feld für gewaltbereite Auseinandersetzungen bereitet.

Wasser wird zu einem zentralen Risiko des 21. Jahrhunderts. Bevölkerungswachstum, regionale Verringerung der Niederschläge infolge Klimawandels, aber auch wachsende Hochwassergefahren in anderen Regionen, Rückgang nichterneuerbarer Grundwasservorräte, abnehmende Nutzungsmöglichkeiten des Grundwassers durch Verschmutzung mit Schadstoffen und durch Versalzung, Zunahme von Todesfällen infolge verunreinigtes Wasser und deren infektiösen Folgeerscheinungen, zwischenstaatliche Konflikte bei Nutzung grenzüberschreitender Gewässer: das komplexe Zusammenwirken aller Faktoren kann und *wird* in den kommenden Jahrzehnten zum Aufbau konfliktbereiter Risikopotentiale größten Ausmaßes führen.

Der dritte Problemkreis ergibt sich aus der wachsenden Polarisierung von arm und reich. Bereits heute lebt die Mehrzahl aller Menschen außerhalb der High-Tech-Welt. Ihnen fehlen die Mittel zu einem menschenwürdigen Leben, ihnen fehlt das Gefühl der Sicherheit, ein Grundbedürfnis des Menschen, und ihnen fehlt die Hoffnung.

Jahrtausende war die Landwirtschaft Träger der Produktion. Mit der Industriellen Revolution setzte ein Wandel ein. Einerseits stiegen die landwirtschaftlichen Erträge, andererseits sank mit zunehmender Mechanisierung die Zahl der Menschen, die in der Landwirtschaft Beschäftigung gefunden hatten. So benutzten die Farmer der USA im 19. Jahrhundert zur Ernte Sicheln und Sensen. Bereits die von Pferden gezogene Mähmaschine verkürzte die Erntezeit auf die Hälfte. Zum Ende des 19. Jahrhunderts erschienen die ersten Traktoren auf den Feldern. 1917 brachte Henry Ford einen billigen, in Massen gefertigten Traktor auf den Markt. 1920 verfügten die Farmer über 246 000 Traktoren, zwei Jahrzehnte später waren es mehr als 1,6 Millionen und 1960 über 4,7 Millionen. Im 19. und 20. Jahrhundert wuchs die Produktivität in der Landwirtschaft schneller als jemals zuvor. 1850 erzeugte ein Farmer Lebensmittel zur Ernährung von vier Menschen. 1980 ernährte in den USA jeder Farmer 78 Personen.

Die folgende Tabelle zeigt die Entwicklung der letzten drei Jahrzehnte des 20. Jahrhunderts. In den Vereinigten Staaten waren 1970 noch 3,6 Millionen Menschen in der Landwirtschaft tätig. Bei insgesamt 78,7 Millionen Erwerbstätigen entsprach das einem Anteil von 4,5 Prozent. Im Jahr 2000 waren es bei 135 Millionen noch 3,5 Millionen, also 2,6 Prozent. Wie die entsprechenden Zahlen für Deutschland zeigen, sank auch hier der Anteil der Erwerbstätigen in der Landwirtschaft bis auf 2,5 Prozent.

USA[61]	1970 Mill.	Prozent	2000 Mill.	Prozent
Erwerbstätige gesamt	78,68	100	135,21	100
Landwirtschaft einschl. Forst- + Fischereiwirtschaft	3,57	4,5	3,46	2,6
Industrie einschließlich Bauindustrie	27,27	34,7	31,34	23,2
Dienstleistungen einschl. öffentl. + priv. Dienstleistg.	47,84	60,8	100,41	74,2

Deutschland[62]	1970 Mill.*	Prozent	2000 Mill.	Prozent
Erwerbstätige gesamt	26,56	100	38,75	100
Landwirtschaft einschl. Forst- + Fischereiwirtschaft	2,26	8,5	0,96	2,5
Industrie einschließlich Bauindustrie	12,99	48,9	11,28	29,1
Dienstleistungen einschl. öffentl.+ priv. Dienstleistg.	11,31	42,6	26,5	68,4

*für 1970 nur die alten Bundesländer

In den Entwicklungsländern ging trotz rasch steigender Bevölkerungszahlen der Anteil der Menschen zurück, die in der Landwirtschaft arbeiten. In Indien stieg zwar ihre Zahl zwischen 1961 und 2000 von 143 auf 240 Millionen, prozentual sank ihr Anteil jedoch von 76 auf 60 Prozent.[63] In China sank bei steigender Bevölkerungszahl zwischen 1990 und 2000 die Zahl der Erwerbstätigen in der Landwirtschaft von 342 auf 334 Millionen, das heißt von 53 Prozent auf 46 Prozent.[64]

Auch die bisherigen Reduzierungen der Beschäftigtenzahlen in der Landwirtschaft, insbesondere in den Industrieländern, stellt kein Ende der Entwicklung dar. Die neuen Gentechnologien werden weitere Veränderungen bringen, da sie direkt in die Pflanzen- und Tierzucht eingreifen. Hinzu kommen die Bemühungen der chemischen Industrie, Zellkulturen im Labor zu erzeugen. Bekannt wurden bereits Erfolge bei der Herstellung von Lebensmittelaromen.

Die Tabelle zeigt außerdem, daß in der zweiten Hälfte des 20. Jahrhunderts auch in der Industrie ein dem der Landwirtschaft vergleichbarer Prozeß begann. In den USA sank zwischen 1970 und 2000 der Anteil der Erwerbstätigen in der Industrie von 35 auf 23 Prozent, in Deutschland von 49 auf 29 Prozent. Wassily Leontief, Nobelpreisträger für Wirtschaftswissenschaft, warnt, daß durch die Einführung leistungsfähiger neuer Techniken »der Mensch als wichtigster Produktionsfaktor verschwinden wird, genauso wie einst das Pferd durch die Einführung des Traktors aus der landwirtschaftlichen Produktion verschwunden ist«[65].

Die dritte Etappe der Industriellen Revolution mit ihren Automatisierungs- und Informationstechniken verdrängt zunehmend menschliche Arbeitskräfte aus der gewerblichen Produktion. Wahrscheinlich schon Mitte des 21. Jahrhunderts wird es in der industriellen Produktion keine Massenbeschäftigung mehr geben. Diese Entwicklung sah schon Karl Marx voraus: »In den Produktionsprozeß des Kapitals aufgenommen, durchläuft das Arbeitsmittel ... verschiedene Metamorphosen, deren letzte die Maschine ist, oder vielmehr ein automatisches System der Maschinerie.«[66]

Die Eisen- und Stahlindustrie, einst das Symbol des Industriezeitalters, ist ein typisches Beispiel des Wandels der industriellen Produktion. In den USA sank in diesem Industriezweig – bei steigender Produktion – die Zahl der Arbeitnehmer von 672 000 (1970) auf 347 000 (2000), also von 0,8 auf 0,26 Prozent.[67] Die »United States Steel«, das größte Stahlunternehmen der USA, beschäftigte noch 1980 120 000 Arbeitskräfte. Zehn Jahre später reichten 20 000 aus, um die gleiche Stahlmenge zu erzeugen. Für den Abbau der Arbeitsplätze war nicht eine Verringerung der Produktion, sondern eine durch Automatisierung erreichte Produktivitätssteigerung verantwortlich.

Selbst in industriellen Bereichen, in denen Elemente, Geräte und Anlagen der Informationstechnik produziert werden, wie Bauelemente, Computer und Kommunikationsmittel, sank in den USA zwischen 1988 und 1999 die Zahl der Beschäftigten von 1,36 auf 1,32 Millionen. Im gleichen Zeitraum wuchs die Produktion jährlich um zirka 14 Prozent.[68]

Betrachten wir ein weiteres Beispiel der industriellen Produktion, das einen zweiten wesentlichen Grund für den Abbau von Arbeitsplätzen in den hochindustrialisierten Staaten charakterisiert. Noch 1970 wurden 220 000 Arbeitnehmer in der Schuhindustrie der Vereinigten Staaten beschäftigt. Bis 2000 sank ihr Anteil auf 30 000.[69] Für diesen Rückgang war weniger die

Automatisierung als die Auslagerung der Produktion in Billiglohnländer verantwortlich. Das Schuh-Unternehmen Nike stellt
zu Beginn des 21. Jahrhunderts in den USA selbst keinen einzigen Schuh mehr her. Die gesamte Produktion findet für Hunger-
löhne in Indonesien und China statt.

Der Schwund industrieller Arbeitsplätze beschränkt sich nicht
auf die hochindustrialisierten Länder. In China, dem größten Ent-
wicklungsland der Welt, findet ein Übergang von einer extensiven
zu einer intensiven Produktion statt. Allein zwischen 1995 und
2000 reduzierte sich die Zahl der Fabrikjobs von 98 Millionen,
das entspricht 14 Prozent, auf 80 Millionen, das heißt elf Prozent
aller Erwerbstätigen.[70]

Eine Studie von »Alliance Capital Management« ermittelte,
daß in den 20 weltweit größten Volkswirtschaften zwischen 1995
und 2001 rund 31 Millionen industrielle Arbeitsplätze vernichtet
wurden. In dieser Zeit stieg die Industrieproduktion um mehr als
30 Prozent. »Hält dieser Trend an – und er wird sich wahrscheinlich noch beschleunigen –, so werden die derzeit 164 Millionen
Fabrikjobs in der Produktion bis 2040 auf ein paar Millionen
zusammenschrumpfen. Damit wäre das Zeitalter der weltweiten
industriellen Massenbeschäftigung zu Ende.«[71]

Erwerbstätige, die ihren Arbeitsplatz in der Industrie verloren haben, finden zu einem großen Teil im Dienstleistungssektor
eine Beschäftigung. In den USA wuchs ihr Anteil zwischen 1970
und 2000 um 13,4 Prozent. Im Bereich Finanzen, Versicherungen, Geschäftsservice stieg der Anteil der Beschäftigten in diesen
30 Jahren von 5,3 Millionen auf 16,5 Millionen.[72]

Die Frage, die auf der Hand liegt, lautet: wird sich dieser Zuwachs an Arbeitsplätzen in einem der gut bezahlten Dienstleistungsbereiche im 21. Jahrhundert fortsetzen? Die Antwort lautet:
nein. Wir werden zu Zeugen des Beginns eines Prozesses, durch
den auch in Banken, Versicherungen und Finanzdienstleistun-
gen Arbeitsplätze vernichtet werden. Allein zwischen 1983 und
1993 haben US-amerikanische Banken 179 000 KassiererInnen
entlassen. Sie wurden durch Kassenautomaten ersetzt, welche
die Bearbeitungszeit verkürzen, täglich 24 Stunden verfügbar
sind und nur einen Bruchteil der Kosten eines Angestellten
verursachen. Mit zunehmender Automatisierung des Zahlungs-
verkehrs setzte ein Prozeß der Ausdünnung der Filialnetze ein.
Hinzu kamen zahlreiche Bankfusionen, die in der Regel mit
Personalreduzierungen verbunden sind. In naher Zukunft wird

auch über Kreditvergaben, bisher ein zeit- und arbeitsaufwendiges Verfahren, in »automatisierten Kreditfabriken« entschieden werden. Der Computer schlägt nach Prüfung der Unterlagen Annahme oder Ablehnung des Kreditvertrages vor. Banken sind einer der Dienstleistungsbereiche, in denen sich *call centres* stark entwickeln. Typisch für sie sind schlechte Arbeitsbedingungen und starke Fluktuation. Die dort Tätigen, überwiegend Frauen und junge Menschen, erhalten nicht den zwischen Banken und Gewerkschaften vereinbarten Schutz.[73]

Ein anderer Prozeß, der sich durchzusetzen beginnt, ist die Verlagerung von Dienstleistungen in Billiglohnländer. So hat beispielsweise die Deutsche Bank zwischen Ende 2001 und September 2004 die Zahl ihrer Mitarbeiter in Deutschland von 41 200 auf 27 300 reduziert. Und weiter: Ärzte in den USA diktieren ihre Rezepte in Diktiergeräte, deren Transkribierung in Indien erfolgt. Die Lohnkosten liegen lediglich bei einem Zwanzigstel der Kosten in den Vereinigten Staaten.[74]

Ein anderer Dienstleistungsbereich, der Einzelhandel, leidet in Deutschland unter Konsumrückgang. Ende 2003 gab es dort noch annähernd 2,5 Millionen Beschäftigte, nur 75 000 weniger als 1998. Im gleichen Zeitraum stieg jedoch der Anteil der Teilzeit- und geringfügig Beschäftigten auf fast 50 Prozent, bei gleichzeitiger Vergrößerung von Verkaufsflächen und Verlängerung der Öffnungszeiten.

Eine der größten Wirtschaftsprüfungsgesellschaften Deutschlands, die KPMG, prognostiziert große Umwälzungen in der Angebots- und Verkaufsstruktur im Lebensmittel-Einzelhandel. Betrug der Anteil der zehn größten Unternehmen der Branche 1990 noch 45 Prozent, waren es Ende 2002 bereits 84 Prozent. Der Marktanteil der Discounter – mit Aldi und Lidl an der Spitze – wird laut Studie in den kommenden Jahren von 36 auf 45 Prozent wachsen. Die Entwicklung geht zu Lasten kleinflächiger Fachgeschäfte. Seit 1982 sank ihre Zahl um 42 Prozent. Bis 2010 werden sie aus den Innenstädten weitgehend verschwunden sein.[75]

Im Einzelhandel wurde durch Einsatz von Strichcodes und Scannerkassen die Arbeit der KassiererInnen beschleunigt und damit der Arbeitskräftebedarf reduziert. Gegenwärtig laufen in Supermarktketten erste Versuche des direkten Warenbezugs durch Kundenkarten unter Ausschaltung der KassiererInnen. Nach Ankündigungen von Unternehmen wie Metro und Wal-

Mart wird die sogenannte Radio-Frequenz-Technologie (RFID) bereits Ende 2004 von den wichtigsten Lieferanten der Metro eingeführt. Sie werden ihre Ladungsträger mit RFID-Technik[76] ausstatten. »RFID ist die Technologie Nr.1 im Handel. Noch mehr als die Einführung des Barcodes vor 30 Jahren wird RFID künftig die Rationalisierung vorantreiben.«[77]

Ein weiterer Wachstumssektor wird der Handel über das Internet sein. Während der Feiertage zum Ende des Jahres 1999 kauften nur rund ein Prozent der Verbraucher über das Internet ihre Waren. Es wird erwartet, daß bis 2010 zehn bis 15 Prozent der Konsumenten der USA ihre Einkäufe über Internet beziehen.[78]

Nach einer Studie von Forrester Research vom November 2002 wird auch der Dienstleistungssektor der Vereinigten Staaten bis 2015 rund 3,3 Millionen Arbeitsplätze verlieren. Ihnen entspricht ein Lohnvolumen von 136 Milliarden Dollar.

Wir sind am Beginn eines Prozesses, der zunehmend relativ gut bezahlte Arbeitsplätze vernichtet. Im produzierenden Gewerbe ist diese Entwicklung in vollem Gange, bei den Dienstleistungen beginnt sie. »Die kapitalistische Marktwirtschaft baut zum Teil auf der Logik auf, zugunsten möglichst hoher Gewinnspannen seien die Produktionskosten einschließlich der Lohnkosten niedrig zu halten. Es wird ständig nach Wegen gesucht, durch noch billigere und effizientere Technologien Lohnkosten zu drücken oder menschliche Arbeitskraft gänzlich überflüssig zu machen. Die neuen intelligenten Technologien können heute weitgehend menschliche Arbeitskraft – sowohl körperliche wie auch geistige – ersetzen. Die Zunahme der Produktivität durch die Einführung dieser Technologien hat jedoch ihren Preis: Immer mehr Arbeiter werden in Teilzeit-Jobs abgedrängt oder entlassen. Eine schrumpfende Arbeiterschaft bedeutet jedoch geringeres Einkommen, reduzierten Konsum und eine stagnierende Wirtschaft.«[79]

Das in allen Bereichen der Arbeit wirksam werdende formale Wissen – in Form von Software – kann »sehr viel mehr Arbeit einsparen, als sie kostet, und das in gigantischen, noch vor kurzem unvorstellbaren Ausmaßen. *Das bedeutet, daß das formale Wissen unermeßlich viel mehr ›Wert‹ zerstört, als es zu schöpfen erlaubt.* Anders gesagt, es erspart Unmengen von bezahlter gesellschaftlicher Arbeit.«[80]

Hannah Arendt bewertet diese Entwicklung in »Vita activa oder vom tätigen Leben« (1958): »Die Neuzeit hat im 17. Jahr-

hundert damit begonnen, theoretisch die Arbeit zu verherrli-
chen, und sie hat zu Beginn unseres Jahrhunderts damit geen-
det, die Gesellschaft im Ganzen in eine Arbeitsgesellschaft zu
verwandeln. Die Erfüllung des uralten Traums trifft wie in der
Erfüllung von Märchenwünschen auf eine Konstellation, in der
der erträumte Segen sich als Fluch auswirkt. Denn es ist ja eine
Arbeitsgesellschaft, die von den Fesseln der Arbeit befreit werden
soll, und diese Gesellschaft kennt kaum noch vom Hörensagen
die höheren und sinnvolleren Tätigkeiten, um deretwillen die Befreiung sich lohnen würde. ... Was uns bevorsteht, ist die Aussicht
auf eine Arbeitsgesellschaft, der die Arbeit ausgegangen ist, also
die einzige Tätigkeit, auf die sie sich noch versteht. Was könnte
verhängnisvoller sein?«[81]

Diese Entwicklung wird von einem weltweiten Prozeß der »Informalität« der Arbeit begleitet. »Die Vielfalt der nichtnormierten
Formen, in denen die Arbeiten sozial geregelt werden, reicht von
der Schwarzarbeit über Subsistenzarbeiten, prekäre Arbeiten
bis zu dem Anfang der siebziger Jahre ›entdeckten‹ informellen
Sektor, der bald zum Oberbegriff für die Vielfalt der Arbeiten
jenseits einer bis dato berechtigt unterstellten historischen Nor-
malität avancierte.

In Ländern Afrikas, Lateinamerikas oder in Asien ist die
Mehrheit der Erwerbsbevölkerung in nicht oder schwach normierten Arbeitsverhältnissen, eben informell beschäftigt: ohne ordent-
lichen Arbeitsvertrag, ohne Sozialversicherung, ohne eine Gewer-
beaufsicht und gewerkschaftlichen Schutz, schlecht bezahlt an
Arbeitsplätzen, die technisch niveaulos sind (jedenfalls am Stand
der Industrieländer gemessen, die die globalen Standards vorge-
ben) und an denen daher Konkurrenzfähigkeit nur erzielt werden kann, wenn die Arbeitskräfte über die Maßen ausgebeutet
werden. In Lateinamerika sind es an die 60 Prozent der erwerbstätigen Bevölkerung, in Rußland und anderen Nachfolgestaaten
der UdSSR sind es mehr als 50 Prozent, auf die diese Merkmale
entweder insgesamt oder doch zu wesentlichen Teilen zutreffen.
Auch in den entwickelten Industrieländern Westeuropas oder in
den USA nimmt die nicht den Normen des Lohnarbeitsverhält-
nisses entsprechende Arbeit zu. Einerseits als ›Arbeit im Schatten‹, das heißt auf eigene Rechnung an der Steuer vorbei, zum
anderen als prekäre Arbeit, weil mit den erzielten Einkommen
eine dem zivilisatorischen Stand entsprechende Existenzweise
nicht realisiert werden kann: Die Arbeitsverträge sind nur kurz-

fristig, die Entlohnung ist niedrig, und die Arbeitszeiten sind sehr lang.«[82]

Informelle Arbeit umfaßt ein breites Spektrum an Aktivitäten von der Schwarzarbeit, der Tätigkeit von Kleinstunternehmen, schattenwirtschaftliche Aktivitäten größerer Unternehmen, die Steuern hinterziehen oder Eigenverbrauch als Betriebsausgaben deklarieren. Gemeinsam ist diesen Tätigkeiten, daß sie formell geltende arbeits- und sozialrechtliche Normen unterlaufen. Hinzu kommen illegale Aktivitäten, die geltendes Strafrecht verletzen. Dazu rechnen der Handel mit Drogen, Waffen, Giftmüll und Menschen.

Sind Wirtschaften von Ländern wie beispielsweise in jüngster Vergangenheit Argentinien – vor wenigen Generationen noch eines der reichsten Länder der Erde – nicht mehr in der Lage, Ansprüche auf soziale Leistungen zu erfüllen, da sie nicht mehr über formelles Geld verfügen, so kommt es vor, daß Ersatzgeld entsteht »oder daß Geld aus der Zirkulation und dem Zahlungsverkehr verschwindet und durch Produktenumtausch und Spezialgeld ersetzt wird«.[83]

Informalität der Arbeit ist keine Randerscheinung. Die Mehrzahl der Menschen dieser Welt arbeitet derzeit in der einen oder anderen Form informell. In dem Maße, wie sich weltweit die Doktrinen des Neoliberalismus durchsetzen, wächst Informalität. Sie ist »in aller Regel mit einem hohen Grad an persönlicher und sozioökonomischer Unsicherheit verbunden. Denn der Verlust von durch förmliche Institutionen gewährleisteter Sicherheit ist ein gemeinsames Kennzeichen für jegliche Art der Informalität. Es fehlt die Sicherheit, daß sich mit ›normaler‹ Arbeit ein Einkommen erzielen läßt und ein ›normaler‹ Lebensstandard realisiert werden kann, daß das Geld etwas gilt und akzeptiert wird, also als Kaufmittel (in der Zirkulation) oder zur Schuldentilgung (in Kreditbeziehungen) verwendet werden kann, daß in der Politik alles mit rechtsstaatlichen Dingen zugeht, Verfahren transparent und kontrollierbar sind und öffentliche Güter bereitgestellt werden, die für ein Minimum an Sicherheit der Ernährung, der Gesundheit, der Bildungsangebote und des öffentlichen Lebens in Stadt und Land sorgen. Das höchste Ausmaß der Unsicherheit ist die Flucht: Leben und Freiheit können nur gerettet werden, wenn alles das, was Sicherheit vermittelt hat – Haus, Arbeit, Verwandte etc. – aufgegeben wird. Es entsteht eine totale Abhängigkeit von denjenigen, bei denen um Asyl nachgesucht und von denen das Gastrecht aus biblischen Zeiten nur unwillig, gar nicht oder diskriminierend gewährt wird. Wenn Informalität mit Unsicherheit in Verbindung gebracht wird, dann ist die Flucht eine Extremsituation der Informalität.«[84]

Eines der unverzichtbaren, tief im Menschen ruhenden Bedürfnisse, das Verlangen nach Sicherheit, geht verloren. Im Namen von Flexibilisierung und Deregulierung schwinden Gewißheit über Lebensunterhalt, Ernährung, Beschäftigung, Gesundheits- und Altersversorgung. Menschen werden gegenüber den »globalen Sachzwängen« schutzlos.

Werden ganze Bevölkerungsgruppen aus ihren traditionellen Bindungen herausgelöst, wie in den Transformationsländern, suchen sie gezwungenermaßen nach Alternativen. Sie finden sie unter anderem in kriminellen Aktivitäten wie Raub, Bestechung, Korruption, Schmuggel und Prostitution. Erinnert sei an die kriminellen Aktivitäten der Kosovo-Befreiungsarmee (UCK). Die Finanzierung des Kampfes gegen Belgrad erfolgte durch Drogenhandel und Organisation internationaler Prostitutionsringe.

Damit die illegal erworbenen Milliarden »schmutziges Geld« als Zirkulations- und Zahlungsmittel genutzt werden können, müssen sie »gewaschen« werden.[85] In dieser weltweiten Wachstumsbranche werden jährlich bis 1 500 Milliarden US-Dollar umgesetzt.[86] Geldwäsche wird durch die neoliberale Deregulierung erleichtert. Sie wird im großen Stil durch Länder betrieben, die sich als Geldwaschanlagen anbieten. »Geldwäsche ist ein illegaler Versuch der Reformalisierung informellen, zumeist durch kriminelle Vortaten erworbenen Geldes. Hier wird der Zusammenhang zwischen realer Ökonomie und Gesellschaft und monetärer Sphäre besonders facettenreich deutlich. Erst durch die Transformation in formelles Geld in der monetären Sphäre (durch Geldwäsche) lassen sich Einkommen in der realen Sphäre von Ökonomie und Gesellschaft realisieren, auch und gerade wenn sie durch informelle Aktivitäten, die die Grenze zur Illegalität überschritten haben, erzeugt worden sind. Der Zusammenhang von informellem Geld, Formalisierung informellen Geldes durch Geldwäsche und informeller Arbeit ist offensichtlich. Durch Drogenhandel, Menschenhandel und Zwangsprostitution erworbenes Geld wird gewaschen und auf diese Weise ›formalisiert‹, das heißt in den formellen Kreislauf des Geldes integriert.«[87]

Auch in den kontinentaleuropäischen Industriestaaten, deren Goldenes Zeitalter Mitte der siebziger Jahre endete, ging spätestens mit dem Ende des Realsozialismus eine Periode zu Ende, in der ein tariflich normiertes und regelmäßiges Familieneinkommen die Norm war. »Auf Dauer angelegte Arbeitsverträge, Vollzeitarbeit und daran gekoppelte Ansprüche auf soziale Leistungen, dazu Beförderungsmöglichkeiten im Rahmen der Organisationsstrukturen und Regeln für Aufstiegsmöglichkeiten machten das Leben von Menschen, die ihre Existenzsicherung auf Erwerbsarbeit gründen müssen, überschaubar und daher planbar.«[88]

Seit den neunziger Jahren beschleunigt sich der Rückgang verbindlicher Normen. »Ohne verbindliche politische und soziale Normen gilt nur noch eine Norm als Orientierung, und das ist die Rendite.«[89]

»Überall geht es erstens um den Abbau von rechtlichen Beschränkungen für die Ausgestaltung von Arbeitsverträgen, die dem Schutz der einzelnen Arbeitnehmer vor unternehmerischer Willkür dienen. Zweitens sollen der Abschluß von zeitlich befristeten Arbeitsverträgen erleichtert und größere Spielräume der Unternehmer bei der Regelung von Tages-, Wochen- und Jahresarbeitszeiten und bei der Gewährung von Urlaub eröffnet werden. Drittens wird eine Reduzierung, womöglich die Abschaffung des Kündigungsschutzes und der bei Entlassungen und Arbeitsunfällen zu leistenden Entschädigungszahlungen angestrebt. Durch Betriebsvereinbarungen, Haustarifverträge, Öffnungs- und Härteklauseln sollen viertens Tarifverträge auf die betriebliche Ebene verlagert werden, um die gewerkschaftliche Vertretungsmacht zu schwächen. Fünftens geht es aber auch um eine Einschränkung des Streikrechts, die Erleichterung von Entlassungen streikender Arbeiter und die Einstellung von Streikbrechern. Alle diese Maßnahmen, die auf eine Abkehr von Normen und Praktiken zielen, durch die sozioökonomische Sicherheit von abhängig Arbeitenden gewährleistet wird, haben einen gemeinsamen Nenner: Die Flexibilisierung des Arbeitskräfteeinsatzes gemäß den Belangen von Unternehmen im globalen Wettbewerb.«[90]

Während es über die in Normalarbeitsverhältnissen Beschäftigten vieler Länder annähernd verläßliche und vergleichbare Statistiken gibt, existieren über informelle Tätigkeiten nur grobe Schätzungen. Die ILO schätzt das globale Arbeitskräftepotential zum Ende des 20. Jahrhunderts auf zirka drei Milliarden Menschen. Rund ein Drittel sind arbeitslos oder unterbeschäftigt.

Bereits im ersten Jahrzehnt des 21. Jahrhunderts sind rund 460 Millionen zusätzlicher Arbeitsplätze erforderlich, um die auf den Arbeitsmarkt strömenden jungen Menschen unterzubringen.[91] Dem gegenüber schreitet der Abbau von Arbeitsplätzen fort. In den ehemaligen Ländern des Realsozialismus, in denen nahezu Vollbeschäftigung herrschte, dominiert die Arbeitslosigkeit. Sie erhöht den Druck, der Menschen in die Informalität treibt. In Entwicklungsländern schrumpft die Beschäftigung in der Subsistenzwirtschaft. In Lateinamerika stieg der Anteil ländlicher Haushalte, die über keinen Landbesitz verfügen, zum Ende des 20. Jahrhunderts auf 71 Prozent der Landbevölkerung. Ein Prozeß, der die Landlosen, vor allem junge Männer, in die Slums der Megastädte treibt. Dort vegetieren sie unter prekären menschlichen Bedingungen.

Solange im Mittelpunkt ökonomischer Lehre und Praxis die Profitmaximierung steht, gilt Arbeit als Produktionsfaktor, an dem »zufälligerweise Menschenleben hängen«.[92] Werden Arbeiten überflüssig, werden es auch die Menschen. Notwendige Arbeiten wie humane Dienstleistungen in sozialen, medizinischen und kulturellen Bereichen, sind mangels zahlungsfähiger Nachfrage für privates Kapital häufig unattraktiv. Sie bleiben unterversorgt, unterbezahlt oder unerledigt.

Nicht die Arbeit verschwindet. Sie ist und bleibt für alle Menschen vorhanden. »Die kapitalistische Gesellschaft leidet unter der Unfähigkeit, das wachsende brachliegende Arbeitsvermögen mit dem gleichfalls wachsenden Vorrat an *sinnvollen* Tätigkeiten zusammenzubringen, die nicht geleistet werden, aber geleistet werden müßten.«[93]

Arbeit besaß immer eine hohe sinn- und gemeinschaftsstiftende Funktion. Sie galt und gilt noch immer als ein hohes Gut, zu dem jedem, der arbeiten will und kann, der Zugang gesichert werden muß.

Drei dynamische Problemkreise, die kaum ein Gefühl von Optimismus und Gelassenheit gegenüber der zu erwartenden Entwicklung im 21. Jahrhundert vermitteln! Drei Problemfelder, die auf das engste miteinander verbunden sind und die in vielfältigen kaum überschaubaren Rückkopplungsschleifen aufeinander wirken werden!

Das Buch von Eric Hobsbawm »Das Zeitalter der Extreme« endet mit diesen Worten: »Die Zukunft kann keine Fortsetzung der

Vergangenheit sein. Es gibt nicht nur äußere, sondern gleichsam innere Anzeichen dafür, daß wir am Punkt einer historischen Krise angelangt sind.

Die Kräfte, die die technisch-wissenschaftliche Wirtschaft freigesetzt hat, sind inzwischen stark genug, um die Umwelt, also die materielle Grundlage allen menschlichen Lebens, zerstören zu können. Und die Strukturen der menschlichen Gesellschaften selbst, eingeschlossen sogar einige soziale Grundlagen der kapitalistischen Wirtschaft, sind im Begriff, durch die Erosion dessen, was wir von der menschlichen Vergangenheit geerbt haben, zerstört zu werden. Unsere Welt riskiert sowohl eine Explosion als auch eine Implosion. ... Wenn die Menschheit eine erkennbare Zukunft haben soll, dann kann sie nicht darin bestehen, daß wir die Vergangenheit oder Gegenwart lediglich fortschreiben. Wenn wir versuchen, das dritte Jahrtausend auf dieser Grundlage aufzubauen, werden wir scheitern. Und der Preis für dieses Scheitern, die Alternative zu einer umgewandelten Gesellschaft, ist Finsternis.«[94]

8.3 Das Prinzip Hoffnung

Bis zum Beginn der Industriellen Revolution verlief die Geschichte in mehr oder weniger in sich abgeschlossenen größeren oder kleineren Gesellschaften. Ihre Weltbilder und damit auch ihre Moral- und Verhaltensnormen formten sich innerhalb ihrer Gemeinschaften. Erst im 20. Jahrhundert wurden Normen von allgemeiner und grenzüberschreitender Bedeutung formuliert. Zu ihnen zählt insbesondere die Deklaration der Menschenrechte durch die Vereinten Nationen. Am 10. Dezember 1948 war die »Allgemeine Erklärung der Menschenrechte« durch die UNO-Generalversammlung verabschiedet worden.

Zu einem Umdenken führten in erster Linie die Erfahrungen aus der Schreckensherrschaft des Nazi-Reiches und das Erleben des Zweiten Weltkrieges. Die jüngsten Ereignisse hatten ein uneingeschränktes Vertrauen in Anstand und Rechtschaffenheit staatlicher Machtapparate zerstört. Die Staatengemeinschaft erkannte ihre Verantwortung für das Schicksal *aller* Menschen. Die Deklaration war Teil eines Internationalisierungsprozesses, der zur Schaffung der UNO mit den grundlegenden Völkerrechtsprinzipien für alle Staaten führte. »Ihrer Rechtsnatur nach ist die Erklärung eine Empfehlung, das heißt ein Rechtsinstrument, dem die verbindliche Kraft fehlt. In der Präambel hat die Generalversammlung seinerzeit auch unmißverständlich erklärt, daß das Regelwerk ein ›zu erreichendes gemeinsames Ideal‹ darstelle. Bis heute hat sich an dieser Bewertung nichts geändert.«[95]

Sie blieb ein Versuch, Individuum und Gesellschaft als Einheit zu erfassen. In der Menschenrechtscharta heißt es:

Präambel

– Da die Anerkennung der angeborenen Würde und der gleichen und unveräußerlichen Rechte aller Mitglieder der Gemeinschaft der Menschen die Grundlage von Freiheit, Gerechtigkeit und Frieden in der Welt bildet,

– da die Nichtanerkennung und Verachtung der Menschenrechte zu Akten der Barbarei geführt haben, die das Gewissen der Menschheit mit Empörung erfüllen, und da verkündet worden ist, daß einer Welt, in der die Menschen Rede- und Glaubensfreiheit und Freiheit vor Furcht und Not genießen, das höchste Streben des Menschen gilt,

– da es notwendig ist, die Menschenrechte durch die Herrschaft des Rechtes zu schützen, damit der Mensch nicht gezwungen wird, als letztes Mittel zum Aufstand gegen Tyrannei und Unterdrückung zu greifen,

– da es notwendig ist, die Entwicklung freundschaftlicher Beziehungen zwischen den Nationen zu fördern,

– da die Völker der Vereinten Nationen in der Charta ihren Glauben an die grundlegenden Menschenrechte, an die Würde und den Wert der menschlichen Person und an die Gleichberechtigung von Mann und Frau erneut bekräftigt und beschlossen haben, den sozialen Fortschritt und bessere Lebensbedingungen in größerer Freiheit zu fördern ..., verkündet die Generalversammlung ...

Artikel 1

Alle Menschen sind frei und gleich an Würde und Rechten geboren. Sie sind mit Vernunft und Gewissen begabt und sollen einander im Geiste der Brüderlichkeit begegnen.

Artikel 2

l. Jeder Mensch hat Anspruch auf alle in dieser Erklärung verkündeten Rechte und Freiheiten, ohne irgendeinen Unterschied, wie etwa nach Rasse, Hautfarbe, Geschlecht, Sprache, Religion, politischer oder sonstiger Anschauung, nationaler oder sozialer Herkunft, Vermögen, Geburt oder sonstigem Stand. ...

Artikel 3

Jeder hat das Recht auf Leben, Freiheit und Sicherheit der Person.

Artikel 4

Niemand darf in Sklaverei oder Leibeigenschaft gehalten werden; Sklaverei und Sklavenhandel in allen ihren Formen sind verboten.

Artikel 5

Niemand darf der Folter oder grausamer, unmenschlicher oder erniedrigender Behandlung oder Strafe unterworfen werden. ...

Artikel 16

1. Heiratsfähige Männer und Frauen haben ohne jede Beschränkung auf Grund der Rasse, der Staatsangehörigkeit oder der Religion das Recht, zu heiraten und eine Familie zu gründen. Sie haben bei der Eheschließung, während der Ehe und bei deren Auflösung gleiche Rechte.
2. Eine Ehe darf nur bei freier und uneingeschränkter Willenseinigung der künftigen Ehegatten geschlossen werden.

Artikel 18

Jeder Mensch hat das Recht auf Gedanken-, Gewissens- und Religionsfreiheit; dieses Recht schließt die Freiheit ein, seine Religion oder seine Weltanschauung zu wechseln, sowie die Freiheit, seine Religion oder seine Weltanschauung allein oder in Gemeinschaft mit anderen, öffentlich oder privat durch Lehre, Ausübung, Gottesdienst und Kulthandlungen zu bekennen. ...

Artikel 20

Alle Menschen haben das Recht, sich friedlich zu versammeln und zu Vereinigungen zusammenzuschließen. ...

Artikel 21

1. Jeder Mensch hat das Recht, an der Gestaltung der öffentlichen Angelegenheiten seines Landes unmittelbar oder durch frei gewählte Vertreter mitzuwirken. ...

Artikel 22

Jeder Mensch hat als Mitglied der Gesellschaft das Recht auf soziale Sicherheit und Anspruch darauf, ... in den Genuß der wirtschaftlichen, sozialen und kulturellen Rechte zu gelangen, die für seine Würde und die freie Entwicklung seiner Persönlichkeit unentbehrlich sind.

Artikel 23

1. Jeder Mensch hat das Recht auf Arbeit, auf freie Berufswahl, auf gerechte und befriedigende Arbeitsbedingungen sowie auf Schutz vor Arbeitslosigkeit.
2. Jeder Mensch, ohne Unterschied, hat das Recht auf gleichen Lohn für gleiche Arbeit.
3. Jeder Mensch, der arbeitet, hat das Recht auf gerechte und befriedigende Entlohnung, die ihm und seiner Familie eine der menschlichen Würde entsprechende Existenz sichert, gegebenenfalls ergänzt durch andere soziale Schutzmaßnahmen. ...

Artikel 25

1. Jeder Mensch hat das Recht auf einen Lebensstandard, der seine und seiner Familie Gesundheit und Wohl gewährleistet, einschließlich Nahrung, Kleidung, Wohnung, ärztlicher Versorgung und notwendiger sozialer Leistungen, sowie das Recht auf Sicherheit im Falle von Arbeitslosigkeit, Krankheit, Invalidität oder Verwitwung, im Alter sowie bei anderweitigem Verlust seiner Unterhaltsmittel durch unverschuldete Umstände ...[96]

In Artikel 17 wird jedem Menschen das Recht zugestanden, sowohl allein als auch in Gemeinschaft mit anderen Eigentum innezuhaben. Diese Formel sollte eine Beschränkung auf Privateigentum ausschließen. »In diesem Zusammenhang ist es nicht uninteressant zu erwähnen, daß der UNESCO-Ausschuß für theoretische Grundlagen der Menschenrechte 1947 folgenden Artikel vorgeschlagen hatte: ›Jedermann hat das Recht auf Privateigentum, insoweit es für seinen persönlichen Gebrauch und die Erhaltung seiner Familie notwendig ist; keine andere Form des Eigentums ist in sich selbst ein Grundrecht.‹ Dieser Artikel hätte immerhin eine gute Diskussionsgrundlage gebildet. Leider hat er in der Menschenrechtskommission keine Rolle gespielt.«[97] – Marktwirtschaft und nahezu unbeschränkter Eigentumsschutz erscheinen erstmalig in der kürzlich formulierten Verfassung der Europäischen Union.

Spätere Beschlüsse, wie beispielsweise die Millenniumserklärung der Vereinten Nationen vom 8. September 2000, bekräftigten die vorangegangenen Beschlüsse zu den Grundwerten der Menschheit »Freiheit«, »Gleichheit«, »Solidarität« und »Toleranz«. Hinzu kommt ein weiterer Grundwert, dessen Bedeutung in der Mitte des 20. Jahrhunderts noch nicht erkannt wurde, die »Achtung vor der Natur«: »Bei der Bewirtschaftung aller lebenden Arten und natürlichen Ressourcen muß im Einklang mit den Grundsätzen der nachhaltigen Entwicklung Umsicht bewiesen werden. Nur so können wir die unermeßlichen Reichtümer, mit denen die Natur uns beschenkt, erhalten und an unsere Nachkommen weitergeben. Die heutigen nichtzukunftsfähigen Produktions- und Konsumstrukturen müssen im Interesse unseres künftigen Wohls und des Wohls unserer Nachfahren geändert werden.«[98]

Interessierte Kreise in den Vereinten Nationen bemühten sich, die Empfehlungen der Deklaration in einer Welt-Grundsatz-Charta (*International Bill of Rights*), einem verbindlichen völkerrechtlichen Vertrag, zu fassen. Am 16. Dezember 1966 wurden zwei Pakte durch die UN-Vollversammlung einstimmig verabschiedet: Ein internationaler Pakt über bürgerliche und politische Rechte (*Zivilpakt*) und ein internationaler Pakt über wirtschaftliche, soziale und kulturelle Rechte (*Sozialpakt*). Es dauerte rund zehn Jahre, bis beide in Kraft treten konnten, nachdem sie durch 35 Länder ratifiziert worden waren. Am Beginn des 21. Jahrhunderts haben den Zivilpakt 148 und den Sozialpakt 145 Staaten ratifiziert. Die USA haben lediglich den Zivilpakt ratifiziert, »ihn dabei aber freilich mit einer Erklärung über seine innerstaatliche Unanwendbarkeit für den Alltag des amerikanischen Bürgers fast bis zur Bedeutungslosigkeit reduziert«.[99]

Wie uns die tägliche Erfahrung lehrt, ist die Menschheit von einer Erfüllung dieser hehren Grundwerte weit entfernt. Vor allem, weil die theoretische Grundkonzeption der »Allgemeinen Erklärung« nie erreicht und in den herrschenden Systemen nicht einmal angestrebt wurde.

Greifen wir nur ein Beispiel heraus, dessen Aktualität durch die imperialen Kriege der USA am Beginn des 21. Jahrhunderts offenkundig wurde: die Folterungen Gefangener im Irak und in Guantánamo. Damit sind die USA hinter die Zielsetzung der »Allgemeinen Erklärung« weit zurückgefallen. Im Dezember 1984 hat die Generalversammlung der Vereinten Nationen ein »Übereinkommen gegen Folter und andere grausame, unmenschliche oder erniedrigende Behandlung oder Strafe« beschlossen:

Im Hinblick auf Artikel 5 der Allgemeinen Erklärung der Menschenrechte und Artikel 7 des Internationalen Paktes über bürgerliche und politische Rechte, die beide vorsehen, daß niemand der Folter oder grausamer, unmenschlicher oder erniedrigender Behandlung oder Strafe unterworfen werden darf, sind wir wie folgt übereingekommen:
... (1) Im Sinne dieses Übereinkommens bezeichnet der Ausdruck »Folter« jede Handlung, durch die einer Person vorsätzlich große körperliche oder seelische Schmerzen oder Leiden zugefügt werden, zum Beispiel um von ihr oder einem Dritten eine Aussage oder ein Geständnis zu erlangen, um sie für eine tatsächlich oder mutmaßlich von ihr oder einem Dritten begangene Tat zu bestrafen oder um sie oder einen Dritten einzuschüchtern oder zu nötigen, oder aus einem anderen, auf irgendeiner Art von Diskriminierung beruhenden Grund, wenn diese Schmerzen oder Leiden von einem Angehörigen des öffentlichen Dienstes oder einer anderen in amtlicher Eigenschaft handelnden Person, auf deren Veranlassung oder mit deren ausdrücklichem oder stillschweigendem Einverständnis verursacht werden.[100]

Dieses Übereinkommen trat am 26. Juni 1987 in Kraft. Inzwischen wurde es von 130 Staaten, darunter auch den USA, ratifiziert. Wenn es der Regierung der Vereinigten Staaten jedoch notwendig erscheint, verabschiedet sie sich kurzerhand vom Völkerrecht. Erinnert sei an den Präsidentenerlaß vom November 2002, durch den ein Ausnahmezustand geschaffen wurde. »Die das Verbot eigenmächtig ausgeübter zwischenstaatlicher Gewalt ebenso wie die ›souveräne Gleichheit aller ihrer Mitglieder‹ dekretierende Satzung der Vereinten Nationen als veraltet zu verwerfen, da sie die Präventivkriegspolitik der USA und ihrer willigen Vasallen nicht hatten verhindern können, entspricht freilich dem intellektuellen Niveau des Vorschlags, in den Strafgesetzbüchern aller Länder das Mordverbot zu streichen, da es die zahlreichen Morde allüberall nicht verhindert habe! Die sich als *bellum Americanum* entpuppende *pax Americana* in Gestalt einer *global domination* hat sich bisher als konzeptionelle Vorbereitung von Kriegsverbrechen erwiesen.«[101]

Vergleichen wir die Menschenrechte, die durch die Vereinten Nationen beschlossen wurden, mit denen unserer Vorfahren. In den ersten beiden Kapiteln dieses Buches habe ich die Normen des menschlichen Miteinanders beschrieben, die das Leben des *Homo sapiens sapiens* in seinen stabilen Gemeinschaften über lange Zeiten ermöglichten: es sind die heute beschworenen Grundrechte, wie *Gleichheit* aller Mitglieder unabhängig vom Geschlecht; *Solidarität*, ausgedrückt im Teilen, das auf Gegenseitigkeit beruht, ohne eine unmittelbare Verpflichtung zur Gegengabe; *Toleranz* untereinander, die vom Vertrauen zueinander getragen wird; und schließlich die hohe Achtung der Natur, die als Gebende ein Überleben ermöglicht.

Nur die Einhaltung dieser Grundwerte ermöglichte es unserer Spezies, als Teil der Natur im Gleichgewicht mit ihr, unter häufig stark wechselnden Umweltbedingungen, Jahrzehntausende zu überdauern. Es war kein karges von Not geprägtes Überleben. »Die meiste Zeit verbrachten die Menschen im Kreise ihrer Familie und ihrer Gemeinschaften redend, ruhend, teilend und feiernd, kurz gesagt im Menschsein.«[102]
Wären die Verhaltensnormen unserer Vorfahren auch nur annäherungsweise so gewesen, wie sie heute unser Leben bestimmen, wäre der *Homo sapiens sapiens* nach relativ kurzer Zeit ausgestorben. Jede Vereinzelung, jeder Versuch, das Primat des Individuums gegenüber der Gemeinschaft zu praktizieren, hätte unvermeidlich zum Ende unserer Art geführt.
Wir wissen – einerseits aus der Geschichte unserer Art, die nicht erst mit der griechischen Zivilisation begonnen hat, andererseits aus dem erreichten Erkenntnisstand der Wissenschaft –, was sein sollte, um uns ein friedliches, gutes, erfülltes Miteinan-

der im Gleichgewicht mit der Natur zu sichern. Wir denken und handeln jedoch wie Narren, die mutwillig das sie tragende Schiff und sich selbst zerstören.

Politiker und Medien hämmern uns ununterbrochen ein: Es gibt keine Alternativen, es gibt nur einen uns gewissermaßen vorbestimmten Weg. Unser Weltbild ist auf ein Maß verkümmert, das uns die herrschenden gesellschaftlichen Verhältnisse als einzig mögliche Art des Seins suggeriert. »Wir leben und sterben rational und produktiv. Wir wissen, daß Zerstörung der Preis des Fortschritts ist wie der Tod der Preis des Lebens, daß Versagung und Mühe die Vorbedingungen für Genuß und Freude sind, daß die Geschäfte weitergehen müssen und die Alternativen utopisch sind. Diese Ideologie gehört zum bestehenden Gesellschaftsapparat; sie ist für sein beständiges Funktionieren erforderlich und ein Teil seiner Rationalität.«[103]

Das Bild, das ich skizziert habe, ist – in den Worten Immanuel Wallersteins gesprochen – »... kein rosiges. Es ist ein Szenario, das von großer Unordnung, persönlichen Unsicherheiten und Gefährdungen gekennzeichnet ist. Es ist ein Bild fundamentaler struktureller Probleme, für die es nicht nur keine einfache Lösung, sondern nicht einmal eine Aussicht auf Milderung gibt. Es ist das Bild eines historischen Systems in tiefer Krise. Einige werden sagen, das Bild sei pessimistisch. Ich behaupte, daß es realistisch und nicht zwangsläufig pessimistisch ist. ... Obwohl die Dinge, die wir durchleben werden, schrecklich sind, so werden sie doch nicht permanent sein. Wir wissen, daß chaotische Zustände von selbst neue Ordnungssysteme produzieren. Es mag allerdings nur ein geringer Trost sein, wenn ich hinzufüge, daß es bis zu 50 Jahre dauern kann, bis ein solcher Prozeß abgeschlossen ist.

Der zweite Aspekt, den man berücksichtigen sollte, ist, daß die Wissenschaft der Komplexität uns lehrt, daß das Ergebnis in solch chaotischen Situationen, wie sie sich aus der systemischen Weichenstellung ergeben, von Natur aus nicht vorhergesagt werden kann. Wir wissen also nicht – wir können nicht wissen –, was das Ergebnis sein wird. Was wir jedoch wissen, ist, daß das gegenwärtige System als solches nicht überleben kann. Es wird ein Nachfolgesystem (oder Nachfolgesysteme) geben. Ein solches mag besser oder schlechter sein; es ist möglich, daß es in seiner moralischen Qualität nicht allzu verschieden ist.«[104]

Was zu Beginn des 21. Jahrhunderts vor allem fehlt, ist ein Wille, wie ihn Ernst Bloch in seinem enzyklopädischen Hauptwerk »Das Prinzip Hoffnung« forderte. Das Buch entstand vor rund 60 Jahren unter dem Titel »Der Traum vom besseren Leben« während der Emigrationsjahre des Philosophen. Das Vorwort beginnt mit den Worten:

Wer sind wir? Wo kommen wir her? Wohin gehen wir? Was erwarten wir? Was erwartet uns? Viele fühlen sich nur als verwirrt. Der Boden wankt, sie wissen nicht warum und von was. Dieser Zustand ist Angst. Wird er bestimmter, so ist es Furcht.
Einmal zog einer weit hinaus, das Fürchten zu lernen. Das gelang in der eben vergangenen Zeit leichter und näher, diese Kunst ward entsetzlich beherrscht. Doch nun wird, die Urheber der Furcht abgerechnet, ein uns gemäßes Gefühl fällig.
Es kommt darauf an, das Hoffen zu lernen.[105]

Für Bloch ist Utopia kein spekulatives Sehnsuchtsland. Er sucht eine »konkrete Utopie« systematisch freizulegen im Reichtum von Zukunftshaltigem in Vergangenheit, Gegenwart, von Träumen und Denken. Für ihn ist der Mensch die reale Möglichkeit all dessen, was in der Geschichte aus ihm geworden ist und vor allem noch werden kann. Das Werk schließt mit den Worten: »Die Wurzel der Geschichte ... ist der arbeitende, schaffende, die Gegebenheiten umbildende und überholende Mensch. Hat er sich erfaßt und das Seine ohne Entäußerung und Entfremdung in realer Demokratie begründet, so entsteht in der Welt etwas, das allen in die Kindheit scheint und worin noch niemand war: Heimat.«[106]
Heimat ist für Bloch ein Ort, an dem Menschen sich selbst und anderen gegenüber nicht entfremdet sind, an dem sie zusammen, im Gleichgewicht mit der Natur *leben* können, frei von Ausbeutung und gegenseitiger Konkurrenz.
Was Bloch noch nicht wußte, vermutlich nicht wissen konnte: *Der Homo sapiens sapiens lebte rund 95 Prozent der Zeit seines Erdendaseins in der Heimat. Zu ihr gilt es wieder hinzufinden, allerdings auf einem weitaus höheren Niveau. Heimat heißt heute nicht zurück zum Leben der Wildbeuter und frühen Ackerbauern. Das in den zurückliegenden Jahrtausenden erworbene Wissen und Können erlaubt einer stark wachsenden Menschheit ein Leben in*

*Gleichheit, im harmonischen Miteinander, im Gleichgewicht mit
der Natur, kurz, im Menschsein.*

Diese Heimat muß von Menschen geschaffen werden, »... die
erkennen können, wo und wie sie in ihrem Denken, Fühlen und
Handeln von der Gesellschaft, die sie kritisieren und verändern
wollen, selbst durchdrungen sind, die aber dennoch bewußt und
im Wissen um ihre eigenen Beschädigungen, Unvollkommen-
heiten und Grenzen nach neuen Möglichkeiten der Selbstverän-
derung und Lebensgestaltung suchen. Das Hauptaugenmerk ist
heute auf die Generation zu richten, die von den Wandlungspro-
zessen und Herausforderungen des gegenwärtigen Zeitalters besonders betroffen ist: die Kinder.«[107]

VERZEICHNIS DER ENDNOTEN

Einleitung

1 Ich verwende den Begriff des Weltbildes synonym zur Weltanschauung und beziehe dabei die auf Weltaneignung beruhenden aktiven Formen der Erfahrungsbildung mit ein. Weitere im Text verwendete Synonyme sind: Ideologie (Marx) und Mentalität (Febvre).
2 Wilpert, C.B. Dissertation. Universität Köln. München 1970. Zitiert nach: Erckenbrecht, C. Traumzeit. Freiburg Basel Wien 1998.
3 In diesem Mythos ist die Regenbogenschlange männlich. Sie kann aber auch weibliche Körperformen und Züge haben.
4 Löffler, A. Märchen aus Australien. Düsseldorf Köln 1981. S. 196.
5 Erckenbrecht, C. Traumzeit. Freiburg Basel Wien 1998. – Lommel, A. und K. Die Kunst des alten Australiens. München 1989. Zit. in Löffler, A. a.a.O. S. 99.
6 Klix, F.; Lanius, K. Wege und Irrwege der Menschenartigen. Stuttgart 1999.
7 Erckenbrecht, C. a.a.O. S. 30.
8 Ebenda. S. 31.
9 Darwin, C. Die Abstammung des Menschen und die geschlechtliche Zuchtwahl. Leipzig 1949. S. 150.

1 Weltbilder der Jäger- und Sammlergemeinschaften

1 Klix, F.; Lanius, K. Wege und Irrwege der Menschenartigen. a.a.O.
2 Ebenda. S. 100.
3 Spencer, B.; Gillen, F. The Native Tribes of Central Australia. London 1899.
4 Frazer, J. The Golden Bough. London 1890.
5 Sheils, H. (Hrsg.) Australian Aborigines Studies. Oxford 1963.
6 Erckenbrecht, C. Traumzeit. Freiburg Basel Wien 1998. S. 25.
7 Die außerordentliche Langlebigkeit dieser Vorstellungen zeigt sich z.B. auch in der noch im 20. Jahrhundert andauernden Suche nach dem »Schneemenschen«.
8 Freud, S. Totem und Tabu. Frankfurt a.M. 1956. S. 7f.
9 Lewin, R. Spuren der Menschwerdung. Heidelberg 1992. S. 13.
10 Sahlins, M.D. Notes on the Original Affluent Society. In: Lee, R.B.; De Vore, I. (Hrsg.) Man the Hunter. Chikago 1968.
11 Lee, R.B.; Daly, R. (Hrsg.) In: Cambridge Encyclopedia of Hunters and Gatherers. Cambridge 1999.
12 Ebenda. S. 320ff.
13 Ebenda. S. 343ff.
14 Ebenda. S. 333.
15 Löffler, A. (Hrsg.) Märchen aus Australien. Düsseldorf 1981. S. 160.
16 Erckenbrecht, C. a.a.O. S. 40.
17 Löffler, A. (Hrsg.) a.a.O. S. 174f.
18 Erckenbrecht, C. a.a.O. S. 40f.
19 Löffler, A. (Hrsg.) a.a.O. S. 159.
20 Ebenda. S. 220f.
21 Erckenbrecht, C. a.a.O. S. 54.
22 Ebenda. S. 58f.
23 Ebenda. S. 70.
24 Schröder, C.M. (Hrsg.) Religionen der Menschheit. Bd. 5,2. Stuttgart 1968. S. 265.
25 Erckenbrecht, C. a.a.O. S. 78.

26 Ebenda. S. 82f.
27 Schröder, C.M. (Hrsg.) a.a.O. S. 275.
28 Erckenbrecht, C. a.a.O. S. 137.
29 Bowler, M.J.; Johnston, H.; Olley, J.M.; Prescott, J.R.; Roberts, G.R.; Shaw-cross, W.; Sponer, N.A. Nature 421 (2003). S. 837.
30 Fromm, E. Haben und Sein. München 1979. S. 50.
31 Die Sansprachen enthalten Klickkonsonanten. Bei den Buschmännern der nördlichen und zentralen Kalahari sind es vier Klicklaute, die mit der Zunge gebildet werden: dental (/), lateral (//), alveolar (!)und palatal (≠).
32 Lee, R.B.; De Vore, I. (Hrsg.) Kalahari Hunter-Gatherers. Cambridge Massachusetts 1998.
33 Ebenda. S. 21.
34 Ebenda. S. 89.
35 Holm, E. Tier und Gott. Basel, Stuttgart 1965. S.179.
36 Ebenda. S. 22ff.
37 Truswell, A.St.; Hansen, D.L. In: Lee, R.B.; De Vore, I. (Hrsg.) Kalahari Hunter-Gatherers. Cambridge Massachusetts 1998. S. 166.
38 Draper, P.; Konner, M.J.; Shostak, M. In: Lee, R.B.; DeVore, I. (Hrsg.) Kalahari Hunter-Gatherers. Cambridge Massachusetts 1998. S. 199.
39 Ebenda. S. 203.
40 Ebenda. S. 205.
41 Gennep, van A. In: Popp, V. (Hrsg.) Initiation. Frankfurt a.M. 1969.
42 Silberbauer, G. In: Africa. 29 (1) 1963. – Marshall, L. In: Gibbs, J.L. (Hrsg.) Peoples of Africa. New York 1965. – Heinz, H.-J. Social Organisation of the !Ko Bushmen. Köln 1994.
43 Schmidt, S. Katalog der Khoisan-Volkserzählungen des südlichen Afrikas. Hamburg 1989. S. 437.
44 Biesele, M. In: Lee, R.B.; DeVore, I. (Hrsg.) Kalahari Hunter-Gatherers. Cambridge Massachusetts 1998. S. 308.
45 Schmidt, S. a.a.O. S. 19.
46 Schmidt, S. a.a.O. S. 125.
47 Biesele, M. a.a.O. S. 316.
48 Ebenda. S. 321.
49 Marshall, L. In: Gibbs, J.L. (Hrsg.) Peoples of Africa. New York 1965. S. 351.
50 Ebenda. S. 355.
51 Katz, R. In: Lee, R.B.; DeVore, I. (Hrsg.) Kalahari Hunter-Gatherers. Cambridge Massachusetts 1998. S. 286.
52 Bandi, H.-G. Urgeschichte der Eskimos. Stuttgart 1965. S. 4.
53 Velichko, A.A.; Klimanov, V.A.; Borzenkova, I.I. In: Frenzel, B.; Pésci, M.; Velichko, A.A. (Hrsg.) Atlas of Paleoclimatics and Paleoenvironments of the Northern Hemisphere. Budapest Stuttgart 1992. S. 137.
54 Finney, B.P. (et al.) Science 290 (2000). S. 795.
55 Die Würm/Wisconsin Kaltzeit (Pleistozän) begann vor 115 000 Jahren und endete mit dem Beginn des Holozän vor 11 600 Jahren. Während dieser Kaltzeit wechselte das Klima wiederholt zwischen kalten (stadialen) und warmen (interstadialen) Phasen.
56 Birket-Smith, K. Die Eskimos. Zürich 1948. S. 24.
57 Schröder, C.M. (Hrsg.) Die Religionen der Menschheit. Stuttgart 1962. S. 368.
58 Birket-Smith, K. a.a.O. S. 207.
59 Ebenda. S. 207f.
60 Die mythische Herrscherin über alle Seetiere findet sich bei allen längs der Küsten lebenden Eskimos unter wechselnden Namen. In Ostgrönland ist sie die »Mutter des Meeres«, in Westgrönland die »alte Frau«, auf Baffinland »Sedna« (»die dort unten in der Meerestiefe«) usw.
61 Perlet, G. (Hrsg.) Eskimo-Märchen. Frankfurt a.M. 1996. S. 62f.
62 Schröder, C.M. (Hrsg.) a.a.O. S. 392f.
63 Ebenda. S. 394.

64 Ebenda. S. 394f.
65 Ebenda. S. 401.
66 Perlet, G. (Hrsg.) a.a.O. S. 21.
67 Ebenda. S. 26f.
68 Birket-Smith, K. a.a.O. S. 200.
69 Ebenda. S. 194.
70 Ebenda. S. 189f.
71 Ebenda. S. 193.
72 Ingold, T. In: Cambridge Encyclopedia of Hunters and Gatherers. Cambridge 1999. S. 408.
73 Gowdy, I. In: Cambridge Encyclopedia of Hunters and Gatherers. Cambridge 1999. S. 393.

2 Weltbilder altpflanzerischer Völker

1 Gowdy, J. In: Cambridge Encyclopedia of Hunters and Gatheres. Cambridge 1999. S. 392.
2 Normile, D. Science 275 (1997). S. 309.
3 Pope, K.O.; Pohl, M.E.D.; Jones, J.G.; Lentz, D.L.; Nagy, Ch.; Vaga, F.J.; Quitmyer, I.R. Science 292 (2001). S. 1370.
4 MacNeish, R.S. In: Man Settlement and Urbanism. Ucko, P.S.; Tringham, R.; Dimbleby, G.W. (Hrsg.) Hertfordshire 1972. S. 67.
5 Mellart, J. Catal Hüyük. Bergisch Gladbach 1967. – Klotz, H. Die Entdeckung von Catal Hüyük. München 1997.
6 Pitman, W.; Ryan, W. Sintflut. Bergisch Gladbach 1999. S. 327.
7 Ebenda. S. 330f.
8 Kramer, F.; Sigrist, Ch. Gesellschaften ohne Staat. Bd. 1. Frankfurt a.M. 1978. S. 20.
9 Ebenda. S. 32.
10 Speck, F.G. The Iroquoise. Michigan 1945.– Fenton, W.N. Bulletin of the Bureau of American Ethnology. 128 (1941). S. 79. – 149 (1951). S. 35.
11 Schumacher, I. Gesellschaftsstrukturen und Rolle der Frau. Das Beispiel der Irokesen. Berlin 1972. S. 38.
12 Ebenda. S. 43.
13 Fenton, W.N. Bulletin of the Bureau of American Ethnology. 149 (1951). S. 51.
14 Schumacher, I. a.a.O. S. 57.
15 Ebenda. S. 59.
16 Clark, E.E. Indianische Legenden aus Nordamerika. München 1998. S. 255f.
17 Wampumgürtel bestehen aus langen Reihen zu bestimmten Mustern geordneter weißer und farbiger Perlen. Sie symbolisieren mündlich geschlossene Verträge und konnten von denen gelesen werden, die die Ornamentsymbole kannten.
18 Feest, Ch.F. Beseelte Welten. Freiburg 1998. S. 109.
19 Morgan, L.H. Die soziale Ordnung der Irokesen und anderer indianischer Völker. Idstein i.T. 1995. S. 84ff.
20 Schürenberg, S.B. Die Auswirkungen des französischen Pelzhandels auf die Kultur der Irokesen und der Algonkin im 17. Jahrhundert. Wyk 1995. S. 115.
21 Für die Ermordung eines Mannes wurden 20 Wampumschnüre gefordert: 10 für die tote Person, 10 für das Leben des Mörders, der sonst der Blutrache zum Opfer fiele. Im Fall der Ermordung einer Frau war der Preis 30 Wampumschnüre: 20 für die tote Person, 10 für das Leben des Mörders. War aber der Mörder eine Frau, die eine Frau umgebracht hatte, so wurden 40 Wampumschnüre gefordert.
22 Schumacher, I. a.a.O. S. 62.
23 Feest, Ch.F. Beseelte Welten. Freiburg i.B. 1998. S. 20.
24 Hewitt, J.N.B. Iroquoian Cosmology. First Part. 21. Annual Report of the Bu-

reau of American Ethnology 1899-1900. Washington 1903. S. 127. – Second
   Part 43. 1925-1926. Washington 1928. S. 449.
25 Feest, Ch.F. a.a.O. S. 78f.
26 Müller, W. In: Schröder, Ch.M. (Hrsg.) Die Religionen der Menschheit. Bd. 7.
   Stuttgart 1961. S. 211-214.
27 Morgan, L.H. League of the Ho-De'-Na-San-Nee or Iroquoise. Rochester
   1851. S. 182ff.
28 Ebenda. S. 202.
29 Die Opferung geht auf die Weisung Tawiskarons zurück, der einem Irokesen in
   Gestalt eines Zwerges erschienen war und im Rahmen der Mittwinterzeremonie
   die Opferung von Hunden, Wampumperlen und Sonnenblumenkernen gefordert hatte.
30 Müller, W. Die Religionen der Waldindianer Nordamerikas. Berlin 1956, S.
   131.
31 Malinowski, B. Argonauten des westlichen Pazifik. Frankfurt a.M. 1979.
32 Ebenda. S. 567.
33 Malinowski, B. Korallengärten und ihre Magie. Frankfurt a.M. 1981. S. 426.
34 Ebenda. S. 21.
35 Neumann, K. Science 301 (2003). S. 180.
36 Malinowski, B. Korallengärten und ihre Magie. a.a.O. S. 27.
37 Malinowskis *Subclan* wird von den Trobriandern als *dala* bezeichnet und bildet eine matrilineare Verwandtschaftsgruppe (gleiches *dala* bedeutet gleiches
   Blut).
38 Malinowski, B. Magie, Wissenschaft und Religion. Frankfurt a.M. 1973. S.
   94f.
39 Ebenda. S. 98.
40 Malinowski, B. Korallengärten und ihre Magie. a.a.O. S. 54.
41 Malinowski, B. Argonauten des westlichen Pazifik. a.a.O. S. 95.
42 Ebenda. S. 97.
43 Malinowski, B. Korallengärten und ihre Magie. a.a.O. S. 114.
44 Der Begriff *Mythos* wird hier in der Bedeutung des einheimischen Wortes *libog-
   wo* verwendet, was »heilige Überlieferung« bedeutet.
45 Malinowski, B. A.a.O. S. 115f.
46 Ebenda. S. 116f.
47 Ebenda. S. 95.
48 Im Zitat wurde *Magie* durch *megwa* ersetzt.
49 Ebenda. S.97.
50 Ebenda. S. 177.
51 Ebenda. S. 308f.
52 Ebenda. Nachwort. S. 420.
53 Weiner, A.B. In: Lenz, I.; Luig, U. (Hrsg.) Frauenmacht ohne Herrschaft. Berlin 1990. S. 314f.
54 Weiner, A.B. Women of Value, Man of Renown. Austin, London 1976. S. 118.
55 Malinowski, B. Korallengärten und ihre Magie. a.a.O. Nachwort. S. 421.
56 Malinowski, B. In: Gesellschaften ohne Staat. Bd. 2. (Hrsg. Kramer, F.; Sigrist, Ch.) Frankfurt a.M. 1978. S. 37f.
57 Kramer, F.; Sigrist, Ch. (Hrsg.) Gesellschaften ohne Staat. Bd. 2. Frankfurt
   a.M. 1978. S. 17.
58 Ebenda. Bd. 1. S. 43.

3 Frühe Zivilisationen

1 Wittfogel, K.A. Die orientalische Despotie. Frankfurt a.M. Berlin Wien 1977.
2 Knees, H. Der Götterglaube im alten Ägypten. Berlin 1977. S. 127.
3 Ebenda. S. 152.
4 Mendelsohn, I. Slavery in the Ancient Near East. New York 1949. S. 121.

5 Knees, H. a.a.O. S. 8.
6 Ebenda. S. 9.
7 Ebenda. S. 42.
8 Ebenda. S. 11.
9 Scharff, A.; Moortgat, A. Ägypten und Vorderasien im Altertum. München 1950. S. 63.
10 Heiler, F. Die Religionen der Menschheit. Stuttgart 1999. S. 106.
11 Knees, H. a.a.O. S. 215.
12 Heiler, F. a.a.O. S. 109.
13 Knees, H. a.a.O. S. 240.
14 Scharff, A.; Moortgat, A. a.a.O. S. 68.
15 Gasse, F. Quarternary Science Reviews 19 (2000). S. 189.
16 Heiler, F. a.a.O. S. 107.
17 Ebenda. S. 111.
18 Thiele, P. In: Goepper, R. (Hrsg.) Das Alte China. München 1988.
19 Ebenda. S. 21.
20 The New Encyclopaedia Britannica, Vol. 16. Chikago 1991. S. 68.
21 Dietsch, K.A. In: Goepper, R. (Hrsg.) Das Alte China. München 1988. S. 113.
22 Weber, M. Gesammelte Aufsätze zur Religionssoziologie (I). Tübingen 1988. S. 336.
23 Wei Tang. Sagen und Geschichten aus dem chinesischen Altertum. Beijing 1985. S. 19.
24 Flessel, K. In: Goepper, R. (Hrsg.) Das Alte China. München 1988. S. 48.
25 Ebenda. S. 51.
26 Ebenda. S. 53.
27 Dietsch, K. A. In: Goepper, R. (Hrsg.) Das Alte China. München 1988. S. 138.
28 Ebenda. S. 122.
29 Fessel, K. In: Goepper, R. (Hrsg.) Das Alte China. München 1988. S. 55.
30 Ebenda. S. 64.
31 Bloch, E. Das Prinzip Hoffnung. Bd. 3. Frankfurt a.M. 1959. S. 1440.
32 Ebenda. S. 70.
33 Franke, O. Geschichte des Chinesischen Reiches. Bd. 1. Berlin, Leipzig 1930. S. 274.
34 Dietsch, K.A. In: Goepper, A. a.a.O. S. 127.
35 Franke, O. a.a.O. S. 301.
36 Ebenda. S. 310.
37 Holzer, R. In: Goepper, A. (Hrsg.) Das Alte China. München 1988. S. 198.
38 Bloch, E. a.a.O. S. 1442.
39 Ebenda. S. 204.
40 Zhuangzi, zitiert nach: Schwarz, E. So sprach der Weise. Berlin 1988. S. 200.
41 Granet, M. Das chinesische Denken. Frankfurt a.M. 1997. S. 315/318.
42 Ebenda. S. 322.
43 Franke, O. a.a.O. S. 318.
44 Weber, M. a.a.O. S. 298.
45 Ebenda. S. 432.
46 Ebenda. S. 305.
47 Ebenda. S. 378.

4 PROPHETISCHE RELIGIONEN

1 Scharf, A.; Moorgate, A. Ägypten und Vorderasien im Altertum. München 1950. S. 258.
2 Ebenda. S. 259.
3 Kerr, R.A. Science 279 (1998). S. 325.
4 Scharf, A.; Moorgate, A. a.a.O. S. 275.

5   Ebenda. S. 278.
6   Ebenda. S. 295.
7   Heiler, F. Die Religionen der Menschheit. Stuttgart 1999. S. 125.
8   Scharff, A.; Moorgate, A. a.a.O. S. 384.
9   Arz, H.W.; Lamy, F.; Pätzold, J.; Müller, P.J.; Prins, M. Science 300 (2003). S. 118.
10 Weber, M. Gesammelte Aufsätze zur Religionssoziologie 3. Tübingen 1988. S. 47.
11 Heiler, F. a.a.O. S. 367.
12 Ebenda. S. 369.
13 Ebenda. S. 370.
14 Ebenda. S. 371.
15 Finkelstein, I.; Silbermann, N.A. Keine Posaunen von Jericho. München 2002. S. 60.
16 Weber, M. a.a.O. S. 58.
17 Finkelstein, I.; Silbermann, N.A. a.a.O. S. 214.
18 Allerdings ergaben auch neuere Ausgrabungen in Jerusalem keine Spuren monumentaler Bauten, von denen die Legende erzählt.
19 Heiler, F. a.a.O. S. 373.
20 Ebenda. S. 374.
21 Ebenda. S. 374.
22 Weber, M. a.a.O. S. 282.
23 Heiler, F. a.a.O. S. 375.
24 Weber, M. a.a.O. S. 120.
25 Heiler, F. a.a.O. S. 377.
26 Scharf, A.; Moortgate, A. a.a.O. S. 451.
27 Heiler, F. a.a.O. S. 381.
28 Stegemann, E.W. und W. Urchristliche Sozialgeschichte. Stuttgart 1997. S. 97.
29 Ebenda. S. 97.
30 Josephus, Flavius. Geschichte des Judäischen Krieges. Leipzig 1970.
31 Stegemann, E.W.; Stegemann, W. a.a.O. S. 52.
32 Ebenda. S. 129.
33 Bloch, E. Das Prinzip Hoffnung. Bd. 3. Frankfurt a.M. 1959. S. 1460.
34 Heiler, F. a.a.O. S. 411.
35 Stegemann, E.W., Stegemann, W. a.a.O. S. 180.
36 Ebenda. S. 181.
37 Ebenda. S. 182.
38 Harnack, A. v. Lehrbuch der Dogmengeschichte. Bd. 1. Tübingen 1909. S. 71f. und S. 76. Zitiert nach Fromm, E. Das Christusdogma. München 1992. S. 37.
39 Stegemann, E.W. und W. a.a.O. S. 183.
40 Ebenda. S. 187.
41 Ebenda. S. 188.
42 Ebenda. S. 189.
43 Ebenda. S. 232.
44 Bendix, R. In: Max Webers Sicht des okzidentalen Christentums. Schluchter, W. (Hrsg.) Frankfurt a.M. 1988. S. 152.
45 Heiler, F. a.a.O. S. 426.
46 Fromm, E. Das Christusdogma. München 1992. S. 53.
47 Ebenda. S. 54.
48 Harnack, A. v. a.a.O. S. 143.
49 Heiler, F. a.a.O. S. 422.
50 Küng, H. Große christliche Denker. München 1996. S. 56.
51 Ebenda. S. 66.
52 Ebenda. S. 68.
53 Harnack, A. v. a.a.O. S. 154.
54 Fromm, E. a.a.O. S. 57.
55 Heiler, F. a.a.O. S. 427.
56 Ebenda. S. 429.

57 Küng, H. a.a.O. S. 92.
58 Ebenda. S. 95.
59 Ebenda. S. 100.
60 Schnädelbarh, H. In: »Die Zeit«. Hamburg 11. Mai 2000.
61 Heiler, F. a.a.O. S. 433.
62 Lewis, B. Die Araber. München 2002. S. 37.
63 Der Koran. Leipzig 1983. S. 537.
64 Heiler, F. a.a.O. S. 499.
65 »... des himmlischen Buches der guten und der bösen Taten«.
66 Der Koran. a.a.O. S. 520.
67 Heiler, F. a.a.O. S. 500.
68 Der Koran. a.a.O. S. 547.
69 Lewis, B. a.a.O. S. 52.
70 Ismail ist der Sohn Abrahams und der Sklavin Hagar.
71 Heiler, F. a.a.O. S. 501.
72 Lewis, B. a.a.O. S. 54.
73 Ebenda. S. 55.
74 Amsar: Garnisonsstädte, in der Umaijadenzeit Zentren der Verwaltung.
75 Lewis, B. a.a.O. S. 87.
76 Ebenda. S. 90.
77 Ebenda. S. 91.
78 Ebenda. S. 104.
79 Ebenda. S. 105.
80 Ebenda. S. 108.
81 Ebenda. S. 135.
82 Ebenda. S. 180.
83 Ebenda. S. 181.

5 DER WEG IN DIE WELT VON HEUTE

1 Wolf, E.R. Die Völker ohne Geschichte. Frankfurt a.M. 1986. S. 20.
2 Grundlagen des Marxismus-Leninismus (Osnovy Marksisma-Leninizma, Moskva 1960). Berlin 1960. S. 147.
3 Ebenda. S. 157.
4 Eichhorn, W. Sitzungsberichte der Leibniz-Sozietät, 8/9 (1995). S. 61.
5 Klix, F.; Lanius, K. Wege und Irrwege der Menschenartigen. Stuttgart 1999.
6 Gurjewitsch, A.J. Das Weltbild des mittelalterlichen Menschen. Dresden 1978. S. 106.
7 Herrmann, J. (Hrsg.) Deutsche Geschichte. Berlin 1988. S. 13.
8 Lamb, H.H. Klima und Kulturgeschichte. Hamburg 1994. S. 177.
9 Herrmann, J. a.a.O. S. 15.
10 Ebenda. S. 21.
11 Ebenda. S. 24.
12 Schlette, F. Germanen. Leipzig 1972. S. 182.
13 Herrmann, J. a.a.O. S. 27.
14 Ebenda. S. 27.
15 Ebenda. S. 38.
16 Ebenda. S. 45.
17 Gurjewitsch, A.J. Das Weltbild des mittelalterlichen Menschen. Dresden 1978. S. 361.
18 Dinzelbacher, P. In: Dinzelbacher, P. (Hrsg.) Europäische Mentalitätsgeschichte. Stuttgart 1993. S. 121.
19 Kossok, M. (Hrsg.) Allgemeine Geschichte des Mittelalters. Berlin 1985. S. 220.
20 Gurjewitsch, A.J. a.a.O. S. 327.
21 Ebenda. S. 30.
22 Goetz, H.-W. In: Dinzelbacher, P. (Hrsg.) a.a.O. S. 645.
23 Gurjewitsch, A.J. a.a.O. S. 167.

24 Ebenda. S. 173.
25 Seidel, H. Scholastik, Mystik und Renaissance - Philosophie. Berlin 1990. S. 86.
26 Wollgast, S. Sitzungsberichte der Leibniz-Sozietät 11,3 (1996). S. 11.
27 Gurjewitsch, A. I. a.a.O. S. 174.
28 Ebenda. S. 275.
29 Dinzelbacher, P.; Sprangel, R. In: Dinzelbacher (Hrsg.) a.a.O. S. 171.
30 Gurjewitsch, A. I. a.a.O. S. 277.
31 Ebenda. S. 278.
32 Ebenda. S. 284.
33 Bloch, M. Die wundertätigen Könige. München 1998. S. 129.
34 Ebenda. S. 311.
35 Ebenda. S. 315.
36 Le Goff, J. Wucherzins und Höllenqualen. Stuttgart 1988. S. 41.
37 Ebenda. S. 11.
38 Gurjewitsch, A.I. a.a.O. S. 317.
39 Ebenda. S. 319.
40 Gurjewitsch, A.I. Stumme Zeugen des Mittelalters. Weimar 1997. S. 154.
41 Ebenda. S. 156.
42 Ebenda. S. 175.
43 Ebenda. S. 207
44 Le Goff, J. a.a.O. S. 76.
45 Ebenda. S. 77ff.
46 Dinzelbacher, P. In: Dinzelbacher, P. (Hrsg.) a.a.O. S. 253.
47 Le Goff, J. a.a.O. S. 97.
48 Heiler, F. Die Religionen der Menschheit. Stuttgart 1999. S. 438.
49 Vogler, G. Europas Aufbruch in die Neuzeit. 1500-1650. Stuttgart 2003. S. 44.
50 Gurjewitsch, A.I. a.a.O. S. 305f.
51 Ebenda. S. 297.
52 Ebenda. S. 301f.
53 Ebenda. S. 282.
54 Ebenda. S. 290.
55 Seidel, H. a.a.O. S. 199.
56 Ebenda. S. 200.
57 Ebenda. S. 201.
58 Burke, P. Die Renaissance in Italien. Berlin 1996. S. 207.
59 Ebenda. S. 202.
60 Friedell, E. Kulturgeschichte der Neuzeit. Bd. 1. München 2003. S. 185.
61 Burke, P. a.a.O. S. 289.
62 Gorz, A. Kritik der ökonomischen Vernunft. Hamburg 1998. S. 176.
63 Burke, P. Städtische Kultur in Italien zwischen Hochrenaissance und Barock. Frankfurt a.M. 1996. S. 94f.
64 Seidel, H. a.a.O. S. 205.
65 Wolf, E.R. a.a.O. S. 203.
66 Ebenda. S. 279.
67 Ebenda. S..326.
68 Ebenda. S. 327.
69 Ebenda. S. 335.
70 Ebenda. S. 337.
71 Ebenda. S. 343.
72 Seidel, H. a.a.O. S. 206.
73 Ebenda. S. 207.
74 Ebenda. S. 208f.
75 Ebenda. S. 210.
76 Friedell, E. a.a.O. S. 282.
77 Ebenda. S. 333f.
78 Vogler, G. a.a.O. S. 340.
79 Ebenda. S. 378.

80 Wolf, E.R. a.a.O. S. 178f.
81 Ebenda. S. 179.
82 Kossok, M. a.a.O. S. 334.
83 Morus, T. zitiert nach Seidel, H. »Neues Deutschland«. Berlin 22./23. 12. 2001.
84 Marx K. Das Kapital. Berlin 1947. S. 773f.
85 Ebenda. S. 775.
86 Polanyi, K. The Great Transformation. Hamburg 1978. S. 61.
87 Rudé, G. Die Volksmassen in der Geschichte. Frankfurt a.M. 1970. S. 34f.
88 Vogler, G. a.a.O. S. 155.
89 Ebenda. S. 158.
90 Ebenda. S. 166.
91 Ebenda. S. 168.
92 Ebenda. S. 169.
93 Ebenda. S. 170.
94 Wolf, E.R. a.a.O. S. 181f.
95 Wolf, E.R. a.a.O. S. 174.
96 Durchardt, E. Europa am Vorabend der Moderne 1650-1800. Stuttgart 2003.
   S. 52.
97 Ebenda. S. 226.
98 Ebenda. S. 246.
99 Ebenda. S. 226.
100 Vogler, G. a.a.O. S. 99.
101 Duchhardt, H. a.a.O. S. 224.
102 Wolf, E.R. a.a.O. S. 173.
103 Polanyi, K. a.a.O. S. 68ff. – In der Literatur wird häufig von drei Industriellen Re-
    volutionen gesprochen: der 1. Industriellen Revolution, in der Muskelkraft durch
    Maschinenkraft ersetzt wurde, der 2. Industriellen Revolution, in der die Arbeits-
    abläufe rationalisiert wurden (Ford, Taylor) und der 3. Industriellen Revolution,
    in der die Ersetzung von Arbeitskraft durch Informationsprozesse und Roboter er-
    folgt. Ich folge dieser Aufgliederung nicht, sondern betrachte sie als drei Etappen
    eines einzigen Prozesses.
104 Hobsbawm, E. Das Imperiale Zeitalter. Frankfurt a.M. 1996. S. 189.
105 Altvater, E. Sitzungsberichte der Leibniz-Sozietät. 23,4 (1998). S. 23.
106 Kurz. R. Marx lesen. Frankfurt a.M. 2000. S. 57f.
107 Mann, G. Deutsche Geschichte des 19. und 20. Jahrhunderts. Frankfurt a.M.
    1958. S. 183.
108 Marx, K.; Engels, F. Manifest der Kommunistischen Partei. Berlin 1945. S. 7f.
109 Mann, G. a.a.O. S. 406.
110 Roesler, R. Sitzungsberichte der Leibniz-Sozietät. 48/5 (2001). S.28.
111 Engels, F. Die Lage der arbeitenden Klassen in England. In: Marx Engels Werke
    (MEW). Bd. 2. Berlin 1976. S. 388.
112 Die Studie ist unter www cbgnetwork.de abrufbar.
113 Polanyi, K. a.a.O. S. 146.
114 Klenner, H. Sitzungsberichte der Leibniz-Sozietät. 46 (2001). S. 130.
115 Wolgast, S. Philosophie in Deutschland zwischen Reformation und Aufklärung.
    Berlin 1988. S. 106f.
116 Klenner, H. a.a.O. S. 139.
117 Seidel, H. »Neues Deutschland«. Berlin 24/25. August 2003.
118 Klix, F.; Lanius, K. a.a.O. S. 204.
119 Horkheimer, M.; Adorno, Th.W. Dialektik der Aufklärung. Frankfurt a.M. 1988.
    S. 31.
120 Duchardt, H. a.a.O. S. 173.
121 Hobbes, Th. Leviathan. Reinbeck 1965 S. 98.
122 Kant, I. Von den verschiedenen Rassen der Menschen. Werkausgabe. Bd. XI.
    Frank-furt a.M. 1993. S. 37ff.
123 Kurz, R. a.a.O. S. 79.
124 Recktenwald, H.C. In: Smith, A. Der Wohlstand der Nationen. München

2001. S. XXXIV.
125 Polanyi, K. a.a.O. S. 177.
126 Wolf, E.R. a.a.O. S. 537.
127 Schluchter, W. (Hrsg.) Max Webers Sicht des okzidentalen Christentums. Frankfurt a.M. 1988.
128 Ebenda. S. 428f.
129 Wolf, E.R. a.a.O. S. 414.
130 Horkheimer, M., Adorno, Th.W. a.a.O. S. 5.

6 WISSEN HEUTE

1 Oppenheimer, J.R. Wissenschaft und das allgemeine Denken. Hamburg 1955. S. 28.
2 Einstein, A.; Infeld, L. Die Evolution der Physik. Hamburg 1956. S. 26.
3 Aristoteles. Vom Himmel, von der Seele, von der Dichtkunst. Zürich 1950.
4 Peebles, P.J.E. Kosmologie – ein Zustandsbericht. Spektrum der Wissenschaft. März 2001. S. 40.
5 Canup, R.M.; Asphaug, E. Nature 412 (2001). S. 708.
6 Wisdom, J. Proc. R. Soc. London A 413 (1987). S. 109.
7 Lanius, K. Die Erde im Wandel. Heidelberg Berlin Oxford 1995. S. 28.
8 Eine umfassendere Darstellung zu diesem Thema ist in dem Buch »Die Erde im Wandel« enthalten. Einige Textabschnitte wurden daraus entnommen.
9 Doolittle, W.F. Spektrum der Wissenschaft 4 (2000). S. 52.
10 Woese, C. Ebenda. S. 57.
11 Costerton, J.W.; Stewart, P.S. Spektrum der Wissenschaft 11 (2001). S. 65.
12 Gould, S.J. Illusion Fortschritt. Frankfurt a.M. 1998. S. 218.
13 Alle Lebewesen werden in Reiche eingeordnet. Klassifikationsebenen unterhalb der Reiche sind Stämme, Klassen, Ordnungen, Familien, Gattungen und Arten.
14 Johnson, T.C.; Scholz, C.A.; Talbot, M.R. ; Kelts, K.; Ricketts, R.D.; Ngobi, G., Beuning, K.; Ssemmanda, I.; McGill, J.W. Science 273 (1996). S. 1091.
15 Rutherford, S.L.; Lindquist, S. Nature 369 (1998). S. 336.
16 Groß, M. Spektrum der Wissenschaft 2 (1999). S. 15.
17 Darwin, C. Die Abstammung des Menschen. Leipzig 1949. S. 616.
18 Pickford, M.; Senut, B.C.R. Acad. Sci. Paris 332 (2001). S. 145.
19 Klix, F.; Lanius, K. Wege und Irrwege der Menschenartigen. Stuttgart 1999. S.34.
20 Ebenda. S. 47.
21 Ingmann, M.; Kaesmann, H.; Pääbo, S.; Gyllensten, U. Nature 408 (2000). S. 708. – Gibbons, A. Science 292 (2001). S. 1051.
22 Henshilwood, C.S. (et al.) Science 295 (2002). S. 1278.
23 Klix, F.; Lanius, K. a.a.O. S. 55.
24 Gibbs, W.W. Spektrum der Wissenschaften. 2 (2004). S. 68.
25 Dennis, C. Nature 420 (2002). S. 732.
26 Rosenthal, A. Sitzungsberichte der Leibniz-Sozietät. 58/2 (2003). S. 48.
27 Rosenthal, A. Spektrum der Wissenschaften. 9 (2001). S. 84f.
28 The International Chimpanzee Chromosome 22 Consortium. Nature 429 (2004). S. 382.
29 Singer, W. Der Beobachter im Gehirn. Frankfurt a.M. 2002. S.   30 Eliot, L. Was geht da drinnen vor? Berlin 2001. S.11.
31 Fieldes, R.D. Spektrum der Wissenschaften 9 (2004). S. 46.
32 Ebenda. S. 48.
33 Damasio, A.R. und H. Spektrum der Wissenschaften 11 (1992). S. 80.
34 Eliot, L. a.a.O. S. 515.
35 Welcher Anteil individueller Unterschiede innerhalb einer Population sich Genen zuschreiben läßt, wird durch einen statistischen Kennwert, die *Varianz*, beschrieben. Sagt ein Genetiker, ein Merkmal sei zu 50 Prozent erblich, meint er, daß

die Hälfte der Varianz dieses Merkmals, die zwischen verschiedenen Personen festgestellt wurde, genetisch bedingt ist.

36 Eliot, L. a.a.O. S. 461.
37 Damon, W. Spektrum der Wissenschaften. 10 (1999). S. 62.
38 Klix, F.; Lanius, K. a.a.O. S. 94.
39 Roth, G. Gehirn und Geist. 1 (2002). S. 38.
40 Singer, W. a.a.O. S. 103.
41 Ebenda. S. 42.
42 Ebenda. S. 44.
43 Das Manifest. In: Gehirn und Geist. 6 (2004).

7 ETHIK UND SOZIALBEZIEHUNGEN HEUTE

1 Brockhaus Enzyklopädie. Mannheim 1991. Bd. 19. S. 96.
2 Carson, E. Der stumme Frühling. München 1996. S. 72.
3 Mit *nachhaltig* ist ursprünglich gemeint, daß jede Generation ihre Bedürfnisse so deckt, daß auch die nachfolgenden Generationen dazu noch in der Lage sind.
4 Gardner, G. In: Worldwatch Institute Report. Zur Lage der Welt 2002. Frankfurt a. M. 2002. S. 69.
5 Ebenda. S. 70.
6 UNEP. GEO3. Nairobi 2002.
7 Grill, B. »Die Zeit«. Hamburg 4. September 2002.
8 Houghton, J.T.; Meira Filho, L.G.; Callander, B.A.; Harris, N.; Kattenberg, A.; Maskell, K. (eds.). Climate Change 1995: The Science of Climate Change. Cambridge 1996.
9 Houghton, J.; Ding, D.J.; Griggs, M.; Nouguer, M.; van der Linden, P.J.; Xiaosu, D. (eds.). Climate Change 2001: The Scientific Basis. Cambridge 2001.
10 Schönwiese, C.-D. Stellungnahme der Deutschen Meteorologischen Gesellschaft März 2001. S. 3. www.met.fu-berlin.de.
11 Die Formulierung bedeutet: »Mit einer Wahrscheinlichkeit von 66 bis 90 Prozent«.
12 Houghton, J. u.a. a.a.O.
13 Klix, F.; Lanius, K. Wege und Irrwege der Menschenartigen. Stuttgart 1999. S. 220.
14 Schönwiese, C.-D. a.a.O. S.4.
15 Peñuelas, J., Filella, I. Science 294 (2001). S. 793.
16 McCharty, J.J.; Canziani, O.F.; Leary, N.A.; Dokken, D.J.; White, K.S. (eds.). Climate Change 2001: Impacts, Adaption and Vulnerability. Cambridge 2001.
17 Focault, M. In Verteidigung der Gesellschaft. Frankfurt a.M. 2001. S. 304.
18 Ebenda. S. 305.
19 Black, E. War Against the Weak. New York 2004.
20 Rosenberg, N.A. (et al.) Science 298 (2002). S. 2381.
21 Cavalli-Sforza, L.L. Gene, Völker und Sprachen. München Wien 1999. S. 62.
22 Mitochondrien sind Zellorganellen, die ein eigenes, vom Zellkern getrenntes Genom besitzen, das nur matrilinear vererbt wird.
23 Cavalli-Sforza, L.L. a.a.O. S. 158.
24 Hamel, E.; Forster, P. Spektrum der Wissenschaften 5 (2002). S. 41.
25 Cavalli-Sforza, L.L. a.a.O. S. 132.
26 Kurgane sind Gräber, die neben Skeletten von Kriegern und Pferden auch Skulpturen aus Edelmetallen und Waffen enthalten.
27 Huxley, J. New Bottles for Old Wine. 1957. S. 12. Zitiert nach Shipman, P. Die Evolution des Rassismus. Frankfurt a. M. 1995. S. 214.
28 UNESCO. Statement on Race. 1950. Zitiert nach Shipman, P. Ebenda. S. 222.
29 Dobshansky, T. Mankind Evolution, 1962. Zitiert nach Shipman, P. Ebenda. S. 268f.
30 Albrecht, J. Die Guten ins Tröpfchen. »Die Zeit«. Hamburg 16. September 1999.
31 Keynes, J.M. Die allgemeine Theorie der Beschäftigung, des Zinses und des Geldes. Berlin 1936.

32 Friedrich, G. Sitzungsberichte der Leibniz-Sozietät. 34/7 (1999). S. 58.
33 Friedman, M. Kapitalismus und Freiheit. Stuttgart 1971.
34 Friedrich, G. a.a.O. S. 58.
35 Wagenknecht, S. Mythos der Modernisierer. Querfurt 2001. S. 50.
36 Altvater, E. »Freitag«. Nr. 4. Berlin 1998. Zitiert nach Kurz, R. Schwarzbuch des Ka-pitalismus. Frankfurt a.M. 1999. S. 741.
37 Schon 1972 und 1976 hatte der Dow Jones für kurze Zeit den Wert 1 000 erreicht.
38 Kurz, R. Schwarzbuch des Kapitalismus. Frankfurt a.M. 1999. S. 753.
39 Hayek, F. v. zitiert in Kurz, R. a.a.O. S. 651.
40 Schui, H. ; Blankenburg, S. a.a.O. S. 118.
41 Hayek, F. v. zitiert in Kurz, R. a.a.O. S. 651.
42 Alle Zahlenangaben sind den UNDP-Berichten über menschliche Entwicklung 1996 bzw. 1997, Bonn 1996 und 1997, entnommen.
43 Das Bruttoinlandsprodukt (BIP) umfaßt die gesamte für den Endverbrauch bestimmte Produktion von Gütern und Dienstleistungen einer nationalen Wirtschaft.
44 UNDP-Bericht über menschliche Entwicklung 1997.
45 Alle Zahlenangaben in diesem Abschnitt sind, soweit nicht anders vermerkt, den Veröffentlichungen des U.S. Bureau of the Census oder dem Buch »Die Zukunft des Kapitalismus« von L.C. Thurow, Düsseldorf 1997 entnommen.
46 U.S. Bureau of the Census. Historical Income Tables-Households. March 2002.
47 Krugmann, P. »Die Zeit«. Hamburg 7. November 2002.
48 Sylvers, M. Die USA - Anatomie einer Weltmacht. Köln 2002. S.90.
49 Bellah, R.N.; Madsen, R.; Sullivan, W.M.; Swidler, A.; Tipton, St.M. Gewohnheiten des Herzens. Köln 1987. S. 322.
50 1995 lag die am Einkommen gemessene Armutsschwelle für einen Drei-Personen-Haushalt in den USA inflationsbereinigt bei 12 158 Dollar pro Jahr.
51 Häußermann, H. In: Lang, S.; Mayer, M.; Scherer, Ch. (Hrsg.) Jobwunder USA. Münster 1999. S.77.
52 Henwood, D. After the New Economy. New York 2003. S. 138.
53 Wieseman, M. In: Ebenda. S. 211.
54 Gans, H.S. In : Ebenda. S. 247.
55 Voting and Registration in the Election of November 1998. U.S. Bureau of the Census. August 2000.
56 Fischermann, T. »Die Zeit«. Hamburg 6. Juni 2003.
57 Schmidt, H. »Die Zeit«. Hamburg 4. Dezember 2003.
58 Die Arbeitslosenzahlen werden in den USA durch Telefonumfrage ermittelt. Das Bureau of Labor Statistics (BLS) stellt drei Fragen: Ob der Befragte ohne Arbeit ist, ob er in der Befragungswoche aktiv nach Arbeit gesucht hat und ob er innerhalb der darauffolgenden 14 Tage eine neue Stelle antreten könne. Nur wenn der/die Befragte alle drei Fragen mit ja beantwortet, also arbeitslos, suchend und verfügbar ist, wird er in der Statistik als arbeitslos geführt.
59 Goldstein, W. »Neues Deutschland«. Berlin 17. 12. 2003.
60 Heusinger, R. v. »Die Zeit«. Hamburg 1.April 2004.
61 Pomrehn, W. »junge Welt«. Berlin 2. April 2004.
62 Fromm, E. Haben oder Sein. München 1997. S. 133.
63 Gorz, A. Wissen, Wert und Kapital. Zürich 2004. S. 25.
64 Fischbach, R. »Freitag«. Berlin 26.Dezember 2003.
65 Maas, H. J. »Neues Deutschland«. Berlin 1/2. Juli 2000.
66 Kurz, R. »Neues Deutschland«. Berlin 23. Juni 2001.
67 Horkheimer, M.; Adorno, Th.W. Dialektik der Aufklärung. Frankfurt a.M. 1998. S. 162.
68 Dogan, E. The decline of religious beliefs in Western Europe. ISSJ 145 (1995). UNESCO. Oxford 1995. S. 405.
69 Schnabel, U. »Die Zeit«. Hamburg 1. Januar 2004.
70 Beck, U. Risikogesellschaft. Frankfurt a.M. 1986. S. 344.
71 Berman, M. Kultur vor dem Kollaps. Frankfurt a.M. 2002. S. 53.

72 Bellah, R. N. a.a.O. S. 89.
73 Ebenda. S. 90.
74 Schnabel, U. a.a.O.
75 d'Arcais. P.F. Die Demokratie beim Wort nehmen. Berlin 2004. S. 91f.
76 Funk, R. In: Funk, R.; Johach, H.; Meyer, G. (Hrsg.) Erich Fromm heute. München 2000. S. 34.
77 Ebenda. S. 37f.
78 Ebenda. S. 38.
79 Ebenda. S. 39.
80 Fromm, E. Psychoanalyse und Ethik. Gesamtausgabe Bd. 2. Stuttgart 1989. S. 50.
81 Mitscherlich, A. und M. Die Unfähigkeit zu trauern. München 1967. S. 196.
82 Flechtheim, O.K. Ist die Zukunft noch zu retten? Hamburg 1987. S. 189.
83 Ebenda. S. 38ff.
84 Ebenda. S. 41.
85 Statistisches Bundesamt Deutschland. Datenreport 2002. Wiesbaden 2002. S. 37.
86 Bellah, R.N. a.a.O. S. 118.
87 Fromm, E. Haben oder Sein. München 1997. S. 31.
88 Marcuse, H. Der eindimensionale Mensch. München 1994. S. 25.
89 Ebenda. S. 32.
90 Ebenda. S. 30.
91 Funk, R., In: Funk, R.; Johach, H.; Meyer, G. (Hrsg.) a.a.O. S. 42.
92 Bierhof, B. In: Ebenda. S. 85.
93 Horkheimer, M.; Adorno, Th.W. a.a.O. S. 145.
94 Saña, H. »Neues Deutschland«. Berlin 2./3. Juni 2001.
95 Kurz, R. Marx lesen. Frankfurt a.M. 2000. S. 394.
96 Kirbach, R. »Die Zeit«. Hamburg 8. August 2002.
97 Duerr, H.P. zitiert nach Lehmann, H.M. »Die Zeit«. Hamburg 16. 12. 1999.

8 Was bringt uns die Zukunft?

1   Kahn, H.; Wiener, A. Ihr werdet es erleben. Wien 1968. S. 175.
2   Statistisches Bundesamt. Bevölkerung Deutschlands bis 2050. Wiesbaden 2003. S. 31.
3   Zu einem ähnlichen Verlauf führten auch die wirtschaftlichen und sozialen Zusammenbrüche in den anderen Ländern des Realsozialismus. In Rußland sank zum Beispiel die Geburtenziffer bis 2001 auf 1,2. Auch die mittlere Lebenserwartung sank deutlich. Lag sie für Männer noch 1989/90 bei 64 Jahren, fiel sie bis Anfang 1995 auf 57,3 Jahre.
4   Statistisches Bundesamt. a.a.O. S. 28.
5   United Nation Population Division (UNDP). World Population Prospects. The 2002 Revision. Highlights. 2003. S. 13.
6   Kuczynski, J. 1903. Berlin 1988. S. 271.
7   Mann, G. Deutsche Geschichte des 19. und 20. Jahrhunderts. Frankfurt a.M. 1958. S. 499.
8   Ebenda. S. 499.
9   Hobsbawm, E. Das Zeitalter der Extreme. München 1997. S. 47f.
10 Ebenda. S. 142.
11 Mann, G. a.a.O. S. 804.
12 Hobsbawm, E. a.a.O. S. 155.
13 Haffner, S. Anmerkungen zu Hitler. Frankfurt a.M. 1986. S. 74ff.
14 Hobsbawm, E. a.a.O. S. 154.
15 Ebenda. S. 56.
16 Ebenda. S. 75.
17 Ebenda. S. 64.
18 Ebenda. S. 65.
19 Ebenda. S. 281.

20 Ebenda. S. 275.
21 Ebenda. S. 290.
22 Ebenda. S. 322f.
23 Altvater, E.; Mahnkopf, B. Globalisierung der Unsicherheit. Münster 2002. S. 315.
24 Ebenda. S. 206.
25 Grill, B. »Die Zeit«. Hamburg 7. August 2003.
26 Münkler, H. Die neuen Kriege. Reinbek 2002. S. 10.
27 Ebenda. S. 161.
28 Altvater, E.; Mahnkopf, B. a.a.O. S. 323.
29 Die Nationale Sicherheitsdoktrin der Vereinigten Staaten von Amerika. www.uni-kassel.de S. 1.
30 Ebenda. S. 6.
31 Ebenda. S. 9.
32 Ebenda. S. 10.
33 Ebenda. S. 11.
34 Paech, N. Sitzungsberichte der Leibniz-Sozietät 63 (2004). S. 11.
35 Ebenda. S. 18.
36 Naumann, M. »Die Zeit«. Hamburg 1. April 2004.
37 Klingst, M. »Die Zeit«. Hamburg 6. Mai 2004.
38 Naumann, M. a.a.O.
39 Agamben, G. Ausnahmezustand. Frankfurt a.M. 2004. S. 10.
40 Ebenda. S. 102.
41 Chalmers, I. Der Selbstmord der amerikanischen Demokratie. München 2003. S. 40.
42 Ebenda. S. 251.
43 Ebenda. S. 90.
44 Chossudowsky, M. »junge Welt«. Berlin 13. 12. 2003. – Hinzu kommen außerdem noch 67 Milliarden Dollar für die Militäreinsätze in Afghanistan und im Irak.
45 Homolar-Riechmann, A. Aus Politik und Zeitgeschichte B 46 (2003). S. 35.
46 Ebenda. S. 37f.
47 Ebenda. S. 39.
48 Kleine-Brockhoff, T. »Die Zeit«. Hamburg 13. März 2003.
49 Ebenda.
50 Berger, K. »Die Zeit«. Hamburg 17. April 2003.
51 Houghton, J.; Ding, D.J.; Griggs, M.; Nouguer, M.; van der Linden, P.J.; Xiaosu, D. (eds.) Climate Change 2001: The Scientific Basis. Cambridge 2001.
52 McCharty, J.J.; Canziani, O.F.; Leary, N.A.; Dokken, D.J.; White, K.S. (eds.). Climate Change 2001: Impacts, Adaption and Vulnerability. Cambridge 2001.
53 Corell, R. ACIA. März 2004, www.acia.uaf.edu.
54 Ebenda. S. 3.
55 Suess, E.; Bohrmann, G.; Greinert, J.; Lausch, E. Spektrum der Wissenschaften 6 (1999), S. 71.
56 Corell, A. a.a.O. S.9.
57 Ebenda. S. 214.
58 Postel, S. In: Zur Lage der Welt 1996. Frankfurt a.M. S. 71.
59 Sampat, P. In: Zur Lage der Welt 2001. Frankfurt a.M. 2001. S. 74.
60 Gardener, G. In: Zur Lage der Welt 1996. Frankfurt a.M. S. 118.
61 nternational Labour Office. Labor Statistics, siehe Databases in www.ilo.org.
62 Statistisches Bundesamt. Statistische Jahrbücher und www.destatis.de.
63 Sundaram, K.; Tendulkar, S.D. The Working Poor in India. ILO. Geneva 2002.
64 International Labour Office, a.a.O.
65 Leontief, W. zitiert nach Rifkin, J. a.a.O. S. 19.
66 Marx, K. Grundrisse der Kritik der Politischen Ökonomie. Berlin 1974. S. 584.
67 International Labour Office. a.a.O.
68 International Labour Office, World Employment Report 2001. Geneva 2001. S. 119f.
69 Ebenda.
70 Ebenda.

71 Rifkin, J. »Süddeutsche Zeitung«. München 23. Dezember 2003.
72 International Labour Office. a.a.O.
73 International Labour Office, World Employment Report 2001. a.a.O. S. 294f.
74 Ebenda. S. 136f.
75 KPMG-Analyse: Konzentration im Lebensmittel-Einzelhandel. Februar 2004. www.kpmg.de.
76 Radio Frequency Identification ermöglicht die Verfolgung von Teilen, Packeinheiten oder Ladungsträgern über die Lieferkette von der Fertigung bis zum Verkauf durch Anbringung einer mit einem winzigen Computerchip verbundenen Antenne.
77 KPMG-Analyse: Konzentration im Lebensmittel-Einzelhandel. Februar 2004. www.kpmg.de.
78 International Labour Office, World Employment Report 2001. a.a.O. S. 78.
79 Rifkin, J. a.a.O.
80 Gorz, A. Wissen, Wert und Kapital. Zürich 2004. S. 41.
81 Ahrendt, H. Viva activa. München 1981. S. 12f.
82 Altvater, E.; Mahnkopf, B. a.a.O. S. 13.
83 Ebenda. S. 19.
84 Ebenda. S. 25f.
85 Der Begriff »Geldwäsche« entstand in den zwanziger Jahren des 20. Jahrhunderts, als in den USA illegal erworbenes Geld in Ketten von Waschsalons und Autowaschanlagen investiert wurde.
86 Altvater, E.; Mahnkopf, B. a.a.O. S. 19.
87 Ebenda. S. 239.
88 Ebenda. S. 42.
89 Ebenda. S. 66.
90 Ebenda. S. 72.
91 International Labour Office, World Employment Report 2001. a.a.O. S. 1.
92 Zinn, K.-G. Wie Reichtum Armut schafft. Köln 2003. S. 53.
93 Luft, Ch. Sitzungsberichte der Leibnizsozietät 66 (2004). S. 140.
94 Hobsbawm, E. a.a.O. S. 720.
95 Tomuschat, C. (Hrsg.) Menschenrechte. Bonn 2002. S. 17.
96 Ebenda. S. 38ff.
97 Graefrath, B. Die Vereinten Nationen und die Menschenrechte. Berlin 1956 S. 109.
98 Tomuschat, C. (Hrsg.) a.a.O. S. 98.
99 Ebenda. S. 19.
100 Ebenda. S. 292.
101 Klenner, H. In Zukunft ohne Völkerrecht? Völkerrecht ohne Zukunft? Jena 2004. S. 52.
102 Gowdy, I. In: Cambridge Encyclopedia of Hunters and Gatherers. Cambridge 1999. S. 393.
103 Marcuse, H. Der eindimensionale Mensch. München 1988. S. 160.
104 Wallerstein, I. Utopistik. Wien 2002. S. 73f.
105 Bloch, E. Das Prinzip Hoffnung. Bd. 1. Frankfurt a.M. 1979.
106 Ebenda. Bd. 3. S. 1628.
107 Bierhoff, B. In: Funk, R.; Johach, H.; Meyer, G. (Hrsg.) Erich Fromm heute. München 2000. S. 93.

IMPRESSUM

© 2005 by Faber & Faber Leipzig
Alle Rechte vorbehalten
Lektorat und Typographie Günther Drommer, Berlin
Druck Jütte-Messedruck, Leipzig
Bindung Kunst- und Verlagsbuchbinderei, Leipzig
Printed in Germany

ISBN 3-936618-66-6

Sie finden Angaben zu diesem und weiteren Büchern
auch auf unserer Internetseite:
www.faberundfaber.de